Groß- und Außenhandels-management

1

Lernfelder 1–4

Autoren

Hans-Peter von den Bergen · Christian Fritz
Ute Morgenstern · Michael Piek · Josef Schnettler

unter Mitarbeit der Verlagsredaktion

Cornelsen

Dieses Buch wurde erstellt unter Verwendung von Materialien von:
Senta Amann, Volker Brettschneider, Wolfgang R. Diemer, Wolfgang Duschek, Peter Engelhardt, Bettina Glania, Franz-Josef Kaiser, Ludger Katt, Hans-Peter Klein, Antje Kost, Elke Kuse, Sven Labowsky, Wolfgng Metzen, Klaus Otte, Elena Pestel, Roswitha Pütz, Bernhard Rausch, Katrin Rohde, Thomas Schmitz-Kaltenthaler, Benjamin Schmorl, Dieter Schütte, Anja Seiler, Alexander Siegmund, Claudia Simons-Kövér, Insa Wenke, Ralf Wimmers, Petra Zedler, Carsten Zehm.

Verlagsredaktion: Sabine Schneider
Außenredaktion: Katja Müllenmeister, Hamburg
Bildredaktion: Gertha Maly
Covergestaltung: ROSENDAHL Berlin
Innenlayout: sofarobotnik GbR, Augsburg und München
Technische Umsetzung: PER MEDIEN & MARKETING GmbH, Braunschweig

www.cornelsen.de

1. Auflage, 2. Druck 2021

Alle Drucke dieser Auflage können im Unterricht nebeneinander verwendet werden.

Druck: Firmengruppe APPL, aprinta Druck, Wemding

ISBN: 978-3-06-451777-6 (Schülerbuch)
ISBN: 978-3-06-451780-6 (E-Book)

PEFC zertifiziert
Dieses Produkt stammt aus nachhaltig bewirtschafteten Wäldern und kontrollierten Quellen.
www.pefc.de

Vorwort

Unser aktuelles berufliches Fachwissen reicht nicht für alle Zeiten. Neue Materialien, neue Logistikprozesse und neue internationale Wettbewerber verlangen nicht nur Veränderungen in der Auftragsbearbeitung und Rechnungsverfolgung, sondern insbesondere eine stärkere Kundenorientierung. Der internationale Wettbewerb, technologischer Wandel und die allgegenwärtige Digitalisierung fordern speziell im Großhandel, der in vielen Branchen international agiert, Mitarbeiter, die den Anforderungen in allen Bereichen gewachsen sind. Die Bereitschaft zum lebenslangen Lernen und entsprechende berufliche Handlungskompetenz werden einen Arbeitsplatz nicht nur im Groß- und Außenhandel langfristig sichern.

Dem sich wandelnden Berufsbild trägt der neue Lehrplan für den Ausbildungsberuf Kaufmann/Kauffrau für Groß- und Außenhandelsmanagement Rechnung, indem stärker als zuvor selbstgesteuertes Lernen erforderlich wird.

Ausgangspunkt ist immer eine berufsbezogene, fachliche Problemstellung in einer **Lernsituation im Arbeitsbuch**. Zur Lösung des Problems stellt die vorliegende **Fachkunde** entsprechendes Fachwissen zur Verfügung. Es folgt im Aufbau sowohl den Lernfeldern der Neuordnung als auch den Lernsituationen im Arbeitsbuch und sichert damit alle notwendigen Kompetenzen und Fakten, die für Sie, die Auszubildenden, zum Bestehen der IHK-Prüfung notwendig sind. So ist das entstandene Lehrwerk auch sehr gut zur Prüfungsvorbereitung geeignet. Durch die Bearbeitung der Lernsituationen können Sie in zunehmendem Maße Selbstständigkeit im Planen, Entscheiden, Durchführen und Überprüfen erwerben.

Damit Sie als Auszubildende überprüfen können, ob sie die Fachinhalte richtig anwenden können, gibt es in der Fachkunde **Alles-klar-Fragen** zur Wiederholung und Vertiefung am Ende jedes Kapitels.

Nutzen Sie zum selbstgesteuerten Lernen auch unsere **neuen Lernvideos,** die wichtige betriebswirtschaftliche und rechtliche Sachverhalte leicht verständlich erklären. Laden Sie dazu die kostenlose **App „PagePlayer Cornelsen“** herunter. Wählen Sie dann – wie in der App beschrieben – Ihr Buch aus: „Groß- und Außenhandelsmanagement 1“. Sie können nun die Videos auf Ihrem Smartphone oder Tablet speichern und direkt aus dem Buch abrufen. Scannen Sie dazu einfach die jeweilige Buchseite mit dem Video-Icon. Sie können die Videos aber natürlich auch jederzeit ohne Buch abrufen und anschauen.

Wir wünschen Ihnen viel Erfolg mit unserer Lehrwerksreihe!

Autoren und Redaktion

Lernsituationen im Arbeitsbuch 1

LF 1

Das Unternehmen präsentieren und die eigene Rolle mitgestalten

AB ▶ LS 0 Ein Unternehmen kennenlernen

Lernsituationen im Arbeitsbuch 1

Aufträge kundenorientiert bearbeiten

Lernsituationen im Arbeitsbuch 1

LF 3 Beschaffungsprozesse durchführen

7 Quantitativer Angebotsvergleich international (Importkalkulation) 228

AB ► LS 37 Importkalkulationen durchführen

AB ► LS 38 Writing an inquiry

Lernsituationen im Arbeitsbuch 1

LF 4 Werteströme erfassen und dokumentieren

1 Werteströme analysieren 252

AB ► LS 39 Werteströme analysieren

2 Rechtliche Anforderungen an eine ordnungsgemäße Buchführung 259

AB ► LS 40 Rechtliche Grundlagen der Buchführung beachten

AB ► LS 41 Inventar und Bilanz erstellen und vergleichen

LERNFELD 1

Das Unternehmen präsentieren und die eigene Rolle mitgestalten

AB ▶ LS 1

1 Berufsausbildung und Arbeitsverhältnis im Groß- und Außenhandelsmanagement

Der Ausbildungsberuf Kaufmann/Kauffrau im Groß- und Außenhandelsmanagement ist ein **staatlich anerkannter Ausbildungsberuf.** Das bedeutet, dass Inhalte und Ablauf der Ausbildung staatlich einheitlich geregelt sind. Die Ausbildung ist dem Berufsfeld Wirtschaft und Verwaltung zugeordnet und wird in den Fachrichtungen Großhandel und Außenhandel angeboten.

Der Beruf Kaufmann/Kauffrau im Groß- und Außenhandelsmanagement gehört zum **dualen Ausbildungssystem,** d.h., die Ausbildung findet an **zwei Lernorten** statt: Im Ausbildungsbetrieb werden in erster Linie fachpraktische Kenntnisse und Fertigkeiten vermittelt, während in der Berufsschule vorwiegend Berufstheorie, Methodenkompetenz und Allgemeinbildung auf dem Plan stehen.

§ 4 BBiG

Nachzulesen ist die Ausbildungsverordnung z. B. im Bundesgesetzblatt Jahrgang 2020 Teil I Nr. 16, ausgegeben zu Bonn am 1. April 2020

Grundlage einer einheitlichen und anerkannten Berufsausbildung ist das **Berufsbildungsgesetz (BBiG).** Es sieht vor, dass Ausbildungsberufe durch Ausbildungsverordnungen beschrieben werden müssen. Die am 19.03.2020 erlassene Verordnung über die Berufsausbildung zum Kaufmann/zur Kauffrau im Groß- und Außenhandelsmanagement legt folgende Inhalte fest:

Ausbildungsverordnung zum Kaufmann/zur Kauffrau im Groß- und Außenhandelsmanagement

- § 1 Staatliche Anerkennung des Ausbildungsberufes
- § 2 Dauer der Berufsausbildung
- § 3 Gegenstand der Berufsausbildung und Ausbildungsrahmenplan
- § 4 Ausbildungsberufsbild
- § 5 Ausbildungsplan

Abschlussprüfung:
- § 6 Aufteilung in zwei Teile und Zeitpunkt
- §§ 7–8 Teil 1 der Abschlussprüfung
- §§ 9–16 Teil 2 der Abschlussprüfung in der Fachrichtung Großhandel
- §§ 17–24 Teil 2 der Abschlussprüfung in der Fachrichtung Außenhandel
- § 25 Inkrafttreten, Außerkrafttreten

Lernort Betrieb

Lernort Berufsschule

1.1 Inhalte der Ausbildung

In § 4 der Ausbildungsverordnung wird das sogenannte **Ausbildungsberufsbild** festgelegt. Darunter versteht man Fertigkeiten, Kenntnisse und Fähigkeiten, die dem Auszubildenden während der Ausbildung mindestens vermittelt werden müssen. Zum großen Teil gelten diese Anforderungen für die beiden Fachrichtungen Großhandel und Außenhandel gemeinsam:

Das Bundesministerium für Bildung und Forschung (BMBF) stellt Informationsmaterial für Auszubildende kostenlos zum Download bereit.
www.praktisch-unschlagbar.de

Gemeinsame Fertigkeiten, Kenntnisse und Fähigkeiten	
1. Warensortiment zusammenstellen und Dienstleistungen anbieten	5. Verkauf kundenorientiert planen und durchführen
2. handelsspezifische Beschaffungslogistik planen und steuern	6. Distribution planen und steuern
3. Einkauf von Waren und Dienstleistungen marktorientiert planen, organisieren und durchführen	7. kaufmännische Steuerung und Kontrolle durchführen
4. Marketingmaßnahmen planen, durchführen, kontrollieren und steuern	8. Arbeitsorganisation projekt- und teamorientiert planen und steuern

Darüber hinaus sind spezielle Kenntnisse zu vermitteln

in der Fachrichtung Großhandel	in der Fachrichtung Außenhandel
1. Lagerlogistik planen, steuern und abwickeln und	1. Außenhandelsgeschäfte abwickeln und Auslandsmärkte bedienen und
2. warenbezogene Rückabwicklungsprozesse organisieren und durchführen	2. internationale Berufskompetenzen anwenden

1.1.1 Ausbildungsrahmenplan

Der Ausbildungsrahmenplan ist eine Anleitung zur sachlichen und zeitlichen Gliederung der Berufsausbildung im Lernort Betrieb. Er ist der Ausbildungsverordnung als Anlage beigefügt. Die sachliche Gliederung ordnet den Anforderungen des Ausbildungsberufsbildes die Inhalte zu, die den Auszubildenden im Betrieb vermittelt werden müssen. Die zeitliche Gliederung legt fest, in welchem Abschnitt der dreijährigen Ausbildung dies geschehen soll. Von diesen Vorgaben kann jedoch im Einzelfall abgewichen werden, wenn betriebliche Besonderheiten dies erfordern. Der Ausbildungsrahmenplan legt die Ausbildungsinhalte verbindlich und allgemeingültig fest. Für jeden einzelnen Auszubildenden müssen diese Inhalte jedoch individuell in einen betrieblichen Ausbildungsplan umgesetzt werden, den der Ausbildende erstellt. Der Auszubildende ist seinerseits verpflichtet, den Verlauf seiner Ausbildung in einem schriftlichen Ausbildungsnachweis zu dokumentieren.

1.1.2 Rahmenlehrplan

Für den Lernort Berufsschule ist der Rahmenlehrplan maßgebend. Die Ausbildung in der Berufsschule ist in **Lernfelder** (thematische Einheiten) gegliedert, denen bestimmte Zeitrichtwerte für die drei Ausbildungsjahre zugeordnet sind. Ausbildungsrahmenplan und Rahmenlehrplan sind aufeinander abgestimmt. Im dualen Ausbildungssystem erfolgt somit die Vermittlung der theoretischen Fachkenntnisse durch die Berufsschule parallel zur praktischen Ausbildung im Betrieb.

Den aktuellen Rahmenlehrplan finden Sie z. B. unter:
www.bibb.de/de/berufeinfo.php/profile/apprenticeship/87930

1.1.3 Ausbildung und Praxis

Die Aufgaben und Tätigkeiten im Groß- und Außenhandel haben sich durch den technischen und wirtschaftlichen Wandel in den letzten Jahren grundlegend verändert. Die zunehmende Nutzung neuer Informationsmedien und der EDV führt dazu, dass der Kontakt zu Kunden und Lieferanten intensiver und schneller geworden ist. Viele Arbeitsabläufe erfordern ein außerordentlich gutes Organisationstalent, wobei selbstständiges kaufmännisches Denken und vor allem Teamarbeit mehr und mehr gefordert sind. Bei den Anforderungen während der Ausbildung haben **fachübergreifende Qualifikationen** erheblich an Bedeutung gewonnen.

Handlungskompetenz
selbstständiger Umgang mit Aufgaben und Problemen unter Einbeziehung von Partnern und unter Berücksichtigung von ökologischen und ökonomischen Faktoren

Die Ausbildung in Berufsschule und Betrieb ist deshalb darauf ausgerichtet, den Auszubildenden eine umfassende berufliche **Handlungskompetenz** zu vermitteln, die sich zusammensetzt aus

- **Fachkompetenz:** Fähigkeit, Aufgaben und Probleme auf der Grundlage fachlichen Wissens und Könnens selbstständig, zielgerichtet und methodengeleitet zu bearbeiten und das Ergebnis zu beurteilen.
- **Methodenkompetenz:** Fähigkeit und Bereitschaft, bei der Bearbeitung von Aufgaben und Problemen im beruflichen und außerberuflichen Bereich zielgerichtet und planmäßig vorzugehen und geeignete Verfahren und Vorgehensweisen anzuwenden.
- **Selbstkompetenz:** Fähigkeit und Bereitschaft, als individuelle Persönlichkeit die Entwicklungschancen, Anforderungen und Einschränkungen in Familie, Beruf und öffentlichem Leben zu klären, zu durchdenken und zu beurteilen, eigene Begabungen zu entfalten sowie Lebenspläne zu fassen und fortzuentwickeln. Sie umfasst Eigenschaften wie Selbstständigkeit, Kritikfähigkeit, Selbstvertrauen, Zuverlässigkeit, Verantwortungs- und Pflichtbewusstsein. Zu ihr gehören insbesondere auch die Entwicklung durchdachter Wertvorstellungen und die selbstbestimmte Bindung an Werte.
- **Sozialkompetenz:** Fähigkeit und Bereitschaft, sich mit anderen rational, verantwortungsbewusst und kooperativ auseinanderzusetzen und zu verständigen.
- **Kommunikative Kompetenz:** Fähigkeit und Bereitschaft, kommunikative Situationen zu verstehen und zu gestalten. Hierzu gehört es, eigene Absichten und Bedürfnisse sowie die der Partner wahrzunehmen, zu verstehen und darzustellen.
- **Lernkompetenz:** Fähigkeit und Bereitschaft, Informationen über Sachverhalte und Zusammenhänge selbstständig und gemeinsam mit anderen zu verstehen, auszuwerten und in gedankliche Strukturen einzuordnen. Dazu gehört insbesondere auch die Fähigkeit und Bereitschaft, im Beruf und über den Berufsbereich hinaus Lerntechniken und Lernstrategien zu entwickeln und diese für **lebenslanges Lernen** zu nutzen.

lebenslanges Lernen
▶ LF 1, Kap. 1.8

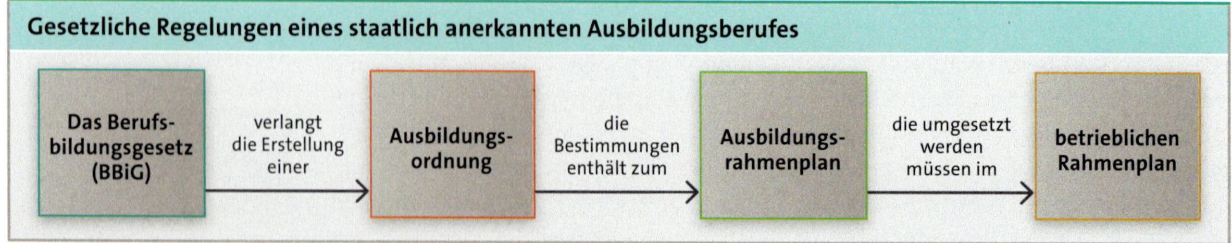

1.2 Ablauf der Ausbildung

Die Berufsausbildung dauert drei Jahre. Verkürzungen am Anfang oder am Ende der Ausbildungszeit sind jedoch möglich. Spezifische Lerninhalte der beiden Fachrichtungen Großhandel und Außenhandel werden im 3. Ausbildungsjahr vermittelt.

Die **gestreckte Abschlussprüfung** wird in zwei Teilen abgelegt. Teil 1 findet im vierten Ausbildungshalbjahr statt, Teil 2 am Ende der Berufsausbildung.

Teil 1 der Abschlussprüfung ist für die beiden Fachrichtungen Großhandel und Außenhandel identisch und umfasst den Prüfungsbereich Organisieren des Warensortiments und von Dienstleistungen. Die Prüfungszeit beträgt 90 Minuten.

Teil 2 der Abschlussprüfung besteht aus einem mündlichen und einem schriftlichen Teil und umfasst für die Fachrichtung Großhandel bzw. Außenhandel jeweils die folgenden Prüfungsbereiche:

- Kaufmännische Steuerung von Geschäftsprozessen (60 Minuten)
- Prozessorientierte Organisation von Großhandels- bzw. Außenhandelsgeschäften (120 Minuten),
- Wirtschafts- und Sozialkunde (60 Minuten)
- Fallbezogenes Fachgespräch zu einer betrieblichen Fachaufgabe im Großhandel bzw. im Außenhandel (mündlich, maximal 30 Minuten)

Anteile der Prüfungsbereiche an der Gesamtnote

	Prüfungsbereich	Anteil in %	Mindestleistung zum Bestehen der Abschlussprüfung	
Teil 1	Organisieren des Warensortiments und von Dienstleistungen	25	mindestens ausreichend	Gesamtergebnis Teil 1 und 2 mindestens ausreichend
Teil 2	Kaufmännische Steuerung von Geschäftsprozessen	15	Gesamtergebnis Teil 2 mindestens ausreichend; kein ungenügend und maximal ein mangelhaft	
	Prozessorientierte Organisation von Großhandels- bzw. Außenhandelsgeschäften	30		
	Wirtschafts- und Sozialkunde	10		
	Fallbezogenes Fachgespräch	20		

Auf Wunsch des Prüflings ist in einem der schriftlichen Prüfungsbereiche eine **mündliche Ergänzungsprüfung** möglich, wenn der Bereich schlechter als ausreichend bewertet worden ist und durch die Ergänzungsprüfung die Gesamtprüfung noch bestanden werden kann.

Mit dem Bestehen der Abschlussprüfung ist die Ausbildung beendet. Bei Nichtbestehen hat der Auszubildende die Möglichkeit, die Prüfung im folgenden Prüfungsdurchgang zu wiederholen.

1.3 Ausbildungsvertrag

Rechtliche Grundlage für die Berufsausbildung ist das Berufsbildungsgesetz (BBiG). Es schreibt für jede Berufsausbildung den Abschluss eines Ausbildungsvertrages vor.

§ 10 BBiG Vertrag

Wer andere Personen zur Berufsausbildung einstellt (Ausbildende), hat mit den Auszubildenden einen Berufsausbildungsvertrag zu schließen.

§ 11 BBiG

Da der Vertragsabschluss allein noch nichts über die Inhalte aussagt, schreibt das BBiG **Mindestangaben** vor, die der Ausbildungsvertrag enthalten muss.

Inhalte des Ausbildungsvertrages nach § 11 BBiG

Mindestanforderung	Erläuterung
1. Art, sachliche und zeitliche Gliederung sowie Ziel der Berufsausbildung, insbesondere die Berufstätigkeit, für die ausgebildet werden soll	
2. Beginn und Dauer der Berufsausbildung	Das Ausbildungsverhältnis soll nicht mehr als drei Jahre und nicht weniger als zwei Jahre dauern. Die Ausbildung endet mit Bestehen der Abschlussprüfung, unabhängig von der im Vertrag festgelegten Ausbildungsdauer.
3. Ausbildungsmaßnahmen außerhalb der Ausbildungsstätte	z. B. Seminare, andere Betriebsstätten oder Zweigstellen
4. Dauer der regelmäßigen täglichen Ausbildungszeit	richtet sich nach gesetzlichen und tariflichen Bestimmungen
5. Dauer der Probezeit	Die Probezeit darf bis zu vier Monaten betragen. Während der Probezeit kann das Ausbildungsverhältnis von beiden Vertragsparteien ohne Einhalten der Kündigungsfrist und ohne Angabe von Gründen gekündigt werden.
6. Zahlung und Höhe der Vergütung	richtet sich nach gesetzlichen und tariflichen Bestimmungen
7. Dauer des Urlaubs	richtet sich nach gesetzlichen und tariflichen Bestimmungen
8. Voraussetzungen, unter denen der Berufsausbildungsvertrag gekündigt werden kann	Nach der Probezeit kann das Ausbildungsverhältnis nur gekündigt werden • aus einem wichtigen Grund ohne Einhalten der Kündigungsfrist (innerhalb von zwei Wochen, nachdem der wichtige Grund bekannt wurde). • vom Auszubildenden mit einer Frist von vier Wochen, wenn der Auszubildende die Berufsausbildung aufgeben oder sich in einem anderen Beruf ausbilden lassen will.
9. ein allgemein gehaltener Hinweis auf die Tarifverträge, Betriebs- oder Dienstvereinbarungen, die auf das Berufsausbildungsverhältnis anzuwenden sind	

Ausbildender ist derjenige, der den Auszubildenden einstellt. Der Ausbildende muss die Ausbildung aber nicht unbedingt selbst durchführen, sondern kann einen **Ausbilder** damit beauftragen.

Ausbildender
stellt Auszubildenden ein
Ausbilder
führt Ausbildung durch

Der Ausbildungsvertrag kommt – wie jeder andere Vertrag auch – durch zwei übereinstimmende Willenserklärungen zu Stande. Ist der Auszubildende noch nicht volljährig und damit noch nicht voll geschäftsfähig, bedarf der Vertrag der Zustimmung des gesetzlichen Vertreters (in der Regel der Eltern).

Geschäftsfähigkeit
▶ LF 2, Kap. 1.3

Spätestens vor Beginn der Ausbildung ist der Vertrag **schriftlich** niederzulegen und bei der zuständigen Industrie- und Handelskammer (IHK) einzureichen. Die elektronische Form (z. B. per E-Mail) ist nicht zulässig. Die Vertragsniederschrift ist vom Ausbildenden, vom Auszubildenden und ggf. vom gesetzlichen Vertreter zu unterschreiben, dann erhält jede Vertragspartei eine Ausfertigung des unterzeichneten Vertrages.

Schriftform von Verträgen
▶ LF 2, Kap. 1.7

Im Ausbildungsvertrag kann nicht alles frei vereinbart werden. Manche Vereinbarungen sind grundsätzlich ungültig (nichtig), z. B.

- die Verpflichtung des Auszubildenden, für die Berufsausbildung eine Entschädigung zu zahlen,
- Vertragsstrafen oder
- der Ausschluss oder die Beschränkung von Schadenersatzansprüchen.

§ 12 BBiG

Nichtigkeit von Verträgen
▶ LF 2, Kap. 1.8.1

1.4 Rechte und Pflichten aus dem Ausbildungsvertrag

Nach Abschluss des Ausbildungsvertrages, also noch vor Beginn der eigentlichen Ausbildung, muss der Ausbildende die **Eintragung in das Verzeichnis der Berufsausbildungsverhältnisse** bei der zuständigen Industrie- und Handelskammer beantragen. Die Bestätigung der Kammer wird auf dem Ausbildungsvertrag vermerkt. Sie gibt dem Auszubildenden Sicherheit, dass der Vertrag den Bestimmungen des BBiG und der Ausbildungsordnung entspricht und dass der ausbildende Betrieb und der Ausbildende auch die notwendige **Eignung** besitzen. Außerdem muss der Ausbildende den Auszubildenden bei der **zuständigen Berufsschule** anmelden.

Eignung
Ausbilden darf nur, wer dazu persönlich und fachlich geeignet ist (§ 28 BBiG). Dazu muss der Ausbilder einen entsprechenden Nachweis, in der Regel durch die Ausbildereignungsprüfung, erbringen.

Auszubildende unter 18 Jahren dürfen nur beschäftigt werden, wenn sie innerhalb der letzten 14 Monate von einem Arzt auf ihre Berufstauglichkeit untersucht worden sind und hierüber eine **ärztliche Bescheinigung** vorliegt.

Vor Beginn der Ausbildung wird über jeden Auszubildenden eine **Personalakte** angelegt, in der die persönlichen Daten festgehalten werden. Während der Ausbildung wird diese Akte weitergeführt und ergänzt, z. B. die erste Beurteilung vor Abschluss der Probezeit, das Ergebnis der Zwischenprüfung, Ausbildungsmaßnahmen außerhalb der Betriebsstätte oder Seminare.

Die Steueridentifikationsnummer wird vom Bundeszentralamt für Steuern erteilt.

Spätestens zum Beginn der Ausbildung müssen dem Ausbildenden die **Steueridentifikationsnummer** und der **Krankenversicherungsnachweis** übergeben werden, damit die Angaben in der Personalakte vermerkt werden können und der Ausbildungsbetrieb die notwendigen Anmeldungen (bei Krankenkasse und Finanzamt) vornehmen kann.

Dem Auszubildenden steht eine angemessene monatliche **Ausbildungsvergütung** zu, die mit Fortschreiten der Ausbildung – mindestens aber jährlich – ansteigt. Die Vergütung ist spätestens am letzten Arbeitstag des laufenden Monats zu zahlen. Bei Krankheit des Auszubildenden ist sie für den Zeitraum von sechs Wochen weiterzuzahlen.

Die **Höhe der Vergütung** richtet sich nach den laufenden Tarifen und wird von den Tarifparteien festgelegt. Für tarifgebundene Ausbildungsbetriebe stellen die tariflich vereinbarten Vergütungen Mindestbeträge dar, d.h., niedrigere Vergütungen sind unzulässig. Besteht keine Tarifbindung, kann die Höhe der tariflichen Vergütung um bis zu 20 % unterschritten werden. Auskunft über die angemessene Höhe Ihrer Ausbildungsvergütung erhalten Sie bei den zuständigen Tarifparteien.

Ist die Ausbildungsvergütung so gering, dass sie zur Deckung der notwendigen Ausgaben (Lehrmittel, Fahrtkosten, Lebensunterhalt) nicht ausreicht, kann der Auszubildende eine **Berufsausbildungsbeihilfe** beantragen. Dazu muss er sich an die zuständige Agentur für Arbeit wenden.

Damit steht dem Beginn der Ausbildung nichts mehr im Wege! Auch während der Ausbildung bestehen jedoch für den Ausbildenden und den Auszubildenden Rechte und Pflichten, die in den Paragrafen 13 bis 16 des BBiG festgehalten sind.

Pflichten des Ausbildenden und des Auszubildenden nach dem BBiG

Der Ausbildende verpflichtet sich,	Der Auszubildende verpflichtet sich,
• dafür zu sorgen, dass den Auszubildenden die berufliche Handlungsfähigkeit vermittelt wird, die zum Erreichen des Ausbildungszieles erforderlich ist.	• sich um den Erwerb der beruflichen Handlungsfähigkeit zu bemühen, die zum Erreichen des Ausbildungszieles erforderlich ist.
• den Auszubildenden kostenlos die Ausbildungsmittel, Werkzeuge und Werkstoffe zur Verfügung zu stellen, die zur Berufsausbildung und zum Ablegen von Zwischen- und Abschlussprüfungen erforderlich sind.	• die ihm im Rahmen seiner Berufsausbildung aufgetragenen Aufgaben sorgfältig auszuführen.
• Auszubildende zum Besuch der Berufsschule sowie zum Führen von schriftlichen Ausbildungsnachweisen anzuhalten, soweit solche im Rahmen der Berufsausbildung verlangt werden, und diese durchzusehen.	• an Ausbildungsmaßnahmen teilzunehmen, für die er nach § 15 freigestellt wird.
• dafür zu sorgen, dass Auszubildende charakterlich gefördert sowie sittlich und körperlich nicht gefährdet werden.	• den Weisungen zu folgen, die ihm im Rahmen der Berufsausbildung von Ausbildenden, von Ausbildern oder Ausbilderinnen oder von anderen weisungsberechtigten Personen erteilt werden.
• die Auszubildenden für die Teilnahme am Berufsschulunterricht und an Prüfungen freizustellen. Das Gleiche gilt, wenn Ausbildungsmaßnahmen außerhalb der Ausbildungsstätte durchzuführen sind.	• Werkzeug, Maschinen und sonstige Einrichtungen pfleglich zu behandeln.
• bei Beendigung des Berufsausbildungsverhältnisses ein schriftliches Zeugnis auszustellen.	• über Betriebs- und Geschäftsgeheimnisse Stillschweigen zu wahren.

1.5 Das Jugendarbeitsschutzgesetz

▶ LS 2

Beispiel

Dirk: Bei uns ist das Betriebsklima sehr gut und ich arbeite schon voll mit. Mein Chef hat mich heute gefragt, ob ich diese Woche ausnahmsweise auch am Samstag zur Arbeit kommen kann. Zwei Kollegen sind krank und wir können unseren Liefertermin sonst nicht halten, sagt er.
Tim: Samstagsarbeit – ist das für Azubis nicht verboten?
Dirk: Wieso denn – ich bin doch einverstanden, und meine Eltern haben auch nichts dagegen. Außerdem kann ich das Extrageld gut für den Führerschein brauchen.

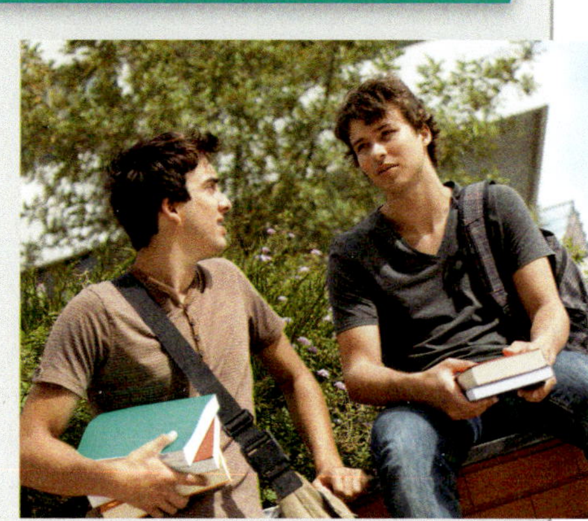

Junge Menschen sind, da sie sich noch in der Entwicklung befinden, weniger belastbar als Erwachsene. Das Jugendarbeitsschutzgesetz (JArbSchG) schützt deshalb jugendliche Beschäftigte zwischen 15 und 18 Jahren vor gesundheitsschädigenden Belastungen bei der Arbeit. Der Gesetzgeber betrachtet Vierzehnjährige noch als Kinder, deren Beschäftigung – von wenigen Ausnahmen abgesehen (z.B. ein Betriebspraktikum während der Schulzeit) – grundsätzlich verboten ist. Einige Bestimmungen des JArbSchG gelten jedoch auch für Berufsschulpflichtige, die 18 Jahre oder älter sind. Es enthält u.a. Bestimmungen zu Arbeitszeiten, Ruhepausen, Freizeit, Urlaub und Berufsschulzeiten.

1.5.1 Arbeitszeit

§ 8 JArbSchG

Die regelmäßige tägliche Arbeitszeit muss im Ausbildungsvertrag festgehalten werden. Jugendliche dürfen nicht mehr als 8 Stunden täglich und 40 Stunden wöchentlich beschäftigt werden. Von dieser grundsätzlichen Regel kann in Ausnahmefällen abgewichen werden,

- wenn im Zusammenhang mit Feiertagen durch Umverteilung der Arbeitszeit eine längere zusammenhängende Freizeit erreicht wird (Brückentage) oder
- wenn an einzelnen Werktagen (z.B. freitags) die Arbeitszeit gekürzt ist, dürfen Jugendliche an anderen Werktagen derselben Woche bis zu 8,5 Stunden beschäftigt werden.

Die Fünftagewoche ist verbindlich. In Betrieben mit Samstagsarbeit (z.B. in Krankenhäusern, im Einzelhandel, im Verkehrswesen oder in der Landwirtschaft) muss ein Ausgleich an einem anderen Wochentag geschaffen werden.

Zwischen dem Feierabend und dem Arbeitsbeginn am nächsten Tag müssen mindestens 12 Stunden Freizeit liegen. Jugendliche dürfen nur zwischen 6 und 20 Uhr beschäftigt werden. Ausnahmen gelten für Jugendliche über 16 Jahren z.B. in der Gastronomie, in Bäckereien oder in der Landwirtschaft.

1.5.2 Pausen

§ 11 JArbSchG

- Die Ruhepause muss bei Arbeitszeiten zwischen 4,5 und 6 Stunden mindestens 30 Minuten betragen. Bei längeren Arbeitszeiten muss die Pause mindestens 60 Minuten dauern.
- Die erste Pause muss spätestens nach 4,5 Arbeitsstunden beginnen.
- Die Mindestdauer einer Pause beträgt 15 Minuten.

1.5.3 Berufsschule

§§ 9, 10 JArbSchG

Der Berufsschulbesuch (einschließlich Pausen) wird auf die Arbeitszeit angerechnet und vergütet. Es gilt:

- Beschäftigungsverbot vor einem Berufsschulunterricht, der um 9 Uhr beginnt (auch für Auszubildende über 18 Jahren)
- Beschäftigungsverbot an Berufsschultagen mit mehr als 5 Unterrichtsstunden (zu je 45 Minuten), einmal in der Woche
- Freistellung des Auszubildenden für die Teilnahme an der Zwischen- und Abschlussprüfung
- Freistellung am Arbeitstag unmittelbar vor der schriftlichen Abschlussprüfung und Anrechnung der Abschlussprüfung auf die Arbeitszeit
- der Besuch der Berufsschule darf nicht zu einem Verdienstausfall führen

1.5.4 Urlaub

Der bezahlte Jahresurlaub beträgt, wenn der Jugendliche zu Beginn des Kalenderjahres **noch nicht**

- 16 Jahre alt ist: mindestens 30 Werktage,
- 17 Jahre alt ist: mindestens 27 Werktage,
- 18 Jahre alt ist: mindestens 25 Werktage.

Jugendarbeitsschutzgesetz

Geltungsbereich

Jugendliche unter 18 Jahren und Berufsschulpflichtige (teilweise)

Arbeitszeit

- max. 8 h täglich
- max. 40 h wöchentlich
- 5-Tage-Woche
- mindestens 12 h Freizeit nach Feierabend

Berufsschule

- keine Beschäftigung vor 9 Uhr an einem Berufsschultag
- keine Beschäftigung an einem Berufsschultag mit mehr als 5 h (1 x wöchentlich)
- Freistellung für Prüfungen
- Freistellung am Arbeitstag vor der Prüfung
- Anrechnung der Prüfung auf die Arbeitszeit
- kein Verdienstausfall

Pausen

- min. 30 min bei 4,5 bis 6 h Arbeitszeit
- min. 60 min bei mehr als 6 h Arbeitszeit
- Mindestdauer 15 min

Beschäftigungsverbot

- für Kinder unter 14 Jahren
- an Samstagen, Sonn- und Feiertagen (mit Ausnahmen)
- keine Akkordarbeit
- keine gefährlichen Arbeiten

1.6 Der Arbeitsvertrag

AB ▶ LS 3

Wird eine Auszubildende nach Abschluss der Ausbildung vom Ausbildungsbetrieb übernommen oder wird ein neuer Mitarbeiter eingestellt, wird ein Arbeitsvertrag geschlossen. Dieser Arbeitsvertrag zwischen Arbeitgeber und Arbeitnehmer ist die rechtliche Grundlage für das Arbeitsverhältnis.

Wesentliche Inhalte des Arbeitsvertrages sind:
- Name und Anschrift der Vertragsparteien
- Art und Umfang der Tätigkeit
- Einsatzort
- Beginn und Dauer des Arbeitsverhältnisses
- Probezeit
- Kündigungsfristen
- Gehalt
- Dauer der Arbeitszeit
- Urlaub
- Hinweise auf anzuwendende Gesetze, Tarifverträge und Betriebsvereinbarungen

In einem Arbeitsvertrag können die Vertragsparteien aber nicht alles frei vereinbaren. Zunächst sind die **gesetzlichen Regelungen** des Arbeitsschutzes zu beachten, die in verschiedenen Gesetzen und Rechtsverordnungen sowie in den von den Trägern der Unfallversicherung erlassenen Unfallverhütungsvorschriften zu finden sind.

Gesetze zum Arbeitsschutz
▶ LF 1, Kap. 1.11, 1.12

Wird ein Arbeitsvertrag zwischen Mitgliedern der Tarifvertragspartner (Gewerkschaften und Arbeitgeberverbände) geschlossen, so sind die Regelungen des **Tarifvertrages** auf das Arbeitsverhältnis anzuwenden. Das gilt auch, wenn im einzelnen Arbeitsvertrag nicht ausdrücklich auf den Tarifvertrag Bezug genommen wird. Grundsätzlich gelten Tarifverträge nur für die Mitglieder der Tarifparteien.

Tarifvertrag
▶ LF 1, Kap. 1.9

Darüber hinaus können zwischen dem Betriebsrat und dem Arbeitgeber jedoch **Betriebsvereinbarungen** geschlossen werden, die für die Arbeitnehmer eines bestimmten Unternehmens unmittelbar gelten. Diese Betriebsvereinbarungen müssen in schriftlicher Form getroffen und von Arbeitgeber und Betriebsrat unterzeichnet werden.

Betriebsrat
▶ LF 1, Kap. 1.10

Durch Betriebsvereinbarungen können z. B. geregelt werden:
- zusätzliche Maßnahmen zur Verhütung von Arbeitsunfällen und Gesundheitsschädigungen
- Maßnahmen zur Förderung der Vermögensbildung
- Pausenregelungen
- Regelungen zur flexiblen Arbeitszeit
- Sondervergütungen

Mit dem Abschluss des Arbeitsvertrages übernehmen Arbeitgeber und Arbeitnehmer eine Reihe von Pflichten.

Pflichten aus dem Arbeitsvertrag (Beispiele)			
Pflichten des Arbeitgebers		**Pflichten des Arbeitnehmers**	
• Vergütung • Beschäftigung • Fürsorge • Zeugnisausstellung	• Urlaubsgewährung • Gleichbehandlung • Datenschutz • Entgeltfortzahlung	• Dienstleistung (Arbeit) • Anweisungen befolgen • keine Rufschädigung des Arbeitgebers	• keine Schmiergelder annehmen • Verschwiegenheit • Wettbewerbsverbot

Arbeitsvertrag für Angestellte unter Verweisung auf den Tarifvertrag

Zwischen der Bergisches Papierkontor GmbH, Elberfelder Straße 85. 60, 42285 Wuppertal (Arbeitgeber)

und ~~Herrn~~/Frau Monika Korbmacher geb. am 13.04.1972
wohnhaft in Julius-Raschdorff-Straße 139
40595 Düsseldorf (Arbeitnehmer) wird folgender Arbeitsvertrag geschlossen.

§ 1 Inhalt und Beginn des Arbeitsverhältnisses
I. ~~Der~~/Die Arbeitnehmer(in) tritt ab 01.09.20XX als Sachbearbeiterin Verkauf auf unbestimmte Zeit in die Dienste des Arbeitgebers.
II. Der Arbeitsvertrag bezieht sich auf eine Tätigkeit in Wuppertal. Der Arbeitgeber behält sich vor, dem/der Arbeitnehmer(in) im Rahmen des Unternehmens auch an einem anderen Ort eine andere oder zusätzliche, der Vorbildung und den Fähigkeiten entsprechende Tätigkeit zu übertragen.

§ 2 Arbeitszeit
I. Die Arbeitszeit richtet sich nach den für den Betrieb geltenden tariflichen und betrieblichen Bestimmungen.
II. ~~Der~~/Die Arbeitnehmer(in) ist verpflichtet, im Rahmen des AZG und des MTV Mehrarbeit zu leisten.

§ 3 Arbeitsvergütung und Urlaubsanspruch
I. ~~Der~~/Die Angestellte erhält eine monatliche Vergütung nach dem Gehalts-Tarifvertrag.
a) Gehalt nach der Tarifgruppe V
b) eine außerordentliche monatliche Zulage in Höhe von 250,00 €.
II. Die Arbeitsvergütung ist jeweils am Monatsanfang auszuzahlen.
III. Der Urlaubsanspruch beträgt 25 Arbeitstage pro Kalenderjahr.

§ 4 Besondere Vergütungen
Neben dem in § 3 festgelegten Arbeitsentgelt werden noch folgende besondere Vergütungen gezahlt:
I. Urlaubsgeld 1.400,00 €
II. Sonderzahlungen 500,00 €
III. Sonstiges VL 40,00 €

§ 5 Arbeitsfähigkeit
I. ~~Der~~/Die Arbeitnehmer(in) ist verpflichtet, im Falle der Dienstverhinderung den Grund und die voraussichtliche Dauer der Verhinderung vorher bzw. unverzüglich mitzuteilen und im Falle der Erkrankung diese bis zum Ablauf des 3. Werktages nach Eintritt der Dienstverhinderung nachzuweisen.

§ 6 Verschwiegenheitspflicht, Wettbewerbsverbot
~~Der~~/Die Arbeitnehmer(in) ist verpflichtet, über alle Betriebs-und Geschäftsgeheimnisse sowie über alle betriebsinternen vertraulichen Angelegenheiten Stillschweigen zu bewahren. ~~Der~~/Die Arbeitnehmer(in) darf nicht vor der rechtlichen oder tatsächlichen Beendigung des Arbeitsverhältnisses als Konkurrentin des Arbeitgebers auftreten, weder selbstständig noch für fremde Rechnung.

§ 7 Beendigung des Arbeitsverhältnisses
I. Das Arbeitsverhältnis endet zum Ablauf des Monats, in dem ~~der~~/die Arbeitnehmer(in) das 65. Lebensjahr vollendet.
II. Das Arbeitsverhältnis kann mit der Frist von 1 Monat zum Monatsende gekündigt werden.
Bei längerer Betriebszugehörigkeit verändert sich die Kündigungsfrist entsprechend (siehe MTV und KSchG).

§ 8 Änderungen des Arbeitsvertrages
Änderungen dieses Vertrages bedürfen der Schriftform.

§ 9 Bestandteile des Vertrages
Die Angaben im Einstellungsfragebogen und in den Bewerbungsunterlagen sind Bestandteil des Arbeitsvertrages. Die unwahre Beantwortung der Fragen berechtigt zur Anfechtung oder außerordentlichen Kündigung des Arbeitsvertrages.

Wuppertal, den 27.08.20XX

P. Schönhauser	*Monika Korbmacher*
Arbeitgeber	Arbeitnehmer(in)

1.7 Die Gehaltsabrechnung

▶ LS 4

Lernvideo
Eine Gehaltsabrechnung richtig lesen

Beispiel

Zum Ende des ersten Monats ihrer Ausbildung erhält Cornelia Gruber von der Personalabteilung der BPK GmbH ihre erste Gehaltsabrechnung. Leider kann sie auf den ersten Blick überhaupt nicht erkennen, wie viel Geld sie denn nun auf ihr Girokonto bei der Stadtbank überwiesen bekommt. Die vielen Zahlen auf der Abrechnung erscheinen Cornelia zunächst sehr unübersichtlich – noch ist ihr nicht ganz klar, warum von ihrer Ausbildungsvergütung so viele Beträge abgezogen werden sollen.

Bergisches Papierkontor GmbH • Elberfelder Straße 85 • 42285 Wuppertal

Frau Cornelia Gruber
Bahnhofstraße 8a
42327 Wuppertal

Elberfelder Straße 85
42285 Wuppertal

Tel. +49 0202 1236XX-0
Fax +49 0202 1236XX-1

E-Mail info@bpkontor.dex
www.bpkontor.dex

– VERTRAULICH –
Personalnr. 532

Abrechnungsmonat September 20XX
Kostenstelle 0100
Sachbearbeiter/in Frau Trautmann

Entgeltabrechnung: Ausbildungsvergütung
Kauffrau im Groß- und Außenhandelsmanagement, Fachrichtung Großhandel
1. Ausbildungsjahr

		Betrag €
Steuerklasse 1 / kein Freibetrag Ev. Lutherisch Eintritt 01.08.20xx Geburtsdatum: 17.05.20xy		
Monatsentgelt		931,00
VL Arbeitgeberanteil		26,00
Gesamtbrutto		957,00
Steuerbrutto, laufende Bezüge	957,00	
Krankenversicherungsbrutto	957,00	
Krankenversicherung: AOK (7,3 %)		–69,86
Pflegeversicherung (1,775 %)		–16,99
Rentenversicherungsbrutto	957,00	
Rentenversicherung (9,3 %)		–89,00
Arbeitslosenversicherung (1,2 %)		–11,48
Gesetzliches Netto		769,67
VL Bausparen		–40,00
Empfänger: BUILD Bausparkasse 5718235		
Auszahlungsbetrag auf Konto: 155555 Stadtbank Wuppertal		729,67

Zur Ausbildungsvergütung bzw. dem Arbeitsentgelt werden die vermögenswirksamen Leistungen (VL) hinzugerechnet. Vermögenswirksame Leistungen werden vom Arbeitgeber zusätzlich gezahlt, damit Erwerbstätige ein Vermögen aufbauen können. In diesem Beispiel zahlt die BPK GmbH eine Teilleistung von 26,00 €.

Vom Bruttogehalt werden die Steuern und die Sozialversicherungsbeiträge berechnet.

Die Lohn- und Kirchensteuer sowie der Solidaritätszuschlag werden vom Bruttogehalt abgezogen und direkt an das Finanzamt überwiesen. Wenn das Bruttoeinkommen wie in diesem Beispiel unter 9.408,00 € (2020) im Jahr liegt, müssen keine Steuern abgeführt werden.

Die Beiträge zur Renten-, Kranken- und Arbeitslosenversicherung müssen vom Ausbildungsbetrieb bzw. dem Arbeitgeber und dem Auszubildenden je zur Hälfte bezahlt werden. Bei der Krankenversicherung können die Krankenkassen einen Zusatzbeitrag erheben, der zurzeit bei durchschnittlich 1,1 % liegt. Der Beitragssatz zur gesetzlichen Krankenversicherung beträgt also insgesamt 15,6 %. Bei der Pflegeversicherung zahlen kinderlose Versicherte über 22 Jahre einen Zuschlag von 0,25 % (Stand: 2020).

Der Auszahlungsbetrag ist der Nettoverdienst minus der VL.

Der Nettoverdienst entspricht dem Gesamtbruttogehalt abzüglich der Steuern und der Sozialversicherungsbeiträge.

Die VL werden z. B. auf einen Sparvertrag oder einen Bausparvertrag überwiesen.

Das Gehalt eines Arbeitnehmers kann aus zwei Perspektiven betrachtet werden.

Aus **Sicht des Arbeitgebers** verursachen sowohl die Ausbildungsvergütung für Auszubildende als auch die Gehaltszahlung an den Arbeitnehmer Personalkosten. Diese Personalkosten werden über die Handlungskosten mit in die Preise einkalkuliert und letztendlich zahlt jeder Kunde mit seinem Einkauf einen Teil des monatlichen Gehalts eines jeden Angestellten im Großhandelsunternehmen.

Aus **Sicht des Arbeitnehmers** stellt die monatliche Gehaltszahlung das Einkommen, seine Lebensgrundlage dar. Allerdings besteht ein wesentlicher Unterschied zwischen dem Bruttogehalt, das in seinem Arbeitsvertrag festgeschrieben ist, und dem Nettogehalt, das er am Monatsende tatsächlich zur Verfügung hat.

AN = Arbeitnehmer
AG = Arbeitgeber

Vermögenswirksame Leistungen
▶ LF 1, Kap. 1.7.4

Vom SV-Brutto werden die Beiträge zu den Sozialversicherungen berechnet.

Vom Steuer-Brutto werden die steuerlichen Abzüge berechnet.

Sozialversicherungsbeiträge (AN) werden vom SV-Brutto abgezogen.

Schema einer Entgeltabrechnung	
Bruttoentgelt lt. Arbeitsvertrag	
+ Sonderzahlungen, Zulagen (z. B. Weihnachts- oder Urlaubsgeld, vermögenswirksame Leistungen des Arbeitgebers)	
= **sozialversicherungspflichtiges Bruttoentgelt (SV-Brutto)**	Basis zur Berechnung der Sozialversicherungsbeiträge – Krankenversicherung – Pflegeversicherung – Rentenversicherung – Arbeitslosenversicherung
– Steuerfreibetrag	
= **steuerpflichtiges Bruttoentgelt (Steuer-Brutto)**	Basis zur Berechnung der steuerlichen Abzüge – Lohnsteuer – Solidaritätszuschlag – Kirchensteuer
→ **SV-Brutto** – Sozialversicherungsbeiträge (AN) – steuerliche Abzüge	
= **Nettoentgelt**	
– bereits früher gezahlter Vorschuss	
– vermögenswirksames Sparen (AG- und AN-Anteil)	
= **Nettoauszahlungsbetrag**	

1.7.1 Ermittlung des Bruttogehaltes

Tarifparteien
▶ LF 1, Kap. 1.9

Allgemeinverbindlichkeitserklärung
▶ LF 1, Kap. 1.9

Günstigkeitsprinzip
▶ LF 1, Kap. 1.9

Die Höhe des Bruttogehalts wird im Arbeitsvertrag schriftlich fixiert. Sind Arbeitnehmer und Arbeitgeber tariflich gebunden (Mitglied der Tarifparteien) oder wurde der Tarifvertrag für allgemein verbindlich erklärt, ist die Mindesthöhe des Gehalts abhängig von der Einstufung des Arbeitnehmers in eine **Beschäftigungsgruppe**. Diese richtet sich nach der Ausbildung und dem Aufgabengebiet des Arbeitnehmers.

Zudem ist die Gehaltshöhe abhängig von der **Beschäftigungsdauer** innerhalb der jeweiligen Gruppe (Beschäftigungsjahr). Trotz Tarifgebundenheit kann zwischen Arbeitnehmer und Arbeitgeber ein höherer Verdienst vereinbart werden als tariflich vorgeschrieben, ein niedrigerer Verdienst ist arbeitsrechtlich nicht möglich.

Zum Bruttoentgelt gehören alle Leistungen, die dem Arbeitnehmer bzw. Auszubildenden im Rahmen seines Arbeitsverhältnisses gezahlt werden. Auch die neben dem Bruttogehalt gezahlten sonstigen Vergütungen wie z.B. Urlaubsgeld, Weihnachtsgeld, Provisionen und Prämien, Fahrtkostenerstattung, vermögenswirksame Leistungen und Sachwerte erhöhen das Bruttoentgelt. Das Bruttoentgelt ist Grundlage für die Berechnung der gesetzlichen Sozialversicherungsbeiträge und wird auch als **sozialversicherungspflichtiges Bruttoentgelt** bezeichnet.

gesetzliche Sozialversicherungen
▶ LF 1, Kap. 1.7.3

1.7.2 Berechnung der steuerlichen Abzüge

Die steuerlichen Abzüge setzen sich zusammen aus:
- Lohnsteuer/Einkommensteuer
- Kirchensteuer
- Solidaritätszuschlag

Die Gehaltszahlung unterscheidet sich von der Ausbildungsvergütung im Wesentlichen durch den Abzug von Lohnsteuer, Kirchensteuer und Solidaritätszuschlag. Zumindest im 1. Ausbildungsjahr ist die Vergütung häufig noch so gering, dass keine Abzüge vorgenommen werden.

Grundlage für die Berechnung der steuerlichen Abzüge bilden das steuerpflichtige Bruttoentgelt und die individuellen Lebensverhältnisse eines jeden Arbeitnehmers:
- der Familienstand
- die Anzahl und die Höhe der Kinderfreibeträge
- der steuerliche Freibetrag
- die zugeordnete oder gewählte Steuerklasse

Der Staat erhebt auf die Einkommen aller natürlichen Personen, die im Inland wohnen und arbeiten, **Einkommensteuer**. Diese stellt eine der wichtigsten Einnahmequellen des Staates dar. Die **Lohnsteuer** ist eine besondere Form der Einkommensteuer, die nur die Einkünfte aus nicht selbstständiger Arbeit besteuert. Die Lohnsteuer wird jeden Monat vom steuerpflichtigen Bruttoentgelt abgezogen und vom Arbeitgeber direkt an das Finanzamt überwiesen. Der Einkommensteuertarif legt fest, mit welchem prozentualen Steuersatz das Einkommen besteuert wird.

Arbeitnehmer, die einer Steuer erhebenden Religionsgemeinschaft angehören, zahlen außerdem **Kirchensteuer**. Die derzeitige Kirchensteuer beträgt 9 % (in Bayern und Baden-Württemberg 8 %) von der zu zahlenden Lohnsteuer.

Bundesweit erheben die evangelischen, lutherischen und römisch-katholischen Landeskirchen Steuern.

Als Maßnahme zur Bewältigung der finanziellen Erblasten im Zusammenhang mit der deutschen Wiedervereinigung und zur langfristigen Sicherung des Aufbaus in den neuen Ländern wird ein **Solidaritätszuschlag** in Höhe von derzeit 5,5 % der Lohnsteuer erhoben. Im Jahr 2021 soll der Solidaritätszuschlag für die allermeisten Arbeitnehmer abgeschafft werden.

Die Angaben für die Berechnung der steuerlichen Abzüge (Lohnsteuerabzugsmerkmale) werden den Arbeitgebern über ein elektronisches Verfahren zum Abruf bereitgestellt.

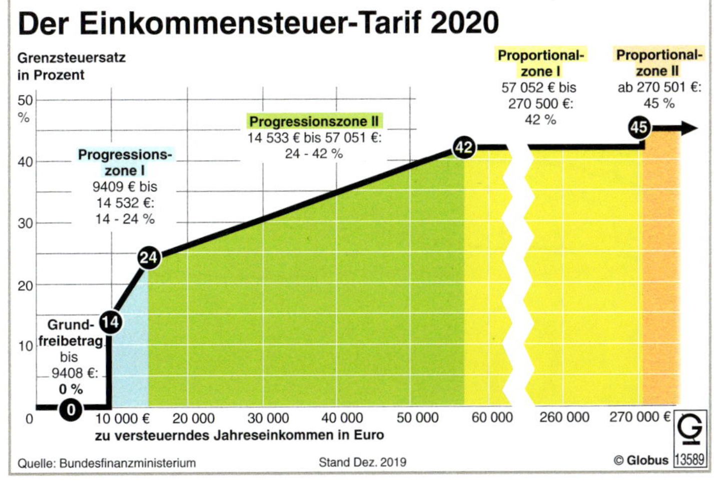

Die **Steuerklassen** spiegeln die familiären Lebensverhältnisse der Arbeitnehmer wider und führen zu einem unterschiedlichen Steuerabzug. Die geringsten steuerlichen Abzüge müssen bei der Steuerklasse III, die höchsten Abzüge bei Steuerklasse VI hingenommen werden.

Steuerklasse	Arbeitnehmer
I	ledige und geschiedene Arbeitnehmer sowie verwitwete Arbeitnehmer, sofern sie nicht in die Steuerklasse II oder III fallen
II	ledige, geschiedene und verwitwete Arbeitnehmer, denen der Entlastungsbetrag für Alleinerziehende zusteht. Der Entlastungsbetrag für Alleinerziehende steht grundsätzlich einem im Übrigen alleinstehenden Arbeitnehmer zu, in dessen Haushalt mindestens ein Kind mit Haupt- oder Nebenwohnung gemeldet ist, für das ihm ein Kinderfreibetrag zusteht oder für das er Kindergeld erhält.
III	Verheiratete, wenn der Ehepartner keine Einkünfte erzielt oder der arbeitende Ehepartner die Steuerklasse V gewählt hat, sowie verwitwete Arbeitnehmer für das Kalenderjahr, das auf das Todesjahr des Ehepartners folgt
IV	Verheiratete, wenn beide Ehepartner Arbeitslohn beziehen und anstelle der Steuerklasse III + V die Steuerklassen IV + IV gewählt haben
V	Verheiratete, wenn der Ehepartner die Steuerklasse III gewählt hat
VI	Arbeitnehmer, die gleichzeitig von mehreren Arbeitgebern Arbeitslohn erhalten, für die Einbehaltung der Lohnsteuer aus dem zweiten und aus weiteren Dienstverhältnissen.

Die Lohnsteuer, Kirchensteuer und der Solidaritätszuschlag werden vom Arbeitgeber bei jeder Lohnzahlung vom Bruttoentgelt einbehalten und an das Finanzamt bis spätestens zum 10. des Folgemonats abgeführt. Der Arbeitgeber ist somit der **Steuerschuldner**, der Arbeitnehmer ist der **Steuerträger**.

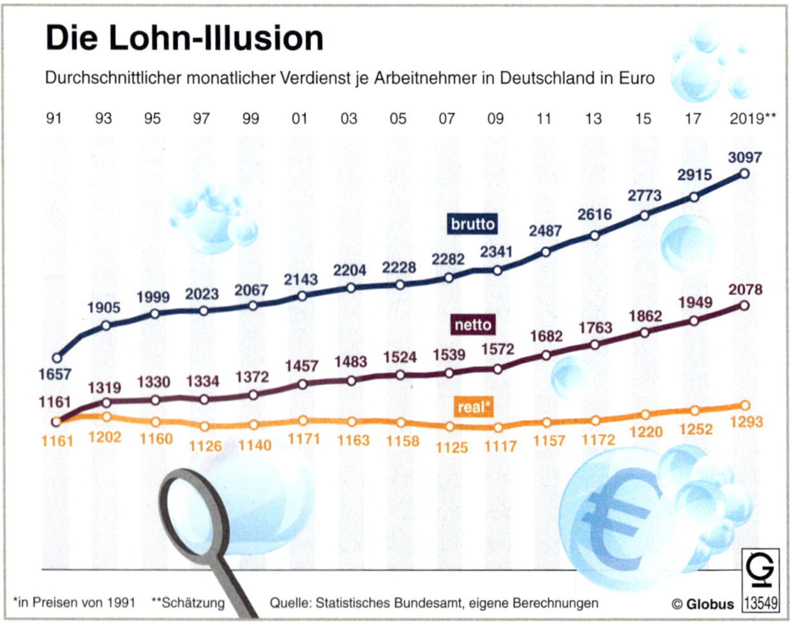

Am Jahresende erhält der Arbeitnehmer vom Arbeitgeber eine **Lohnsteuerbescheinigung** für das abgelaufene Kalenderjahr. Diese Bescheinigung dient dem Arbeitnehmer als Nachweis über das erhaltene Jahresbruttogehalt, die darauf gezahlten Steuern und Sozialversicherungsbeiträge. Der Arbeitnehmer benötigt diese Informationen für seine Einkommensteuererklärung.

1.7.3 Gesetzliche Sozialversicherungsbeiträge

Neben den steuerlichen Abzügen sind die gesetzlichen Sozialversicherungsbeiträge der zweite große Block an Abzügen, die der Arbeitnehmer zahlen muss. Der Arbeitnehmer muss für folgende Sozialversicherungen Beiträge zahlen:

- Krankenversicherung,
- Pflegeversicherung,
- Rentenversicherung und
- Arbeitslosenversicherung.

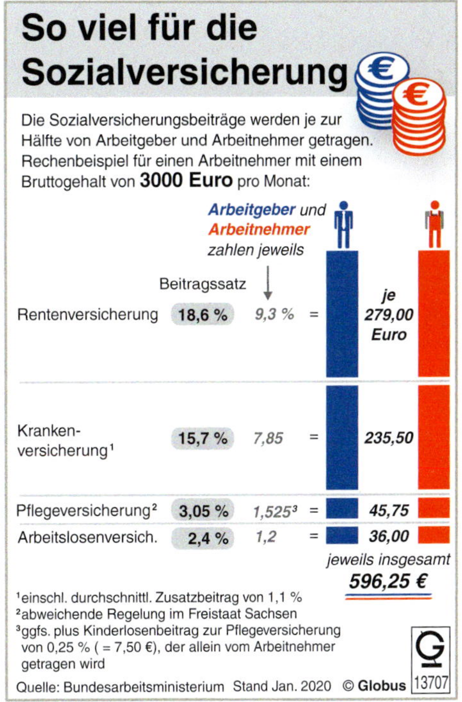

So viel für die Sozialversicherung
Die Sozialversicherungsbeiträge werden je zur Hälfte von Arbeitgeber und Arbeitnehmer getragen. Rechenbeispiel für einen Arbeitnehmer mit einem Bruttogehalt von 3000 Euro pro Monat:
Arbeitgeber und Arbeitnehmer zahlen jeweils
Beitragssatz
Rentenversicherung 18,6 % 9,3 % = je 279,00 Euro
Krankenversicherung¹ 15,7 % 7,85 = 235,50
Pflegeversicherung² 3,05 % 1,525³ = 45,75
Arbeitslosenversich. 2,4 % 1,2 = 36,00
jeweils insgesamt 596,25 €
¹einschl. durchschnittl. Zusatzbeitrag von 1,1 %
²abweichende Regelung im Freistaat Sachsen
³ggfs. plus Kinderlosenbeitrag zur Pflegeversicherung von 0,25 % (= 7,50 €), der allein vom Arbeitnehmer getragen wird
Quelle: Bundesarbeitsministerium Stand Jan. 2020 © Globus 13707

Aber nicht nur der Arbeitnehmer zahlt für seine soziale Absicherung in diese Sozialversicherungskassen ein, sondern **auch der Arbeitgeber**, der noch einmal fast die gleichen Beiträge beisteuert. Mit anderen Worten: Arbeitgeber und Arbeitnehmer teilen sich die Kosten der sozialen Absicherung des Arbeitnehmers.

Dies ist zum einen eine bemerkenswerte soziale Errungenschaft unseres Landes, zum anderen erhöht dieses System aber aus Sicht des Unternehmers die Personalkosten erheblich. Diese setzen sich somit u. a. zusammen aus den Gehaltszahlungen und dem Arbeitgeberanteil zu den Sozialversicherungen (Lohnnebenkosten).

Sozialversicherungsbeiträge 2020

Versicherungszweig	Gesamtbeitragssatz	Arbeitgeberanteil	Arbeitnehmeranteil	Bemessungsgrenzen (Monat)	
				West	Ost
Rentenversicherung	18,6 %	9,3 %	9,3 %	6.900,00 €	6.450,00 €
Arbeitslosenversicherung	2,4 %	1,2 %	1,2 %		
Krankenversicherung	14,6 % + x[1]	7,3 % + $\frac{x}{2}$	7,3 % + $\frac{x}{2}$	4.687,50 €	
Pflegeversicherung[2]	3,05 % + 0,25 %[2]	1,525 %	1,525 % + 0,25 %		

[1] x = Zusatzbeitrag (2020 betrug der durchschnittliche Zusatzbeitrag aller Krankenkassen 1,1 %)
[2] Den Zuschlagssatz von 0,25 %-Punkten zahlen Kinderlose ab dem 23. Lebensjahr.

Die Beitragssätze für die Sozialversicherungen beziehen sich auf das sozialversicherungspflichtige Bruttoentgelt. Je mehr ein Arbeitnehmer also verdient, desto höhere Beiträge muss er entrichten. Es findet jedoch ein sozialer Ausgleich zwischen den Versicherten statt: Trotz unterschiedlich hoher Beiträge erhalten alle Mitglieder die gleichen Versicherungsleistungen (**Solidaritätsprinzip**).

Das sozialversicherungspflichtige Bruttoentgelt wird zur Berechnung der Sozialversicherungsbeiträge aber nur bis zu einer bestimmten Höhe herangezogen (**Beitragsbemessungsgrenze**). Liegt das Bruttoentgelt eines Arbeitnehmers über der jeweiligen Beitragsbemessungsgrenze, so wird der Beitragssatz nur bis zu dieser Bemessungsgrenze erhoben. Das darüber liegende Gehalt bleibt beitragsfrei.

Arbeitnehmer, die gegen Entgelt oder zu ihrer Berufsausbildung beschäftigt sind, sind grundsätzlich in der gesetzlichen Kranken-, Renten-, Arbeitslosen- und Pflegeversicherung **pflichtversichert**. Ab einem gewissen Einkommen steht es dem Arbeitnehmer jedoch frei, die gesetzliche Kranken- und Pflegekasse zu verlassen und sich privat zu versichern. Voraussetzung ist, dass der Arbeitnehmer mit seinem Einkommen über der **Versicherungspflichtgrenze** liegt. Für die Renten- und Arbeitslosenversicherung besteht eine solche Möglichkeit nicht. Hier bleibt jeder abhängig Beschäftigte, unabhängig von seinem Verdienst, pflichtversichert.

Die Versicherungspflichtgrenze (2020)
liegt bei einem monatlichen Bruttoeinkommen von 4.687,50 € (62.550,00 €/Jahr)

Genau wie die Steuerabzüge werden auch die vom Arbeitnehmer zu tragenden Sozialversicherungsbeiträge direkt **vom Arbeitgeber einbehalten**. Der Arbeitgeber führt die Arbeitnehmer- und Arbeitgeberanteile an die Krankenkasse des jeweiligen Arbeitnehmers bis zum drittletzten Bankarbeitstag des jeweiligen Monats ab. Die jeweilige Krankenkasse hat dann die Aufgabe, die verschiedenen Beiträge an die entsprechenden Sozialversicherungsträger zu überweisen.

1.7.4 Vermögenswirksame Leistungen

Aus gesellschaftspolitischen Gründen hält der Staat es für unterstützenswert, dass sich Arbeitnehmer ein eigenes Vermögen aufbauen. Deshalb hat der Staat Gesetze geschaffen, mit denen die Arbeitnehmer zum Sparen angeregt werden sollen. Ein solches Gesetz ist das **5. Vermögensbildungsgesetz (VermBG)**, das alle Arbeitnehmer begünstigt, die abhängig beschäftigt sind. Vermögensbildung nach diesem Gesetz wird unter bestimmten Voraussetzungen sowohl vom Staat als auch vom Arbeitgeber gefördert. Voraussetzung für die Förderung durch den Arbeitgeber ist die tarifliche, betriebsvereinbarte bzw. arbeitsvertragliche Vereinbarung über die Zahlung vermögenswirksamer Leistungen.

Vermögenswirksame Leistungen (VL) sind Geldleistungen, die dem Arbeitnehmer in der Regel nicht zur freien Verfügung ausgezahlt, sondern für ihn langfristig angelegt werden. Sie sind für den Arbeitnehmer arbeitsrechtlich Bestandteil des Gehalts und somit lohnsteuer- und sozialversicherungspflichtig.

  vermögenswirksame Leistung (vom Arbeitgeber)
\+ freiwilliger Sparbetrag (vom Arbeitnehmer)
= vermögenswirksame Sparleistung

In der Gehaltsabrechnung müssen die vermögenswirksamen Leistungen und die vermögenswirksame Sparleistung auseinandergehalten werden. Die **vermögenswirksame Sparleistung** setzt sich zusammen aus der vom Arbeitgeber geleisteten vermögenswirksamen Leistung und dem freiwillig erbrachten Anteil des Arbeitnehmers. Die Sparleistung wird vom Nettoentgelt abgezogen und vom Arbeitgeber einbehalten, sie mindert also den Auszahlungsbetrag. Der Arbeitgeber muss dann, je nach Anlageart, die einbehaltene Sparleistung z. B. auf das Bausparkonto des Arbeitnehmers überweisen.

Erfolgt die Anlage der vermögenswirksamen Sparleistung in bestimmten Anlageformen, erhält der Arbeitnehmer u. U. auch eine staatliche Förderung, die sogenannte **Arbeitnehmersparzulage**.

Voraussetzungen zur staatlichen Förderung (Arbeitnehmersparzulage)			
Anlageform	**Arbeitnehmer-sparzulage**	**Maximal geförderte Sparleistung**	**Wer erhält die Arbeitnehmersparzulage (Einkommensgrenze)?**
Bausparvertrag	9 %	470 € im Jahr	Ledige: 17.900 € pro Jahr Verheiratete: 35.800 € pro Jahr
Investment-sparverträge	20 %	400 € im Jahr	Ledige: 20.000 € pro Jahr Verheiratete: 40.000 € pro Jahr

Die Anlageformen Bausparvertrag und Investmentsparverträge sind kombinierbar, d.h., beide Formen können gleichzeitig angespart und gefördert werden. Die maximale Sparzulage des Staates beträgt dann 122,30 €.

1.8 Personalentwicklung

Das Personal ist der wesentliche Erfolgsfaktor in einem Unternehmen. Alle Mitarbeiter sollen so produktiv wie möglich arbeiten, deswegen ist eine konsequente Personalentwicklung wichtig.

Personalentwicklungsmaßnahmen werden in Ausbildungs-, Fortbildungs- und Weiterbildungsmaßnahmen sowie Umschulungen unterteilt.

Als **Ausbildung** wird die erste berufliche Grundqualifizierung bezeichnet, die den Ausgebildeten befähigt, als Fachkraft einen Beruf auszuüben. Hierzu zählen alle Bildungsgänge, die mit einer Berufsabschlussprüfung vor der IHK oder der Handwerkskammer abgeschlossen werden und im Wechsel der Lernorte Betrieb und Berufsschule organisiert sind.

Eine **Fortbildung** passt die durch Ausbildung erworbene Qualifikation den technisch-organisatorisch-rechtlichen Veränderungen des Berufsfeldes an. Entsprechend spricht man hier auch von einer **Anpassungsfortbildung**. Wird das Qualifikationsniveau auch ohne Bezug auf eine konkrete betriebliche Änderung angehoben, spricht man von einer **Aufstiegsfortbildung**. Obwohl sich hier die Grenzen zwischen den Begriffen verwischen, unterscheiden sich Fortbildung und Weiterbildung dadurch, dass Fortbildung aus einer bestimmten Arbeitsaufgabe heraus erfolgt, d.h. im gleichen Berufsfeld liegt.

Berufliche **Weiterbildung** ist mit der Aufstiegsfortbildung eng verwandt. Auch hier wird ein höheres Qualifikationsniveau angestrebt. Im Allgemeinen ist eine Weiterbildung aber breiter und langfristiger angelegt und führt aus dem bisherigen Berufsumfeld heraus. Als Weiterbildung gelten im Übrigen auch berufsunspezifische Seminare wie „Stressbewältigung am Arbeitsplatz“ oder „Perfektes Deutsch im Büro“.

Bei einer **Umschulung** wird aufgrund der Arbeitsmarktsituation oder persönlicher Einschränkungen des Arbeitnehmers (z.B. entstandene Allergien) eine vollkommene berufliche Neuausrichtung angestrebt, die wie die (Erst-)Ausbildung mit der Abschlussprüfung in einem anerkannten Ausbildungsberuf endet.

Einer anderen Einteilung nach lassen sich die Maßnahmen zur Personalentwicklung nach ihrem Einwirkungsort unterscheiden. Maßnahmen „on the job" finden am Arbeitsplatz, **„near the job"** in der weiteren Arbeitsumgebung und „off the job" außerhalb der eigentlichen Arbeitsstätte statt.

Maßnahmen zur Personalentwicklung (Beispiele)		
on the job	**near the job**	**off the job**
Einarbeitung	Lernwerkstatt	Seminar
Jobrotation	Workshop	Selbststudium
Traineeprogramm	Projektarbeit	Konferenz, Fachtagung
Stellvertretung	Hospitation	Diskussionsforum

Lebenslanges Lernen

Wer die richtige Fort- oder Weiterbildung für sich gefunden hat, wird vom Staat und häufig auch vom Arbeitgeber beim **lebenslangen Lernen** unterstützt. Oft beteiligen sich Arbeitgeber an den Kosten der Weiterbildung oder stellen ihre Mitarbeiter zumindest für die Dauer der Maßnahme frei. Übernimmt der Arbeitgeber die Kosten, wird in der Regel vertraglich vereinbart, dass sich der Arbeitnehmer für einen bestimmten Zeitraum an das Unternehmen bindet. Andernfalls müssen die Kosten ganz oder anteilig zurückgezahlt werden.

Die **staatliche Unterstützung** von Fort- und Weiterbildungen umfasst zahlreiche Fördermöglichkeiten. Die Bildungsberatungsstellen der Bundesländer informieren über länderspezifische finanzielle Fördermöglichkeiten, z.B. über Bildungs- oder Qualifizierungsschecks. Bundesweit gibt es folgende Unterstützung (im Überblick):

www.bildungspraemie.info

Maßnahmen im Rahmen der Bildungsprämie		
Bezeichnung	**Für wen?**	**Wie sieht die Unterstützung aus?**
Prämiengutschein	Arbeitnehmer mit einem Jahreseinkommen von max. 20.000,00 €	Kostenübernahme bis max. 500,00 € für berufliche Weiterbildungen alle zwei Jahre
Weiterbildungssparen	Arbeitnehmer mit Anspruch auf Arbeitnehmer-Sparzulage nach dem VermBG	Vorzeitige Entnahme aus dem angesparten Guthaben aus den Vermögenswirksamen Leistungen für aufwendige bzw. längerfristige Weiterbildungen
Weiterbildungsdarlehen	Antragsteller, die die entsprechenden Voraussetzungen erfüllen	Zinsgünstige Darlehen über öffentlich-rechtliche Banken, insbesondere für teure Weiterbildungen

Eine weitere Maßnahme der Weiterbildung wurde mit dem Recht auf **Bildungsurlaub** eingeführt. In den meisten Bundesländern stehen Arbeitnehmern eine bestimmte Anzahl von Arbeitstagen für eine Bildungsfreistellung zu. Häufig sind dies fünf Tage pro Jahr. Während des Bildungsurlaubs wird das Entgelt fortgezahlt. Die Kosten der Bildungsmaßnahme trägt der Arbeitnehmer i. d. R. allein.

1.9 Tarifvertragliche Regelungen

AB ▶ LS 5

1.9.1 Was ist ein Tarifvertrag?

Grundlage für die Entlohnung, den Urlaubsanspruch, die Arbeitszeiten und Arbeitsbedingungen der Arbeitnehmer ist – neben den gesetzlichen Bestimmungen – der **Tarifvertrag**. Ein Tarifvertrag ist ein schriftlicher Vertrag zwischen den sogenannten **Tarif- oder Sozialpartnern**. Dabei handelt es sich um einen einzelnen Arbeitgeber oder einen Arbeitgeberverband auf der einen Seite und um eine Gewerkschaft als Interessenvertretung der Arbeitnehmer auf der anderen Seite. Gegenstand eines solchen Tarifvertrages ist die Regelung arbeitsrechtlicher Fragen. In der Regel gilt ein Tarifvertrag für einen ganzen Wirtschaftszweig.

Rechtliche Grundlagen des Tarifvertrags bilden das Grundgesetz (Art. 9 Abs. 3 GG) sowie das Tarifvertragsgesetz (TVG).

Den Tarifpartnern ist es also gestattet, die **Tarife** für Arbeitsleistungen durch vertragliche Verhandlungen eigenverantwortlich und ohne Einflussnahme des Gesetzgebers zu bestimmen. Deshalb spricht man auch von der **Tarifautonomie**. Man unterscheidet verschiedene Arten von Tarifverträgen.

Tarif
einheitliche Bedingungen für bestimmte Leistungen

Autonomie
Selbstbestimmung

Ein **Manteltarifvertrag** ist ein auf längere Zeit angelegter Tarifvertrag. Darin werden diejenigen Arbeitsbedingungen geregelt, die nicht ständiger Änderung unterliegen, wie z.B.

- Arbeitszeit (einschließlich Pausen),
- Urlaub,
- Kündigungsfristen,
- Zuschläge bei Mehr-, Nacht- und Feiertagsarbeit,
- vermögenswirksame Leistungen,
- Altersversorgung.

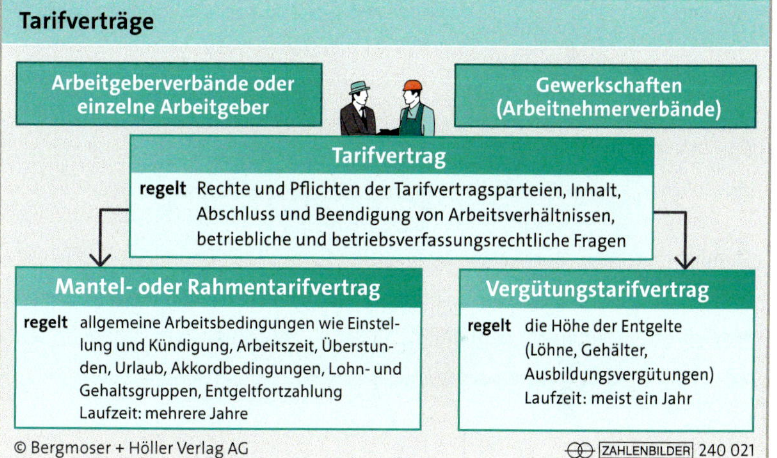

Tarifverträge
Arbeitgeberverbände oder einzelne Arbeitgeber
Gewerkschaften (Arbeitnehmerverbände)
Tarifvertrag
regelt Rechte und Pflichten der Tarifvertragsparteien, Inhalt, Abschluss und Beendigung von Arbeitsverhältnissen, betriebliche und betriebsverfassungsrechtliche Fragen
Mantel- oder Rahmentarifvertrag
regelt allgemeine Arbeitsbedingungen wie Einstellung und Kündigung, Arbeitszeit, Überstunden, Urlaub, Akkordbedingungen, Lohn- und Gehaltsgruppen, Entgeltfortzahlung
Laufzeit: mehrere Jahre
Vergütungstarifvertrag
regelt die Höhe der Entgelte (Löhne, Gehälter, Ausbildungsvergütungen)
Laufzeit: meist ein Jahr
© Bergmoser + Höller Verlag AG
ZAHLENBILDER 240 021

Ein **Lohn- oder Gehaltstarifvertrag** regelt das Arbeitsentgelt für einen bestimmten Zeitraum. Er regelt Lohnsätze und Gehälter für die verschiedenen nach Ausbildung, Art der Tätigkeit oder Lebensjahren gebildeten Gruppen von Arbeitnehmern, aber auch Zuschläge, Urlaubs- und Weihnachtsgeld sowie die Auszubildendenvergütungen.

Im **Gehalts- oder Lohnrahmentarifvertrag** sind die Bewertungsgrundsätze für die Entlohnung festgeschrieben, d.h. die **Eingruppierung** in eine bestimmte Lohn- oder Gehaltsgruppe. Diese Einteilung ist sinnvoll, weil sich die Rahmenbedingungen der Entlohnung in der Regel nicht so schnell ändern wie die oft jährlich neu verhandelten Lohn- und Gehaltssätze. Für den Groß- und Außenhandel gelten außerdem gesonderte Tarifverträge zu den vermögenswirksamen Leistungen und zur Altersteilzeit.

Geltungsbereich des Tarifvertrages

Ein Tarifvertrag gilt nur innerhalb eines bestimmten **geografischen Gebiets**. Nach dem Geltungsbereich unterscheidet man Landes-, Bezirks- Orts- und Werkstarife. Die Regelungen des Tarifvertrages gelten unmittelbar und zwingend für die Arbeitsverhältnisse von Mitgliedern der Tarifvertragspartner. Hierbei spricht man von **Tarifgebundenen**. Somit findet der Tarifvertrag auf ein Arbeitsverhältnis auch dann Anwendung, wenn im einzelnen Arbeitsvertrag nicht ausdrücklich auf den Tarifvertrag Bezug genommen wird.

Wirkung entfaltet ein Tarifvertrag aber nicht nur zwischen den Tarifpartnern. Durch eine sogenannte **Allgemeinverbindlichkeitserklärung** des Bundesministeriums für Wirtschaft kann ein Tarifvertrag auch über die Vertragsbeteiligten hinaus erstreckt werden. Sie sichert den nicht gewerkschaftlich organisierten Arbeitnehmern die rechtliche Gleichstellung mit den Gewerkschaftsmitgliedern zu. In vielen Betrieben werden die nicht tarifgebundenen Mitarbeiter den tarifgebundenen auch über eine Betriebsvereinbarung oder eine Klausel im Arbeitsvertrag gleichgestellt.

Betriebsvereinbarung
▶ LF 1, Kap. 1.10

Bestimmungen des Arbeitsvertrages oder Betriebsvereinbarungen, die Tarifvertragsregelungen widersprechen, sind unwirksam, es sei denn, die individuelle Regelung sieht eine Leistung **über** Tarif vor. Eine zugunsten des Arbeitnehmers wirkende Abweichung ist also jederzeit möglich (**Günstigkeitsprinzip**).

Geltungsbereiche des Tarifvertrages	
persönlich	Grundsätzliche Wirkung nur zwischen den Tarifgebundenen, es sei denn, es besteht eine Allgemeinverbindlichkeitserklärung oder eine entsprechende betriebliche Vereinbarung.
räumlich	Bund, Bundesland, Bezirk, Ort oder einzelner Betrieb
zeitlich	In der Regel ist eine bestimmte Dauer im Vertrag festgelegt
fachlich	Geltung für bestimmte Gruppen von Arbeitnehmern (z. B. kaufmännische Angestellte und technische Angestellte)
betrieblich	Zugehörigkeit des Betriebes zum Wirtschaftszweig, für den der Tarifvertrag abgeschlossen ist

1.9.2 Wie entsteht ein Tarifvertrag?

Ein Tarifvertrag dient auch der Begründung einer sogenannten **Friedenspflicht** zwischen Arbeitnehmern und Arbeitgebern. Während der Laufzeit eines Tarifvertrags darf es keine Arbeitskämpfe wegen Angelegenheiten geben, die in dem betreffenden Tarifvertrag geregelt wurden.

Läuft ein Tarifvertrag aus, formulieren die entsprechenden Ausschüsse der Tarifpartner ihre Forderungen und Absichten für den Abschluss eines neuen Tarifvertrags. Es beginnen die **Tarifverhandlungen**. Bereits während der laufenden Verhandlungen kann es zu **Warnstreiks** kommen, mit denen die Gewerkschaften ihren Forderungen Nachdruck verleihen wollen.

Kommt es bei den Verhandlungen zu keiner Einigung, wird ein Schlichtungsverfahren eingeleitet. Die **Schlichtungskommission** besteht in der Regel aus der jeweils gleichen Anzahl von Arbeitgeber- und Arbeitnehmervertretern plus einer neutralen Person, auf die sich beide Seiten einigen müssen.

Im Schlichtungsverfahren versuchen die Tarifparteien, einen Kompromiss zu erzielen. Gelingt dies nicht, wird in einer Urabstimmung über Arbeitskampfmaßnahmen entschieden. Stimmen mindestens 75 % der gewerkschaftlich organisierten Arbeitnehmer dafür, wird von der Gewerkschaft ein Streik ausgerufen. Der Streik ist ein rechtlich anerkanntes Mittel der Gewerkschaften, ihren Forderungen Nachdruck zu verleihen (Arbeitskampf).

Die **Rechtmäßigkeit des Streiks** hat fünf Voraussetzungen:

- Der Streik muss von einer Gewerkschaft ausgerufen worden sein. Ein „wilder" Streik, der nur von einzelnen Arbeitnehmern ausgerufen wird, ist rechtswidrig.
- Die angestrebten Änderungen der Arbeitsbedingungen müssen durch Tarifvertrag regelbar sein.
- Die Gewerkschaft darf nicht der Friedenspflicht eines noch laufenden Tarifvertrages unterliegen.
- Die Gewerkschaft muss sich an das durch ihre Satzung vorgeschriebene Verfahren gehalten haben.
- Der Streik muss dem angestrebten Ziel angemessen sein und die Verhandlungsmöglichkeiten müssen ausgeschöpft sein.

Das selten angewandte Kampf- und Beugemittel der Arbeitgeber ist die **Aussperrung**. Sie liegt vor, wenn ein Arbeitgeber planmäßig Arbeitnehmergruppen nicht arbeiten lässt und die Lohnzahlung verweigert. Regelmäßig wird die Aussperrung von den Arbeitgebern nur als Verteidigungsmittel eingesetzt. Sie darf nicht gegen den **Grundsatz der Verhältnismäßigkeit** verstoßen und nicht gezielt nur gegen Gewerkschaftsmitglieder gerichtet sein.

Verhältnismäßigkeit

Streik und Aussperrungen betreffen nicht nur die unmittelbar Beteiligten. Deshalb unterliegen sie dem obersten Gebot der Verhältnismäßigkeit. Es sind wirtschaftliche Gegebenheiten zu berücksichtigen und das Gemeinwohl darf nicht offensichtlich verletzt werden.

Der Arbeitgeber will sich bei einer Aussperrung nicht von den betroffenen Arbeitnehmern trennen. Im Unterschied zu einer Kündigung wird das Arbeitsverhältnis nur unterbrochen. Daher fallen Aussperrungen als Maßnahmen des Arbeitskampfes nicht unter das Kündigungsschutzgesetz. Für ausgesperrte Arbeitnehmer sichert eine sogenannte Wiedereinstellungsklausel im neuen Tarifvertrag die Fortsetzung des Arbeitsverhältnisses.

Der Weg zum neuen Tarifvertrag

Tarifverhandlungen Sozialpartner → neuer Tarifvertrag
Tarifverhandlungen Sozialpartner ↓ Scheitern ↓ ggf. Schlichtungsverfahren → neuer Tarifvertrag
ggf. Schlichtungsverfahren ↓ Scheitern ↓ Urabstimmung über Streik → Streik → Aussperrung
Aussperrung ↑ Neuverhandlung ↑ Urabstimmung über Verhandlungsergebnisse ↑ Streikende ↑ neuer Tarifvertrag

AB ▶ LS 6

Lernvideo Betriebliche Mitbestimmung

1.10 Betriebliche Mitbestimmung

Das **Betriebsverfassungsgesetz (BetrVG)** regelt die Interessenvertretung der Arbeitnehmer in den Betrieben der privaten Wirtschaft. Es ermöglicht die Bildung von **Betriebsräten**, die als gewählte Vertretungsorgane der Beschäftigten über abgestufte Mitbestimmungs- und Mitwirkungsrechte verfügen. Das Betriebsverfassungsgesetz stellt damit eine wichtige gesetzliche Regelung für die Auszubildenden und Arbeitnehmer im Groß- und Außenhandel dar.

§ 1 BetrVG Errichtung von Betriebsräten

In Betrieben mit in der Regel mindestens fünf ständigen wahlberechtigten Arbeitnehmern, von denen drei wählbar sind, werden Betriebsräte gewählt.

Wahlberechtigt sind alle Arbeitnehmer und Auszubildenden, die mindestens 18 Jahre alt sind (**aktives Wahlrecht**). Wählbar sind alle Mitarbeiter, die mindestens sechs Monate dem Betrieb angehören (**passives Wahlrecht**).

§ 9 BetrVG

Der Betriebsrat wird regelmäßig zwischen dem 1. März und dem 31. Mai eines Jahres gewählt. Seine Amtszeit beträgt vier Jahre. Die Zahl seiner Mitglieder richtet sich dabei nach der Anzahl der Mitarbeiter im Betrieb. Je mehr Mitarbeiter ein Betrieb hat, desto mehr Betriebsratsmitglieder können auch gewählt werden.

Der Betriebsrat veranstaltet regelmäßig **Betriebsversammlungen** für alle Beschäftigten. Dort werden Angelegenheiten behandelt, die den Betrieb oder seine Arbeitnehmer unmittelbar betreffen. Die Betriebsversammlung selbst besitzt keine eigene Entscheidungskompetenz. Allerdings kann der Betriebsrat auf Grundlage eines Beschlusses der Betriebsversammlung mit dem Arbeitgeber eine **Betriebsvereinbarung** abschließen, in der spezielle Bedingungen für die Arbeitsverhältnisse im Betrieb festgelegt werden.

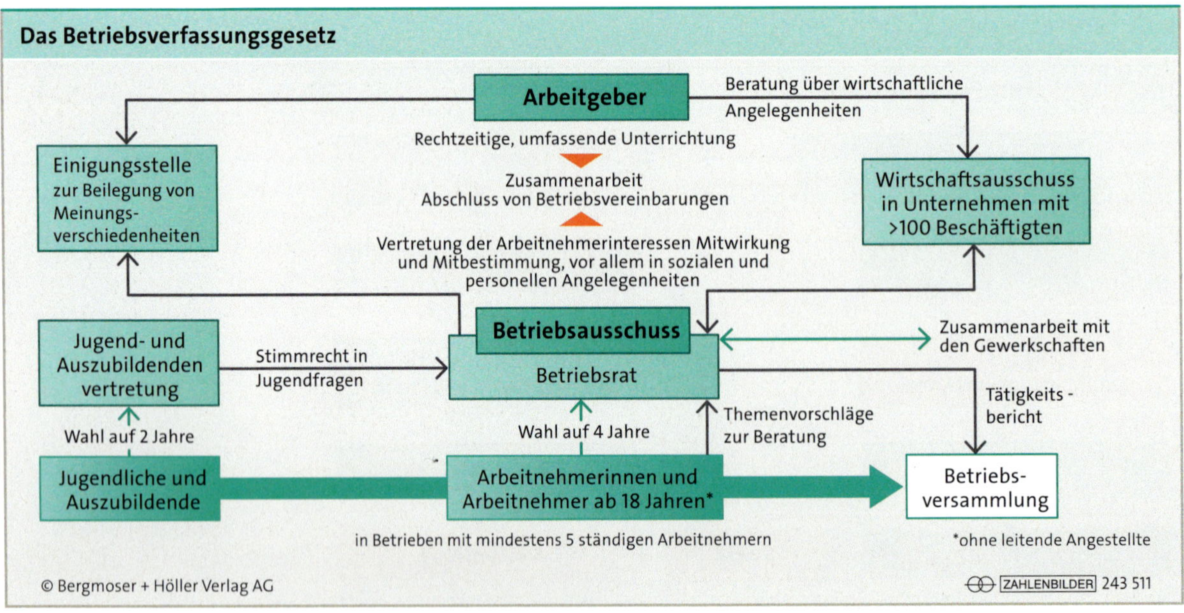

Die **Rechte des Betriebsrates** reichen von der Informationspflicht des Arbeitgebers in wirtschaftlichen Angelegenheiten bis zu Mitbestimmungsrechten in sozialen Angelegenheiten.

Rechte des Betriebsrates

Mitbestimmungsrecht in sozialen Angelegenheiten	Mitwirkungsrecht in personellen Angelegenheiten	Unterrichtungsrecht in wirtschaftlichen Angelegenheiten
Der Betriebsrat hat, soweit eine gesetzliche oder tarifliche Regelung nicht besteht, u. a. in folgenden Fällen mitzubestimmen: 1. Betriebsordnung und Arbeitnehmerverhalten 2. Beginn, Ende und Verteilung der täglichen Arbeitszeit, Pausen 3. Urlaubsplan 4. Einführung von technischen Einrichtungen zur Überprüfung von Verhalten und Leistung der Arbeitnehmer 5. Unfallverhütung 6. Sozialeinrichtungen im Betrieb 7. betriebliche Entlohnungsgrundsätze 8. Akkord- und Prämiensätze 9. betriebliches Vorschlagswesen	Der Betriebsrat ist bei der Durchführung einer Maßnahme zu beteiligen durch: 1. Informationsrechte: Einstellung, Ein- und Umgruppierung, Versetzung (z. B. Einsicht in Personalakten) 2. Vorschlagsrechte: Durchführung betrieblicher Bildungsmaßnahmen 3. Aktionsrechte: Kündigung	Der Arbeitgeber muss den Betriebsrat bzw. Wirtschaftsausschuss unterrichten, sich mit ihm beraten (Beratungsrecht) über: 1. wirtschaftliche und finanzielle Lage 2. Produktions- und Absatzlage 3. Investitionen und Rationalisierungen 4. Arbeitsmethoden 5. Stilllegen, Verlegen und Zusammenschließen von Betrieben 6. Änderungen der Betriebsorganisation 7. Gestaltung des Arbeitsplatzes

Quelle: in Anlehnung an: Workshop Zukunft, Hans-Böckler-Stiftung, Themenheft 10, Mitbestimmen, Mitgestalten, Mitverantworten, S. 8

Jugend- und Auszubildendenvertretungen (JAV) werden in Betrieben mit mindestens fünf jugendlichen Arbeitnehmern oder Auszubildenden gewählt. Die Amtszeit beträgt zwei Jahre. Die Mitgliederzahl richtet sich dabei nach der Zahl der Jugendlichen und Auszubildenden im Betrieb. Je größer diese Personengruppe, desto größer ist auch die Anzahl ihrer Vertreter.

Die JAV sind Teil des Betriebsrates und sollen allen Arbeitnehmern unter 18 Jahren und Auszubildenden bis zu 25 Jahren die Möglichkeit einer aktiven Beteiligung am Betriebsgeschehen geben.

Die JAV ist kein selbstständiges Organ der Betriebsverfassung, sondern bleibt dem Betriebsrat nachgeordnet und kann nur durch dessen Vermittlung auf den Arbeitgeber einwirken. Die Wahlen zur JAV finden in der Zeit zwischen dem 1. Oktober und dem 30. November statt.

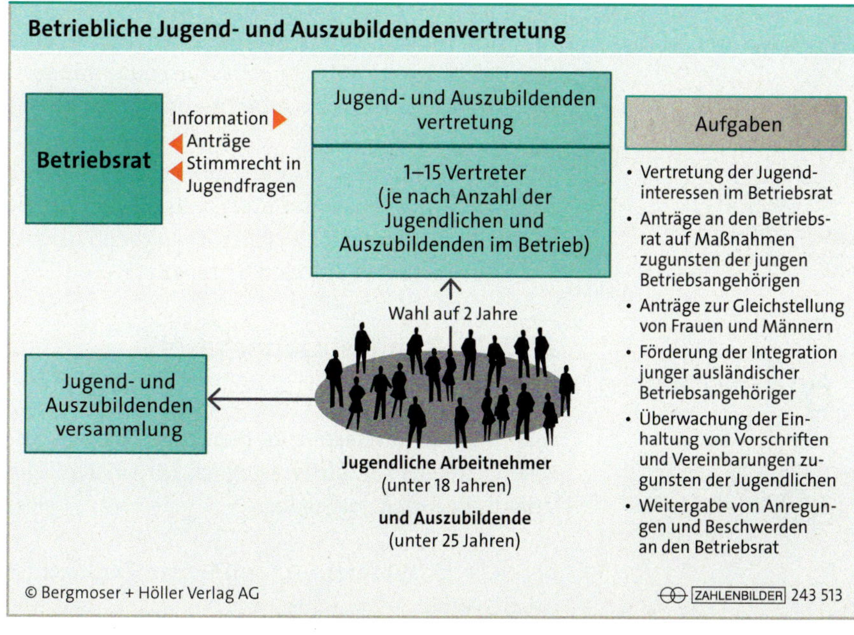

1.11 Sozialer Arbeitsschutz

Das Leben, die Gesundheit und die Arbeitskraft der Arbeitnehmer sollen durch die Arbeit nicht gefährdet werden. Daher gibt es eine Vielzahl von Gesetzen und Rechtsverordnungen zum Arbeitsschutz, die beachtet werden müssen.

Auch der gesetzliche Kündigungsschutz fällt unter die Arbeitnehmerschutzgesetze.

Der soziale Arbeitsschutz legt die allgemeinen Arbeitsbedingungen der Arbeitnehmer bzw. einzelner, besonders schutzbedürftiger Gruppen, wie z. B. Jugendlicher oder Schwangerer, fest.

1.11.1 Arbeitszeitgesetz

Das Arbeitszeitgesetz (ArbZG) begrenzt die tägliche Arbeitszeit der Arbeitnehmer und schützt außerdem den Sonntag und die staatlichen Feiertage als Tage der Arbeitsruhe. Es enthält folgende wesentliche Regelungen:

Werktage
alle Kalendertage, die nicht Sonn- oder gesetzliche Feiertage sind

Die **werktägliche Arbeitszeit** darf acht Stunden nicht überschreiten; daraus resultiert eine wöchentliche Höchstarbeitszeit von 6 x 8 = 48 Stunden. Die werktägliche Arbeitszeit kann auf zehn Stunden pro Tag ausgedehnt werden, wenn innerhalb von sechs Kalendermonaten oder innerhalb von 24 Wochen im Durchschnitt acht Stunden werktäglich nicht überschritten werden.

Beispiel

In einem Unternehmen, das Osterartikel vertreibt, ergeben sich folgende tägliche Arbeitszeiten, die jedoch im Durchschnitt, über 6 Monate betrachtet, nur 8 Arbeitsstunden täglich ergeben:

Monat	Januar	Februar	März	April	Mai	Juni	Ø über 6 Monate
durchschnittliche tägliche Arbeitszeit	8 Std.	10 Std.	9 Std.	8 Std.	7 Std.	6 Std.	8 Std.

Bei einer Arbeitszeit von mehr als sechs bis zu neun Stunden ist die Arbeit durch eine **Ruhepause** von mindestens 30 Minuten zu unterbrechen; bei einer Arbeitszeit von mehr als neun Stunden muss die Pause mindestens 45 Minuten dauern. Länger als sechs Stunden dürfen Arbeitnehmer nicht ohne Pause beschäftigt werden.

Arbeitnehmer dürfen an **Sonn- und gesetzlichen Feiertagen** nicht beschäftigt werden. In bestimmten, vom Gesetz festgelegten Arbeitsbereichen gelten jedoch Ausnahmen. Die **Ruhezeit** zwischen Feierabend und Arbeitsbeginn am nächsten Tag muss mindestens 11 Stunden betragen.

1.11.2 Bundesurlaubsgesetz

Das Bundesurlaubsgesetz (BUrlG) sieht vor, dass jeder Arbeitnehmer einen Urlaubsanspruch von **mindestens 24 Werktagen** pro Kalenderjahr unter Weiterzahlung des Arbeitsentgelts hat. Tarifvertraglich wird in der Regel jedoch ein wesentlich höherer Urlaubsanspruch vorgegeben.

Der volle Urlaubsanspruch wird erstmalig nach sechsmonatigem Bestehen des Arbeitsverhältnisses fällig.

Der Urlaub soll zusammenhängend (mindestens 10 Tage) im laufenden Kalenderjahr genommen und auch gewährt werden. Erkrankt der Arbeitnehmer während des Urlaubs, so werden die durch ärztliches Zeugnis nachgewiesenen Tage der Arbeitsunfähigkeit auf den Jahresurlaub nicht angerechnet. Während des Urlaubs soll sich der Arbeitnehmer erholen, er darf keine dem Urlaubszweck widersprechende Erwerbstätigkeit leisten.

Urlaub ist zum Erholen da!

1.11.3 Schwerbehinderte

Das Sozialgesetzbuch (SGB) IX, §§ 68 ff. beinhaltet besondere Schutzvorschriften für schwerbehinderte Menschen. Als solche gelten Personen mit einem Grad der Behinderung von wenigstens 50 %. Behinderte haben es schwer, einen Ausbildungs- oder Arbeitsplatz zu finden. Deshalb hat der Gesetzgeber eine **Beschäftigungspflicht** festgeschrieben: Jeder Betrieb mit mindestens 20 Arbeitsplätzen muss auf 5 % seiner Arbeitsplätze Schwerbehinderte beschäftigen oder eine Ausgleichsabgabe für jeden unbesetzten Pflichtplatz bezahlen. Das Geld wird für die berufliche Förderung und Unterstützung von behinderten Personen verwendet.

Behinderte haben es besonders schwer, einen Arbeits- oder Ausbildungsplatz zu finden.

Für Schwerbehinderte bestehen besondere Regelungen beim Kündigungsschutz. Das Arbeitsverhältnis eines Schwerbehinderten kann nur nach vorheriger Zustimmung des Integrationsamtes und mit einer Kündigungsfrist von mindestens vier Wochen gekündigt werden. Schwerbehinderte haben außerdem Anspruch auf zusätzlichen bezahlten Urlaub von fünf Arbeitstagen im Jahr.

1.11.4 Mutterschutzgesetz

Werdende und stillende Mütter genießen den besonderen Schutz des Staates. In der Phase der Schwangerschaft und der Stillzeit danach sollen berufstätige Frauen keinen Belastungen ausgesetzt werden, die schädlich für Mutter oder Kind sein könnten. Auch sollen Schwangere und Mütter keine Einkommensverluste hinnehmen müssen. Der Arbeitgeber muss deshalb besondere Vorkehrungen zum Schutz von Schwangeren am Arbeitsplatz treffen. Aus diesem Grund muss die Arbeitnehmerin ihren Arbeitgeber über die Schwangerschaft und den voraussichtlichen Entbindungstermin informieren. Sechs Wochen vor und acht Wochen nach der Entbindung dürfen Schwangere nicht beschäftigt werden. In dieser Zeit zahlt die Krankenversicherung **Mutterschaftsgeld**. Die Differenz zwischen dem Mutterschaftsgeld und dem letzten Nettoarbeitsentgelt trägt der Arbeitgeber.

Bei einem Einstellungsgespräch ist die Frage nach einer Schwangerschaft unzulässig. Sie muss nicht wahrheitsgemäß beantwortet werden.

Schwangeren dürfen **keine schweren körperlichen Arbeiten** zugemutet werden. Gleiches gilt für gefährliche Arbeiten (z. B. bei erhöhter Unfallgefahr), Akkord- und Fließbandarbeit sowie für Arbeiten, bei denen sie schädlichen Einwirkungen (z. B. Staub, Dämpfen oder Gasen, Hitze, Kälte oder Nässe) ausgesetzt sind. Das Tragen oder Heben schwerer Lasten (regelmäßig über 5 kg oder gelegentlich mehr als 10 kg) ist verboten. Nach dem fünften Monat ist langes Stehen (mehr als 4 Stunden) nicht mehr zulässig.

Während der Schwangerschaft und bis vier Monate nach der Entbindung darf der Arbeitgeber **keine Kündigung** aussprechen. Werdende und stillende Mütter dürfen keine Überstunden, Nachtarbeit (zwischen 20 und 6 Uhr) oder Sonntagsarbeit leisten.

AB ▶ LS 7

1.12 Betriebs- und Gefahrenschutz

Der Betriebs- und Gefahrenschutz umfasst den sicherheitstechnischen Schutz der Arbeitnehmer innerhalb des Betriebes.

1.12.1 Staatliche Vorschriften

Es gibt eine Vielzahl von Rechtsvorschriften, die Arbeitgeber und Arbeitnehmer zur Einhaltung bestimmter sicherheitstechnischer Regelungen verpflichten. Natürlich liegt es auch im eigenen Interesse jedes Arbeitnehmers, sich vor Gesundheitsgefährdungen am Arbeitsplatz zu schützen. So ist jeder Mitarbeiter dafür verantwortlich, Gefahren oder Sicherheitsmängel dem Vorgesetzten, Sicherheitsbeauftragten oder einer Sicherheitsfachkraft zu melden und auf deren Beseitigung zu drängen. Die allgemeinen Grundsätze des Arbeitsschutzes sind im **Arbeitsschutzgesetz (ArbSchG)** festgelegt.

Das Arbeitsschutzgesetz verpflichtet den Arbeitgeber, nach dem Stand von Technik, Arbeitsmedizin, Hygiene und arbeitswissenschaftlichen Erkenntnissen für entsprechende Arbeitsbedingungen zu sorgen.

Die Überwachung des Arbeitsschutzes erfolgt durch die zuständigen (Landes-)Behörden in Zusammenarbeit mit den Trägern der gesetzlichen Unfallversicherung.

§ 1 ArbSchG Zielsetzung und Anwendungsbereich

(1) Dieses Gesetz dient dazu, Sicherheit und Gesundheitsschutz der Beschäftigten bei der Arbeit durch Maßnahmen des Arbeitsschutzes zu sichern und zu verbessern. Es gilt in allen Tätigkeitsbereichen.

Die **Arbeitsstättenverordnung** setzt die allgemeinen Anforderungen an Betriebsräume und Arbeitsstätten in Bezug auf Belüftung, Temperatur, Beleuchtung und Lärmschutz fest. Außerdem soll körperlichen und psychischen Belastungen entgegengewirkt werden, die sich durch die Arbeit an **Bildschirmgeräten** ergeben. So müssen z. B. die auf dem Bildschirm dargestellten Zeichen ausreichend groß, das Bild muss flimmerfrei und stabil sein.

Das **Arbeitssicherheitsgesetz** regelt den Gesundheitsschutz und die Arbeitssicherheit der Beschäftigten durch medizinische und sicherheitstechnische Beratung und Betreuung. Der Arbeitgeber ist verpflichtet, Betriebsärzte und Fachkräfte für Arbeitssicherheit zu bestellen oder in größeren Betrieben selbst anzustellen.

Das **Geräte- und Produktsicherheitsgesetz** enthält Vorschriften über den Einsatz technischer Arbeitsmittel. Die eingesetzten Geräte müssen den Anforderungen zur Gerätesicherheit nach den EU-Richtlinien entsprechen.

Das Ziel der **Gefahrstoffverordnung** ist es, den Menschen und die Umwelt vor stoffbedingten Gefahren und Schädigungen zu schützen, indem gefährliche Stoffe gekennzeichnet werden müssen und die Beschäftigten bei allen Tätigkeiten mit Gefahrstoffen durch Maßnahmen des Arbeitgebers geschützt werden müssen.

Der Arbeitgeber muss jeden seiner Arbeitnehmer gegen die Auswirkungen eines Unfalles am Arbeitsplatz versichern (Unfallversicherung). In Unternehmen mit über 20 Versicherten ist ein **Sicherheitsbeauftragter** zu benennen. Dieser hat die Aufgabe, Vorgesetzte und Mitarbeiter in allen Fragen des Arbeitsschutzes zu beraten.

1.12.2 DGUV-Vorschriften

Die Unfallverhütungsvorschriften, Richtlinien und Regeln der DGUV enthalten konkrete Bestimmungen zum Thema Arbeitssicherheit und Gesundheitsschutz, die alle Unternehmer und Beschäftigten zu beachten haben. Durch regelmäßige **Betriebsbesichtigungen** überwachen die zuständige Berufsgenossenschaft und das Gewerbeaufsichtsamt die Durchführung der Unfallverhütungsvorschriften. Bei festgestellten Mängeln werden die Unternehmen aufgefordert, diese in einer angemessenen Frist zu beseitigen. Bei schweren Verstößen drohen Geldbußen und sogar Betriebsschließungen.

DGUV
Deutsche Gesetzliche Unfallversicherung; Dachverband der gewerblichen Berufsgenossenschaften und der Unfallkassen

Zu den Vorschriften zur Vorbeugung von Betriebsunfällen gehören auch das Anbringen und die Kenntnis der **Sicherheitszeichen**.

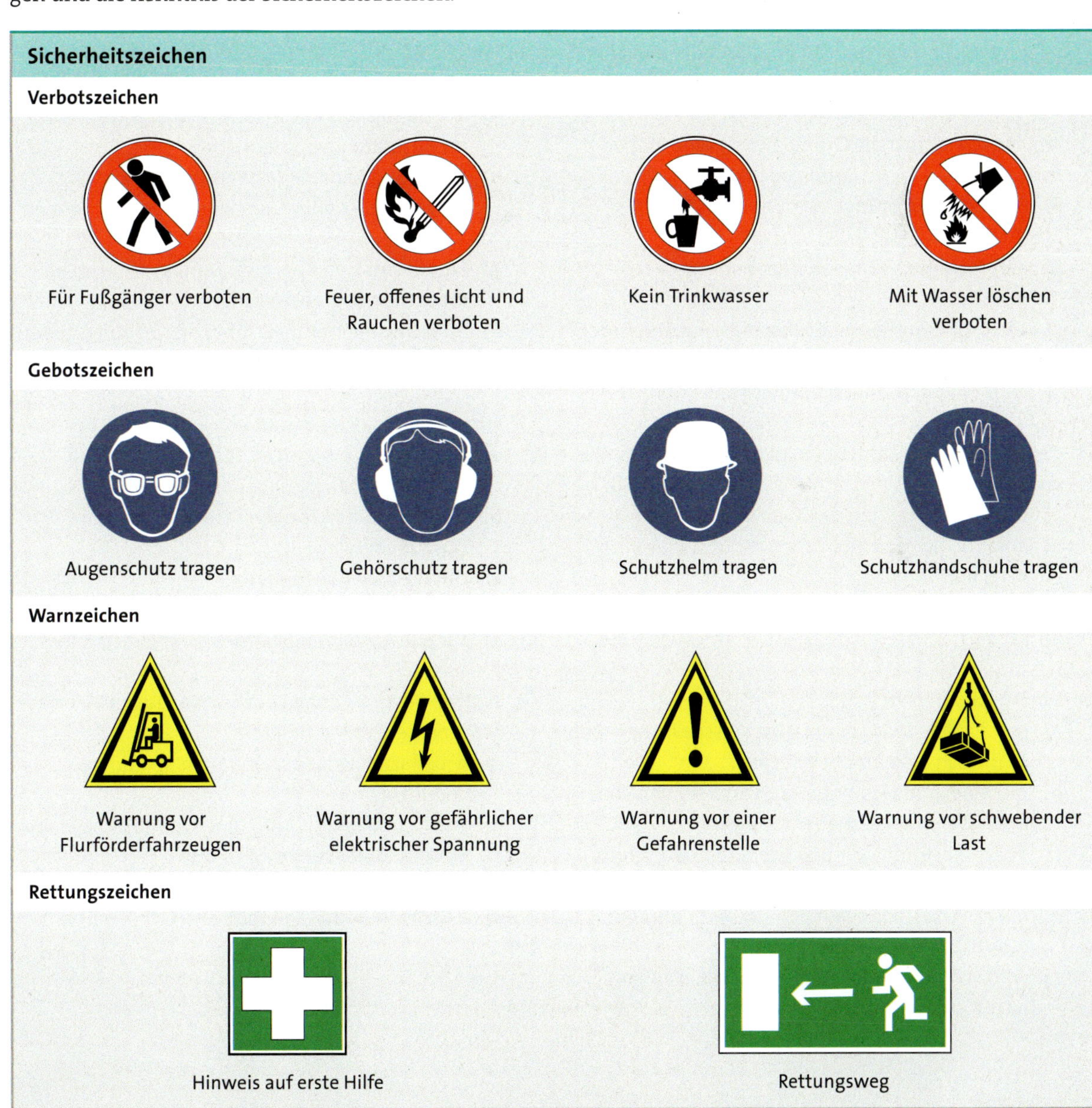

Alles klar?

1 Was bedeutet der Begriff „duales System“ hinsichtlich der Berufsausbildung?
- a) Am Ausbildungsort wird der Müll bei der Entsorgung getrennt. Wertstoffe gehören in die gelbe Tonne.
- b) Der Ausbildungsberuf ist staatlich anerkannt.
- c) Die Abschlussprüfung findet sowohl bei der IHK als auch in der Berufsschule statt.
- d) Die Berufsschüler melden sich selbst in der Berufsschule an.
- e) Die Auszubildenden haben Anspruch auf ein Jobticket für Fahrten zur Berufsschule und zum Ausbildungsort.

2 Welches Gesetz ist die Grundlage für eine einheitliche und anerkannte Berufsausbildung?
- a) Berufsanerkennungs- und -einheitsgesetz (BAEG)
- b) Berufseinheits- und -anerkennungsgesetz (BEAG)
- c) Berufsbildungseinheitlichkeitsgesetz (BBeG)
- d) Berufsbildungsgesetz (BBiG)
- e) Berufsbildungsanerkennungsgesetz (BBaG)

3 Der Ausbildungsrahmenplan gliedert die Berufsausbildung ...
- a) nach den Vorgaben der Ausbilder.
- b) inhaltlich und sachlich.
- c) nach den Vorgaben der IHK.
- d) nach den Vorgaben der Berufsschule.
- e) sachlich und zeitlich.

4 Der Ausbildungsvertrag ...
- a) muss spätestens vor der Abschlussprüfung schriftlich festgehalten werden.
- b) muss bei minderjährigen Auszubildenden vom Ausbilder unterschrieben werden.
- c) muss spätestens vor Ende der Probezeit schriftlich festgehalten werden.
- d) muss spätestens zu Beginn der Ausbildung schriftlich festgehalten werden.
- e) wird von der IHK bei der Berufsschule eingereicht.

5 Welche Pflichten hat der Ausbildungsbetrieb während der Ausbildung nach dem BBiG?
- a) Jobtickets für die Auszubildenden bereitstellen
- b) vermögenswirksame Leistungen gewähren
- c) kostenlose Bereitstellung von Ausbildungsmitteln im Ausbildungsbetrieb
- d) kostenlose Parkplätze am Ausbildungsbetrieb bereitstellen
- e) Übernahme der kompletten Beiträge zur Rentenversicherung

6 Welche Pflichten hat der Auszubildende während der Ausbildung nach dem BBiG?
- a) Befolgung von Anweisungen aller Mitarbeiter im Ausbildungsbetrieb
- b) Reinigung und Pflege der Ladeneinrichtung
- c) sorgfältige Ausführung der ihm aufgetragenen Aufgaben
- d) Repräsentation des Ausbildungsbetriebes bei Brauchtumsveranstaltungen
- e) Stillschweigen wahren über die Öffnungszeiten und Kontaktdaten des Ausbildungsbetriebes

7 Für wen gilt das Jugendarbeitsschutzgesetz?
- a) für alle minderjährigen Arbeitnehmer und volljährigen Auszubildenden
- b) für alle minderjährigen Arbeitnehmer und Auszubildenden
- c) für alle Auszubildenden
- d) für alle minderjährigen Ausbilder
- e) für alle Ausbildungsbetriebe mit Umschülern

8 Welche Bestimmungen enthält das Jugendarbeitsschutzgesetz unter anderem?
- a) Arbeitszeit, Urlaubszeit und Ausbildungsvergütung
- b) Überstundenvergütung und Urlaubsausgleich
- c) Berufsschulbesuch und Urlaub
- d) Ausbildungsvergütung und Urlaubsgeld
- e) Berufsschulauswahl und Berufsschulzeiten

9 Auszubildende haben nach dem Jugendarbeitsschutzgesetz folgende Urlaubsansprüche
- **a)** noch nicht 18-Jährige: 26 Tage
- **b)** noch nicht 17-Jährige: 29 Tage
- **c)** noch nicht 17-Jährige: 27 Tage
- **d)** noch nicht 18-Jährige: 24 Tage
- **e)** noch nicht 16-Jährige: 29 Tage

10 Welche Regelung gilt nach dem Jugendarbeitsschutzgesetz für den Berufsschulbesuch?
- **a)** Minderjährige Auszubildende dürfen nach mehr als 6 Stunden Berufsschulunterricht nicht mehr im Ausbildungsbetrieb beschäftigt werden.
- **b)** Minderjährige Auszubildende dürfen nach mehr als 6 Stunden Berufsschulunterricht nur samstags im Ausbildungsbetrieb beschäftigt werden.
- **c)** Minderjährige Auszubildende dürfen nach mehr als 5 Stunden Berufsschulunterricht nur einmal wöchentlich im Ausbildungsbetrieb beschäftigt werden.
- **d)** Minderjährige Auszubildende dürfen nach mehr als 7 Stunden Berufsschulunterricht ausnahmsweise im Ausbildungsbetrieb beschäftigt werden.
- **e)** Minderjährige Auszubildende dürfen nach weniger als 5 Stunden Berufsschulunterricht nicht mehr samstags im Ausbildungsbetrieb beschäftigt werden.

11 Wie kommt ein Arbeitsvertrag rechtlich gesehen zu Stande?

12 Welche Hauptpflichten gehen die Vertragspartner beim Arbeitsvertrag ein?

13 Welches sind die wesentlichen Inhalte eines Arbeitsvertrages?

14 Welcher Posten erhöht das steuerpflichtige Bruttoentgelt?
- **a)** Solidaritätszuschlag
- **b)** Beitrag des Arbeitgebers zur gesetzlichen Unfallversicherung
- **c)** Vorschusszahlung
- **d)** Urlaubsgeld
- **e)** Arbeitnehmeranteil zum vermögenswirksamen Sparen

15 Welcher Posten vermindert das zu versteuernde Bruttoentgelt?
- **a)** Steuerfreibetrag
- **b)** Lohnsteuer
- **c)** Kirchensteuer
- **d)** Arbeitgeberanteil zu vermögenswirksamen Leistungen
- **e)** Sozialversicherungsbeiträge des Arbeitnehmers

16 Welche Aussage zum steuerpflichtigen Bruttoentgelt ist zutreffend?
- **a)** Das steuerpflichtige und das sozialversicherungspflichtige Bruttoentgelt können übereinstimmen.
- **b)** Das sozialversicherungspflichtige Bruttoentgelt ist geringer als das steuerpflichtige Bruttoentgelt.
- **c)** Das steuerpflichtige Bruttoentgelt bildet die Grundlage für die Höhe der Sonderzahlungen.
- **d)** Steuerfreibeträge erhöhen das steuerpflichtige Bruttoentgelt.
- **e)** Für die Berechnung des steuerpflichtigen Bruttoentgelts werden vom sozialversicherungspflichtigen Bruttoentgelt die Sozialversicherungsbeiträge abgezogen.

17 Die tarifvertragliche Einstufung eines Arbeitnehmers in eine Gehaltsgruppe hängt ab von ...
- **a)** dem Lebensalter des Arbeitnehmers.
- **b)** der Qualifikation des Arbeitnehmers.
- **c)** dem Familienstand des Arbeitnehmers.
- **d)** den Arbeitszeiten des Arbeitnehmers.
- **e)** der Dauer der Vollzeitbeschäftigung des Arbeitnehmers.

18 Die Lohnsteuer ...
- **a)** ist eine Vorauszahlung auf die Einkommensteuer, sie belastet ausschließlich Einkünfte aus selbstständiger Arbeit.
- **b)** wird dem Arbeitnehmer am Ende des Jahres in voller Höhe vom Finanzamt erstattet.
- **c)** ist die Grundlage zur Berechnung der Höhe der Kirchensteuer.
- **d)** muss jeder Arbeitnehmer unabhängig von der Höhe seines Einkommens bezahlen.
- **e)** wird vom Arbeitgeber mit Hilfe von Grundsteuertabellen ermittelt.

19 Ab einem sozialversicherungspflichtigen Bruttoentgelt in Höhe der jeweiligen Beitragsbemessungsgrenze können die Versicherten ...
- **a)** von der gesetzlichen Rentenversicherung in eine private Rentenversicherung wechseln.
- **b)** zwischen privater oder gesetzlicher Kranken- und Pflegeversicherung wählen.
- **c)** sich entscheiden, ob sie krankenversichert sein wollen oder nicht.
- **d)** aus den gesetzlichen Sozialversicherungen austreten.
- **e)** die Zahlung eines ermäßigten Beitrags zu den Sozialversicherungen beantragen.

20 Wer handelt den Tarifvertrag aus?
- **a)** Bundesregierung und Gewerkschaften
- **b)** Gewerkschaften und Bundesrat
- **c)** Arbeitgeberverbände und Bundesregierung
- **d)** Bundesregierung und Bundesrat
- **e)** Gewerkschaften und Arbeitgeberverbände

21 Was ist der wesentliche Unterschied zwischen dem Manteltarifvertrag und dem Lohn- und Gehaltstarifvertrag?
- **a)** Der Manteltarifvertrag hat eine kürzere Laufzeit.
- **b)** Der Manteltarifvertrag regelt allgemeine Arbeitsbedingungen, der Lohn- und Gehaltstarifvertrag Löhne und Gehälter.
- **c)** Der Manteltarifvertrag regelt Löhne und Gehälter, der Lohn- und Gehaltstarifvertrag allgemeine Arbeitsbedingungen.
- **d)** Der Lohn- und Gehaltstarifvertrag hat eine längere Laufzeit als der Manteltarifvertrag.
- **e)** Der Manteltarifvertrag regelt auch die Bereitstellung von Berufskleidung.

22 Die Allgemeinverbindlichkeitserklärung ...
- **a)** überträgt den nicht gewerkschaftlich organisierten Arbeitnehmern den Kündigungsschutz der Gewerkschaftsmitglieder.
- **b)** sichert den organisierten Arbeitgebern die rechtliche Gleichstellung zu.
- **c)** sichert den gewerkschaftlich organisierten Arbeitnehmern nicht die rechtliche Gleichstellung mit Gewerkschaftsmitgliedern zu.
- **d)** sichert den nicht gewerkschaftlich organisierten Arbeitnehmern die rechtliche Gleichstellung mit Gewerkschaftsmitgliedern zu.
- **e)** sichert den nicht gewerkschaftlich organisierten Arbeitgebern die rechtliche Gleichstellung mit Gewerkschaftsmitgliedern zu.

23 In welchen Fällen wird ein Streik als Arbeitskampfmaßnahme möglich?
- **a)** Scheitern der Schlichtung und vorherige Warnstreiks
- **b)** Scheitern der Schlichtung und Urabstimmung
- **c)** Tarifverhandlungen und Aussperrung
- **d)** Aussperrung und Schlichtung
- **e)** Schlichtung und Tarifverhandlung

24 Welche wesentliche Aufgabe hat ein Betriebsrat?
- **a)** Der Betriebsrat vertritt die Arbeitgeberinteressen gegenüber der Gewerkschaft.
- **b)** Der Betriebsrat vertritt die Arbeitnehmerinteressen gegenüber der IHK.
- **c)** Der Betriebsrat vertritt die Arbeitgeberinteressen gegenüber der IHK.
- **d)** Der Betriebsrat vertritt die Arbeitnehmerinteressen gegenüber dem Arbeitgeber.
- **e)** Der Betriebsrat vertritt die Arbeitgeberinteressen gegenüber den Arbeitnehmern.

25 Warum wird die Jugend- und Auszubildendenvertretung nur auf zwei Jahre gewählt, anstatt wie der Betriebsrat auf vier Jahre?
- **a)** Jugendliche halten eine Aufgabe in einem Gremium noch nicht so lange aus.
- **b)** Jugendliche und Auszubildende haben noch andere Interessen als Politik.
- **c)** Jugendliche und Auszubildende verlassen u. U. nach Ausbildungsabschluss den Betrieb.
- **d)** Jugendliche und Auszubildende können sich noch nicht so gut durchsetzen.
- **e)** Auszubildende haben für Aufgaben im Gremium weniger Zeit wegen der Berufsschule.

26 Welche typischen Aufgaben hat die Jugend- und Auszubildendenvertretung?
- **a)** Ausrichtung von Brauchtumsveranstaltungen im Auftrag des Arbeitgebers
- **b)** Vertretung der Jugendinteressen im Betriebsrat
- **c)** Vertretung des Betriebsrats in der Berufsschule
- **d)** Vertretung der Jugendinteressen bei der IHK
- **e)** Vertretung der Jugendinteressen in der Berufsschule

27 In welchen Fällen kann die werktägliche Arbeitszeit auf 10 Stunden ausgedehnt werden?

a) Bei betrieblicher Notwendigkeit, z. B. dauerhaftem Personalmangel.

b) Wenn zum Ausgleich nur an jedem zweiten Sonntag 6 Stunden gearbeitet wird.

c) Der Krankenstand ist höher als 20 % und die Arbeit muss durch Zeitarbeitskräfte aufgefangen werden.

d) Kunden erteilen dauerhaft extrem viele Aufträge, die pünktlich bearbeitet werden müssen.

e) Wenn innerhalb eines halben Jahres die durchschnittliche Arbeitszeit von 8 Stunden nicht überschritten wird.

28 Wie lang muss eine Ruhepause am Arbeitsplatz mindestens sein?

a) 30 Minuten bei einem 10-Stunden-Arbeitstag.

b) 45 Minuten bei einem 8-Stunden-Arbeitstag.

c) 45 Minuten bei einem 6-Stunden-Arbeitstag.

d) 30 Minuten bei einem 8-Stunden-Arbeitstag.

e) 60 Minuten bei einem 8-Stunden-Arbeitstag.

29 Wie viele Werktage Urlaub stehen Arbeitnehmern nach dem Bundesurlaubsgesetz jährlich mindestens zu?

a) 23 Tage

b) 30 Tage

c) 27 Tage

d) 26 Tage

e) 24 Tage

30 Was bedeutet „Beschäftigungspflicht" nach den Schutzvorschriften für schwerbehinderte Menschen?

a) Arbeitgeber müssen 20 Arbeitsplätze für behinderte Menschen bereitstellen.

b) Arbeitgeber müssen mindestens 5 Arbeitsplätze für behinderte Menschen bereitstellen.

c) Arbeitgeber mit 20 Arbeitsplätzen müssen 5 Arbeitsplätze für behinderte Menschen bereitstellen.

d) Arbeitgeber mit mindestens 20 Arbeitsplätzen müssen 5 % der Arbeitsplätze für behinderte Menschen bereitstellen.

e) Arbeitgeber müssen 20 % der Arbeitsplätze für behinderte Menschen bereitstellen, mindestens jedoch 5.

31 In welchem Zeitraum dürfen Schwangere nach dem Mutterschutzgesetz nicht beschäftigt werden?

a) Sechs Monate vor und acht Monate nach der Entbindung.

b) Sechs Monate vor und acht Wochen nach der Entbindung.

c) Sechs Wochen vor und acht Monate nach der Entbindung.

d) Sechs Wochen vor und neun Wochen nach der Entbindung.

e) Sechs Wochen vor und acht Wochen nach der Entbindung.

32 Welche Aussage zum Lebenslangen Lernen ist richtig?

a) Das Unternehmen stellt Arbeitnehmer für einige Zeit frei, damit sie wieder zur Schule gehen können.

b) Der Unternehmer benötigt kein Lebenslanges Lernen, weil es nur für Angestellte Sinn macht.

c) Lebenslanges Lernen ist ein Konzept der Berufsschulen und endet mit dem Rentenalter.

d) Arbeitgeber beteiligen sich oftmals an den Kosten der Weiterbildung oder stellen ihre Mitarbeiter möglicherweise für die Dauer der Maßnahme frei.

e) Lebenslangens Lernen bezieht sich nur auf den erlernten Arbeitsbereich.

33 Was bedeutet Bildungsurlaub für Arbeitnehmer?

a) Berufsschüler können auch für Berufsschultage Urlaub nehmen.

b) Im Urlaub soll zur Erholung statt Freizeit fachlicher Unterricht stattfinden, um danach am Arbeitsplatz topfit zu sein.

c) In den meisten Bundesländern stehen Arbeitnehmern eine bestimmte Anzahl von Arbeitstagen für eine Bildungsfreistellung zu.

d) Arbeitnehmer werden für kulturelle Veranstaltungen freigestellt, die Reisekosten trägt der Arbeitgeber.

e) Arbeitgeber gewähren einen Teil des Jahresurlaubs für Fortbildungen.

2 Leistungsschwerpunkte und Stellung des Großhandels in der Wirtschaft

Haushalt
Personengemeinschaft, die im Hinblick auf die Verwendung des Einkommens gemeinsam wirtschaftet

Am wirtschaftlichen Geschehen eines Landes sind mehrere Akteure beteiligt:

- private **Haushalte**
- Unternehmen
- der Staat (öffentliche Haushalte)
- Banken
- das Ausland

Wenn die Akteure (z. B. alle Unternehmen) zusammengefasst werden, bilden sie einen Wirtschaftsbereich oder -sektor. Alle Wirtschaftsbereiche zusammen bilden eine **Volkswirtschaft.**

▶ LS 8

2.1 Grundlagen des wirtschaftlichen Handelns

Bedürfnis
Gefühl eines Mangels mit dem Bestreben, ihn zu beseitigen

Im Rahmen der Volkswirtschaftslehre werden die menschlichen **Bedürfnisse** als zentrale Antriebskraft des wirtschaftlichen Entscheidens und Handelns angesehen. Die Menschen haben unterschiedliche Bedürfnisse. Die Erfüllung einiger Bedürfnisse ist lebensnotwendig, wie z. B. essen, trinken und schlafen. Die Erfüllung anderer Bedürfnisse macht das Leben schöner und leichter, z. B. das Bedürfnis zu reisen, Konzerte zu besuchen oder mit einem Auto zur Arbeit zu fahren.

Bedarf
Bedürfnisse, die mit vorhandenen Geldmitteln befriedigt werden können

Wenn sich die Wünsche des Menschen auf ganz bestimmte Waren oder Dienstleistungen beziehen, für die die notwendige Kaufkraft vorhanden ist, wird von einem **Bedarf** gesprochen. Erst wenn Waren oder Dienstleistungen tatsächlich gekauft werden, d. h. der Bedarf am Markt wirksam wird, handelt es sich um eine **Nachfrage.**

Ohne Bedürfnisse gäbe es für die Menschen keinen Grund, Waren und Dienstleistungen zu produzieren und gegen Geld zu tauschen.

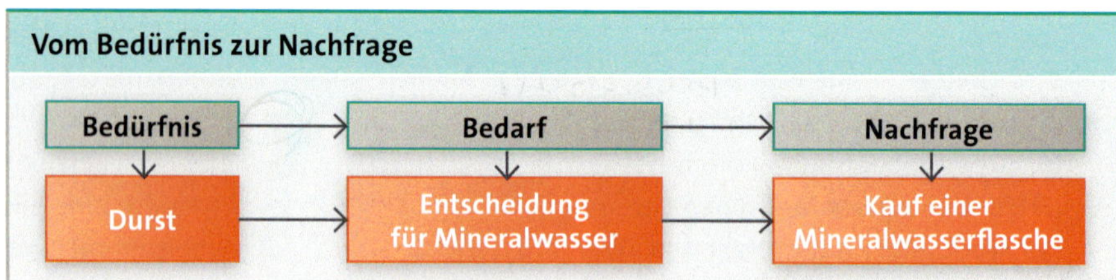

Die in einer Volkswirtschaft produzierten Waren und Dienstleistungen werden unter dem Begriff **Wirtschaftsgüter** zusammengefasst. Da Wirtschaftsgüter nur in begrenzter Menge zur Verfügung stehen, haben sie einen **Preis.** Der Preis für Wirtschaftsgüter wird durch Angebot und Nachfrage bestimmt: Je begehrter ein Gut ist, desto größer ist die Nachfrage und desto höher ist auch der Preis.

Freie Güter dagegen gibt es im Überfluss, wie z. B. herabgefallene Blätter im Herbst. Diese Güter haben keinen Preis und stehen jedem zur Verfügung.

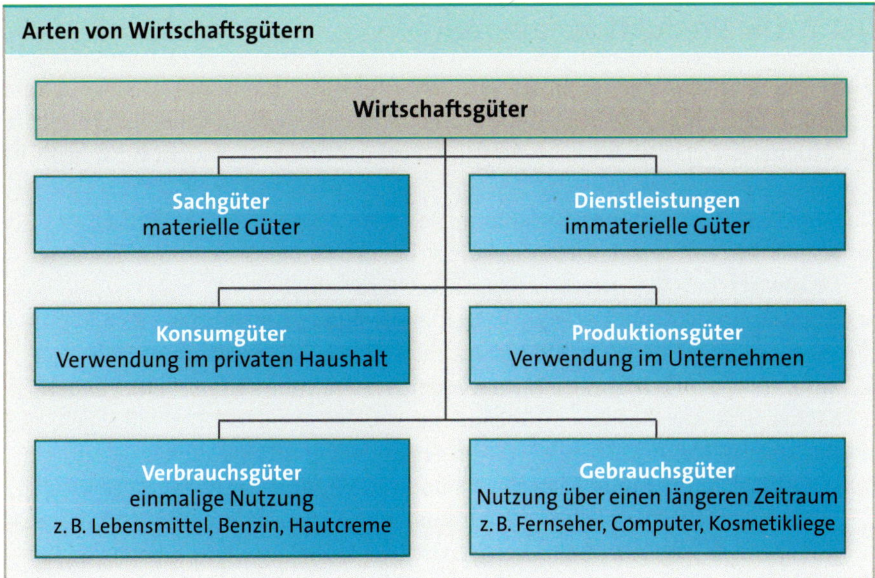

2.1.1 Das Ökonomische Prinzip

Menschen handeln wirtschaftlich, wenn sie zielgerichtet und genau überlegen, wie viel Geld sie zum Erwerb von knappen Gütern zur Verfügung haben. Das Handeln nach dem sogenannten ökonomischen Prinzip soll im Konflikt zwischen den unbegrenzten Bedürfnissen und den knappen Wirtschaftsgütern bzw. den begrenzten Geldmitteln die bestmögliche Lösung herbeiführen. Das ökonomische Prinzip kann zwei Ausprägungen annehmen:

Das ökonomische Prinzip wird auch als Wirtschaftlichkeitsprinzip bezeichnet.

- Nach dem **Minimalprinzip** soll der Mitteleinsatz möglichst gering gehalten werden, um einen bestimmten Ertrag (Nutzen) zu erreichen.
- Nach dem **Maximalprinzip** soll mit einem bestimmten Mitteleinsatz ein maximaler Nutzen erzielt werden.

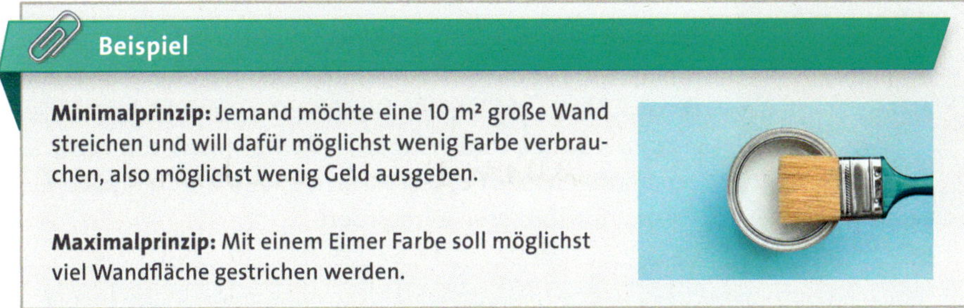

Beispiel

Minimalprinzip: Jemand möchte eine 10 m² große Wand streichen und will dafür möglichst wenig Farbe verbrauchen, also möglichst wenig Geld ausgeben.

Maximalprinzip: Mit einem Eimer Farbe soll möglichst viel Wandfläche gestrichen werden.

Eine Kombination beider Prinzipien ist nicht möglich, denn mit möglichst wenig Farbe kann nicht möglichst viel Wand gestrichen werden. Einer der beiden Faktoren muss festgelegt werden, hier entweder die Farbmenge oder die Wandfläche.

Auch Großhandelsunternehmen handeln nach dem ökonomischen Prinzip, wenn sie Güter zum Verkauf anbieten. Dabei streben sie an, die Güter mit möglichst hohem Gewinn zu verkaufen, also ihren Gewinn zu maximieren. Die **Gewinnmaximierung** ist eines der wichtigsten ökonomischen Ziele der Unternehmen.

Unternehmensziele
▶ LF 1, Kap. 4

2.1.2 Die Produktionsfaktoren

Produktionsfaktor Arbeit

Produktionsfaktor Kapital

Für die Herstellung der Wirtschaftsgüter werden bestimmte Mittel, so genannte Produktionsfaktoren, benötigt. Die Produktionsfaktoren gehen dabei nicht direkt in die produzierten Güter ein, d. h., sie werden bei der Produktion nicht verbraucht.

Zu den klassischen Produktionsfaktoren gehören:

- **Arbeit:** Der Faktor Arbeit umfasst die Arbeitskraft aller Personen, die in einer Volkswirtschaft als Erwerbstätige zur Verfügung stehen.
- **Kapital:** Unter Kapital versteht man hier die finanziellen und sachlichen Mittel, die nicht für den Konsum verbraucht, sondern zur Anschaffung oder Nutzung von Produktionsmitteln verwendet werden. Man unterscheidet dabei Sachkapital (z.B. Maschinen, Gebäude) und Geldkapital (z.B. Beteiligungen).
- **Boden bzw. Natur:** Dazu gehören die gesamte Bodenfläche, die für landwirtschaftliche, industrielle, gewerbliche und verkehrsmäßige Nutzung benötigt wird, sowie Luft, Wasser und die vorhandenen Bodenschätze. Der Produktionsfaktor Natur wird z.B. als landwirtschaftliche Nutzfläche, zum Abbau von Bodenschätzen sowie als Standort für Betriebs- und Geschäftsgebäude genutzt.

Beispiel

- Arbeit: Cornelia beginnt eine Ausbildung zur Großhandelskauffrau bei der BPK GmbH.
- Kapital: Renate Roskamp beteiligt sich als Gesellschafterin an der BPK GmbH.
- Natur: Graf Klotz verkauft ein Grundstück an die BPK GmbH.

Produktionsfaktor Boden (Natur)

In der heutigen Zeit, in der das Wissen ständig anwächst und sich die weltweite Vernetzung zunehmend beschleunigt, werden Fähigkeiten und Techniken zur Informationsgewinnung, -verarbeitung und -bewertung immer bedeutsamer. Deshalb wird der Faktor **Information (Wissen)** heute nicht selten als zusätzlicher Produktionsfaktor betrachtet.

Private Haushalte und die Unternehmen befinden sich in einem wechselseitigen Abhängigkeitsverhältnis. Die privaten Haushalte stellen den Unternehmen Arbeitskräfte, Kapital und Boden zur Verfügung. Für die Produktion von Waren und Dienstleistungen werden in den Unternehmen die Produktionsfaktoren **kombiniert.**

Beispiel

Im Spätsommer pflücken die Weinleser (Produktionsfaktor Arbeit) in den Weinbergen (Produktionsfaktor Natur) die reifen Trauben. Damit die privaten Haushalte den Wein beim Händler kaufen können, muss dieser zuvor mithilfe einer Abfüllanlage (Produktionsfaktor Kapital) in Flaschen abgefüllt werden.

Allerdings können nicht alle Faktoren frei miteinander kombiniert werden. So gehört beispielsweise zu jedem Lieferwagen (Produktionsfaktor Kapital) mindestens ein Fahrer (Produktionsfaktor Arbeit).

2.2 Wirtschaftskreislauf

Lernvideo
Der Wirtschaftskreislauf

In jedem Land gibt es eine unübersehbare Zahl von Akteuren, die miteinander Güter, Dienstleistungen und Geld tauschen (wirtschaften). Um dieses komplizierte Geflecht von Tauschbeziehungen überschaubarer zu machen, bedient man sich des **Modells des Wirtschaftskreislaufs.** Ein ökonomisches Modell vereinfacht die Realität und dient dazu, grundlegende Zusammenhänge in einer Volkswirtschaft zu verdeutlichen und verständlicher zu machen.

Der Wirtschaftskreislauf beruht auf der grundlegenden Tatsache, dass Wirtschaften zu zwei Arten von Wertströmen führt. Es gibt **Güterströme** und **Geldströme.** Die Güterströme verlaufen entgegen den Geldströmen, weil Geld in der Regel die Gegenleistung für die Güter bildet.

2.2.1 Wirtschaftskreislauf mit zwei Sektoren

Das einfachste Modell des Wirtschaftskreislaufs befasst sich mit den Tauschprozessen zwischen **privaten Haushalten** und **Unternehmen.** Dazu werden alle Haushalte und alle Unternehmen in einem Land zu je einem Sektor zusammengefasst. Die Haushalte stellen den Unternehmen Produktionsfaktoren zur Verfügung und erhalten dafür als Gegenleistung Löhne und Gehälter (für die Arbeit), Zinsen und Dividenden (für das Kapital) oder Mieteinnahmen (für den Boden). Von diesem Einkommen kaufen sie die in den Unternehmen produzierten Güter und verbrauchen sie (Konsum). Das Einkommen der Haushalte und die bezogenen Güter entstammen somit ein und derselben Quelle, den Unternehmen. Wenn die Haushalte ihr gesamtes Einkommen für den Kauf von Gütern ausgeben und alle produzierten Güter konsumiert werden, ist der Kreislauf geschlossen. Die Menge der produzierten Güter und der Lebensstandard bleiben gleich, die Wirtschaft befindet sich in einem statischen Zustand.

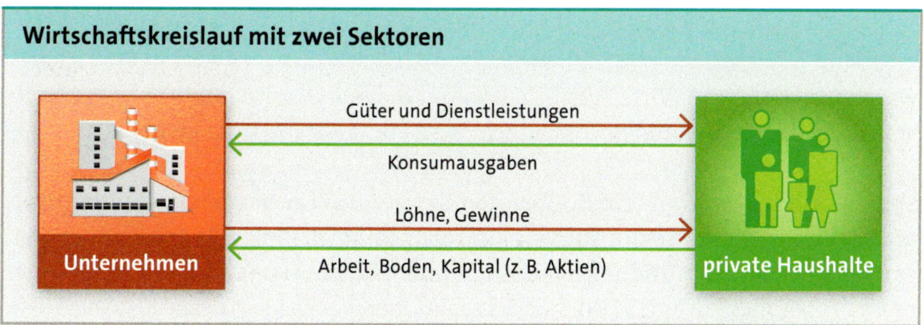

2.2.2 Wirtschaftskreislauf mit drei Sektoren

Das einfache Modell lässt sich im Baukastensystem erweitern. Mit der Einbeziehung der öffentlichen Haushalte, zusammengefasst zum **Sektor Staat,** erfolgt eine wichtige Ergänzung. Die privaten Haushalte und Unternehmen entrichten an den Staat Steuern, Gebühren und Abgaben. Mit diesen Einnahmen unterstützt der Staat bedürftige Haushalte (z. B. durch Sozialhilfe), sichert die Existenz gefährdeter Unternehmen durch Unterstützungszahlungen (Subventionen) und entlohnt seine Beschäftigten. Über die Investition in **Kollektivgüter** (Schulen, Autobahnen usw.) fließen den Unternehmen, die diese Güter erstellen, weitere Einnahmen zu.

Kollektivgüter
Güter, von deren Nutzung niemand ausgeschlossen werden kann.

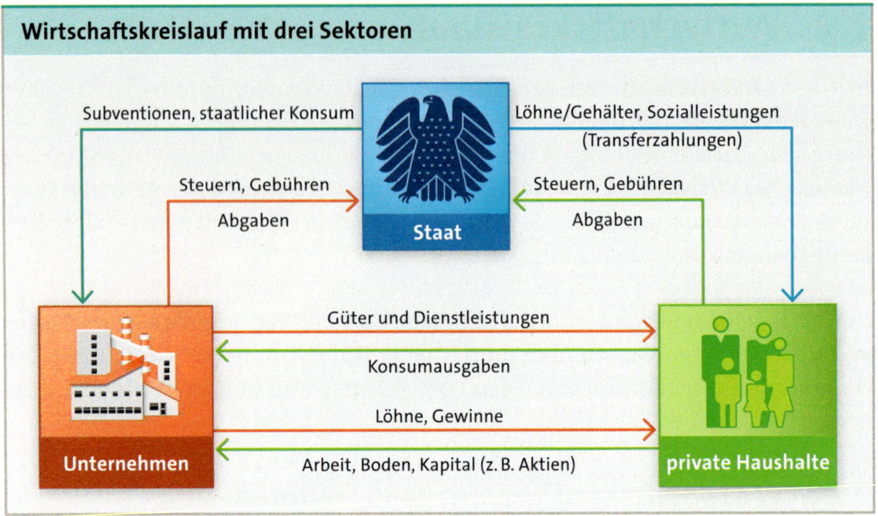

2.2.3 Wirtschaftskreislauf mit fünf Sektoren

Im Produktionsprozess nutzen sich Maschinen mit der Zeit ab. Auch geben Haushalte ihr Geld nicht komplett für den Konsum aus, sondern sie sparen einen Teil ihres Einkommens. Entsteht dann ein Überhang an Gütern? Nicht unbedingt. Neben den Haushalten fungieren auch Unternehmen als Nachfrager. Sie erwerben z.B. neue Maschinen, d.h., sie **investieren.** Das Geld erhalten sie von den Haushalten, indem diese auf Konsum verzichten (sparen). Die ausgefallene Konsumgüternachfrage wird durch die Investitionsgüternachfrage ausgeglichen, der Kreislauf ist wieder geschlossen. Die Wirtschaft befindet sich wieder im Gleichgewicht, allerdings auf einem höheren Niveau, denn durch die Investitionen kann mehr produziert werden, das Einkommen der Haushalte und das Güterangebot sind gestiegen.

Im ersten, geschlossenen Modell des Wirtschaftskreislaufs gibt es kein Wirtschaftswachstum (statische Wirtschaft). Im zweiten Modellfall wird durch Sparen und Investieren ein Wachstumsprozess angestoßen (dynamische Wirtschaft).

Sparen und Investieren laufen über den fiktiven **Sektor Vermögensänderungen.** Man kann sich diesen Sektor auch als Bankenapparat vorstellen: Sparer bringen Geld zur Bank, die die Investitionen der Unternehmen finanziert. Vermögensänderungen müssen aber nicht in jedem Fall mit Transaktionen der Banken deckungsgleich sein. Der Sektor zeigt alle Vorgänge, die die Vermögensbildung und -verwendung betreffen, unabhängig davon, ob Banken mitwirken oder nicht.

Export und Import
▶ LF 2, Kap. 7

Mit der Erweiterung des Modells um den **Sektor Ausland** wird aus dem bisher geschlossenen Modell ein **offener Wirtschaftskreislauf.** Güter werden ins Ausland verkauft und aus dem Ausland gekauft, d.h., es wird exportiert und importiert. Exporte führen zu Einnahmeströmen vom Ausland an die inländischen Unternehmen, Importe führen umgekehrt zu Geldströmen von den Unternehmen an das Ausland. Wird z.B. mehr exportiert als importiert, so entsteht für die inländische Wirtschaft ein Vermögen in Form von Forderungen an das Ausland. Dies wird durch einen Zahlungsstrom vom Ausland an den Sektor Vermögensänderungen dargestellt.

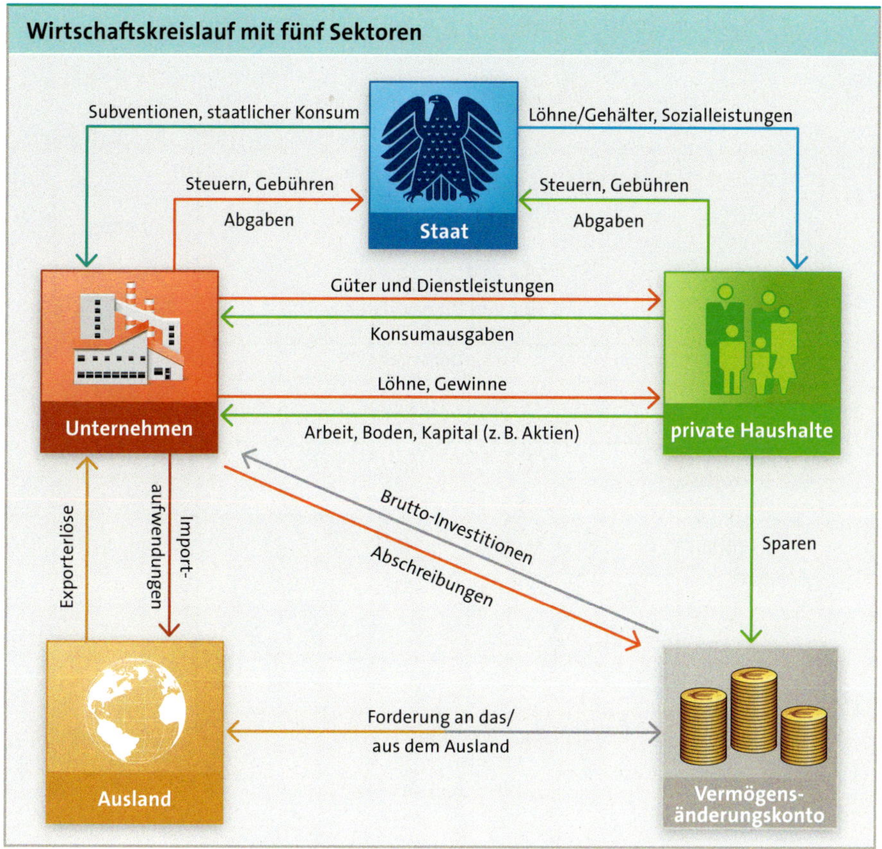

2.2.4 Wirtschaftskreislauf und Umwelt

Ökologie und Nachhaltigkeit
▶ LF 1, Kap. 7

Der Wirtschaftskreislauf basiert auf der Gegenüberstellung von Güter- und Geldströmen, d.h., es werden nur die bezahlten Leistungen berücksichtigt, unbezahlte Leistungen, wie z.B. die Arbeit der Hausfrauen, nicht. Ebenso verhält es sich mit den meisten Leistungen der Natur. Erweitert man den Wirtschaftskreislauf um den **Sektor Umwelt,** dann fällt auf, dass den zahlreichen Güterströmen, die aus der Natur in den Kreislauf einfließen, vielfach keine entsprechenden Geldströme gegenüberstehen:

- Die Entnahme von nicht erneuerbaren Ressourcen, z.B. von Erdöl, wird nur mit den Förderungskosten berechnet. Die Abnahme der Rohstoffvorkommen wird nicht berücksichtigt.
- Die Nutzung der Umwelt als „Lagerhalde“ für die Abfälle, Abwässer und Abgase aus Produktion und Konsum wird nur dann erfasst, wenn für die Inanspruchnahme dieser Leistung bezahlt werden muss.
- Die Beseitigung der Umweltschäden kostet Geld; im Sinne des herkömmlichen Wirtschaftskreislaufs werden somit die produzierte Gütermenge und das Einkommen durch die Schäden an der Umwelt erhöht.

Dies ist besonders problematisch, weil der Wirtschaftskreislauf die Grundlage für die volkswirtschaftliche Gesamtrechnung darstellt, also für die Berechnung des Bruttoinlandsprodukts. In der ökonomischen Betrachtung wird übersehen, dass das Wirtschaftswachstum zulasten der Umweltqualität erkauft wird.

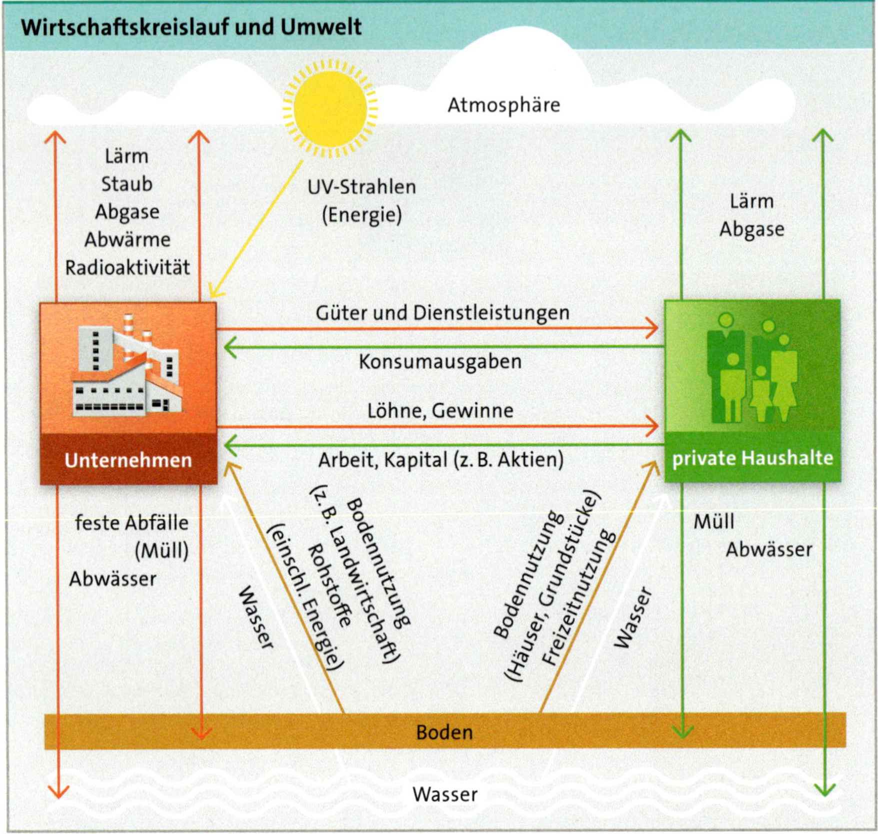

Deshalb wurde 1990 vom Statistischen Bundesamt das Konzept einer **umweltökonomischen Gesamtrechnung (UGR)** vorgestellt, mit welchem der Umweltzustand quantitativ und teilweise in monetärer Form erfasst werden soll.

Die UGR stellen u. a. statistische Daten bereit über
- die Entnahme natürlicher Ressourcen für die Produktion,
- die Emission von Schadstoffen,
- die Bodennutzung als Siedlungs- und Verkehrsfläche.

Akteure im Wirtschaftskreislauf

	Haushalte	**Unternehmen**	**Staat**
Ziel	maximale Bedürfnisbefriedigung	Gewinnmaximierung	Sicherung der Stabilität, Wirtschaftswachstum
Einkommen	Verkauf der Produktionsfaktoren Arbeit, Kapital, Boden gegen Löhne, Miete, Zinsen, Gewinn	Erlöse aus dem Verkauf von Gütern	Steuern, Gebühren, Beiträge
Verwendung des Einkommens	Konsum, Sparen	Investitionen	Subventionen, Transferleistungen, staatlicher Konsum, staatliche Investitionen
Art der Produktion	für den Eigenbedarf	für den Fremdbedarf	Bereitstellung kollektiver Güter (z. B. Schulen, Straßen)

2.3 Leistungen des Großhandels

Der Handel verbindet die Gütergewinnung und -herstellung mit dem Endverbraucher. Dem Produzenten (Hersteller) und dem Endverbraucher sind beim so genannten **indirekten Absatz** der Großhandel und der Einzelhandel zwischengeschaltet. Durch den Handel ist die flächendeckende Verteilung der Güter an den Endverbraucher gewährleistet. Der Handel nimmt sowohl dem Verbraucher als auch dem Hersteller viele Aufgaben ab.

direkter Absatz
Der Produzent verkauft seine Produkte direkt an den Endverbraucher.

indirekter Absatz
Der Handel ist zwischengeschaltet.

Der **Einzelhändler** kauft Waren beim Industriebetrieb oder Großhändler ein und verkauft sie an den Endverbraucher weiter. Der Einzelhändler macht den Markt für den Verbraucher relativ transparent, was die Wichtigkeit des Handels in der Zeit zunehmender Warenvielfalt noch verstärkt. Der **Großhändler** hingegen vertreibt die Waren in der Regel nicht direkt an den Konsumenten, sondern verkauft sie an gewerbliche Abnehmer (z.B. Einzelhändler, Krankenhäuser).

Der indirekte Absatz

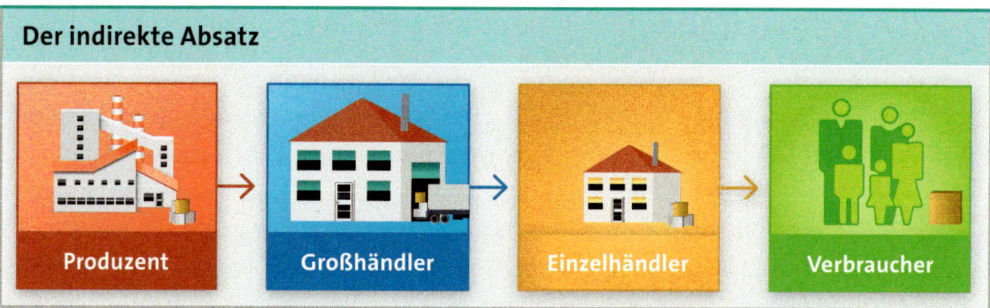

Beispiel

Cornelia Gruber ist Auszubildende zur Kauffrau im Groß- und Außenhandelsmanagement. Heute ist ihr erster Arbeitstag in ihrem Ausbildungsbetrieb Bergisches Papierkontor GmbH (kurz: BPK). Zu Hause hat sie sich schon einige Fragen überlegt, die sie unbedingt stellen will. Sie ergreift die Gelegenheit, als sie in ihrer ersten Ausbildungsabteilung (Allgemeine Verwaltung) ihren Vorgesetzten Herrn Deneke in einer ruhigen Minute erwischen kann: „Herr Deneke, ich hätte da mal eine Frage. Ich bin mir im Klaren darüber, dass die BPK GmbH Papier kauft und verkauft, aber warum tun das Hersteller und Verbraucher nicht direkt, dann könnte man sich diese Zwischenstufe doch sparen?“ Herr Deneke ist etwas verblüfft über diese Frage, da er sich schon lange keine Gedanken mehr über die Entstehung und die Notwendigkeit des Handels gemacht hat. Er beschließt, seine Erläuterungen historisch aufzubauen.

Früher, in der Gesellschaft der „Jäger und Sammler“, war noch kein Händler notwendig, denn alle Gesellschaftsmitglieder sorgten füreinander und alle lebensnotwendigen Güter wurden gemeinschaftlich hergestellt und genutzt bzw. verbraucht. Später wurden die Menschen sesshaft. Sie lebten in Kleingruppen oder Familienverbänden und begannen, sich je nach Bedarf und Talent auf die Herstellung bestimmter Güter zu spezialisieren. Mit der Entstehung der Arbeitsteilung begann auch der **Tauschhandel,** denn nicht jede Familie konnte alles selbst herstellen oder besorgen, was zum Leben benötigt wurde.

Mit der Erkundung anderer Regionen und Kontinente entwickelte sich auch der Beruf des Händlers. Dieser nahm Waren aus der Heimat in andere Regionen mit und tauschte sie dort gegen andere Waren ein. Der Händler brachte diese Waren wieder in seine Heimat, wo er sie ebenfalls wieder eintauschte. Damit übernahm der Händler die wichtige **Raumüberbrückungsfunktion,** die auch heute noch vom Großhandel übernommen wird.

Mit der Entstehung des Geldes sowie der Ausweitung der Verkehrswege und -mittel konnte der Händler sein Gewerbe weiter ausbauen. Es war einerseits nicht mehr nötig, Waren als Tauschmittel bei den Reisen mitzunehmen. Andererseits konnte der Händler mithilfe besserer Transportmittel mehr Waren kaufen und verkaufen und weitere Strecken zurücklegen. Dadurch war er in der Lage, in noch weiter entfernte Orte zu reisen und den dortigen Markt zu erschließen, d.h., für seine Waren zu werben bzw. zu erfahren, welche Waren nachgefragt oder benötigt werden. In diesem Zusammenhang sprechen wir von der **Markterschließungsfunktion** des Händlers bzw. des Großhändlers.

Durch die Möglichkeit, nun viel mehr Waren transportieren zu können, konnte der Händler größere Mengen einkaufen, als er sofort absetzen konnte. Zum Ausgleich richtete er sich Lager ein. Gleichzeitig war es dem Händler aber auch möglich, von verschiedenen Kleinherstellern Waren zu kaufen und erst in großen Mengen abzugeben (z.B. Holz von mehreren Förstern an Zellstofffabriken). Der Händler sorgte demnach für den Mengenausgleich zwischen Einkauf und Verkauf **(Mengenausgleichsfunktion).**

Gleichzeitig konnte er durch die Lagerungsmöglichkeit die Zeit vom Einkauf bis zum Verkauf überbrücken; denn nur in den seltensten Fällen war und ist ein Händler in der Lage, die eingekaufte Ware sofort weiterzuverkaufen. Wir sprechen hier von der **Zeitüberbrückungs- oder Lagerhaltungsfunktion.**

Automatisierte Lagerhaltung

Mit der Entwicklung der industriellen Massenproduktion (Ende des 18. Jh.) entstanden und entstehen bis heute eine Vielzahl von Produkten, über die man leicht die Übersicht verlieren kann.

Der Händler übernimmt die Aufgabe, Waren nach einer bestimmten Gattung, z.B. Lebensmittel, Schreibwaren oder Werkzeuge, zu **Sortimenten** (Sortimentsgroßhandel) zusammenzufassen und somit dem Kunden die Übersicht über die Warenvielfalt zu verschaffen. Der Händler kann sich aber auch auf eine Warenart spezialisieren (Spezialgroßhandel), z.B. Computer oder Fahrräder. Damit fasst er dann viele verschiedene Typen sowie das entsprechende Zubehör zu einem Sortiment zusammen. So nimmt der Händler dem Kunden die Aufgabe ab, den Markt selbst zu erkunden und jede Ware einzeln bei verschiedenen Herstellern bestellen zu müssen **(Sortimentsbildungsfunktion).**

Sortiment
Gesamtheit aller zum Kauf angebotenen Waren

In diesem Zusammenhang ist auch die **Servicefunktion** zu erwähnen. Der Handel übernimmt die Beratungsfunktion und die Gewährleistungspflicht für den Kunden. Der Kunde sollte sich auf die Warenkenntnisse des Händlers verlassen können. Dies gilt natürlich für Großhändler und Einzelhändler gleichermaßen. Falls notwendig, übernimmt der Händler Installationsarbeiten oder Reparaturen. Auch Schulungen, die z.B. im Computerhandel angeboten werden, und nicht zuletzt die Erfüllung von Kundensonderwünschen gehören zu den Serviceleistungen des Händlers.

Die **Absatzfinanzierungsfunktion,** die der Großhändler übernimmt, macht ihn für den Hersteller (fast) unentbehrlich. Der Großhändler kauft und bezahlt die Ware in größeren Stückzahlen vom Hersteller, bevor diese am Markt durch Einzelhandel, Weiterverarbeiter oder Endverbraucher nachgefragt werden. Dieses Vorgehen hat für den Hersteller auch den Vorteil, dass die Lagerungskosten, die er bis zum Absatz seiner Waren an den Endabnehmer tragen müsste, vom Handel übernommen werden. Gleichzeitig räumt der Großhändler dem Einzelhändler oder Weiterverarbeiter Kredite ein, indem er besondere Zahlungsbedingungen (z.B. Zahlungsziel, Lieferantenkredite) mit ihm vereinbart. Dadurch stattet er seine Kunden mit Kaufkraft aus, die sie sonst nicht hätten.

Zahlungsbedingungen
▶ LF 2, Kap. 5.1.3

Durch die warengerechte Lagerung, z.B. von Bananen bis zur Reife, werden die Waren veredelt, d.h., die Bananen werden erst an den Einzelhändler geliefert, wenn deren Zustand verkaufsbereit ist. Die Qualität der Waren wird in diesem Fall verbessert. Auch die BPK GmbH übernimmt teilweise eine **Veredelungsfunktion.** Denn unter Veredelung bei Papier versteht man die trockene und dunkle Lagerung, damit die Struktur des Papiers erhalten bleibt.

Aufgaben des Großhandels	
Raumüberbrückungsfunktion	Die Ware wird von einem Ort zum anderen gebracht, also verteilt.
Zeitüberbrückungsfunktion (Lagerhaltungsfunktion)	Die Zeit zwischen Einkauf und Verkauf der Ware wird durch Lagerung überbrückt.
Mengenausgleichsfunktion	Die Ware wird in größeren oder kleineren Mengen eingekauft als verkauft.
Markterschließungsfunktion	Der Großhändler sieht sich nach neuen Märkten um.
Sortimentsbildungsfunktion	Der Großhändler fasst Waren zu Sortimenten zusammen und verschafft dem Kunden einen besseren Überblick.
Servicefunktion	Der Großhändler bietet seinen Kunden z. B. Beratung und Gewährleistung.
Absatzfinanzierungsfunktion	Der Großhändler kauft und bezahlt die Ware beim Hersteller, bevor es eine Nachfrage des Endverbrauchers gibt, und räumt seinen Kunden Kredite ein.
Veredelungsfunktion	Die Ware erlangt oder behält einen bestimmten Reifegrad bzw. Wert.

2.4 Arten des Großhandels

Anhand der Positionierung des Großhandels zwischen den einzelnen Absatzstufen einer Wertschöpfungskette lassen sich folgende Großhandelsarten unterscheiden:

Der **Aufkaufgroßhandel** kauft kleine Mengen von vielen verschiedenen Anbietern, z. B. Obst und Gemüse, und verkauft die Waren in größeren Mengen an wenige Abnehmer. Im Falle der Papierherstellung und des Papierhandels kauft der Aufkaufgroßhändler bei forstwirtschaftlichen Betrieben in kleineren Mengen Holz, um dies an die weiterverarbeitende Industrie in größeren Mengen weiterzuverkaufen.

Der **Produktionsverbindungsgroßhandel** kauft unfertige, halbfertige oder fertige Erzeugnisse und verkauft sie an die weiterverarbeitende Industrie weiter. Somit verbindet er zwei aufeinanderfolgende Produktionsstufen.

Der **Absatzgroßhandel** nimmt große Mengen Fertigwaren vom Hersteller ab und verkauft sie in kleineren Mengen an Einzelhändler oder gewerbliche Verbraucher (z. B. Schreibwaren).

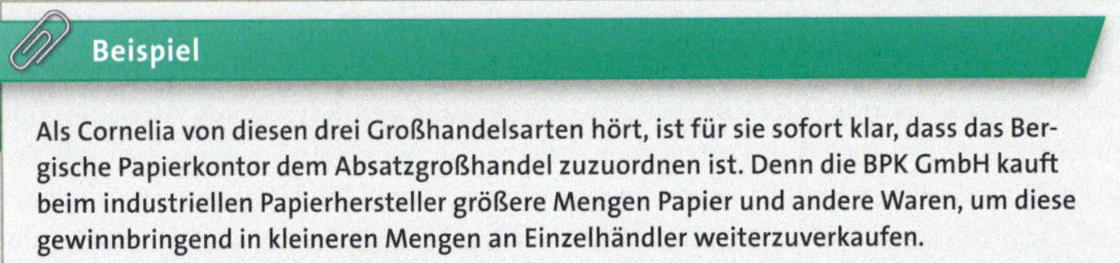

Beispiel

Als Cornelia von diesen drei Großhandelsarten hört, ist für sie sofort klar, dass das Bergische Papierkontor dem Absatzgroßhandel zuzuordnen ist. Denn die BPK GmbH kauft beim industriellen Papierhersteller größere Mengen Papier und andere Waren, um diese gewinnbringend in kleineren Mengen an Einzelhändler weiterzuverkaufen.

Wertschöpfungskette Papierherstellung

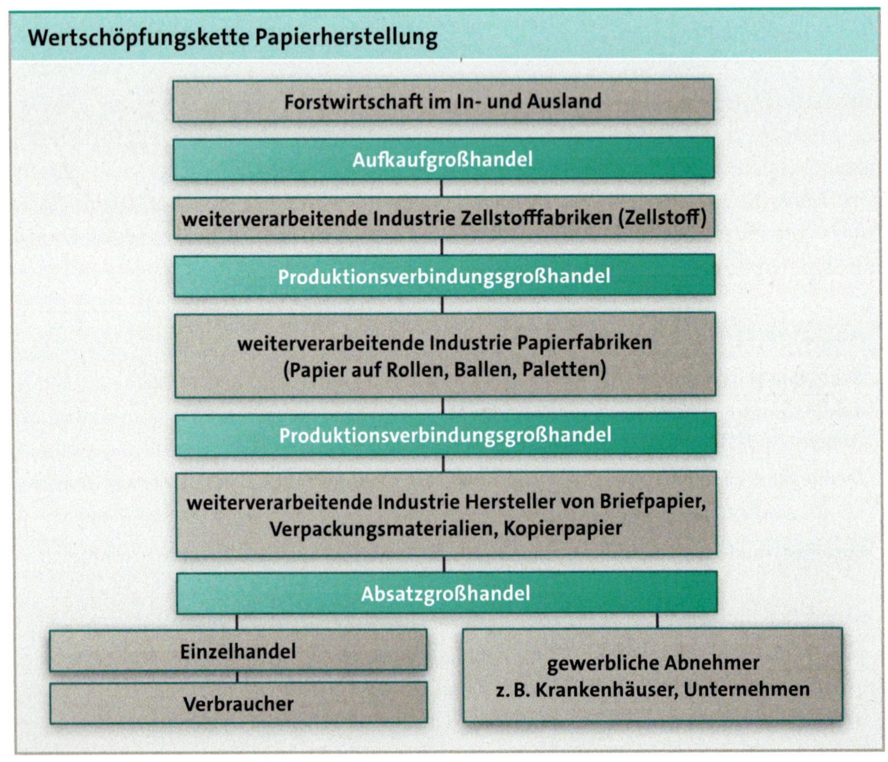

2.5 Betriebsformen des Großhandels

Zustellgroßhandel
Darunter versteht man einen Großhandelsbetrieb, der die Kunden mit den bestellten Waren selbst beliefert bzw. die Belieferung organisiert. Der Transport der Waren macht einen großen Kostenfaktor innerhalb des Großhandelsbetriebes aus, sodass es für den Großhändler vonnöten ist, genau zu kalkulieren, wie er den Kunden beliefert (z.B. Entscheidung über die Versandart, Auswahl des geeigneten Transportmittels).

Abholgroßhandel
Beim Abholgroßhandel kommt der Kunde (gewerblicher Abnehmer) direkt zum Großhändler und holt die Waren dort ab. Der finanzielle Vorteil, den der Verzicht auf teuren Transport zum Kunden mit sich bringt, kann an den Kunden in Form von günstigeren Preisen weitergegeben werden. Jedoch muss dieser ebenfalls genau kalkulieren, ob die Kosten der eigenen Abholung durch die günstigeren Preise auch gedeckt sind.

Aus Sicht des Kunden spielen häufig nicht nur die Kosten eine Rolle, sondern auch Kriterien wie Schnelligkeit, Pünktlichkeit und Zuverlässigkeit. In einigen Fällen kann es durchaus sinnvoll sein, die Ware auch beim Zustellgroßhandel selbst abzuholen, obwohl der Kunde daraus zunächst einen finanziellen Nachteil erleidet.

Cash and carry
Der Cash-and-carry-Großhandel ist eine Sonderform des Abholgroßhandels. Der Abnehmer kann die benötigten Waren in einer Art „Selbstbedienungslager" aussuchen und sofort mitnehmen. Es werden ihm hier ein großes Sortiment sowie in der Regel lange Öffnungszeiten geboten.

Cash
(engl.) Barzahlung
carry
(engl.) sofortiger Abtransport

Einkauf beim Cash-and-carry-Großhandel

Wichtige Betriebsformen des Großhandels	
Zustellgroßhandel	beliefert seine Kunden mit der Ware
Abholgroßhandel	Kunde holt die Ware beim Großhändler ab
Cash and carry	Kunde holt die Ware in Selbstbedienung beim Großhändler ab und bezahlt sofort

AB ▶ LS 10

2.6 Standortwahl

Beispiel

Die BPK GmbH liegt schon immer in dem geografisch vorteilhaften Städtedreieck Köln-Düsseldorf-Dortmund in Wuppertal. Für die dortige Ansiedelung des Unternehmens waren 1870 keine wirtschaftlichen, sondern persönliche Gründe ausschlaggebend: Herr Oberberg hatte dort seinen Wohnsitz. Trotzdem hat sich seit dem Zeitpunkt der Unternehmensgründung dieser Standort als äußerst vorteilhaft erwiesen.

Standort
Ort der gewerblichen Niederlassung eines Betriebes

Der wirtschaftliche Erfolg eines Betriebes ist nicht nur von der unternehmerischen Leistungsfähigkeit abhängig. Unter anderem spielt auch ein mehr oder weniger günstiger **Standort** für den Erfolg eines Unternehmens eine nicht zu unterschätzende Rolle. Über die Wahl des Standortes entscheiden u. a. folgende **Standortfaktoren:**

- die Nähe zu Kunden und Lieferanten
- die Höhe der zu entrichtenden Steuern
- das Angebot an qualifizierten Fachkräften
- die Höhe der Lohnkosten
- die Inanspruchnahme kommunaler Fördermittel
- Umweltauflagen, die bei Produktion oder Transport zu berücksichtigen sind.

Im Rahmen dieser Erfolgsfaktoren ist in den letzten Jahren viel über den „Standort Deutschland" diskutiert worden. Es stellt sich die Frage, ob Deutschland unter diesen Gesichtspunkten als möglicher Standort für ausländische Unternehmen interessant ist und warum immer mehr deutsche Unternehmen ihren Standort im Ausland suchen, teilweise aber auch wieder nach Deutschland zurückkehren.

Für ein Großhandelsunternehmen spielt die räumliche Entfernung zu den Kunden und Lieferanten eine wichtige Rolle und grenzt die Standortmöglichkeiten stark ein, in der Regel mindestens auf das Staatsgebiet des jeweiligen Landes. Es interessieren den Großhandel daher mehr die regionalen Unterschiede als die internationalen.

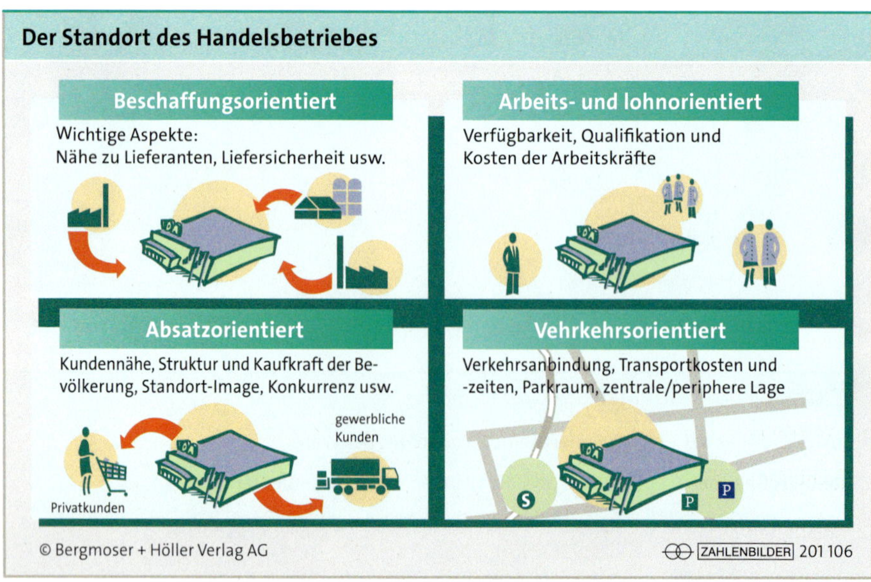

Für die Standortwahl der BPK GmbH war es nicht unbedingt ausschlaggebend, dass in diesem Ballungsgebiet mehr als ausreichend gut ausgebildetes Personal zur Verfügung steht, ist doch ein Großhandelsbetrieb nicht sehr personalintensiv. Für Großhandelsbetriebe richtet sich die Wahl des Standortes, abhängig von Sortiment und Art des Großhandels, vor allem nach folgenden Faktoren:

Standort der BPK

Absatzorientierung
Die Orientierung an der Absatzmöglichkeit ist für den Absatzgroßhandel wie z. B. Lebensmittel- oder Schreibwarengroßhandlungen von zentraler Bedeutung. Die Nähe zu den Kunden sorgt für geringe Lieferkosten sowie für schnelle und pünktliche Lieferung, was den Einzelhändler wiederum Pluspunkte bei den Konsumenten sammeln lässt.

Beschaffungsorientierung
An der Beschaffung orientieren sich vor allem Aufkaufgroßhandlungen, die z. B. Rohstoffe an die weiterverarbeitende Industrie veräußern. So sind sie in der Lage, bei niedrigen Transportkosten die Waren vieler Kleinproduzenten aufzukaufen und an einen oder wenige Weiterverarbeiter zu verkaufen.

Beispiel

Ein Großteil aller Kunden der BPK GmbH ist in Nordrhein-Westfalen angesiedelt. Die BPK GmbH liegt also aus absatzorientierter Sicht sehr günstig und ist in der Lage, auf eilige Kundenanfragen sehr flexibel zu reagieren.

Verkehrsorientierung
Eine Ausrichtung an verkehrsgünstigen Gegebenheiten ist für alle Großhandelsarten von zentraler Bedeutung. Fungieren sie doch als Verbindung verschiedener Produktionsstufen, die an sehr weit entfernten Orten liegen können. Es ist für sie wichtig, ihre Waren schnell und günstig beschaffen zu können und sie auch ebenso schnell und günstig abzusetzen.

Beispiel

Die BPK GmbH liegt nach dem Kriterium der Verkehrsorientierung sehr günstig, stehen ihr doch ein gut ausgebautes Straßennetz, mehrere Flughäfen, Bahnhöfe sowie Wasserwege zur Verfügung.

Standortfaktoren	
Absatzorientierung	geringe räumliche Entfernung zu den Kunden
Beschaffungsorientierung	geringe räumliche Entfernung zu den Lieferanten
Verkehrsorientierung	günstige Anbindung an das Verkehrsnetz (Wasserwege, Straße, Schiene usw.)

Alles klar?

1 Welche Teilnehmer (Akteure) am wirtschaftlichen Geschehen sind typisch?
- **a)** Vereine, Unternehmen und der Staat
- **b)** Städte, Gemeinden und Kommunen
- **c)** Europäische Union, USA und Japan
- **d)** Volkswagen AG, Bayer AG und Apple
- **e)** private Haushalte, Unternehmen und der Staat

2 Was beschreibt den Zusammenhang von Bedürfnissen, Bedarf und Nachfrage am besten?
- **a)** neues Taschengeld → Hülle fürs Smartphone kaufen → Schutz des Smartphones anbringen
- **b)** mit Nebenjob Geld verdienen → Führerschein machen → Gebrauchtwagen kaufen
- **c)** Appetit haben → Entscheidung für Pizza treffen → Anruf bei „Pizza-Town"-Lieferservice
- **d)** Fußball-WM im TV → Anruf bei Freunden → Fußballspielen im Park
- **e)** Müdigkeit → ins Bett legen → ausschlafen

3 Welche beiden Begriffspaare sind logisch?
- **a)** Konsumgüter – Produktionsgüter
- **b)** Verbrauchsgüter – Produktionsgüter
- **c)** Sachgüter – Produktionsgüter
- **d)** Gebrauchsgüter – Verbrauchsgüter
- **e)** Sachgüter – Verbrauchsgüter

4 Mit welchen der folgenden Beispiele wird eine „Kombination der Produktionsfaktoren" beschrieben?
- **a)** Ein Lkw-Fahrer kann auch einen Stapler bedienen.
- **b)** Erntehelfer pflücken im Herbst regionale Äpfel.
- **c)** Obst und Gemüse werden saisonal im Supermarkt angeboten.
- **d)** Ein Auszubildender macht einen Lkw-Führerschein.
- **e)** Zwei Auszubildende helfen sich gegenseitig bei der Warenannahme.

5 Welche Erklärung des ökonomischen Prinzips ist richtig?
- **a)** Das Handeln nach dem ökonomischen Prinzip soll die bestmögliche Lösung herbeiführen.
- **b)** Das Handeln nach dem ökonomischen Prinzip soll im Konflikt zwischen den begrenzten Bedürfnissen und den knappen Wirtschaftsgütern bzw. den begrenzten Geldmitteln die bestmögliche Lösung herbeiführen.
- **c)** Das Handeln nach dem ökonomischen Prinzip soll im Konflikt zwischen den unbegrenzten Bedürfnissen und den knappen Wirtschaftsgütern bzw. den begrenzten Geldmitteln die bestmögliche Lösung herbeiführen.
- **d)** Das Handeln nach dem ökonomischen Prinzip soll knappe Wirtschaftsgüter herbeiführen.
- **e)** Das Handeln nach dem ökonomischen Prinzip soll im Konflikt zwischen den unbegrenzten Bedürfnissen und den unbegrenzten Wirtschaftsgütern bzw. den begrenzten Geldmitteln die bestmögliche Lösung herbeiführen.

6 Welches der folgenden Beispiele beschreibt das Minimalprinzip?
- **a)** Heidi fährt mit dem Auto nach Barcelona und versucht auf der Autobahn so wenig wie möglich Mautgebühren zu bezahlen.
- **b)** Heidi fährt mit dem Auto nach Barcelona und versucht, so schnell wie möglich zu fahren und dabei so viel Benzin wie möglich zu sparen.
- **c)** Heidi fährt mit dem Auto nach Barcelona und versucht, bei den Tankstopps so viel wie möglich zu nachzutanken.
- **d)** Heidi fährt mit dem Auto nach Barcelona und versucht, so wenig Tankstopps wie möglich zu machen.
- **e)** Heidi fährt mit dem Auto nach Barcelona und versucht, die schattigsten Raststätten aufzusuchen.

7 Welches der folgenden Beispiele beschreibt das Maximalprinzip?
- **a)** Jürgen schließt einen neuen Mobilfunkvertrag mit einem möglichst niedrigen monatlichen Grundpreis ab.
- **b)** Jürgen schließt einen neuen Mobilfunkvertrag mit 4,99 € Grundgebühr ab.
- **c)** Jürgen schließt einen neuen Mobilfunkvertrag mit kostenlosem Smartphone ab.

d) Jürgen schließt einen neuen Mobilfunkvertrag mit unbegrenztem Datenvolumen für 49,99 € ab.
e) Jürgen schließt einen neuen Mobilfunkvertrag mit zweiter SIM-Karte ab.

8 Warum lassen sich Minimalprinzip und Maximalprinzip nicht kombinieren?
a) Eine Ersparnis, z. B. Zeitersparnis kann nicht maximal sein.
b) Ein gesetztes Ziel, z. B. eine Fahrtstrecke von 100 km, muss immer maximal sein.
c) Man kann nicht gleichzeitig in möglichst wenig Zeit so weit wie möglich mit dem Auto fahren.
d) Auf der Rückfahrt von einer maximalen Fahrstrecke kann man nur minimal Zeit sparen.
e) Eine nur minimale Ersparnis kann kein sinnvolles Ziel sein.

9 Welches der folgenden Beispiele passt zum einfachen Wirtschaftskreislauf?
a) Heidi wünscht sich zum Geburtstag eine neue Handtasche.
b) Jürgen kauft sich auf dem Heimweg von der Arbeit ein Eis.
c) Udo sammelt im Herbst leidenschaftlich gern Pilze im Wald.
d) Heiner bringt alte und überflüssige Möbel zum Sperrmüll.
e) Jürgen und Heiner treffen sich einmal pro Woche zum Tischtennistraining.

10 Wie nimmt der Staat als dritter Sektor am Wirtschaftskreislauf teil? (Zwei richtige Antworten)
a) Der Staat verteilt Einkommen um, z. B. durch Transferleistungen wie Kindergeld.
b) Der Staat gilt auch als Unternehmen, z. B. der Bundesrat.
c) Der Staat gilt auch als Arbeitnehmer, z. B. die Müllabfuhr.
d) Der Staat gilt auch als Arbeitgeber, z. B. die Stadt Berlin.
e) Der Staat benötigt Steuereinnahmen, um Staatsschulden zu bezahlen.

11 Mengenüberbrückung oder bedarfsgerechte Mengenabgabe bedeutet, dass ...
a) der Großhändler genau die Menge verkauft, die Kunden wünschen.
b) der Großhändler keine großen Mengen verkaufen kann.
c) der Großhändler immer wartet, bis die Ware abverkauft ist, bevor er nachbestellt.
d) der Großhändler für die Kunden einen Lieferservice anbietet.
e) der Großhändler grundsätzlich nur große Mengen beim Lieferanten ordert.

12 Ordnen Sie folgende Aussagen den Leistungen des Groß- und Außenhandels zu:
1) Raumüberbrückungsfunktion
2) Zeitüberbrückungsfunktion
3) Mengenausgleichsfunktion
4) Markterschließungsfunktion
5) Sortimentsbildungsfunktion
6) Servicefunktion
7) Absatzfinanzierungsfunktion
8) Veredelungsfunktion

a) Der Baustoffgroßhändler Steinmeier liefert Kiesprodukte per Lkw bis vor die Haustür.
b) Der Spezialitätenhändler Fruit & Co. kauft Trüffel in sehr kleinen Mengen ein, um sie in großen Mengen an Restaurants zu verkaufen.
c) Der Medizinproduktegroßhändler Labortec bietet neuerdings Atemschutzmasken mit Comic-Motiven an.
d) Der Sanitärgroßhandel Sanisystems verkauft außer Badeinrichtungen auch die passenden Reinigungsmittel.
e) Der bayrische Feinkostgroßhändler Brotzeit hat immer frischen Hering im Sortiment.
f) Der Baumaschinengroßhändler Earthquake hat für Pressluftgeräte die nötigen Hochdruckschläuche immer im Bestand.
g) Der bayrische Feinkostgroßhändler Brotzeit lagert den Edelschimmelkäse, bis er den richtigen Reifegrad entwickelt hat.
h) Der Baumaschinengroßhändler Earthquake liefert Ersatzteile für Baumaschinen mit einem Zahlungsziel von 30 Tagen.

AB ▶ LS 11

3 Organisation von Großhandelsbetrieben

Zunehmender Wettbewerb und steigende Globalisierungstendenzen ziehen für viele Unternehmen neue Herausforderungen nach sich. Sie müssen schneller und flexibler auf Marktänderungen reagieren und dabei gezielter auf Kundenbedürfnisse und -erwartungen eingehen. Folgerichtig wurde bereits vor Jahren eine verstärkte **Kundenorientierung** von der Mehrheit der deutschen Unternehmen als zentrale Unternehmensstrategie erkannt, jedoch sind in der Praxis Probleme bei der Umsetzung offensichtlich. Die Zahl der Kunden, die pro Mitarbeiter zu betreuen sind, steigt ständig, hohe Anforderungen und meist auch eine hohe Arbeitsbelastung der betreuenden Mitarbeiter sind die Folgen. Nicht selten treten Schwierigkeiten bei der Einarbeitung neuer Mitarbeiter auf, die über wenig spezifische Erfahrung im Umgang mit den Kunden verfügen, und tragen zusätzlich zur Verschärfung der Probleme bei.

Unternehmensziele
▶ LF 1, Kap. 4.2

Für die Unternehmen reicht die alleinige Festschreibung von Kundenorientierung in den Unternehmenszielen nicht aus, sondern es müssen begleitend **organisatorische** und **personelle Maßnahmen** durchgeführt werden. Kundenorientierung kann letztlich nur in einer reibungslos funktionierenden Organisationsstruktur und von fachlich, methodisch und sozial kompetenten Mitarbeitern umgesetzt werden.

3.1 Leitungs- und Weisungssysteme

Beispiel

Cornelia Gruber wird am vierten Tag ihrer Ausbildung mit folgenden Worten von ihrer Ausbilderin Frau Trautmann begrüßt: „Sie sollten möglichst bald die Kollegen in unserem Betrieb kennenlernen. Anhand dieses Organigramms können Sie sich erst einmal einen Überblick über die Mitarbeiter und die Organisationsstrukturen der BPK verschaffen.“ Cornelia erhält ein Blatt Papier, auf dem eine Art Tabelle abgebildet ist. Leider kommt sie nicht mehr dazu zu fragen, was ein Organigramm ist.

Organigramm
Darstellung des hierarchischen und strukturellen Aufbaus eines Unternehmens (siehe nächste Seite)

Cornelia widmet sich dem **Organigramm** und stellt fest, dass sie gar nicht zu fragen braucht, wenn sie es sich nur genau anschaut. Es handelt sich nämlich um die genaue Aufstellung der in der BPK GmbH vorhandenen Abteilungen inklusive deren Mitarbeiter. „Hier unten stehe ja sogar ich drauf“, stellt sie überrascht fest. Aber noch etwas ist interessant: Anhand der Linien und der Positionierung auf der Seite kann man auch genau den hierarchischen Aufbau der BPK GmbH erkennen. Herr Dr. Peter Schönhauser, der Geschäftsführer, ist der „Chef vom Ganzen“, denn er steht ganz oben auf dem Papier und hat zu jeder Abteilung eine Verbindung (von oben nach unten).

Alle vier Abteilungen sind gleichberechtigt, da sie nebeneinander auf gleicher Ebene stehen. Die Abteilungsleiter sind gesondert in einem Kästchen erkennbar und mit allen Mitarbeitern der jeweiligen Abteilung durch eine vertikale Linie verbunden. Sie sind ihren Mitarbeitern gegenüber weisungsbefugt, d.h., die Mitarbeiter müssen den Anweisungen ihres Vorgesetzten Folge leisten. Anhand der Linien kann man also auch die **Führungs- und Weisungsbefugnisse** und die einzuhaltenden Dienstwege ablesen.

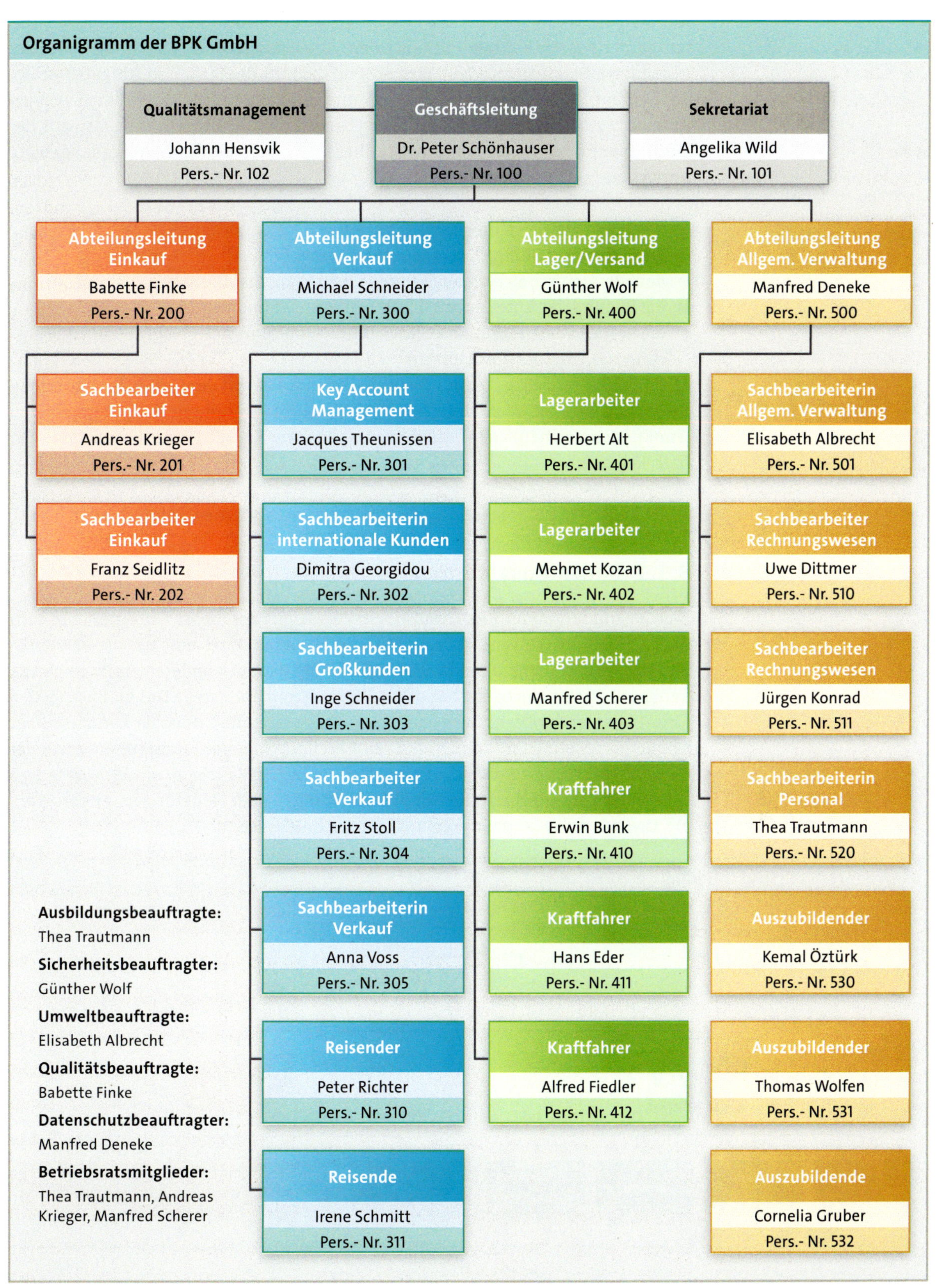

Organigramm der BPK GmbH
Qualitätsmanagement
Johann Hensvik
Pers.- Nr. 102
Geschäftsleitung
Dr. Peter Schönhauser
Pers.- Nr. 100
Sekretariat
Angelika Wild
Pers.- Nr. 101
Abteilungsleitung Einkauf
Babette Finke
Pers.- Nr. 200
Abteilungsleitung Verkauf
Michael Schneider
Pers.- Nr. 300
Abteilungsleitung Lager/Versand
Günther Wolf
Pers.- Nr. 400
Abteilungsleitung Allgem. Verwaltung
Manfred Deneke
Pers.- Nr. 500
Sachbearbeiter Einkauf
Andreas Krieger
Pers.- Nr. 201
Sachbearbeiter Einkauf
Franz Seidlitz
Pers.- Nr. 202
Key Account Management
Jacques Theunissen
Pers.- Nr. 301
Sachbearbeiterin internationale Kunden
Dimitra Georgidou
Pers.- Nr. 302
Sachbearbeiterin Großkunden
Inge Schneider
Pers.- Nr. 303
Sachbearbeiter Verkauf
Fritz Stoll
Pers.- Nr. 304
Sachbearbeiterin Verkauf
Anna Voss
Pers.- Nr. 305
Reisender
Peter Richter
Pers.- Nr. 310
Reisende
Irene Schmitt
Pers.- Nr. 311
Lagerarbeiter
Herbert Alt
Pers.- Nr. 401
Lagerarbeiter
Mehmet Kozan
Pers.- Nr. 402
Lagerarbeiter
Manfred Scherer
Pers.- Nr. 403
Kraftfahrer
Erwin Bunk
Pers.- Nr. 410
Kraftfahrer
Hans Eder
Pers.- Nr. 411
Kraftfahrer
Alfred Fiedler
Pers.- Nr. 412
Sachbearbeiterin Allgem. Verwaltung
Elisabeth Albrecht
Pers.- Nr. 501
Sachbearbeiter Rechnungswesen
Uwe Dittmer
Pers.- Nr. 510
Sachbearbeiter Rechnungswesen
Jürgen Konrad
Pers.- Nr. 511
Sachbearbeiterin Personal
Thea Trautmann
Pers.- Nr. 520
Auszubildender
Kemal Öztürk
Pers.- Nr. 530
Auszubildender
Thomas Wolfen
Pers.- Nr. 531
Auszubildende
Cornelia Gruber
Pers.- Nr. 532
Ausbildungsbeauftragte:
Thea Trautmann
Sicherheitsbeauftragter:
Günther Wolf
Umweltbeauftragte:
Elisabeth Albrecht
Qualitätsbeauftragte:
Babette Finke
Datenschutzbeauftragter:
Manfred Deneke
Betriebsratsmitglieder:
Thea Trautmann, Andreas Krieger, Manfred Scherer

Anhand des Organigramms der BPK GmbH ist die **funktionale Einteilung** des Unternehmens in Abteilungen zu erkennen: Alle Personen, die „einkaufen", sind der Abteilung Einkauf zugeordnet. Ebenso sind die Mitarbeiter, deren Aufgabengebiet den Verkauf, Lager/Versand oder die Allgemeine Verwaltung umfasst, der jeweiligen Abteilung zugeordnet. Diese Einteilung bei der BPK GmbH resultiert also aus der Zusammenfassung aller **Stellen**, die dieselben oder ähnliche Aufgabengebiete umfassen.

Stelle
Kleinste Einheit in der Organisation eines Unternehmens. Jede Stelle wird von einem Mitarbeiter besetzt.

▶ LF 1, Kap. 3.2.1

Anhand des Organigramms kann Cornelia
- die Stelleneinteilung,
- den hierarchischen Aufbau (z. B. den einzuhaltenden Dienstweg),
- die Bildung der Abteilungen durch Stellenzusammenlegung,
- die bei der Stellen- und Abteilungseinführung zugrunde gelegte Strukturierung (z. B. funktionale Struktur)

erkennen. Gleichzeitig bekommt sie einen Eindruck von der Größe des Unternehmens. Es gibt aber auch Unternehmen, die nicht nach ihren Aufgabengebieten (Funktionsbereichen) strukturiert sind, sondern z. B. nach Produktbereichen oder nach Regionen.

In der Regel werden folgende Typen von Weisungssystemen unterschieden:

3.1.1 Einliniensystem

Das Organigramm der BPK GmbH (Seite 39) zeigt, dass dieses Unternehmen sehr übersichtlich strukturiert ist. Jeder Mitarbeiter ist nur durch eine Linie (Weisungslinie) mit seinem Vorgesetzten verbunden. Keiner hat noch andere Verbindungen zu anderen Abteilungen oder ist anderen Vorgesetzten unterstellt. Das heißt, für jeden Mitarbeiter ist der Dienstweg festgelegt, den er einhalten muss: Er kann nur über seinen Vorgesetzten mit einer anderen Abteilung in Verbindung treten. Auch der Geschäftsführer gibt Anweisungen, jedoch im Regelfall nicht an einzelne Mitarbeiter, sondern er informiert die Abteilungsleitungen über Neuerungen, Änderungen etc. Diese Organisationsform nennt man Einliniensystem.

Einliniensystem (Strukturierung nach Regionen)

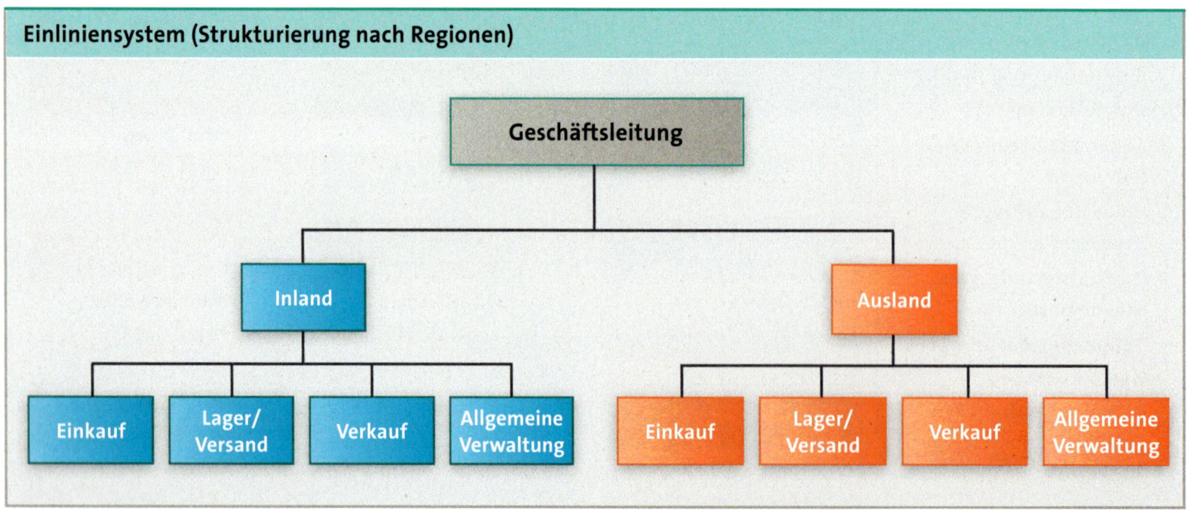

3.1.2 Mehrliniensystem

Beim Mehrliniensystem dagegen hat jeder Mitarbeiter einer Abteilung nicht nur einen direkten Vorgesetzten, sondern ist auch anderen höherrangigen Mitarbeitern gegenüber weisungsgebunden. Man nennt das Mehrliniensystem auch **Funktionalsystem**, weil die Mitarbeiter in Abhängigkeit von ihrer jeweiligen Aufgabe (Funktion) immer von demjenigen Vorgesetzten Anweisungen erhalten, der für diesen Bereich über das entsprechende Fachwissen verfügt.

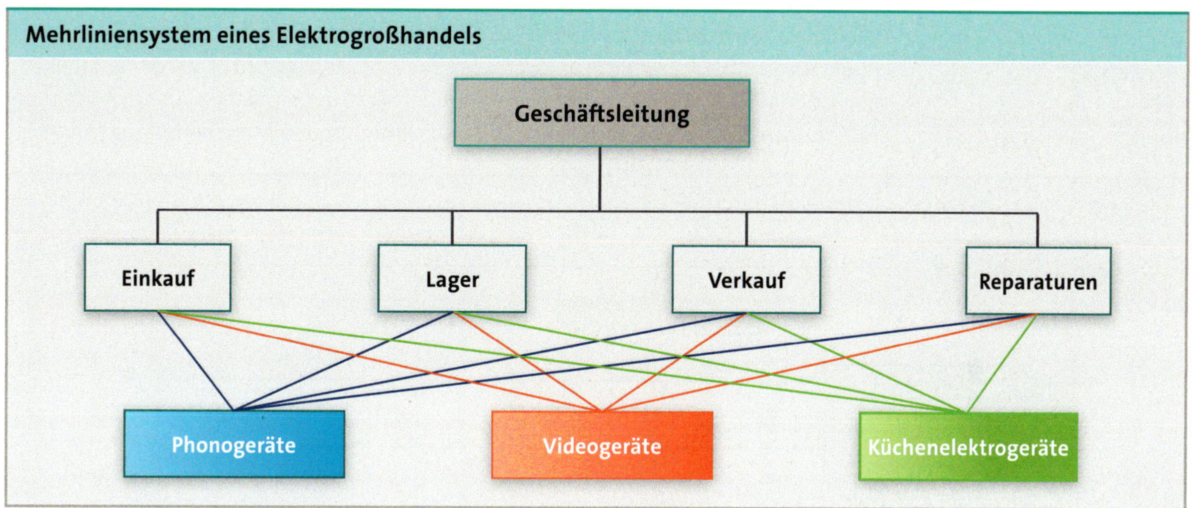

3.1.3 Stabliniensystem

Das Stabliniensystem ergänzt das Liniensystem durch Stäbe. Stäbe sind Abteilungen oder Stellen ohne Weisungsbefugnis. Dabei könnte es sich zum einen um Spezialisten handeln, die den anderen Abteilungen beratend zur Seite stehen, z. B. EDV-Fachleute. Zum anderen handelt es sich um Abteilungen oder Mitarbeiter, die direkt der Geschäftsleitung zuarbeiten, z. B. Qualitätsmanagement oder Sekretariat. Allen Stäben ist aber gemein, dass sie nicht direkt der Erfüllung der primären betrieblichen Aufgabe dienen.

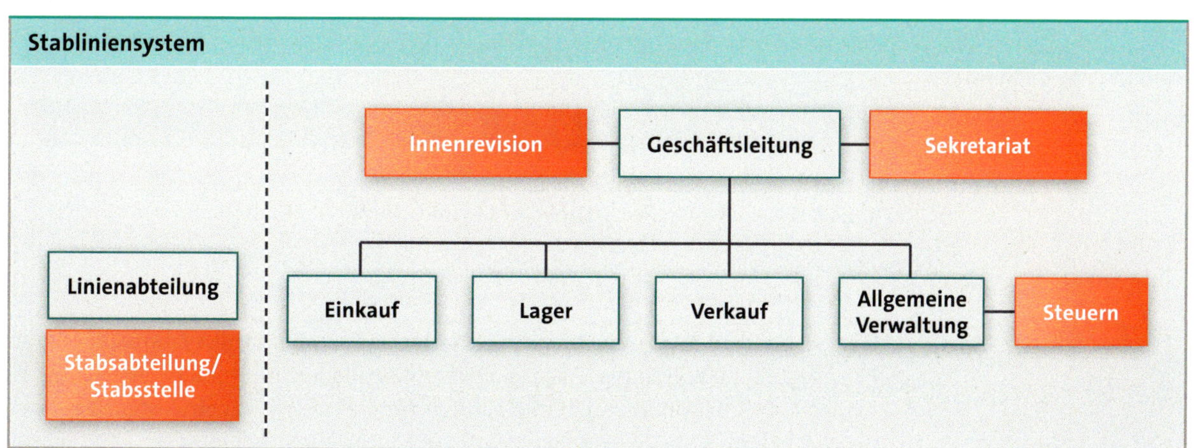

3.1.4 Matrixorganisation

Innerhalb der Matrixorganisation existieren zwei Führungsebenen, die mit projekt- und funktionsbezogenen Führungskräften besetzt werden. Das bedeutet, dass sich ein Mitarbeiter z. B. in Urlaubsfragen an den spezialisierten Vorgesetzten „Personal“ wendet, während er sich in projektbezogenen Angelegenheiten, z. B. Schwierigkeiten bei der Entwicklung einer neuen Lernsoftware, an den entsprechenden projektbezogenen Vorgesetzten wendet.

Die Unternehmensleitung spielt bei der Matrixorganisation eine untergeordnete Rolle. Somit wendet sich die projektbezogene Führungskraft z. B. bei der Einstellung eines neuen Mitarbeiters nicht an die Geschäftsleitung, sondern wählt in Absprache mit der funktionsbezogenen Führungskraft einen neuen Mitarbeiter aus.

Matrixorganisation eines Softwareherstellers

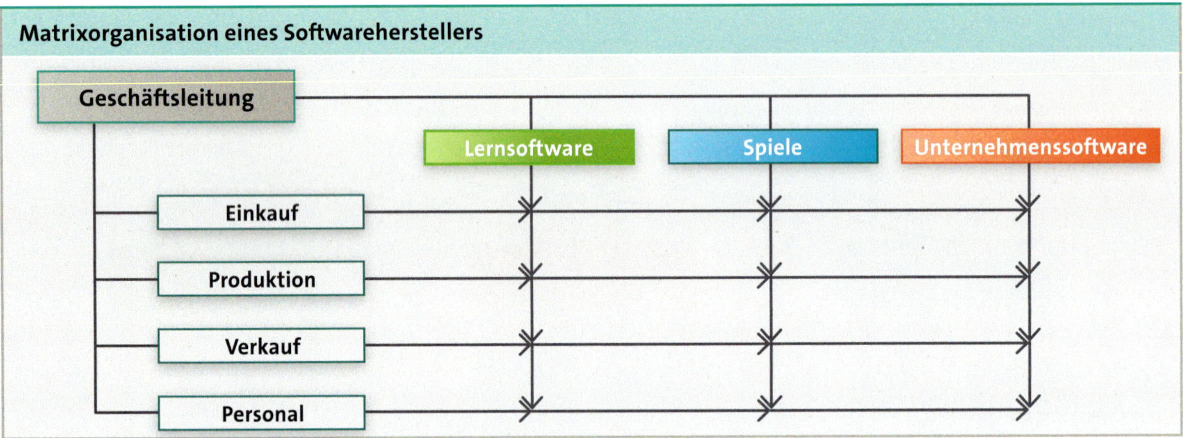

3.1.5 Spartenorganisation (divisionalisierte Organisation)

Profitcenter
Aufteilung eines Unternehmens nach Warengruppen mit jeweils separater Erfolgsermittlung

Die Spartenorganisation ist durch einen Warenbezug des Unternehmensaufbaus gekennzeichnet **(Objektprinzip).** Das Gesamtunternehmen wird nach Waren oder Warengruppen aufgeteilt. Die Leiter dieser **Profitcenter** tragen die Erfolgsverantwortung für ihren Bereich. Unübersichtliche Unternehmen werden so in mehrere kleine übersichtliche „Teilunternehmen“ aufgespalten, sodass die einzelnen Spartenleiter aufgrund ihres Entscheidungsspielraums mehr Verantwortung erhalten.

Beispiel

Cornelia Gruber fällt auf, dass für Entscheidungen in der BPK GmbH immer genau geregelt ist, wer sie zu treffen hat, weil das Unternehmen im Einliniensystem organisiert ist. Sie fragt sich jedoch, wie Entscheidungen zustande kommen, wenn die Entscheidungsverantwortung mehreren Personen zukommt.

Zu erwähnen ist in diesem Zusammenhang das **Entscheidungssystem** der oberen Führungsebene. Wenn diese aus mehreren Mitgliedern besteht, ist es wichtig zu wissen, wie Entscheidungen herbeigeführt werden sollen. Hat ein Mitglied aus der Geschäftsleitung die Führungsposition (z. B. durch Wahl) erhalten, so kann dieses Mitglied die endgültige und alleinige Entscheidung treffen **(Direktorialsystem).**

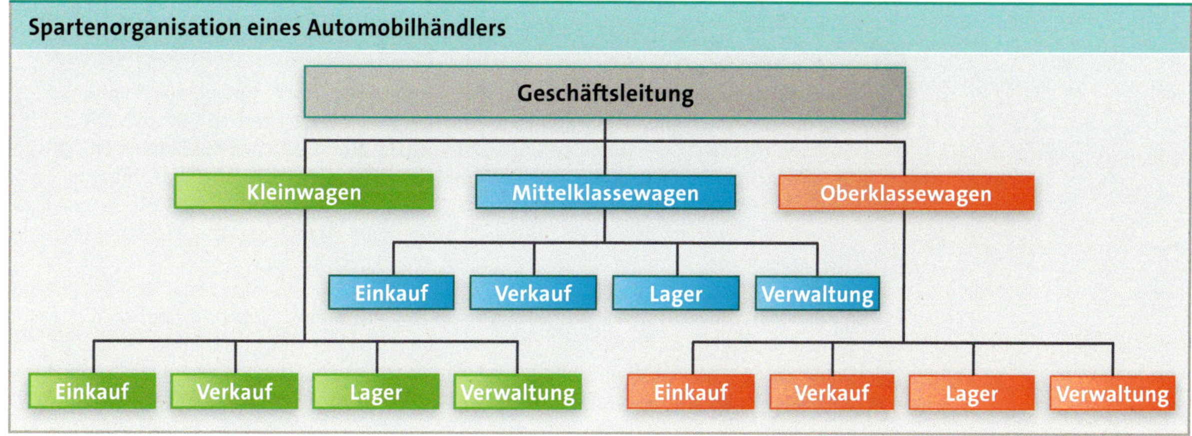

Beim **Kollegialsystem** werden die Entscheidungen von allen Mitgliedern der Geschäftsleitung gemeinsam getroffen. Nur für den Fall einer Stimmengleichheit können die Mitglieder einen „Primus inter Pares" (Erster unter Ranggleichen) bestimmen, der dann die endgültige Entscheidung trifft.

Leitungs- oder Weisungssysteme	
Einliniensystem	eindeutige Zuordnung der Mitarbeiter zu ihrem Vorgesetzten
Mehrliniensystem	je nach Funktion bzw. Aufgabe kann der Mitarbeiter verschiedene Vorgesetzte haben (Funkionalsystem)
Stabliniensystem	Erweiterung des Liniensystems durch Stäbe
Matrixorganisation	unterschiedliche Vorgesetzte für projektbezogene und für funktionsbezogene Angelegenheiten
Spartenorganisation	Unternehmen ist warenbezogen in verschiedene Bereiche (Profitcenter) unterteilt

3.2 Abhängigkeit der Aufbauorganisation von der Gesamtaufgabe des Unternehmens

Die Organisationsform eines Unternehmens entsteht natürlich nicht zufällig. Auch die Aufgabenteilung und die Entstehung von (neuen) Stellen, die Bildung von Abteilungen oder **Instanzen** ergeben sich nicht von ungefähr. Die Aufbauorganisation ist das Ergebnis betrieblicher Überlegungen. Der Betrieb soll so organisiert sein, dass ein möglichst reibungsloser Ablauf des Betriebsgeschehens gewährleistet ist. Dabei müssen Einflussfaktoren wie die Größe des Unternehmens, Haupttätigkeitsfelder, Absatzmärkte usw. berücksichtigt werden.

Instanz
Stelle mit Weisungsbefugnis

Beispiel

Herr Deneke erklärt Cornelia die heutige Struktur der BPK GmbH anhand deren Entwicklungsgeschichte. Zunächst war das Bergische Papierkontor ein Ein-Mann-Betrieb. Der Gründer, Wilhelm Hubertus Oberberg, machte es sich zum Ziel, seine Kunden mit Papieren aller Art pünktlich und nach deren Wünschen zu beliefern. 1873 lernte er seine Frau kennen, die er 1875 heiratete und die sich fortan um die Buchhaltung kümmerte. So blieb Herrn Oberberg mehr Zeit, neue Kunden zu werben und ihnen neue Waren fast aus aller Welt anzubieten.

Als er feststellte, dass sein Sortiment und sein Kundenstamm zu groß wurden, um die ganze Arbeit allein zu bewältigen, stellte er Herrn Ritter ein. Gemeinsam mit ihm und seiner Frau analysierte er die anfallenden Tätigkeiten, um herauszufinden, wie die Arbeit am besten aufgeteilt werden könnte. Sollte sich Herr Ritter auf bestimmte Tätigkeiten, eine Liefer- oder Absatzregion oder auf bestimmte Waren spezialisieren? Sie einigten sich darauf, dass Herr Ritter ein komplettes Aufgabengebiet, nämlich den Einkaufsbereich, übernehmen sollte. Diese funktionale Einteilung wurde gewählt, weil die anderen Strukturierungsmöglichkeiten aufgrund des schmalen Sortiments und der vielen verschiedenen Absatz- und Einkaufsregionen unwirtschaftlich erschienen und nicht viel Entlastung für Herrn Oberberg versprachen. Gleichzeitig wollte Herr Oberberg seinen treuen Kundenstamm selbst pflegen und sichergehen, dass in diesem sensiblen Bereich keine Schwierigkeiten auftraten.

Das Bergische Papierkontor um 1900

Herr Ritter übernahm die Verantwortung für seine Ein-Mann-Einkaufsabteilung, wobei Herr Oberberg jedoch über alle Vorgänge informiert werden wollte. Alle Teilaufgaben, die dem Einkauf zuzuordnen waren, wurden zusammengefasst und anhand einer Stellenbeschreibung fixiert. Da das Unternehmen weiter expandierte, wurden noch mehr Mitarbeiter eingestellt. Dies führte zur Einführung von Instanzen. Herr Ritter war der Abteilungsleiter für den Einkauf, Herr Oberberg hatte die Gesamtleitung inne, während seine Frau die Verwaltungstätigkeiten leitete. Und so wuchs das Unternehmen zur heutigen BPK GmbH heran, deren jetziger Aufbau sich ganz logisch aus der geschichtlichen Entwicklung ergibt.

Anhand der Ausführungen von Herrn Deneke zeigt sich, dass der Aufbau des Unternehmens von vielfältigen Faktoren abhängig ist. Zu berücksichtigen sind dabei auch immer die persönlichen Führungsvorstellungen der Führungskraft. Diese entscheiden,

- nach welchen Prinzipien die Stellen gebildet werden,
- welche Weisungsbefugnisse den Mitarbeitern innerhalb ihrer Stelle eingeräumt werden,
- welcher Führungsstil bevorzugt wird,
- welche Führungstechniken angewendet werden.

3.2.1 Stellenbeschreibung

Eine Stellenbeschreibung ist ein wichtiges innerbetriebliches Organisationsmittel, denn sie enthält eine genaue Beschreibung der jeweiligen Stelle und ihre Einordnung in den betrieblichen Prozessablauf. Sie beschreibt, welche Kompetenzen der Stelleninhaber hat, welchem anderen Mitarbeiter die Stelle unterstellt ist und wem gegenüber der Stelleninhaber weisungsbefugt ist. Sie legt aber auch fest, welche Anforderungen an den Stelleninhaber gestellt werden, z. B.:

- Schulbildung
- Berufsausbildung
- Praxiserfahrung
- Sprachkenntnisse
- EDV-Kenntnisse
- Kommunikationsfähigkeit
- Problemlösekompetenzen

Stellenbeschreibung — bpk Bergisches Papierkontor GmbH

Stellenbezeichnung:	Sachbearbeiter(in) Vertrieb im Großhandel
Übergeordnete Stelle	Abteilungsleitung Vertrieb
Untergeordnete Stellen	Keine
Aufgaben der Stelleninhaberin/des Stelleninhabers	• Pflege der direkten Kundenbeziehungen • Neugewinnung von Kunden • Verkaufsgespräche inkl. fachliche Beratung der Kunden • Abschluss von Kaufverträgen • Erstellen von Auftragsbestätigungen, Lieferscheinen und Rechnungen • Erstellen von Angeboten • Bearbeiten von Kundenreklamationen
Schulbildung	Mittlerer Abschluss, Fachhochschulreife oder Allgemeine Hochschulreife
Berufsbildung	Kaufmännische Berufsausbildung
Weitere Anforderungen	• Gute Deutsch- und Englischkenntnisse in Wort und Schrift • Gute Kenntnisse gängiger PC-Programme • Kommunikative Fähigkeiten • Freundliches Auftreten

Beispiel für eine Stellenbeschreibung

Neben diesem eher tabellarischen Teil enthält die Stellenbeschreibung auch eine ausführliche Beschreibung der anfallenden Tätigkeiten. Die Stellenbeschreibung dient als Grundlage z. B. für Stellenausschreibungen im Rahmen der Personalbeschaffung, ist aber auch eine wichtige Hilfe bei der Einarbeitung neuer Mitarbeiter.

3.2.2 Prinzipien der Stellenbildung

Bei der Stellenbildung einer Unternehmung können zwei verschiedene Prinzipien zugrunde gelegt werden. Bei der **Zentralisation** als Prinzip der Aufgabenverteilung, wie es von 1870 bis 1985 die Einzelunternehmer der BPK GmbH bevorzugt haben, hatten diese die gesamte Entscheidungsgewalt. Erst mit Zunahme des Auftragsvolumens wurde den oberen Führungskräften Unterschriftengewalt eingeräumt. In der Einkaufsabteilung gab es Einkäufer, die nur Vorarbeit leisteten und Angebote einholten. Die Verhandlungen führte der Abteilungsleiter, den Schriftverkehr übernahmen ungelernte Schreibkräfte, die ihre Schreiben inhaltlich jedoch nicht einordnen konnten.

Herr Dr. Schönhauser versucht heute, so weit wie möglich die **Dezentralisation** als Prinzip der Stellenbildung zu berücksichtigen. Bei diesem Prinzip werden die zu verteilenden Aufgaben nicht in Teilaufgaben zersplittert, sondern komplex auf mehrere Stellen verteilt. Dazu bedarf es eines relativ großen Fachkräftepotenzials. Es arbeiten beispielsweise mehrere Mitarbeiter gleichberechtigt in der Einkaufsabteilung, die ihre Tätigkeiten von der Anfrage bis zum Abschluss des Kaufvertrages allein bewältigen und verantworten. Auch jeglichen Schriftverkehr erledigen sie selbst. Es ist für sie nicht notwendig, sich hierfür Unterschriften des Vorgesetzten einzuholen, was lange Wege erspart und Verzögerungen vermeidet.

3.3 Ablauforganisation

Nicht nur der Aufbau eines Unternehmens ist zu organisieren, auch die einzelnen Arbeitsabläufe müssen optimiert werden, um Zeit- und somit Geldverschwendung innerhalb des Betriebes zu vermeiden. Je nach Tätigkeitsfeld und Branche eines Unternehmens fallen jedoch ganz unterschiedliche Arbeitsabläufe an. Die Organisation häufig wiederkehrender Arbeitsabläufe wird daher in jedem Unternehmen individuell auf die eigenen Bedürfnisse zugeschnitten. Eine generelle Aussage zur Organisation von Arbeitsabläufen ist somit kaum möglich.

Bei der Ablauforganisation geht es vor allem darum,
- die Kommunikationswege und -zeiten zu minimieren,
- den Einsatz der Arbeitsmaterialien und Arbeitskräfte zu optimieren,
- Zeiten und Wege des innerbetrieblichen Transports zu minimieren.

Beispiel

Beispiele für die individuelle Organisation von Arbeitsabläufen:

a) Seit 1993 verfügt die BPK GmbH über einen eigenen Versand. Als dieser eingerichtet wurde, mussten die Hallen für die Lkws aus Platzgründen an der entgegengesetzten Seite der Lagerhallen gebaut werden. Das führte dazu, dass die Ware auf dem Betriebsgelände lange unterwegs war, bis die Lkws beladen werden konnten. Nach zwei Jahren war man sich bewusst, dass diese Gestaltung der Arbeitsabläufe zu großen zeitlichen Verlusten führte, und gliederte an die Lkw-Hallen eine neue Lagerhalle an.

b) Frau Trautmann erstellt regelmäßig alle zwei Jahre Personalbeurteilungen für die Mitarbeiter. Für diese Aufgabe nimmt sie sich immer mindestens zwei Tage Zeit. Alle Abteilungsleiter sind über diese Aufgabe informiert, denn sie müssen ihre Personaleinschätzung zu den Mitarbeitern liefern. In diesem Jahr kamen nur Frau Finke und Herr Deneke pünktlich der Aufforderung nach, was dazu führte, dass Frau Trautmann an einem der beiden Tage nicht ausgelastet war.

c) Herr Wolf lässt von den Lagermitarbeitern einen Eilauftrag zusammenstellen, der möglichst schnell an den Kunden geliefert werden soll. Da Herr Fiedler, der für diesen Lieferbereich zuständig ist, seinen Lkw aber bereits am Vorabend beladen hat und schon auf Tour ist, hat Herr Wolf keine andere Möglichkeit, als den Eilauftrag mit einem privaten Paketdienst versenden zu lassen. Dadurch entstehen erhebliche Mehrkosten.

d) In der Abteilung Verkauf werden regelmäßig unter den Mitarbeitern Vorschläge zur Verbesserung des Marketings gemacht. Allerdings erfährt der Abteilungsleiter, Herr Schneider, eher zufällig oder überhaupt nicht, was unter seinen Mitarbeitern besprochen wird. So wurden bereits einige gute Vorschläge nicht realisiert, weil Herr Schneider nichts davon wusste.

Bei den obigen Beispielen handelt es sich um relativ komplexe Arbeitsabläufe. Es können aber auch kleine Arbeitseinheiten geregelt werden, wie z. B. die genaue Festlegung von Arbeitsschritten bei der Überprüfung von Warenlieferungen im Wareneingang. Die Arbeitsablauforganisation ist somit „zuständig“ für die möglichst **effiziente** Gestaltung von Arbeitsprozessen aller Art.

effizient
wirksam, wirtschaftlich

Alles klar?

1 Aufgrund welcher Rahmenbedingungen wurde bereits vor Jahren eine verstärkte Kundenorientierung von der Mehrheit der deutschen Unternehmen als zentrale Unternehmensstrategie erkannt?
- a) Steigende Sozialabgaben und sinkende Bewerberzahlen.
- b) Zunehmender Wettbewerb und steigende Globalisierungstendenzen.
- c) Schwierigkeiten bei der Einarbeitung neuer Mitarbeiter, die über wenig spezifische Erfahrung im Umgang mit den Kunden verfügen.
- d) Die Zahl der Kunden, die pro Mitarbeiter zu betreuen sind, steigt ständig.
- e) Kunden bestellen immer öfter im Intranet.

2 Welche der folgenden Aussagen zur Kundenorientierung ist richtig?
- a) Für Unternehmen reicht die Festschreibung von Kundenorientierung in den Unternehmenszielen aus.
- b) Bei den Kunden sollten organisatorische und personelle Maßnahmen durchgeführt werden.
- c) Bei den eigenen Mitarbeitern müssen personelle Maßnahmen durchgeführt werden
- d) Kundenorientierung kann nur in einer reibungslos funktionierenden Organisationsstruktur umgesetzt werden.
- e) Kundenorientierung ist ein globales Konzept von organisatorischen Maßnahmen.

3 Was versteht man unter einem Organigramm?
- a) Ein Organigramm ist eine Nachricht an alle Mitarbeiter.
- b) Ein Organigramm zeigt den Aufbau des Unternehmens hinsichtlich der besetzten Stellen und Abteilungen.
- c) Ein Organigramm ist ein Programm zur Mitarbeiterschulung.
- d) Ein Organigramm ist ein Programm zur Optimierung der Abläufe im Unternehmen.
- e) Ein Organigramm zeigt, welche Unternehmen besonders gut organisiert sind.

4 Was wird durch ein Organigramm nicht ersichtlich?
- a) die Stelleneinteilung
- b) der hierarchische Aufbau (z. B. der einzuhaltenden Dienstweg)
- c) die Bildung der Abteilungen durch Stellenzusammenlegung
- d) die für die Stellen und Abteilungen zugrunde gelegte Struktur
- e) die zukünftige Einteilung der Auszubildenden

5 Einlinien- und Mehrliniensystem unterscheiden sich durch ...
- a) die Anzahl der Linien.
- b) die Anzahl der Leitungsebenen.
- c) die Anzahl der Stabsabteilungen.
- d) die Anzahl der weisungsbefugten Vorgesetzten je Mitarbeiter.
- e) die Anzahl der weisungsgebundenen Mitarbeiter.

6 Unter Weisungsbefugnis versteht man, ...
- a) dass ein Mitarbeiter den Kunden, der einen Artikel sucht, durch den Markt begleiten soll.
- b) dass ein Abteilungsleiter dafür verantwortlich ist, Wegweiser im Kundenlauf aufzustellen.
- c) dass jeder Mitarbeiter jedem anderen eine Anweisung erteilen kann, die er dann befolgen muss.
- d) dass Vorgesetzte ihren Mitarbeitern zeigen sollen, welche Unternehmensstrategie die Geschäftsführung verfolgt.
- e) dass Mitarbeiter die Anweisungen ihrer Vorgesetzten nicht ignorieren dürfen.

7 Welche Aufgabe hat ein Stab im Weisungssystem?
- a) Stäbe sind für die Herstellung von Produkten verantwortlich.
- b) Stäbe haben eine beratende Funktion.
- c) Mitarbeiter von Stabsabteilungen haben eine Weisungsbefugnis für das gesamte Unternehmen.
- d) Mitarbeiter von Stabsabteilungen haben eine Weisungsbefugnis für ausgewählte Abteilungen.
- e) Stäbe gibt es in jedem Unternehmen.

AB ▶ LS 12

4 Unternehmensleitbild und Unternehmensziele

Jedes Unternehmen entwickelt im Laufe der Zeit eine **Unternehmensphilosophie**. Dies ist ein übergeordneter Begriff für die Führung eines Unternehmens bzw. für seine Marktorientierung und dient als Grundlage für das unternehmerische Handeln. Aus ihr werden die Unternehmenskultur, das Unternehmensleitbild und die Unternehmensstrategie abgeleitet.

4.1 Unternehmenskultur und Corporate Identity

Unternehmenskultur
Werte, Normen und Gesetzmäßigkeiten, die sich aus politischen, rechtlichen, wirtschaftlichen und sozialen Rahmenbedingungen ableiten

Die **Unternehmenskultur** spiegelt sich im Unternehmensalltag wider. Diese Rahmenbedingungen, Verhaltensvorgaben und Richtlinien prägen das Verhalten der Mitarbeiter und Führungskräfte untereinander sowie gegenüber Geschäftspartnern, Kunden und der Öffentlichkeit. Ob ein Unternehmen auf dem Markt erfolgreich ist, hängt also stark von seiner Unternehmensphilosophie und seiner Unternehmenskultur ab.

Grundorientierungen einer Unternehmenskultur können sein:

- Technikorientierung
- Kreativitätsorientierung
- Kundenorientierung
- Umweltorientierung
- Mitarbeiterorientierung
- Gewinnorientierung
- Kostenorientierung

Unternehmensleitbild
schriftliche Formulierung der Unternehmenskultur

Aus der Unternehmenskultur leiten sich Unternehmensziele und Strategien ab. Die festgelegte Unternehmenskultur wird in einem **Unternehmensleitbild** festgehalten. In den meisten Fällen wird das Unternehmensleitbild von der Unternehmensleitung gemeinsam mit den Mitarbeitern entwickelt, um eine größere Akzeptanz zu schaffen.

Das **Unternehmensleitbild** soll die Unternehmenskultur und die Visionen eines Unternehmens nach außen und innen hin kommunizieren. Mitarbeitern und Außenstehenden (Kunden, Lieferanten, Banken usw.) soll ein bestimmtes Bild vom Unternehmen vermittelt werden.

Das Unternehmensleitbild stellt die grundsätzlichen Vorstellungen und Ziele eines Unternehmens **übersichtlich** und **schriftlich** dar. Ein Leitbild könnte folgendermaßen aussehen:

Beispiel

Die BPK GmbH hat ein Unternehmensleitbild mit den Schwerpunkten Mitarbeiter- und Umweltorientierung:
- Mitarbeiterzufriedenheit herstellen
- respektvoll miteinander umgehen
- Motivation und Begeisterung vorleben
- Gleichberechtigung fördern
- umweltgerecht fertigen
- natürliche Ressourcen schonen
- umweltrelevante Gesetze beachten

Vorteile:
- gute Orientierungshilfe für Mitarbeiter, Kunden und die Öffentlichkeit
- Klare Richtlinien vereinfachen die Führung des Unternehmens.
- Koordinierung der Entscheidungen und Aktivitäten wird vereinfacht.
- Selbstverpflichtung sorgt für eine bessere Außenwirkung.
- Durch Mitarbeiterbeteiligung und Identifizierung mit dem Unternehmen entsteht eine besseres Betriebsklima.
- klare Abgrenzung zu anderen Unternehmen

Nachteile:
- Gefahr einer zu allgemeinen Formulierung
- bei Nichteinhaltung großer Unmut der Beschäftigten oder Außenstehenden
- Normen und Werte einzelner Mitarbeiter können mit dem Leitbild nicht übereinstimmen.
- Das Leitbild könnte Entscheidungen einschränken.

Wichtig ist, dass das Unternehmensleitbild auch in schwierigen Zeiten Gültigkeit hat, damit Mitarbeiter und Kunden nicht das Vertrauen in das Unternehmen verlieren. Häufige Änderungen des Leitbildes müssen vermieden werden, damit interne und externe Zielgruppen nicht irritiert werden.

Beispiel

Das Unternehmen Henkel veröffentlicht z. B. seine Leitlinien im Internet.
Hier ist unter anderem zu lesen:
- Wir möchten nicht nur Nummer eins in Bezug auf Marktanteil oder Größe sein, sondern führend mit unseren Innovationen, Marken und Technologien.
- Wir hören unseren Kunden zu, reagieren schnell auf ihre Bedürfnisse und nehmen künftige Anforderungen vorausblickend wahr.
- Im Innovationsprozess berücksichtigen wir von Beginn an die Anforderungen des nachhaltigen Wirtschaftens.
- Wir achten und respektieren unsere Mitarbeiter. Ihre Talente und ihre Fähigkeiten sind unsere Stärke.
- Das Qualitätsbewusstsein unserer Mitarbeiter fördern und festigen wir durch ständige Fortbildung, Information und Motivation.

Quelle: https://www.henkel.de/unternehmen/unternehmenskultur, letzter Zugriff: 29.11.2018

Zu den bekannten Marken von Henkel zählen Persil, Weißer Riese, Pril, Schauma, Fa, Pritt u. v. a.

Corporate Identity als Erscheinungsbild nach innen und außen

Insbesondere dem Aspekt eines einheitlichen und unverwechselbaren Erscheinungsbildes in der Öffentlichkeit widmet sich das Konzept der **Corporate Identity**. Es dient als verbindendes Element, das den Mitarbeitern ein besseres Zugehörigkeitsgefühl zum Unternehmen vermittelt und dem Unternehmen ein bestimmtes und einzigartiges Erscheinungsbild nach außen verleiht.

Die Corporate Identity setzt sich aus drei wesentlichen Elementen zusammen: Corporate Design, Corporate Behaviour und Corporate Communication.

Visuelles/optisches oder akustisches Erscheinungsbild

Corporate Design: Beschreibt das visuelle/optische Erscheinungsbild eines Unternehmens. Zum Beispiel ein einheitliches Firmenlogo oder eine einheitliche Unternehmensfarbe, ggf. einheitliche Musik bzw. einheitlicher Ton.

Verhalten/Benehmen/Auftreten

Corporate Behaviour: Beschreibt das Verhalten bzw. Auftreten der Mitarbeiter eines Unternehmens untereinander und Außenstehenden gegenüber. Zum Beispiel, ob die Geschlechter im Unternehmen tatsächlich gleich behandelt werden, wie der Teamgeist ist, ob es einen Dresscode gibt, wie der Umgangston untereinander oder dem Kunden gegenüber ist.

Kommunikatives Erscheinungsbild

Corporate Communication: Umfasst alle kommunikativen Maßnahmen und Marketinginstrumente eines Unternehmens. Wie ein Unternehmen sich und seine Leistungen nach innen und nach außen (Werbung, Public Relations, Verkaufsförderung, Sponsoring) präsentiert. Zum Beispiel muss die Sprache einfach und verständlich sein, die Werbebotschaft muss verständlich sein, eine bestimmte Werbung lässt sich direkt dem Unternehmen zuordnen.

Unternehmenskultur und Corporate Identity	
Unternehmensphilosophie, Unternehmenskultur, Unternehmensleitbild	• Unternehmensphilosophie: übergeordneter Begriff für die Führung eines Unternehmens bzw. für seine Marktorientierung; sie dient als Grundlage für das unternehmerische Handeln. • Unternehmenskultur: Grundlage für unternehmerische Entscheidungen und für das Unternehmensleitbild • Unternehmensleitbild: Darstellung der Unternehmenskultur und Unternehmensvisionen nach außen und innen
Corporate Identity	• Allgemeines Erscheinungsbild des Unternehmens nach innen und außen • Wesentliche Elemente: – Corporate Design – Corporate Behaviour – Corporate Communication

4.2 Unternehmensziele

Ziele werden als zukünftig anzustrebende Zustände oder Prozesse bezeichnet, die durch Zielinhalte, Zielausmaß und zeitlichen Bezug beschrieben werden.

4.2.1 Zieldimensionen

Hinsichtlich des **Zielinhalts** wird allgemein zwischen Sach- und Formalzielen unterschieden. **Sachziele** ergeben sich aus dem Sachauftrag des Unternehmens. Das bei Weitem wichtigste Sachziel ist die **Kundenorientierung** als Strategie für Wettbewerbsvorteile, denn daraus leiten sich das Sortiment und das Leistungsangebot von Handelsunternehmen ab.

Formalziele beziehen sich auf den zu erreichenden Erfolg eines Unternehmens. Mithilfe verschiedener Kennzahlen wie z. B. Produktivität und Wirtschaftlichkeit wird gemessen, wie erfolgreich ein Unternehmen bei der Herstellung von Sachgütern oder Dienstleistungen innerhalb einer Periode war.

Berechnung ökonomischer Kennzahlen
▶ LF 4, Kap. 12

Ökonomische Kennzahlen zur Analyse von Formalzielen

Kennzahl	Aussage	Berechnung
Gesamtgewinn	Erfolg (Gewinn oder Verlust) des Unternehmens; das Ergebnis sollte positiv sein.	Erträge – Aufwendungen
Wirtschaftlichkeit	Verhältnis von Mitteleinsatz und dem erzielten Ergebnis; das Ergebnis sollte > 1 sein.	$\frac{\text{Leistung}}{\text{Kosten}}$
Umsatzrentabilität	zeigt, wie viel Euro Gewinn pro 100 € Umsatz gemacht wird	$\frac{\text{Gewinn x 100}}{\text{Umsatz}}$
Gesamtkapitalrentabilität	zeigt, wie viel Euro Gewinn pro 100 € Gesamtkapital gemacht wird; das Gesamtkapital besteht aus den eigenen Mitteln des Unternehmens (Eigenkapital) und den Mitteln, die Unternehmensfremde (z. B. Kreditgeber) zur Verfügung stellen (Fremdkapital)	$\frac{\text{(Gewinn + Zinsaufwendungen) x 100}}{\text{Gesamtkapital}}$ Gesamtkapital = Eigenkapital + Fremdkapital
Eigenkapitalrentabilität	zeigt, wie viel Euro Gewinn pro 100 € Eigenkapital gemacht wird	$\frac{\text{Gewinn x 100}}{\text{Eigenkapital}}$
Eigenkapitalquote	zeigt den prozentualen Anteil des Eigenkapitals am Gesamtkapital	$\frac{\text{Eigenkapital}}{\text{Gesamtkapital}}$
Liquidität	zeigt die Zahlungsfähigkeit des Unternehmens	verschiedene

Neben den Formal- und Sachzielen gibt es noch **soziale Ziele,** die von einem Unternehmen verfolgt werden sollten. Sie sind ein wesentlicher Bestandteil unserer Sozialordnung. Gute Leistungen werden nur von motivierten Mitarbeitern erbracht. Diese Motivation kommt aus der Mitverantwortung am Arbeitsplatz, aus einer angemessenen und gerechten Bezahlung und der Möglichkeit, persönliche Berufsziele zu erreichen. Ein gutes Betriebsklima, die mitarbeitergerechte Gestaltung von Arbeitsplätzen oder freiwillige Sozialleistungen sind weitere Beispiele für soziale Ziele, die ein Unternehmen verfolgen kann.

Ökologie und Nachhaltigkeit
► LF 1, Kap. 7

Umweltziele (ökologische Ziele) beinhalten Vorgaben, die auf die Schonung der natürlichen Umwelt und ihrer Ressourcen im Rahmen des Leistungserstellungsprozesses abzielen.

Die Zielvorgabe kann hinsichtlich des **Zielausmaßes** begrenzt bzw. unbegrenzt sein. So kann z.B. versucht werden, den Gewinn innerhalb eines Jahres um 10 % zu steigern oder mit einem vorgegebenen Einsatz an Mitteln den höchstmöglichen Gewinn zu erzielen.

Der **zeitliche Bezug** kann kurzfristig (bis zu einem Jahr), mittelfristig (ein bis fünf Jahre) oder langfristig (über fünf Jahre) sein.

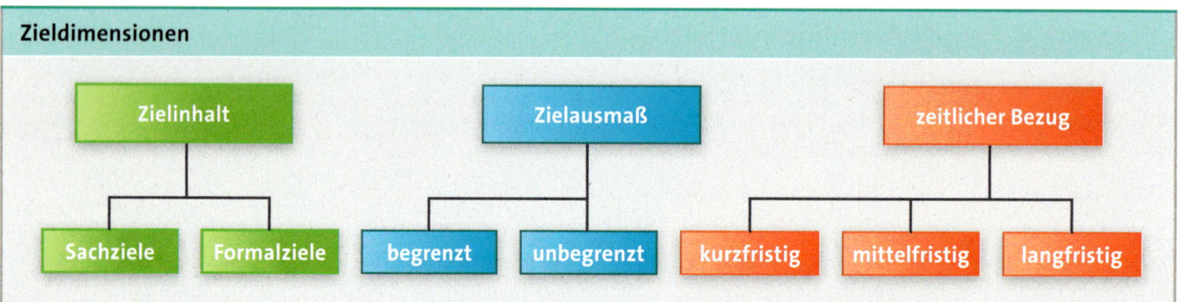

4.2.2 Zielbeziehungen

Zwischen verschiedenen anzustrebenden Zielen können unterschiedliche Zielbeziehungen bestehen: Man unterscheidet zwischen komplementären, konkurrierenden und indifferenten Zielbeziehungen.

Konkurrierende Zielbeziehungen (Zielkonflikte) bestehen dann, wenn innerhalb eines Zielsystems ein Ziel nur dann erreicht werden kann, wenn es zulasten eines anderen Zieles geht. So kann z.B. das Ziel der Kostenminimierung mit dem Ziel der Schonung der Umwelt in Konflikt geraten. Hinsichtlich der Frage, ob zwischen wirtschaftlichen und ökologischen Zielen ein grundsätzlicher Konflikt besteht, gehen die Meinungen in Theorie und Praxis jedoch auseinander.

Komplementäre Ziele sind einander ergänzende Ziele. So kann z.B. die Erhöhung der Produktivität auch zu einer gleichzeitigen Erhöhung der Rentabilität führen.

Es gibt aber auch Fälle, in denen kein sinnvoller Zusammenhang zwischen zwei Zielen hergestellt werden kann, es handelt sich dann um eine **indifferente Zielbeziehung.** So hat z.B. die Aufnahme von Fremdkapital zur Finanzierung eines Investitionsvorhabens keinen Einfluss auf das Betriebsklima.

Alles klar?

1 Erläutern Sie, was Sie unter einem Unternehmensleitbild verstehen.

2 Nennen Sie jeweils drei Vor- und Nachteile eines Unternehmensleitbildes.

3 Aus welchen Elementen setzt sich Corporate Identity zusammen?
   a) Corporate Design, Corporate Enterprise und Corporate Communication
   b) Corporate Design, Corporate Behaviour und Corporate Strategy
   c) Corporate Identity, Corporate Behaviour und Corporate Communication
   d) Corporate Design, Corporate Behaviour und Corporate Communication
   e) Corporate Design, Corporate Behaviour und Corporate Commitment

4 Welche der folgenden Aussagen gehört zum Corporate Design?
   a) Am Casual Friday tragen die Mitarbeiter Freizeitkleidung.
   b) Die Nutzung des kompletten Farbspektrums für das Erscheinungsbild des Unternehmens zeigt die Vielfalt und multikulturelle Ausrichtung des Unternehmens.
   c) Ein einheitliches Firmenlogo oder eine einheitliche Unternehmensfarbe ist bei der Präsentation des Unternehmens verpflichtend für alle Mitarbeiter.
   d) Das visuelle/optische Erscheinungsbild eines Unternehmens darf sich im Zeitablauf niemals verändern.
   e) Die Designabteilung des Unternehmens ist für die Gestaltung aller Logos verantwortlich.

5 Warum ist die Verfolgung von sozialen Zielen für ein Unternehmen so wichtig?
   a) Die Mitarbeiter sollen sich am Arbeitsplatz fühlen wie zu Hause.
   b) Die Mitarbeiter sollen auch am Arbeitsplatz viel Zeit für ihre Familie haben.
   c) Die Mitarbeiter sind motivierter, wenn ein gutes Betriebsklima herrscht.
   d) Alle Mitarbeiter sollen miteinander befreundet sein.
   e) Die Mitarbeiter sollten mit der Geschäftsleitung einer Meinung sein.

6 Unter komplementären Unternehmenszielen versteht man:
   a) Ziele, die sich gegenseitig ergänzen.
   b) Ziele, die nur komplett mit anderen Zielen erreichbar sind.
   c) Ziele, die gleichzeitig nicht erreichbar sind.
   d) Ziele, die erst noch komplett formuliert werden müssen.
   e) Ziele, die nur begrenzt erreichbar sind.

7 Welche Ziele sind für ein Unternehmen typisch? (Zwei richtige Antwortmöglichkeiten)
   a) Urlaubsziele, weil die Urlaubsplanung für einen Unternehmen immer wieder eine neue Herausforderung ist.
   b) Standortziele, weil es grundsätzlich wichtig ist einen Standort zu sichern
   c) Formalziele, die sich auf den zu erreichenden Erfolg des Unternehmens beziehen.
   d) Angebotsziele, um den Kunden immer attraktive Angebote unterbreiten zu können.
   e) Organisationsziele, um das Unternehmen solide leiten zu können.
   f) Umweltziele, die auf die Schonung der Umwelt ausgerichtet sind.
   g) Zahlungsziele, die eine sorgfältige Rechnungsverfolgung beinhalten.

8 Welche der folgenden Aussagen ist **nicht** richtig?
   a) Komplementäre Ziele ergänzen sich.
   b) Konkurrierende Ziele können nur zulasten des jeweils anderen Zieles erreicht werden.
   c) Indifferente Ziele beeinflussen sich gegenseitig nicht.
   d) Konkurrierende Ziele können nur zugunsten anderer Ziele erreicht werden.
   e) Man unterscheidet grundsätzlich zwischen komplementären, konkurrierenden und indifferenten Zielbeziehungen.

AB ▶ LS 13

Lernvideo
Rechtliche Grundlagen unternehmerischen Handelns

5 Das Handelsrecht

§ 1 HGB

(1) Kaufmann im Sinne dieses Gesetzbuchs ist, wer ein Handelsgewerbe betreibt.
(2) Handelsgewerbe ist jeder Gewerbebetrieb, es sei denn, dass das Unternehmen nach Art oder Umfang einen in kaufmännischer Weise eingerichteten Geschäftsbetrieb nicht erfordert.

Unter der Bezeichnung „Kaufmann" versteht man im täglichen Sprachgebrauch Menschen, die eine kaufmännische Ausbildung absolviert haben oder im Handel tätig sind. Im juristischen Sinne ist dieser Begriff jedoch anders definiert. Wer Kaufmann ist, legt das **Handelsgesetzbuch (HGB)** in seinem ersten Paragrafen fest.

Firma, Handelsregister
▶ LF 1, Kap. 5.2, 5.3

Kaufverträge
▶ LF 2, Kap. 5

Die Vorschriften des HGB sind nur für Kaufleute voll anwendbar. Die Anwendung des HGB hat u. a. Auswirkungen auf die Namensgebung (Firma) des Unternehmens, die Buchführungspflicht und die Abwicklung von Kaufverträgen. Kaufleute sind grundsätzlich verpflichtet, sich ins Handelsregister eintragen zu lassen. Außerdem gelten für sie bestimmte anerkannte Handelsbräuche, z. B. müssen sie dafür sorgen, dass ihnen schriftliche Mitteilungen auch bei Abwesenheit vom Geschäft (durch Urlaub, Krankheit usw.) zugestellt werden.

5.1 Kaufmannseigenschaften

Der Begriff des Handelsgewerbes ist unabhängig von der Branche des Unternehmens. Auch ein Handwerker oder der Inhaber eines Hotels kann also Kaufmann sein.

Das HGB geht vom Begriff des **Handelsgewerbes** aus. Als Gewerbe bezeichnet man jede erlaubte und fortgesetzte selbstständige Tätigkeit, die auf die Erzielung von Gewinn ausgerichtet ist. Führt der Gewerbetreibende außerdem einen „in kaufmännischer Weise eingerichteten Geschäftsbetrieb", ist er **Istkaufmann** im Sinne des § 1 HGB. Ob ein solcher Geschäftsbetrieb vorliegt, muss im Einzelfall entschieden werden. Beurteilungskriterien sind u. a. die Höhe von Umsatz, Forderungen und Vermögen, die Mitarbeiterzahl sowie die Anzahl/Größe der Geschäftsräume. Für ein kleines Unternehmen mit geringer Umsatzhöhe und nur einem Mitarbeiter ist z. B. kein kaufmännischer Geschäftsbetrieb erforderlich. Ein solches Unternehmen fällt unter den Begriff **Kleingewerbe.** Aber auch der Betreiber eines Kleingewerbes oder eines landwirtschaftlichen Betriebes kann den Status eines Kaufmannes erwerben, indem er sich freiwillig ins Handelsregister eintragen lässt. Er ist nach § 2 HGB ein sogenannter **Kannkaufmann.**

OHG, GmbH
▶ LF 1, Kap. 6.2.3, 6.3.1

Handelsgesellschaften mit eigener Rechtspersönlichkeit (z. B. OHG, GmbH) sind gemäß § 6 HGB sogenannte **Formkaufleute.**

Kaufmannsbegriff nach HGB

Istkaufmann	Kannkaufmann	Formkaufmann
Kaufmann kraft kaufmännisch eingerichteten Geschäftsbetriebes HGB § 1	**Kaufmann kraft** Eintragung ins Handelsregister Eintragung ist freiwillig HGB §§ 2, 3	**Kaufmann kraft** Rechtsform Handelsgesellschaften, z. B. OHG, GmbH HGB § 6

5.2 Firma

§ 17 HGB

(1) Die Firma eines Kaufmannes ist der Name, unter dem er seine Geschäfte betreibt und die Unterschrift abgibt.
(2) Ein Kaufmann kann unter seiner Firma klagen und verklagt werden.

Kaufleute müssen eine Firma führen. Die Firmenführung ist jedoch auf den Geschäftsbetrieb beschränkt, sie wird nicht in den Pass oder Personalausweis eingetragen. Dagegen kann der Kaufmann, der für sein Unternehmen einen Dienstwagen unterhält, einen Kraftfahrzeugschein auf seine Firma ausstellen lassen. Es werden folgende **Firmenarten** unterschieden:

- Personenfirma, bestehend aus einem oder mehreren Personennamen
- Sachfirma, abgeleitet vom Unternehmensgegenstand
- Fantasiefirma, häufig eine von Markennamen abgeleitete werbewirksame Bezeichnung
- gemischte Firma, die sowohl Personennamen als auch den Unternehmensgegenstand enthält

Rechtsformen von Unternehmen
▶ LF 1, Kap. 6

Die Wahl der Firma hängt von der Rechtsform des Unternehmens ab. Bei Einzelkaufleuten muss z.B. die Bezeichnung „eingetragener Kaufmann" bzw. „eingetragene Kauffrau" (e.K. oder e.Kfm. bzw. e.Kfr.) in der Firma enthalten sein. Dieser Zusatz ist auch auf Geschäftsbriefen, Visitenkarten, Katalogen usw. zu vermerken. Die Firma ist außerdem an bestimmte rechtliche Grundsätze gebunden:

Firmenwahrheit: Die Firma darf nicht irreführend sein. Sie muss den tatsächlichen Rechtsverhältnissen entsprechen. Dieser Grundsatz schützt die Geschäftspartner, denn die Rechtsform gibt Auskunft über die Größe und die Finanzkraft des Unternehmens.

Firmenausschließlichkeit: Die Firma darf nicht die gleiche Bezeichnung tragen wie eine andere Firma am gleichen Ort. Bei der Eintragung ins Handelsregister wird dies geprüft. Auch dieser Grundsatz bedeutet eine Sicherheit für die Geschäftspartner, da er hilft, Verwechslungen zwischen den Firmen zu vermeiden.

Firmenbeständigkeit: Beim Wechsel des Inhabers darf die Firma weitergeführt werden. Hierbei muss jedoch im Zweifel die Firmenwahrheit beachtet werden, da sich durch einen Inhaberwechsel auch die Rechtsform ändern kann. Wenn z.B. ein Vater seine Tochter als Teilhaberin in die Firma aufnehmen möchte und sich dadurch die Rechtsform von einer Einzelunternehmung in eine OHG ändert, muss der Zusatz OHG aufgenommen werden. Beispiel: Aus der Firma Elektro Erich Karl e.K. könnte dann Elektro Karl OHG werden.

Firmenklarheit: Die Firma muss so formuliert sein, dass sie Außenstehende nicht über wichtige geschäftliche Verhältnisse irreführt.

Firmenöffentlichkeit: Die Eintragung ins Handelsregister muss erfolgen, damit die Öffentlichkeit über die Gründung der Firma informiert wird.

5.3 Handelsregister

§ 29 HGB

Jeder Kaufmann ist verpflichtet, seine Firma und den Ort seiner Handelsniederlassung bei dem Gericht, in dessen Bezirk sich die Niederlassung befindet, zur Eintragung in das Handelsregister anzumelden; er hat seine Namensunterschrift unter Angabe der Firma zur Aufbewahrung bei dem Gericht zu zeichnen.

Kaufleute unterliegen in ihren Geschäften z. T. anderen (strengeren) Vorschriften als Nichtkaufleute. Deshalb muss allen, die mit ihnen Geschäfte abschließen, bekannt sein, dass sie es mit Kaufleuten zu tun haben. Alle Tatsachen, die für die Geschäftspartner eines Kaufmannes rechtlich bedeutsam sein können, werden deshalb durch die **Eintragung ins Handelsregister** öffentlich registriert.

Das Handelsregister ist ein beim Amtsgericht geführtes Verzeichnis aller Unternehmen. Es dient dem Zweck, die Öffentlichkeit zu informieren und zu schützen. Jedermann hat das Recht, in das Register einzusehen. Die Eintragungen erfolgen auf Anmeldung des Kaufmannes mit notarieller Beglaubigung oder von Amts wegen (z. B. bei Eröffnung eines Insolvenzverfahrens). Das Gericht muss die Eintragungen im Internet veröffentlichen (§ 10 HGB).

www.handelsregister.de

Die Eintragung hat häufig nur eine **rechtsbezeugende (deklaratorische) Wirkung,** d. h., die ins Register aufgenommenen Tatsachen waren bereits vor dem Eintrag rechtsgültig und werden nun öffentlich bekanntgemacht. Dies ist z. B. beim Eintrag eines Istkaufmannes der Fall. Entsteht die Kaufmannseigenschaft jedoch – wie beim Kannkaufmann – erst durch den Registereintrag, hat dieser **rechtsbegründende (konstitutive) Wirkung.** Das Handelsregister genießt **öffentlichen Glauben.** Das Vertrauen auf seinen Inhalt ist geschützt. Solange eine Tatsache, die ins Register eingetragen werden müsste, noch nicht eingetragen ist, kann sie einem Dritten gegenüber nicht geltend gemacht werden.

Istkaufmann, Kannkaufmann
▶ LF 1, Kap. 5.1

Das Handelsregister

Anmeldung zur Eintragung (über einen Notar) → Registergericht (Amtsgericht)

Abteilung A	Abteilung B
für eingetragene Kaufleute (e.K., e.Kfm., e.Kfr) und Personengesellschaften (OHG, KG)	für Kapitalgesellschaften (GmbH, KGaA, AG)
Inhalt der Eintragungen: Firma und Sitz des Unternehmens Name des Inhabers bzw. der persönlich haftenden Gesellschafter, des Geschäftsführers oder des Vorstands Rechtsform des Unternehmens Unternehmenszweck Zweigniederlassungen	Ggf. Gesellschafter oder Kommanditisten, Höhe der Einlagen, des Grund- oder Stammkapitals Erteilung oder Entziehung der Prokura Eröffnung des Insolvenzverfahrens Änderung oder Erlöschen der Firma Auflösung der Gesellschaft u.a.

 ZAHLENBILDER 201 315

5.4 Stellvertretung und Vollmachten im Handelsrecht

Bei der Stellvertretung werden **Willenserklärungen in fremdem Namen** abgegeben. Abgesehen von einigen höchstpersönlichen Rechtsgeschäften wie z. B. die Eheschließung oder die Errichtung eines Testaments können nahezu alle Rechtsgeschäfte durch einen Stellvertreter abgewickelt werden. Wird die Stellvertretung selbst durch ein Rechtsgeschäft begründet, handelt es sich um eine **Vollmacht.** Rechtsgeschäfte, die von einem Stellvertreter im Rahmen seiner Vertretungsmacht vorgenommen werden, wirken unmittelbar für und gegen den Vertretenen.

Willenserklärung, Rechtsgeschäfte
▶ LF 2, Kap. 1.6

Beispiel

Ein Auszubildender wird gebeten, ausnahmsweise Paketscheinformulare bei der nächstgelegenen Postfiliale zu besorgen, die dringend für den Versand im Unternehmen benötigt werden. Er handelt hier als Stellvertreter seines Ausbildungsunternehmens. Der Auszubildende erhält dazu eine Einzelvollmacht.

Die wichtigsten Vollmachten im Handelsrecht sind die **Handlungsvollmacht** und die **Prokura.** Prokuristen und Handlungsbevollmächtigte sind Stellvertreter eines Kaufmannes.

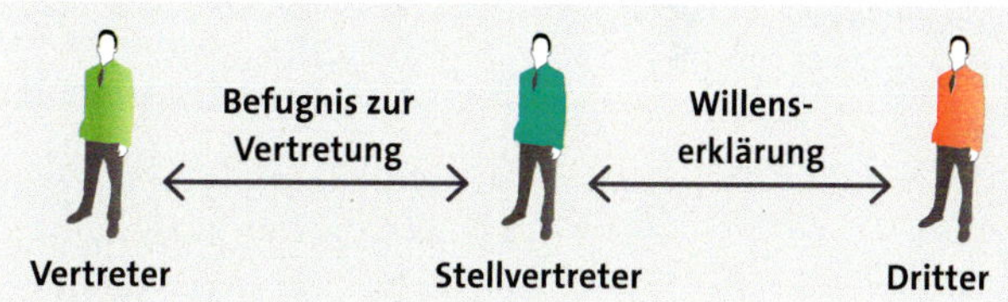

5.4.1 Prokura

Die Prokura ist die umfassendste Vollmacht, die ein Unternehmer einem Mitarbeiter erteilen kann. Durch die Erteilung der Prokura erhält der Prokurist nahezu die gleichen Befugnisse wie der Unternehmer selbst. Deshalb kann die Prokura auch nur vom Inhaber des Handelsgeschäfts oder seinem gesetzlichen Vertreter und nur mittels ausdrücklicher Erklärung erteilt werden. Die Prokura ist im Handelsregister einzutragen. Der Prokurist ist zu allen Arten von gerichtlichen und außergerichtlichen Geschäften und Rechtshandlungen ermächtigt, die der Betrieb eines Handelsgewerbes mit sich bringt. Nicht ermächtigt ist er zu sogenannten Grundlagengeschäften, also Geschäften, die das Handelsgewerbe selbst betreffen.

Stellvertretung:
§§ 164 ff. BGB

Erteilung der Prokura:
§ 48 Abs. 1 HGB

Umfang der Prokura:
§§ 49, 50 HGB

Umfang der Prokura

Der Prokurist ist ermächtigt	Der Prokurist ist nicht ermächtigt
Personal einzustellen	das Handelsgeschäft einzustellen oder zu veräußern
Handlungsvollmachten zu erteilen	die Firma zu ändern
Kredite aufzunehmen und einzuräumen	neue Gesellschafter aufzunehmen
Schenkungen zu machen und fremde Verbindlichkeiten zu übernehmen	Insolvenz anzumelden
Zweigniederlassungen zu eröffnen und zu schließen	Anmeldungen zum Handelsregister vorzunehmen
Unternehmen und Beteiligungen zu erwerben	das Inventar und die Bilanz zu unterzeichnen
Grundstücke zu kaufen	Grundstücke zu belasten oder zu veräußern (außer mit Sondervollmacht)

Die Prokura kann vertraglich eingeschränkt werden. Zum Schutz von Dritten ist eine Beschränkung des Umfanges der Prokura dem Dritten gegenüber jedoch unwirksam.

Beispiel

Einem Prokuristen wird vom Kaufmann ausdrücklich die Vergabe von Krediten untersagt. Dennoch vergibt der Prokurist einen Kredit an einen Kunden. In diesem Falle haftet der Prokurist gegenüber dem Kaufmann, der Kunde hat aber einen rechtmäßigen Anspruch auf den Kredit, es sei denn, ihm war die Einschränkung der Prokura bekannt.

Arten der Prokura	
Einzelprokura	Berechtigung, die Vertretung alleine auszuüben
Filialprokura	der Kaufmann kann die Prokura auf einen Filialbetrieb beschränken
Gesamtprokura	Prokura, die mehreren Personen gemeinschaftlich erteilt wird; kann nur von den Prokuristen gemeinsam ausgeübt werden

Zeichnung:
§ 51 HGB

Geschäftsbriefe
▶ LF 2, Kap. 2.3.1

Geschäftsbriefe oder andere geschäftliche Unterlagen unterzeichnet der Prokurist üblicherweise mit der Abkürzung „ppa." (per procura) vor seinem handgeschriebenen Namen und unter Angabe der Firma des Handelsgeschäfts.

5.4.2 Handlungsvollmacht

Handlungsvollmacht kann von jedem Kaufmann erteilt werden. Die Erteilung bedarf keiner besonderen Form und kann auch durch schlüssiges Verhalten (z.B. durch die Duldung von Handlungen) gegenüber dem Bevollmächtigten erfolgen. Die Handlungsvollmacht wird nicht ins Handelsregister eingetragen.

§ 54 HGB

Der Umfang ist u.a. abhängig von der Art der Handlungsvollmacht und von der Festlegung durch den Kaufmann. Bei der allgemeinen Handlungsvollmacht ergeben sich gegenüber der Prokura folgende Unterschiede: Die Handlungsvollmacht erstreckt sich auf alle Rechtsgeschäfte und Rechtshandlungen, die der Betrieb eines derartigen Handelsgewerbes **gewöhnlich** mit sich bringt. Der Handlungsbevollmächtigte ist somit nur zu gewöhnlichen (alltäglichen), branchenüblichen Geschäften ermächtigt, nicht wie der Prokurist zu Geschäften, die in irgendeinem Handelsgewerbe vorkommen können. Der Handlungsbevollmächtigte eines Papiergroßhandels darf z.B. keine Aktien kaufen, auch wenn ein großer Gewinn zu erwarten ist.

§ 54 Abs. 2 HGB

Bestimmte Rechtsgeschäfte bzw. Rechtshandlungen dürfen von einem Handlungsbevollmächtigten nur **mit besonderer Ermächtigung** des Kaufmanns durchgeführt werden. Dazu gehören die Veräußerung und Belastung von Grundstücken, die Aufnahme von Darlehen und die Prozessführung.

Arten der Handlungsvollmacht	
Einzel- oder Spezialvollmacht	Der Spezialbevollmächtigte ist zu einzelnen, konkret bestimmten Geschäften bevollmächtigt, z. B. zum Kauf eines neuen Lkws.
Artvollmacht	Sie ermächtigt zur Vornahme von Geschäften einer bestimmten Art, z. B. Bankkassierer, Abteilungsleiter, Einkäufer.
allgemeine oder Generalvollmacht	Sie erstreckt sich auf alle gewöhnlichen Geschäfte und den gesamten Betrieb dieses Handelsgewerbes.

Der Handlungsbevollmächtigte unterschreibt üblicherweise mit „i. A.“ (im Auftrag) als Einzel oder Artbevollmächtigter bzw. mit „i. V.“ (in Vollmacht) oder „per“ bei allgemeiner Handlungsvollmacht.

Es gibt noch eine weitere Regelung im Handelsrecht für Angestellte im Laden oder Warenlager. Für Ladenangestellte gilt auch **ohne entsprechende Vollmachterteilung,** dass sie zu Verkäufen und zur Empfangnahme (z. B. von Waren oder Geld) ermächtigt sind, die in einem derartigen Laden gewöhnlich vorkommen. Wenn jemand einen Verkaufsraum betritt und mit einer dort beschäftigten Person Geschäfte abschließt, wird im Namen des Unternehmens gehandelt. Bei unternehmensbezogenen Geschäften besteht grundsätzlich die Vermutung, dass der Handelnde für das Unternehmen aufgetreten ist.

§ 56 HGB

Anders als ein Stellvertreter gibt ein **Bote** keine eigene Willenserklärung ab, sondern übermittelt die Willenserklärung eines anderen. Da das Handeln des Boten nicht rechtsgeschäftlicher Natur ist, braucht er auch nicht geschäftsfähig zu sein.

Geschäftsfähigkeit
▶ LF 2, Kap. 1.3

Beispiel

Eine Angestellte ruft bei der BPK GmbH an: „Mein Chef K lässt Ihnen ausrichten, dass er gemäß Ihrem Angebot vom 14. Mai 25 Kartons Kopierpapier Printomax zu je 4,70 € bestellt.“

Vollmachten im Handelsrecht

	Prokura **§§ 48 ff. HGB**	**Handlungsvollmacht** **§§ 54 f. HGB**
Erteilung	• § 48 (1) HGB: persönliche, ausdrückliche Erklärung des Inhabers des Handelsgeschäfts oder dessen gesetzlichen Vertreters • Eintragung ins HR	• von jedem Kaufmann, • bedarf keiner besonderen Form, auch durch schlüssiges Handeln • keine Eintragung ins HR
Umfang	§§ 49, 50 HGB: alle gerichtlichen und außergerichtlichen Geschäfte und Rechtshandlungen	alle gewöhnlichen (= alltäglichen, branchenüblichen) Geschäfte
	ausgenommen: Grundlagengeschäfte (die das Handelsgeschäft als solches betreffen) Vertragliche Einschränkungen sind gegenüber Dritten unwirkam!	ausgenommen: • Grundstücke belasten oder veräußern • Darlehen aufnehmen • Prozessführung
Arten	• Einzelprokura • Filalprokura • Gesamtprokura	• allgemeine Handlungsvollmacht • Einzel-/Spezialhandelsvollmacht • Arthandelsvollmacht
Zeichnung	§ 51 HGB: „ppa.“ + Unterschrift	„i. A.“, „i. V.“+ Unterschrift

Alles klar?

1 Kaufmann gemäß HGB ist, ...
- a) wer die Abschlussprüfung vor der IHK bestanden hat.
- b) wer die Vorschriften des HGB einhält.
- c) wer einen Gewerbebetrieb führt.
- d) wer Paragraph 283 des Handelsgesetzbuchs erfüllt.
- e) wer von der IHK ernannt wird.

2 Was versteht man unter einem Handelsgewerbe?
- a) Jede selbstständige und erlaubte Tätigkeit, die auf Erzielung von Gewinn ausgerichtet ist.
- b) Jede erlaubte Tätigkeit, die auf Erzielung von Gewinn ausgerichtet ist.
- c) Jede fortgesetzte selbstständige Erlaubnis, die auf Erzielung von Gewinn ausgerichtet ist.
- d) Jede erlaubte und fortgesetzte selbstständige Tätigkeit, die auf Erzielung von Gewinn ausgerichtet ist.
- e) Jede erlaubte und selbstständige Fortsetzung, die auf Erzielung von Gewinn ausgerichtet ist.

3 Folgende Kriterien gelten für Beurteilung eines in kaufmännischer Weise eingerichteten Geschäftsbetriebs:
- a) Die Höhe von Umsatz, Eigenkapital und Vermögen, die Mitarbeiterzahl sowie die Anzahl/Größe der Geschäftsräume.
- b) Der Handelsregistereintrag, IHK-Mitgliedschaft und Bilanzbuchhaltung nach IAS sowie die Anzahl/Größe der Geschäftsräume.
- c) Die Höhe von Umsatz, Forderungen und Vermögen, die Mitarbeiterzahl und IHK-Mitgliedschaft.
- d) Die Größe der Geschäftsräume, die Handelsregistereintragung, IHK-Mitgliedschaft und Bilanzbuchhaltung nach IAS.
- e) Die Höhe von Umsatz, Forderungen und Vermögen, die Mitarbeiterzahl sowie die Anzahl/Größe der Geschäftsräume.

4 Welcher der folgenden Firmengrundsätze ist richtig?
- a) Firmenwahrheit und Firmenklarheit: Die Firma darf nicht irreführend sein. Sie muss den tatsächlichen Geschäfts- und Rechtsverhältnissen entsprechen.
- b) Firmenausschließlichkeit: Das Unternehmen darf ausschließlich die gleiche Bezeichnung tragen wie ein anderes Unternehmen am selben Ort.
- c) Firmenbeständigkeit: Beim Wechsel des Betreibers (auch: Inhabers) darf die Firma nicht weitergeführt werden.
- d) Firmeneinheit: Ein Kaufmann darf für alle Handelsgewerbe nur eine Firma führen.
- e) Firmenöffentlichkeit: Ein Handelsregistereintrag muss erfolgen, damit die Konkurrenz über die Gründung der Firma informiert wird.

5 Der Handelsregistereintrag hat ...
- a) konstitutive Wirkung, wenn ein Kannkaufmann im Handelsregister eingetragen wird.
- b) deklaratorische Wirkung, wenn ein Kannkaufmann im Handelsregister eingetragen wird.
- c) konstitutive Wirkung, wenn ein Istkaufmann im Handelsregister eingetragen wird.
- d) konstitutive Wirkung, wenn ein Formkaufmann im Handelsregister eingetragen wird.
- e) deklaratorische Wirkung, wenn ein Formkaufmann im Handelsregister eingetragen wird.

6 Welche der folgenden Aussagen ist richtig?
- a) Durch die Erteilung der Prokura erhält der Prokurist genau die gleichen Befugnisse wie der Kaufmann selbst.
- b) Für Angestellte im Verkauf gilt auch ohne entsprechende Vollmachterteilung, dass sie zu Verkäufen ermächtigt sind.
- c) Die Artvollmacht erstreckt sich auf alle Rechtsgeschäfte und Rechtshandlungen, die der Betrieb eines derartigen Handelsgewerbes gewöhnlich mit sich bringt.
- d) Die Einzelvollmacht ermächtigt zur Vornahme von Geschäften einer bestimmten Art, z. B. Kassierer, Abteilungsleiter, Einkäufer.
- e) Die Prokura ist im Einzelhandelsregister einzutragen.

6 Rechtsformen von Unternehmen

▶ LS 14

Lernvideo Rechtsformen

Für jeden Unternehmensgründer stellt sich die Frage, welche Rechtsform den Zielsetzungen seines Unternehmens am besten entspricht. Grundsätzlich hat er die Wahl zwischen verschiedenen gesetzlich festgeschriebenen Rechtsformen, neben denen in der Praxis weitere, vom Gesetzgeber zunächst gar nicht vorgesehene Mischformen entstanden sind.

Rechtsform
die gesetzlichen Bedingungen, unter denen im Unternehmen gehandelt wird

Für die Wahl der Rechtsform gibt es keine Patentlösung. Jede Form hat Vor- und Nachteile und wirkt sich auf wichtige betriebswirtschaftliche Grundfragen aus, wie z. B. auf die

- Möglichkeiten der Kapitalbeschaffung,
- Geschäftsführung,
- Gewinn- und Verlustverteilung,
- Haftung,
- Besteuerung.

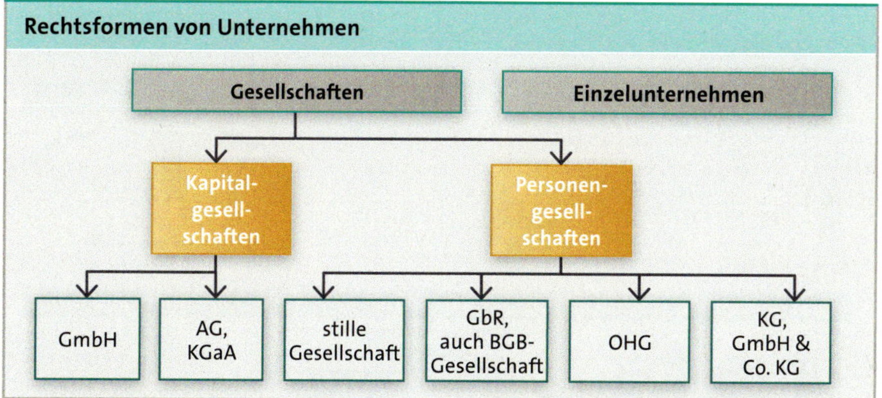

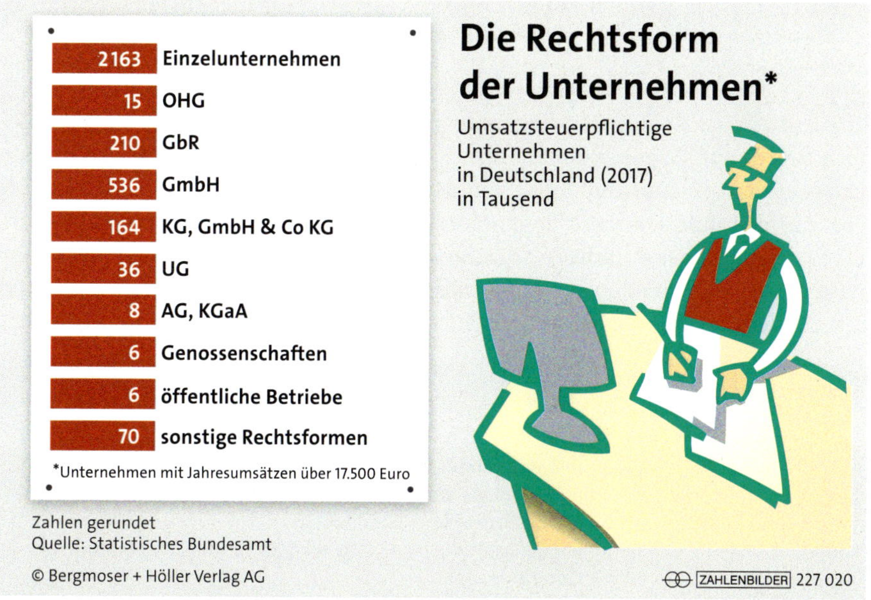

6.1 Einzelunternehmen

Handelsregister
▶ LF 1, Kap. 5.3

Das Einzelunternehmen ist eine besonders häufige Rechtsform. Die Gründung ist insoweit einfach, als das Einzelunternehmen nicht an eine bestimmte Form gebunden ist. Ist für das Unternehmen jedoch ein kaufmännischer Geschäftsbetrieb erforderlich, muss eine Eintragung ins Handelsregister vorgenommen werden.

Beispiel

Erich Karl ist in einem Elektrofachgeschäft beschäftigt und möchte sich selbstständig machen. Ein wesentlicher Grund dafür ist, dass er endlich sein „eigener Herr" sein will. Er rechnet zunächst mit Aufträgen von Privatkunden, denen er bereits bekannt ist. Die Verwaltungsarbeit wird seine Frau übernehmen; ein kleines Büro kann er im Haus einrichten, die Garage ist für den Anfang groß genug, um alle notwendigen Artikel lagern zu können. Der Kapitalbedarf zur Gründung des Unternehmens ist nicht sehr hoch. Ein gebrauchter Transporter als Fahrzeug ist schon vorhanden. Einen Namen für sein Unternehmen hat er auch schon: „Elektro Erich Karl e. K.".

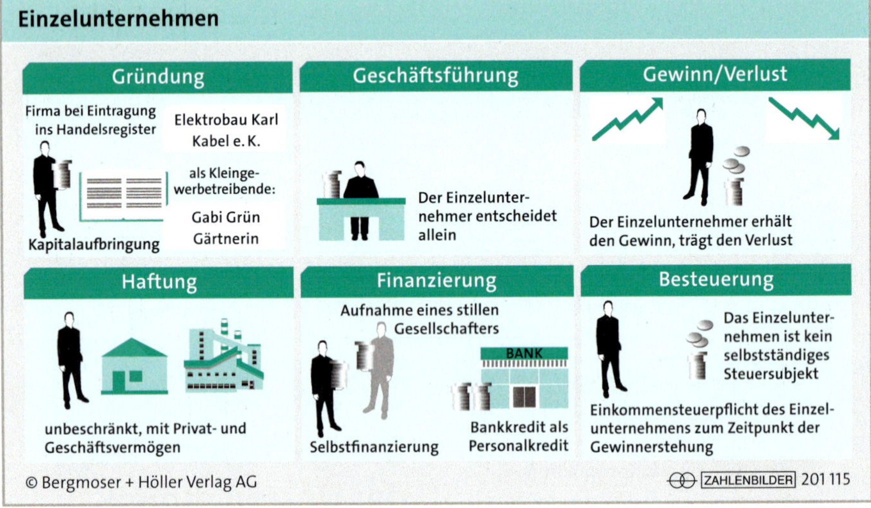

Einerseits muss der Einzelunternehmer allein das Kapital zur Finanzierung des Unternehmens aufbringen, womit natürlich auch ein hohes finanzielles Risiko verbunden sein kann. Andererseits steht ihm dann auch der erzielte Gewinn allein zu. Die Führung des Unternehmens liegt allein in seiner Hand. Er trägt allein die Verantwortung gegenüber Mitarbeitern, Lieferanten und Kunden. Als Einzelunternehmer haftet er für alle Schulden des Unternehmens, und zwar unbegrenzt, also nicht nur mit dem Betriebsvermögen, sondern auch mit dem Privatvermögen.

Vor- und Nachteile des Einzelhandelsunternehmens

Vorteile	Nachteile
• geringer Kapitalaufwand • alleinige Entscheidungsbefugnis • erwirtschafteter Gewinn muss nicht geteilt werden • einfache und kostengünstige Gründung	• unbeschränkte Haftung auch mit Privatvermögen • beschränktes Wachstum durch begrenzte Arbeitskraft und begrenzte Geldmittel (Kreditbasis) • persönlicher Ausfall (z. B. Krankheit) führt leicht zur Krise des Unternehmens

6.2 Personengesellschaften

Mit **Gesellschaft** wird eine **Vereinigung von natürlichen und/oder juristischen Personen** bezeichnet, die privatrechtsgeschäftlich ein gemeinsames Ziel verfolgen. Dabei kann es sich auch um einzelne Personen handeln, wie z. B. manchmal bei GmbH oder AG. Es gibt auch Personenvereinigungen, die dem öffentlichen Recht unterliegen. Dies sind z. B. Bund, Länder und Gemeinden, aber auch Anstalten des öffentlichen Rechts oder Stiftungen. Sie fallen nicht unter den Gesellschaftsbegriff.

natürliche und juristische Personen
▶ LF 2, Kap. 1.2

Charakteristisch für **Personengesellschaften** ist es, dass die handelnden Personen natürliche Personen sind und auch mit ihrem Privatvermögen haften. Einige ausgewählte Personengesellschaften werden im Folgenden näher betrachtet.

6.2.1 Stille Gesellschaft

Beispiel

Als Erich Karl seinem Cousin Wilfried von dem Vorhaben erzählt, einen eigenen Betrieb zu gründen, zeigt dieser sich sehr interessiert und überzeugt von Erichs Geschäftsidee. Wilfried möchte Erich gern unterstützen, indem er sich ohne großes Aufsehen mit einer Kapitaleinlage von 20.000 Euro am neuen Unternehmen beteiligt.

Werden einem Einzelunternehmen von einem Außenstehenden zusätzliche finanzielle Mittel zur Verfügung gestellt, ohne dass diese Person nach außen in Erscheinung treten will (sie also z. B. keinerlei Führungs- oder Weisungsbefugnisse beansprucht), dann spricht man von einer stillen Gesellschaft. Im Gesellschaftsvertrag kann geregelt werden, ob und in welcher Höhe ein stiller Gesellschafter an einem Verlust beteiligt sein soll. Ihm steht jedoch eine Gewinnbeteiligung zu.

Ein stiller Gesellschafter wird nicht ins Handelsregister eingetragen, die Firma des Unternehmens ändert sich durch seinen Beitritt nicht. Sind beispielsweise über Banken bzw. Kreditinstitute keine finanziellen Mittel für ein Einzelunternehmen zu erhalten, so kann eine stille Gesellschaft durchaus vorteilhaft sein.

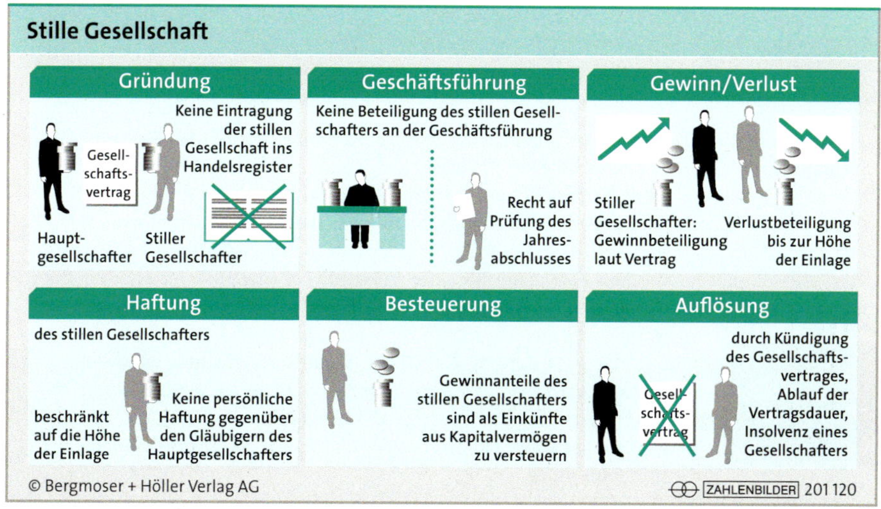

6.2.2 Gesellschaft bürgerlichen Rechts (GbR)

Die GbR ist ein Zusammenschluss von Kleingewerbetreibenden oder auch Freiberuflern (Ärzte, Anwälte, Künstler).

Kaufleute nach HGB

▶ LF 1, Kap. 5.1

Die GbR muss aus mindestens zwei Gesellschaftern bestehen, die auch formlos einen Gesellschaftervertrag schließen können, mit dem sie sich gegenseitig verpflichten, die Erreichung eines gemeinsamen Zieles zu fördern. Ziel kann z. B. ein gemeinsamer Geschäftsbetrieb – mit Ausnahme eines Handelsgewerbes – sein, d. h., die Gesellschafter einer GbR (z. B. einer Anwaltskanzlei) dürfen keine Kaufleute im Sinne des HGB sein. Daher erklärt sich auch der Name der Gesellschaft: Für sie gelten nur die Vorschriften des Bürgerlichen Gesetzbuches (BGB).

Jeder Gesellschafter muss einen Beitrag leisten. Das können Geld- oder Arbeitsleistungen, aber auch die Einbringung von Kunden oder Know-how sein. Falls nichts Abweichendes vereinbart wird, haben die Gesellschafter gleiche Beiträge zu leisten und deshalb auch gleichen Anteil an Gewinn und Verlust.

Die Beiträge und die durch die Geschäftsführung erworbenen Gegenstände werden gemeinschaftliches Vermögen der Gesellschafter (Gesellschaftsvermögen). Haben die Gesellschafter vertraglich keine speziellen Abmachungen getroffen, dann steht ihnen die Geschäftsführung gemeinschaftlich zu (Grundsatz der Einstimmigkeit). Grundsätzlich haften die Gesellschafter auch mit ihrem Privatvermögen.

6.2.3 Offene Handelsgesellschaft (OHG)

Die offene Handelsgesellschaft ist eine Personengesellschaft, deren Zweck auf den Betrieb eines Handelsgewerbes unter gemeinschaftlicher Firma gerichtet ist. Charakteristisch an dieser Rechtsform ist, dass bei keinem der Gesellschafter die **Haftung** gegenüber den Gesellschaftsgläubigern beschränkt ist.

Die Gläubiger können sowohl auf das Geschäfts- als auch auf das Privatvermögen zurückgreifen (unbeschränkt). Die Gläubiger können zur Befriedung ihrer Forderungen an einen beliebigen Gesellschafter herantreten (unmittelbar). Hieraus erklärt sich auch der Name: Die OHG ist „offen", weil der Zugriff der Gläubiger auf das Vermögen der Gesellschafter offen ist. Insofern besteht auch eine enge Bindung der Gesellschafter, denn alle haben für das Handeln der jeweils anderen solidarisch einzustehen.

Beispiel

Erich Karl hat mit seinen Erwartungen recht behalten. Sein Geschäft läuft glänzend – für ihn und seine Frau alleine bald schon zu gut. Nun erhält er das Angebot, die Elektroinstallationen für ein Geschäftszentrum vorzunehmen. Für diesen Großauftrag ist eine Aufstockung des Personals notwendig; außerdem reicht jetzt sein Wohnhaus nicht mehr für die Büro- und Lagerräume aus. Er benötigt einen größeren Fuhrpark und erheblich mehr Geräte und Werkzeuge. Dies kann Herr Karl mit seinen bisherigen Möglichkeiten nicht realisieren – vor allem deshalb, weil keine Bank bereit ist, den dafür notwendigen Kredit zur Verfügung zu stellen. Anna Moser, eine ehemalige Kollegin, wäre bereit, als Teilhaberin in das Unternehmen einzusteigen. Herrn Karl ist das recht, zumal Frau Moser über einiges Kapital verfügt, das sie in das Unternehmen einbringen könnte.

Die **Gründung** der OHG vollzieht sich in zwei Stufen: dem Abschluss eines Gesellschaftervertrages und der Anmeldung zum Handelsregister. Der Gesellschaftervertrag ist ohne Einhaltung einer bestimmten Form möglich, d. h., man muss ihn in der Regel nicht notariell beurkunden lassen. Zuständig für die Anmeldung zum Handelsregister ist das Gericht, in dessen Bezirk die Gesellschaft ihren Sitz hat.

Alle Gesellschafter sind zur Geschäftsführung berechtigt bzw. verpflichtet. Anders als bei der GbR geht das Gesetz bei der OHG von einer **Einzelgeschäftsführungsbefugnis** aus, d. h., jeder Gesellschafter ist berechtigt, allein zu handeln. Soll das anders sein, so können die Gesellschafter in ihren Vertrag aufnehmen, dass nur zusammen gehandelt werden kann. Bei dieser **Gesamtgeschäftsführungsbefugnis** bedarf es dann für jedes Geschäft der Zustimmung aller.

Für die Verbindlichkeiten der OHG haften die Gesellschafter sowohl mit dem Gesellschaftsvermögen als auch persönlich. Selbst nach dem Ausscheiden eines Gesellschafters aus der OHG besteht auch später noch eine sogenannte **Nachhaftung**. Vorteil dieser vollen Haftung ist jedoch, dass dadurch meist eine größere Kreditwürdigkeit bei Banken und Kreditinstituten besteht.

Häufig ist ein erhöhter Kapitalbedarf der Grund für die Bildung einer OHG. Aber auch bei der Fortsetzung eines Einzelunternehmens durch eine Erbengemeinschaft wird diese Rechtsform oft gewählt, wenn z. B. ein Einzelunternehmer aus Altersgründen die Geschäftsführung seinen Kindern übertragen will.

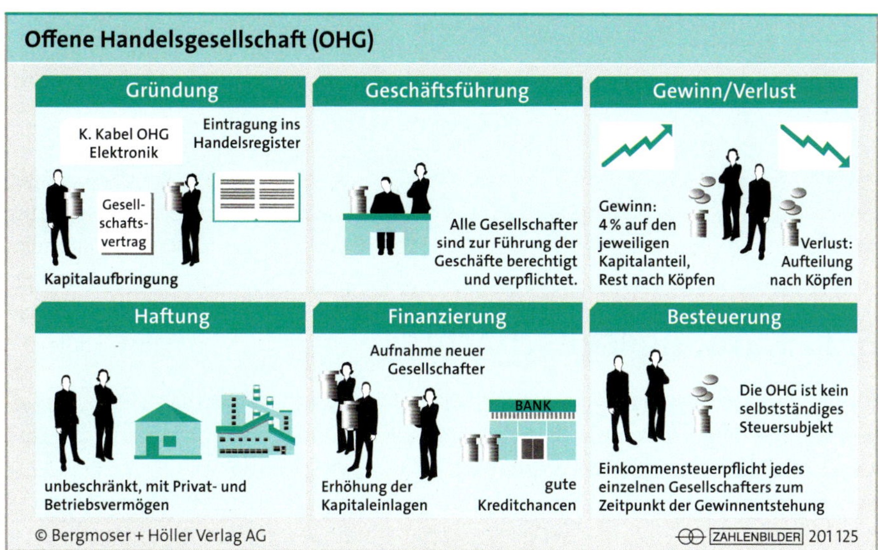

6.2.4 Kommanditgesellschaft (KG)

Bei der Kommanditgesellschaft ist die **Haftung** eines oder mehrerer Gesellschafter auf den Betrag ihrer Vermögenseinlage beschränkt **(Kommanditist)**, während mindestens ein Gesellschafter unbeschränkt haftet **(Komplementär)**. Die Höhe der Haftsumme der Kommanditisten ist ins Handelsregister einzutragen. Ist die Einlage vom Kommanditisten vollständig bezahlt, dann kann er auch nicht mehr persönlich für die Verbindlichkeiten der Gesellschaft haftbar gemacht werden.

Die **Gründung** der KG vollzieht sich nach den gleichen rechtlichen Schritten wie bei der OHG. Die Kommanditisten sind von der Geschäftsführung ausgeschlossen und grundsätzlich auch nicht zu einer Vertretung der Gesellschaft nach außen ermächtigt, es sei denn, es wird ihnen ausdrücklich Prokura erteilt. Vorteil dieser Gesellschaftsform ist also, dass man sich vorab entscheiden kann, ob man nur mit einer begrenzten Vermögensmasse Teilhaber wird, dafür aber von der Geschäftsführung ausgeschlossen ist, oder ob man voll haften will bzw. muss, dafür aber „die Zügel in der Hand hält".

Prokura
▶ LF 1, Kap. 5.4.1

Kommanditisten haben ein Widerspruchsrecht bei außergewöhnlichen Geschäften, ein Recht auf Einsicht in die Geschäftsbücher und ein Recht auf den vertraglich vereinbarten Gewinnanteil. Der Komplementär einer KG kann auch eine juristische Person, z. B. eine GmbH, sein. Die Rechtsform ist dann die **GmbH & Co. KG.** Bei dieser Rechtsform ist eine Vermischung zweier Grundtypen erfolgt. Wichtig ist, dass es sich dabei insgesamt um eine Personengesellschaft und nicht um eine Kapitalgesellschaft handelt. Damit beschränkt sich die Haftung auf das Kapital der GmbH.

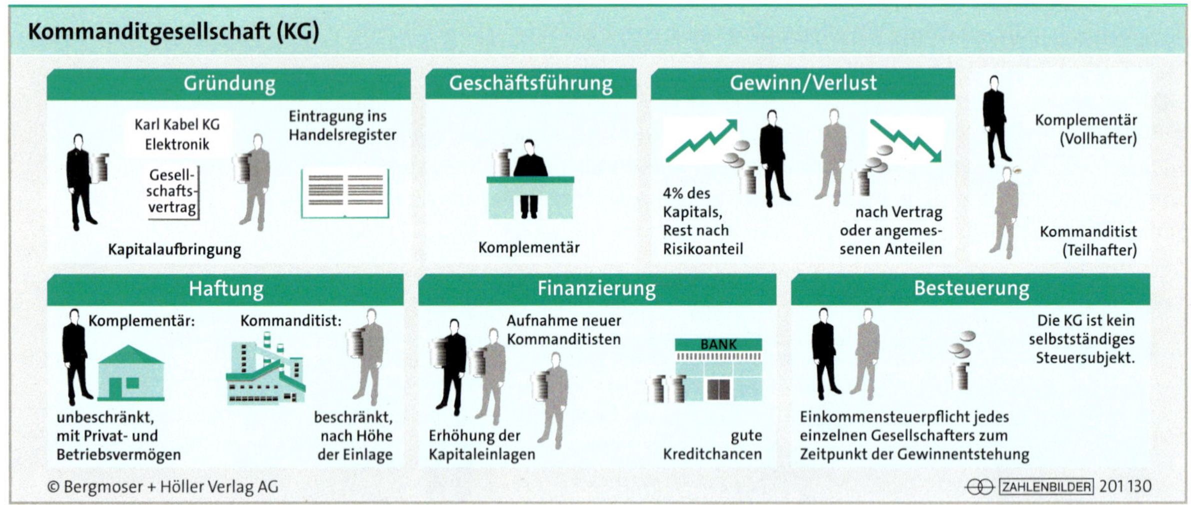

6.3 Kapitalgesellschaften

juristische Personen
▶ LF 2, Kap. 1.2
Rechtsfähigkeit
▶ LF 2, Kap. 1.2

Kapitalgesellschaften sind juristische Personen und damit selbst rechtsfähig. Im Gegensatz zu den Personengesellschaften, wo Eigenkapitalgeber (Gesellschafter) und Geschäftsführer normalerweise identisch sind, liegen Eigentum und Unternehmensführung bei Kapitalgesellschaften in der Regel nicht beieinander. Normalerweise beschränkt sich der Einfluss der Gesellschafter auf ihr Stimmrecht in der Gesellschafterversammlung, ihr Risiko ist beschränkt auf die geleistete Kapitaleinlage.

6.3.1 Gesellschaft mit beschränkter Haftung (GmbH)

Die GmbH ist eine Kapitalgesellschaft, deren Gesellschafter sich an dem in Stammeinlagen zerlegten Stammkapital beteiligt haben, ohne persönlich für die Verbindlichkeiten der Gesellschaft zu haften. Die Gläubiger können sich mit ihren Forderungen nur an das Gesellschaftsvermögen, nicht aber an die Gesellschafter halten.

Im Gesellschaftsvertrag kann jedoch eine beschränkte oder unbeschränkte **Nachschusspflicht** vereinbart werden. Damit verpflichtet sich der Gesellschafter, unter bestimmten Voraussetzungen weitere Geldleistungen an die Gesellschaft zu erbringen.

Die **Gründung** einer GmbH ist schwieriger als die Gründung einer Personengesellschaft, da der Gesellschaftervertrag der notariellen Form bedarf. Da die Zahl der Gesellschafter nicht vorgeschrieben ist, kann die GmbH auch von nur einer Person errichtet werden **(Einmann-GmbH).** Bei der Gründung wird ein **Stammkapital** in Höhe von mindestens 25.000 Euro vorausgesetzt. Auf dieses Kapital muss jeder Gesellschafter eine Stammeinlage von mindestens einem Euro zahlen. Die Einlagen können in Form von Geld- oder Sachleistungen erbracht werden. Bei Sachleistungen müssen der Gegenstand (z. B. ein Fahrzeug oder ein Kopierer) und der hierfür veranschlagte Betrag im Gesellschaftsvertrag festgesetzt werden. Um die GmbH beim Handelsregister anmelden zu können, muss auf jede Stammeinlage mindestens ein Viertel gezahlt und dabei insgesamt mindestens die Hälfte des Stammkapitals angesammelt worden sein (also mindestens 12.500 Euro). Sachleistungen müssen voll erbracht werden.

Um handeln zu können, bedarf es bei der GmbH verschiedener **Organe.** Das sind im Wesentlichen ein oder mehrere **Geschäftsführer** und die **Gesellschafterversammlung.** Letztere wird von der Geschäftsführung einberufen und entscheidet unter anderem über die Verwendung des Gewinnes sowie die Bestellung und Abberufung von Geschäftsführern und Prokuristen. Hat die GmbH mehr als 500 Beschäftigte, ist die Einrichtung eines **Aufsichtsrates** gesetzlich vorgeschrieben. Der Aufsichtsrat setzt sich aus Vertretern der Gesellschafter und der Arbeitnehmer zusammen. Seine Aufgabe besteht hauptsächlich in der Überwachung der Geschäftsführung und der Prüfung von Jahresabschluss und Lagebericht.

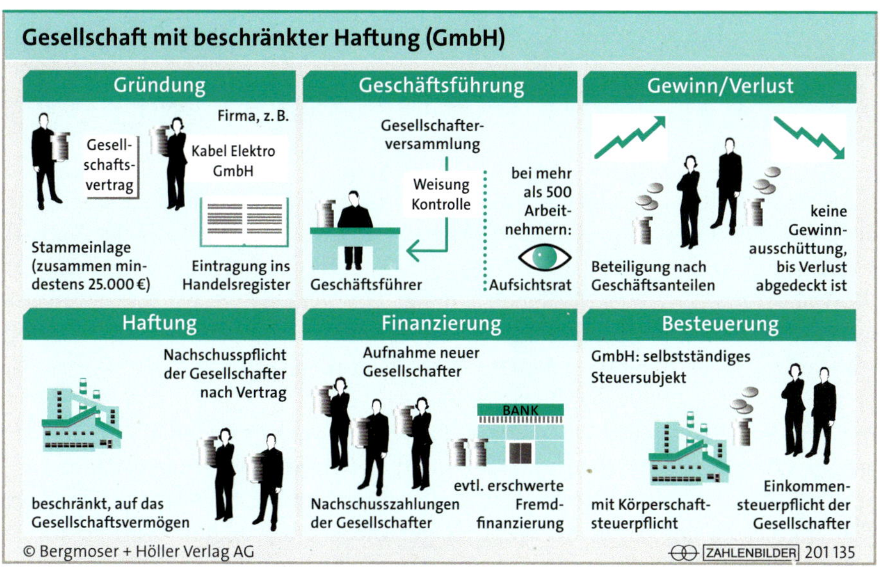

Eine Sonderform der GmbH ist die **haftungsbeschränkte Unternehmergesellschaft (UG).** Sie ist eine Einstiegsvariante der GmbH ohne bestimmtes Mindeststammkapital. Zur Gründung reicht 1 Euro. Man spricht daher auch manchmal von einer 1-Euro-GmbH oder Mini-GmbH. Allerdings darf die UG ihre Gewinne nicht voll ausschütten, sondern muss einen Teil zur Ansparung des Stammkapitals der normalen GmbH nutzen.

In der GmbH-Reform Ende 2008 ging es auch um die Erleichterung von Unternehmensgründungen im Wettbewerb mit den Mitgliedstaaten der Europäischen Union, denn in vielen Mitgliedstaaten der Europäischen Union werden geringere Anforderungen an die Gründungsformalitäten und die Aufbringung des Mindeststammkapitals gestellt.

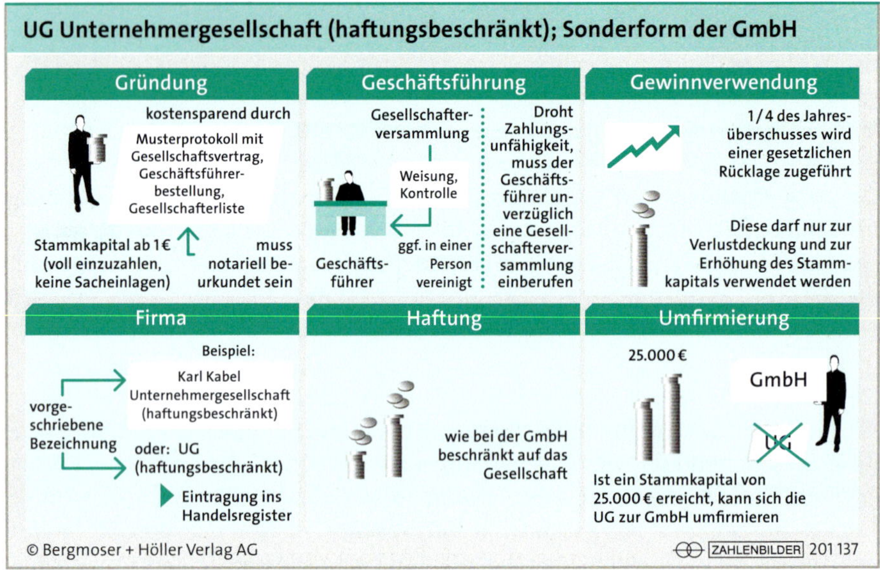

6.3.2 Aktiengesellschaft (AG)

Auch die Aktiengesellschaft ist eine Kapitalgesellschaft, also eine juristische Person. Das Grundkapital dieser Gesellschaft in Höhe von mindestens 50.000 Euro ist in **Aktien** zerlegt. Jeder Kapitalanteil ist damit als Wertpapier verbrieft und dem Kapitalmarkt zugänglich. Die Aktien von börsennotierten AGs werden an der Börse gehandelt.

Die **Gründung** der AG erfolgt durch eine oder mehrere Personen. Bei der Feststellung des Gesellschaftsvertrages ist notarielle Beurkundung erforderlich. Die Gesellschafter (Aktionäre) übernehmen die Aktien gegen Zahlung einer Einlage. Sie werden am Gewinn der AG durch eine Dividende beteiligt. Die Dividende ist ein Betrag, der sich aus der Höhe eines bestimmten Prozentsatzes vom Bilanzgewinn pro Aktie ergibt. Die Haftung ist bei der AG auf das Gesellschaftsvermögen beschränkt.

Der Vorstand, der Aufsichtsrat und die Hauptversammlung bilden die **Organe** der AG. Die AG wird gerichtlich und außergerichtlich durch den **Vorstand** vertreten, der auch zur Geschäftsführung befugt ist. Dabei ist er an keinerlei Weisungen des Aufsichtsrates oder der Hauptversammlung gebunden. Der Vorstand wird vom Aufsichtsrat bestimmt. Gibt es mehrere Vorstandsmitglieder, handeln diese in der Regel gemeinschaftlich (Gesamtgeschäftsführungsbefugnis).

Der **Aufsichtsrat** besteht aus mindestens drei Mitgliedern und wird von der Hauptversammlung alle vier Jahre zu zwei Dritteln gewählt. Wählbar sind nur natürliche Personen, die nicht im Vorstand und nicht leitende Angestellte der AG sind.

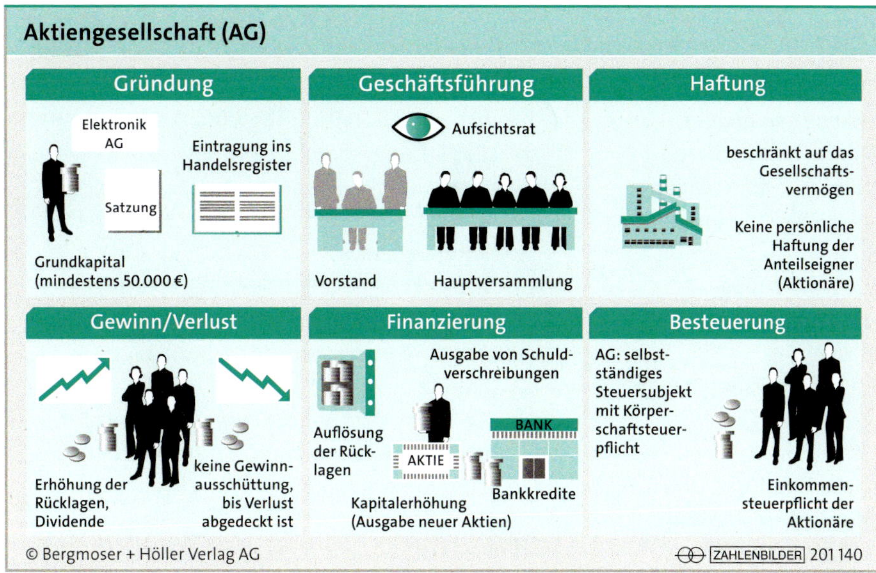

Mindestens ein Drittel des Aufsichtsrates wird gemäß Betriebsverfassungsgesetz von Arbeitnehmern gebildet. Seine Hauptaufgabe besteht in der Bestellung, Abberufung und Überwachung des Vorstandes sowie der Festlegung der Unternehmenspolitik.

Die **Hauptversammlung** wird einmal im Jahr vom Vorstand einberufen. Die Aktionäre beschließen unter anderem über Bestellung und Entlastung des Vorstandes und des Aufsichtsrates. Bei der Beschlussfassung hat jeder Aktionär ein Stimmrecht pro Aktie. In der Regel gilt für Beschlüsse der Hauptversammlung die einfache Stimmenmehrheit, für Entscheidungen von besonderer Tragweite (z. B. Satzungsänderungen oder Kapitalbeschaffung) bedarf es jedoch einer qualifizierten Mehrheit von 75 % des bei der Beschlussfassung vertretenen Grundkapitals.

6.3.3 Europäische Unternehmensformen

Aufgrund mehrerer Urteile des Europäischen Gerichtshofes (EuGH) werden alle Unternehmensformen, die in den einzelnen Mitgliedsländern existieren, auch in allen anderen Mitgliedsländern anerkannt. Es steht einem Unternehmen in Deutschland damit frei, z. B. auch als britische „Private Company Limited by Shares" (Ltd) oder als spanische „Sociedad de Responsabilidad Limitada Nueva Empresa" (SLNE) zu firmieren. Die Wahl einer europäischen Unternehmensform birgt für inländische Unternehmen Chancen und Risiken. Eine wesentliche Chance besteht in einem geringeren Haftungskapital bei einigen europäischen Gesellschaftsformen, ein Risiko kann im höheren Organisationsaufwand liegen und in der Schwierigkeit, im Heimatland kompetente juristische Beratung zur entsprechenden Gesellschaftsform zu finden.

z. B. EuGH, Urteil vom 30.09.2003, Rs. C-167/01, Slg. 2003, I-10155

Von den Unternehmensformen der anderen EU-Mitgliedsstaaten sind die **europäischen Unternehmensformen** wie z.B. die SE (Societas Europaea, auch „Europa-AG") und die SCE (Societas Cooperativa Europaea, auch „europäische Genossenschaft") abzugrenzen. Diese wurden für Unternehmen geschaffen, die Tochtergesellschaften in verschiedenen EU-Ländern unterhalten. Die Konzernstruktur wird mithilfe dieser Unternehmensformen vereinfacht und die Mobilität in Europa erleichtert.

Eine Übersicht über die in der Europäischen Union möglichen Rechtsformen finden Sie z.B. unter www.stuttgart.ihk24.de

Alles klar?

1 Die Wahl der Rechtsform wirkt sich folgendermaßen aus:
- **a)** Möglichkeiten der Kapitalbeschaffung, Eigenkapitalquote, Geschäftsführung, Gewinn- und Verlustverteilung, Haftung
- **b)** Möglichkeiten der Kapitalbeschaffung, Geschäftsführung, Gewinn- und Verlustverteilung, Haftung, Besteuerung
- **c)** Möglichkeiten der Kapitalbeschaffung, Gewinn- und Verlustverteilung, Verbindlichkeiten, Haftung, Vermögen, Besteuerung
- **d)** Möglichkeiten der Kapitalbeschaffung, Umlaufvermögen, Geschäftsführung, Besteuerung
- **e)** Möglichkeiten der Kapitalbeschaffung, Geschäftsführung, Gewinn- und Verlustverteilung, Standort, Besteuerung

2 Die Gründung eines Einzelunternehmens ist insoweit einfach, dass ...
- **a)** das Einzelunternehmen nicht an eine bestimmte Form gebunden ist.
- **b)** grundsätzlich kein Handelsregistereintrag notwendig ist.
- **c)** grundsätzlich ein Handelsregistereintrag notwendig ist.
- **d)** das Einzelunternehmen an eine bestimmte Form gebunden ist.
- **e)** immer ein kaufmännischer Geschäftsbetrieb erforderlich ist.

3 Die Vorteile von Einzelunternehmen sind z. B. ...
- **a)** geringer Kapitalaufwand, geringe Arbeitsbelastung, einfache und kostengünstige Gründung, beschränkte Haftung.
- **b)** geringer Kapitalaufwand, einfache und kostengünstige Gründung, alleinige Entscheidungsbefugnis.
- **c)** geringer Kapitalaufwand, geringe Arbeitsbelastung, einfache und kostengünstige Gründung, beschränkte Haftung.
- **d)** geringer Kapitalaufwand, einfache und kostengünstige Gründung, beschränkte Haftung.
- **e)** geringer Kapitalaufwand, einfache und kostengünstige Gründung, unbeschränkte Haftung.

4 Für wen gilt die Haftungsbeschränkung bei der KG?
- **a)** Die Haftung ist auf die Vermögenseinlage unbeschränkt (Kommanditist), während mindestens ein Gesellschafter beschränkt haftet (Komplementär).
- **b)** Die Haftung ist auf die Vermögenseinlage beschränkt (Kommanditist), während mindestens ein Gesellschafter beschränkt haftet (Komplementär).
- **c)** Die Haftung ist auf die Vermögenseinlage beschränkt (Kommanditist), während mindestens ein Gesellschafter unbeschränkt haftet (Komplementär).
- **d)** Die Haftung ist auf die Gesellschafter beschränkt (Kommanditist), während mindestens ein Gesellschafter unbeschränkt haftet (Komplementär).
- **e)** Die Haftung ist auf die Vermögenseinlage beschränkt (Komplementär), während mindestens ein Gesellschafter unbeschränkt haftet (Kommanditist).

5 In der KG gelten folgende Sachverhalte:
- **a)** Der Komplementär haftet beschränkt und führt die Geschäfte.
- **b)** Die Höhe der Haftung der Kommanditisten darf nicht im Handelsregister veröffentlicht werden.
- **c)** Die Kommanditisten vertreten das Unternehmen.
- **d)** Die Kommanditisten haften beschränkt und führen nicht die Geschäfte.
- **e)** Der Gewinn wird gleichmäßig auf Komplementär und Kommanditisten verteilt.

6 Bei der GmbH ...
- **a)** ist eine Stammeinlage von mindestens 2.500,00 € vorausgesetzt.
- **b)** kann nicht ein Gründer allein die Gesellschaft gründen.
- **c)** entscheidet die Gesellschafterversammlung über die Geschäftsführung.
- **d)** ist die Besteuerung gesetzlich beschränkt.
- **e)** ist der Geschäftsführer immer im Aufsichtsrat vertreten.

7 Umweltschutz und Nachhaltigkeit

AB ▶ LS 15

Der Umweltschutz umfasst alle Maßnahmen zum Schutz der Umwelt und zur Vermeidung der Umweltbelastung und -verschmutzung. Themen wie globale Erwärmung und Verschmutzung der Weltmeere demonstrieren, wie dringend es ist, mit Rohstoffen und Energie wirtschaftlich umzugehen und Umweltbelastungen nachhaltig zu vermeiden. Die meisten Menschen sind sich bewusst, dass die Umwelt tagtäglich belastet wird. Grundsätzlich ist wohl auch fast jeder für den Schutz der Umwelt. Nur das konkrete Handeln sieht meist anders aus: Auf alte Gewohnheiten will man nicht verzichten und finanzielle Opfer will man auch nicht auf sich nehmen.

Der **Umweltbegriff** umfasst die Gesamtheit aller Faktoren, die die Existenz des Menschen bestimmen, wobei Mensch und Umwelt in einem Wechselverhältnis zueinander stehen. In ökologischer Hinsicht soll der Zustand der Umweltmedien Luft, Wasser, Boden und Klima ein Überleben von Mensch, Tier und Pflanzen sichern. In ökonomischer Hinsicht sind die wirtschaftlichen Rahmenbedingungen so zu gestalten, dass Ressourcenverbrauch (z.B. Rohstoffe, Energie) und Folgen des Wirtschaftens (z.B. Schadstoffe und Abfälle) die ökologische Funktion der Umwelt nicht gefährden.

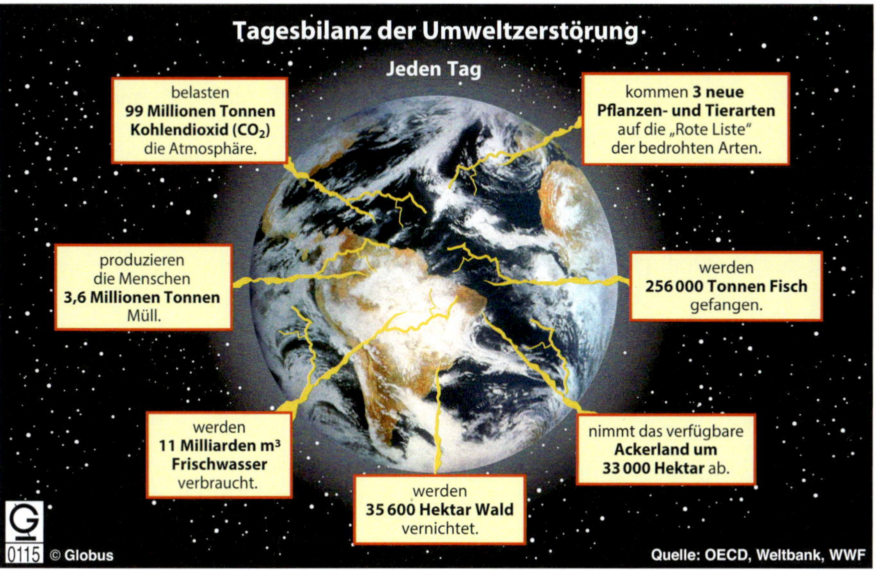

7.1 Ursachen von Umweltproblemen

Zurzeit leben auf unserer Erde ca. 7 Milliarden Menschen, im Jahre 2050 werden es schätzungsweise 9,3 Milliarden Menschen sein und die Weltbevölkerung wird wahrscheinlich weiter wachsen. Das starke **Wachstum der Weltbevölkerung** führt in vielen Bereichen zu großen Umweltproblemen, die letztendlich die natürliche Lebensgrundlage bedrohen oder zerstören. Beispielsweise werden Regenwälder gerodet, um Ackerflächen für die Lebensmittelproduktion zu schaffen, oder chemische Düngemittel werden verstärkt eingesetzt, um die Ernteerträge zu erhöhen.

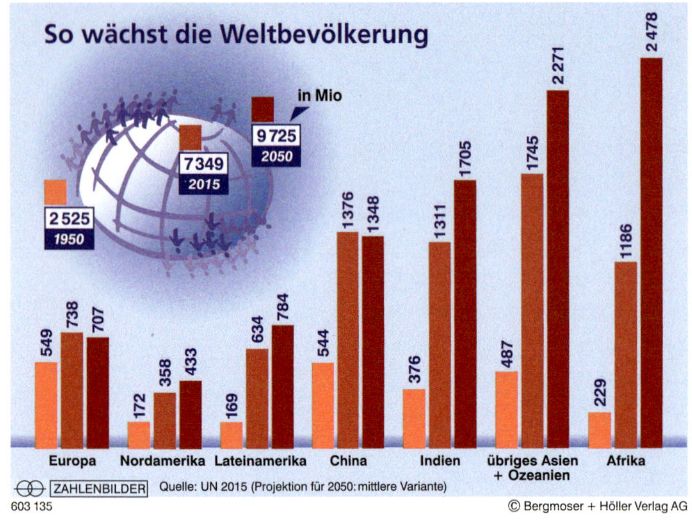

Gleichzeitig führen die vielfältigen internationalen Handelsbeziehungen dazu, dass die von den Menschen benötigten Waren teilweise mehrere tausend Kilometer zurückgelegt haben, bis sie beim Großhandel im Verkaufsregal stehen. Die durch den Transport per Flugzeug oder per Lkw entstehenden Abgase und der damit verbundene hohe Verbrauch von Energie in Form von Treibstoffen stellen weitere schwer wiegende Belastungen der Umwelt dar. Diese Umweltprobleme können nicht durch einen einzelnen Staat und schon gar nicht durch einen einzelnen Menschen gelöst werden. Aber jeder kann für sich persönlich im privaten und beruflichen Bereich Möglichkeiten finden, die Umwelt zu schützen und zu erhalten.

7.2 Nachhaltigkeit

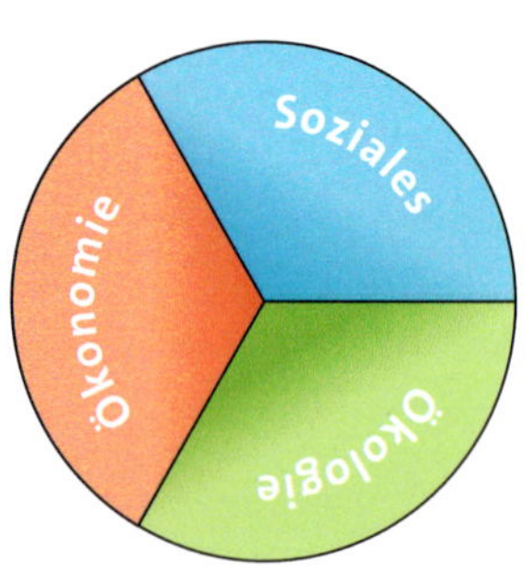

Prinzip der Nachhaltigkeit

Der heute gängige Begriff der nachhaltigen Entwicklung („sustainable development") wurde 1987 von der Weltkommission für Umwelt und Entwicklung geprägt. Nachhaltigkeit charakterisiert eine Entwicklung, die die momentanen Forderungen nach unversehrter Umwelt, sozialer Gerechtigkeit und wirtschaftlichem Wohlstand erfüllen kann, ohne die Möglichkeiten folgender Generationen einzugrenzen. Bei einer stark wachsenden Weltbevölkerung kann die Lebensqualität aller Erdenbewohner nur geschützt werden, wenn Ressourcenverschwendung, Umweltverschmutzung und Armut konsequent bekämpft werden. Demnach müssen die Prinzipien der Nachhaltigkeit – Ökologie, Ökonomie, soziale Gerechtigkeit – in allen Lebensbereichen global in Übereinstimmung gebracht werden.

7.3 Umweltschutz im Großhandel

Im Großhandel bieten sich zahlreiche Möglichkeiten, einen Beitrag zum Umweltschutz zu leisten. So gibt es für die effektivere Nutzung von Energie viele Ansätze:

- Isolierung der Lagerräume
- sparsamere Fahrzeuge im Fuhrpark
- Heizungen mit besserem Wirkungsgrad
- Nutzung von Wind- und Sonnenenergie (Ökostrom)

Umweltproblem Verpackungsmüll
In den Verkaufs- und Lagerräumen des Großhandels fallen große Mengen umweltbelastender Verpackungsmaterialien an. Um diese Belastung möglichst gering zu halten, sollte der Großhändler die **Abfallvermeidung** stets der Abfallverwertung vorziehen. Bei unvermeidbarem Abfall sollte der Großhändler alle **Recyclingmöglichkeiten** prüfen und nutzen.

Einen besonderen Beitrag zum Umweltschutz kann der Großhändler durch die Wahl seiner Verpackungen leisten. Schon im Jahre 2014 sind in Deutschland knapp 18 Millionen Tonnen an Verpackungsabfällen angefallen, davon mehr als acht Millionen Tonnen in privaten Haushalten. Somit entfielen auf jeden Haushalt mehr als 100 Kilogramm Verpackungsmüll. Auch wenn der größte Anteil an diesem Müll aus Papier, Pappe oder Karton bestand, trägt die Plastiktüte entscheidend zu diesem Müllberg bei. Im Jahre 2018 kamen die Bundesbürger pro Kopf auf einen Jahresverbrauch von ca. 24 Plastiktüten, bei 82 Millionen Einwohnern in Deutschland also etwa zwei Milliarden Tüten.

Wenn man dann noch bedenkt, dass die meisten Plastiktüten nur einmal verwendet und dann weggeworfen werden, wird das Umweltschutzpotenzial durch die Vermeidung von Plastiktüten deutlich, insbesondere wenn man berücksichtigt, dass Plastiktüten je nach verwendetem Kunststoff erst nach 100 bis 500 Jahren zerfallen sind.

In Deutschland haben sich der Handelsverband und das Bundesumweltministerium darauf geeinigt, den Verbrauch von Plastiktüten drastisch zu reduzieren. So sollen innerhalb von zwei Jahren 80 Prozent der bislang kostenlos abgegebenen Plastiktüten kostenpflichtig abgegeben werden. Eine gesetzliche Regelung ist hierzu bisher nicht geplant.

Mittlerweile gibt es auch eine ganze Reihe von Alternativen zur Plastikverpackung. Kompostierbare Verpackungen aus Holz, Papier, Pappe oder Baumwolle werden inzwischen in vielen Varianten angeboten. Allerdings können auch recycelte Plastiktüten einen wertvollen Beitrag zum Umweltschutz liefern, weil bei der Produktion des Kunststoffs nicht erneut Erdöl, Kohle oder Erdgas eingesetzt werden müssen.

Die nun eingeleiteten Maßnahmen zur Vermeidung von Plastikmüll durch Plastikverpackungen sind dringend notwendig. Schon heute stellt die weltweite Vermüllung der Meere eines der schwerwiegendsten Umweltprobleme dar. Drei Viertel des Mülls in den Weltmeeren bestehen mittlerweile aus Plastik bzw. Kunststoffen. Hauptgrund hierfür ist die achtlose bzw. nicht umweltgerechte Entsorgung des Plastikmülls.

Vermüllte Meere und Strände belasten Mensch und Natur.

Alles klar?

1 Welche zu vereinbarenden Prinzipien beinhaltet „Nachhaltigkeit?
- **a)** Ökologie, Ökonomie und soziale Gerechtigkeit
- **b)** Demokratie, Freiheit und Ökologie
- **c)** Ökonomie, Wirtschaft und Finanzen
- **d)** Demografie, soziale Gerechtigkeit und Ökologie
- **e)** Umweltschutz, Wirtschaft und Ökologie

2 Welche Folgen hat die stetig steigende Weltbevölkerung u. a. für die Umwelt?
- **a)** Das Ozonloch wird größer, deswegen wird mehr Trinkwasser benötigt.
- **b)** Mehr Ackerbaufläche wird benötigt, deswegen wird Regenwald abgeholzt.
- **c)** Es bilden sich lange Warteschlangen vor den Supermärkten.
- **d)** Immer mehr Menschen ernähren sich vegetarisch, um die Tiere zu schützen.
- **e)** Regionale Lebensmittel verlieren an Bedeutung, weil in vielen Regionen nichts angebaut wird.

3 Welche Motivation zum Umweltschutz kann zu einer nachhaltigen Verhaltensänderung bei Unternehmen und Verbrauchern führen?
- **a)** die Freude darüber, dass es Tieren und Pflanzen gut geht
- **b)** Reduzierung der Schadstoffe, um andere Menschen nicht zu belasten
- **c)** Strom sparen, damit nicht so viel Braunkohle in den Kraftwerken verbrannt wird
- **d)** Müll trennen, weil nicht alles in die Restmülltonnen passt
- **e)** durch bewussten Einsatz von Energie Geld sparen

4 Welche sinnvollen Möglichkeiten gibt es für ein Unternehmen, mit Umweltschutz gleichzeitig Geld zu sparen?
- **a)** Lieferservice einstellen oder reduzieren
- **b)** Klimaanlage abschalten oder wärmer laufen lassen
- **c)** Licht im Laden abdimmen oder morgens später einschalten
- **d)** Kühlung isolieren, z. B. durch Glastüren vor den Kühlregalen
- **e)** Öffnungszeiten verkürzen oder Mittagspausen einführen

5 Welche Vorteile bieten regionale Waren neben der Frische und der Nachvollziehbarkeit der Herkunft?
- **a)** Regionale Waren sind viel billiger als importierte Waren.
- **b)** Regionale Waren sind vielfältiger als importierte Waren.
- **c)** Regionale Waren sind langlebiger als importierte Waren.
- **d)** Regionale Waren sind durch kurze Transportwege umweltfreundlicher als importierte Waren.
- **e)** Regionale Waren sind hochwertiger als importierte Waren.

6 Im Zuge einer Sanierung der Fassaden und Dächer des Ladengeschäfts können Unternehmen im Sinne des Umweltschutzgedankens ...
- **a)** z. B. durch das Anbringen von Kollektoren die Sonnenenergie nutzen.
- **b)** grüne Farben verwenden, die umweltfreundlich wirken.
- **c)** Fenster stets geschlossen halten, um Energie zu sparen.
- **d)** moderne Filteranlagen einbauen, damit im Laden die Luft so gut ist wie im Wald.
- **e)** zusätzliche Klimaanlagen anbringen, um im Laden eine „Antarktis"-Präsentation zu ermöglichen.

7 Plastik ist nicht nur bei der Entsorgung umweltschädlich, weil...
- **a)** Plastik zum Großteil aus Erdöl hergestellt wird.
- **b)** Plastik schnell kaputt geht.
- **c)** Plastik andere Werkstoffe nicht ersetzen kann.
- **d)** Plastik auch in die Atemluft gerät.
- **e)** Plastik als Baustoff immer beliebter wird.

8 Eine Präsentation erstellen

AB ▶ LS 16

Beispiel

Cornelia Gruber hat schon kurz nach Beginn ihrer Ausbildung von ihrer Berufsschullehrerin den Auftrag erhalten, eine Präsentation zum Thema „Mein Ausbildungsbetrieb“ zu erstellen und vor der Klasse vorzutragen. „Nicht schon wieder!“ stöhnt sie, als sie abends nach Hause kommt. „Mir wird ja schon ganz schlecht, wenn ich nur daran denke! Und die viele Arbeit! Ich kenne meinen Ausbildungsbetrieb doch noch gar nicht, wie soll ich da eine gute Präsentation machen?“ Ihre Mutter will sie trösten: „Du wirst das schon schaffen – frag doch die Leute bei dir im Betrieb, die helfen dir bestimmt.“

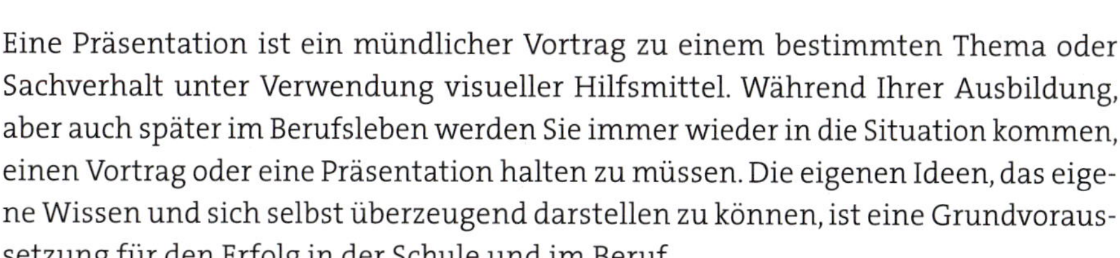

Eine Präsentation ist ein mündlicher Vortrag zu einem bestimmten Thema oder Sachverhalt unter Verwendung visueller Hilfsmittel. Während Ihrer Ausbildung, aber auch später im Berufsleben werden Sie immer wieder in die Situation kommen, einen Vortrag oder eine Präsentation halten zu müssen. Die eigenen Ideen, das eigene Wissen und sich selbst überzeugend darstellen zu können, ist eine Grundvoraussetzung für den Erfolg in der Schule und im Beruf.

Eine Präsentation stellt Informationen, Erkenntnisse oder Projektergebnisse vor, die einen Bezug zum Zuhörerkreis haben. Den Vortragenden und sein Publikum verbinden zum Beispiel das Interesse an einem bestimmten Thema oder ein gemeinsames Projekt. Die Inhalte müssen so ausgewählt, strukturiert und zusammengefasst werden, dass sie die Zuhörer gut erreichen und die Ziele der Präsentation optimal umsetzen. Die Inhalte sollten visualisiert werden, sodass sich mündliche Ausführungen und bildhafte Darstellung gegenseitig unterstützen bzw. ergänzen. In der Regel gehört zu einer Präsentation auch eine anschließende Frage- oder Diskussionsrunde.

visualisieren
sichtbar machen

Sobald Inhalt und Zuordnung des Themas sowie der Termin und evtl. Mitreferenten feststehen, beginnt die **Planung der Präsentation**. Die folgende Tabelle kann die Planung unterstützen:

Thema, Zielsetzung	• Was sind Hauptaussage und Ziel der Präsentation (Information, Überzeugung, Anleitung, Selbstpräsentation usw.)? • Was ist mir/uns besonders wichtig? • Wie viel Zeit steht für die Präsentation zur Verfügung?
Zuhöreranalyse Zielgruppe	• Welches Vorwissen haben die Zuhörenden? • Welcher Schwierigkeitsgrad ist angemessen? • Welche Erwartungen haben sie an den Vortrag, welche Interessen? • Mit welchen Fragen und Meinungen ist zu rechnen? • Wie kann das Publikum einbezogen werden?
Untergliederung, Struktur	• Welche Struktur hat die Präsentation (Einleitung, Hauptteil, Schluss)? • Welche inhaltlichen Schwerpunkte und/oder Argumente sollen enthalten sein? • Bei Gruppenreferaten: Wie werden die Aufgaben geteilt? Wie wird zwischen den Vortragenden übergeleitet?
Medieneinsatz/ Handout	• Welche Hilfsmittel eignen sich am besten für die Darstellung der Inhalte? • Was sollen die Zuhörenden mitschreiben und was bekommen sie ausgehändigt? • Sind alle mit der eingesetzten Technik vertraut?

8.1 Ziele der Präsentation

Das Thema einer Präsentation wird in der Regel vom Lehrer oder Vorgesetzten vorgegeben. Doch damit ist noch nicht eindeutig festgelegt, welche Teilaspekte des Themas behandelt werden sollen. Der Präsentierende muss entscheiden, welche Aspekte **für den Zuhörer** interessant und wichtig sind:

- Welche Ziele verfolgt die Präsentation?
- Was sollen die Zuhörer nach der Präsentation wissen?
- Was sollen die Zuhörer nach der Präsentation tun?

Beispiel

Sie sollen Ihren Ausbildungsbetrieb präsentieren. Mit diesem allgemein gehaltenen Thema steht aber noch nicht fest, welche konkreten Ziele Sie bei Ihren Zuhörern anstreben. Wollen Sie Ihren Zuhörern die Struktur Ihres Betriebes erläutern, das Leistungsspektrum vorstellen oder sie als neue Kunden gewinnen?

Die Trennung zwischen Informations- und Überzeugungspräsentation ist in der Praxis nur selten eindeutig. In der Regel werden Sie zuerst informieren, um anschließend zu überzeugen.

Grundsätzlich gibt es zwei unterschiedliche Arten von Präsentationen:

- **Die Informationspräsentation** soll das Publikum über ein Thema informieren. Typisches Beispiel ist das Fachreferat. Die Informationspräsentation stellt an den Vortragenden hohe fachliche Anforderungen. Er muss in der Lage sein, anspruchsvolle Fachinhalte zu vereinfachen und für die Zuhörer verständlich darzustellen.
- **Die Überzeugungspräsentation** soll Mitarbeiter, Vorgesetzte, Kunden, Klassenkameraden für eine Idee, ein Projekt oder ein Produkt begeistern. Dieses Ziel setzt beim Vortragenden neben Begeisterungsfähigkeit natürlich auch die notwendige Fachkompetenz voraus. Denn ohne fachlich fundierte Aussagen lässt sich eine anspruchsvolle Zielgruppe nicht überzeugen.

Arten der Präsentation

	Informationspräsentation	**Überzeugungspräsentation**
konkrete Ziele	Zuhörer sollen Informationen • behalten • verstehen • erläutern und anwenden	Zuhörer sollen • ein Produkt kaufen • ein Projekt unterstützen • sich für etwas einsetzen • für etwas stimmen
Beispiele	• Fachreferat • Projektbericht • Informationsveranstaltung	• Genehmigung eines Projektes • Werbeveranstaltung • Wahlveranstaltung
Präsentationsstil	• objektiv • informativ • wissenschaftlich und trotzdem: • interessant • unterhaltsam • verständlich	• begeisternd • auffordernd • überzeugend und trotzdem: • glaubwürdig • fachlich fundiert
Anforderungen an den Vortragenden	• Fachkompetenz besitzen • Fachinhalte auf das Wesentliche reduzieren • anschaulich erklären	• Sympathie ausstrahlen • Vertrauen aufbauen • selbst vom Produkt, der Idee begeistert sein

8.2 Informationen beschaffen

Nachdem Thema und Zielsetzung der Präsentation durch Teilaspekte konkretisiert wurden, beginnt die gezielte Informationsbeschaffung. Im Allgemeinen stehen dafür verschiedene Quellen zur Verfügung:

- Fachbücher und Fachzeitschriften,
- Nachschlagewerke und Lexika,
- das Internet.

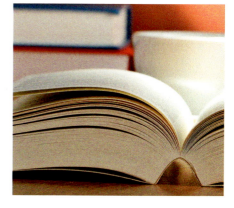

Geht es um **gesamtwirtschaftliche Betrachtungen** einer bestimmten Branche oder Region, finden Sie Informationen z. B. in

- Branchenbüchern und -verzeichnissen,
- Publikationen von Verbänden und Kammern,
- Statistiken (z. B. vom Statistischen Bundesamt),
- dem Handelsregister.

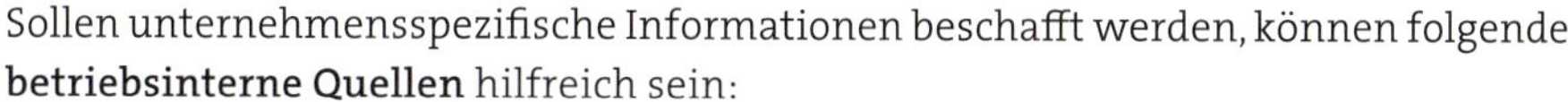

Sollen unternehmensspezifische Informationen beschafft werden, können folgende **betriebsinterne Quellen** hilfreich sein:

- betriebsinterne Datenbanken (z. B. Lieferantendateien, Kundendateien),
- Kataloge und Preislisten,
- das Intranet des Unternehmens.

Ergänzen können Sie diese Informationsquellen durch **eigene Materialerhebungen**, wie z. B. Befragungen (Interviews) von Kollegen oder Vorgesetzten, durch Erkundungen oder durch Besuche von Museen oder Ausstellungen. Im Folgenden stellen wir einige der genannten Informationsquellen exemplarisch vor.

8.2.1 Bibliotheksrecherche

In öffentlichen Bibliotheken steht eine Vielzahl von Publikationen zur Informationsbeschaffung zur Verfügung, z. B. Fach- und Sachbücher, Lexika, Enzyklopädien, Zeitschriften und DVDs. Möchte man die Dienste einer Bibliothek regelmäßig nutzen, empfiehlt sich die Teilnahme an einer Bibliotheksführung, um die Ressourcen auch wirklich ausschöpfen zu können.

Gesuchte Publikationen, die aktuell nicht vorhanden sind, kann jede öffentliche Bibliothek bestellen.

8.2.2 Internetrecherche

Die Recherche im Internet bietet folgende Vorteile:

- Das Internet präsentiert eine unermesslich große Menge an Informationen zu fast jedem beliebigen Thema, auf die rund um die Uhr leicht und bequem zugegriffen werden kann.
- Informationen aus dem Netz sind häufig schneller erreichbar als über andere Informationsquellen. Manche stehen auch nur im Internet zur Verfügung.
- Informationen können einfach gespeichert und weiterverarbeitet werden, da sie in digitaler Form vorliegen.

Mithilfe von Suchmaschinen kann im gesamten Internet nach Material gesucht werden. Nach der Eingabe eines Suchbegriffs werden alle Webseiten durchsucht. Ist der Suchbegriff zu allgemein formuliert, wird die Recherche schnell unübersichtlich..

Häufig genutzte Suchmaschinen:
www.google.de
www.bing.de
www.de.ask.com
www.startpage.com

Eine Suchmethode im Internet besteht darin, eine bereits bekannte Adresse in das Adressenfeld des Browsers einzugeben. Weil die Internetadressen immer die gleiche Struktur haben, können auch neue Adressen ausprobiert werden. Beispielsweise lassen sich geschützte Markennamen, Städte, Institutionen usw. häufig nach der bekannten Struktur bilden (z. B. www.bundesregierung.de). Ausgehend von einem geeigneten Anfangsdokument können außerdem Hyperlinks angeklickt werden, um auf andere Webseiten zu gelangen.

Hyperlinks
Querverweise zu anderen Webseiten

Vorgehen bei einer Internetrecherche

1. **Erste Recherche:** Vorauswahl gefundener Materialien, indem nicht jedem Link, sondern nur interessanten Adressen nachgegangen wird. Erste Selektierung der Dokumente.
2. **Auswertung:** Überprüfung der vorselektierten Dokumente. Wenn die gesichteten Materialien nicht ausreichen, den Rechercheauftrag zu erfüllen, muss eine zweite Recherche erfolgen.
3. **Weitere Recherche:** Vertiefung und Spezialisierung der vorangegangenen Suche.
4. **Aufbereitung:** Kritische Beurteilung aller gefundenen Informationen hinsichtlich des Rechercheauftrags. Trennen von wichtigen und unwichtigen Informationen.

Beurteilung von Internetartikeln

Im Internet finden sich Milliarden von Medien. Diese sind von sehr unterschiedlicher Qualität. Es gibt keine Kontrollinstanz, die die Qualität oder Aktualität von Dokumenten überprüft. Experten gehen davon aus, dass ca. 90 % der Informationen im Internet als **Datenmüll** bezeichnet werden können. Durch die richtigen Suchbegriffe und deren Verknüpfung kann die Menge an Treffern bereits gesteuert und reduziert werden. Um jedoch zu verhindern, dass falsche oder veraltete Informationen verwendet werden, müssen sie kritisch beurteilt werden. Dieser Prozess kann deutlich länger dauern als die Suche selbst, ist jedoch in jedem Falle notwendig. Besuchen Sie deshalb nur die Webseiten seriöser Institutionen und Unternehmen, verlassen Sie sich nicht auf Einzelmeinungen. Bei der Verwendung von Texten, Bildern oder anderen Daten aus dem Internet sind außerdem die Nutzungsrechte zu beachten.

Teilweise erscheinen als erste Suchergebnisse „Anzeigen“, die auch als solche gekennzeichnet sind.

Nutzungsrechte
▶ LF 1, Kap. 8.3.3

8.2.3 Betriebsinterne Informationsquellen

Neben dem eigenen Wissen über das Ausbildungsunternehmen empfiehlt es sich, zunächst in persönlichen Gesprächen mit Vorgesetzten oder Kollegen grundlegende Informationen zu erlangen. Zur Präsentation des eigenen Ausbildungsunternehmens ist es häufig ratsam, auf **betriebsinterne Datenbanken** zurückzugreifen. In den betrieblichen Systemen sind z. B. Informationen zur Höhe der Umsätze, Absätze und zum Sortiment zu finden. Das WWS gibt Auskunft über die Kunden und Lieferanten. Betriebsinterne Informationen sind außerdem häufig über das **Intranet** zugänglich. Das Intranet ist – wie das Internet – ein Rechnernetz. Allerdings ist es in der Regel mittels Passwort nur für die Mitarbeiter eines Unternehmens zugänglich.

Natürlich sind sensible Daten nur mit der **Erlaubnis des Vorgesetzten** zu verwenden. Die Regeln zum Datenschutz und zur Wahrung von Geschäftsgeheimnissen müssen beachtet werden.

Datenschutz
▶ LF 2, Kap. 4.6.4

8.3 Informationen bewerten und auswählen

Die erste Hürde bei der inhaltlichen Vorbereitung einer Präsentation ist die strukturierte und kreative Erschließung des Themas. Oft enthält die Themenstellung Begriffe und Schlagwörter, unter denen Sie sich etwas vorstellen können, die aber bei näherer Betrachtung auch „alles oder nichts" beinhalten können. Wenn Sie zum Beispiel eine Präsentation mit dem Thema „Mein Ausbildungsbetrieb" vorzubereiten haben, wird Ihnen rasch klar, dass das Thema zunächst strukturiert, eingeschränkt und mit Schwerpunkten versehen werden muss, um gezielt mit der Erarbeitung der Präsentationsinhalte beginnen zu können. Hierbei kann das **5-Fragen-Konzept** nützlich sein.

5-Fragen-Konzept

1 Welche Begriffe und Aussagen fallen mir spontan zu meinem Thema ein?
2 Zu welchem dieser Sachverhalte weiß ich bereits etwas?
3 Wozu müsste ich mir noch konkrete Informationen beschaffen?
4 Welche inhaltlichen Schwerpunkte will ich setzen? Was könnte meine Zuhörer interessieren?
5 Welche meiner Einfälle will ich (vorerst) vernachlässigen?

8.3.1 Erarbeiten von Texten

Um die bei der Recherche anfallende Informationsmenge weiterzuverarbeiten, sollten Sie durchgängig eine bestimmte Arbeitstechnik anwenden, mit der möglichst zeitsparend Textinhalte erarbeitet und für die Präsentation aufbereitet werden können. Mit der **ÜFA-Technik** gelingt es, die wesentlichen Aussagen eines Textes zu erfassen und damit die Bedeutung der jeweiligen Quelle für das Präsentationsthema herauszufinden.

ÜFA-Technik	
Überblick verschaffen	• Den Text aufmerksam, aber zügig lesen und dabei Schlüsselbegriffe, unbekannte Wörter oder Eigennamen unterstreichen sowie gedankliche Abschnitte durch Querstriche markieren. • Unbekanntes im Lexikon bzw. Wörterbuch nachschlagen. • Die gedanklichen Abschnitte am Rand mit Schlagworten kennzeichnen, • z. B. Argument gegen ... oder Beleg für ... usw.
Fragen stellen	• Welche Gesichtspunkte greift der Text auf, die zu meinem Präsentationsthema passen? • Welche Positionen/Meinungen vertritt der Autor? • Welche Textaussagen lassen sich mit den Teilaspekten meines Themas in Zusammenhang bringen? • Welche Bedeutung hat der Text für meine Präsentationsinhalte: trifft er die zentrale Thematik oder eventuell nur Randbereiche?
Antworten suchen und zusammenfassen	• Antworten auf die Fragen mit eigenen Worten knapp zusammenfassen. • Dabei die Übernahme von einzelnen Schlüsselwörtern oder ganzen Sätzen aus der Textvorlage mit Anführungszeichen als Zitate kenntlich machen und mit einer Zeilenangabe versehen. • Wo möglich, die Zusammenfassung als Randbemerkung notieren, wodurch die Textauswertung zusätzlich visualisiert wird.

8.3.2 Auswahl von Informationen

Sie haben sich in das Thema eingearbeitet, sorgfältig recherchiert. Das Ergebnis sind viele Informationen, wahrscheinlich zu viele. Es besteht die Gefahr, dass die Zuhörer mit allen Informationen regelrecht erschlagen werden. Weniger ist hier oft mehr. Die Informationen des Vortragenden und die Interessen des Publikums sind oftmals nicht deckungsgleich. Deshalb ist es ratsam, die **Schnittmenge zu bilden**, also nur diejenigen Informationen auszuwählen, die sowohl für Sie als auch für die Zuhörer wichtig sind. Diese Schnittmenge bildet die **Basis** Ihrer Präsentation.

In einem zweiten Auswahlverfahren sollten Sie überprüfen, ob die Informationen, die in der Schnittmenge liegen, auch wirklich alle nötig sind, um das Präsentationsziel zu erreichen. Beschränken Sie sich auf die wesentlichen **Kerninformationen**.

Zuhörer und Ziel berücksichtigen

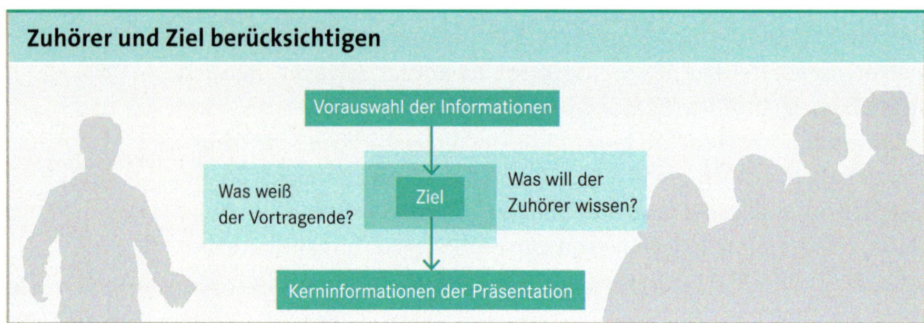

8.3.3 Nutzungsrechte im Zusammenhang mit Präsentationen

Beispiel

Die Auszubildende Cornelia Gruber hat die Aufgabe, in der Berufsschule ihren Ausbildungsbetrieb im Rahmen einer Präsentation vorzustellen. Hierbei nutzt sie verschiedene Fotos aus dem Betrieb und aus dem Internet, außerdem nutzt sie ein Video von Youtube. Cornelia fragt sich nun, welche gesetzlichen Regelungen sie bei der Verwendung dieser Medien einhalten muss.

Ein **Werk** ist definiert als das Ergebnis eines kreativen Prozesses eines Menschen. Seine Nutzung durch Dritte unterliegt gesetzlichen Beschränkungen. Sobald in einer Veröffentlichung – also auch in einer Präsentation – fremde „Werke" benutzt werden, stellt sich die Frage nach der **Zulässigkeit der Nutzung**. Der Rechteinhaber muss der Verwendung seines Werkes zustimmen, er wird gegebenenfalls eine Vergütung verlangen. Diese **„geistigen Rechte"** treten in verschiedenen Erscheinungsformen auf. Die wichtigsten werden im Folgenden vorgestellt.

Urheberrechtsgesetz und Leistungsschutzrechte

Durch das Urheberrechtsgesetz (UrhG) werden die Urheber von Werken der Literatur, Wissenschaft und Kunst geschützt. Zu den geschützten Werken gehören insbesondere:

§ 2 UrhG

1. Sprachwerke, wie Schriftwerke, Reden und Computerprogramme;
2. Werke der Musik;
3. pantomimische Werke einschließlich der Werke der Tanzkunst;
4. Werke der bildenden Künste einschließlich der Werke der Baukunst und der angewandten Kunst und
5. Entwürfe solcher Werke;
6. Lichtbildwerke einschließlich der Werke, die ähnlich wie Lichtbildwerke geschaffen werden;
7. Filmwerke einschließlich der Werke, die ähnlich wie Filmwerke geschaffen werden;
8. Darstellungen wissenschaftlicher oder technischer Art, wie Zeichnungen, Pläne, Karten, Skizzen, Tabellen und plastische Darstellungen.

Weiterhin werden in diesem Gesetz auch die **Rechte der aufführenden Künstler**, die sogenannten Leistungsschutzrechte (§§ 73 ff. UrhG), geschützt.

Ein Musikstück kann durch das Urheberrechtsgesetz geschützt sein. Die Aufführung des Stückes fällt außerdem unter das Leistungsschutzrecht.

Das Orchester oder die Band, die ein Musikstück aufführt, bietet eine individuelle künstlerische Leistung dar, die schützenswert ist **(Leistungsschutzrecht)**. Dies ist unabhängig davon, ob das Musikstück selbst auch geschützt ist.

Dem **Urheber** steht das Recht zu, darüber zu bestimmen, ob und in welcher Weise sein Werk verwendet wird. Außerdem hat er Anspruch auf eine angemessene **Vergütung**. In vielen Fällen wird der Urheber durch die **Verwertungsgesellschaften** (VG) vertreten, die diese Rechte für ihn wahrnehmen. Häufig hat der Urheber das Recht zur Nutzung seines Werkes auch an einen **Verlag** (Buchveröffentlichung) oder an ein Film- und Fernsehproduktionsunternehmen (Musikveröffentlichung) übertragen. Bei Texten, Bildern oder Videos aus internetbasierten Quellen kann das Auffinden des Rechteinhabers sehr viel schwieriger sein.

- Für die Nutzung von Musik, auch von Teilen von Musikstücken, ist die **GEMA** zuständig. Sie vertritt die Rechte der Komponisten und Textdichter weltweit.
- Die Rechte der aufführenden Künstler nimmt die **GVL** wahr. Dies betrifft z. B. Darbietungen und Aufzeichnungen von Orchestern, Bands und Solokünstlern. In der Regel vertritt aber die GEMA die Interessen der GVL-Mitglieder mit, sodass man sich nur an die GEMA zu wenden braucht.
- Die **VG Wort** und die **VG Bild-Kunst** sind zuständig für die sogenannten **Zweitverwertungsrechte**. Wenn z. B. aus einem veröffentlichten Buch ein Text übernommen werden soll, ist die VG Wort zuständig, sofern der Buchverlag oder der Urheber selbst die Wahrnehmung dieser Rechte an die Verwertungsgesellschaft übertragen hat.

GEMA
Gesellschaft für musikalische Aufführungs- und mechanische Vervielfältigungsrechte

www.gema.de

GVL
Gesellschaft zur Verwertung von Leistungsschutzrechten

www.gvl.de

VG Wort
www.vgwort.de

VG BildKunst
www.bildkunst.de

Die vollständige Liste aller Verwertungsgesellschaften ist auf der Website des Deutschen Patent- und Markenamts DPMA veröffentlicht

www.dpma.de.

Wenn Sie also im Rahmen einer Präsentation ein Werk oder den Teil eines Werkes benutzen wollen – sei es ein Bild, ein Text oder ein Musikstück –, müssen Sie sich an den entsprechenden Rechteinhaber wenden. Zunächst ist es ratsam, sich bei der entsprechenden Verwertungsgesellschaft zu erkundigen, ob sie die Rechte für das entsprechende Werk wahrnimmt. Die Verwertungsgesellschaften sind verpflichtet, entsprechende Auskünfte zu erteilen, und verfügen teilweise auch über Suchmaschinen für eigene Recherchen (z. B. GEMA). Wird ein Urheber nicht durch eine Verwertungsgesellschaft vertreten, muss man sich bemühen, den Rechteinhaber ausfindig zu machen, und sich direkt an ihn wenden.

§§ 28, 64 UrhG

Gemeinfreie Werke unterliegen keinem Urheberrechtsschutz (mehr). Ähnlich ist der Begriff public domain in vielen angelsächsischen Ländern zu verstehen.

Das Urheberrecht **erlischt 70 Jahre nach dem Tod** des Urhebers, wobei es nach dessen Tod durch die Erben wahrgenommen wird. Nach Ablauf dieser Frist ist das Werk **gemeinfrei** und kann allgemein genutzt werden. Dies gilt entsprechend für alte Literatur oder Kompositionen. Die Rechte der aufführenden Künstler (Leistungsschutzrechte) erlöschen 70 Jahre nach dem Erscheinen des Tonträgers.

Das Recht am eigenen Bild

§ 22 KunstUrhG

Sobald Personen z. B. auf Fotos abgebildet werden, kann sich die abgebildete Person auf ihr **Recht am eigenen Bild** berufen. Das bedeutet, dass die abgebildete Person ihre Einwilligung zur Veröffentlichung des Bildes erteilen muss. Bei selbst gemachten Fotos sollte man also immer die Einwilligung der abgebildeten Person, gegebenenfalls schriftlich, einholen. Bei einem Bild von Personen, deren Rechte man vom Urheber (z. B. dem Fotografen) erhalten hat, ist davon auszugehen, dass der Urheber die Einwilligung der Abgebildeten besitzt. Man braucht sich in diesem Fall nicht selber darum zu kümmern.

Vom Grundsatz, dass der Abgebildete seine Zustimmung erteilen muss, gibt es einige Ausnahmen:

§ 23 KunstUrhG

- **Personen der Zeitgeschichte** (prominente Schauspieler, Künstler, Politiker). Die Bundeskanzlerin oder ein berühmter Schauspieler müssen es sich gefallen lassen, dass sie in der Öffentlichkeit (nicht aber in ihrer Privatsphäre) gefilmt oder fotografiert werden.
- Bilder, auf denen Personen nur als **Beiwerk neben einer Landschaft** oder sonstigen Örtlichkeit abgebildet sind. Wird das Brandenburger Tor fotografiert, ist es unvermeidlich, dass sich auf dem Foto auch Personen als „Beiwerk" befinden. Die abgebildeten Personen sind aber nicht zentrales Element des Fotos.
- Bilder, die auf **öffentlichen Veranstaltungen** mit Publikum gemacht werden und auf denen „die Menge" abgebildet wird. Es darf keine Person besonders hervorgehoben sein.

Das Recht am eigenen Bild erlischt **10 Jahre nach dem Tod** des Abgebildeten. Nach Ablauf dieser Frist ist eine Zustimmung nicht mehr erforderlich. Man muss jedoch beachten, dass etwaige Urheberrechte an dem Bild länger bestehen.

Für die Praxis bedeutet dies, dass Sie Folgendes berücksichtigen müssen:

- Handelt es sich um ein Bild, dessen Rechte einzuholen sind?
- Bei abgebildeten Personen: Besitzen Sie die Zustimmung der Person? Oder handelt es sich um Personen, bei denen die Frist abgelaufen ist, bzw. um eine Ausnahme?
- Bei Bildern aus dem Internet ist allgemein Vorsicht angebracht, egal, aus welcher Quelle sie stammen. Die Tatsache, dass sich ein Bild frei zugänglich im Internet befindet, bedeutet nicht, dass man es auch uneingeschränkt für eigene Zwecke nutzen darf.

Prominente dürfen abgebildet werden, ohne dass sie ihre Zustimmung erteilt haben.

Hier sind die abgebildeten Personen nicht zentrales Element des Fotos.

Nutzung urheberrechtlich geschützter Werke zum schulinternen Gebrauch
Besondere Regelungen bestehen, wenn urheberrechtlich geschützte Werke in Schulen, Einrichtungen der beruflichen Bildung und Volkshochschulen **im Rahmen des Unterrichts** genutzt werden. Hier ist die Nutzung von kleinen Teilen eines Werks bzw. von kleinen Werken möglich, ohne dass eine Zustimmung des Rechteinhabers bzw. einer Verwertungsgesellschaft notwendig ist. In diesen Fällen ist eine Nutzung also unproblematisch und mit keinerlei bürokratischem Aufwand verbunden.

Trotzdem muss bei der Nutzung eines Werkes immer die **Quelle angegeben** werden, d.h., es müssen der Urheber und das Werk, gegebenenfalls auch der Verlag des Werkes genannt werden.

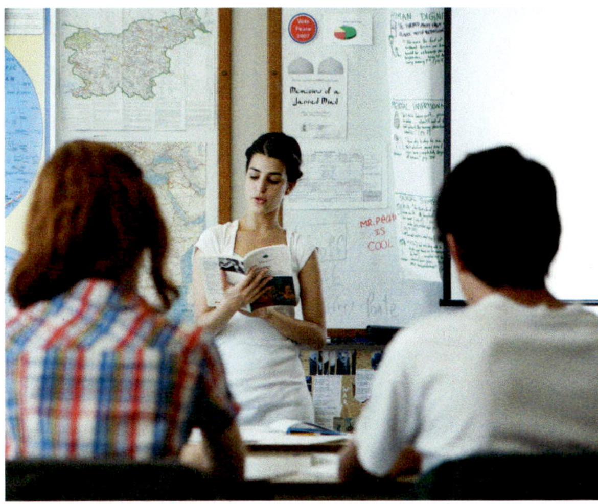

Für die Nutzung fremder Werke im Unterricht gelten gelockerte Bestimmungen.

Nutzung von betrieblichen Informationen, Daten und Texten

§ 63 UrhG

Betriebliche Informationen, Daten und Texte unterliegen grundsätzlich denselben Kriterien wie fremde, nicht-betriebliche Daten. Jedoch ist der Rechteinhaber präsent, man kann und muss die entsprechenden Einwilligungen also von der Unternehmensleitung einholen.

Hinzu kommt: Wenn Sie Auszubildender, Mitarbeiter oder Praktikant sind, stehen Sie in einem arbeitsrechtlichen Verhältnis und unterliegen dem **Weisungsrecht** Ihres Unternehmens. Die unautorisierte Nutzung betriebsinterner Quellen würde also zusätzlich einen schweren Verstoß gegen die Verschwiegenheitspflicht darstellen, die der Arbeitnehmer gegenüber dem Arbeitgeber hat. Als Konsequenz käme eine Kündigung des Arbeits- oder Ausbildungsverhältnisses „aus wichtigem Grund" infrage. Auch würde der Arbeitnehmer sich schadenersatzpflichtig machen.

Pflichten des Arbeitnehmers
▶ LF 1, Kap. 1.6

Verstoß gegen Schutzrechte
Die Konsequenzen, die sich aus einer missbräuchlichen Nutzung von Werken, Abbildungen von Personen und Leistungsschutzrechten ergeben, sind vielfältig:

- Der Rechteinhaber kann den missbräuchlichen Nutzer **abmahnen** und ihn auffordern, eine mit einer Vertragsstrafe belegte Unterlassungserklärung abzugeben.
- Wenn der Nutzer die Erklärung nicht abgibt, kann er gerichtlich auf **Unterlassung** der missbräuchlichen Nutzung verklagt werden.
- Etwaiger **Schadenersatz**, z.B. für entgangene Lizenz- oder Nutzungsgebühren, kann verlangt werden.
- Die Verwertungsgesellschaften verlangen die nicht gezahlten Gebühren nach und berechnen üblicherweise denselben Betrag als zusätzliche **„Strafe"** für die Nichtanmeldung.
- Die Verletzung der oben beschriebenen Rechte stellt überdies eine **Straftat** dar, d.h. der missbräuchliche Nutzer kann mit einer Geldstrafe bzw. Haft bestraft werden.

8.4 Struktur und Gestaltung einer Präsentation

Für den inhaltlichen Aufbau einer Präsentation gibt es kein generelles Schema, nach dem sich alle Themen gliedern lassen. Es gibt aber einige Regeln, die bei der Planung einer Präsentation beachtet werden sollten.

Zunächst sollten immer die **Rahmenbedingungen** der Präsentation geklärt werden. Dazu gehören z. B. folgende Fragen:

- Wie viel Zeit steht für die Vorbereitung zur Verfügung?
- Wie viel Zeit ist für die Präsentation selbst vorgesehen?
- Welche Medien (Plakat, Tafel/Whiteboard, Flipchart, Overheadprojektor, PC mit Beamer) können bzw. sollen genutzt werden?
- Welche Erwartungen und Vorkenntnisse hat die Zielgruppe?

Sobald diese Fragen geklärt sind, kann mit der **Erstellung einer Gliederung** begonnen werden. Eine Präsentation besteht typischerweise aus einer Einleitung, einem Hauptteil und einem Schluss. Die Einleitung und der Schluss bilden den Rahmen, während der Hauptteil den Kern der Präsentation darstellt. Darin werden die ausgewählten Inhalte vorgetragen.

Typischer Ablauf einer Präsentation		
Einleitung	• Begrüßung der Zuhörer • Vorstellung • Nennung des Themas	• Nutzen für die Zuhörer herausstellen • Gliederung der Präsentation vorstellen
Hauptteil	• Informationen und Argumente präsentieren, z. B. Vergangenheit, Gegenwart, Zukunft	
Schlussteil	• Kernpunkte wiederholen	• Appell zum Handeln oder Ausblick

8.4.1 Allgemeine Regeln zur Präsentationsgestaltung

Unabhängig vom gewählten Medium ist es wichtig, das Dargebotene übersichtlich und **ansprechend** zu gestalten. Die vortragende Person sollte sich im Vorfeld Gedanken machen, ob das Medium lediglich den Vortrag gliedert oder als direktes Anschauungsobjekt dient. Direkte Anschauungsobjekte (Fotos, Diagramme oder Schaubilder) müssen für alle gut erkennbar sein. Manchmal ist eine eigene Zeichnung übersichtlicher als ein dreimal kopiertes und eingescanntes Bild. Ein an der Tafel während des Vortrags Stück für Stück entwickeltes Schema kann hilfreicher sein als ein aufwendig im Grafikprogramm erstelltes dreidimensionales Objekt.

Handschriftliche Gestaltung

Verwenden Sie zwei Schriftgrößen: Für Überschriften und Zahlen benutzen Sie eine Schriftgröße von ca. 5 cm, für den laufenden Text ca. 2,5 cm.

- Die Buchstaben schreiben Sie in Klein- und Großbuchstaben. Das entspricht der Lesegewohnheit.
- Druckbuchstaben sind empfehlenswert, weil sie von den meisten Menschen gut gelesen werden können.
- Schreiben Sie eng und blockartig.
- Sorgen Sie für ausreichende Zeilenabstände im Text.

Wie schreibt man?

Kompakte Groß- und Kleinbuchstaben
a = 0,5 · b

Visualisierung

- Nutzen Sie Bildmaterial, Symbole und Piktogramme zur Auflockerung und zur Illustration.
- Durch verschiedene Farben, Unterstreichungen, Schraffuren können Sie Wichtiges zusätzlich hervorheben.
- Nutzen Sie farbige Karten für Ihren Text.
- Wenn Sie ohne Karten arbeiten, verwenden Sie verschiedene Filzstiftfarben.
- Setzen Sie einen Blickfang ein, so wird Ihr Plakat oder Tafelbild aufmerksam angeschaut.

Ein Piktogramm (lat.: pictum = gemalt) ist ein Symbol, das eine Information durch grafische Darstellung übermittelt.

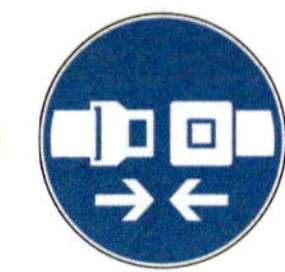

Viele Hinweisschilder und Sicherheitszeichen verwenden Piktogramme.

8.4.2 Gestaltung von PowerPoint-Folien

PowerPoint ist ein häufig genutztes Präsentationsprogramm mit vielen Funktionen und Gestaltungsmöglichkeiten. Damit können Folien ohne großen Aufwand optisch ansprechend gestaltet und einzelne Inhalte hervorgehoben werden. Tabellen, Texte und Grafiken werden einfach und bequem auf der Folie integriert. Die Folien können Sie über einen Beamer präsentieren oder ausdrucken und einen Overhead-Projektor benutzen. Eine einheitliche Gestaltung erleichtert die Orientierung. Dabei sollten Sie folgende **Gestaltungsprinzipien** beachten:

- Jede Folie klar gliedern und mit einer Überschrift versehen.
- Stichworte statt vollständiger Sätze schreiben.
- Farben im Sinne der Konzentration und der Lesbarkeit zurückhaltend einsetzen: Helle Schriftfarben eignen sich für dunkle Hintergründe, dunkle Farben für helle Hintergründe.
- Gut lesbare Schriftgröße wählen.
- Nicht mehr als drei Schriftgrößen auf einer Folie verwenden.
- Nicht mehr als 10 Zeilen pro Folie.
- Zu viele technische Spielereien lenken vom Wesentlichen ab.
- Zu viele Folien überfordern – als Faustregel gilt: nicht mehr als maximal eine Folie pro Minute.
- Bei Zitaten und Bildern die Quellen benennen.
- Ergänzen Sie die PowerPoint-Präsentation um „spontane“ Elemente. Sie können z. B. die Gliederung als handgeschriebenes Plakat ergänzen oder während der Präsentation einen Gedankengang als Tafelbild entwickeln.

Blickfang
visuelles Element, das die Aufmerksamkeit des Betrachters auf einen bestimmten Punkt lenkt

Ein **Handout** unterstützt den Vortrag, indem es die wesentlichen Inhalte des Vortrags kurz und bündig zu Papier bringt. Als Faustregel gilt, dass es nicht länger als zwei Seiten sein sollte und ausreichend Platz für die Notizen der Zuhörer bietet. Es kann entweder in derselben Form wie der Vortrag gegliedert sein oder als „echtes“ Thesenpapier nur die zentralen Aussagen festhalten. Zusätzlich wird im Handout i. d. R. die dem Vortrag zugrunde liegende Literatur genannt.

Handout (engl.)
Thesenpapier

8.4.3 Das Präsentationsmanuskript

Um das sprichwörtliche „Blackout“ während eines Vortrags zu verhindern und sich als Redner Sicherheit zu geben, ist es ratsam, ein schriftliches Präsentationsmanuskript vorzubereiten. Dafür bieten sich Karteikarten im Format DIN A5 oder DIN A6 an. Darauf können Sie die wichtigsten Inhalte in Form von Gliederungspunkten, Stichworten, Bildern oder Skizzen festhalten.

Tipps zur Anfertigung eines Präsentationsmanuskripts

- Beschriften Sie die Karteikarten nur einseitig, um lästiges Blättern und Suchen zu vermeiden.
- Nummerieren Sie die Karteikarten durch.
- Schreiben Sie groß und sauber, sodass der Text auch in einer Entfernung von etwa einem halben Meter noch gut lesbar ist.
- Verwenden Sie unterschiedliche Farben, denen eine bestimmte Bedeutung zugeordnet ist, z. B.:
  rot = Überschriften, wichtige Sachverhalte
  blau = rhetorische Hinweise (langsam sprechen, Pause einlegen)
  grün = Medieneinsatz (Folie auflegen, Flip-Chart beschriften)

Das Präsentationsmanuskript sollte in Form eines **Stichwortmanuskripts** aufgebaut sein. Dadurch sind Sie gezwungen, frei zu sprechen – nichts ist langweiliger für das Publikum als ein (schlecht) vor- bzw. abgelesener Text. Darüber hinaus erlaubt Ihnen die Stichworttechnik den häufigen **Blickkontakt** zum Publikum. Mitunter kann es jedoch sinnvoll sein, besonders wichtige Passagen der Präsentation schriftlich auszuformulieren. Dies gilt vor allem für die ersten Sätze der Einleitung, den Schluss sowie für wichtige Definitionen oder Zitate.

Die Karteikarten haben darüber hinaus einen wichtigen **psychologischen Vorteil:** Sie geben Ihnen als Redner das Gefühl einer „greifbaren" Sicherheit. Zudem bietet PowerPoint die Möglichkeit, sogenannte „Handzettel" zu drucken, auf denen sämtliche Folien einer Präsentation kleinformatig abgebildet werden.

8.5 Eine Präsentation durchführen

Körpersprache und nonverbale Kommunikation
▶ LF 2, Kap. 3.2

Körpersprache und Sprechtechnik der vortragenden Person bestimmen maßgeblich die Wirkung einer Präsentation.

Körpersprache/Auftreten	Stimme und Sprechtechnik	Inhalt
• 55 % • Mimik • Gestik • Körperhaltung • Blickkontakt • Stand • Kleidung	• 38 % • Betonung • Stimm-Modulation • Sprechtempo • Pausen • Atmung	• 7 % • inhaltliche Sicherheit • klare Struktur • angemessene Wortwahl • klarer Ausdruck

8.5.1 Körpersprache und Auftreten

Lampenfieber
▶ LF 1, Kap. 8.5.4

Ein Lächeln sagt mehr als tausend Worte.

Die Körpersprache (Gestik, Mimik und Körperhaltung) wird unbewusst gesteuert und ist von der augenblicklichen Stimmung beeinflusst. Aber auch eine positive Körpersprache kann man trainieren. Machen Sie sich vor einem Vortrag bewusst, in welcher Stimmung Sie sind. Versuchen Sie eine positive Grundhaltung einzunehmen, auch wenn Sie kurz vor Ihrer Präsentation einen Streit hatten oder sehr aufgeregt sind. Die Beachtung folgender Tipps kann Ihnen helfen, Ihre Körpersprache zu verbessern:

Mimik und Gestik

- Mit einem offenen Lächeln stellen Sie eine Bindung zum Publikum her.
- Eine positive Mimik signalisieren Sie auch durch aufmerksames Zuhören bei Rückfragen.
- Gekreuzte Arme und geschlossene Gesten symbolisieren Abwehr oder Überheblichkeit.

Körperhaltung

- Stellen Sie sich – mit Blick aufs Publikum – als Rechtshänder links neben die Präsentationsfläche, als Linkshänder auf die andere Seite.
- Wenden Sie Ihren Zuhörern nicht den Rücken zu – auch dann nicht, wenn Sie auf etwas hinweisen wollen.
- Achten Sie darauf, dass Sie nicht ständig kontrollieren, was auf der Präsentationsfläche steht. Sie wenden sich dadurch immer wieder vom Publikum ab und zeigen einem Großteil der Zuhörer im wahrsten Sinne des Wortes die „kalte Schulter".

Blickkontakt

Beschäftigen Sie sich nicht nur mit einer einzelnen Person. Sie verlieren so den Kontakt zu den restlichen Zuhörern. Behalten Sie vielmehr Ihr gesamtes Publikum im Auge, indem Sie versuchen, jede Person im Raum mit Ihren Blicken zu streifen. Auf diese Weise merken Sie, wenn das Publikum unaufmerksam wird, und können reagieren, indem Sie z.B. einen kleinen Witz zur Auflockerung einstreuen.

Stand

- Kreuzen Sie nicht die Beine oder belasten Sie nicht nur ein Bein. Ein unsicherer Stand wirkt sich auf Ihren Vortrag aus. Stellen Sie sich auf beide Beine, um Sicherheit beim Vortragen zu erhalten.
- Vermeiden Sie, zu starr zu stehen, und bewegen Sie sich auch ab und zu. Laufen Sie dabei aber nicht wie ein aufgezogenes Spielzeug hin und her.

Unpassende Kleidung vermittelt dem Publikum den Eindruck, dass es nicht ernst genommen wird.

Kleidung

- Zu lässige Kleidung lässt den Zuhörer vermuten, dass Sie mit Ihrem Vortrag genauso lässig umgegangen sind wie mit Ihrem Äußeren. Zeigen Sie Ihrem Publikum, dass Sie es wertschätzen, indem Sie sich dem Anlass entsprechend kleiden. Dabei ist es nicht unbedingt erforderlich, dass Sie ein Kostüm oder einen Anzug tragen. Ein helles Oberteil zu dunkler Hose oder dunklem Rock gibt in jedem Fall ein gutes Erscheinungsbild ab. Wichtig ist, dass Sie sich wohlfühlen und sich nicht „verkleidet" vorkommen.
- Verzichten Sie auf allzu viel Make-up und zu viel Schmuck. Er lenkt vom Vortrag ab und stört unter Umständen sogar, wenn er Geräusche macht.

Auch als **Zuhörer** signalisieren Sie durch Ihre Körperhaltung, was Sie vom Vortragenden und seiner Präsentation halten:

- Taschen auf dem Tisch signalisieren, dass Sie weglaufen wollen. Legen Sie deshalb Ihr Schreibzeug bereit und nehmen Sie Ihre Tasche vom Tisch.
- Schalten Sie Ihr Mobilfunkgerät aus, damit es nicht unvermutet während des Vortrags klingelt. Das ist peinlich! Zeigen Sie nicht Ihr Desinteresse dadurch, dass Sie ständig Ihre Nachrichten kontrollieren.
- Auch wenn der Vortrag nicht spannend ist: Bleiben Sie höflich. Der Redner wird es Ihnen danken, indem er konzentriert bleibt und die Präsentation kurz hält.
- Durch eine aufmerksame, dem Redner zugewandte, aufrechte Haltung stellen Sie Kontakt her und erlauben dem Redner, seinerseits Kontakt zu Ihnen aufzunehmen.

Eine ablehnende oder desinteressierte Haltung verunsichert den Vortragenden und zeugt von mangelndem Respekt.

8.5.2 Stimme und Sprechtechnik

Verbale Kommunikation
▶ LF 2, Kap. 3.1

Berücksichtigen Sie die folgenden Regeln, um den Zuhörern Ihre Inhalte so gut wie möglich zu vermitteln:

- Sprechen Sie deutlich und nuscheln Sie nicht.
- Achten Sie auf eine angemessene Lautstärke, damit Ihr gesamtes Publikum versteht, was Sie sagen.
- Setzen Sie mit Ihrer Stimme Akzente, um nicht monoton zu werden.
- Hetzen Sie nicht durchs Thema, sondern sprechen Sie in einem ruhigen Tempo.
- Bauen Sie an sinnvollen Stellen hin und wieder eine Sprechpause ein. Dies hält den Vortrag dynamisch und das Publikum wach.
- Drücken Sie sich einfach und in kurzen Sätzen aus. Das Publikum kann zu lange und verschachtelte Sätze nur schwer aufnehmen.
- Verwenden Sie Fremdwörter und Fachbegriffe nur, wenn Sie sicher sind, dass Ihr Publikum sie auch versteht. Wenn Sie nicht sicher sind, erklären Sie Fachbegriffe und verzichten Sie auf Fremdwörter.
- Informieren Sie das Publikum über den Umgang mit Fragen, d.h., ob diese am Ende oder auch während des Vortrags gestellt werden sollen.

8.5.3 Medieneinsatz

Beispiel für einen gelungenen Medieneinsatz

Für den Einsatz der Medien gelten folgende Prinzipien:

- Der Raum, die Materialien und ggf. die Sitzordnung werden frühzeitig vorbereitet. Machen Sie sich mit der vorhandenen Technik vertraut, schließen Sie probeweise PC und Beamer an bzw. stellen Sie Flipchart oder Whiteboard bereit.
- Allen Zuhörern ist eine freie Sicht auf das Medium zu ermöglichen, sodass die Inhalte gut lesbar sind.
- Die Zuhörer brauchen Zeit, um die Inhalte zu erfassen. Achten Sie deshalb bewusst darauf, „Gedankenpausen“ einzubauen.
- Erst vorlesen – dann erläutern. In den ergänzenden Erklärungen stellen Sie immer wieder einen Bezug zu den visualisierten Inhalten her und weisen mit Zeigestock/Laserpointer/Hand darauf hin.
- Auch während des Medieneinsatzes halten Sie den Blickkontakt zum Publikum aufrecht.
- Medien werden sparsam und gezielt eingesetzt. Eine Medienschlacht wird so vermieden. Wird ein Medium nicht mehr genutzt, wird es abgeschaltet bzw. abgedeckt.

8.5.4 Umgang mit Lampenfieber

Lampenfieber kennt fast jeder. Es tritt auf, wenn man vor Publikum etwas vorstellen soll, egal ob als Musiker, Schauspieler oder als Redner. Allerdings sind die Symptome sowie das Ausmaß von Mensch zu Mensch verschieden. Es gibt Symptome, die auch für die Zuhörer wahrnehmbar sind, und Symptome, die nur der Vortragende spürt.

Beide Arten von Symptomen können die Qualität des Vortrags schmälern. Oft werden jedoch die für alle sicht- bzw. hörbaren Symptome als weitaus lästiger empfunden. Denn viele Vortragende schämen sich, Lampenfieber zu haben. Sie befürchten, es ist ein Zeichen von Schwäche.

Symptome von Lampenfieber	
Symptome, die nur für den Vortragenden spürbar sind	**Symptome, die auch für den Zuhörer sichtbar sind**
• Unwohlsein, Magendruck • Drang zur Toilette • feuchte Hände • trockener Mund • erhöhter Herzschlag • verstärktes Schwitzen	• hektisches Reden, stottern • Zittern in der Stimme • kein Blickkontakt • hektische Bewegungen • geduckte Haltung • erröten

Es kann nicht Ihr Ziel sein, das Lampenfieber gänzlich zu beseitigen. Die folgenden Strategien können Ihnen jedoch helfen, Ihr Lampenfieber soweit zu reduzieren, dass es Sie und Ihren Vortrag nicht allzusehr beeinträchtigt.

Vorbereitung

Die Grundvoraussetzung für den Erfolg Ihrer Präsentation ist die sorgfältige Vorbereitung. Fehlt Ihnen die fachliche Sicherheit, ist es nicht verwunderlich, dass Sie vor der Präsentation Angst haben. Empfehlenswert ist, eine Art **Generalprobe** vor vertrauten Personen (Eltern, Freunden, Geschwistern) durchzuführen. Sie erkennen dabei selbst noch kleine inhaltliche Unstimmigkeiten oder dass die Abstimmung mit den Medien noch nicht gut funktioniert. Sicher werden Sie viel positive Rückmeldung von Ihren Zuhörern bekommen, aber vielleicht auch den einen oder anderen Verbesserungsvorschlag.

Positive Grundeinstellung

Ängste werden oft dadurch verursacht, dass der Vortragende negativ über sich selbst denkt. Die Folge ist, dass man die Selbstsicherheit und den Mut verliert, vor einer Gruppe zu sprechen. Glücklicherweise kann diese negative Einstellung geändert werden. Versuchen Sie, die negativen Gedanken, die Sie belasten, in positive umzuformulieren.

negative Gedanken	positive Gedanken
Ich verliere sicher den roten Faden!	Mir kann nichts passieren. Den roten Faden hab ich im Kopf und auf meinen Präsentationskarten.
Bestimmt finden alle meinen Vortrag langweilig. Das Thema interessiert doch keinen!	Das Thema ist spannend. Das wird ein richtig guter Vortrag!
Ich sehe unmöglich aus.	Ich sehe gut aus. Das wurde mir schon oft gesagt.
Ich schaff' es nicht!	Ich traue es mir zu. Ich bin gut vorbereitet.

Entspannungsübungen

Mit Entspannungsübungen können Sie langfristig Ihr Lampenfieber senken. Lernen Sie eine Entspannungstechnik, wie z. B. Yoga, autogenes Training. Ein einfacher Trick, um von negativen Gedanken abzulenken: Betrachten Sie eine Minute lang den Sekundenzeiger Ihrer Uhr. Versuchen Sie, nicht mehr an die Umgebung zu denken, sondern verfolgen Sie nur den Weg des Zeigers. Atmen Sie dabei ruhig ein und aus. Durch diese Übungen wird die Konzentration auf Ihre Atmung gelenkt und die angstauslösenden Gedanken treten in den Hintergrund.

8.6 Eine Präsentation bewerten

Beobachtet, bewertet und beurteilt zu werden, ist bei den meisten Menschen mit unangenehmen Gefühlen verbunden. Die Angst zu versagen, vor anderen bloßgestellt zu werden und sich zu blamieren, ist dabei zumeist der Hauptbeweggrund. Aber auch zu viel Lob vor der Gruppe kann durchaus unangenehm sein.

8.6.1 Bewertungsbögen

Die wichtigste Voraussetzung für die offene und faire Bewertung einer Präsentation ist die **Definition von Bewertungskriterien**. Ein solcher Kriterienkatalog sollte **gemeinsam mit allen Beteiligten** – insbesondere mit dem Vortragenden – festgelegt werden. Es sollten nur solche Kriterien zur Bewertung herangezogen werden, die zuvor ausdrücklich angesprochen wurden.

Haben Sie sich über die Bewertungskriterien geeinigt, empfiehlt es sich, die entsprechenden Gesichtspunkte in einer Checkliste festzuhalten. Zunächst kann es durchaus sinnvoll sein, einfache **Bewertungstabellen** zu verwenden, in denen die Beobachter ihre jeweiligen Eindrücke handschriftlich festhalten.

In einem weiteren Schritt können dann **Bewertungsbögen** mit vorgegebenen Kriterien eingesetzt werden. Diese Bewertungsbögen können unterschiedlich detailliert gestaltet werden. Mehr als zehn bis zwölf Bewertungskriterien und mehr als fünf bis sechs Abstufungen (von sehr gut bis sehr schlecht) sind in der Praxis jedoch nur noch sehr schwer zu überblicken.

8.6.2 Feedback

Ein Feedback bietet die Möglichkeit für eine konstruktive und sachliche Kritik. Dabei versteht sich Feedback jedoch immer nur als **Angebot**, auf Stärken und Schwächen hinzuweisen, ohne abzuurteilen. Der Feedback-Empfänger erhält die Chance, Verhaltensweisen zu verändern und zu verbessern. Was er aus den Anregungen letztendlich macht, bleibt jedoch ihm selbst überlassen. Wenn sich alle Teilnehmer einer Feedback-Runde an die folgenden Regeln halten, kann sich dadurch eine positive Kritikkultur entwickeln.

Feedback-Regeln	
Wenn Sie jemandem ein Feedback geben, sollte es ... sein!	
fair	Geben Sie dem Feedback-Empfänger die Möglichkeit, sich als Erster kurz zu seiner Aussage/ seinem Verhalten zu äußern.
ehrlich	Was Sie sagen, muss der Wahrheit entsprechen.
verantwortlich und persönlich	Sie sprechen in der „Ich-Form“ und vertreten nur Ihre persönliche Meinung („Ich-Botschaften“).
sachlich	Sie beschreiben genau, was Sie beobachtet haben.
positiv verstärkend	Sie nennen die Stärken des Feedback-Empfängers.
aufbauend	Sie formulieren Verbesserungsvorschläge.
Wenn Sie ein Feedback erhalten, können Sie ...	
bestimmen	Sie können entscheiden, ob Sie ein Feedback erhalten möchten!
aktiv zuhören	Sie überprüfen, ob Sie das Feedback richtig verstanden haben, und fragen eventuell noch einmal nach. Wiederholen Sie das Gehörte!
geduldig sein	Rechtfertigen Sie sich nicht. Nehmen Sie sich Zeit, die Informationen des Feedback-Gebers zu reflektieren.
Rückmeldung geben	Sagen Sie Ihrem Feedback-Geber, ob für Sie die Informationen hilfreich waren.

LERNFELD 2

Aufträge kundenorientiert bearbeiten

AB ▶ LS 17

1 Rechtliche Grundlagen

1.1 Rechtsordnung

Beispiel

Weil Herr Ast die Vorfahrtsregeln nicht beachtet hat, kommt es zu einem Zusammenstoß mit dem Wagen von Herrn Brandt. Herr Brandt wird dabei schwer verletzt, sein Auto erleidet einen Totalschaden. Bei Herrn Ast wird von der Polizei eine Alkoholprobe vorgenommen. Beide Autos werden abgeschleppt; dies wird den Besitzern zunächst getrennt in Rechnung gestellt. Gegen Herrn Ast wird nach einer Woche ein erstes Ermittlungsverfahren wegen Trunkenheit am Steuer eingeleitet; außerdem erstattet Herr Brandt sechs Wochen später, nach Beendigung seines Krankenhausaufenthaltes, Strafanzeige wegen schwerer Körperverletzung. Er fordert neben Schadenersatz und Schmerzensgeld auch die Erstattung der Abschleppgebühren.

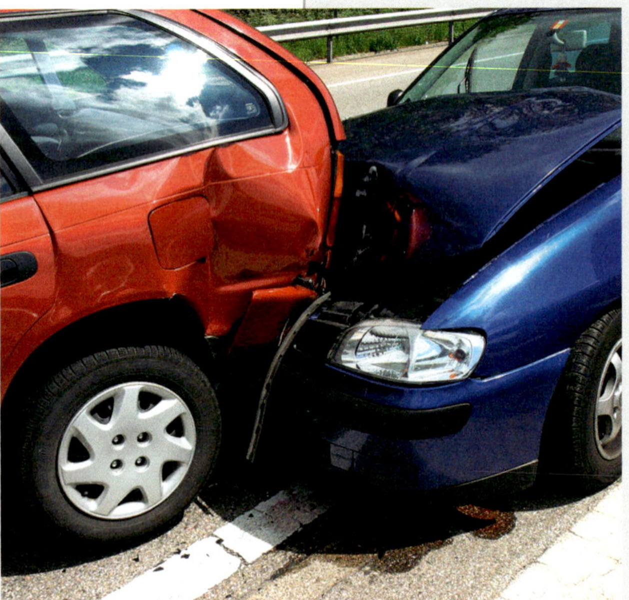

Herr Brandt, der sich bei dem Unfall auf dem Weg zur Arbeit befand, reicht bei seinem Arbeitgeber den Antrag auf Lohnfortzahlung ein. Der Arbeitgeber braucht nach dem Gesetz jedoch nur sechs Wochen zu zahlen. Danach wendet sich Herr Brandt an seine Krankenkasse und an die Rentenversicherung wegen weiterer Lohnfortzahlung. Da Herr Brandt nach seinem sechswöchigen Krankenhausaufenthalt zunächst noch weitere zwölf Wochen arbeitsunfähig geschrieben wird und danach eine achtwöchige Rehabilitationsmaßnahme antreten will, kündigt sein Arbeitgeber ihm das Arbeitsverhältnis. Herr Brandt hält diese Kündigung für nicht gerechtfertigt und will vor Gericht seine Weiterbeschäftigung einklagen.

Welche rechtlichen Regelungen gelten in den einzelnen Situationen?

Rechtsordnung
Gesamtheit aller in einem Rechtsstaat gültigen Rechtsregeln

Die **Rechtsordnung** stellt die Basis für das menschliche Zusammenleben dar. Über die Rechtsordnung können die vielfältigen Konflikte gelöst werden, die im Privat- und auch im öffentlichen bzw. im Wirtschaftsleben manchmal unvermeidlich sind. Die Rechtsordnung stellt allgemeinverbindliche Regeln und Bindungen auf und umfasst alle geltenden Rechtsnormen wie Gesetze, Verordnungen, Verwaltungsakte sowie Entscheidungen der obersten Gerichte.

Die Rechtsordnung der Bundesrepublik Deutschland umfasst zwei große Bereiche: das öffentliche Recht und das Privatrecht. Das **öffentliche Recht** regelt die Rechtsbeziehungen zwischen Hoheitsträgern oder einem Hoheitsträger, wie z. B. dem Staat, und den Bürgern. Es wird größtenteils durch die Auferlegung von Ge- und Verboten und durch die gerichtliche Verfolgung von Verstößen beherrscht. Öffentliches Recht ist größtenteils zwingendes Recht, d. h., es kann nicht abgeändert werden (z. B. durch Verträge). Man kann sich nicht darüber hinwegsetzen. Öffentliches Recht wird über Verwaltungsakte umgesetzt.

Das öffentliche Recht umfasst u.a.:

- Teile des Arbeitsrechts (Arbeitsschutz, Unfallschutz, Kündigungsschutz)
- Finanzrecht (Haushaltsordnungen der Länder)
- Gewerberecht (Gewerbeordnung, Handwerksordnung)
- Kirchenrecht
- Prozessrecht (Straf- und Zivilprozessordnung)
- Sozialrecht (Sozialgesetzbuch, BAföG, RVO)
- Staats- und Verfassungsrecht (Grundgesetz, Länderverfassungen)
- Steuerrecht (Abgabenordnung, Einkommensteuergesetz, Körperschaftsteuergesetz, Umsatzsteuergesetz usw.)
- Strafrecht (Strafgesetzbuch)
- Verwaltungsrecht (Beamtenrecht, Schulrecht, Kommunalrecht)

Das **Privatrecht (Zivilrecht)** dagegen regelt die Rechtsbeziehungen der Bürger (Privatrechtssubjekte) untereinander und wird vom Grundsatz der Gleichordnung der Beteiligten bestimmt. Das Privatrecht enthält grundsätzliche Regeln, die abgeändert werden können (z.B. durch Verträge). Somit eröffnet das Privatrecht Handlungsspielräume. Im Mittelpunkt des Privatrechts stehen der Abschluss und die Erfüllung von Verträgen sowie die Schadenersatzansprüche, die durch unrechtmäßiges Handeln entstanden sind. Das Privatrecht umfasst das **bürgerliche Recht** (Vorschriften des Bürgerlichen Gesetzbuches BGB) und das **Handelsrecht** (Vorschriften des Handelsgesetzbuches HGB).

Öffentliches Recht/Privatrecht

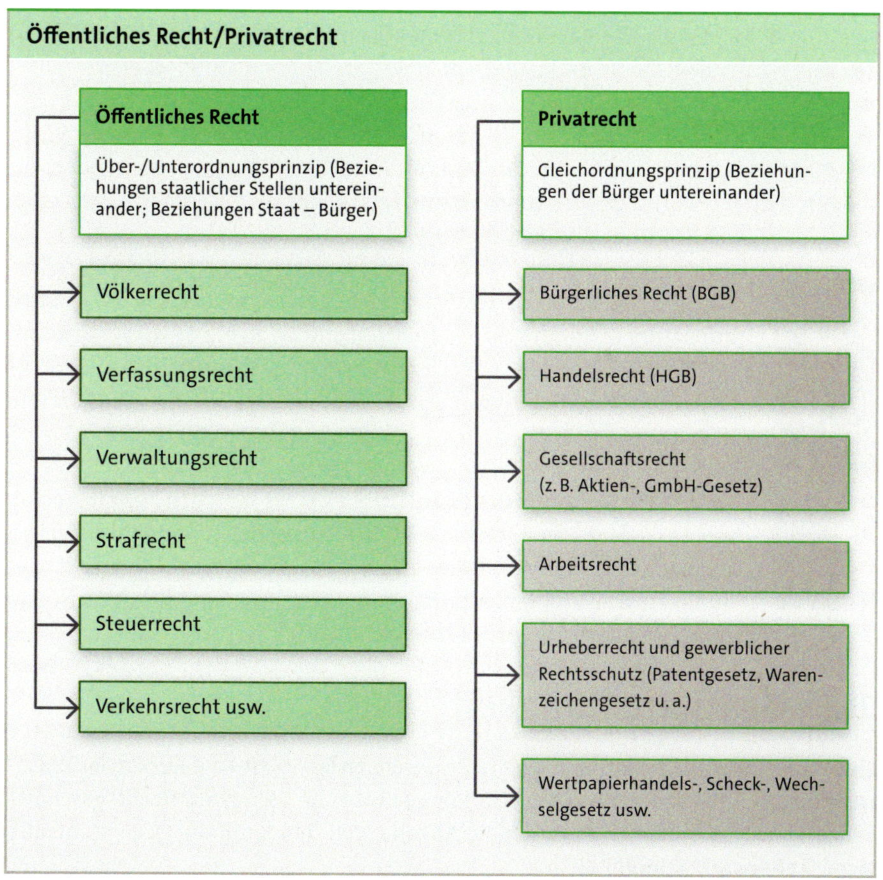

Lernvideo Rechtsfähigkeit

1.2 Rechtsfähigkeit

Beispiel

Silke ist 17 Jahre alt und Auszubildende im zweiten Ausbildungsjahr zur Einzelhandelskauffrau in einem Süßwarengeschäft. Sie hat an zwei sechsjährige Kinder, die ihr sagten, sie wollten ihren Geburtstag feiern und dies mit ihrem eigenen Taschengeld bezahlen, Süßwaren im Wert von 35,00 € verkauft. Am Spätnachmittag kommen die Mütter der beiden Kinder mit den Süßigkeiten in das Geschäft und verlangen das gesamte Geld zurück, obwohl die Kinder bereits Süßigkeiten im Wert von 12,00 € verzehrt haben. Der Chef von Silke gibt widerwillig das Geld an die Mütter heraus, fordert aber die 12,00 € von Silke zurück. Gleichzeitig sagt er zu Silke, dass sie unverantwortlich gehandelt habe und das erste Lehrjahr wohl bei ihr keinen Erfolg gebracht hätte. Silke ist über diese Äußerung ihres Chefs so empört, dass sie gegen den Willen ihrer Eltern die Ausbildung bei ihrem jetzigen Ausbildungsbetrieb nicht mehr fortsetzen möchte.

Hat Silke einen Fehler gemacht? Darf sie gegen den Willen ihrer Eltern das Ausbildungsverhältnis beenden?

Nichtigkeit von Rechtsgeschäften
▶ LF 2, Kap. 1.8.1

Die in der bestehenden Rechtsordnung verankerten Rechte und Pflichten setzen immer ein **Rechtssubjekt** als Träger von Rechten und Pflichten voraus. Rechte und Pflichten bestehen dabei immer gegenüber anderen Rechtssubjekten.

Rechtssubjekte können natürliche oder juristische Personen sein. **Natürliche Personen** sind alle Menschen, unabhängig von Alter und geistiger oder körperlicher Leistungsfähigkeit. Die **Rechtsfähigkeit** eines Menschen beginnt nach § 1 BGB mit der Vollendung der Geburt und endet mit dem Tod.

Rechtsfähigkeit
Fähigkeit, Träger von Rechten und Pflichten zu sein

Kapitalgesellschaften
▶ LF 1, Kap. 6.3

Juristische Personen dagegen sind in besonderer Form organisierte Personenvereinigungen (z. B. Kapitalgesellschaften, Vereine, Anstalten, Körperschaften) oder Stiftungen, denen bei Erfüllung bestimmter Auflagen ebenfalls die Fähigkeit verliehen wird, Träger von Rechten und Pflichten zu sein.

Natürliche Personen sind Rechtssubjekte.

Juristische Personen des Privatrechts erlangen die Rechtsfähigkeit durch ihre Gründung oder durch den Eintrag in ein öffentliches Register (Vereins-, Handels- oder Genossenschaftsregister). Sie verlieren die Rechtsfähigkeit durch Auflösung oder durch die Löschung aus diesem Register.

Juristische Personen des öffentlichen Rechts (Körperschaften, Anstalten des öffentlichen Rechts und Stiftungen des öffentlichen Rechts) erlangen ihre Rechtsfähigkeit durch einen staatlichen Hoheitsakt bzw. durch staatliche Anerkennung. Sie stehen unter staatlicher Aufsicht.

Lernvideo Geschäftsfähigkeit

1.3 Geschäftsfähigkeit

Willenserklärung
Äußerung des Geschäftswillens
▶ LF 2, Kap. 1.6

Neben der Rechtsfähigkeit spielt auch die Geschäftsfähigkeit im Rahmen des Privatrechts eine wichtige Rolle. Geschäftsfähigkeit ist die Fähigkeit, Rechtsgeschäfte selbstständig abzuschließen durch die Abgabe oder den Empfang einer rechtsgültigen **Willenserklärung**.

Kinder, Jugendliche und auch bestimmte andere Personengruppen sollen vor den Rechtsfolgen unüberlegt abgeschlossener Geschäfte geschützt werden. Deshalb ist die Geschäftsfähigkeit u.a. von Altersstufen abhängig. Die verschiedenen Stufen der Geschäftsfähigkeit werden in den §§ 104 bis 113 BGB geregelt.

Die Willenserklärungen Geschäftsunfähiger sind nichtig.

1.3.1 Geschäftsunfähigkeit

§ 104 BGB Geschäftsunfähigkeit

Geschäftsunfähig ist:
1. wer nicht das siebente Lebensjahr vollendet hat,
2. wer sich in einem die freie Willensbestimmung ausschließenden Zustand krankhafter Störung der Geistestätigkeit befindet, sofern nicht der Zustand seiner Natur nach ein vorübergehender ist.

Die Willenserklärungen Geschäftsunfähiger sind nach § 105 BGB nichtig, d.h. von vornherein ungültig. Ebenfalls nichtig sind Willenserklärungen, die im Zustand der Bewusstlosigkeit o.Ä. abgegeben werden. Für Geschäftsunfähige handelt ausschließlich der gesetzliche Vertreter.

Beispiel

Ein fünfjähriger Junge kauft sich ein Spielzeugauto. Auf Verlangen der Mutter muss der Spielwarenhändler das Auto zurücknehmen und das Geld zurückgeben.

Nichtigkeit von Rechtsgeschäften

▶ LF2, Kap. 1.8.1

Ein Rechtsgeschäft mit einem Geschäftsunfähigen kommt jedoch zustande, wenn der Geschäftsunfähige **als Bote** auftritt und nicht seine eigene, sondern die Willenserklärung eines Geschäftsfähigen überbringt.

1.3.2 Beschränkte Geschäftsfähigkeit

§ 106 BGB Beschränkte Geschäftsfähigkeit Minderjähriger

Ein Minderjähriger, der das siebente Lebensjahr vollendet hat, ist nach Maßgabe der §§ 107 bis 113 in der Geschäftsfähigkeit beschränkt.

Minderjährige zwischen dem 7. und dem 18. Lebensjahr sind beschränkt geschäftsfähig. Von beschränkt Geschäftsfähigen abgeschlossene Rechtsgeschäfte erhalten nur dann Gültigkeit, wenn die gesetzlichen Vertreter (das sind in der Regel die Eltern) vorher ihre **Einwilligung** oder nachträglich ihre **Genehmigung** erteilen. Erfolgt dies nicht, kommt das Rechtsgeschäft nicht zustande.

Geschäftsfähigkeit Minderjähriger:
§§ 107 bis 109, 111 BGB

Einwilligung
= vor dem Rechtsgeschäft

Bis zur Genehmigung oder Ablehnung ist das Rechtsgeschäft **„schwebend unwirksam"**. Schweigt der gesetzliche Vertreter, gilt die Genehmigung als nicht erteilt und das Rechtsgeschäft ist von Anfang an nichtig.

Genehmigung
= nach dem Rechtsgeschäft

Bis zur Genehmigung ist das Rechtsgeschäft „schwebend unwirksam".

Ein 14-Jähriger kauft sich ein Smartphone. Wenn die Eltern damit einverstanden sind, kommt der Kaufvertrag damit zustande. Der gute Glaube an die Geschäftsfähigkeit wird jedoch nicht geschützt. Eine 16-jährige Schülerin, die älter aussieht, kauft ein teures Armband. Die Eltern sind damit nicht einverstanden, sodass der Juwelier das Armband zurücknehmen muss. In bestimmten **Ausnahmefällen**, die im Gesetz genau festgelegt sind, kann ein beschränkt Geschäftsfähiger wie ein voll Geschäftsfähiger handeln:

Erlangung eines rechtlichen Vorteils

§ 107 BGB Einwilligung des gesetzlichen Vertreters

Der Minderjährige bedarf zu einer Willenserklärung, durch die er nicht lediglich einen rechtlichen Vorteil erlangt, der Einwilligung seines gesetzlichen Vertreters.

Ein Kind bekommt einen Hund geschenkt – rechtlicher Vorteil?

Erhält z. B. ein achtjähriges Kind zu seinem Geburtstag 50 €, bringt ihm das lediglich einen rechtlichen Vorteil. Das Kind darf das Geld daher auch ohne Zustimmung der Eltern behalten. Dagegen beinhaltet das Geschenk eines Haustieres später Verpflichtungen, wie z. B. die Kosten für das Futter. Hier ist die Einwilligung des gesetzlichen Vertreters notwendig.

Taschengeldparagraf

§ 110 BGB Bewirken der Leistung mit eigenen Mitteln

Ein von dem Minderjährigen ohne Zustimmung des gesetzlichen Vertreters geschlossener Vertrag gilt als von Anfang an wirksam, wenn der Minderjährige die vertragsmäßige Leistung mit Mitteln bewirkt, die ihm zu diesem Zweck oder zu freier Verfügung von dem Vertreter oder mit dessen Zustimmung von einem Dritten überlassen worden sind.

Geschäfte, die ein beschränkt Geschäftsfähiger mit seinem Taschengeld begleicht, sind rechtsgültig. Das gilt allerdings nur für Geschäfte, die sofort beglichen werden, nicht für Ratenkäufe. Über zukünftiges Taschengeld kann nicht verfügt werden.

Selbstständiger Betrieb eines Erwerbsgeschäfts

§ 112 BGB Selbstständiger Betrieb eines Erwerbsgeschäfts

(1) Ermächtigt der gesetzliche Vertreter mit Genehmigung des Vormundschaftsgerichts den Minderjährigen zum selbstständigen Betrieb eines Erwerbsgeschäfts, so ist der Minderjährige für solche Rechtsgeschäfte unbeschränkt geschäftsfähig, welche der Geschäftsbetrieb mit sich bringt. Ausgenommen sind Rechtsgeschäfte, zu denen der Vertreter der Genehmigung des Vormundschaftsgerichts bedarf.
(2) Die Ermächtigung kann von dem Vertreter nur mit Genehmigung des Vormundschaftsgerichts zurückgenommen werden.

Ein Minderjähriger betreibt mit Erlaubnis seiner Eltern und mit der Zustimmung des Vormundschaftsgerichts einen Online-Bestellshop für Computerzubehör. Er kann die im Rahmen dieses Betriebes anfallenden Geschäfte (z. B. Warenein- und -verkauf, Anmieten von Lagerräumen) selbst tätigen.

Dienst- oder Arbeitsverhältnis

§ 113 BGB Dienst- oder Arbeitsverhältnis

(1) Ermächtigt der gesetzliche Vertreter den Minderjährigen, in Dienst oder in Arbeit zu treten, so ist der Minderjährige für solche Rechtsgeschäfte unbeschränkt geschäftsfähig, welche die Eingehung oder Aufhebung eines Dienst- oder Arbeitsverhältnisses der gestatteten Art oder die Erfüllung der sich aus einem solchen Verhältnis ergebenden Verpflichtungen betreffen. Ausgenommen sind Verträge, zu denen der Vertreter der Genehmigung des Vormundschaftsgerichts bedarf. [...]

Minderjährige Angestellte können gültige Kaufverträge abschließen.

§ 56 HGB Angestellte in Laden oder Warenlager

Wer in einem Laden oder in einem öffentlichen Warenlager angestellt ist, gilt als ermächtigt zu Verkäufen oder Empfangnahmen, die in einem derartigen Laden oder Warenlager gewöhnlich geschehen.

Ein Jugendlicher darf im Rahmen eines vom gesetzlichen Vertreter genehmigten **Dienst- oder Arbeitsverhältnisses** alle Rechtsgeschäfte abschließen, die sich daraus ergeben. Dazu gehört z. B. auch der Kauf eines Fahrrades, um zur Arbeit zu kommen.

Vom Dienst- bzw. Arbeitsverhältnis ist das **Ausbildungsverhältnis zu unterscheiden**. Alle Rechtsgeschäfte eines minderjährigen Auszubildenden, die mit dem Ausbildungsverhältnis im Zusammenhang stehen, müssen von den gesetzlichen Vertretern genehmigt werden, z. B. die Kündigung des Ausbildungsverhältnisses. Rechtsgeschäfte, die der minderjährige Auszubildende im Namen des Ausbildungsbetriebes abschließt, wie z. B. der Verkauf von Waren, werden vom Ausbilder durch eine Vollmacht legitimiert.

Vollmacht
▶ LF 1, Kap. 5.4

1.3.3 Volle Geschäftsfähigkeit

Unbeschränkte (volle) Geschäftsfähigkeit besitzen alle juristischen Personen und alle natürlichen Personen über 18 Jahre, sofern sie nicht dauerhaft geisteskrank sind. Mit der vollen Geschäftsfähigkeit erwerben Rechtssubjekte die Fähigkeit, sich rechtsgeschäftlich zu verpflichten oder Rechte zu erwerben.

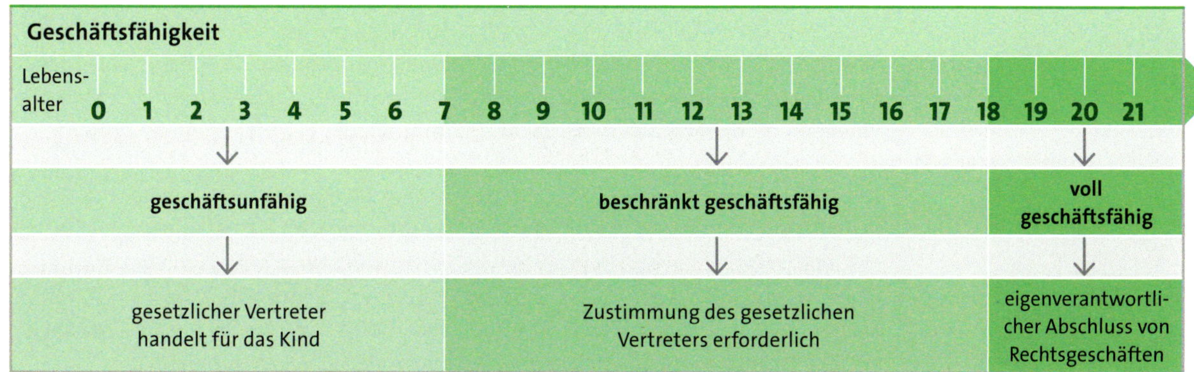

1.4 Rechtsobjekte

Gegenstand von Rechtshandlungen sind **Rechtsobjekte**. Im Rahmen der bestehenden Rechtsordnung können Rechtssubjekte (natürliche oder juristische Personen) über Rechtsobjekte (Sachen oder Rechte) verfügen.

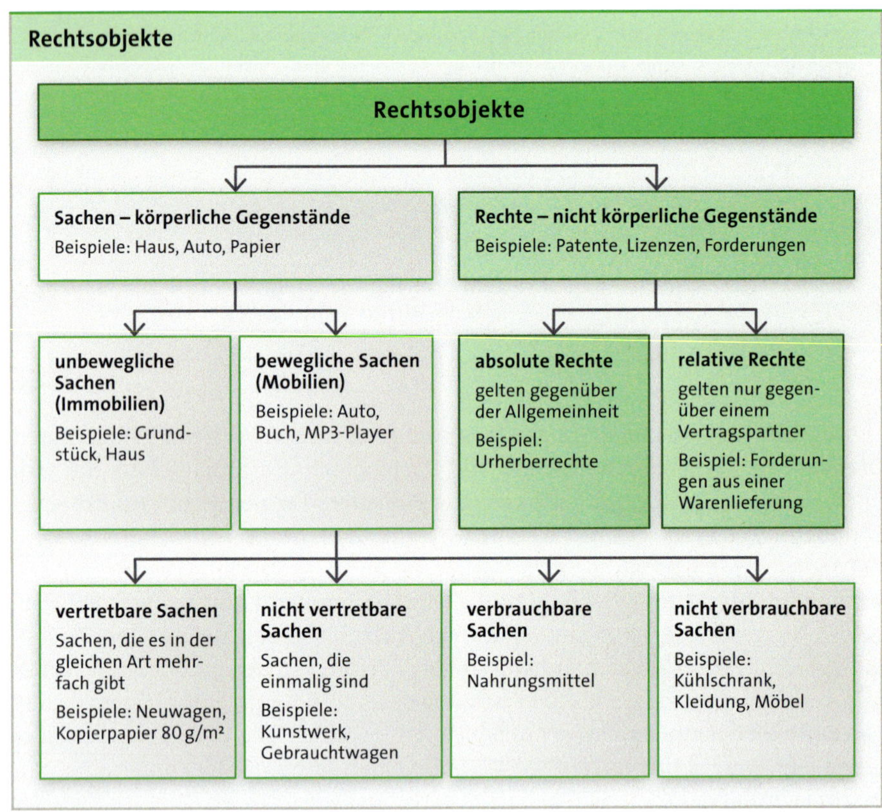

Rechtsobjekte
Rechtsobjekte
Sachen – körperliche Gegenstände
Beispiele: Haus, Auto, Papier
Rechte – nicht körperliche Gegenstände
Beispiele: Patente, Lizenzen, Forderungen
unbewegliche Sachen (Immobilien)
Beispiele: Grundstück, Haus
bewegliche Sachen (Mobilien)
Beispiele: Auto, Buch, MP3-Player
absolute Rechte
gelten gegenüber der Allgemeinheit
Beispiel: Urheberrechte
relative Rechte
gelten nur gegenüber einem Vertragspartner
Beispiel: Forderungen aus einer Warenlieferung
vertretbare Sachen
Sachen, die es in der gleichen Art mehrfach gibt
Beispiele: Neuwagen, Kopierpapier 80 g/m²
nicht vertretbare Sachen
Sachen, die einmalig sind
Beispiele: Kunstwerk, Gebrauchtwagen
verbrauchbare Sachen
Beispiel: Nahrungsmittel
nicht verbrauchbare Sachen
Beispiele: Kühlschrank, Kleidung, Möbel

Sachen:
§ 90 BGB
bewegliche Sachen:
§ 91 BGB
Diese Begriffe werden in den §§ 93–103 BGB erklärt.

Sachen lassen sich nach verschiedenen Kriterien in **bewegliche Sachen** (Mobilien, die nicht Grundstücke oder Bestandteile von Grundstücken sind) und **unbewegliche Sachen** (Immobilien) unterteilen. Weiter kann man die beweglichen Sachen in vertretbare und nicht vertretbare Sachen einteilen. **Vertretbare Sachen** sind bewegliche Sachen, die nach Zahl, Maß oder Gewicht bestimmt werden können. Alle Gegenstände, die aufgrund ihrer Einmaligkeit nicht wieder beschafft und deshalb nur ihrem Wert nach ersetzt werden können, zählen zu den **nicht vertretbaren Sachen**.

Bewegliche Sachen lassen sich weiter in verbrauchbare und nicht verbrauchbare Sachen einteilen. **Verbrauchbare Sachen** werden durch die Nutzung zerstört oder verschwinden, wogegen **nicht verbrauchbare Sachen** immer wieder genutzt werden können.

Auch verschiedene **Rechte,** wie z. B. Forderungen, Hypotheken, Urheber- oder Eigentumsrechte, können Gegenstand von Rechtsgeschäften sein. Schuldrechtliche Ansprüche **(relative Rechte)** beinhalten die Rechte auf etwas, was durch Verträge gesichert wird, und haben nur Gültigkeit zwischen bestimmten Rechtssubjekten. Sachenrechtliche Ansprüche **(absolute Rechte)** beinhalten die Rechte an einer Sache, z. B. Eigentumsrechte, und wirken gegen alle anderen Rechtssubjekte.

1.5 Eigentum und Besitz

AB ▶ LS 18

Im Sachenrecht des BGB wird unterschieden, ob jemand die rechtliche Herrschaft (Eigentum) oder nur die tatsächliche Herrschaft (Besitz) über eine Sache ausübt.

Eigentümer ist, wem eine Sache rechtlich gehört, Besitzer ist, wer eine Sache tatsächlich hat.

§ 854 BGB Erwerb des Besitzes

(1) Der Besitz einer Sache wird durch die Erlangung der tatsächlichen Gewalt über die Sache erworben. [...]

§ 903 BGB Befugnisse des Eigentümers

Der Eigentümer einer Sache kann, soweit nicht das Gesetz oder Rechte Dritter entgegenstehen, mit der Sache nach Belieben verfahren und andere von jeder Einwirkung ausschließen. [...]

§ 929 BGB Einigung und Übergabe

Zur Übertragung des Eigentums an einer beweglichen Sache ist erforderlich, dass der Eigentümer die Sache dem Erwerber übergibt und beide darüber einig sind, dass das Eigentum übergehen soll. Ist der Erwerber im Besitz der Sache, so genügt die Einigung über den Übergang des Eigentums.

Das **Eigentum an unbeweglichen Sachen** wird durch Einigung und den anschließenden Eintrag in das Grundbuch übertragen. Ein solcher Vertrag bedarf der notariellen Beurkundung. Das **Eigentum an beweglichen Sachen** wird durch Übertragung verschafft, d. h. durch Einigung und Übergabe der Sache.

Eigentum an unbeweglichen Sachen:
§§ 873, 925 BGB

Beispiel

Susanne erhält von ihren Eltern zum Geburtstag eine Digitalkamera geschenkt. Sie ist damit Eigentümerin und Besitzerin der Kamera. Leiht Susanne ihrer Freundin Andrea die Kamera für deren Skiurlaub aus, ist nun Andrea Besitzerin, während Susanne Eigentümerin bleibt.

In bestimmten Fällen kann der Erwerber das Eigentum an einer Sache auch von einem Nichteigentümer erhalten, jedoch nur dann, wenn er **gutgläubig** war. Der gute Glaube schützt ihn jedoch nicht, wenn die Sache dem Eigentümer gestohlen wurde, verloren gegangen oder sonst abhandengekommen ist.

§§ 932, 935 BGB

Gutgläubiger Erwerb vom Nichtberechtigten: Andrea geht im Urlaub das Taschengeld aus. Deshalb verkauft sie Susannes Kamera an ihren ahnungslosen Skilehrer. Da der Skilehrer nicht weiß, dass die Kamera Andrea gar nicht gehört, ist er gutgläubig und erwirbt das Eigentum an der Kamera. Hätte er allerdings gewusst, dass die Kamera nur geliehen ist, wäre er nicht mehr gutgläubig gewesen und hätte das Eigentum an der Kamera nicht erwerben können.

Kein gutgläubiger Erwerb von abhandengekommenen Sachen: Susannes nagelneue Digitalkamera ist gestohlen worden. Kurz darauf wird die Kamera auf dem Flohmarkt zum Verkauf angeboten. Andrea will sie kaufen, nachdem der Händler ihr versichert hat, dass sie aus einer Geschäftsauflösung stammt. Obwohl Andrea hier also gutgläubig ist, kann sie kein Eigentum an der Kamera erwerben, da es sich um eine gestohlene Sache handelt. Eigentümerin bleibt Susanne.

An gestohlenen Sachen kann man kein Eigentum erwerben.

▶ LS 19

Lernvideo Rechtsgeschäfte

1.6 Rechtsgeschäfte

Die Rechtsbeziehungen zwischen Rechtssubjekten untereinander werden als Rechtsgeschäfte bezeichnet. Rechtsgeschäfte enthalten eine oder mehrere rechtsgültige **Willenserklärungen** und zielen auf die bewusste Herbeiführung von Rechtswirkungen ab.

Mündliche Willenserklärung

Das Gesetz bezeichnet eine Willenserklärung als **Äußerung des Geschäftswillens**. Der Geschäftswillen stellt die innere, subjektive Seite dar, die eigentliche Erklärung die äußere, objektive Seite. Eine Willenserklärung kann mündlich, schriftlich, durch schlüssiges Handeln (z. B. Einsteigen in den Bus) oder stillschweigend (z. B. Verzicht auf die termingerechte Kündigung eines Zeitschriftenabonnements) erfolgen.

Neben ausdrücklichen und stillschweigenden Willenserklärungen kann man noch empfangsbedürftige und nicht empfangsbedürftige Willenserklärungen unterscheiden. **Nicht empfangsbedürftige Willenserklärungen** werden schon mit Abgabe der Erklärung wirksam (z. B. Testamente).

Willenserklärung durch schlüssiges Handeln

Empfangsbedürftige Willenserklärungen werden mit ihrem Zugang wirksam, unter Anwesenden sofort und unter Abwesenden nach § 130 BGB, sobald die Willenserklärung in den gewöhnlichen Empfangsbereich des Erklärungsgegners mit der Möglichkeit der Kenntnisnahme gelangt, wenn nicht vorher oder gleichzeitig ein Widerruf zugeht. So ist z. B. eine per Brief abgeschickte Kündigung gültig, sobald sie der Postbote dem Arbeitgeber in den Briefkasten legt. Dies gilt jedoch nicht, wenn die Kündigung per Fax widerrufen wurde und das Fax vor oder spätestens gleichzeitig mit dem Kündigungsbrief beim Arbeitgeber eingetroffen ist.

Der **Zugang der Willenserklärung** ist die Voraussetzung für ihre Wirksamkeit. Die Beweislast für den Zugang einer Willenserklärung liegt beim Absender. Eine Willenserklärung sollte deshalb im Zweifel unter Zeugen oder per Einschreiben mit Rückschein abgegeben werden, um den Zugang später beweisen zu können.

Empfangsbedürftige Willenserklärungen werden mit ihrem Zugang wirksam.

Einseitige und mehrseitige Rechtsgeschäfte

Nach der Anzahl der notwendigen Willenserklärungen unterscheidet man ein-, zwei- und mehrseitige Rechtsgeschäfte. Einseitige Rechtsgeschäfte liegen vor, wenn bereits die Willenserklärung **eines** Rechtssubjekts genügt, um eine bestimmte Rechtswirkung herbeizuführen (z. B. Kündigung). Zwei- oder mehrseitige Rechtsgeschäfte (z. B. Verträge) kommen durch **zwei oder mehr miteinander übereinstimmende** Willenserklärungen zustande.

Bürgerliche Rechtsgeschäfte und Handelsgeschäfte

Nach den anzuwendenden Rechtsvorschriften unterscheidet man bürgerliche Rechtsgeschäfte und Handelsgeschäfte. Für **bürgerliche Rechtsgeschäfte** zwischen Nichtkaufleuten gelten die Vorschriften des BGB. Für **Handelsgeschäfte** zwischen zwei Kaufleuten **(zweiseitige Handelsgeschäfte)** oder zwischen einem Kaufmann und einem Nichtkaufmann **(einseitige Handelsgeschäfte)** finden in erster Linie die Regelungen des HGB Anwendung, ergänzend aber auch die des BGB.

Kaufmannsbegriff nach HGB

▶ LF 1, Kap. 5.1

§ 343 HGB

(1) Handelsgeschäfte sind alle Geschäfte eines Kaufmanns, die zum Betriebe seines Handelsgewerbes gehören.

§ 344 HGB

(1) Die von einem Kaufmanne vorgenommenen Rechtsgeschäfte gelten im Zweifel als zum Betriebe seines Handelsgewerbes gehörig. [...]

Das Bewirken der geschuldeten Leistung in der richtigen Art und Weise, am richtigen Ort und zur rechten Zeit nennt man Erfüllung.

Verpflichtungs- und Erfüllungsgeschäfte

Bei Rechtsgeschäften lassen sich außerdem Verpflichtungs- und Erfüllungsgeschäfte unterscheiden. **Verpflichtungsgeschäfte** sind Rechtsgeschäfte, bei denen eine Person gegenüber einer anderen eine Leistungspflicht übernimmt. Durch das Verpflichtungsgeschäft (in der Regel ein Vertrag) entsteht ein **Schuldverhältnis** zwischen den Vertragspartnern. Eine unmittelbare Änderung bestehender Rechtsverhältnisse tritt durch das „bloße" Verpflichtungsgeschäft jedoch nicht ein.

Haben beide Vertragspartner ihre Verpflichtungen erfüllt (beim Kaufvertrag z. B. die Übergabe der Sache und die Zahlung des Kaufpreises), so spricht man vom Erfüllungsgeschäft. Das **Erfüllungsgeschäft** ist unmittelbar darauf gerichtet, auf ein bestehendes Recht einzuwirken, es zu verändern, zu übertragen oder aufzuheben. Es ist rechtlich unabhängig vom Verpflichtungsgeschäft. Dies wird auch dadurch deutlich, dass zwischen dem Verpflichtungsgeschäft (Abschluss eines Kaufvertrages) und dem Erfüllungsgeschäft (Lieferung der Ware, Zahlung des Kaufpreises) eine beliebig große Zeitspanne liegen kann.

Verpflichtungsgeschäft:
• Verpflichtung zur Übergabe einer mängelfreien Sache
• Verpflichtung zur Abnahme der Sache und zur Zahlung des Kaufpreises
→ keine Änderung der Eigentumsverhältnisse

Verpflichtungs- und Erfüllungsgeschäft am Beispiel Kaufvertrag

1.7 Vertragsfreiheit

nachgiebiges Recht
von den Beteiligten abänderbares Recht

Vertragsfreiheit besteht hinsichtlich
- Abschluss
- Inhalt
- Form

Kontrahierungszwang
Zwang, einen Vertrag abzuschließen

Da die Vorschriften des BGB und des HGB weitgehend **nachgiebiges Recht** sind, herrscht im Rechtsverkehr in hohem Maße Vertragsfreiheit, d.h., die Vertragspartner können grundsätzlich ihre Verträge nach ihrem Willen gestalten. Der Grundsatz der Vertragsfreiheit beinhaltet die Abschluss-, die Inhalts- und die Formfreiheit.

Die **Abschlussfreiheit** stellt es jedem frei, zu entscheiden, ob und mit wem er einen Vertrag abschließen will. Eine Ausnahme bildet der sogenannte **Kontrahierungszwang,** durch den z.B. das örtliche Wasserversorgungsunternehmen verpflichtet wird, alle Kunden zu beliefern, die dies wünschen.

Die **Inhaltsfreiheit** besagt, dass die Parteien den Inhalt der Verträge und die damit verbundenen Verpflichtungen frei aushandeln können, solange sie nicht die Rechtsordnung verletzen.

Nach dem Grundsatz der **Formfreiheit** sind Willenserklärungen zur Herbeiführung von Rechtsgeschäften im Allgemeinen an keine besondere Form gebunden.

Formvorschriften
- *Schriftform:* § 126 BGB
- *elektronische Form:* § 126a BGB
- *Textform:* § 126b BGB
- *öffentliche Beglaubigung:* § 129 BGB
- *notarielle Beurkundung:* § 128 BGB

Nichtigkeit von Rechtsgeschäften
▶ LF2, Kap. 1.8.1

Formvorschriften für Rechtsgeschäfte
Abweichend vom Grundsatz der Formfreiheit wird jedoch für einige Rechtsgeschäfte die Einhaltung einer bestimmten Form gesetzlich vorgeschrieben (Formzwang). Wird die Form – obwohl vom Gesetz verlangt – nicht eingehalten, so ist das Rechtsgeschäft nichtig. Die Formvorschriften haben verschiedene Funktionen zu erfüllen. Sie dienen dem Schutz der Beteiligten vor übereilten Vertragsabschlüssen; die schriftliche Niederlegung erleichtert im Streitfall die Beweisführung.

Gesetzliche Formvorschriften sind:
- **die gesetzliche Schriftform,** wobei die Erklärung schriftlich abgefasst und vom Aussteller eigenhändig unterschrieben werden muss. So müssen z.B. Ausbildungsverträge und Abzahlungsgeschäfte (Darlehensverträge) schriftlich festgehalten werden. Privattestamente müssen sogar handschriftlich abgefasst werden. Nach § 766 BGB muss die Bürgschaftserklärung eines Nichtkaufmannes schriftlich sein, die eines Vollkaufmannes kann dagegen auch mündlich abgegeben werden. Die Schriftform kann durch eine elektronische Form, z.B. E-Mail, ersetzt werden, wenn diese mit einer qualifizierten Signatur des Absenders versehen ist.
- **die öffentliche Beglaubigung,** bei der die Erklärung ebenfalls schriftlich abgefasst und die eigenhändige Unterschrift von einem Notar oder einer zuständigen Behörde beglaubigt wird. Öffentlich beglaubigt werden müssen z.B. Anmeldungen zum Handelsregister und zum Grundbuch.
- **die notarielle Beurkundung,** die eine vom Notar abgefasste öffentliche Urkunde darstellt. Die notarielle Beurkundung ist die strengste Form der Festlegung vertraglicher Abmachungen. Durch die Mitwirkung des Notars haben die Beteiligten vor dem Abschluss von besonders bedeutsamen Verträgen die Möglichkeit, juristischen Rat einzuholen. Notariell beurkundet werden müssen Grundstückskaufverträge, Erbverträge, Schenkungsversprechen und Eheverträge sowie Beschlüsse der Hauptversammlung einer AG.

Aktiengesellschaft
▶ LF1, Kap. 6.3.2

1.8 Nichtige und anfechtbare Rechtsgeschäfte

AB ▶ LS 20

Trotz weitestgehender Vertragsfreiheit kann nicht jedes beliebige Rechtsgeschäft abgeschlossen werden. Aufgrund gesetzlicher Vorschriften sind bestimmte Geschäfte von vornherein ungültig, d.h. **nichtig,** oder es besteht die Möglichkeit, Rechtsgeschäfte bei Vorliegen bestimmter Tatbestände **anzufechten,** d.h. deren Gültigkeit rückwirkend zu vernichten.

Vertragsfreiheit gilt nicht unbeschränkt!

Nichtige Geschäfte sind von vornherein ungültig. Anfechtbare Geschäfte können rückwirkend für unwirksam erklärt werden.

1.8.1 Nichtigkeit

Lernvideo Nichtigkeit von Rechtsgeschäften

Nichtige Geschäfte verstoßen gegen die Interessen der Allgemeinheit. Nach § 139 BGB macht im Zweifel die Nichtigkeit eines Teils eines Rechtsgeschäfts das ganze Rechtsgeschäft nichtig. Im Einzelnen können folgende **Nichtigkeitsgründe** unterschieden werden:

Verstöße gegen Formvorschriften: Wird ein Kaufvertrag über ein Grundstück oder eine Eigentumswohnung ohne notarielle Beurkundung geschlossen, liegt ein Verstoß gegen die gesetzlichen Formvorschriften vor. Der Kaufvertrag ist nichtig.

Formvorschriften für Rechtsgeschäfte
▶ LF 2, Kap. 1.7

§ 125 BGB Nichtigkeit wegen Formmangels

Ein Rechtsgeschäft, welches der durch Gesetz vorgeschriebenen Form ermangelt, ist nichtig. Der Mangel der durch Rechtsgeschäft bestimmten Form hat im Zweifel gleichfalls Nichtigkeit zur Folge.

Verstöße gegen die guten Sitten: Ein Kreditinstitut verlangt Wucherzinsen, d.h., Leistung und Gegenleistung stehen in einem erheblichen Missverhältnis. Ob Sittenwidrigkeit vorliegt, muss im Einzelfall entschieden werden.

§ 138 BGB Sittenwidriges Rechtsgeschäft; Wucher

(1) Ein Rechtsgeschäft, das gegen die guten Sitten verstößt, ist nichtig.
(2) Nichtig ist insbesondere ein Rechtsgeschäft, durch das jemand unter Ausbeutung der Zwangslage, der Unerfahrenheit, des Mangels an Urteilsvermögen oder der erheblichen Willensschwäche eines anderen sich oder einem Dritten für eine Leistung Vermögensvorteile versprechen oder gewähren lässt, die in einem auffälligen Missverhältnis zu der Leistung stehen.

Kenntnis des geheimen Vorbehalts: Anke möchte, dass ein Kollege ihren Pkw repariert. Deshalb verspricht sie ihm, seine alten Schallplatten zu kaufen, denkt aber insgeheim nicht daran. In dieser Situation gilt: Der Kaufvertrag über die Schallplatten ist gültig, wenn der Kollege den geheimen Vorbehalt nicht kennt, der Vertrag ist nichtig, wenn er ihn kennt.

§ 116 BGB Geheimer Vorbehalt

Eine Willenserklärung ist nicht deshalb nichtig, weil sich der Erklärende insgeheim vorbehält, das Erklärte nicht zu wollen. Die Erklärung ist nichtig, wenn sie einem anderen gegenüber abzugeben ist und dieser den Vorbehalt kennt.

Gesetzesverstöße: Ein gesetzliches Verbot besteht z. B. gegen Drogenhandel oder Schmuggel.

§ 134 BGB Gesetzliches Verbot

Ein Rechtsgeschäft, das gegen ein gesetzliches Verbot verstößt, ist nichtig, wenn sich nicht aus dem Gesetz ein anderes ergibt.

Scheingeschäft: A verkauft aufgrund eines schriftlichen Kaufvertrages an B sein Grundstück mit Haus zum Preis von 500.000,00 €. Um Steuern und Gebühren zu sparen, nennen sie beim Notar übereinstimmend die Kaufsumme von 200.000,00 €. B überweist A daraufhin nur 200.000,00 € und bedankt sich für das gute Geschäft.

§ 117 BGB Scheingeschäft

(1) Wird eine Willenserklärung, die einem anderen gegenüber abzugeben ist, mit dessen Einverständnis nur zum Schein abgegeben, so ist sie nichtig.
(2) Wird durch ein Scheingeschäft ein anderes Rechtsgeschäft verdeckt, so finden die für das verdeckte Rechtsgeschäft geltenden Vorschriften Anwendung.

beschränkte Geschäftsfähigkeit
▶ LF 2, Kap. 1.3.2

Geschäfte mit beschränkt Geschäftsfähigen, die nicht nach § 108 BGB innerhalb von zwei Wochen genehmigt werden: Die 16-jährige Marion kauft ohne Wissen der Eltern ein gebrauchtes Mofa. Aufgrund der fehlenden Einwilligung ist der Vertrag zunächst schwebend unwirksam. Als die Eltern von dem Kauf erfahren, fordern sie den Händler auf, das Mofa zurückzunehmen. Indem sie die nachträgliche Genehmigung verweigern, wird das Rechtsgeschäft endgültig nichtig.

§ 108 BGB Vertragsschluss ohne Einwilligung

(1) Schließt der Minderjährige einen Vertrag ohne die erforderliche Einwilligung des gesetzlichen Vertreters, so hängt die Wirksamkeit des Vertrags von der Genehmigung des Vertreters ab.
(2) Fordert der andere Teil den Vertreter zur Erklärung über die Genehmigung auf, so kann die Erklärung nur ihm gegenüber erfolgen; eine vor der Aufforderung dem Minderjährigen gegenüber erklärte Genehmigung oder Verweigerung der Genehmigung wird unwirksam. Die Genehmigung kann nur bis zum Ablauf von zwei Wochen nach dem Empfang der Aufforderung erklärt werden; wird sie nicht erklärt, so gilt sie als verweigert.
(3) Ist der Minderjährige unbeschränkt geschäftsfähig geworden, so tritt seine Genehmigung an die Stelle der Genehmigung des Vertreters.

Geschäftsunfähigkeit
▶ LF 2, Kap. 1.3.1

Geschäfte mit Geschäftsunfähigen: Ein Betrunkener verschenkt seine Uhr an einen vorbeikommenden Passanten.

§ 105 BGB Nichtigkeit der Willenserklärung

(1) Die Willenserklärung eines Geschäftsunfähigen ist nichtig.
(2) Nichtig ist auch eine Willenserklärung, die im Zustand der Bewusstlosigkeit oder vorübergehenden Störung der Geistestätigkeit abgegeben wird.

Scherzerklärung: Auf einer Party sagt ein Gast über sein störungsanfälliges Auto: „Diesen alten Schrotthaufen kannst du von mir aus geschenkt haben! Gestern ist er schon wieder nicht angesprungen."

§ 118 BGB Mangel der Ernstlichkeit

Eine nicht ernstlich gemeinte Willenserklärung, die in der Erwartung abgegeben wird, der Mangel der Ernstlichkeit werde nicht verkannt werden, ist nichtig.

1.8.2 Anfechtbarkeit

Lernvideo Anfechtbarkeit von Rechtsgeschäften

Anfechtbare Rechtsgeschäfte haben so lange Gültigkeit, bis sie angefochten werden. Die Anfechtung ist gegenüber dem Anfechtungsgegner zu erklären und hat die Wirkung, dass das angefochtene Rechtsgeschäft als von Anfang an nichtig anzusehen ist. Der Erklärende ist jedoch nach § 122 BGB schadenersatzpflichtig, wenn der andere auf die Gültigkeit der Erklärung vertraut. Der Anfechtung geht dabei die Auslegung der Willenserklärung voraus. **Anfechtungsgründe** sind Irrtum, arglistige Täuschung und widerrechtliche Drohung.

Irrtum: Bei einem Irrtum fallen der eigentliche Wille und die Erklärung unbewusst auseinander. Das Gesetz kommt in diesem Falle dem Irrenden durch die Möglichkeit der Anfechtung entgegen. Gleichzeitig soll aber auch der Vertragspartner geschützt werden, der auf die Gültigkeit der abgegebenen Erklärung vertraut hat. Deshalb muss in diesen Fällen die Anfechtung unmittelbar nach Erkennen des Anfechtungsgrundes erklärt werden. Man unterscheidet dabei:

- **Erklärungsirrtum:** Die irrende Person gibt versehentlich eine Erklärung ab, die sie so nicht abgeben wollte. Beispiel: Der Verkaufsmitarbeiter vertippt sich und schreibt im Angebot versehentlich statt 121,00 € einen Preis von 12,00 €.
- **Eigenschaftsirrtum:** Die irrende Person täuscht sich über eine wesentliche Eigenschaft der Person oder der Sache, die Vertragsobjekt ist. Beispiel: Ein Kunsthändler verkauft ein Originalgemälde in der Annahme, es sei eine Kopie.
- **Inhaltsirrtum:** Die irrende Person glaubt, eine andere Erklärung abgegeben zu haben, als sie tatsächlich abgegeben hat. Beispiel: Ein Kunde kauft einen Ring aus achtkarätigem Gold, was er für besonders wertvoll hält.
- **Übermittlungsirrtum:** Ein Bote richtet etwas falsch aus oder es trifft ein verstümmeltes Telegramm, Fax o. Ä. ein.

§ 119 BGB Anfechtbarkeit wegen Irrtums

(1) Wer bei der Abgabe einer Willenserklärung über deren Inhalt im Irrtum war oder eine Erklärung dieses Inhalts überhaupt nicht abgeben wollte, kann die Erklärung anfechten, wenn anzunehmen ist, dass er sie bei Kenntnis der Sachlage und bei verständiger Würdigung des Falles nicht abgegeben haben würde.
(2) Als Irrtum über den Inhalt der Erklärung gilt auch der Irrtum über solche Eigenschaften der Person oder der Sache, die im Verkehr als wesentlich angesehen werden.

§ 120 BGB Anfechtbarkeit wegen falscher Übermittlung

Eine Willenserklärung, welche durch die zur Übermittlung verwendete Person oder Einrichtung unrichtig übermittelt worden ist, kann unter der gleichen Voraussetzung angefochten werden wie nach § 119 eine irrtümlich abgegebene Willenserklärung.

§ 123 BGB Anfechtbarkeit wegen Täuschung oder Drohung

(1) Wer zur Abgabe einer Willenserklärung durch arglistige Täuschung oder widerrechtlich durch Drohung bestimmt worden ist, kann die Erklärung anfechten.
(2) Hat ein Dritter die Täuschung verübt, so ist eine Erklärung, die einem anderen gegenüber abzugeben war, nur dann anfechtbar, wenn dieser die Täuschung kannte oder kennen musste. [...]

Arglistige Täuschung: Hier wird ein Vertragspartner vom anderen Vertragspartner bewusst getäuscht, z. B. wird ein Auto, dass bekanntermaßen einen Unfall hatte, als unfallfrei verkauft.

Widerrechtliche Drohung: In diesem Fall wird ein Vertragspartner durch eine Drohung, die gegen geltendes Recht verstößt, zu einem Vertragsabschluss genötigt, z. B. dass anderenfalls „Prügel drohen".

In beiden Fällen hat der Geschädigte eine längere **Anfechtungsfrist,** da der andere Vertragspartner als weniger schützenswert gilt. Bei der arglistigen Täuschung gilt eine Frist von einem Jahr ab Entdeckung der Täuschung. Bei der widerrechtlichen Drohung gilt eine Frist von einem Jahr ab Wegfall der Zwangslage. Die Verjährungsfrist bei der Anfechtung beträgt zehn Jahre.

Motiv
hier: Beweggrund, eine Willenserklärung abzugeben

Rechtlich unerheblich dagegen ist der **Motivirrtum**. Stellt z. B. eine Kundin nach dem Kauf eines teuren Ölgemäldes zu Hause fest, dass es doch nicht wie angenommen zur Wohnzimmereinrichtung passt, kann sie ihre Willenserklärung nicht deshalb anfechten, weil sie sich geirrt und nun für das Gemälde keine Verwendung hat.

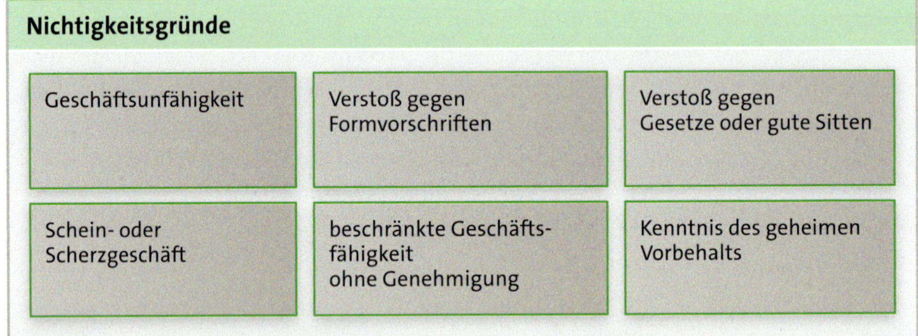

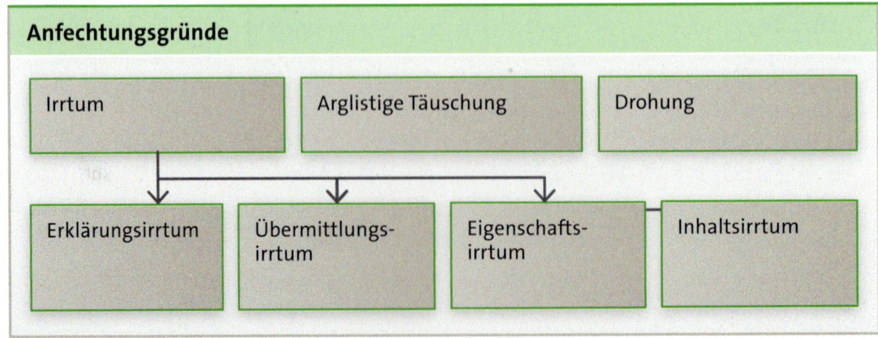

1.9 Vertragsarten

Bei der Vielfalt der Verträge des Privat- und Wirtschaftslebens ist allen gemeinsam, dass sie durch übereinstimmende Willenserklärungen (Antrag und Annahme) zustande kommen. Die Rechte des einen Vertragspartners sind dabei jedes Mal die Pflichten des anderen und umgekehrt. Die folgende Tabelle gibt einen Überblick über die wichtigsten Vertragsarten.

Art des Vertrages	Vertragsinhalt	Vertragspartner	gesetzliche Grundlagen
Kaufvertrag	Veräußerung von Sachen oder Rechten gegen Entgelt	Verkäufer – Käufer	§§ 433–480 BGB, §§ 373–382 HGB
Schenkungsvertrag	unentgeltliche Veräußerung von Sachen oder Rechten	Schenker – Beschenkter	§§ 516–534 BGB
Mietvertrag	entgeltliche Überlassung einer Sache oder eines Rechtes	Mieter – Vermieter	§§ 535–580 BGB
Leasingvertrag	Gebrauchsüberlassung eines Investitionsgutes auf Zeit gegen Entgelt	Leasinggeber – Leasingnehmer	§§ 535 BGB ff. u. a. (keine einheitliche gesetzliche Regelung)
Pachtvertrag	entgeltliche Überlassung von Sachen oder Rechten zum Gebrauch und Genuss der Früchte gegen einen vereinbarten Pachtzins	Verpächter – Pächter	§§ 581–597 BGB
Leihvertrag	unentgeltliche Überlassung von Sachen zum Gebrauch	Verleiher – Leiher	§§ 598–606 BGB
Darlehensvertrag	entgeltliche oder unentgeltliche Überlassung vertretbarer Sachen	Darlehensgeber – Darlehensnehmer	§ 607 BGB
Berufsausbildungsvertrag	vergütete Ausbildung für eine Berufstätigkeit	Auszubildender – Ausbildender	Berufsbildungsgesetz; §§ 3 ff. BBiG
Dienstvertrag	Leistung von Diensten gegen Entgelt	Dienstberechtigter – Dienstverpflichteter	§§ 611–630 BGB, Arbeitsgesetze
Arbeitsvertrag	Leistung von Diensten als Arbeitnehmer	Arbeitgeber – Arbeitnehmer	§§ 611–630 BGB, §§ 59 ff. HGB, Arbeitsgesetze
Werkvertrag	Herstellen eines Werkes, Veränderung einer Sache, Herbeiführen eines bestätigten Erfolges gegen vereinbarte Vergütung	Unternehmer – Besteller	§§ 631–651 BGB
Reisevertrag	Organisation einer Reiseleistung	Reisender und Reiseveranstalter	§ 651a BGB
Gesellschaftsvertrag	Regelung der Zusammenarbeit von Personen zur gemeinsamen Erfüllung eines gemeinsamen Zwecks	Gesellschafter	§§ 705–740 BGB, § 16 AktG, § 2 GmbHG, § 109 HGB, § 6 GenG
Auftragsvertrag	unentgeltliche Besorgung eines Geschäftes für einen anderen	Auftraggeber – Beauftragter	§§ 662–674 BGB
Geschäftsbesorgungsvertrag	Dienst- oder Werkvertrag, der Geschäftsbesorgung zum Gegenstand hat	Auftraggeber – Beauftragter	§§ 675 ff. BGB
Versicherungsvertrag	Ersatz eines Vermögensschadens (Schadensversicherung) bzw. Zahlung eines vereinbarten Kapitals oder einer Rente nach Eintritt des Versicherungsfalls bei vorheriger Prämienzahlung	Versicherer – Versicherungsnehmer	§ 1 Gesetz über den Versicherungsvertrag (VVG)
Verwahrungsvertrag	Aufbewahrung einer Sache gegen Vergütung	Verwahrer – Hinterleger	§§ 688 ff. BGB
Bürgschaftsvertrag	Verpflichtung des Bürgen gegenüber dem Gläubiger zur Erfüllung der Verbindlichkeiten des Dritten	Bürge – Gläubiger eines Dritten	§§ 765 ff. BGB
Erbvertrag	Regelung über die Aufteilung des Nachlasses	Erblasser – Erben	§§ 2274 ff. BGB

2 Kontaktaufnahme zum Kunden

Um erfolgreich Aufträge zu erhalten, muss der Großhändler Kontakt zum Kunden aufnehmen und diesen über sein Leistungsangebot informieren. Dafür stehen dem Großhändler verschiedene Kanäle zu Verfügung.

2.1 Traditionelle Wege der Kundenansprache

Klassische Wege den Kunden zu erreichen, sind der Brief, der Anruf oder auch die persönliche Ansprache.

2.1.1 Brief

Geschäftskorrespondenz
▶ LF 2, Kap. 2.3

Der Brief setzt in der Regel voraus, dass die Anschrift des Kunden bereits bekannt ist, dass es sich also um einen Kunden handelt, der bereits früher beim Großhändler gekauft hat. Der Vorteil der Ansprache per Brief ist es, dass man ihn dem zuständigen Mitarbeiter persönlich schicken kann. Allerdings handelt es sich wegen des Portos und des Aufwands beim Versand um eine vergleichsweise teure Variante, bei der der übliche Postlauf von mindestens einem Tag einkalkuliert werden muss und die beim Kunden schnell entsorgt werden kann.

2.1.2 Telefon

kundenorientiertes Telefonieren
▶ LF 2, Kap. 3.3

UWG § 7 Absatz 2 Satz 2

Auch der Anruf setzt voraus, dass die Kontaktdaten des Kunden bereits bekannt sind. Durch einen Anruf kann der Großhändler den Kunden persönlich, schnell und preiswert über aktuelle und individuell zugeschnittene Angebote informieren. Hier ist auf jeden Fall das **Gesetz gegen den unlauteren Wettbewerb (UWG)** zu beachten, das die telefonische Ansprache von Endkunden nur nach deren ausdrücklicher Genehmigung erlaubt und bei gewerblichen Kunden zumindest das mutmaßliche Einverständnis voraussetzt.

2.1.3 Persönliches Gespräch

Das Verkaufsgespräch
▶ LF 2, Kap. 3

Schließlich kann der Großhändler seine Kundschaft auch persönlich ansprechen, z. B. Kunden, die die Verkaufsräume des Großhändlers aufsuchen. Auch Besuche von Handelsreisenden, Messen, Ausstellungen und Hausmessen können für persönliche Verkaufsgespräche genutzt werden.

Für die schriftliche, telefonische oder persönliche Kundenansprache benötigt der Großhändler Kontaktdaten, sodass auf diesem Wege hauptsächlich Bestandskunden angesprochen werden. Um **mit neuen Kunden** in Kontakt zu kommen, stehen dem Großhändler weitere Möglichkeiten zur Verfügung, wie z. B. Einträge in Branchenverzeichnisse, Flyer, Kataloge oder Anzeigen in Fachzeitschriften. Ein Kunde, der auf der Suche nach geeigneten Bezugsquellen ist, informiert sich so über das Angebot des Großhändlers und kann von sich aus Kontakt aufnehmen.

2.2 Digitale Wege der Kundenansprache

Nicht alle digitalen Verkaufswege sind für alle Geschäfte gleichermaßen geeignet. Um zu erkennen, wie der Großhändler seine Kunden auf digitalem Weg ansprechen kann, ist es notwendig, sich einen ersten Überblick über die Bereiche der digitalen Geschäftsbeziehungen zu verschaffen.

Nach Art der Geschäftspartner lassen sich folgende Varianten unterscheiden:

Variante	Erläuterung
B2B Business to Business	Beide Vertragspartner sind Unternehmen.
B2C Business to Consumer	Der Verkäufer ist ein Unternehmen, der Käufer ein Endverbraucher.
C2B Consumer to Business	Der Verkäufer ist ein Endverbraucher, der Käufer ein Unternehmen.
C2C Consumer to Consumer	Beide Vertragspartner sind Endverbraucher.

Aus Vereinfachungsgründen wird hier auf die Betrachtung staatlicher Beteiligung (B2A) verzichtet.

2.2.1 E-Mail

Die E-Mail ähnelt grundsätzlich der schriftlichen Kundenansprache. Sie ist kostengünstig, schnell und wird persönlich adressiert, so dass sie ihren Empfänger direkt erreicht. Das Risiko der E-Mail besteht darin, dass sie unbeachtet gelöscht wird oder direkt im Spam-Ordner landet. Auch hier ist das **Gesetz gegen den unlauteren Wettbewerb (UWG)** zu beachten. Die E-Mail setzt voraus, dass die Kontaktdaten des Empfängers bereits bekannt sind, wendet sich also sinnvollerweise an Bestandskunden. Für die Übermittlung sensibler Daten ist die E-Mail nur bedingt geeignet und muss entsprechend verschlüsselt werden.

Geschäftskorrespondenz per E-Mail
▶ LF 2, Kap. 2.3.2

UWG § 7 Absatz 2 Satz 3 sowie Absatz 3

2.2.2 Homepage und Webshop

Voraussetzung für den Aufbau eines Online-Shops ist für den Großhändler eine geeignete Software, um den Shop zu programmieren. Neben aufwändigen und teuren Eigenentwicklungen gibt es inzwischen eine Reihe von Baukastensystemen, die von professionellen Anbietern gegen Gebühr zur Verfügung gestellt werden und die meistens das **Webhosting** einschließen. Allerdings sind hier die individuellen Gestaltungsmöglichkeiten deutlich geringer als bei Eigenentwicklungen.

Webhosting
Speicherplatz für Internetseiten wird gegen Entgelt zur Verfügung gestellt.

Um sowohl Homepage als auch Online-Shop zu einem erfolgreichen Instrument der Kundenansprache zu machen, müssen sie so attraktiv gestaltet sein, dass der Kunde Lust hat, sich durch die Seite zu klicken. Die Bedienung sollte möglichst einfach und selbsterklärend sein. Entscheidend aber ist, dass der Kunde bei der Vielzahl der Seiten im Internet die Seite des Großhändlers überhaupt findet. Hilfreich ist hierbei eine einfache Adresse, z. B. der Name des Unternehmens.

Wenn der Kunde eine Suchmaschine benutzt, sollte die Homepage des Großhändlers auf der ersten Seite möglichst weit oben stehen. Das kann er entweder über eine kostenpflichtige Werbeanzeige sicherstellen, oder dadurch, dass der Internetauftritt im Sinne der Suchmaschinen optimiert wird. Hierzu gehören möglichst viele Verlinkungen auf andere Seiten, aussagekräftige Begriffe in Text und Überschriften und häufige Aktualisierungen.

Da die Zielgruppe des Großhandels der Einzelhandel und/oder gewerbliche Verbraucher sind, er also **B2B-Handel** betreibt, könnten diese einen Online-Shop des Großhändlers, der sich an die Allgemeinheit richtet, als unzulässige Konkurrenz auffassen. Dieses Problem kann der Großhändler mit einer Prüfung der Kunden umgehen.

2.2.3 Online-Marktplatz

Ein Online-Marktplatz ist eine digitale Verkaufsplattform, bei dem verschiedene Händler ihre Waren unter einem gemeinsamen virtuellen Dach anbieten. Der Plattformbetreiber sorgt für den nötigen virtuellen Raum und stellt sicher, dass alle Käufe und Verkäufe problemlos abgewickelt werden können. Das bekannteste Beispiel für einen Online-Marktplatz ist Amazon.

Obwohl sich die meisten Online-Marktplätze ausschließlich an Endkunden richten, stellen verschiedene Anbieter inzwischen auch Lösungen für gewerbliche Kunden bereit.

2.2.4 Online-Auktionsplattform

Auch diese Vertriebsform richtet sich vorrangig an Endkunden. Waren werden hier für einen bestimmten Zeitraum eingestellt und versteigert. Der Bieter, der am Ende einer Auktion das höchste Angebot abgegeben hat, hat die Ware erworben. Ein bekanntes Beispiel für eine Online-Auktionsplattform ist Ebay.

Neben den hier beschriebenen digitalen Wegen, mit dem Kunden in Kontakt zu treten, gibt es verschiedene Mischformen und weitere Möglichkeiten, z. B. die Nutzung von Apps oder Social Media. Künftig werden sicherlich auch noch weitere Wege entwickelt und genutzt.

2.3 Gestaltung von Geschäftskorrespondenz

▶ LS 21

2.3.1 Geschäftsbrief nach DIN 5008

Briefkopf (Kopfzeile)
Für den Namen des Absenders bzw. seine Firmenbezeichnung und das Firmenlogo kann man den gesamten oberen Bereich des Geschäftsbriefes nutzen.

Der Infoblock dient der Orientierung des Empfängers und ersetzt die in der Vergangenheit übliche Bezugszeile.

Das Anschriftenfeld besteht aus 6–9 Zeilen:
1.–3. Zusatz- und Vermerkzone, z. B. Info für die Post, Einschreiben (nur falls benötigt)
1. Empfängerbezeichnung/ Anrede, z. B. Firmenbezeichnung oder Frau/Herr
2. Empfänger: Vor- und Nachname, ggf. mit akademischem Grad oder Titel
3. Postfach oder Straße mit Hausnummer
4. Postleitzahl und Bestimmungsort
5. Bestimmungsland
6. Leerzeile

Betreff
Stichwortartige Inhaltsangabe des ganzen Briefes. Sie dient dazu, dem Leser auf den ersten Blick eine Orientierung zu geben. Der Betreff wird ohne Schlusspunkt geschrieben, er kann z. B. durch Fettdruck hervorgehoben werden.

Unterschrift
Für die Unterschrift werden in der Regel 3 Zeilen reserviert. Ist der Unterzeichner (wie im Beispiel) nicht Inhaber des Unternehmens, so gibt ein Kürzel vor der Unterschrift die entsprechende Vollmacht des Unterzeichners an:
ppa. (per Prokura) = Prokura;
i. V. (in Vertretung) = Handlungsvollmacht;
i. A. (im Auftrag) = Einzelvollmacht

Anlagenvermerk
Wenn dem Brief etwas beigefügt ist, wird ein Anlagenvermerk gemacht und die beigefügte Unterlage aufgezählt. Aus Platzgründen kann der Anlagenvermerk auch rechts neben dem Gruß stehen.

---

bpk Bergisches Papierkontor GmbH

Ihr Zeichen: ms
Ihre Nachricht vom:
Unser Zeichen: ea/sbz
Unsere Nachricht vom:

Bergisches Papierkontor GmbH . Elberfelder Straße 85 · 42285 Wuppertal
Wohnungsbaugesellschaft
Meyer & Meyer GmbH
Parkweg 22
12568 Berlin
■
■

Name: Elisabeth Albrecht
Telefon: 0202 123XX-36
Telefax: 0202 123XX-1
E-Mail: elisabeth.albrecht@bpkontor.dex

Datum: 15. November 20XX

Kündigung des Mietvertrages Marxstraße 18, 42287 Wuppertal
■
■
Sehr geehrter Herr Meyer,
■
hiermit möchten wir den Mietvertrag für die Lagerhalle in der Marxstraße 18 fristgemäß zum 31.12.20XX kündigen.
■
Nachdem wir die Umbaumaßnahmen in unserem Stammhaus abgeschlossen haben, benötigen wir das Außenlager in der Marxstraße 18 nicht mehr.
■
Wir danken Ihnen für die vertrauensvolle Zusammenarbeit.
■
Mit freundlichen Grüßen
■
Bergisches Papierkontor GmbH
■
i. V. *Elisabeth Albrecht*
■
Elisabeth Albrecht
■
Anlage
Kopie des Mietvertrages

Bergisches Papierkontor GmbH	**Bankverbindungen**	**Handelsregister**	**Geschäftsführer**
Elberfelder Straße 85	TopBank Wuppertal	**Amtsgericht Wuppertal**	Dr. Peter Schönhauser
42285 Wuppertal	**IBAN** DE24 1001 0700 0060 0521 98	HRB 500 86/314	
	BIC TOPBWUDE729		**Gesellschafter**
Telefon 0202 1236XX-0	Vereinsbank Nordwest	**Steuer-Nr.** 131/0878/6678	Hubertus Oberberg
Telefax 0202 1236XX-1	**IBAN** DE28 9003 0300 0180 0643 03	**USt.-Id.-Nr.** DE 145777987	Rita Oberberg
E-Mail info@bpkontor.dex	**BIC** VBNWDEFFXXX		Renate Roskamp

Anrede
Ist der Empfänger bekannt, so wird dieser mit seinem Namen angesprochen. Ansonsten formuliert man allgemein (z. B.: Sehr geehrte Damen und Herren). Nach der Anrede steht ein Komma.

Gruß
Der Geschäftsbrief wird mit einem Gruß abgeschlossen. Üblich ist: „Mit freundlichen Grüßen“ oder „Mit freundlichem Gruß“. Als distanzierte Grußformel, meist im Rahmen von Mahnungen eingesetzt, gilt die Formulierung „Hochachtungsvoll“.

Wiederholung der Firma

maschinenschriftliche Namenswiederholung des Briefverfassers

Geschäftsangaben (Fußzeile)
Am Fußende des Geschäftsbriefes stehen die Geschäftsadresse sowie Angaben zum Geschäftsführer und ggf. zu den Gesellschaftern, außerdem Bankverbindungen und die dem Unternehmen zugeordnete Handelsregisternummer. Werden die Briefblätter auch für Rechnungen verwendet, sind auch die Steuernummer bzw. die Umsatzsteuer-Identifikationsnummer (USt.-Id.-Nr.) aufzuführen.

DIN-Normen
werden vom Deutschen Institut für Normung e.V. herausgegeben.
www.din.de

Die Schreib- und Gestaltungsregeln für Geschäftsbriefe sind in der Norm **DIN 5008** festgelegt. Sie regelt verbindlich, wie ein anerkannter Geschäftsbrief auszusehen, in welchen Zeilen also was zu stehen hat. Die DIN 5008 wird in bestimmten Abständen aktualisiert, sodass man sich über etwaige Änderungen auf dem Laufenden halten sollte. Auf der folgenden Seite finden Sie einen Geschäftsbrief der BPK GmbH nach DIN 5008 (zum Teil vereinfacht dargestellt) mit entsprechenden Anmerkungen zur Briefgestaltung. Dabei ist zu beachten, dass jede Leerzeile mit einem Punkt markiert ist.

Wenn Sie einen Geschäftsbrief schreiben,
- beachten Sie die Zeilenanzahl der DIN 5008 streng,
- schreiben Sie keinen zu langen Brieftext und
- gliedern Sie Ihren Brieftext übersichtlich durch Absätze.

Antworten Sie direkt auf einen eingegangenen Geschäftsbrief, ist es üblich, den eigenen Brief mit einem Dank für das erhaltene Schreiben zu beginnen. Wird der Geschäftsbrief mithilfe eines Textverarbeitungsprogramms erstellt, so ist ein Zeilenabstand von 1 bis 1,5 üblich. In der Regel wird die Schriftgröße 12 pt verwendet.

2.3.2 Gestaltung von E-Mails

Die DIN 5008 gilt auch für das Schreiben von E-Mails, wenn es um geschäftliche Kontakte geht. Denn auch mit einer E-Mail möchte man beim Empfänger einen positiven Eindruck hinterlassen. Beim Schreiben geschäftlicher E-Mails sind ein paar Besonderheiten zu beachten.

„Gut ankommen" hat eine doppelte Bedeutung. Auf der einen Seite soll die E-Mail zeitgemäß wirken und verständlich sein. Auf der anderen Seite sollen die E-Mails auch wirklich beim gewünschten Empfänger ankommen. E-Mail-Adressen sollten den Empfänger auf den ersten Blick erkennen lassen, wer die E-Mail geschickt hat. Eine E-Mail von einer unseriös wirkenden E-Mail-Adresse wird vom Empfänger möglicherweise als Spam betrachtet und gar nicht erst geöffnet. E-Mails mit Absendern wie super-man89@hottmail.dex bleiben meist ohnehin im Spam-Filter hängen. In Unternehmen erhalten die Mitarbeiter in der Regel eine eigene E-Mail-Adresse, wie z. B. Frau Albrecht: elisabeth.albrecht@bpkontor.dex.

Die hier verwendeten E-Mail-Adressen sind fiktiv.

E-Mails können gleichzeitig an mehrere Empfänger verschickt werden, entweder für alle sichtbar (CC) oder nicht sichtbar (BCC).

Betreff
Da der Betreff für die Bearbeitung und Verwaltung einer E-Mail besonders wichtig ist, ist diese Angabe zwingend erforderlich. Ein aussagefähiger Betreff erleichtert außerdem die Arbeit des Empfängers. Der Betreff sollte daher möglichst kurz und präzise formuliert sein. Pro E-Mail sollte nur ein Thema angesprochen werden.

Anhang
E-Mails können Dateien als Anlage hinzugefügt werden, die hier Anhänge heißen. Wichtige Informationen und Dokumente sollten im PDF-Format verschickt werden, damit sie vom Empfänger nicht abgeändert werden können.

Von: elisabeth.albrecht@bpkontor.dex
An: markus.meyer@meyerwbg-berlin.dex
Datum: 15.11.20XX
Betreff: **Kündigung Mietvertrag**

Sehr geehrter Herr Meyer,

hiermit möchte ich im Namen der BPK GmbH den Mietvertrag für die Lagerhalle in der Marxstraße 18 fristgerecht zum 31.12.20XX kündigen. Nachdem wir die Umbaumaßnahmen in unserem Stammhaus abgeschlossen haben, benötigen wir das Außenlager in der Marxstraße 18 nicht mehr.

Wir danken Ihnen für die vertrauensvolle Zusammenarbeit.

Mit freundlichen Grüßen

Elisabeth Albrecht

Bergisches Papierkontor GmbH
Allgemeine Verwaltung
Elberfelder Straße 85, 42285 Wuppertal
Tel.: 0202 1236XX-57
E-Mail: elisabeth.albrecht@bpkontor.dex
Geschäftsführer: Dr. Peter Schönhauser
Handelsregister: AG Wuppertal, HRB 50086/314

Anrede
Die Anrede wird wie bei einem Geschäftsbrief vom übrigen Text getrennt und sollte wie bei einem Geschäftsbrief persönlich sein. Wie beim Geschäftsbrief sind auch bei einer E-Mail die Regeln der deutschen Rechtschreibung zu beachten. Es dürfen weder alle Wörter kleingeschrieben noch ohne Satzzeichen aneinandergereiht werden. Es dürfen nur Abkürzungen verwendet werden, die auch in einem Geschäftsbrief verwendet werden. Auf Smileys wird komplett verzichtet.

E-Mail-Text
Der E-Mail-Text ist als Fließtext zu verfassen, da Zeilenumbrüche durch die Software des Empfängers gesteuert werden. Absätze müssen durch eine Leerzeile getrennt werden.

Signatur
Die Absenderinformationen können in einer Signatur des E-Mail-Programms festgelegt und formatiert werden und müssen dann nicht jedes Mal neu eingegeben werden.

Grußformel und Absender
Zum Abschluss einer E-Mail gehören immer ein Gruß, der vollständige Name des Absenders, dessen Position im Unternehmen sowie weitere Kontaktdaten. Diese Angaben erleichtern es dem Empfänger, bei Bedarf direkt zu antworten.

2.3.3 Internationale Korrespondenz

A typical British business letter

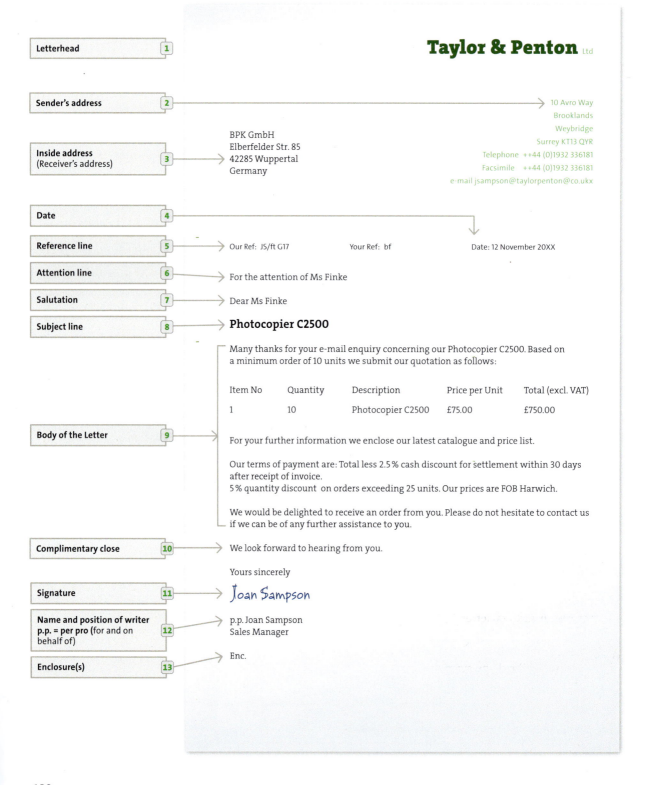

Letterhead	1	**Taylor & Penton** Ltd
Sender's address	2	10 Avro Way Brooklands Weybridge Surrey KT13 QYR Telephone ++44 (0)1932 336181 Facsimile ++44 (0)1932 336181 e-mail jsampson@taylorpenton@co.ukx
Inside address (Receiver's address)	3	BPK GmbH Elberfelder Str. 85 42285 Wuppertal Germany
Date	4	Date: 12 November 20XX
Reference line	5	Our Ref: JS/ft G17 Your Ref: bf
Attention line	6	For the attention of Ms Finke
Salutation	7	Dear Ms Finke
Subject line	8	**Photocopier C2500**
Body of the Letter	9	Many thanks for your e-mail enquiry concerning our Photocopier C2500. Based on a minimum order of 10 units we submit our quotation as follows: Item No / Quantity / Description / Price per Unit / Total (excl. VAT) 1 / 10 / Photocopier C2500 / £75.00 / £750.00 For your further information we enclose our latest catalogue and price list. Our terms of payment are: Total less 2.5 % cash discount for settlement within 30 days after receipt of invoice. 5 % quantity discount on orders exceeding 25 units. Our prices are FOB Harwich. We would be delighted to receive an order from you. Please do not hesitate to contact us if we can be of any further assistance to you.
Complimentary close	10	We look forward to hearing from you. Yours sincerely
Signature	11	Joan Sampson
Name and position of writer p.p. = per pro (for and on behalf of)	12	p.p. Joan Sampson Sales Manager
Enclosure(s)	13	Enc.

Layout of a British business Letter

1 2 **Letterhead and Sender' adress**
- The letterhead of a company usually gives the following information:
- Type of company: Ltd = Limited; PLC = Public Limited Company; Inc (US) = incorporated; & Co = partnership
- Address, telephone and extension, fax, e-mail, website address

3 **Inside address:** This is the recipient's address including the country. Note that the house number comes before the street name and that no commas are used.

4 **Date:** In modern business letters you need only write 12 November 2006 (GB). The month should be written out and the year should be a four-figure number.

5 **Reference line:** The reference line includes (in first place) the initials of the person responsible for the letter (here: JS) and then the typist's initials (ft).

6 **Attention line:** The attention line shows who the letter is for. Alternatively, you can include this information in the inside address:
Ms Babette Finke
Bergisches Papierkontor GmbH ...

7 10 **Salutation and complimentary close:** If the salutation has no comma, then the complimentary close ends without a comma. If a comma is used in the salutation, then the complimentary close also ends with a comma.

You open a letter with ...	... when you ...	... and you close with
Dear Sir or Madam	don't know the person's name	Yours faithfully
Dear Mr/Mrs/Miss ...	know the person	Yours sincerely Best wishes Best regards
Dear Ms ...	know that the person is female but are not sure whether she is Miss or Mrs	

8 **Subject line:** This is a major difference to German business letters. The subject line (or subject heading) often comes after the salutation. It is usually written in bold type or underlined.

9 **Body of the letter:** It's the main part of the letter, so be precise, give it a logical structure and be formal. Note that the first word of the body of the letter always starts with a capital letter.

11 12 **Name and position:** To let the receiver know who is writing, the position of the writer should be given.

13 **Enclosures** (Enc., Encl., Encs.): If there are more enclosures than one, list them.

Alles klar?

1 Unterscheiden Sie öffentliches und privates Recht.

2 Unterscheiden Sie natürliche und juristische Personen.

3 Nennen Sie die Stufen der Geschäftsfähigkeit.

4 Entscheiden Sie, ob die folgenden Rechtsgeschäfte wirksam, schwebend unwirksam oder unwirksam sind.

a) Der 17-jährige Can kauft sich von dem Geld, das er beim Austragen von Zeitungen verdient hat, einen Motorroller.

b) Der 5-jährige Max kauft von seinem Taschengeld Aufkleber.

c) Sandra, 19 Jahre, bucht für ihren nächsten Urlaub eine Reise nach Gran Canaria. Ihre Eltern sähen es lieber, wenn Sandra das Geld sparen und die Urlaubstage dazu nutzen würde, die Oma in Idar-Oberstein zu besuchen.

d) Holger, 18 Jahre, leidet an chronischem Geldmangel. Um seine Finanzen aufzubessern, verkauft er seinem Freund Kevin, 16 Jahre, den Fernseher (Wert: 500 €), den ihm sein Onkel geschenkt hat, für 15 €.

e) Die Eltern von Kevin sind nicht einverstanden und wollen, dass ihr Sohn das Geschäft rückgängig macht.

f) Die Eltern von Holger sind nicht einverstanden und wollen, dass ihr Sohn das Geschäft rückgängig macht.

5 Bestimmen Sie, wer in den folgenden Fällen Eigentümer und wer Besitzer ist.

a) Susanne leiht sich in der Bücherei einen Kriminalroman aus.

b) Katja und Michael kaufen sich einen Motorroller. Sie nehmen ihn sofort mit und bezahlen ihn vereinbarungsgemäß erst nach vier Wochen.

c) Leo verkauft den Schmuck, den er bei einem Einbruch erbeutet hat, an seinen Stammhehler Nick. Dieser verkauft den Schmuck an den ahnungslosen Carsten weiter.

6 Erläutern Sie den Grundsatz der Vertragsfreiheit.

7 Um welche Art von Vertrag handelt es sich jeweils?

a) Hans lässt die Winterreifen auf sein Auto montieren, die er im Sommer in der Garage gelagert hatte.

b) Holger besorgt sich gegen Gebühr drei Bücher aus der Stadtbücherei.

c) Anja will Kuchen backen und besorgt sich bei der Nachbarin drei Eier. Nach dem nächsten Einkauf bringt Anja ihrer Nachbarin drei Eier zurück.

8 Entscheiden Sie, ob die nachfolgenden Rechtsgeschäfte gültig, nichtig oder anfechtbar sind.

a) Herbert leiht sich bei einem Bekannten 1.000 € zu einem Zinssatz von 25 %.

b) Anton kauft von seinem Dealer 5 Gramm Heroin.

c) Herr Kilpert wird vom Kunden Lange angerufen und um eine Preisangabe gebeten. Herr Kilpert sagt: „170 Euro", Herr Lange versteht: „117 Euro" und bestellt.

d) Sebastian freut sich, dass seine Freundin Mia ihn heiraten möchte und kauft ihr eine teure Kette. Noch bevor er ihr die Kette schenken kann, löst Mia die Verlobung. Sebastian bringt die Kette, die er jetzt nicht mehr gebrauchen kann, zurück zum Juwelier.

9 Beschreiben Sie drei traditionelle Wege der Kundenansprache.

10 Beschreiben Sie drei digitale Wege der Kundenansprache.

11 Worauf ist zu achten, wenn man Geschäftsbriefe verfasst?

12 Welche Bedeutung hat die DIN 5008?

13 Welche Besonderheiten sind zu beachten, wenn man geschäftliche E-Mails verfasst?

3 Das Verkaufsgespräch

AB ▶ LS 22

Auch im Großhandel geht dem erfolgreichen Abschluss eines Kaufvertrages zumeist ein Verkaufsgespräch voran. Um erfolgreich mit dem Kunden zu kommunizieren, ist es notwendig, sich auf seine Wünsche und Bedürfnisse einzustellen.

Zum Gelingen eines Verkaufsgesprächs trägt auch die Körpersprache bei.

Kommunikation ist der Austausch von Informationen zwischen einem **Sender** und einem **Empfänger**. Der Sender hat unterschiedliche Möglichkeiten, um dem Empfänger seine Informationen zu übermitteln, z. B. durch die Sprache, durch eine Zeitung, einen Brief oder ein Bild.

Bei einem direkten Gespräch, z. B. einem Verkaufsgespräch mit einem Kunden, ist die Sprache **(verbale Kommunikation)** des Verkäufers von enormer Bedeutung. Unterstützt wird die Sprache durch die nonverbale Kommunikation. Zu der **nonverbalen Kommunikation** zählt vor allem die Körpersprache des Verkäufers. Beide Kommunikationsformen zusammen entscheiden darüber, ob die Verständigung zwischen Sender und Empfänger funktioniert und ob das Gespräch als angenehm empfunden wird.

verbal
mit Worten

nonverbal
ohne Worte

3.1 Die verbale Kommunikation

Bei der Beratung im Verkaufsgespräch findet ein ständiger Rollentausch zwischen Sender und Empfänger statt. Der Kunde tritt zunächst als Sender auf, indem er seine Wünsche äußert, während der Verkäufer die Rolle des Empfängers hat. Danach tritt der Verkäufer als Sender auf – er vermittelt Informationen zu der Ware – und der Käufer nimmt die Rolle des Empfängers ein. Zu **Kommunikationsstörungen** zwischen Verkäufer und Kunde kann es kommen, wenn

- Verkäufer und Kunde verschiedene Ansichten haben und sich nicht einigen können,
- das Verkaufsgespräch ständig von Dritten gestört wird,
- der Kunde seine Wünsche beschreibt und der Verkäufer nicht „richtig“ zuhört,
- der Verkäufer Verkaufsargumente anführt, die der Kunde nicht versteht.

Das Aushängeschild jedes Verkäufers ist seine Sprache. Sie sollten Ihrer Sprache eine hohe Aufmerksamkeit zukommen lassen, denn sie steht im Mittelpunkt des Verkaufsgesprächs. Im Folgenden werden die **Gesprächsstörer (Grundfehler des Sprechens)** aufgeführt und anschließend die **Gesprächsförderer (Bausteine der Sprache)** im Beratungsgespräch dargestellt. Bedenken Sie aber, dass die Gesamtwirkung Ihrer Sprache wesentlich von Ihrer Fähigkeit abhängt, sich in Ihren Gesprächspartner hineinzuversetzen und ihm aktiv zuzuhören. Benutzen Sie die Bausteine der Sprache nicht nach starren Mustern, sondern variieren Sie sie je nach den Möglichkeiten und Erwartungen Ihres Zuhörers.

Killerphrasen
Abwertende Angriffe in einem Gespräch ohne sachlichen Bezug, z. B.: „Das können Sie doch gar nicht genau wissen!“

Gesprächsstörer hemmen den Gesprächsverlauf und wirken sich negativ auf die Gesprächsatmosphäre aus.
Der Sprecher

- spricht undeutlich und/oder zu leise,
- macht zu wenig Pausen,
- spricht viel zu schnell,
- benutzt Füllwörter wie „ähm“ und „und so weiter“,
- benutzt zu viele Fachbegriffe,
- spricht in langatmigen Sätzen,
- benutzt **Killerphrasen**,
- versucht zu überreden.

Gesprächsförderer wirken vertrauensbildend und erhöhen die Glaubwürdigkeit:

- Sprechen Sie den Kunden direkt im Sie-Stil an. Statt „Ich gebe Ihnen die Beschreibung“ besser „Sie erhalten von mir die Beschreibung“.
- Sprechen Sie nicht monoton und abgehackt. Betonen Sie die wichtigsten Punkte im Gespräch. Ihre Sprache soll beim Kunden Interesse wecken und ihn von Ihren Ausführungen überzeugen.
- Sie müssen angemessen laut und deutlich sprechen, damit der Kunde ohne Anstrengung zuhören kann.
- Legen Sie während des Gesprächs wirkungsvolle Pausen ein, damit Ihr Gegenüber Ihre Aussagen überdenken kann. Pausen dienen außerdem dazu, Ihrem Gesprächspartner die Gelegenheit zu geben, eine Frage zu stellen oder selbst etwas zu sagen.
- Sprechen Sie abwechslungsreich und verständlich. Benutzen Sie nur Fachbegriffe, die Ihr Gesprächspartner auch versteht. Verwenden Sie eine angemessene Anzahl von Fachbegriffen. Reduzieren Sie fremdsprachliche Begriffe. Ihr Kunde wird es Ihnen danken.
- Formulieren Sie kurze, knappe Sätze. Langatmige Sätze wirken ermüdend. Der Kunde wird nach kurzer Zeit das Interesse an Ihren Ausführungen verlieren.
- Die Gesamtwirkung Ihrer Sprache hängt wesentlich davon ab, ob Sie als Verkäufer in der Lage sind, sich in den Kunden hineinzuversetzen (Empathie).

Aktives Zuhören: Zuhören ist eine Kunst, die leider immer mehr verloren geht. Gerade als Verkäufer im Beratungsgespräch ist das Zuhören aber außerordentlich wichtig. Zuhören ist für den Verkäufer eine aktive Tätigkeit. Schauen Sie Ihren Kunden während des Verkaufsgesprächs an. Sie benötigen den Blickkontakt, um dem Kunden Ihr Interesse zu signalisieren. Durch die Körpersprache Ihres Kunden (Kopfnicken, Lächeln) erfahren Sie, ob die Beratung für ihn positiv verläuft. Aber auch durch verbale Bestätigungen wie „ja“, „so“ oder „hmm“ und gezieltes Nachfragen erkennen Sie das Interesse des Kunden. Fassen Sie anschließend das Gehörte zusammen, um festzustellen, ob Sie Ihren Gesprächspartner richtig verstanden haben. So können Sie erste Kommunikationsstörungen vermeiden.

Beispiel

Ein Kunde möchte sich in der Ausstellung eines Sanitärgroßhandels ein neues Badezimmer aussuchen. Der Verkäufer führt ihn zu einem Bad. Kunde: „Das ist mir zu altmodisch.“ Der Verkäufer lässt sich nicht aus der Ruhe bringen und beginnt die Vorzüge des Bades zu erläutern, bevor er endlich begreift.

3.2 Die nonverbale Kommunikation

Nonverbale Kommunikation läuft zu einem großen Teil unbewusst ab. Im Grunde ist die Körpersprache unsere Gefühlssprache. Wir erkennen ihre Hinweise oft instinktiv, können mit ihr aber auch schwieriger etwas verbergen als mit Worten, denn die Körpersprache kann nicht gut „lügen“.

Der erste Eindruck von einer Person ist zwar nicht unbedingt der richtige, dennoch ist er entscheidend. Nur ungern sind wir bereit, später unser Anfangsurteil umzustoßen. Umso bedeutsamer ist es, den ersten Sekunden einer Begegnung besonderes Interesse zu widmen, denn es gibt schließlich keine zweite Chance für einen ersten Eindruck.

revidieren
überprüfen, korrigieren

Die drei Phasen des ersten Eindrucks		
1. Phase	erste Sekunde/ Sekundenbruchteile	Wir gliedern Personen, denen wir begegnen, in ein Raster ein: bekannt/unbekannt, männlich/weiblich, alt/jung, ansprechend/belanglos.
2. Phase	erste 30 Sekunden	Aufgrund des äußeren Erscheinungsbildes und der Körpersprache – möglicherweise auch der Sprache – entsteht eine grobe Abschätzung: angenehm, abstoßend, widerspruchsvoll, unklar.
3. Phase	erste drei Minuten	Während eines Gesprächs bekommen wir die Möglichkeit, unseren Eindruck zu bestätigen oder zu **revidieren.**

Skepsis/Ablehnung

Distanzzonen: Es ist wichtig, das Distanzbedürfnis anderer Menschen zu beachten. Wer jemandem zu dicht „auf die Pelle“ rückt, muss sich nicht wundern, wenn er unangenehm wirkt. Das Eindringen eines Fremden in die vertrauliche Distanzzone wird fast immer als unwillkommene Grenzübertretung empfunden.

vertrauliche Distanzzone	Vor und hinter einer Person gilt ein Abstand unter 50 cm als vertraulich, an der Seite ist der Abstand etwas kleiner. In diese Zone dürfen andere Personen nur mit einer ausdrücklichen Erlaubnis vordringen.
persönliche Distanzzone	Sie beginnt bei der vertraulichen Zone und reicht etwa 1 bis 1,5 m nach vorne und hinten. Seitlich ist der Abstand auch hier etwas geringer. In dieser Zone führen wir Gespräche, ohne uns belästigt zu fühlen.
öffentliche Distanzzone	Von der Grenze der persönlichen Distanzzone bis zu einem Abstand von etwa 3 m nach vorne und hinten reicht die öffentliche Distanzzone. In diesem Bereich nehmen wir andere Personen wahr.

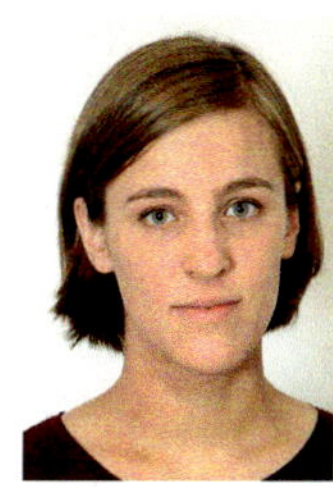

Aufmerksamkeit/Interesse

Gestik: Für die Wirkung der Gestik ist ausschlaggebend, in welcher Höhe sich die Hände befinden. Alle Gesten, die sich unterhalb der Taille abspielen, werden als negativ gewertet, Gesten in Höhe der Taille werden als neutral und oberhalb der Taille als positiv gewertet. Nebenbei ist die Sichtbarkeit der Hände ein wichtiges Merkmal. Verdeckte Hände – in den Hosentaschen oder hinter dem Rücken – werden immer als Ablehnung empfunden. Sind die Hände zu sehen, so sollten wiederholt zeigende und öffnende Gesten eingesetzt werden.

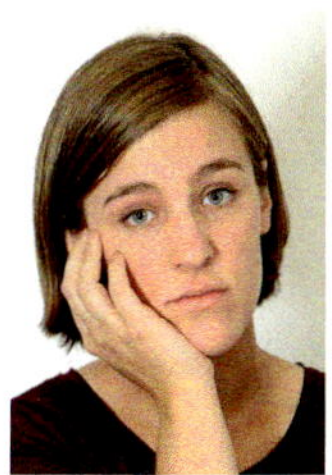

Desinteresse/Langeweile

Mimik: Ein Lächeln wirkt Wunder – das gilt auch in Verkaufssituationen. Denn das Lächeln wird oft vom Gegenüber erwidert und wirkt deshalb auf uns selbst zurück. Ein warmes Lächeln, das ernst gemeint ist, weckt das Vertrauen des Kunden. Ein Dauergrinsen kommt bei Ihrem Gegenüber dagegen als gekünstelt und falsch an. Der Kunde wird Ihnen nicht glauben.

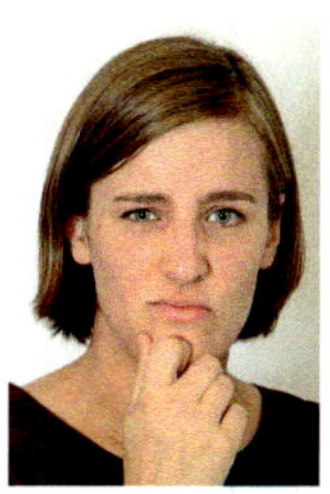

Verunsicherung/Unschlüssigkeit

3.3 Kundenorientiertes Telefonieren

Jedes Unternehmen ist heutzutage über das Telefon zu erreichen. Je nach Größe des Unternehmens kann es vorkommen, dass einzelne Mitarbeiter nur für die Annahme und Weiterleitung von Telefongesprächen eingeteilt werden.

Unabhängig davon, ob Sie nun ständig in der Telefonzentrale sitzen oder nur zufällig ans Telefon gehen, sollten Sie immer in der Lage sein, den Kunden auch am Telefon kompetent zu beraten und seine Fragen zu beantworten. Hierbei kann die Beachtung der folgenden Tipps hilfreich sein:

- Informieren Sie sich über die Handhabung des Telefons bzw. der Telefonanlage und üben Sie deren Gebrauch.
- Falls nicht vorhanden, legen Sie sich eine Liste der wichtigsten innerbetrieblichen Rufnummern und Durchwahlen mit den dazugehörigen Namen der Abteilungen und Mitarbeiter an. Auch Informationen über die tägliche Arbeitszeit Ihrer Kollegen kann nützlich sein, damit Sie den Anrufer bei einer Weiterleitung an einen anderen Apparat nicht unnötig warten lassen müssen.
- Eine aktuelle Sortiments- und Preisliste hilft Ihnen, alle diesbezüglichen Fragen Ihrer Kunden zu beantworten.
- Informieren Sie sich über aktuelle Angebote und Sonderaktionen in Ihrem Unternehmen. Legen Sie sich aktuelle Werbung oder Prospekte neben das Telefon, um auch für diese häufige Art der Fragen vorbereitet zu sein.
- Halten Sie entsprechende Formulare bereit, um Bestellungen und Aufträge von Kunden aufzunehmen.
- Eine ausreichende Anzahl von Notizzetteln und Stiften hilft Ihnen, den Namen des Kunden und Informationen aus dem Telefongespräch direkt festzuhalten, ohne dass wichtige Punkte vergessen werden können.
- Ebenso hat sich ein jederzeit griffbereiter Kalender als hilfreich erwiesen, wenn Fragen von Kunden hinsichtlich bestimmter Termine, zum Beispiel zum Eintreffen einer bestellten Ware, erfolgen.
- Nennen Sie, wenn Sie den Hörer abgenommen haben, zunächst den Namen Ihres Unternehmens, danach Ihren Namen und fragen Sie dann, wie Sie dem Kunden weiterhelfen können.
- Bleiben Sie bei allen Telefongesprächen stets freundlich und sachlich. Ein Lächeln beim Telefonieren ist für Ihren Gesprächspartner zwar nicht sichtbar, aber er kann es „hören“.
- Hören Sie dem Kunden aufmerksam zu und wiederholen Sie das Wichtigste.
- Betrachten Sie das Telefon nicht als lästigen Störenfried, sondern als zusätzliche Möglichkeit, Kontakt zu Ihren Kunden aufzubauen.

3.4 Phasen des Verkaufsgesprächs

3.4.1 Begrüßung

Die Begrüßung und die Kontaktaufnahme mit dem Kunden ist für den weiteren Verlauf des Verkaufsgesprächs von entscheidender Bedeutung. Nehmen Sie Ihren Kunden zur Kenntnis, d.h., nehmen Sie bewusst Blickkontakt mit ihm auf! Damit signalisieren Sie dem Kunden, dass Sie ihn willkommen heißen und ihn gern beraten. Sprechen Sie ihn mit freundlicher und kräftiger Stimme an.

3.4.2 Bedarfsermittlung

Sollte der Kunde nicht unaufgefordert seinen Kundenwunsch äußern, versuchen Sie seine Wünsche zu ermitteln. Bei der **direkten Bedarfsermittlung** wird der Kunde durch gezielte Fragen dazu animiert, sich möglichst genau zu seinem Kaufwunsch und zu seiner Vorstellung von der Ware zu äußern. Dies hat den Vorteil, dass Sie dann zügig die passende Ware vorlegen können.

Nutzen Sie bei der direkten Bedarfsermittlung zu Beginn des Verkaufsgesprächs die offene Frageform. **Offene Fragen** dienen der Informationsbeschaffung und fordern Ihren Kunden zu einer ausführlichen Antwort auf. Versuchen Sie, etwas über den Verwendungszweck und das Kaufmotiv Ihres Kunden zu erfahren. Haben Sie im Verlauf des Gesprächs den Kaufwunsch Ihres Kunden eingegrenzt oder ist von vornherein klar, was Ihr Kunde sucht, dann stellen Sie ihm eher **geschlossene Fragen**. Bei geschlossenen Fragen hat der Kunde die Möglichkeit, einfach mit „Ja" oder „Nein" zu antworten. Sie lenken seine Gedanken damit in eine bestimmte Richtung und ersparen ihm das manchmal mühevolle Formulieren seines Einkaufswunsches. Mit geschlossenen Fragen engen Sie den Kaufwunsch weiter ein.

Offene Fragen
(„W-Fragen") sind Informationsfragen: Wer? Wie? Wo? Was? Wann? Wozu? Warum? Wie viel? Welche?

Geschlossene Fragen
sind Kontrollfragen.
Vorsicht: Geschlossene Fragen können das Gespräch abrupt beenden, da der Kunde nichts zu seinem Kaufwunsch äußern muss und dem Verkaufsgespräch aus dem Weg gehen kann.

Bei der **indirekten Bedarfsermittlung** legen Sie Ihrem Kunden ein „Testangebot" vor. Sie konfrontieren ihn also probeweise sehr schnell mit der Ware. Dies setzt voraus, dass der Kunde Sie mit einem gezielten Wunsch angesprochen hat.

3.4.3 Verkaufsargumentation

Im Großhandel werden Ihnen in der Regel Kunden begegnen, die, weil sie gewerbliche Abnehmer sind, relativ genau wissen, was sie wollen und außerdem über gute **Warenkenntnisse** verfügen. Nichtsdestotrotz sollten Sie die Kunden angemessen beraten können und gute Verkaufsargumente bereithalten. Dies gelingt, wenn Sie zum einen selbst über genaue und aktuelle Warenkenntnisse verfügen und zum anderen eine überzeugende Argumentationskette liefern.

Warenkenntnisse
können z. B. erworben werden durch Informationsmaterial der Hersteller, betriebsinterne und -externe Schulungen, aus Fachzeitschriften, dem Internet und aus den Veröffentlichungen von Testergebnissen.

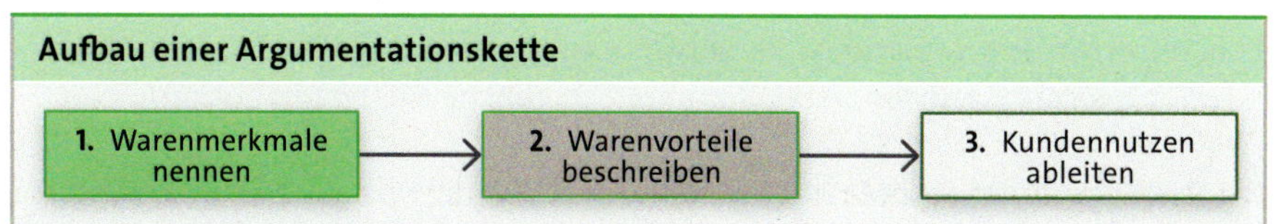

1. Schritt: Warenmerkmale nennen

Warenmerkmal
Eigenschaft der Ware
= warenbezogene Aussage

Die Argumentationsphase eines Beratungsgesprächs beginnt mit einer Aussage über die **Merkmale** der Ware. Sie beziehen sich z. B. auf das Material, die Zusammensetzung, die Verarbeitung oder auf technische Eigenschaften.

Beispiel

Warenmerkmale des Kopierpapiers BPK „Printomax“:
- Format DIN A4, 80 g/m², holzfrei, weiß, matt

2. Schritt: Warenvorteile beschreiben

Warenvorteil
Begründung, warum ein Warenmerkmal für den Kunden vorteilhaft ist
= verwendungsbezogene Aussage

Die Warenmerkmale des Kopierpapiers sind für den Kunden nur dann von Bedeutung, wenn er weiß, welche **Vorteile** mit diesen Merkmalen verbunden sind. Nennen Sie Warenvorteile, aus denen der Kunde erkennt, welche Verwendungsmöglichkeiten der von Ihnen empfohlene Artikel bietet.

Beispiel

Warenvorteil des Kopierpapiers BPK „Printomax“:
- für Laserdrucker und Kleinoffset geeignet

3. Schritt: Kundennutzen ableiten

Kundennutzen
Verbindung zwischen Warenvorteil und Kundenwunsch herstellen = kundenbezogene Aussage

Es kommt zu einem Kaufabschluss, wenn der Kunde überzeugt ist, dass der vorgelegte Artikel für ihn einen persönlichen **Nutzen** hat. Stellen Sie bei der Argumentation einen konkreten Bezug zwischen den genannten Warenvorteilen und dem Nutzen für den Kunden heraus. Greifen Sie den Kundenwunsch in Ihrer Formulierung wieder auf, damit für den Kunden sichtbar wird, dass Sie sich mit seinen Problemen befasst haben.

Beispiel

Kundennutzen des Kopierpapiers BPK „Printomax“:
Verkäufer: „Das Papier ist vielseitig einsetzbar. Sie müssen nicht für jedes Ihrer Geräte eine eigene Papiersorte bereithalten.“

3.4.4 Preisnennung

Solange ein Kunde über eine Ware noch nicht genau Bescheid weiß, ist sie für ihn oft grundsätzlich zu teuer. Durch ein geschickt geführtes Verkaufsgespräch erkennt der Kunde die Vorteile und den Nutzen der Ware, die der Verkäufer ihm nahebringt. Er erkennt das Preis-Leistungs-Verhältnis. Damit der Kunde diese Kosten-Nutzen-Relation erkennt, kann der Verkäufer unterschiedliche Methoden nutzen.

Die Verzögerungsmethode: Fragt ein Kunde nach dem Preis einer Ware, erwartet er eine klare Antwort. Deshalb sollte der Verkäufer die Preisnennung nicht allzu sehr hinauszögern. Trotzdem sollte der Kunde einen guten Eindruck vom Preis-Leistungs-Verhältnis der Ware bekommen.

Beispiel: Verzögerungsmethode

Kunde: „Was kosten diese Türbeschläge?"
Verkäufer: „Sie meinen die Beschläge aus poliertem Messing? Sie sind besonders haltbar und kosten mit 39 Euro nur wenig mehr als die einfacheren Modelle."

Die Sandwichmethode: Hier wird die Nennung des Preises in die Verkaufsargumentation verpackt. Bevor der Verkäufer einen Preis nennt, erklärt er gezielt die Vorteile und Eigenschaften der Ware, um nach der Preisnennung damit fortzufahren.

Beispiel: Sandwichmethode

Kunde: „Was kosten diese Türbeschläge?"
Verkäufer: „Es handelt sich um besonders hochwertige Beschläge aus reinem Messing. Sie kosten 39 Euro und wir verlängern die Garantie fünf Jahre über die gesetzliche Gewährleistung hinaus."

Die Vergleichsmethode: Ohne genauere Informationen über die Qualität der Ware ist für Kunden der Preis oftmals nicht einsichtig, sodass es zu Einwänden gegen den aus ihrer Sicht hohen Preis kommen kann. In diesen Fällen ist das Herausstellen der Vorzüge gegenüber einer preiswerteren Vergleichsware besonders wichtig

Beispiel: Vergleichsmethode

Kunde: „Was kosten diese Türbeschläge?"
Verkäufer: „Diese Türgriffe sind sehr viel länger haltbar als die einfacheren Modelle aus Edelstahl, sodass sich der Kauf dieses hochwertigeren Modells für Ihre Kunden langfristig auszahlt."

3.4.5 Kundeneinwände behandeln

Im Verlauf eines Verkaufsgespräches kann es immer wieder vorkommen, dass der Kunde Einwände gegen Ihre Argumente vorbringt. Hierbei sollten Sie zunächst durch gezieltes Nachfragen feststellen, wogegen sich der Einwand konkret richtet. Bleiben Sie ruhig und sachlich und vermeiden Sie direkten Widerspruch. Geben Sie dem Kunden das Gefühl, dass Sie seinen Einwand ernst nehmen.

Äußert der Kunde konkrete Kritik, z.B. an einem bestimmten Merkmal der Ware, kann das für Sie bei der Fortführung des Gesprächs sehr nützlich sein. Je genauer Sie wissen, was Ihrem Kunden nicht gefällt, desto besser können Sie ihn beraten.

Kundeneinwände richten sich häufig gegen einen der folgenden Aspekte:
Eigenschaften der Ware: Die Ware erscheint dem Kunden von nicht geeigneter Qualität oder entspricht hinsichtlich der Farbe, der Größe, des Materials oder der Ausstattung nicht seinen Ansprüchen und Vorstellungen.

Preis: Der Preis ist ein häufiger Ansatzpunkt für Einwände. Meist wird der Preis als zu hoch für die angebotene Qualität oder im Vergleich zum Mitbewerber angesehen. Es kann aber auch vorkommen, dass der Kunde den Preis als zu niedrig ansieht, wenn er der Meinung ist, dass gute Qualität einen hohen Preis voraussetzt.

Personal: Relativ selten sind direkte Einwände gegen das Personal. Gerade Auszubildende und junge Mitarbeiter hören aber manchmal Einwände in Bezug auf ihre fehlende Erfahrung, geringe Beratungskompetenz und den generellen Umgang mit dem Kunden.

Da sich Einwände des Kunden im Laufe des Verkaufsgesprächs nicht vermeiden lassen und oft auch berechtigt sind, ist es für den Verkäufer wichtig zu wissen, wie er auf solche Einwände reagieren kann. Viele **Methoden der Einwandbehandlung** gehen teilweise ineinander über. Im Folgenden finden Sie zwei Methoden, die sich in der Praxis bewährt haben.

Ja-aber-Methode: Im ersten Schritt stimmen Sie dem Kunden zu. Im zweiten Schritt entkräften Sie seinen Einwand mit einem Gegenargument.

Beispiel: Ja-aber-Methode

Kunde: „Das ist aber ein älteres Modell, nicht wahr?"
Verkäufer: „Ja, das stimmt. Aber dafür ist der Preis deutlich reduziert und diese Technik hat sich jetzt schon über viele Jahre gut bewährt."

Rückfragemethode (Gegenfragemethode): Gewinnen Sie ein wenig Zeit und stellen Sie dem Kunden bezüglich seines Einwandes eine Frage. Mithilfe der dadurch erhaltenen Informationen können Sie sich Argumente überlegen, die den Einwand des Kunden entkräften.

Beispiel: Rückfragemethode

Kunde: „Diese Bioprodukte sind doch alle nicht lange haltbar."
Verkäufer: „Wie lange wollen Sie denn diesen Biokäse aufbewahren?"
Kunde: „Na, ein paar Tage sollte er schon halten."
Verkäufer: „Das ist überhaupt kein Problem. Wenn Sie den Käse hier in diesem speziellen Verpackungspapier lassen, können Sie ihn im Kühlschrank ohne Probleme vier bis fünf Tage aufbewahren."

3.4.6 Ergänzungsangebote

In jedem Verkaufsgespräch sollte der Verkäufer daran denken, Ergänzungsangebote zu unterbreiten. Hierbei handelt es sich um Artikel, die den eigentlichen Hauptkauf sinnvoll ergänzen oder vervollständigen. Aber es können auch Artikel sein, die zur Lösung von Kundenproblemen beitragen, die im Laufe des Verkaufsgespräches deutlich wurden.

Notwendige Ergänzungsartikel sind Artikel, ohne die der jeweilige Hauptkauf nicht funktioniert. Solche Artikel sollten dem Kunden zusammen mit dem Hauptartikel auf jeden Fall mit angeboten werden.

Hauptartikel und notwendige Ergänzungsartikel	
Spielkonsole	Spiel
Digitalkamera	Speicherkarte
Espressomaschine	Kaffee
Drucker	Papier

Sinnvolle Ergänzungsartikel erweitern, erleichtern oder verbessern den Gebrauch des Hauptartikels, sind aber für die Funktion des Hauptartikels nicht zwingend notwendig.

Hauptartikel und sinnvolle Ergänzungsartikel	
Schuhe	Schuhcreme
Handy	Handytasche
Kamera	Stativ

Notwendige und sinnvolle Ergänzungsartikel stehen mit ihrem Verwendungszweck in einem engen Zusammenhang mit dem Hauptartikel. Darüber hinaus gibt es aber auch Ergänzungsangebote, die nicht unbedingt mit dem eigentlichen Hauptkauf im Zusammenhang stehen. Diese „verdeckten" Ergänzungsangebote lösen ein Problem, das der Kunde im Laufe des Verkaufsgespräches erwähnt hat. Der Verkäufer sollte dieses Problem entdecken und von sich aus eine geeignete Lösung anbieten, wenn er einen passenden Artikel im Sortiment hat.

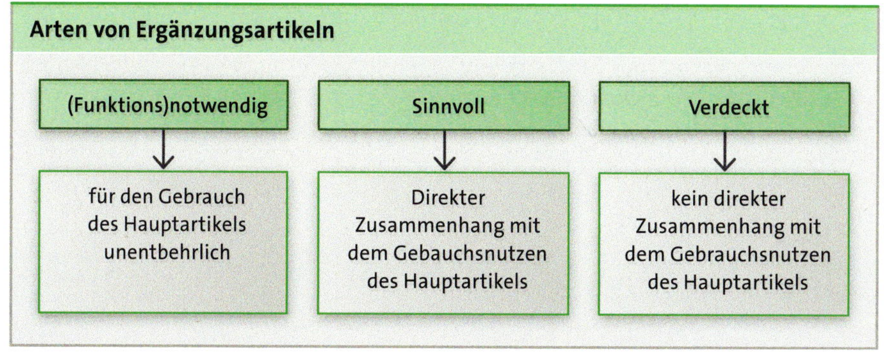

3.4.7 Serviceleistungen

Servicefunktion des Großhandels
▶ LF 1, Kap. 2.3

Serviceleistungen sind Dienstleistungen, die der Kunde vor, während oder nach dem Kauf in Anspruch nehmen kann. Sie können den Gebrauchswert der Ware verbessern, dem Kunden einen bequemeren Einkauf ermöglichen oder ihm zu einem finanziellen Spielraum verhelfen. Diese zusätzlichen Leistungen werden immer bedeutsamer, denn mit ihnen kann sich der Großhändler von der Konkurrenz abheben, ein eigenes Profil gewinnen und die Kundenbindung verstärken. Weiß ein Kunde den Service des Hauses zu schätzen, kommt er wahrscheinlich wieder, und das ist für den Großhändler überlebenswichtig.

Welche Serviceleistung einem Kunden angeboten wird, hängt von seinen spezifschen Bedürfnissen ab. Man unterscheidet fünf Kategorien von Serviceleistungen.

Serviceleistungen

Auf **Informationen** gerichtet, z. B.:
- Beratung, Kundeninformation
- kostenlose Kataloge
- telefonische Bestellannahme
- Internetseite

Auf den **Transport** gerichtet, z. B.:
- Anlieferung der Ware
- Abholung und Entsorgung von Altgeräten

Auf den **Kunden** gerichtet, z. B.:
- Kinderbetreuung
- Wasserspender
- Restaurant/Cafeteria
- (kostenfreie) Parkmöglichkeiten
- Wickelraum
- Sitzecke bei den Umkleidekabinen

Auf die **Ware** gerichtet, z. B.:
- Änderungsservice bei Textilien
- Aufstellen bzw. Montage von Möbeln
- Installation/Reparatur elektrischer und elektronischer Geräte
- Verpackung als Geschenk
- Versandservice

Auf die **Zahlung** gerichtet, z. B.:
- Kreditgewährung (Ratenzahlung)
- Kreditkartenzahlung
- Kundenkreditkarte
- Zahlung auf Rechnung

Die Serviceleistungen des Großhändlers lassen sich während des Verkaufsgesprächs als **zusätzliches Verkaufsargument** nutzen. Neben dem Nutzen der Ware sollte deshalb auch das Serviceangebot in das Verkaufsgespräch einfließen.

3.4.8 Verabschiedung

Der erste Eindruck, den der Kunde vom Verkäufer bekommt, ist sicherlich ein entscheidender. Aber ein guter erster Eindruck kann durch einen schlechten letzten Eindruck zunichtegemacht werden. Der Verkäufer hat dann keine Chance mehr, diesen letzten Eindruck auszugleichen.

Auch für die Verabschiedung gelten die elementaren Regeln der Höflichkeit. Die Verabschiedung sollte zwei Elemente umfassen. Für die eigentliche Verabschiedung bietet sich eine situations- oder personenbezogene Formulierung an. Daran anschließen sollte sich ein Dank an den Kunden für seinen Besuch bzw. für seinen Einkauf.

Beispiel

Situationsbezogene Verabschiedung: „Ich wünsche Ihnen ein frohes Osterfest!", „Noch einen schönen Feierabend".
Personenbezogene Verabschiedung: „Viel Spaß mit dem neuen Gerät."

Bei der Verabschiedung ist außerdem zu beachten:

- Wie im gesamten Verkaufsgespräch sollten Sie sich natürlich verhalten und übertriebene Formulierungen vermeiden, wie z. B. „Vielen Dank, gnädige Frau, und beehrten Sie uns bald wieder".
- Unabhängig vom Kunden und dessen Erscheinung (Alter, Kleidung, gesellschaftliche Stellung) sollten Sie stets höflich und freundlich sein.
- Ist Ihnen der Name des Kunden bekannt, verabschieden Sie sich namentlich von ihm.

Alles klar?

1 Unterscheiden Sie verbale und nonverbale Kommunikation.

2 Nennen Sie drei Gesprächsstörer und drei Gesprächsförderer.

3 Erklären Sie, was man unter aktivem Zuhören versteht.

4 Beschreiben Sie die drei Phasen des ersten Eindrucks.

5 Erläutern Sie, was man unter Distanzzonen versteht.

6 Unterscheiden Sie Gestik und Mimik.

7 Geben Sie fünf Tipps für kundenorientiertes Telefonieren.

8 Nennen Sie die Phasen des Verkaufsgespräches.

9 Erklären Sie, worauf es bei der Begrüßung eines Kunden ankommt.

10 Unterscheiden Sie die direkte und indirekte Bedarfsermittlung.

11 Um welche Frageart handelt es sich jeweils?
- **a)** Welche Farbe sollen die Schuhe haben?
- **b)** Soll das Parfüm als Geschenk verpackt werden?
- **c)** Wollen Sie ein Geschirr aus Steingut haben?
- **d)** Für wen ist das Geschenk gedacht?

12 Beschreiben die folgenden Aussagen ein Warenmerkmal oder einen Warenvorteil?
- **a)** Der Apfel stammt aus biologischem Anbau.
- **b)** Mit dem Verzehr dieses Apfels nimmt man keinerlei Giftstoffe auf.
- **c)** Der Apfel stammt aus der Region, in der er verkauft wird.
- **d)** Da der Apfel nicht über weite Strecken transportiert wurde, ist die Umwelt nicht übermäßig durch Abgase belastet worden.

13 Erläutern Sie den Zusammenhang „Warenmerkmal", „Warenvorteil" und „Kundennutzen" an einem selbstgewählten Beispiel.

14 Nennen Sie zwei Methoden der Preisnennung und bilden Sie jeweils ein Beispiel aus Ihrem Ausbildungsbetrieb.

15 Gegen wen oder was können sich Kundeneinwände richten?

16 Nennen Sie zwei Methoden der Einwandbehandlung und bilden Sie jeweils ein Beispiel aus Ihrem Ausbildungsbetrieb.

17 Unterscheiden Sie sinnvolle und notwendige Ergänzungsangebote und bilden Sie jeweils ein Beispiel.

18 Nennen Sie fünf verschiedene Serviceleistungen, die der Großhändler seinen Kunden anbieten kann.

19 Erklären Sie, worauf es bei der Verabschiedung eines Kunden ankommt.

20 Unterscheiden Sie die situationsbezogene und die personenbezogene Verabschiedung und bilden Sie jeweils ein Beispiel.

4 Zustandekommen von Kaufverträgen

▶ LS 23, 24

Lernvideo
Der Kaufvertrag

4.1 Die Anfrage

In der Verkaufsabteilung der BPK GmbH ist heute die folgende Anfrage eingegangen.

Anfragen sind rechtlich unverbindlich.

DRUCK + COPY D + C

Druck und Copy GmbH
Am Freistuhl 16
33100 Paderborn

Druck und Copy GmbH · Am Freistuhl 16 · 33100 Paderborn
BPK GmbH
Elberfelder Str. 85
42285 Wuppertal

Posteingang am 22.04.20XX

Ihr Zeichen, Ihre Nachricht vom	Unser Zeichen, unsere Nachricht vom	Telefon, Name	Datum
	ms	05254 123XX-5 Martina Schober	20.04.20XX

Anfrage nach Kopierpapier

Sehr geehrte Damen und Herren,

wir benötigen Kopierpapier, Format DIN A4, 80 g/m², holzfrei, weiß, matt und für Laserdrucker und Kleinoffset geeignet.

Wir gehen zunächst von einer Bedarfsmenge von 300 000 Blatt aus. Bitte senden Sie uns schnellstmöglich ein Angebot unter Angabe Ihrer Zahlungs- und Lieferungsbedingungen und nennen Sie uns Ihren frühestmöglichen Liefertermin.

Mit freundlichen Grüßen

Druck und Copy GmbH

Martina Schober

Martina Schober

Druck und Copy GmbH	Telefon	Geschäftsführung	Bankverbindung	Handelsregister
Am Freistuhl 16 33100 Paderborn	05254 123XX-5 Telefax 05254 123XX-6	Dr. Dieter Deggendorf	HypoUnion Bank Paderborn IBAN: DE64 4726 0307 0987 1234 56 BIC: GENODEM1BKC	Amtsgericht Paderborn HRB 298/1000 USt-Id.-Nr. DE 789400323

Bei der Anbahnung eines Kaufvertrages hat die Anfrage das Ziel, festzustellen, ob und zu welchen Bedingungen mögliche Lieferer die Waren, die beschafft werden sollen, in ihrem Programm führen. Durch Anfragen bei verschiedenen möglichen Lieferern soll eine geeignete Bezugsquelle ermittelt werden. Anfragen sind **rechtlich unverbindlich.**

Bezugsquellenermittlung
▶ LF3, Kap. 4

Anfragen sind an keine Form gebunden.

Durch Anfragen werden neue Geschäftsverbindungen geknüpft sowie bereits in der Liefererstammdatei vorhandene Unternehmen zur Abgabe eines Angebotes aufgefordert. Anfragen sind **an keine Form gebunden,** d.h., sie können schriftlich, mündlich, telefonisch oder auch per E-Mail abgegeben werden.

Man unterscheidet unbestimmte Anfragen, mit denen man sich über allgemeine Liefermöglichkeiten informieren will, und bestimmte, spezielle Anfragen. Bei **unbestimmten Anfragen** fordert man ohne feste Kaufabsicht Kataloge, Muster, Prospekte, Preislisten oder einen Vertreterbesuch an. **Bestimmte Anfragen** dagegen sind konkreter gehalten und beziehen sich auf bestimmte Waren.

Ein Anfrageschreiben sollte den Grund der Anfrage sowie die Angabe der benötigten Ware mit der gewünschten Qualität und Menge enthalten. Weiterhin sollten die Preise sowie die Zahlungs- und Lieferungsbedingungen angefragt und auf den gewünschten Liefertermin hingewiesen werden.

Die Anfrage

- dient der Ermittlung von Bezugsquellen
- ist eine Aufforderung, ein Angebot abzugeben
- hat keine rechtliche Bindung
- bedarf keiner bestimmten Form

unbestimmte Anfrage: fordert allgemeine Informationen über das Sortiment des Adressaten

bestimmte Anfrage: enthält konkrete Angaben für die Erstellung eines Angebots

4.2 Das Angebot

Willenserklärung
▶ LF 2, Kap. 1.6

Ein Angebot ist eine an eine bestimmte Person gerichtete **Willenserklärung (Antrag)** des Verkäufers, unter bestimmten Bedingungen einen Kaufvertrag abzuschließen. Nimmt der Empfänger das Angebot unverändert und fristgerecht an (**Annahme** z.B. durch eine Bestellung), so kommt ein Kaufvertrag zustande. Als Grundlage für den späteren Kaufvertrag sollte das Angebot daher so vollständig und eindeutig wie möglich formuliert sein.

Formvorschriften
▶ LF 2, Kap. 1.7

Die **Inhalte des Angebots** sind die Inhalte des späteren Kaufvertrags
▶ LF 2, Kap. 5.1

Das Angebot ist an **keine bestimmte Form** gebunden, jedoch ist eine schriftliche Form zu empfehlen, um späteren Streitigkeiten vorzubeugen. Ausführliche Angebote beinhalten die folgenden Punkte:

- Art, Güte und Beschaffenheit der Ware
- Liefermenge
- Preis
- Verpackungs- und Transportkosten
- Lieferzeit
- Erfüllungs- und Erfolgsort, Gefahrübergang
- Zahlungsbedingungen
- Eigentumsübertragung
- Gerichtsstand

Ein **unverlangtes Angebot** ist ein Angebot, das der Verkäufer einem Kunden ohne dessen vorherige Anfrage zuschickt. Häufig werden unverlangte Angebote genutzt, um bestehende, aber ruhende Kundenbeziehungen wieder zu aktivieren. Sie dienen aber auch dazu, einen Kunden auf ein neues Produkt oder ein besonderes Angebot des Unternehmens aufmerksam zu machen.

Als Reaktion auf ihre Anfrage erhält der Kunde Druck und Copy GmbH folgendes Angebot der BPK GmbH. Durch die Freizeichnungsklausel „freibleibend“ wird das Angebot unverbindlich.

Ihr Zeichen: ms
Ihre Nachricht vom: 20. April 20XX
Unser Zeichen: is
Unsere Nachricht vom:

Bergisches Papierkontor GmbH . Elberfelder Straße 85 · 42285 Wuppertal
Druck und Copy GmbH
Frau Martina Schober
Am Freistuhl 16
33100 Paderborn

Name: Inge Schneider
Telefon: 0202 123XX-30
Telefax: 0202 123XX-1
E-Mail: inge.schneider@bpkontor.dex

Datum: 22. April 20XX

Freibleibendes Angebot über Kopierpapier, Format DIN A4, 80 g/m², holzfrei, weiß, matt Artikel-Nr. 20142

Sehr geehrte Frau Schober,

wir danken für Ihre Anfrage und unterbreiten Ihnen folgendes freibleibendes Angebot:

Unser Listenverkaufspreis für Kopierpapier der o. g. Spezifikation beträgt 5,85 €/Paket à 500 Blatt; bei Abnahme von 50 Paketen: 4,70 € /Paket; bei Abnahme von 200 Paketen: 4,30 € /Paket.

Die Lieferung erfolgt frei Haus per Lkw. Die Lieferzeit beträgt zwei Tage, das Zahlungsziel beträgt 30 Tage netto Kasse oder 10 Tage abzüglich 3 % Skonto. Bis zur vollständigen Bezahlung bleibt die gelieferte Ware unser Eigentum.

Erfüllungsort und Gerichtstand ist für beide Vertragspartner der Ort des Lieferers. Im Übrigen gelten die Bestandteile unserer allgemeinen Geschäftsbedingungen. Für Rückfragen stehen wir jederzeit gern zur Verfügung.

Mit freundlichen Grüßen

Bergisches Papierkontor GmbH

i. A. *Inge Schneider*

Inge Schneider

Anlage
Allgemeine Geschäftsbedingungen der BPK GmbH

Bergisches Papierkontor GmbH
Elberfelder Straße 85
42285 Wuppertal

Telefon 0202 1236XX-0
Telefax 0202 1236XX-1
E-Mail info@bpkontor.dex

Bankverbindungen
TopBank Wuppertal
IBAN DE24 1001 0700 0060 0521 98
BIC TOPBWUDE729
Vereinsbank Nordwest
IBAN DE28 9003 0300 0180 0643 03
BIC VBNWDEFFXXX

Handelsregister
Amtsgericht Wuppertal
HRB 500 86/314

Steuer-Nr. 131/0878/6678
USt.-Id.-Nr. DE 145777987

Geschäftsführer
Dr. Peter Schönhauser

Gesellschafter
Hubertus Oberberg
Rita Oberberg
Renate Roskamp

Keine Angebote im rechtlichen Sinne sind unverlangte Preislisten, Werbeanzeigen, Proben sowie Schaufensterauslagen und Produktdarstellungen in Webshops. Sie richten sich an die Allgemeinheit und gelten nur als Aufforderung zum Kauf. Sie werden auch **Anpreisungen** genannt. Hierbei fordert der Anbietende den potenziellen Kunden auf, seinerseits einen Antrag zu unterbreiten.

Bindung an das Angebot

Bindung an den Antrag
§ 145 BGB

Unter rechtlichen Gesichtspunkten gilt ein Angebot als **Antrag**, an den der Antragende gebunden ist. Der Kunde kann also darauf bestehen, dass der Anbieter ihm die Ware oder Dienstleistung so zur Verfügung stellt, wie er diese angeboten hat.

Ein unverbindliches Angebot ist kein Antrag.

Die Bindung an ein Angebot kann jedoch durch sogenannte **Freizeichnungsklauseln** ganz oder teilweise ausgeschlossen werden. Gänzlich unverbindlich wird ein Angebot z. B. durch den Zusatz „Angebot freibleibend" oder „ohne Gewähr". Mit Zusatz der Klausel „nur solange der Vorrat reicht" ist nur der Preis, nicht aber die Menge verbindlich. Der Hinweis „Preis freibleibend" bindet den Anbieter umgekehrt an die Menge, nicht aber an den Preis seines Angebotes.

Bestimmung einer Annahmefrist
§ 148 BGB

Der Anbieter kann für die Gültigkeit seines Angebotes **eine Frist setzen**. Nach Ablauf dieser Frist ist er an das Angebot nicht mehr gebunden. Wird einem Kaufinteressenten in dessen **Anwesenheit** ein Angebot unterbreitet, ist es nur für die Dauer des Gesprächs bindend. Anwesenheit bedeutet dabei, dass Kunde und Verkäufer persönlich oder telefonisch miteinander sprechen. Wird einem Kunden dagegen in dessen Abwesenheit ein Angebot unterbreitet, gilt es nur so lange, wie der Empfänger unter gewöhnlichen Umstanden braucht, um es auf gleichem Wege zu beantworten. Übliche Fristen sind z. B. für Briefe sieben Tage und für Faxe oder E-Mails zwei Tage.

verspätete und abändernde Annahme
§ 150 BGB

§ 130 BGB

Es besteht **keine Bindung** mehr an ein Angebot, wenn

- das Angebot nach Ablauf der gesetzten Frist angenommen wurde, da die verspätete Annahme als neuer Antrag gilt,
- das Angebot abgeändert oder erweitert wurde, da dies ebenfalls als neuer Antrag gilt,
- das Angebot rechtzeitig widerrufen wurde. Dazu muss der Widerruf vor oder spätestens gleichzeitig mit dem Angebot beim Käufer eintreffen.

Das Angebot
• an eine bestimmte Person gerichtete Willenserklärung (Antrag) • bedarf keiner bestimmten Form • rechtlich bindend (Ausnahmen: Freizeichnungsklausel, Fristsetzung, gesetzliche Annahmefristen)
unverbindliches Angebot • kein Antrag, keine rechtliche Bindung • Aufforderung an den Empfänger, seinerseits einen Antrag abzugeben
verlangtes Angebot Angebot an einen Kunden auf dessen Anfrage
unverlangtes Angebot Angebot ohne vorherige Kundenanfrage (z. B. zur Aktivierung „ruhender" Kundenbeziehungen)

Zusendung unbestellter Ware

Die Zusendung unbestellter Ware ist als Angebot zu verstehen. Hierbei muss man unterscheiden, ob der Empfänger der Ware ein Kaufmann oder ein Nichtkaufmann ist, da so entweder das BGB oder das HGB Anwendung findet. Für den Adressaten der unbestellten Leistung besteht weder eine Annahme- noch eine Rücksendungspflicht für die Ware. Ist der Empfänger der Ware ein **Nichtkaufmann**, ist sein **Schweigen als Ablehnung** des Angebotes zu interpretieren.

Schweigen auf ein Angebot
§ 241a BGB
§ 362 HGB

Bei einem **Kaufmann** mit bereits vorhandenen geschäftlichen Kontakten zum Absender gilt **Schweigen als Annahme** des Angebotes. Der Kaufmann muss das Angebot unverzüglich ablehnen und die Ware auf Kosten des Absenders aufbewahren. Die Pflicht, die Ware zurückzusenden, entfällt.

Der Kaufvertrag

Ein Kaufvertrag kommt durch zwei übereinstimmende Willenserklärungen zustande. Eine Vertragspartei macht einen **Antrag**, den die andere Vertragspartei unverändert und fristgemäß annimmt (**Annahme**). Nimmt ein Käufer also ein verbindliches Angebot an, kommt ein Kaufvertrag zustande.

Ein unverbindliches Angebot ist hingegen kein Antrag. Bestellt der Käufer aufgrund eines unverbindlichen Angebots, gilt die Bestellung als Antrag, den der Verkäufer erst annehmen muss, bevor ein Kaufvertrag zustande kommt. Gleiches gilt für Bestellungen, die das Angebot abändern oder nicht fristgemäß erfolgen.

Die folgende Übersicht zeigt verschiedene Möglichkeiten, wie ein Kaufvertrag zustande kommen kann.

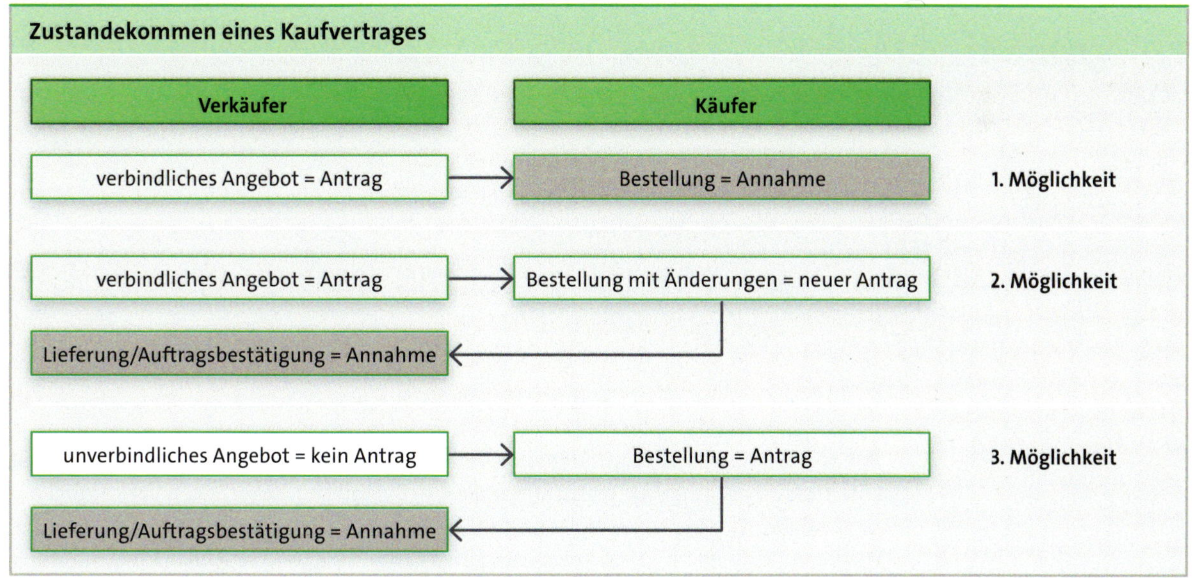

4.3 Bestellung und Bestellungsannahme

Bestellungen sind rechtlich bindend.

DRUCK + COPY

Druck und Copy GmbH
Am Freistuhl 16
33100 Paderborn

Druck und Copy GmbH · Am Freistuhl 16 · 33100 Paderborn
BPK GmbH
Frau Inge Schneider
Elberfelder Str. 85
42285 Wuppertal

Posteingang am 26.04.20XX

Ihr Zeichen, Ihre Nachricht vom	Unser Zeichen, unsere Nachricht vom	Telefon, Name	Datum
is, 22.04.20XX	ms, 20.04.20XX	05254 123XX-5 Martina Schober	25.04.20XX

Bestellung A-497
Kopierpapier, Artikel-Nr. 20142

Sehr geehrte Frau Schneider,

wir beziehen uns auf Ihr Angebot vom 22.04.20XX und bestellen 600 Pakete à 500 Blatt Kopierpapier, Artikel Nr. 20142.

Ihre Zahlungs- und Lieferbedingungen haben wir zur Kenntnis genommen. Auch mit den Bestandteilen Ihrer allgemeinen Geschäftsbedingungen sind wir einverstanden.

Wir bitten Sie, die Lieferzeit von zwei Tagen einzuhalten, und hoffen auf eine gute Geschäftsbeziehung.

Mit freundlichen Grüßen

Druck und Copy GmbH

i. A. M. Schober

Martina Schober

Druck und Copy GmbH	Telefon	Geschäftsführung	Bankverbindung	Handelsregister
Am Freistuhl 16 33100 Paderborn	05254 123XX-5 Telefax 05254 123XX-6	Dr. Dieter Deggendorf	HypoUnion Bank Paderborn IBAN: DE64 4726 0307 0987 1234 56 BIC: GENODEM1BKC	Amtsgericht Paderborn HRB 298/1000 USt-Id.-Nr. DE 789400323

Mit Abgabe der Bestellung erklärt sich der Käufer bereit, die Waren zu den im Angebot vereinbarten Bedingungen abzunehmen. **Die Bestellung ist rechtlich verbindlich.**

Wirksamwerden der Willenserklärung:
§ 130 BGB

Die Bestellung ist an keine Formvorschrift gebunden, wird jedoch zur Vermeidung späterer Schwierigkeiten meistens in schriftlicher Form aufgegeben. Bei eventuell auftretenden Rechtsproblemen dient sie dann als Nachweis bzw. als Beleg. Die Bestellung wird in dem Augenblick wirksam, in dem sie beim Verkäufer eintrifft. Soll eine aufgegebene Bestellung noch widerrufen werden, so muss dieser Widerruf vor bzw. spätestens gleichzeitig mit der Bestellung beim Verkäufer eintreffen.

Hinsichtlich der rechtlichen Wirkung unterscheidet man zwischen

- **Bestellungen als Annahme eines Antrages:** Die Bestellung folgt in allen Punkten einem vorausgegangenen verbindlichen Angebot. Sie sollte sich auf alle dort vereinbarten Einzelheiten beziehen. In diesem Fall kommt durch die Bestellung ein Kaufvertrag zustande.
- **Bestellungen als Antrag:** Die Bestellung erfolgt mit abgeänderten Angebotsbedingungen, nach Ablauf der Angebotsfrist, ohne vorheriges Angebot oder auf ein unverbindliches Angebot hin. In diesen Fällen sollte die Bestellung alle üblichen Bestandteile eines Angebotes enthalten. Sie gilt als Antrag seitens des Käufers, der Verkäufer kann sie durch eine Auftragsbestätigung oder die Lieferung der bestellten Ware annehmen.

Angebot
▶ LF 2, Kap. 4.2

vgl. Grafik „Zustandekommen eines Kaufvertrages“, siehe S. 157

Auftragsbestätigung (Bestellungsannahme)
Eine Auftragsbestätigung braucht **nicht erteilt** zu werden, wenn durch die Bestellung ein Angebot unverändert angenommen wurde.

Eine Auftragsbestätigung **sollte erteilt werden,** wenn

- sich der Lieferzeitpunkt verzögert,
- eine mündliche oder telefonische Bestellung wiederholt werden soll, um Missverständnissen vorzubeugen,
- ein Kunde erstmals bestellt,
- die Bestellung sehr umfangreich ist,
- der Kunde ausdrücklich eine Bestätigung wünscht.

In diesen Fällen werden Irrtümer im Vorfeld vermieden.

Eine Auftragsbestätigung **muss erteilt werden,** wenn

- das Angebot abgeändert wurde,
- das Angebot verspätet angenommen wurde,
- das Angebot freibleibend war,
- der Käufer nach einem Widerruf des Angebotes bestellte.

verspätete und abändernde Annahme (eines Antrags):
§ 150 BGB

Bindung an den Antrag:
§ 145 BGB

In diesen Fällen waren die Bestellungen nur Anträge.

Die Bestellungen werden in der Verkaufsabteilung mit laufenden Nummern versehen und im Warenwirtschaftssystem als offene Bestellung gespeichert. Dies dient der späteren Terminüberwachung.

Bestellung und Bestellungsannahme	
Bestellung	• Willenserklärung des Käufers • rechtlich bindend (Antrag oder Annahme) • bedarf keiner bestimmten Form
Bestellungsannahme (Auftragsbestätigung)	• Willenserklärung des Verkäufers • bedarf keiner bestimmten Form • unter der Voraussetzung zwingend, dass ein Antrag des Käufers angenommen werden soll
Kaufvertrag	• kommt durch zwei übereinstimmende Willenserklärungen (Antrag und Annahme) zustande

4.4 Auftragsabwicklung mithilfe eines Warenwirtschaftssystems

4.4.1 Annahme des Auftrages

Bevor Frau Schneider die Bestellung annimmt, prüft sie die Lieferwilligkeit und die Lieferfähigkeit der Bergischen Papierkontor GmbH gegenüber der Druck und Copy GmbH.

Lieferwilligkeit
Zunächst prüft Frau Schneider, ob die BPK überhaupt an die Druck und Copy GmbH liefern will. Entscheidend ist für sie, dass die Druck und Copy GmbH die Papierlieferung bezahlen kann – also die **Bonität** des Kunden. Frau Schneider holt zur Prüfung der Bonität Auskünfte bei **Auskunfteien** ein. Die Auskunfteien haben sie darüber informiert, für welchen Betrag der Kunde „gut ist". Diesen Betrag trägt sie für zukünftige Abfragen in die Kundendatei ein.

Bonität
(lat.) bonus = gut

wichtige Auskunfteien
z. B. Verein Creditreform, Schimmelpfennig

Frau Schneider weiß nun, dass die Druck und Copy GmbH für 8.000 Euro „gut ist". Dieser Betrag wird auch als **Kreditlimit** bezeichnet. Die Anfragen bei den Auskunfteien werden in regelmäßigen Abständen wiederholt und das Kreditlimit entsprechend aktualisiert.

46001 Druck und Copy – Debitorenkarte

Allgemein | Kommunikation | Fakturierung | Zahlung | Lieferung

Nr.	46001	Suchbegriff	Druck und Copy
Name	Druck und Copy GmbH	Saldo (MW)	0,00
Name 2		Kreditlimit (MW)	8.000,00
Adresse	Am Freistuhl 16	Verkäufercode	SNI
PLZ Code/Ort	33100 Paderborn	Gesperrt	☐
Ländercode	DE	Korrigiert am	26.04.XX
Telefonnr.	05254 123XX-5		
Kontakt	Martina Schober		

Kundendaten Druck und Copy GmbH

Die vorliegende Bestellung über 600 Pakete (120 Kartons) Kopierpapier hat den Gesamtwert von 2.580 Euro zzgl. Umsatzsteuer, sodass Frau Schneider den Auftrag bedenkenlos annehmen kann. Zudem ist Frau Schneider die gute Zahlungsmoral des Kunden bekannt. Neben der Bonität hängt die Lieferwilligkeit eines Unternehmens auch von der **Wirtschaftlichkeit** des Auftrages ab. Dafür werden oft Mindestbestellmengen festgelegt. Liegt das Auftragsvolumen über der Mindestbestellmenge (z.B. Stück oder Kartons), so ist der Auftrag wirtschaftlich. In unserem Beispiel sind beide Voraussetzungen erfüllt. Die BPK GmbH ist lieferwillig.

Umsatzsteuer
▶ LF 4, Kap. 6

Lieferfähigkeit
In einem nächsten Schritt überprüft Frau Schneider, ob die BPK lieferfähig ist. Dazu führt sie im Artikelbereich mittels des Warenwirtschaftssystems eine **Verfügbarkeitsprüfung** durch.

Beispiel: Verfügbarkeitsprüfung für den Artikel Nr. 20142

	Aktueller Lagerbestand (26. April)	6 Paletten
–	Reservierungen für bereits angenommene Kundenaufträge	4 Paletten
+	angemeldete Lieferungen (27. April morgens)	3 Paletten
–	Sicherheitsbestand (für unvorhersehbare Vorkommnisse, z. B. Lieferausfall)	2 Paletten
=	**verfügbarer Lagerbestand**	**3 Paletten**

Die Bergische Papierkontor GmbH ist am 27. April, also einen Tag nach Eingang der Bestellung, lieferfähig. Der verfügbare Lagerbestand reicht aus, um den Auftrag auszuführen. In einem letzten Schritt überprüft Frau Schneider die in der Bestellung angegebenen Konditionen. Sie stellt fest, dass die Druck und Copy GmbH mit der Bestellmenge von drei Paletten (120 Kartons) tatsächlich in der günstigsten Stufe der Preisstaffel liegt. Telefonisch stimmt sie jetzt den Liefertermin 27. April mit der Druck und Copy GmbH ab und bestätigt die Annahme des Auftrages.

schriftliche Auftragsbestätigung
▶ LF 2, Kap. 4.3

4.4.2 Auftragserfassung

Die Erfassung des Auftrages geschieht bei der BPK GmbH ebenfalls mithilfe des betriebsinternen **Warenwirtschaftssystems.** Der Geschäftsführer Dr. Schönhauser hat das Warenwirtschaftssystem eingeführt, um

- die betrieblichen Arbeitsabläufe zu rationalisieren, indem die Daten nur einmal da erfasst werden, wo sie zuerst anfallen,
- aktuelle Informationen über alle Warenbewegungen und -bestände jederzeit verfügbar zu machen,
- Belege automatisch zu erstellen,
- die erfassten Daten zur Weiterverarbeitung in anderen Abteilungen, z. B. in der Buchhaltung, zur Verfügung zu stellen,
- die erfassten Daten automatisch zu Kennzahlen zu verdichten, mit denen das Unternehmen gesteuert werden kann.

Warenwirtschaftssystem
computergestütztes Informations- und Steuerungssystem, das den Weg der Ware vom Lieferanten durch das Großhandelsunternehmen bis zum Käufer abbildet.
▶ LF 2, Kap. 4.6

Aufgaben der Buchführung
▶ LF 4, Kap. 13

Kennzahlen
▶ LF 4, Kap. 12

Bei der Auftragserfassung wird zunächst eine laufende Auftragsnummer vergeben. Über die Funktionstaste in der Erfassungsmaske übernimmt Frau Schneider dann die Kundendaten aus der Kundendatei in die Auftragsdatei. Bei einem neuen Kunden, mit dem eine längerfristige Geschäftsbeziehung geplant ist, legt sie die Stammdaten neu an und übernimmt sie dann in die Auftragserfassung. Die Auftragsdaten zum bestellten Artikel übernimmt Frau Schneider aus der Artikeldatei. Ging der Bestellung ein Angebot voraus, kann Frau Schneider die entsprechenden Daten auch aus der Angebotsdatei übernehmen. Ergänzt werden Liefertermin und die Auftragsmenge. Der Gesamtwert des Auftrages wird automatisch errechnet.

Stammdaten
▶ LF 2, Kap. 4.6.3

Artikeldatei
▶ LF 3, Kap. 4.1

Frau Schneider hat den Auftrag als Einzelauftrag erfasst. Bestellt ein Kunde jedoch regelmäßig in kurzer Folge, erfasst sie den Auftrag als **Sammelauftrag.** Das erleichtert die Planung der Auftragsausführung und ermöglicht es, dem Kunden günstigere Konditionen einzuräumen.

46001 Druck und Copy – Debitorenkarte

Allgemein | Kommunikation | Fakturierung | Zahlung | **Lieferung**

Nr.	416	Buchungsdatum	26.04.XX
Verk. an Deb.-Nr.	46001	Auftragsdatum	26.04.XX
Verk. an Kontaktnr.		Belegdatum	25.04.XX
Verk. an Name	Druck und Copy GmbH	Gewünschtes Lieferdatum	27.04.XX
Verk. an Name 2		Zugesagtes Lieferdatum	27.04.XX
Verk. an Adresse	Am Freistuhl 16	Externe Belegnummer	
Verk. an PLZ Code/Ort	33100 Paderborn	Verkäufercode	SNI
Verk. an Kontakt	Martina Schober	Zuständigkeitseinheiten	
Anz. archivierter Versi	0	Status	Freigegeben

Art.-Nr.	Beschreibung	Menge	Einheiten ...	VK-Preis ohne MwSt.	Zeilenbetrag
20142	Kopierpapier Printomax	600	Paket 500 Bl.	4,30	2.580,00

Auftrag ▼ | Zeile ▼ | Funktion ▼ | Buchen ▼ | Drucken | Hilfe

Auftragserfassung im Warenwirtschaftssystem

Eine **Protokollierung** der erfassten Aufträge erfolgt im Auftragseingang automatisch. Die Daten sind jetzt jeder Abteilung im Betrieb zugänglich, die zugriffsberechtigt ist.

Die Mitarbeiter in der Einkaufsabteilung werden beispielsweise darüber informiert, dass der verfügbare Lagerbestand des Artikels aktuell bei nur noch drei Paletten liegt und sie dringend nachbestellen müssen. Die Lagerhaltung und der Versand werden darüber informiert, dass am 27. April drei Paletten Printomax angeliefert werden, die noch am selben Tag an die Druck und Copy GmbH versendet werden müssen. Die Geschäftsführung kann sich jederzeit über den aktuellen Gesamtauftragsbestand informieren. Die erfassten Daten bilden die Grundlage für unternehmerische Entscheidungen.

Auftragsbestätigung
▶ LF 2, Kap. 4.3

Im Anschluss an die Auftragserfassung wird dem Kunden in der Regel eine **schriftliche Auftragsbestätigung** übermittelt. Da die Lieferung an die Druck und Copy GmbH jedoch schon am nächsten Tag erfolgen soll, beschränkt sich Frau Schneider in diesem Fall auf eine telefonische Bestätigung des Auftrages.

In einem **integrierten Warenwirtschaftssystem** findet ein direkter Datenaustausch zwischen Großhändler und Kunde bzw. Lieferant statt. Der Informationsaustausch ist dabei konkurrenzlos schnell und kostensparend, weil die Mehrfacherfassung der Daten vermieden wird. Frau Schneider würde beispielsweise per EDV den Auftrag der Druck und Copy GmbH erhalten und könnte ihn nach Prüfung der Lieferwilligkeit und Lieferfähigkeit, also nur wenige Minuten später, bestätigen. Entfallen würde für sie auch das Anlegen der Auftragsdatei, da sie die per EDV übermittelten Daten per Mausklick übernehmen kann.

4.5 Auftragsbearbeitung und Lieferung der Ware

schriftliche Auftragbestätigung
▶ LF 2, Kap. 4.3

Das Warenwirtschaftssystem kann folgende Belege automatisch erstellen:
- Auftragsbestätigung
- Lagerbelege
- Lieferschein in mehrfacher Ausfertigung
- Ausgangsrechnung

Anhand der **Lagerbelege** stellen die Lagerarbeiter den Auftrag zusammen. Über die EDV werden Gewicht und Volumen des Auftrages berechnet, um die Transportkapazität zu disponieren. Da die BPK GmbH alle Lieferungen per LKW frei Haus durchführt, erhält der Kraftfahrer Herr Bunk von der Versandabteilung die Versandpapiere und übernimmt die Auslieferung entsprechend der Tourenplanung.

Der Warensendung wird ein **Lieferschein** beigefügt, der die Ware auf ihrem Weg zum Kunden begleitet (Warenbegleitpapier). Die Angaben auf einem Lieferschein sind nicht gesetzlich vorgeschrieben und variieren in der Praxis stark. Üblicherweise enthält der Lieferschein mindestens folgende Angaben:
- Art, Menge, Artikelnummer und evtl. zum Wert der Ware
- Lieferschein- und Kundennummer
- Bestellnummer und datum
- Lieferdatum bzw. Lieferzeit
- Empfänger (Kunde) und Versender (Lieferer) der Ware

bpk Bergisches Papierkontor GmbH

Bergisches Papierkontor GmbH · Elberfelder Straße 85 · 42285 Wuppertal
Druck und Copy GmbH
Am Freistuhl 16
33100 Paderborn

Lieferschein Nr. 66850

Bearbeiter	Kundennummer	Ihre Bestellung Nr.	vom	Versanddatum
Mehmet Kozan	46001	A-497	25.04.20XX	28.04.20XX
Versandart/Freivermerk LKW/frei Haus		**Verpackungsart** Palette/Karton		

Pos.-Nr.	Artikel-Nr.	Warenbezeichnung	Menge	Mengeneinheit
1	20142	Kopierpapier „Printomax"	600	Pakete à 500 Blatt

Ware erhalten

Ort, Datum, Unterschrift

Bergisches Papierkontor
Elberfelder Straße 85
42285 Wuppertal

Telefon 0202 1236XX-0
Telefax 0202 1236XX-1
E-Mail info@bpkontor.dex

Bankverbindung
TopBank Wuppertal
IBAN DE24 1001 0700 0060 0521 98
BIC TOPBWUDE729

Handelsregister
Amtsgericht Wuppertal
HRB 500 86/314
Steuer-Nr. 131/0878/6678
USt.-Id.-Nr. DE 145777987

Geschäftsführer
Dr. Peter Schönhauser
Gesellschafter
Hubertus Oberberg
Rita Oberberg
Renate Roskamp

Fakturierung
Erstellen der Ausgangsrechnung

Die **Fakturierung** kann auf dreierlei Weise geschehen:

- Bei der **Sofortfakturierung** werden unmittelbar nach der Auftragsbearbeitung Lieferschein und Rechnung gedruckt.
- Bei der **Vorfakturierung** werden vor dem Zusammenstellen des Auftrages Lieferschein und Rechnung erstellt. Dies ist in Fällen notwendig, in denen mit dem Kunden die Zahlung per Vorkasse vereinbart wurde.
- Bei der **Nachfakturierung** wird die Ausgangsrechnung erst nach dem Lieferscheinrücklauf erstellt. So wird z. B. verfahren, wenn dem Kunden das Recht eingeräumt wird, aus einer Lieferung die Waren auszuwählen, die er behalten möchte, und den Rest zurückzuschicken.

Erfassen der Ausgangsrechnung in der Finanzbuchhaltung
▶ LF4, Kap. 8

bpk Bergisches Papierkontor GmbH

Bergisches Papierkontor GmbH · Elberfelder Straße 85 · 42285 Wuppertal

[1] Druck und Copy GmbH
Am Freistuhl 16
33100 Paderborn

[4] **Rechnung Nr. 10248**

Bearbeiter	Kundennummer	Ihre Bestellung Nr.	vom	Rechnungsdatum [2]
Schneider	46001	A-497	25. 04. 20XX	28. 04. 20XX

Versandart/Freivermerk	Verpackungsart	geliefert am [3]
LKW/frei Haus	Palette/Karton	28. 04. 20XX

Pos.-Nr.	Artikel-Nr.	Warenbezeichnung [6]	Menge	Preis/Einheit €	Gesamtpreis €
1	20142	Kopierpapier „Printomax“	600	4,30/Paket a 500 Blatt	2.580,00
				+ 19 % Umsatzsteuer	[7] 20
				Bruttorechnungsbetrag	3.070,20

Bitte überweisen Sie unter Angabe der Rechnungsnummer

Euro	bis	oder Euro [8]	bis
2.978,09	08. 05. 20XX	3.070,20	28. 05. 20XX

Bergisches Papierkontor
Elberfelder Straße 85
42285 Wuppertal

Telefon 0202 1236XX-0
Telefax 0202 1236XX-1
E-Mail info@bpkontor.dex

Bankverbindung
TopBank Wuppertal
IBAN DE24 1001 0700 0060 0521 98
BIC TOPBWUDE729

[5]
Handelsregister
Amtsgericht Wuppertal
HRB 500 86/314
Steuer-Nr. 131/0878/6678
USt.-Id.-Nr. DE 145777987

Geschäftsführer
Dr. Peter Schönhauser
Gesellschafter
Hubertus Oberberg
Rita Oberberg
Renate Roskamp

Gesetzlich vorgeschriebene Bestandteile einer Rechnung sind:

1. Name und Anschrift von Verkäufer und Kunden
2. Ausstellungsdatum
3. Lieferdatum
4. fortlaufende Rechnungsnummer
5. Steuernummer oder Umsatzsteueridentifikationsnummer
6. Menge und Bezeichnung der Ware
7. nach Steuersätzen aufgeschlüsselter Nettowarenwert, Steuersatz und Steuerbetrag
8. im Voraus vereinbarte Skonti und Rabatte

Skonto und Rabatt
▶ LF 2, Kap. 5.1.3

Bei **Rechnungsbeträgen unter 250 Euro (Kleinbetragsrechnungen)** sind Steuernummer und fortlaufende Rechnungsnummer allerdings entbehrlich. Außerdem reichen hier Bruttorechnungsbetrag und Steuersatz aus. In verschiedenen Sonderfällen sind weitere Warenbegleitpapiere erforderlich, z. B. im Außenhandel oder wenn ein Frachtführer bzw. Spediteur mit dem Transport der Ware beauftragt wird.

4.6 Das Warenwirtschaftssystem

Beispiel

In ihren ersten Tagen bei der BPK hatte die Auszubildende Cornelia Gruber Gelegenheit, den Sachbearbeitern in den verschiedenen Abteilungen über die Schulter zu schauen. Dabei ist ihr aufgefallen, dass fast alle Mitarbeiter mit demselben Computerprogramm arbeiten. Außerdem kann man sogar z. B. von der Abteilung Verkauf aus erkennen, was die Mitarbeiter der Einkaufsabteilung in das Programm eingegeben haben. Cornelia fragt sich, wie das funktionieren kann.

4.6.1 Das Warenwirtschaftssystem als Datenbanksystem

Bei einem Warenwirtschaftssystem handelt es sich um ein Datenbanksystem, das zentral die Verwendung der Daten durch viele Anwender bzw. Programme kontrolliert. Das **Datenbanksystem** besteht aus einer Datenbank, einem System von Dateien und einem Datenverwaltungsprogramm.

Mit dem **Datenverwaltungsprogramm** wird der Zugriff auf die Daten, die Abspeicherung und die Änderung der Daten vorgenommen. Es verhindert z. B., dass die Daten eines Kunden doppelt erfasst werden (Redundanz) oder dass Daten in unterschiedlichen Dateien mit verschiedenen Werten existieren (Inkonsistenz).

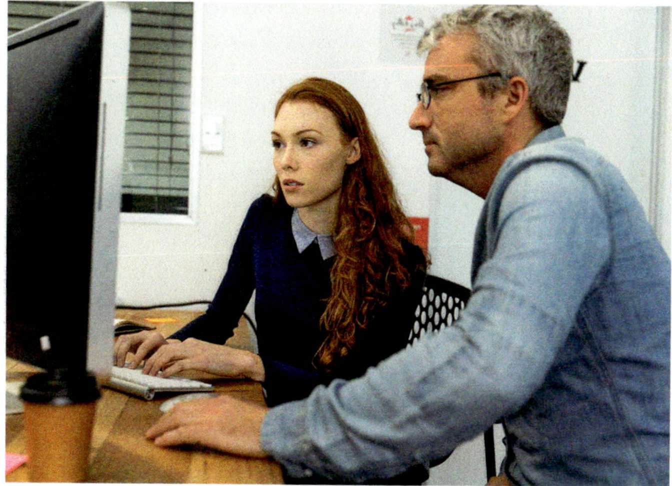

Arbeit mit einem Warenwirtschaftssystem

Jeder Sachbearbeiter kann jederzeit auf bereits vorhandene Datenbestände zurückgreifen. Auf diese Weise erleichtert das Warenwirtschaftssystem die Auftragserfassung, indem der Sachbearbeiter die Basisdaten für den Kunden aus der Kundendatei und für den Artikel aus der Artikeldatei übernimmt. Wurde dem Kunden zuvor ein Angebot gemacht, können die Daten komplett übernommen werden.

Die Daten sind auf einem **Zentralspeicher** abgelegt. Der Einkäufer kann von seinem PC, der mit dem Zentralspeicher und mit den Arbeitsplatzcomputern der anderen Mitarbeiter verbunden ist, beispielsweise die Artikeldatei für die Bearbeitung einer Bestellung nutzen. Die Buchhaltung kann im selben Moment die Zahlungseingänge in der **Debitorendatei** kontrollieren. Über das Netzwerk können verschiedene Anwender auf dieselben Datenbestände zurückgreifen.

Debitor (lat.) Schuldner
Kunde, der Ware auf Kredit bezogen hat

Die **Zugriffsrechte** sind üblicherweise beschränkt, sodass jeder Sachbearbeiter nur auf einen bestimmten Ausschnitt aus dem Datenbanksystem zugreifen kann. Dies ist vor allem bei sensiblen Daten, z. B. aus dem Finanzbereich, wichtig. Außerdem bemerkt das System Dateninkonsistenzen, wenn nur an einer Stelle im System manipuliert wurde.

4.6.2 Aufbau einer Datenbank

Beispiel

Cornelia, die ihren Computer zu Hause nur zum Surfen im Internet, für E-Mails und Videospiele nutzt, ist erstaunt über die vielfältigen Einsatzmöglichkeiten im betrieblichen Alltag. Neugierig geworden, möchte Cornelia genauer wissen, was es mit den Datenbanken auf sich hat.

Dr. Schönhauser verweist Cornelia an Uwe Dittmer, den Computerspezialisten der BPK, der ihr am PC die Datenbank erläutert. Herr Dittmer ruft das **Hauptmenü** der Datenbank auf und zeigt Cornelia eine Übersicht der Dateien, die die Datenbank enthält:

Jede Datei besteht aus mehreren **Datensätzen**. Um Cornelia zu zeigen, was ein Datensatz ist, klickt Uwe Dittmer auf „Debitoren und Verkauf" und erhält über den Button „Debitoren" eine Übersicht über alle Kunden der BPK GmbH. Alle Informationen zu einem Kunden stellen einen Datensatz dar. Ein Datensatz ist vergleichbar mit einer Karteikarte, die für jeden einzelnen Kunden angelegt und in einen Karteikasten eingeordnet wurde. Sortiert sind die Datensätze nach der Kundennummer oder alphabetisch.

Herr Dittmer erklärt, dass jeder Datensatz aus mehreren **Datenfeldern** besteht. Der Datensatz der Druck und Copy GmbH enthält u. a. die Datenfelder Kundennummer und Name. Jedes Datenfeld besteht wiederum aus Zeichen. Das Datenfeld „Kundennummer" enthält die Zeichen „3", „3", „0", „1" und „1".

Die verschiedenen Dateien sind über Datenfelder miteinander verknüpft, sodass man jeweils ohne Zeitaufwand von einer Datei zur nächsten springen kann. Herr Dittmer klickt das Datenfeld „Kundennummer" für die Druck und Copy GmbH an und springt zu dem entsprechenden Datensatz in der Debitorendatei.

BPK GmbH – Debitorenübersicht

	Kd.-Nr.	Name	PLZ Code	Ländercode	Telefonnummer	Kontakt
▶	32 001	Tagesanzeiger	32049	DE	05221 794XX	Felix Selling
	33 001	Druckzentrum Bielefeld	33604	DE	0521 33348XX	Kurt Finkemagel
	33 011	Druck und Copy GmbH	33100	DE	05254 123XX-5	Martina Schober
	40 001	EDV-Zubehörhandel mbH	40595	DE	0211 741310XX	Dirk Thanner
	42 001	Drogerie AG	42107	DE	0202 19904XX	Friedel Seifert
	44 001	Copy Shop	44359	DE	0231 55647XX	Michael Tiemeier
	44 011	Städt. Beschaffungsamt Bochum	44789	DE	0234 90131XX	Sabine Schröder
	45 001	Stadt Essen Beschaffungsamt	45239	DE	0201 1653XX	Lisa Lippens
	45 011	Alldruck GmbH	45657	DE	02361 902XX	Bernd Pollinger
	48 001	Heinrich Kleist Druckerei	48231	DE	02581 440XX	Igor Perlin
	48 001	Klammer & Co Bürobedarf	48155	DE	0251 3483XX	Heribert Tenhumberg
	50 001	Tönnes Druckerei	50674	DE	0221 1432XX	Carla Berghaus
	52 001	Hard- und Software GmbH	52076	DE	0421 57739X	Kurt Roß
	53 001	Bürobedarf August GmbH	53119	DE	0228 9481XX	Helmut Scharff
	54 001	Beska GmbH	10789	DE	030 93618XX	Konstantin Romanos
	59 001	Verlagshaus Bücher OHG	59077	DE	02381 5561XX	Bärbel Holterhoff
	60 001	beslprint Ltd.	WC1H OHX	UK	+44 171 342894XX	Patricia Miller
	61 001	Goed Reclame BV	3581 SL	NL	+31 30 235466X	Harm Boesveld
	62 001	fun & celebration Ltd.	NY 10025-6829	US	+1 221 381759X	Jane Fielding

Debitor ▼ | Verkauf | Hilfe

Ausschnitt aus der Kundenübersicht der BPK GmbH

Durch den Wechsel in die Debitorendatei erhalten Cornelia und Herr Dittmer zusätzliche Informationen über den Kunden. Sie erfahren z. B. Anschrift, Ansprechpartner und dass sein Kreditlimit bei 8.000 Euro liegt.

46001 Druck und Copy – Debitorenkarte

Allgemein | Kommunikation | Fakturierung | Zahlung | Lieferung

Nr.	46001	Suchbegriff	Druck und Copy
Name	Druck und Copy GmbH	Saldo (MW)	0,00
Name 2		Kreditlimit (MW)	8.000,00
Adresse	Am Freistuhl 16	Verkäufercode	SNI
PLZ Code/Ort	33100 Paderborn	Gesperrt	
Ländercode	DE	Korrigiert am	26.04.XX
Telefonnr.	05254 123XX-5		
Kontakt	Martina Schober		

Kundendaten Druck und Copy GmbH

4.6.3 Datenarten

Einteilung	Datenarten	Erläuterung	Beispiele
nach der Veränderlichkeit	Stammdaten	bleiben länger unverändert	Lieferantenanschrift, Kundenanschrift
	Bewegungsdaten	werden häufig verändert	Gesamtumsatz, Saldo
nach dem Gebrauch der Daten im Warenwirtschaftssystem	Ordnungsdaten	dienen dem Ordnen der Informationen	Lieferantennummer, Artikelnummer
	Rechendaten	dienen Berechnungsvorgängen	Menge, Einzelpreis
nach der Verwendung der Daten im Arbeitsprozess	Eingabedaten	werden als Grundlage für nachfolgende Arbeitsprozesse eingegeben	Rabatt zur Berechnung der Einstandspreise
	Ausgabedaten	stellen das Endergebnis des Arbeitsprozesses dar	Belege: Lieferschein, Rechnung Listen: Kunden- und Lieferantenliste

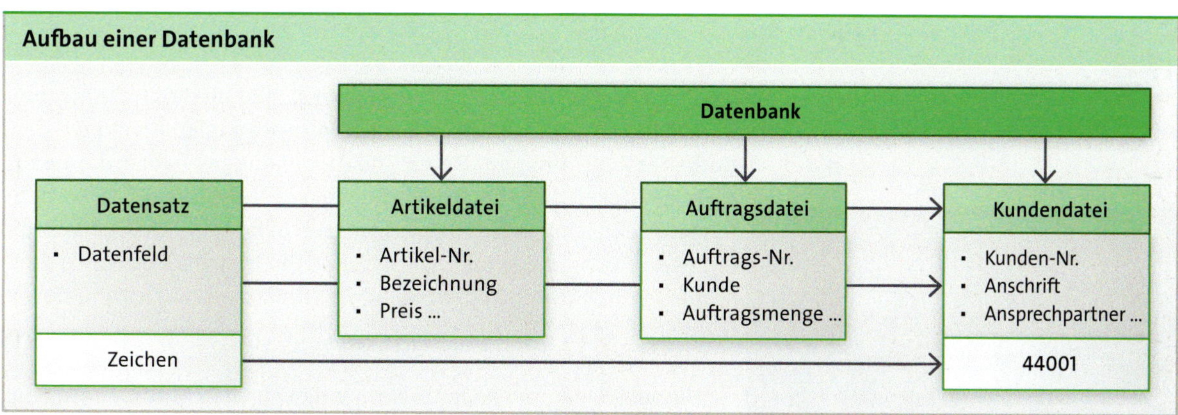

AB ▶ LS 25

4.6.4 Datenschutz und Datensicherheit

Die Begriffe Datenschutz und Datensicherheit werden in der Praxis oft gleichgesetzt, beschreiben aber unterschiedliche Sachverhalte.

Datenschutz sichert die digitale Selbstbestimmung. Hier geht es darum, **personenbezogene Daten** vor unberechtigtem Zugriff zu schützen. Dazu gehören neben dem Namen z.B. das Geburtsdatum, die Telefonnummer oder auch das Gehalt. In der **Datenschutz-Grundverordnung** (EU-DSGVO 2016/679) wird festgelegt, welche Daten erhoben werden dürfen und wie die erhobenen Daten verarbeitet bzw. auch nicht weiterverarbeitet werden dürfen.

Wesentliche Inhalte der Datenschutz-Grundverordnung sind die **Transparenz** der Erhebung und **Informationspflicht** gegenüber den betroffenen Personen über die Verarbeitung sowie das **Recht auf Einsichtnahme und Löschung** der erhobenen persönlichen Daten.

Neben der Verarbeitung von Kundendaten ist der Datenschutz auch für die Personaldaten der eigenen Mitarbeiter hochgradig relevant. Auf jeden Fall müssen die Mitarbeiter, die mit datenschutzrelevanten Daten umgehen, besonders sensibilisiert und geschult werden.

Datensicherheit umfasst alle Maßnahmen, die getroffen werden, um die Daten des Unternehmens vor unzulässigen Zugriffen von außen zu schützen. Solche Zugriffe reichen von Spam-Mails über Schadsoftware (Viren, Würmer, Trojaner u.a.), Datendiebstahl bis hin zu Ereignissen wie Stromausfall oder Blitzeinschlag. Auch vor Fehlbedienung durch das eigene Personal müssen alle relevanten Daten geschützt werden.

Grundsätzlich ist es Aufgabe der Leitungsebene des Unternehmens, für Datensicherheit zu sorgen. Es stehen verschiedene Möglichkeiten zur Verfügung, um Datensicherheit umzusetzen. Hilfreich ist es, die verwendete Software stets aktuell zu halten. Das gilt auch und besonders für **Anti-Viren-Programme und Firewalls**. **Spam-Filter** schützen nicht nur vor unerwünschtem „Datenmüll", sondern verringern auch das Risiko, versehentlich eine per Mail verschickte Schadsoftware zu aktivieren.

Um gewollte oder ungewollte Verletzungen der Datensicherheit durch die eigenen Mitarbeiter auszuschließen, sollten **Zugangsberechtigungen** eingeschränkt werden, so dass die Mitarbeiter Zugriff nur auf Daten und Anwendungen haben, die sie für ihre Tätigkeit auch benötigen. Zugänge zum System des Unternehmens sollten auf jeden Fall passwortgeschützt sein. Schließlich empfiehlt es sich, besonders wichtige Daten zu verschlüsseln und regelmäßig **Sicherheitskopien** aller im System hinterlegten Daten anzufertigen.

Wie auch beim Datenschutz kommt den eigenen Mitarbeitern eine besonders wichtige Rolle zu. Auch im Bereich der Datensicherheit müssen Mitarbeiter besonders geschult und sensibilisiert werden.

Alles klar?

1 Welches Ziel verfolgt ein Kunde mit einer Anfrage?

2 Welche rechtliche Bedeutung hat eine Anfrage?

3 Unterscheiden Sie bestimmte und unbestimmte Anfragen.

4 Welche rechtliche Bedeutung hat ein Angebot?

5 Wie lange ist der Verkäufer an ein Angebot gebunden, ...
- **a)** wenn das Angebot im Verkaufsgespräch oder telefonisch abgegeben wurde?
- **b)** wenn das Angebot per Brief abgegeben wurde?
- **c)** wenn das Angebot per E-Mail abgegeben wurde?

6 Prüfen Sie, ob es sich in den nachfolgenden Fällen um ein Angebot handelt:
- **a)** das Hochzeitskleid im Schaufenster
- **b)** der Prospekt eines Baumarktes
- **c)** die unaufgeforderte Zusendung von Parfüm
- **d)** die Probe eines Teppichbodens

7 Entscheiden Sie in den folgenden Fällen, ob es sich um
- **1)** eine Anpreisung,
- **2)** eine Anfrage oder
- **3)** ein Angebot handelt:

- **a)** Der Tageszeitung liegt die Werbung eines Schuhgeschäftes bei. Ein Paar Schuhe wird für 29,00 € angeboten.
- **b)** Ein Einzelhändler fragt telefonisch nach, ob ein Trikot der Größe XXL lieferbar ist.
- **c)** Telefonisch erklärt der Verkäufer. „Dieses Teil können Sie für 39,00 € erhalten."
- **d)** Am Regal eines Discounters hängt ein Zettel: „Reduziert von 0,99 € auf 0,89 €".

8 Beschreiben Sie verschiedene Möglichkeiten, wie ein Kaufvertrag zustande kommen kann.

9 Begründen Sie, ob in den folgenden Fällen ein gültiger Kaufvertrag zu Stande gekommen ist.
- **a)** Die Blitzblank GmbH benötigt 20 Liter eines speziellen Reinigers. Der Mitarbeiter bestellt am 19.01.200X das Reinigungsmittel bei der Scheuermann KG aufgrund eines telefonischen Angebotes vom 18.01.20XX.
- **b)** Die Blitzblank GmbH benötigt Schreibtische für die Verwaltung. Aufgrund eines freibleibenden Angebotes eines möglichen Lieferanten bestellt die Blitzblank GmbH 5 Schreibtische zur Probe.

10 Verträge kommen durch zwei übereinstimmende Willenserklärungen zustande. Was versteht man in diesem Zusammenhang unter einem Antrag?

11 Das Angebot ist ein Antrag, an den der Anbietende gebunden ist. Wie kann der Anbietende seine Angebotsbindung ausschließen?

12 In den folgenden Fällen werden Willenserklärungen abgegeben. Stellen Sie jeweils aus der Sicht des Verkäufers und des Käufers fest, ob es sich
- **1)** um einen Antrag
- **2)** um eine Annahme
- **3)** weder um einen Antrag noch um eine Annahme handelt.

- **a)** Der Verkäufer bietet verbindlich an, der Käufer nimmt zu einem niedrigeren Preis an.
- **b)** Der Verkäufer unterbreitet ein unverbindliches Angebot, der Käufer bestellt daraufhin.
- **c)** Der Käufer bestellt ohne vorhergehendes Angebot, der Verkäufer liefert sofort.
- **d)** Der Käufer bestellt ohne vorhergehendes Angebot, der Verkäufer lehnt ab und macht ein Gegenangebot.
- **e)** Der Verkäufer unterbreitet ein bindendes Angebot, der Käufer bestellt daraufhin

13 Erläutern Sie, unter welchen Umständen die Bestellung ...
- **a)** die Annahme eines Antrages darstellt.
- **b)** einen neuen Antrag darstellt.

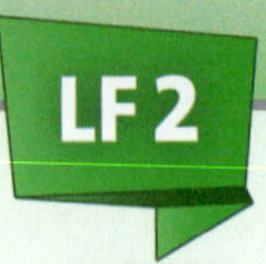

14 Stellen Sie in folgenden Fällen fest, welche Rechtswirkung jeweils die Bestellung hat.

1) Antrag
2) Annahme
3) weder Antrag noch Annahme

a) Eine Bestellung erfolgt auf ein freibleibendes Angebot.
b) Es wird ohne vorhergehendes Angebot bestellt.
c) Auf ein unbefristetes mündliches Angebot erfolgt erst am nächsten Tag die Bestellung.
d) Auf ein telefonisches verbindliches Angebot erfolgt unverzüglich die telefonische Bestellung.
e) Auf ein unbefristetes schriftliches Angebot erfolgt erst nach 14 Tagen die Bestellung.
f) Bei einem befristeten Angebot geht die Bestellung erst nach Ablauf der Frist ein.
g) Die Bestellung erfolgt aufgrund einer Zeitungsanzeige.
h) Die Bestellung weicht von den im Angebot genannten Lieferbedingungen ab.

15 Stellen Sie fest, ob die Handlung in folgenden Fällen

1) den Antrag des Verkäufers
2) den Antrag des Kunden
3) die Annahme des Verkäufers
4) die Annahme des Kunden
5) weder die Annahme noch den Antrag einer Vertragspartei darstellen.

Fall 1:

a) Der Verkäufer schickt dem Kunden ein schriftliches Angebot ohne Freizeichnungsklauseln.
b) Der Kunde bestellt daraufhin telefonisch.
c) Der Verkäufer liefert die gewünschte Ware sofort.

Fall 2:

a) Der Verkäufer verteilt Handzettel an alle Haushalte des Stadtgebiets und kündigt eine Sonderaktion an.
b) Der Kunde bestellt daraufhin telefonisch.
c) Der Verkäufer sagt die Bereitstellung der Ware zur Abholung zu.

Fall 3:

a) Der Kunde bestellt eine große Menge Wein per E-Mail.
b) Der Verkäufer schickt dem Kunden eine Auftragsbestätigung.
c) Der Verkäufer liefert wunschgemäß.

16 Prüfen Sie, ob in den folgenden Fällen eine Auftragsbestätigung zwingend notwendig ist.

a) Ein Kunde hat erstmals Ware bestellt.
b) Ein Kunde der BPK GmbH hat eine umfangreiche Bestellung aufgegeben und insgesamt sieben verschiedene Sorten Feinpapiere bestellt.
c) Das Angebot wurde abgeändert.
d) Die Uwe Klein e. K. wünscht für die interne Dokumentation ausdrücklich eine Bestätigung der Bestellung.

17 Erklären Sie, unter welchen Umständen eine Auftragsbestätigung rechtlich notwendig ist und unter welchen Umständen eine Auftragsbestätigung zwar rechtlich nicht notwendig, aber sinnvoll ist.

18 Unterscheiden Sie Lieferwilligkeit und Lieferfähigkeit.

19 Nennen Sie verschiedene Möglichkeiten, die Bonität eines möglichen Kunden zu überprüfen.

20 Beschreiben Sie, was ein Warenwirtschaftssystem ist und wie es grundsätzlich funktioniert.

21 Nennen Sie verschiedene Belege, die durch ein Warenwirtschaftssystem erstellt werden können.

22 Nennen Sie wichtige Inhalte, die auf einem Lieferschein erfasst werden.

23 Nennen Sie die gesetzlichen Bestandteile einer Rechnung.

24 Unterscheiden Sie Stamm- und Bewegungsdaten.

25 Unterscheiden Sie Eingabe- und Ausgabedaten.

26 Beschreiben Sie den grundsätzlichen Aufbau einer Datenbank.

27 Unterscheiden Sie Datenschutz und Datensicherheit.

28 Beschreiben Sie geeignete Maßnahmen, um Datenschutz im Unternehmen zu gewährleisten.

29 Beschreiben Sie geeignete Maßnahmen, um Datensicherheit im Unternehmen zu gewährleisten.

5 Der Kaufvertrag

 Lernvideo Auftragsbearbeitung, Teil 1 und Teil 2

Beispiel

Die Beska GmbH aus Berlin bestellt bei der BPK GmbH einen größeren Posten Kopierpapier. Der Kunde wünscht weißes DIN-A4-Papier, 80 g/m², holzfrei, weiß, matt, das für Laserdrucker geeignet ist. Aufgrund dieser genauen Angaben des Kunden kann das korrekte Papier geliefert werden.

Zustandekommen eines Kaufvertrages
vgl. Grafik S. 107

Durch die Lieferung des bestellten Kopierpapiers ist ein Kaufvertrag zustande gekommen. Der Kunde hat durch seine Bestellung einen Antrag gestellt, den die BPK GmbH durch die Lieferung der bestellten Ware angenommen hat. Aus dem Kaufvertrag ergeben sich für den Verkäufer und für den Käufer bestimmte Verpflichtungen. Dabei stellen die Pflichten der einen Vertragspartei gleichzeitig die Rechte der anderen dar.

Pflichten aus dem Kaufvertrag (§ 433 BGB)

Der Verkäufer verpflichtet sich	Der Käufer verpflichtet sich
• zur Übergabe einer Ware frei von Sach- und Rechtsmängeln, • zur Übertragung des Eigentums, • den vereinbarten Kaufpreis anzunehmen (also beizubehalten).	• zur rechtzeitigen Zahlung des vereinbarten Kaufpreises, • zur Abnahme der Ware.

5.1 Inhalte des Kaufvertrages

Um (Rechts-)Probleme oder Missverständnisse zu vermeiden, empfiehlt es sich, zu folgenden Inhalten des Kaufvertrages schriftliche Vereinbarungen zu treffen. Wird hierzu nichts vereinbart, gelten die entsprechenden gesetzlichen Bestimmungen.

- Spezifikation der Ware
- Erfüllungsort
- Lieferzeit und Zahlungsbedingungen
- Preis, Menge und sonstige Kosten
- ggf. Gerichtsstand

5.1.1 Spezifikation der Ware

Was genau will die BPK GmbH kaufen? Die Frage klingt einfach, ist rechtlich aber nicht ganz unproblematisch. Denn hier sind insbesondere Speziesschulden von Gattungsschulden zu unterscheiden. Wird der Leistungsgegenstand von vornherein individuell von den Vertragspartnern bestimmt (z.B. ein ganz bestimmtes Bild aus dem Büro des Chefs, das er nicht mehr haben will), so spricht man von **Stück- oder Speziesschulden**. Stückschulden sind nicht austauschbar; das Bild ist für immer verloren, wenn es beschädigt wird oder abhandenkommt.

Gattungsschuld:
§ 243 BGB
§ 360 HGB

Beim Verkauf von Massenware wie Kopierpapier spricht man von **Gattungsschulden**, die in mittlerer Güte zu liefern sind, wenn im Kaufvertrag nichts anderes vereinbart wurde. Eine Gattung bilden alle Gegenstände, die durch gemeinsame Merkmale (natürliche, wirtschaftliche oder technische Eigenschaften) gekennzeichnet sind (z. B. Format DIN A4, 80 g/m², holzfrei, weiß, matt). Hier will der Käufer nicht ein ganz bestimmtes (Paket) Kopierpapier kaufen, sondern eben Kopierpapier **der Gattung** DIN A 4,80 g/m². Geht die Lieferung Kopierpapier verloren, so kann der Verkäufer sie in der Regel problemlos durch eine neue Lieferung der gleichen Art ersetzen. Etwas anderes gilt nur, wenn man eine Massenware ganz genau auswählt, denn dann wird sie zur Stückschuld.

Unter der **Art** einer Sache versteht man die genaue Bezeichnung bzw. den handelsüblichen Namen. Die **Güte** bezeichnet die Qualität der Ware. Die **Beschaffenheit** beschreibt den Qualitätszustand der Ware. Um die genaue Art, Güte und Beschaffenheit einer Ware zu bestimmen, können z. B. Gütezeichen, Handelsklassen, Marken, Normen, Typen oder Jahrgänge festgelegt werden. Auch Muster und Proben können verwendet werden, um die Ware für beide Vertragspartner eindeutig zu bestimmen.

Festlegung der Art und Güte der Ware durch	Beispiel
Abbildungen und genaue Beschreibungen	Kataloge, Prospekte
Muster	Textilien, Papier, Tapeten, Farben
Proben	Lebensmittel, Kosmetika, Parfüm
Normen	DIN, EN, ISO
Artikelnummern und Chargen	
Güteklassen (Handelsklassen)	Obst, Gemüse und Eier
Markenzeichen	Coca Cola
Waren- und Gütezeichen	Öko-Siegel auf Recyclingpapier
Herkunft der Ware	Alkohol, Kaffee, Tee
Jahrgang der Ware	Wein
Zusammensetzung der Ware	Wurstwaren und Käse

5.1.2 Erfüllungsort

Leistungsort:
§ 269 BGB

Der Schuldner muss dem Gläubiger die vertraglich vereinbarte Leistung am richtigen Ort und zur richtigen Zeit erbringen. Der **Erfüllungsort (Leistungsort)** ist der Ort, an dem der Schuldner die Leistungshandlung vorzunehmen hat (z. B. die Übergabe der Kaufsache). Bei Gattungsschulden gehört zur gesetzlich vorgeschriebenen Leistungshandlung nach § 243 (2) BGB, dass der Warenschuldner die Ware auswählen und aussondern muss (Konkretisierung).

Beispiel: Konkretisierung der Ware

Ein Mitarbeiter der BPK GmbH (der Warenschuldner) wählt im Lager die bestellte Menge und Art des Kopierpapiers aus, verpackt sie und beschriftet sie mit der Anschrift des Kunden.

Der Erfüllungsort entscheidet darüber, ob dem Vertragsverhältnis eine **Hol-, Bring- oder Schickschuld** zugrunde liegt.

Bei Warenschulden gilt der Sitz des Verkäufers (Schuldners) als gesetzlicher Erfüllungsort, wenn vertraglich nichts anderes vereinbart wurde. Hier muss der Verkäufer die Ware vertragsgemäß anbieten, der Käufer muss sie beim Verkäufer abholen. Warenschulden sind also in der Regel **Holschulden**. Der Käufer trägt die anfallenden Kosten.

Eine **Bringschuld** liegt vor, wenn der Erfüllungsort beim Gläubiger liegt. Der Schuldner muss die Ware zum Gläubiger bringen, damit er den Kaufvertrag ordnungsgemäß erfüllt. Übernimmt der Verkäufer bei Geschäften des Alltagsverkehrs (z.B. beim Möbelkauf) die Anlieferung der Ware, ist in der Regel eine Bringschuld anzunehmen.

Von einer **Schickschuld** spricht man, wenn die Leistungshandlung am Wohnsitz des Schuldners vorzunehmen ist, der Leistungserfolg aber erst am Wohnsitz des Gläubigers eintritt. Hauptanwendungsfall hierfür ist der **Versendungskauf.**

Versendungskauf
Käufer und Verkäufer haben an verschiedenen Orten ihren Sitz. Der Verkäufer verschickt die Ware an den Käufer.

Gesetzlicher Erfüllungsort bei **Geldschulden** (Zahlungsort) ist ebenfalls der Sitz des Schuldners (Käufers). Erfolgt die Zahlung bargeldlos, muss der Käufer nach aktueller Rechtsprechung das Geld so überweisen, dass es am Fälligkeitstag beim Gläubiger eintrifft. Geldschulden sind daher im Prinzip Schickschulden. Der Käufer trägt jedoch die Kosten der Übermittlung und – anders als bei der „normalen" Schickschuld – auch die Verlustgefahr während der Übermittlung. Daher nennt man Geldschulden auch **qualifizierte Schickschulden.** Wird jedoch als Erfüllungsort der Sitz des Verkäufers vertraglich vereinbart, so wird die Geldschuld zur Bringschuld. Das Geld muss dann zum vereinbarten Zeitpunkt auf dem Konto des Gläubigers eingehen.

Zahlungsort:
§ 270 BGB

Gefahrenübergang

Wer hat dafür einzustehen, wenn die Ware ohne Verschulden des Gläubigers oder des Schuldners „untergeht", d.h. abhandenkommt oder beschädigt wird? Hier gilt: Mit der Übergabe der Ware **am Erfüllungsort geht die Gefahr auf den Käufer über,** bei der Holschuld also am Wohnsitz des Verkäufers, bei der Bringschuld am Wohnsitz des Käufers.

Gefahr- und Lastenübergang:
§ 446 BGB

Beim **Versendungskauf (Schickschuld)** geht die Gefahr des zufälligen Untergangs der Ware auf den Käufer über, sobald der Verkäufer die Ware an die Transportperson (z.B. einen Spediteur) übergeben hat. Bei einem Transportschaden trägt also der Käufer das Risiko. Er kann aber bei Verschulden der Transportperson natürlich Schadenersatzansprüche geltend machen. Dies gilt allerdings nicht, wenn der Verkäufer die Ware mit dem eigenen Fuhrpark liefert. In diesem Fall geht das Risiko erst dann auf den Käufer über, wenn ihm die Ware übergeben worden ist.

Gefahrübergang beim Versendungskauf:
§ 447 BGB

	Erklärung	Kosten des Transports	Gefahrenübergang	Leistungszeitpunkt
Holschulden	geschuldete Sache muss am Ort des Schuldners bereitgestellt werden	trägt der Gläubiger	bei Abholung durch den Gläubiger	mit Bereitstellen am Ort des Schuldners
Bringschulden	geschuldete Sache muss zum Ort des Gläubigers gebracht werden	trägt der Schuldner	bei Ablieferung an den Gläubiger	mit Eintreffen am Ort des Gläubigers
Schickschulden	geschuldete Sache muss auf den Weg zum Gläubiger gebracht werden	trägt der Gläubiger	bei Übergabe an die Transportperson	sobald geschuldete Sache auf den Weg gebracht wurde
qualifizierte Schickschulden (z.B. Geldschulden)	geschuldete Sache muss auf den Weg zum Gläubiger gebracht werden	trägt der Schuldner	bei Eintreffen beim Gläubiger	mit Eintreffen am Ort des Gläubigers

5.1.3 Lieferzeit und Zahlungsbedingungen

Leistungszeit:
§ 271 BGB

Lieferzeit

Sofern vertraglich nichts anderes vereinbart wurde, ist der **Zeitpunkt der Lieferung** nach § 271 BGB geregelt. Danach kann der Gläubiger die Leistung sofort verlangen, der Schuldner sie sofort bewirken. Folgende vertraglichen Vereinbarungen zur Lieferzeit sind üblich:

Vertragliche Vereinbarungen zur Lieferzeit	
Termingeschäfte	Lieferung bis zu einem bestimmten Zeitpunkt, z. B. „innerhalb von 4 Wochen“
Fixhandelskäufe, Fixgeschäfte	Lieferung zu einem genau bestimmten Termin, z. B. „Lieferung am 20. Dezember fix“; im Vertrag muss der Zusatz „fix“ ausdrücklich vereinbart werden
Kauf auf Abruf	Lieferung kann vom Käufer innerhalb einer vereinbarten Frist in Teilmengen abgerufen werden, z. B. „Anforderung der vereinbarten Gesamtliefermenge innerhalb von sechs Monaten in fünf Teilmengen“

Zahlungsbedingungen

Auch die Zahlungsbedingungen sind in der Regel genau im Vertrag festgelegt, ansonsten gelten die gesetzlichen Vorschriften. Danach kann der Verkäufer sofortige Zahlung bei Lieferung der Ware verlangen (Ware gegen Geld, Zug um Zug, Zahlung gegen Nachnahme).

Vertraglich vereinbarte Zahlungsbedingungen	
Vorauszahlung	üblich bei zahlungsschwachen Kunden, Sonderanfertigungen oder auch bei Auslandsgeschäften
Anzahlung	ein Teilbetrag wird bei Auftragserteilung, ein Teil bei Empfang der Rechnung und der Rest innerhalb einer bestimmten Frist nach der Lieferung fällig
Zielkauf, Kreditkauf	Zahlung innerhalb einer bestimmten Frist (Zahlungsziel) nach der Lieferung; häufig verbunden mit Gewährung eines Skontoabzugs bei vorzeitiger Zahlung
Skonto	Preisnachlass für kurzfristige Zahlung innerhalb einer vereinbarten Skontofrist

Eine Form des Zielkaufs ist der **Ratenkauf**. Hierbei handelt es sich um einen schriftlichen Kaufvertrag mit Barzahlungspreis, Teilzahlungspreis, effektivem Jahreszins sowie Anzahl, Höhe und Fälligkeit der Raten. Bei solchen Ratenzahlungsvereinbarungen behält sich der Lieferer in der Regel bis zur vollständigen Bezahlung der Rechnung das Eigentum am Kaufgegenstand vor.

Buchung von Skonti
- des Lieferanten
▶ LF 4, Kap. 7.4.3
- an den Kunden
▶ LF 4, Kap. 8.4.3

Skonto ist ein vertraglich vereinbarter Preisnachlass für die Zahlung innerhalb einer Skontofrist. Vom Verkäufer wird Skonto gewährt, damit der Käufer zügig zahlt und so das Geld in die Kasse des Verkäufers gelangt. Die dem Käufer eingeräumte Skontofrist (z. B. 10 Tage) endet vor dem Ablauf des vertraglich vereinbarten Zahlungszieles (Liefererkredit).

Der Lieferantenkredit

▶ LS 26

Beispiel

Die Beska GmbH erhält von der BPK GmbH eine Rechnung über 1.000,00 € mit folgender Zahlungsvereinbarung: „Bei Zahlung innerhalb von 30 Tagen netto Kasse, bei Zahlung innerhalb von zehn Tagen 3 % Skonto."

Der **Lieferantenkredit** ist ein kurzfristiger Handelskredit, bei dem zwischen Käufer und Verkäufer eine Kreditbeziehung entsteht. Der Käufer erhält Waren oder Dienstleistungen, ohne diese umgehend zu bezahlen, unter Stundung des Kaufpreises („auf Ziel"). Zwar wird für den Lieferantenkredit kein Zins gezahlt, das heißt jedoch nicht, dass er „umsonst" gewährt wird. Dem Zins entspricht vielmehr der Skonto, denn dieser wird in der Regel bei der Preisfestsetzung für einen Artikel einkalkuliert. Somit ist der Skonto das Entgelt für den Lieferantenkredit.

Beispiel

Zahlt die Beska GmbH innerhalb von zehn Tagen, dann darf sie 3 % vom Rechnungsbetrag einbehalten, sie würde folglich nur 970,00 € überweisen. Zahlt sie erst zwischen dem 10. und dem 30. Tag, so muss sie den kompletten Rechnungsbetrag in Höhe von 1.000 €, bezahlen. Für diesen Zeitraum müsste sie also auf 30,00 € Skonto verzichten.

Zur Berechnung der Jahresverzinsung des Lieferantenkredits wird in der Praxis folgende **Faustformel** (Überschlagsrechnung ohne Berücksichtigung des Rechnungsbetrags und der Umsatzsteuer) herangezogen:

Berechnung:

Ermittlung des Jahreszinssatzes: $\frac{\text{Skontosatz} \cdot 360}{\text{Zahlungsziel} - \text{Skontofrist}}$

Aus dem Beispiel ergibt sich: $\frac{0{,}03}{30\text{-}10} \cdot 360 = 0{,}54 = 54\,\%$

Genauer lässt sich der Zinssatz mithilfe einer **kaufmännischen Zinsformel** berechnen. Diese ermittelt den effektiven Zinssatz mithilfe des Nettoskonto. Der Bruttoskonto in Höhe von 30,00 € muss also zunächst in einen Nettoskonto (30/119 · 100) in Höhe von 25,21 € umgerechnet werden. Das Ergebnis ist wegen der Berücksichtigung der Umsatzsteuer immer niedriger:

Berechnung des effektiven Zinssatzes (beim Skontoabzug):

$$\frac{\text{Nettoskonto} \cdot 100 \cdot 360}{\text{Überweisungsbetrag} \cdot (\text{Lieferantenkreditfrist} - \text{Skontofrist})}$$

$$\frac{25{,}21 \cdot 100 \cdot 360}{970 \cdot 20} = 46{,}78\,\%$$

Hinweis: In Prüfungsaufgaben kann es vorkommen, dass der effektive Zinssatz mit dem Bruttoskonto berechnet werden muss.

Für die im obigen Beispiel angegebenen Zahlungsbedingungen ergibt sich eine Jahresverzinsung von 47 %. Der Lieferantenkredit ist also ein sehr teurer Kredit, sodass es unter Kostengesichtspunkten immer sinnvoller ist, den Skonto auszunutzen, selbst wenn dazu ein Bankkredit in Anspruch genommen werden muss.

Beispiel

Die BPK GmbH hat die Möglichkeit, eine Eingangsrechnung unter Abzug von Skonto zu bezahlen.

Fall 1: Die BPK GmbH überweist den Rechnungsbetrag von ihrem Konto. Ihr entgehen dabei Zinsen auf dem Tagesgeldkonto von 1 %.

Fall 2: Die BPK GmbH muss ihr Konto überziehen. Der gesamte Überweisungsbetrag müsste mit dem Sollzinssatz der Bank von 8 % finanziert werden.

	Formel	Verzicht auf die Guthabenverzinsung	Zu zahlende Überziehungszinsen
Ermittlung der Kosten für die Skontonutzung		$\frac{970 \cdot 1 \cdot 20}{100 \cdot 360}$ = 0,54 €	$\frac{970 \cdot 8 \cdot 20}{100 \cdot 360}$ = 4,31 €
Ermittlung des Finanzierungserfolges	Skonto – Zinsen = Finanzierungserfolg	25,21 € – 0,54 € = 24,67 €	25,21 € – 4,31 € = 20,90 €

Eigentumsvorbehalt

Der Liefererkredit wird vom Kreditgeber meistens durch einen Eigentumsvorbehalt abgesichert. Ein Eigentumsvorbehalt liegt vor, wenn die Einigung über den Eigentumsübergang aufschiebend bedingt ist (§ 158 BGB). Das bedeutet, dass das Eigentum erst auf den Käufer übergeht, wenn er den vollständigen Kaufpreis gezahlt hat, und nicht schon durch Einigung und Übergabe. Dies müssen die Parteien aber ausdrücklich vereinbart haben.

Ein **einfacher Eigentumsvorbehalt** erstreckt sich nur auf die eigentlich gekaufte Sache. Wenn aber ein gutgläubiger Dritter Eigentum an der Sache erlangt, geht das Eigentum des Vorbehaltsverkäufers unter. Gleiches gilt, wenn die Sache verarbeitet, mit einer anderen Sache verbunden oder vermischt wird.

§ 932 BGB,
§§946 ff. BGB

Für diese Fälle können die Parteien einen **verlängerten Eigentumsvorbehalt** vereinbaren. Zwei Varianten sind in der Praxis üblich:

- **Verarbeitungsklausel:** Durch eine sogenannte Verarbeitungsklausel kann der Eigentumsvorbehalt bei Verarbeitung der gelieferten Sache auf die neue Sache erweitert werden.
- **Vorausabtretungsklausel:** Gestattet der Vorbehaltsverkäufer dem Käufer, die unter Eigentumsvorbehalt gelieferte Ware weiterzuverkaufen, so kann er sich die Kaufpreisforderung (aus dem Weiterverkauf) abtreten lassen (§ 398 BGB).

Eigentum und Besitz

▶ LF 2, Kap. 1.5

Eigentumsvorbehalt:
- einfach
- erweitert:
  - verlängert
  - weitergeleitet
  - nachgeschaltet
  - Kontokorrentvorbehalt

Beispiel

Die Freiburger Papier AG, Lieferant der BPK GmbH, liefert grundsätzlich unter verlängertem Eigentumsvorbehalt (Vorausabtretungsklausel). Ist die Ware bei Weiterverkauf noch nicht vollständig bezahlt, so kann die Freiburger Papier AG auf den Kunden der BPK GmbH zugreifen.

Der verlängerte Eigentumsvorbehalt ist eine Form des **erweiterten Eigentumsvorbehalts**. Zum erweiterten Eigentumsvorbehalt zählen ferner:

- **Kontokorrentvorbehalt:** Dabei erlischt der Eigentumsvorbehalt nicht mit der Zahlung des Kaufpreises für eine bestimmte Vorbehaltsware, sondern erst dann, wenn der Käufer alle unter Vorbehalt gelieferten Waren aus der Geschäftsverbindung zwischen Verkäufer und Käufer beglichen hat.
- **Weitergeleiteter Eigentumsvorbehalt:** Hier verpflichtet sich der Käufer, die Ware nur unter Offenlegung des bestehenden Eigentumsvorbehalts weiterzuverkaufen. Der neue Käufer der Vorbehaltsware wird erst dann Eigentümer, wenn der erste Käufer den vollen Kaufpreis gezahlt hat (in der Praxis eher unüblich).
- Verkauft der Käufer die Vorbehaltsware seinerseits unter Eigentumsvorbehalt weiter, spricht man vom **nachgeschalteten Eigentumsvorbehalt.**

5.1.4 Preis, Menge und sonstige Kosten

Preis

Der zu zahlende Kaufpreis wird als wesentlicher Vertragsbestandteil nahezu immer vertraglich geregelt sein. Sind keine anderen Zahlungsvereinbarungen getroffen worden, so muss der volle Rechnungsbetrag gezahlt werden. Die Zahlung erfolgt bei Inlandsgeschäften üblicherweise in Euro. Es kann aber auch eine andere Währung vereinbart werden. Bei Zahlung in Fremdwährung entscheidet der Umrechnungskurs, der zur Zeit der Zahlung für den Zahlungsort maßgebend ist. Der Rechnungsbetrag kann durch vereinbarte **Preisnachlässe** reduziert werden.

Fremdwährungsschuld:
§ 244 BGB

Währungsrechnen
▶ LF 3, Kap. 7.2.1

Preisnachlässe (Beispiele)	
Mengenrabatt	bei größerer Abnahmemenge
Treuerabatt	für langjährige Kunden bei regelmäßigem Bezug
Wiederverkäuferrabatt	für Groß- und Einzelhändler bei Ausweis von Preisempfehlungen
Personalrabatt	für Angestellte und deren Angehörige
Sonderrabatt	bei Räumungsverkäufen oder Jubiläen
Bonus	nachträglich gewährter Preisnachlass, der in der Regel am Jahresende nach einem vereinbarten Mindestumsatz gewährt wird

Rabatt
sofortiger Preisnachlass in Prozent vom Kaufpreis

Buchung von Preisnachlässen
- von Lieferanten
▶ LF 4, Kap. 7.4.1
- an den Kunden
▶ LF 4, Kap. 8.4.1

Menge

Die Menge der Ware wird in **gesetzlichen oder handelsüblichen Maßeinheiten** (z. B. Stück, Meter, Kilogramm, Liter) angegeben. Oft wird eine Mindestbestellmenge oder eine Höchstmenge angegeben, über die hinaus nicht bestellt werden kann. Bei kleinen Bestellmengen wird oftmals ein **Mindermengenzuschlag** erhoben.

Mindermengenzuschlag
Preiszuschlag, der bezahlt werden muss, wenn weniger als die vom Verkäufer festgelegte Mindestmenge bestellt werden soll

Beförderungskosten

Neben dem eigentlichen Kaufpreis muss zwischen den Vertragsparteien außerdem geregelt werden, wer die Kosten der Beförderung zu tragen hat. Als Beförderungskosten fallen im Wesentlichen das Rollgeld, Lade- und Entladegebühren sowie die Fracht an. **Fracht** ist das Entgelt für eine gewerbliche Beförderung von Gütern. **Rollgeld** sind die Beförderungskosten vom Lieferer bis zur Versandstation (z.B. Hafen) sowie von der Empfangsstation zum Käufer. Im internationalen Handelsverkehr ist unter Umständen außerdem noch **Zoll** zu zahlen.

zollrechtliche Bestimmungen
▶ LF 3, Kap. 7.2.2

Übernahme der Beförderungskosten – gesetzliche Regelung

Verkäufer trägt Kosten der Übergabe	Käufer trägt Kosten der Abnahme
Kosten der Lagerung, des Messens, Wiegens, Abpackens sowie Transportkosten bis zum Erfüllungsort	Transportkosten ab dem Erfüllungsort

Erfüllungsort
▶ LF 2, Kap. 5.1.2

Weiß der Käufer zum Zeitpunkt des Vertragsabschlusses noch nicht, an welchen Ort die Ware geliefert werden soll, wird häufig eine **Frachtparität** vereinbart. Das ist ein vertraglich vereinbarter Ort, bis zu dem der Verkäufer die Frachtkosten höchstens übernimmt (egal ob die Ware tatsächlich an diesen Ort geliefert wird).

Ist umgekehrt zum Zeitpunkt des Vertragsabschlusses noch nicht bekannt, von welchem Ort aus der Verkäufer liefern wird, wird eine **Frachtbasis** vereinbart. Das ist ein fiktiver Ort, ab dem der Käufer die Frachtkosten für die Ware übernimmt, auch wenn tatsächlich von einem anderen Ort geliefert wird.

Übernahme der Beförderungskosten – vertragliche Vereinbarungen

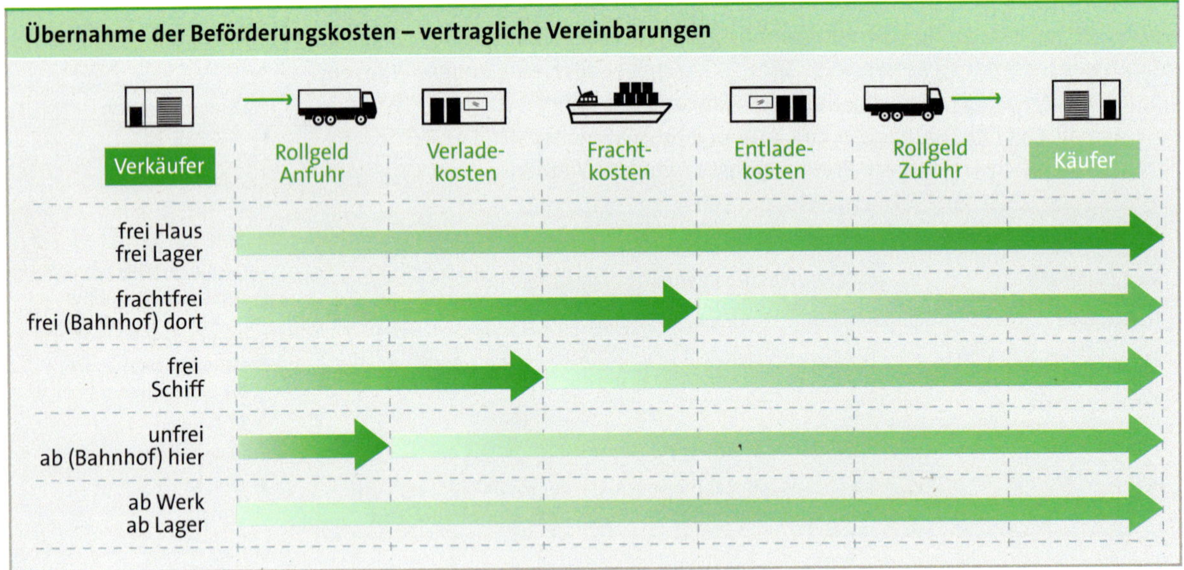

Verpackungskosten

Die Transportverpackungskosten trägt der Käufer ab dem Erfüllungsort. Ist der Preis für die Ware nach dem Gewicht bestimmt, ist mangels abweichender vertraglicher Regeln oder Handelsbrauch das Gewicht der Verpackung nicht mitzurechnen („Preis netto" = Verkäufer übernimmt die Verpackungskosten).

§ 380 HGB

Das **Verpackungsgewicht (Tara)** kann folgendermaßen ermittelt werden:

- **Effektivtara:** tatsächliches Verpackungsgewicht
- **Stück- oder Prozenttara:** handelsübliches Verpackungsgewicht
- **Zolltara:** nach Zollvorschriften festgelegtes Verpackungsgewicht

Nettogewicht
= Bruttogewicht – Tara

Reingewicht
= Rohgewicht – Verpackung

Zur Berechnung der Verpackungskosten gibt es folgende Möglichkeiten, die vertraglich vereinbart werden können:

Übernahme der Verpackungskosten – vertragliche Vereinbarungen

Vereinbarung	Erläuterung
• Reingewicht einschließlich Verpackung, • Preis netto einschließlich Verpackung	Verkäufer zahlt Verpackungskosten
• Reingewicht ausschließlich Verpackung, • Preis netto ausschließlich Verpackung	Käufer zahlt Verpackungskosten
• Rohgewicht einschließlich Verpackung, • Preis brutto einschließlich Verpackung, • brutto für netto, bfn oder b/n	Verpackungsgewicht wird wie Warengewicht behandelt und vom Käufer bezahlt
• Preis brutto ausschließlich Verpackung	Verpackungskosten sind im Preis enthalten, sie setzen sich aus dem Verpackungsgewicht und den Verpackungskosten zusammen und werden vom Käufer gezahlt

Mehrwegverpackungen werden vom Verkäufer häufig gegen Gebühr geliehen. Sie bleiben Eigentum des Verkäufers. Bei unterlassener Rücksendung werden sie dem Käufer in Rechnung gestellt, bei Rücksendung voll oder zu bestimmten Anteilen gutgeschrieben.

Buchung von Rücksendungen von Verpackungen
- an den Lieferer

▶ LF4, Kap. 7.3

- durch den Kunden

▶ LF4, Kap. 8.

5.1.5 Gerichtsstand

Gerichtsstand:
§ 29 ZPO
§ 38 ZPO

Der Gerichtsstand bestimmt, bei welchem Gericht der Schuldner verklagt werden kann. Dies ist wichtig zu wissen, denn eine Klage bei einem falschen Gericht wird wegen Unzulässigkeit zurückgewiesen. Grundsätzlich ist jede Person an ihrem **allgemeinen Gerichtsstand** zu verklagen. Das ist der Wohnort des Schuldners bzw. der Sitz eines Unternehmens.

Darüber hinaus gibt es zahlreiche **besondere Gerichtsstände,** z.B. den Gerichtsstand des Erfüllungsortes. Nur Kaufleute können den Gerichtsstand am Erfüllungsort oder an einem beliebigen anderen Ort vereinbaren. Die Vereinbarung eines vertraglichen Gerichtsstandes zwischen einem Kaufmann und einem Verbraucher ist unzulässig. Dadurch wird der Verbraucher geschützt.

Zusammenfassung: Inhalte von Kaufverträgen

Vertragsinhalte	gesetzliche Regelungen	vertragliche Regelungen
Art, Güte und Beschaffenheit des Kaufgegenstandes	§ 243 BGB und § 360 HGB: Es ist eine der Gattung nach bestimmte Ware mittlerer Art und Güte zu liefern.	Benennung durch Artikelnummer und handelsübliche Bezeichnung, Festlegung durch Muster, Proben, Normen, Typen, Waren- und Gütezeichen, Abbildungen etc.
Mengenangabe	Handelsbräuche oder das Reingewicht nach § 380 HGB	Angabe in gesetzlichen Maßeinheiten und handelsüblichen Bezeichnungen
Preisangabe	Preis bezogen auf das Nettogewicht	im Normalfall Angabe des Preises pro Einheit einschließlich der Verkaufsverpackung
Preisnachlässe	keine	z. B. Rabatte, Skonti, Boni, Gewichtsabzüge
Kosten der Versandverpackung	§ 448 BGB: Der Käufer trägt die Kosten der Versandverpackung, der Verkäufer die Verkaufsverpackung. § 380 HGB: Das Nettogewicht ist in Rechnung zu stellen.	mögliche Vereinbarungen können sein: „Verpackung frei", „Verpackung leihweise", „brutto für netto" etc.
Kosten des Transports	§ 448 BGB: Der Verkäufer trägt die Kosten der Übergabe, der Käufer die Kosten der Versendung und der Abnahme.	mögliche Vereinbarungen können sein: „ab Werk", „unfrei", „frachtfrei", „frei Haus", „Frachtbasis", „Frachtparität"
Lieferzeit	§ 271 BGB: Der Käufer kann sofortige Lieferung verlangen, der Verkäufer kann sofort liefern.	Es können Sofortlieferung, Lieferung innerhalb einer bestimmten Frist, Lieferung zu einem fixen Termin oder Lieferung auf Abruf ausgehandelt werden.
Zahlungszeit	§ 271 BGB: Der Verkäufer kann sofortige Zahlung verlangen.	Es können Vorauszahlungen, Anzahlungen, Zahlung Zug um Zug, Zahlung nach Kauf oder Ratenkauf vereinbart werden.
Eigentumsvorbehalt	§ 449 BGB: Der Verkäufer bleibt bei ausdrücklicher Vereinbarung bis zur vollständigen Begleichung des Kaufpreises Eigentümer der Ware.	• einfacher Eigentumsvorbehalt • erweiterter Eigentumsvorbehalt • verlängerter Eigentumsvorbehalt • nachgeschalteter Eigentumsvorbehalt
Erfüllungsort	§ 269 BGB: Der Erfüllungsort für Warenschulden ist der Wohn- oder Geschäftssitz des Verkäufers, für Geldschulden der des Käufers.	Für die Lieferung und Zahlung kann der Sitz des Verkäufers, des Käufers oder ein anderer Ort vereinbart werden.
Gerichtsstand	Der Gerichtsstand ist der Wohnsitz des jeweils Beklagten.	Abweichungen von den gesetzlichen Regelungen sind nur bei Kaufleuten möglich, die einen Gerichtsstand vereinbaren können.

5.2 Allgemeine Geschäftsbedingungen

AB ▶ LS 27

Sehr wichtig für die Vertragsgestaltung im heutigen Geschäftsleben sind die allgemeinen Geschäftsbedingungen (AGB). Es handelt sich hierbei um vorformulierte Vertragsbedingungen, die für eine Vielzahl von Verträgen gelten sollen. Mit den AGB will der Verwender Vereinbarungen treffen, die von den gesetzlichen Vorschriften abweichen (z.B. zu den Lieferungs- und Zahlungsbedingungen, zur Gewährleistungspflicht, zu Garantien oder zum Eigentumsvorbehalt).

DAS KLEINGEDRUCKTE IST JA FAST NICHT ZU LESEN UND DAZU NOCH IN LATEIN ABGEFASST.

In den AGB darf der Verwender aber nicht nach Gutdünken vereinbaren, was er will. Es gibt **rechtliche Grenzen,** um die Käufer vor unlauteren AGB zu schützen. Insbesondere darf der „Kerngehalt einer gesetzlichen Regel" nicht zum Nachteil des Vertragspartners abgeändert werden. Beispielsweise wäre eine AGB-Klausel, die jegliche Haftung für Mängel ausschließt, unwirksam.

Durch die gesetzlichen Regelungen soll der wirtschaftlich schwächere Vertragspartner (Verbraucher) geschützt werden. Die AGB müssen wirksam in den Vertrag einbezogen werden, d.h., der jeweilige Kunde muss ihnen zustimmen. Theoretisch können sie zwar vom Kunden abgelehnt oder abgeändert werden, in der Praxis ist dies jedoch selten der Fall, in der Regel wird sich der Verwender nicht darauf einlassen. Durch die AGB kann eine Vielzahl von Verträgen schneller und rationeller abgewickelt werden. Auch werden einzelne Geschäftsrisiken besser kalkulierbar.

Einige Rechtsvorschriften zu den AGB gelten für zweiseitige, die Mehrzahl jedoch nur für einseitige Handelsgeschäfte, da sie vorrangig den Endverbraucher schützen sollen.

Hinsichtlich der Wirksamkeit von AGB gelten u. a. folgende Regelungen:

- **Individuelle Absprachen** haben stets Vorrang vor den AGB. Auch wenn eine Klausel aus den AGB ausgeschlossen wird, geschieht dies durch eine individuelle Vereinbarung. (§ 305b BGB)
- **Überraschende und mehrdeutige Klauseln** werden nicht Vertragsbestandteil. Es muss sich um eine objektiv ungewöhnliche Klausel handeln (z.B. eine Gerichtsstandsvereinbarung im Ausland, obwohl deutsches Recht anzuwenden ist) und der Klausel muss ein Überrumpelungseffekt innewohnen (das wäre z.B. nicht der Fall, wenn eine solche Klausel fettgedruckt in großer Schrift verfasst ist). (§ 305c BGB)
- Wenn eine **Klausel unwirksam** ist, so bleibt der Vertrag im Übrigen gültig, an die Stelle der AGB treten die gesetzlichen Regelungen. (§ 306 BGB)
- AGB sind **gegenüber einem Verbraucher unwirksam,** wenn ein Fall der in den §§ 308 und 309 BGB festgeschriebenen Klauselverbote vorliegt. Bei zweiseitigen Handelsgeschäften werden die Grundgedanken der Klauselverbote über die Generalklausel zur Prüfung der AGB herangezogen.

Klauselverbote: §§ 308, 309 BGB
Generalklausel: § 307 BGB

allgemeine Geschäftsbedingungen §§ 305 bis 310 BGB	vorformulierte Vertragsbedingungen für eine Vielzahl von Verträgen, die eine Vertragspartei (Verwender) der anderen Vertragspartei bei Abschluss eines Vertrages stellt
Inhaltskontrolle § 307 BGB (Oberster Grundsatz)	Bestimmungen der AGB sind unwirksam, wenn sie den Käufer entgegen den Geboten von Treu und Glauben unangemessen benachteiligen.

▶ LS 28

5.3 Kaufvertragsarten

Kaufverträge kann man nach folgenden Kriterien unterscheiden:

- Stellung der Vertragspartner
- Warenart und -güte
- vereinbarte Zahlungsbedingungen
- Lieferzeit

5.3.1 Unterscheidung nach Stellung der Vertragspartner

Privatkauf auf dem Flohmarkt

Beispiel

Der Einkaufssachbearbeiter Andreas Krieger kauft einen größeren Posten Kopierpapier für die BPK GmbH. Auf dem Heimweg erledigt er seine Einkäufe im örtlichen Supermarkt. Am Wochenende verkauft er seinen gebrauchten Pkw an einen Händler. Außerdem verkauft er einem Kameraden im Fußballverein sein altes Handy.

allgemeine Vorschriften zum Kaufvertrag:
§§ 433 ff. BGB

Handeln beide Vertragspartner als Privatpersonen, so spricht man von einem **Privatkauf.** Hierbei finden ausschließlich die allgemeinen Vorschriften des BGB zum Kaufvertrag Anwendung. Der Privatkauf wird deshalb auch als **bürgerlicher Kauf** bezeichnet.

besondere Bestimmungen beim einseitigen Handelskauf:
z. B. §§ 345 ff. HGB und §§ 373 ff. HGB

Ist ein Vertragspartner ein Kaufmann und der andere Nichtkaufmann, so liegt ein **einseitiger Handelskauf** vor. Bei einseitigen Handelskäufen gibt es zusätzlich zu den allgemeinen Vorschriften zahlreiche Sonderbestimmungen.

Ist der Verkäufer ein Unternehmer und der Käufer eine Privatperson (Verbraucher), so spricht man von **Verbrauchsgüterkäufen.** Zu dieser Kaufvertragsart gibt es zahlreiche Schutzvorschriften für den Verbraucher als Käufer.

Besondere Bestimmungen beim Verbrauchsgüterkauf:
§§ 474 ff. BGB und §§ 346 ff. BGB

§ 474 BGB Begriff des Verbrauchsgüterkaufs

(1) Kauft ein Verbraucher von einem Unternehmer eine bewegliche Sache (Verbrauchsgüterkauf), gelten ergänzend die folgenden Vorschriften. Dies gilt nicht für gebrauchte Sachen, die in einer öffentlichen Versteigerung verkauft werden, an der der Verbraucher persönlich teilnehmen kann. [...]

Bei **zweiseitigen Handelsgeschäften** sind beide Vertragspartner Kaufleute, sodass vor allem die Vorschriften des HGB zu beachten sind.

Es hat also unterschiedliche rechtliche Folgen, wenn der Einkaufssachbearbeiter entweder als Privatperson Papier für seinen Drucker zu Hause kauft (Verbrauchsgüterkauf) oder für das Unternehmen, in dem er arbeitet (zweiseitiges Handelsgeschäft).

Kaufvertragsart	Beispiel
Privatkauf	Markus kauft das alte Auto von seinem Kumpel Volker.
einseitiger Handelskauf	Variante 1 – Verbrauchsgüterkauf (Käufer ist Privatperson, Verkäufer ist Kaufmann): Christiane kauft im örtlichen Supermarkt ein.
	Variante 2 (Käufer ist Kaufmann, Verkäufer ist Privatperson): Christiane verkauft gebrauchte DVDs an einen professionellen Händler im Internet.
zweiseitiger Handelskauf	Die Druck und Copy GmbH kauft Kopierpapier bei der BPK GmbH.

5.3.2 Unterscheidung nach Warenart und -güte

Beispiel

Die Sekretärin der Geschäftsleitung bestellt neue Druckerpatronen für die Verwaltung. Herr Dr. Schönhauser schmückt sein Büro mit dem neuen Werk der Künstlerin Hanna Ohm.

Viele Waren, die eingekauft oder verkauft werden, gibt es in großen Mengen, wobei die einzelnen Artikel völlig gleich sind. Für den Käufer ist es nicht wichtig, welche der Druckerpatronen er erhält, die beim Händler im Regal stehen, solange es sich um eine Druckerpatrone der gewünschten Marke, Größe und Farbe handelt. Die Ware ist in diesem Fall nur durch ihre Art und Güte bestimmt und kann von einem anderen, gleichartigen Exemplar ersetzt werden. In diesem Fall spricht man von einem **Gattungskauf.**

Auf der anderen Seite gibt es Waren, die nur ein einziges Mal vorhanden sind, z.B. ein besonderes Gemälde, ein Grundstück oder auch gebrauchte Gegenstände. Sollte eine solche Ware z.B. zerstört werden, kann der Verkäufer seiner Verpflichtung aus dem Kaufvertrag nicht mehr nachkommen. In diesem Fall spricht man von einem **Stückkauf.**

Kann oder soll die Beschaffenheit der Ware bei Vertragsschluss noch nicht genau bestimmt werden, so handelt es sich um einen **Bestimmungskauf.** Die Details, z.B. die Farbe oder die genauen Abmessungen, werden erst später festgelegt.

Beim **Ramschkauf** wird meist ein größerer Posten einer Ware in der Regel besonders günstig verkauft. Im Gegenzug verzichtet der Käufer auf eine garantierte Qualität.

Kaufvertragsart	Beispiel
Gattungskauf	Das Beschaffungsamt Essen bestellt bei der BPK GmbH zehn Paletten Kopierpapier in Standardqualität.
Stückkauf	speziell angefertigte Möbel, echte Kunstwerke, maßgeschneiderte Kleidung, Gebrauchtwagen
Bestimmungskauf	Bei einem Modeschmuckgroßhändler werden 100 Paar Ohrringe aus der neuen Kollektion bestellt. Um dem Kunden hochaktuelle Ware anbieten zu können, werden genaues Design und Farbe erst kurz vor der Auslieferung festgelegt.
Ramschkauf/Kauf en bloc/ Kauf in Bausch und Bogen	Auflösung von Lagern und Geschäften, Versteigerungen

Eine Sonderstellung in dieser Kategorie nehmen der Kauf auf Probe, der Kauf zur Probe und der Kauf nach Probe ein.

Beim **Kauf auf Probe** räumt der Verkäufer dem Käufer ein meist zeitlich begrenztes Rückgaberecht ein. Gefällt dem Kunden die Ware nicht oder entspricht sie nicht seinen Erwartungen, so kann er sie zurückgeben und erhält im Gegenzug auch sein Geld zurück.

Beim **Kauf zur Probe** kauft der Kunde eine kleine Menge einer Ware, um sie auszuprobieren und gegebenenfalls mehr nachzukaufen. Dieser Kauf ist z.B. vor einer geplanten Sortimentserweiterung sinnvoll, um zu testen, wie ein neuer Artikel vom Kunden angenommen wird. Im Gegensatz zum Kauf auf Probe kann die zur Probe gekaufte Ware nicht zurückgegeben werden.

Beim **Kauf nach Probe** kauft ein Kunde Ware entsprechend einer Probe, anhand derer er sich von der Qualität der Ware hat überzeugen können. Auch beim Kauf nach Probe gibt es kein Rückgaberecht.

Kaufvertragsart	Erläuterung	Beispiel
Kauf auf Probe	Kauf mit unbedingtem Rückgaberecht	Herr Walter kauft ein Dolby-Surround-System und vereinbart mit dem Verkäufer ein 14-tägiges Rückgaberecht.
Kauf zur Probe	Kauf einer kleinen Warenmenge als Test, um später die gewünschte Menge nachzubestellen	Die BPK GmbH kauft eine kleine Menge Grußkarten aus Recyclingpapier, um die Reaktion der Kunden zu testen.
Kauf nach Probe	Kauf entsprechend einer vorangegangenen Probe	Ein Hersteller von Druckerpatronen hat der BPK GmbH Proben mehrerer neuer Patronen geschickt. Nachdem sie ausprobiert wurden, entschloss man sich, Patronen entsprechend dieser Proben zu kaufen.

5.3.3 Unterscheidung nach Zahlungsbedingungen

Beispiel

Die BPK GmbH bietet ihren Kunden ein Zahlungsziel von 30 Tagen an. Nachdem das Verlagshaus Bücher OHG bei mehreren Aufträgen das Zahlungsziel überschritten hat, erhält der Kunde den Vermerk „Lieferung nur gegen sofortige Zahlung".

Laut Gesetz ist der Käufer verpflichtet, die Ware, die er gekauft hat, sofort zu bezahlen, sofern die Vertragspartner nichts anderes vereinbart haben. Hierbei handelt es sich um den sogenannten Barkauf. Von einem **Barkauf** spricht man, wenn Ware und Bezahlung Zug um Zug ausgetauscht werden, z.B. bei einer Lieferung mit Nachnahme. Der Barkauf wird in der Regel mit neuen Kunden oder mit Laufkundschaft vereinbart, da der Verkäufer in diesen Fällen (noch) nicht sicher ist, was die Zahlungsmoral des Kunden angeht.

Um guten Kunden entgegenzukommen, wird oft ein **Zahlungsziel** eingeräumt. Der Kunde kann dann innerhalb dieser Frist bezahlen. Der Kaufvertrag wird als **Zielkauf** bezeichnet.

Bei hohen Beträgen besteht die Möglichkeit, einen **Ratenkauf** zu vereinbaren. Der Kaufpreis wird in vorher festgelegten Teilbeträgen gezahlt, um die einmalige finanzielle Belastung zu verringern.

Schließlich ist es möglich, Lieferung gegen **Vorkasse** zu vereinbaren. Die Ware wird erst übergeben, wenn die Zahlung beim Verkäufer eingegangen ist.

Diese Zahlungsvereinbarung kann z.B. bei als säumigen Zahlern bekannten Kunden genutzt werden, aber auch, wenn Sonderanfertigungen Gegenstand des Kaufvertrages sind, für die der Verkäufer keine Verwendung hat, wenn sie nicht bezahlt werden.

Kaufvertragsart	Beispiel
Barkauf	Herr Walter kauft Lebensmittel im Supermarkt ein und zahlt an der Kasse.
Zielkauf	Die BPK GmbH verkauft die meisten Waren „auf Ziel" mit einem vereinbarten Zahlungsziel von 30 Tagen. Die Rechnung muss nach spätestens 30 Tagen bezahlt werden.
Ratenkauf	Ein Elektronikmarkt bietet für Waren ab 200,00 € die Möglichkeit der Ratenzahlung an.
Vorkasse	Herr Sonntag bestellt eine Verpackungsmaschine in Sonderanfertigung für sein Unternehmen. Erst nachdem die Zahlung eingegangen ist, wird die Maschine hergestellt und geliefert.

5.3.4 Unterscheidung nach Lieferzeit

Beispiel

In der Einkaufsabteilung ging heute Morgen eine Bestellung der Tönnes Druckerei mit der Klausel „Lieferung 43. KW" ein.

Laut gesetzlicher Regelung muss der Verkäufer die verkaufte Ware sofort liefern. Ein entsprechender Kaufvertrag heißt **Sofortkauf.**

Im Kaufvertrag können die Vertragspartner jedoch abweichende Regelungen festhalten. Benötigt der Käufer die Ware innerhalb eines bestimmten Zeitraumes, so legt er diesen Termin vertraglich fest, z.B. „Lieferung in der 45. KW", „Lieferung bis zum 2.3.20XX" oder ähnlich. Da der Liefertermin dann kalendermäßig bestimmt ist, spricht man in diesem Fall von einem **Terminkauf.**

KW
Kalenderwoche

Braucht der Käufer die Ware zu einem festen Datum, so wird er einen **Fixkauf** vereinbaren. Die Ware muss dann genau zum vereinbarten Termin geliefert werden, ansonsten kann der Käufer sofort und ohne Nachfrist vom Vertrag zurücktreten. Ein Fixkauf liegt nur vor, wenn im Vertrag das Wort „fix" ausdrücklich genannt wird.

Schließlich besteht die Möglichkeit des **Kaufs auf Abruf.** Kann oder will der Käufer die Ware nicht sofort und auch nicht auf einmal haben, weil ihm z.B. der nötige Lagerplatz fehlt, so kann er bei dieser Kaufvertragsart die Ware zu dem Zeitpunkt und in der Menge abrufen, die er gerade benötigt. Der Verkäufer muss dafür sorgen, dass er die Ware jederzeit liefern kann, wenn der Käufer sie abruft.

Kaufvertragsart	Beispiel
Sofortkauf	Herr Scherer kauft im Elektromarkt eine Kaffeemaschine und nimmt sie sofort mit.
Terminkauf	Vereinbarung: „Lieferung bis zum 11.11.20XX", „Lieferung 42. KW"
Fixkauf	Vereinbarung: „Lieferung am 11. 11. 20XX fix"
Kauf auf Abruf	Das Beschaffungsamt Essen ruft von den zehn gekauften Paletten Kopierpapier jede Woche eine Palette ab, sodass nicht die gesamte Bestellmenge beim Käufer gelagert werden muss.

5.4 Streckengeschäft

Beispiel

Die Alldruck GmbH, eine Großdruckerei, bestellt vier Tonnen dringend benötigtes Druckpapier bei der BPK GmbH. Die BPK hat jedoch nicht die benötigten Ladevorrichtungen, um eine derart große Menge Papier abzuladen, zu lagern und wieder aufzuladen. Außerdem würde dieser Vorgang zu viel Zeit kosten. Sie beschließt, das Papier direkt vom Hersteller zu der Alldruck GmbH liefern zu lassen. Bei einem solchen Geschäft spricht man von einem Streckengeschäft.

Streckengeschäfte werden von Großhändlern dann vereinbart, wenn

- eng gesetzte Liefertermine eingehalten werden müssen,
- Fracht-, Umlade-, Verlade- und Lagerkosten gespart werden sollen,
- die Gefahr besteht, dass die Ware beim Umladen beschädigt wird,
- der Großhändler nicht die angemessene Ausstattung zum Umladen hat.

Streckengeschäft

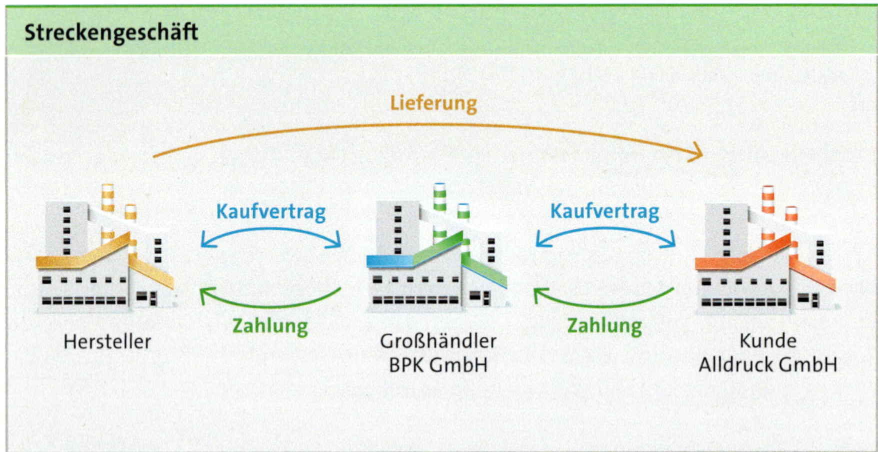

Der Erfüllungsort wird beim Streckengeschäft vertraglich festgelegt. Die BPK GmbH und die Alldruck GmbH vereinbaren z. B., dass der Sitz des Herstellers der Erfüllungsort des Verkäufers wird. Bei diesem Kaufvertrag handelt es sich dann um einen **Versendungskauf,** da die Ware auf Verlangen des Kunden zu dessen Sitz gesendet wird. Die Gefahr geht bei der Übergabe an den Spediteur auf den Käufer über.

Eine weitere Möglichkeit wäre, den Sitz des Kunden als Erfüllungsort zu vereinbaren. Bei diesem Kaufvertrag handelt es sich um einen **Fernkauf,** bei dem die BPK GmbH das Risiko für den Transport trägt, da der Erfüllungsort für den Warenschuldner am Sitz der Alldruck GmbH liegt.

Das Streckengeschäft birgt für den Großhändler aber auch gewisse **Risiken.** Er hat keine Möglichkeit, die Qualität der gelieferten Waren zu überprüfen. Außerdem schränkt das Streckengeschäft den direkten Kundenkontakt ein. Schließlich geht der Großhändler dadurch, dass er seinem Kunden den Lieferanten offenbart, das Risiko ein, aus der Handelskette ausgeschlossen zu werden.

5.5 Leasing

AB ▶ LS 29

Ein Unternehmen kann sich auch mit den notwendigen Gütern versorgen, ohne die Kapitalmittel in vollem Umfang bereitstellen zu müssen. Zu solchen „kapitalschonenden" Finanzierungsarten gehört das Leasing.

Leasing ist die Überlassung von Investitions- oder Konsumgütern gegen Zahlung eines Mietzinses, der **Leasingrate**. Der Leasingvertrag ist eine Sonderform des Miet- bzw. Pachtvertrages. Durch einen Leasingvertrag erwirbt der Leasingnehmer gegen Entgelt Nutzungsrechte am jeweiligen Leasingobjekt (z. B. Auto, Produktionsmaschinen). Der Leasingnehmer verzichtet dabei auf den Eigentumserwerb.

Beim Leasing wird zwischen dem direkten und dem indirekten Leasing unterschieden. Beim **direkten Leasing** tritt der Hersteller als Leasinggeber auf, beim **indirekten Leasing** ist es eine herstellerunabhängige Bank bzw. Leasinggesellschaft.

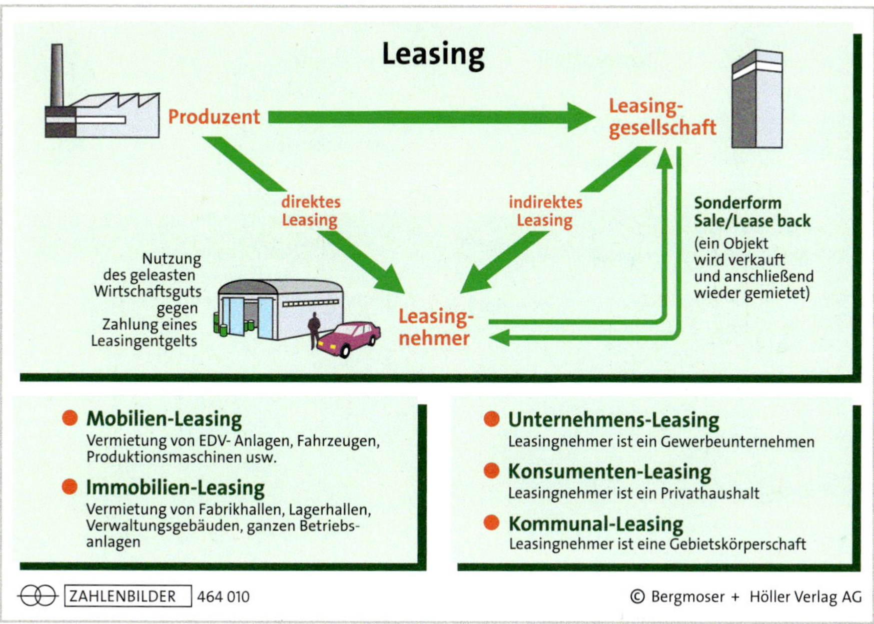

Weiterhin lassen sich das Operate-Leasing und das Finance-Leasing unterscheiden. Beim **Operate-Leasing** wird ein Gut kurzfristig verleast und nach Rückgabe vom Leasinggeber an weitere Leasingnehmer weiterverleast. Der Leasinggeber trägt das wirtschaftliche Risiko, z.B. bei Defekten oder Reparaturen. Beim **Finance-Leasing** entspricht die Leasingdauer bis zu 90 % der Nutzungsdauer des Leasinggutes. Demnach wird das Gut während seiner Nutzungsdauer in der Regel auch nur an einen einzigen Leasingnehmer verleast.

Die Wahl der Leasingart und damit die Laufzeit hängt von der Art des geleasten Gutes ab. Langlebige Wirtschaftsgüter und Spezialanfertigungen werden in der Regel per Finance-Leasing verleast, Güter, die über eine kurze Zeitdauer benötigt werden, per Operate-Leasing.

Abhängig vom gewählten Leasingverfahren entscheidet sich, was **nach Ablauf der Leasingzeit** passiert. Während beim Operate-Leasing der Leasinggegenstand zurückgegeben wird, hat der Leasingnehmer beim Finance-Leasing in der Regel die Wahl. Er kann den Leasinggegenstand zurückgeben, ein Anschlussleasing abschließen oder den Leasinggegenstand unter eng festgelegten steuerlichen Voraussetzungen zum **Restkaufwert** kaufen und damit dann auch das Eigentum am geleasten Gegenstand erwerben.

Für die **Vergleichskalkulation** zwischen einem Kreditkauf und dem Leasing ist die letztgenannte Variante zu berücksichtigen. Um die Kosten vergleichbar zu machen, muss nicht nur die Summe der gezahlten Leasingraten einkalkuliert werden, sondern auch der Restwert, zu dem der Leasinggegenstand am Ende der Laufzeit gekauft werden kann.

Vergleich Kredit und Leasing

Kreditfinanzierung	Leasing
Anschaffungskosten	Leasingraten
+ Disagio	+ Sonderzahlungen
+ Kreditzinsen	+ Restkaufwert
= Kreditkosten	= Leasingkosten

Disagio
prozentualer Abschlag auf die Kreditsumme, mindert den ausgezahlten Kreditbetrag

Beispiel

Der Reisende Peter Richter benötigt einen neuen Dienstwagen. Es liegen folgende Angebote vor:

Angebot Hausbank:
Bankfinanzierung per Ratendarlehen
- Kreditbetrag: 45.000,00 €
- Zinssatz: 2,00 %
- Disagio: 1,5 %
- Kreditlaufzeit: 5 Jahre

Leasingangebot des Autohauses:
Angebot Leasinggesellschaft
- Grundmietzeit: 5 Jahre
- einmalige Sonderzahlung zu Beginn des Leasingvertrages: 5.000,00 €
- monatliche Leasingrate: 1,3 % der Anschaffungskosten
- kalkulierter Restwert: 10.000,00 €
  (Das Auto kann zum Restwert am Ende der Grundmietzeit gekauft werden.)

Es ergeben sich also folgende Kosten:

Kreditkauf:		Leasing:	
Anschaffungskosten:	45.000,00 €	Sonderzahlung:	5000,00 €
+ Disagio:	675,00 €	Leasingraten:	35.100,00 €
+ Kreditzinsen:	2.700,00 €	kalkulierter Restwert:	10.000,00 €
= Kreditkosten:	48.375,00 €	= Leasingkosten:	50.100,00 €

Unter Kostengesichtspunkten ist es also sinnvoll, das Fahrzeug per Kredit zu finanzieren und nicht zu leasen, allerdings sollten bei relativ geringen Kostenunterschieden weitere Aspekte in die Entscheidung mit einfließen, z. B. Eigentumserwerb, Service u. ä.

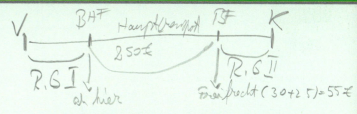

Alles klar?

1 Nennen Sie fünf Möglichkeiten, die Art und Güte der Ware festzulegen.

2 Unterscheiden Sie Stück- und Gattungsschulden.

3 Unterscheiden Sie Hol-, Bring- und Schickschulden.

4 Wo sind in den folgenden Fällen Erfüllungsort und Erfolgsort?
- a) Holschulden
- b) Schickschulden
- c) Bringschulden

5 Welche vertragliche Vereinbarung zur Lieferzeit liegt vor?
- a) Die Lieferung von 10 neuen Mountainbikes erfolgt innerhalb von 2 Wochen.
- b) Die vereinbarte Lieferung von zwei Tonnen Stahl erfolgt in drei Teillieferungen innerhalb von drei Monaten.
- c) Auslieferung eines City-Rads erfolgt am 23. Dezember 20XX.

6 Ordnen Sie die Zahlungsbedingungen dem Zahlungszeitpunkt vor Lieferung, bei Lieferung und nach Lieferung zu.
- a) Nachnahme
- b) netto Kasse
- c) Zahlungsziel 30 Tage
- d) Vorauszahlung
- e) Ratenzahlung

7 Unterscheiden Sie Rabatt, Bonus und Skonto

8 Wieso bieten Verkäufer häufig Skonto an?

9 Erläutern Sie, wie der effektive Jahreszinssatz bei einem Lieferantenkredit berechnet wird.

10 Beschreiben Sie, warum es für den Kunden in der Regel günstiger ist, unter Abzug von Skonto zu zahlen als das Zahlungsziel auszuschöpfen.

11 Unterscheiden Sie den einfachen, erweiterten und verlängerten Eigentumsvorbehalt.

12 Erläutern Sie, warum in der Regel ein Eigentumsvorbehalt vereinbart wird.

13 Wann erhält der Käufer bei einem Kauf unter Eigentumsvorbehalt das Eigentum an der Ware?
- a) bei Einigung und Übergabe der Ware
- b) bei Bezahlung der Rechnung
- c) bei Lieferung der Ware
- d) bei Gefahrübergang
- e) bei Abschluss des Kaufvertrags

14 Bei der Lieferung einer Ware fallen folgende Kosten an:
- Hausfracht (Rollgeld) am Ort des Käufers: 30 Euro
- Hausfracht (Rollgeld) am Ort des Verkäufers: 15 Euro
- Fracht: 250 Euro
- Verladekosten: 20 Euro
- Entladekosten: 25 Euro

Wie hoch ist jeweils der Versandkostenanteil für den Käufer bei den folgenden Vereinbarungen:
- a) frachtfrei
- b) frei Schiff
- c) ab Lager
- d) frei Lager
- e) ab hier (Ort des Verkäufers)

15 Nennen und erläutern Sie drei verschiedene vertragliche Vereinbarungen zur Übernahme der Verpackungskosten.

16 Was versteht man unter dem Gerichtsstand?

17 Was sind Allgemeine Geschäftsbedingungen (AGB)?

18 Wie werden AGB Bestandteil eines Vertrages?

19 Prüfen Sie: Ist folgende AGB-Klausel wirksam? „Während der Lieferzeit entstehende Preiserhöhungen unserer Hersteller berechtigen uns jederzeit zur Weitergabe an die Kunden."

20 Prüfen Sie: Ist folgende AGB-Klausel wirksam? „Die vereinbarten Preise beinhalten die gesetzliche Umsatzsteuer. Skonto gewähren wir nur aufgrund besonderer Vereinbarungen."

21 Unterscheiden Sie den einseitigen Handelskauf vom zweiseitigen Handelskauf.

22 Ordnen Sie die nachfolgenden Beispiele den Kaufvertragsarten nach Warenart und -güte zu.

a) Auflösung eines Möbelfachgeschäfts in Form einer Versteigerung.

b) Ein Fachhändler kauft 100 Uhren einer neuen Kollektion. Das Design der Uhren wird erst kurz vor Auslieferung festgelegt.

c) Holger verkauft sein gebrauchtes Auto an seinen Kumpel Jürgen.

d) Udo lässt sich einen Anzug maßschneidern.

e) Ulrike kauft einen HD-Fernseher und vereinbart mit dem Verkäufer ein 14-tägiges Rückgaberecht.

f) Ein Kölner Club kauft kleine Mengen eines neuen Energie-Drinks, um an einem Abend die Reaktion der Gäste zu testen. Bei Erfolg wird eine größere Menge nachbestellt.

g) Ware wird „auf Ziel" gekauft.

23 Ordnen Sie die nachfolgenden Beispiele den Kaufvertragsarten nach Zahlungszeitpunkt zu:

a) Antje kauft Orangen beim Obsthändler und zahlt an der Kasse.

b) Da die Hahn GmbH durch zögerliches Bezahlen von Rechnungen aufgefallen ist, muss sie ihrem Lieferanten Hölscher erst den fälligen Betrag bezahlen, bevor sie neue Ware erhält.

c) Sonja kauft einen HD-Fernseher und vereinbart eine Ratenzahlung.

d) Die Blitz OHG bestellt eine Spezialmaschine und muss eine Anzahlung in Höhe von 10.000 Euro leisten.

24 Ordnen Sie die nachfolgenden Beispiele den Kaufvertragsarten nach der Rechtsstellung der Vertragspartner zu.

a) Herr Baltes, Chefeinkäufer der Holtermann KG, bestellt einen großen Posten neue Ware für sein Unternehmen.

b) Auf dem Heimweg besorgt Herr Baltes einen Blumenstrauß für seine Frau.

c) Maria kauft ihrer Freundin Margit selbstgebastelte Tischdeko ab.

25 Ordnen Sie die nachfolgenden Beispiele den Kaufvertragsarten nach dem Zeitpunkt der Lieferung zu.

a) Andreas geht im Supermarkt einkaufen und nimmt seine Lebensmittel sofort mit.

b) Michael bestellt Lebensmittel beim Lieferservice. Die Lieferung erfolgt drei Tage später.

c) Herr Baltes bestellt aufgrund eines günstigen Angebotes einen großen Posten Kopierpapier. Sobald er einen Teil davon benötigt, ruft er den Verkäufer an, der dann eine Teillieferung veranlasst.

26 Unterscheiden Sie den Kauf auf Probe, Kauf zur Probe und Kauf nach Probe. Bilden Sie jeweils ein Beispiel.

27 Erklären Sie, was man unter Leasing versteht.

28 Unterscheiden Sie Operate- und Finance-Leasing.

29 Nennen Sie drei Vor- und drei Nachteile des Leasings im Vergleich zur Kreditfinanzierung.

6 Kundenzufriedenheit und Kundenbindung

Zielsetzung des Unternehmens ist es, eine positive Beziehung zum Kunden zu gestalten. Um im Wettbewerb bestehen zu können, ist es unerlässlich, das Unternehmen am Kunden und dessen Bedürfnissen auszurichten. Dies beginnt mit der **Sortimentsgestaltung**, die mittels Marktforschung permanent an die Kundenwünsche angepasst wird, begleitet den kompletten Verkaufsprozess und endet schließlich mit der Betreuung des Kunden nach dem Kaufabschluss.

Unternehmen, deren Kunden hauptsächlich aus Endverbrauchern bestehen, haben viele Maßnahmen entwickelt, um Kunden langfristig an sich zu binden. Dazu gehören z. B. Kundenkarten, Rabattaktionen, Prämien, Kundenzeitschriften bzw. Newsletter und dergleichen. Einige dieser Maßnahmen sind zur Bindung von gewerblichen Kunden nur bedingt geeignet, deshalb sind hier einige Besonderheiten zu beachten. Großhandelsunternehmen haben in der Regel unterschiedlich umsatzstarke Kunden. Um Maßnahmen der Kundenbindung zu entwickeln, werden Kunden in der Regel per **ABC-Analyse** eingeteilt. Kunden mit besonders hohen Umsätzen sind A-Kunden, kleinere Kunden entsprechend B- oder C-Kunden.

Insbesondere für A-Kunden werden besondere **Maßnahmen zur Kundenbindung** entwickelt, z. B. persönliche und exklusive Betreuung durch einen sogenannten „Key-Account-Manager", attraktive Preisstaffeln, Bonusprogramme, Schulungen, Serviceangebote und Einladungen zu exklusiven Veranstaltungen, Messen und Ausstellungen. Auch B- und C-Kunden werden mit Maßnahmen gebunden, allerdings in geringerem Maße als die A-Kunden.

Besondere Bedeutung für die Kundenbindung hat die Betreuung des Kunden nach Abschluss des Kaufvertrages, der sogenannte **After-Sales-Service.** Wichtig ist es, dem Kunden zu vermitteln, dass er dem Unternehmen auch nach dem Kauf wichtig ist. Geeignete Maßnahmen für den Großhandel sind z. B. das Anbieten von Schulungen und die Unterstützung der Verkaufsmaßnahmen des eigenen Kunden, z. B. durch Werbung und Aktionen.

Üblich ist heute auch, ein **Kundenfeedback** einzuholen. Dies erweckt zum einen beim Kunden den Eindruck, dass der Verkäufer an der Kundenzufriedenheit interessiert ist, hilft zum anderen aber auch dabei, Probleme und Schwachstellen aufzudecken.

Selbst eine **Reklamation** seitens des Kunden kann zur Kundenbindung genutzt werden. Verläuft das Reklamationsmanagement schnell, unkompliziert und für den Kunden zufriedenstellend, wird er einen positiven Eindruck vom Großhändler behalten.

Zufriedene Kunden kommen wieder und empfehlen das Unternehmen weiter.

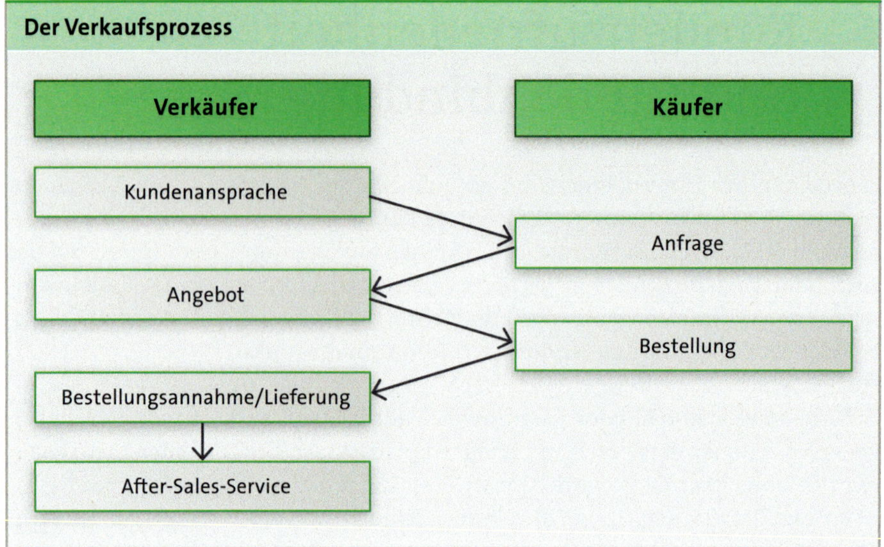

Der Verkaufsprozess ist ein **Kernprozess** in jedem Unternehmen und muss entsprechend sorgfältig gesteuert werden. Dabei hat die Kundenorientierung oberste Priorität.

Eine auf die Kundschaft passend zugeschnittene Kundenansprache leitet den Verkaufsprozess in der Regel ein und führt idealerweise zu Anfragen von Seiten der Kunden. Entsprechend der Kundenanfrage erstellt der Händler ein Angebot mit dem Ziel, den Kunden zu überzeugen, so dass dieser eine Bestellung vornimmt.

Hat der Kunde bestellt, so erfolgt die sorgfältige und in der Regel zügige Lieferung und gegebenenfalls der After-Sales-Service, um den Kunden zu binden und ihm das Gefühl zu geben, auch nach Abschluss des Kaufvertrages für den Händler wichtig zu sein.

7 Besonderheiten von Auslandsgeschäften

AB ▶ LS 30, 31

Sollen Waren an einen Käufer im Ausland verkauft werden, hängt die Geschäftsabwicklung u.a. davon ab, in welchem Land der Käufer seinen Sitz hat.

7.1 Warenverkäufe innerhalb der EU

Hat der Käufer seinen Sitz in einem Land der Europäischen Union, gibt es hinsichtlich der Abwicklung fast keinen Unterschied zu einem inländischen Geschäft. Man spricht in diesem Fall offiziell auch nicht von einer Ausfuhr oder einem Export, sondern von einer **Verbringung**. Käufe und Verkäufe innerhalb der EU müssen allerdings statistisch erfasst werden.

Intrahandelsstatistik

Da der Warenverkehr innerhalb der EU frei ist, gibt es weder Grenzkontrollen noch Zollabgaben und damit verbundene Anmeldeverfahren. Die einzelnen Mitgliedstaaten können daher nicht mehr feststellen, welche Waren in welcher Menge ein- bzw. ausgeführt werden. Zur Erstellung von Außenhandelsstatistiken und der Zahlungsbilanz ist die Erfassung dieser Daten aber notwendig. Sie werden daher gesondert im Rahmen der Intrahandelsstatistik (Intrastat) erfasst. Für deutsche Unternehmen, die am innergemeinschaftlichen Waren- und Dienstleistungsaustausch teilnehmen, besteht eine gesetzliche Meldepflicht an das Statistische Bundesamt. Rechtsgrundlage hierfür ist eine Verordnung der Europäischen Union. EU-Verordnungen haben in allen EU-Mitgliedstaaten eine unmittelbare Rechtsgültigkeit.

Privatpersonen sind von der Meldepflicht ausgenommen. Das gilt auch für Unternehmen, die die Umsatzschwellen von 500.000,00 € für Versendungen in andere EU-Länder und 800.000,00 € für Eingänge aus anderen EU-Ländern im vorausgegangenen Jahr nicht überschritten haben. Sollte im laufenden Jahr der Schwellenwert überschritten werden, sind ab dem Folgemonat innergemeinschaftliche Umsätze zu melden. Die Meldung muss elektronisch abgegeben werden. Jeglicher unionsinterne Warenverkehr, bei dem also Waren von einem Mitgliedsstaat in einen anderen transportiert werden, muss gemeldet werden.

Im Zusammenhang mit der Intrahandelsstatistik werden unionsinterne Einfuhren als „Eingänge" und unionsinterne Ausfuhren als „Versendungen" bezeichnet.

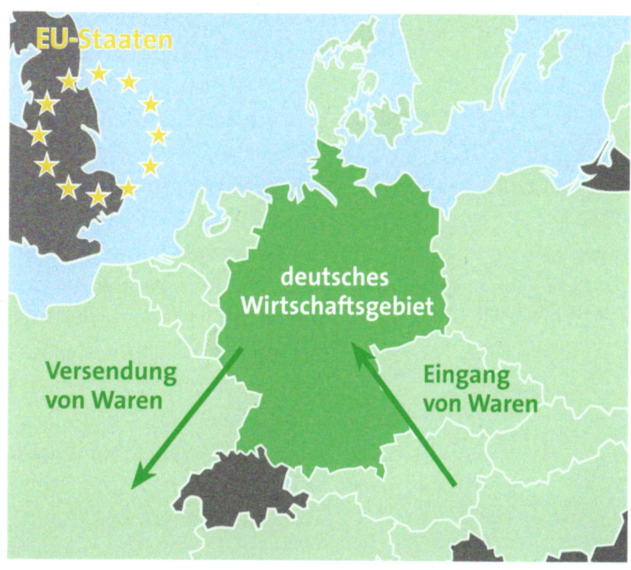

Eingangs- und Versendungsbegriff gemäß Intrahandelsstatistik

7.2 Warenverkäufe in Drittländer

Anders ist die Situation, wenn der Käufer seinen Sitz in einem Land außerhalb der EU, einem sogenannten **Drittland** hat. In diesem Fall muss zunächst geprüft werden, ob die Ausfuhr evtl. verboten ist oder einer Genehmigung bedarf. Außerdem muss die Ausfuhr beim Zoll angemeldet und im Rahmen eines Ausfuhrverfahrens abgewickelt werden.

7.2.1 Ausfuhrbeschränkungen

Das deutsche Außenwirtschaftsgesetz geht in § 1 von dem Grundsatz aus, dass der **Wirtschaftsverkehr mit dem Ausland frei** ist. Gemäß § 4 AWG besteht allerdings die Möglichkeit, den Außenwirtschaftsverkehr durch Genehmigungsverfahren und Verbote einzuschränken.

Neben den nationalen Beschränkungen auf der Grundlage des Außenwirtschaftsgesetzes, der Außenwirtschaftsverordnung (AWV) und des Kriegswaffenkontrollgesetzes (KrWaffKontrG) gibt es auch noch internationale Vereinbarungen, die sich auf die Freizügigkeit des Außenhandels in Deutschland auswirken. Ausfuhrbeschränkungen können sich auf bestimmte Waren und Warengruppen und/oder bestimmte Länder und/oder bestimmte Empfänger beziehen.

UN-Sicherheitsrat
Der Sicherheitsrat der Vereinten Nationen besteht aus 5 ständigen und 10 nichtständigen Mitgliedern. Seine Hauptaufgabe besteht darin, den Weltfrieden und die internationale Sicherheit zu fördern.

OSZE
Die Organisation für Sicherheit und Zusammenarbeit in Europa ist eine Organisation von 57 Mitgliedstaaten, deren Hauptziel die Friedenssicherung ist.

Embargo
staatliches Ausfuhrverbot für Waren oder Kapital

Völkerrechtliche Beschränkungen beziehen sich i. d. R. auf Maßnahmen, die vom UN-Sicherheitsrat beschlossen werden. Auch die OSZE kann Beschlüsse fassen, die sich auf den Warenverkehr mit bestimmten Ländern auswirken. Bei den UN-Sanktionen handelt es sich um Teil- oder Totalembargos, die der UN-Sicherheitsrat gegen bestimmte Länder verhängt. Neben **Embargos** gegen Länder gibt es auch noch Embargos gegen bestimmte Personen, Personengruppen oder Organisationen.

Bei einem **Totalembargo** ist der gesamte Handelsverkehr mit den betreffenden Ländern grundsätzlich untersagt. Eventuell sind aus humanitären Gründen Ausnahmen, z. B. für Nahrungsmittel oder Medikamente möglich. Bei einem **Teilembargo** bezieht sich die Beschränkung des Handelsverkehrs nur auf bestimmte Güter, z. B. Waffen.

Beschränkungen auf EU-Ebene: Der UN-Sicherheitsrat und auch die OSZE haben keine unmittelbare Rechtsetzungsbefugnis für andere Länder. Die von der UN bzw. der OSZE verhängten Sanktionen werden daher i. d. R. durch EU-Verordnungen umgesetzt. Dadurch werden sie unmittelbares EU-Recht und sind von allen Mitgliedsländern verpflichtend zu beachten. Daneben kann die EU im Rahmen ihrer gemeinsamen Außen- und Sicherheitspolitik (GASP) auch noch eigene Sanktionen beschließen. Schließlich gibt es noch Beschränkungen auf der Grundlage des EU-Rechtes.

An erster Stelle ist hier die **Dual-use-Verordnung** zu nennen. Diese befasst sich mit Gütern, die einen **doppelten Verwendungszweck** haben. Neben einem zivilen Verwendungscharakter können sie auch militärisch genutzt werden. Die Ausfuhr von Dual-use-Gütern unterliegt Beschränkungen, die in der Dual-use-Verordnung näher spezifiziert sind. Die Dual-use-Güter sind in Anhang I der Verordnung aufgelistet. Die Angaben in den Listen erfordern i. d. R. spezifisches technisches Wissen aus dem jeweiligen Produktbereich.

Ferner kann die Ausfuhr auch aufgrund der Anti-Folter-Verordnung und der Feuerwaffenverordnung beschränkt sein. Die **Anti-Folter-Verordnung** beschränkt die Ausfuhr von Waren, die zur Vollstreckung der Todesstrafe, zu Folter oder anderen unmenschlichen oder erniedrigenden Behandlungen verwendet werden können. Die **Feuerwaffenverordnung** enthält Regelungen zur Ausfuhr von Schusswaffen.

Nationale Beschränkungen: Güter, deren Ausfuhr aufgrund nationaler Regelungen beschränkt ist, sind in der sogenannten **Ausfuhrliste (AL)** aufgelistet. Die Ausfuhrliste bildet den Anhang der Außenwirtschaftsverordnung. Sie hat folgende Gliederung:

- **Teil I A** enthält Waffen und deren Zubehör. Da die EU für diese Art von Gütern keine Regelungskompetenz besitzt, werden sie in einer nationalen Liste erfasst.
- **Teil I B** enthält nationale Ergänzungen zur europäischen Liste der Güter mit doppeltem Verwendungszweck.
- **Teil II** der Ausfuhrliste benennt Waren pflanzlichen Ursprungs.

Die Ausfuhr von **Kriegswaffen** ist ebenfalls beschränkt und ist im Kriegswaffenkontrollgesetz (KrWaffKontrG) geregelt.

Catch-all-Klauseln

Neben Genehmigungspflichten für die Warenausfuhr, die ausschließlich von der Warenart abhängen, gibt es davon unabhängig noch zusätzlich Beschränkungen. Der Ausführer ist verpflichtet, sich bei den zuständigen Behörden zu melden, wenn er Kenntnis von einer **sensiblen Verwendung** der Ausfuhrgüter erhält. Zu sensiblen Verwendungen zählen:

- Verwendung im Zusammenhang mit Massenvernichtungswaffen und deren Trägersystemen
- nukleare Endverwendung
- militärische Endverwendung
- Verwendung im Zusammenhang mit Gütern der Kommunikationsüberwachung

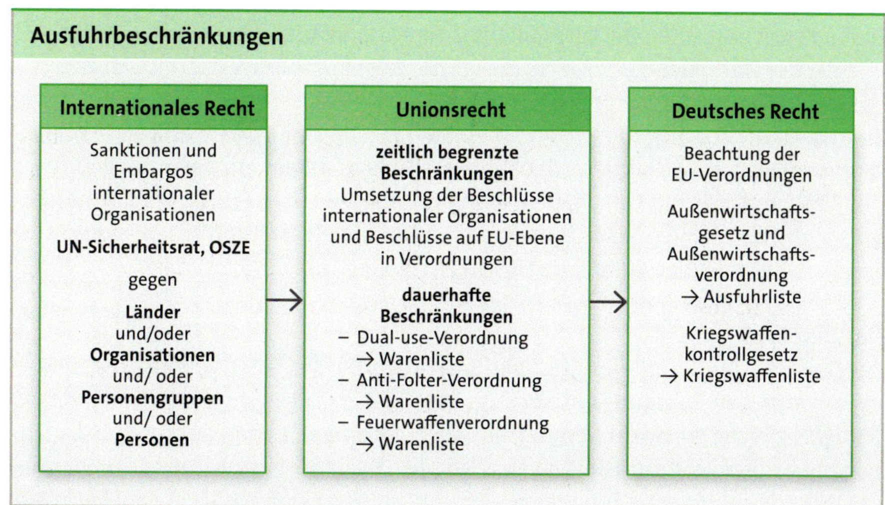

7.2.2 Genehmigungsverfahren

Möchte ein Unternehmen ein Gut in ein bestimmtes Land ausführen, ist es grundsätzlich selbst dafür verantwortlich zu überprüfen, ob dazu ein Verbot besteht oder eine Genehmigung erforderlich ist. Zuständig für Genehmigungen und Fragen zu möglichen Genehmigungspflichten sind ausschließlich nationale Behörden. In Deutschland sind das

- das **Bundesamt für Wirtschaft- und Ausfuhrkontrolle (BAFA)** für alle Fragen und Genehmigungen, die die Ausfuhr von Gütern betreffen,
- die **Deutsche Bundesbank** für die Umsetzung von Finanzembargos

Die Prüfung, ob ein Ausfuhrvorhaben verboten oder genehmigungspflichtig ist, ist ein sehr komplexer Vorgang. Deshalb bietet das BAFA hierzu verschiedene Hilfen an.

Voranfrage
Im Rahmen einer Voranfrage erteilt das BAFA eine rechtsverbindliche Auskunft, ob für ein geplantes Ausfuhrvorhaben eine Genehmigung erteilt werden kann bzw. ob dafür überhaupt eine Genehmigung erforderlich ist. Eine Voranfrage ist auch dann möglich, wenn noch nicht klar ist, ob das geplante Ausfuhrvorhaben überhaupt realisiert wird.

Auskunft zur Güterliste
Bei einer Auskunft zur Güterliste bescheinigt das BAFA, dass die angefragten Güter **nicht** in

- Anhang I der Dual-use-Verordnung
- Anhang I der Ausfuhrliste der AWV
- der Güterliste der Antifolterverordnung
- der Güterliste der Feuerwaffenverordnung

erfasst werden. Zu beachten ist, dass bei einer Auskunft zur Güterliste weder güterbezogene Beschränkungen aufgrund von Embargos noch mögliche Genehmigungspflichten aufgrund der geplanten Güterverwendung berücksichtigt werden. Einem Antrag zur Auskunft zur Güterliste muss geeignetes Informationsmaterial wie Prospekte, Datenblätter, Informationsschriften zum angefragten Gut beigefügt werden. Dadurch soll dem BAFA die Einschätzung erleichtert werden, ob das angefragte Gut in einer der Güterlisten erfasst ist, die bei der Auskunft berücksichtigt werden.

Eine Auskunft zur Güterliste wird für ein Jahr erteilt. Eine Verlängerung ist auf Antrag möglich. Die Auskunft verliert ihre Gültigkeit, sobald ein darin aufgeführtes Gut änderungsbedingt von einer der berücksichtigten Listen erfasst wird. Es besteht die Möglichkeit, eine Auskunft für mehrere Güter gleichzeitig zu beantragen. Ausgeschlossen sind aber Auskünfte für ganze Anlagen, z. B. ein Kraftwerk.

Nullbescheid

Bei einem Nullbescheid bestätigt das BAFA, dass für das vorgesehene Ausfuhrvorhaben **keine Genehmigungspflicht** besteht. Für einen Antrag auf einen Nullbescheid wird das gleiche Formular benutzt, das auch bei einem Antrag auf Ausfuhrgenehmigung verwendet wird. Hierbei muss lediglich in einem bestimmten Formularfeld das Wort „Null" eingetragen werden. Ein Antrag auf einen Nullbescheid kann nur für ein Ausfuhrvorhaben gestellt werden, für das bereits ein Kaufvertrag abgeschlossen wurde.

Anträge auf Ausfuhrgenehmigung
Stellt ein Unternehmen fest, dass eine geplante Ausfuhr genehmigungspflichtig ist, muss ein Antrag auf Ausfuhrgenehmigung beim BAFA gestellt werden. Hierzu gibt es folgende Möglichkeiten:

- **Einzelausfuhrgenehmigung**
  Die Genehmigung gilt nur für ein einzelnes Ausfuhrvorhaben.
  Eine Sonderform der Einzelgenehmigung ist die Höchstbetragsgenehmigung. Hiermit werden alle Lieferungen des gleichen Gutes an den gleichen Empfänger bis zu einer benannten Höchstgrenze genehmigt. Die Genehmigung ist in der Regel auf ein Jahr begrenzt.

- **Sammelgenehmigung**
  Bei der Sammelgenehmigung werden Ausfuhren verschiedener Güter an verschiedene Empfänger in ggf. verschiedenen Drittländern beantragt. Die Sammelgenehmigung wird dabei durch einen benannten Gesamthöchstwert nach oben begrenzt.

Allgemeine Genehmigungen
Eine allgemeine Genehmigung muss nicht beantragt werden, sondern sie wird in Form einer Verordnung erlassen. Bei allgemeinen Genehmigungen werden Güter, für die eigentlich eine Genehmigungspflicht besteht, davon befreit. Häufig sind allgemeine Genehmigungen auf bestimmte Drittländer als Bestimmungsländer begrenzt. Alle Wirtschaftsbeteiligten können die allgemeine Genehmigung unter den angegebenen Bedingungen in Anspruch nehmen. Die Inanspruchnahme erfordert i. d. R. eine Registrierung des Ausführers. Ausfuhren im Rahmen allgemeiner Genehmigungen sind zudem in der Regel meldepflichtig.

7.2.3 Ausfuhrverfahren

Die Beachtung und Einhaltung von Ausfuhrbeschränkungen muss natürlich kontrolliert werden. Dafür sind die Zollbehörden zuständig. Jede Ausfuhr in ein Drittland muss daher bei der zuständigen Zollbehörde angemeldet werden. In diesem Zusammenhang spricht man von einem **Ausfuhrverfahren**. Für jede Ausfuhr muss eine **Ausfuhranmeldung** abgegeben werden. Die Ausfuhranmeldung darf außer in bestimmten Ausnahmefällen nur auf elektronischem Wege abgegeben werden. Die Abgabe kann über **ATLAS** (Automatisiertes Tarif- und Lokales Zoll-Abwicklungs-System) mit Hilfe einer speziellen Software oder über das Internet erfolgen. Bei ATLAS handelt es sich um ein internes EDV-Verfahren der deutschen Zollverwaltung über das mit dieser elektronisch kommuniziert werden kann. Unternehmen, die nicht über die notwendige Software verfügen, haben die Möglichkeit, die Ausfuhranmeldung elektronisch über das Internet mit dem System **IAA-Plus** (Internetausfuhranmeldung-Plus) der deutschen Zollverwaltung zu erstellen und abzugeben. Das ist zwar deutlich kostengünstiger als die Softwarelösung, dafür aber auch aufwändiger.

Im Normalfall erfolgt eine Ausfuhr in einem zweistufigen Verfahren, dem sogenannten **Normalverfahren**. Die folgende Abbildung zeigt übersichtsartig den Ablauf des Normalverfahrens bei einer Warenausfuhr.

Ausfuhrzollstelle
Zollstelle, die für den Ort zuständig ist, an dem der Ausführer seinen Sitz hat oder an dem die Waren zur Ausfuhr verpackt oder verladen werden.

Ausgangszollstelle
letzte Zollstelle, bevor die Waren das Unionsgebiet verlassen. Bei Waren, die z. B. im Schienen-, Luft- oder Seeverkehr transportiert werden, ist die Ausgangszollstelle diejenige, die für den Ort zuständig ist, von dem aus die Waren in einem durchgehenden Beförderungsvorgang das Unionsgebiet verlassen.

Bei der **Gestellung** haben die Zollbeamten die Möglichkeit, eine Beschau der Waren vorzunehmen und diese zu überprüfen und zu kontrollieren. Häufig verzichtet der Zoll auf diese Untersuchung.

Die **Master Reference Number (MRN)** (früher Movement Reference Number) wird von der Ausfuhrzollstelle jeweils einmalig für jeden Ausfuhrvorgang erzeugt. Mit Hilfe dieser Nummer haben die Zolldienststellen Zugriff auf den Datensatz des Ausfuhrverfahrens.

Ausfuhrbegleitdokument
begleitet die Ware während des Transports von der Ausfuhr- zur Ausgangszollstelle.

Ausgangsvermerk
dient dem Ausführer als Nachweis, dass die zur Ausfuhr angemeldete Ware auch wirklich ausgeführt wurde. Das ist wichtig, weil der Warenexport in Drittländer von der Umsatzsteuer befreit ist. Kann der Ausführer nicht nachweisen, dass die Ware tatsächlich ausgeführt wurde, kann das zuständige Finanzamt die Zahlung von Umsatzsteuer fordern.

Ausfuhrverfahren im Rahmen des Normalverfahrens

Stufe 1

Ausfuhranmeldung

Abgabe der Ausfuhranmeldung in elektronischer Form und Gestellung der Ware bei der Ausfuhrzollstelle. Bei einer genehmigungspflichtigen Ausfuhr ist die Genehmigung des Bundesamtes für Wirtschaft und Ausfuhrkontrolle (BAFA) erforderlich. In der elektronischen Ausfuhranmeldung ist dann eine bestimmte Codierung vorzunehmen. Die Zollstelle kann auch die Vorlage entsprechender Bescheinigungen des BAFA verlangen.

↓

Prüfung und Genehmigung der Ausfuhr

Die Ausfuhrzollstelle überprüft die Zulässigkeit der Ausfuhr und überlässt die Ware zur Ausfuhr, falls sie keine Beanstandungen hat. Die Überprüfung erfolgt automatisch durch das Atlassystem. Außerdem wird eine **Master Reference Number (MRN)** erzeugt sowie ein Ausfuhrbegleitdokument erstellt. Beides wird dem Ausführer elektronisch zugestellt. Dieser kann das Dokument ausdrucken. Die MRN befindet sich in Klarschrift und in maschinenlesbarer Form auf dem Ausfuhrbegleitdokument. Das Ausfuhrbegleitdokument begleitet die Ware bis zur Ausgangszollstelle.

↓

Stufe 2

Gestellung

Gestellung der Ware an der Ausgangszollstelle. Hier wird die MRN eingelesen und die Zollbeamten haben damit Zugriff auf die in Atlas gespeicherten Ausfuhrdaten und können die Identität der Waren prüfen.

↓

Ausfuhr

Ausfuhr der Ware aus dem Zollgebiet der Union. Damit verlieren die Waren den Status der Unionswaren.

↓

Meldung des Warenausgangs

Die Ausgangszollstelle meldet elektronisch der Ausfuhrzollstelle den Ausgang der Ware. Die Ausfuhrzollstelle bescheinigt dem Ausführer den Warenausgang durch Übermittlung des Ausgangsvermerks.

Beispiel

Ein Unternehmen mit Sitz in Düsseldorf will Waren in die USA ausführen. Der Transport erfolgt per Flugzeug von Frankfurt nach New York. **Ausfuhrzollstelle** ist die für das Unternehmen zuständige Zollstelle in Düsseldorf. **Ausgangszollstelle** ist die zuständige Zollstelle für den Flughafen Frankfurt.

Vereinfachte Verfahren
Es gibt im Rahmen des Ausfuhrverfahrens verschiedene Vereinfachungen, die den Ausfuhrprozess erleichtern sollen. Teilweise ist dazu eine Genehmigung der zuständigen Zollstelle erforderlich. Die folgende Übersicht gibt einen Überblick über die wesentlichen Vereinfachungen:

Vereinfachungen aufgrund des Warenwertes
Für Sendungen mit einem Wert bis 1.000 Euro und einem Gewicht bis 1.000 kg braucht **keine** elektronische Ausfuhranmeldung abgegeben zu werden. Die Ausfuhr kann mündlich an der Ausgangszollstelle angemeldet werden. Voraussetzung dafür ist, dass für die Ausfuhr der Ware keine Verbote oder Beschränkungen bestehen, und dass die Ware nicht in bestimmte Embargoländer geliefert werden soll.

Für Sendungen mit einem Warenwert zwischen 1.000 Euro bis 3.000 Euro darf ein **einstufiges Verfahren** angewendet werden. Die Abgabe der Ausfuhranmeldung und die Gestellung der Ware können direkt an der Ausgangszollstelle erfolgen.

Abgabe einer zunächst unvollständigen Ausfuhranmeldung
Die Ausfuhranmeldung muss zunächst nicht alle notwendigen Angaben enthalten. Fehlende Angaben müssen aber innerhalb einer bestimmten Frist durch eine vollständige Ausfuhranmeldung nachgereicht werden. Soll diese Vereinfachung regelmäßig in Anspruch genommen werden, ist dafür eine förmliche Bewilligung der zuständigen Zollstelle erforderlich. Durch eine unvollständige Ausfuhranmeldung soll verhindert werden, dass Subunternehmer, die in den Warentransport in das Bestimmungsland eingebunden sind, sensible Daten, z.B. den Preis oder die Anschrift des Empfängers erfahren.

Anschreibeverfahren
Die auszuführenden Waren werden zunächst lediglich in der Buchführung des ausführenden Unternehmens erfasst (angeschrieben). Die elektronische Ausfuhr-anmeldung erfolgt in monatlichen Abständen nachträglich gesammelt für die in dem betreffenden Monat ausgeführten Waren. Für diese Vereinfachung ist eine Genehmigung der zuständigen Zollstelle erforderlich. Da dieses Verfahren nur bei wenigen Gütern möglich ist (Massengüter, Schüttgüter, z.B. Kies) spielt es in der Praxis keine große Rolle.

Gestellung außerhalb des Amtsplatzes der Ausfuhrzollstelle
Der Ausführer kann in Verbindung mit der Ausfuhranmeldung beantragen, dass die Gestellung außerhalb des Amtsplatzes der Ausfuhrzollstelle stattfindet. In der Regel wird eine Gestellung auf dem Unternehmensgelände beantragt. Der Antrag muss spätestens am Tag vor dem Versand, zwei Stunden vor Ende der Öffnungszeiten bei dem zuständigen Zollamt eingegangen sein. Lehnt das Zollamt den Antrag ab, muss die Ware an der Ausfuhrzollstelle gestellt werden.

Es besteht auch die Möglichkeit, dass einem Unternehmen auf Antrag dauerhaft eine Gestellung außerhalb des Amtsplatzes der Ausfuhrzollstelle genehmigt wird. Das hat für das Unternehmen den Vorteil, dass es Verladung und Warenversand unabhängig von den Öffnungszeiten der der Ausfuhrzollstelle planen kann.

Alles klar?

1 Die USA haben nach ihrer Aufkündigung des Atomabkommens mit dem Iran Sanktionen gegen den Iran beschlossen. Äußern Sie sich dazu, ob die USA das Recht haben, zu verlangen, dass diese Sanktionen auch in Deutschland umgesetzt werden.

2 Erläutern Sie, wie gewährleistet wird, dass Sanktionsbeschlüsse des UN-Sicherheitsrates auch in Deutschland beachtet werden müssen.

3 Wo findet ein deutsches Unternehmen, das Waren in ein Drittland exportieren möchte, die Güter, die unter die Dual-use-Verordnung fallen?

4 Welche Güter befinden sich in der sogenannten Ausfuhrliste?

5 Bei einer Auskunft zur Güterliste teilt das BAFA einem Exporteur mit, dass das angefragt Gut nicht in den von der BAFA berücksichtigten Listen erfasst ist.

a) Äußern Sie sich dazu, ob der Exporteur sicher sein kann, dass das angefragt Gut nicht unter die Dual-use-Verordnung fällt.

b) Äußern Sie sich dazu, ob der Exporteur sicher sein kann, dass für das angefragte Gut keine Exportbeschränkungen bestehen.

6 Geben Sie an, was man unter einem Nullbescheid versteht.

7 Geben Sie an, ob jede Ausfuhr in ein Drittland der BAFA gemeldet werden muss.

8 Ein Exporteur möchte eine Ware, für die eine allgemeine Genehmigung existiert, in ein Drittland ausführen. Geben Sie an, was er dabei ggf. beachten muss.

9 Die Stahl-Export GmbH mit Sitz in Düsseldorf hat sich auf den Export von Stahlprodukten spezialisiert. Das Unternehmen möchte 50 großformatige Stahlbleche nach Dubai in den Vereinigten Arabischen Emiraten ausführen. Der Haupttransport soll per Schiff vom Hafen in Hamburg bis Dubai erfolgen. Die für das Unternehmen zuständige Zollstelle ist das Zollamt Düsseldorf Reisholz, das sich etwa 6 km von dem Unternehmenssitz befindet. Das zuständige Zollamt für den Hamburger Hafen ist das Zollamt auf der Finkenwerder Str. in Hamburg.

a) Geben Sie an, welches Zollamt in diesem Fall die Ausfuhrzollstelle und welches die Ausgangszollstelle ist.

b) Der für die Ausfuhrabwicklung zuständige Sachbearbeiter ist unsicher, ob für das Geschäft Ausfuhrbeschränkungen bestehen. Geben Sie zwei Möglichkeiten an, wie er sich hierzu Sicherheit verschaffen kann.

c) Der Sachbearbeiter geht ohne weitere Prüfung davon aus, dass die Ausfuhr der Bleche keinen Beschränkungen unterliegt. Tatsächlich ist dafür aber eine Genehmigung erforderlich. Äußern Sie sich dazu, welche Probleme in diesem Fall bei der Ausfuhrabwicklung auftreten könnten.

d) Schildern Sie auf den Fall bezogen die notwendige Vorgehensweise bei der Ausfuhrabwicklung.

e) Geben Sie an, welche Verfahrensvereinfachung der Sachbearbeiter beantragen sollte.

10 Welche Bedeutung hat die Master-Reference-Number?

11 Warum ist der Ausgangsvermerk für ein Unternehmen, das Waren in ein Drittland ausgeführt hat, wichtig?

12 Was versteht man unter einer unvollständigen Ausfuhranmeldung und welchen Sinn hat eine unvollständige Ausfuhranmeldung für ein Unternehmen, das Waren in ein Drittland ausgeführt hat?

13 Kann für die Ausfuhr einer Ware mit einem Warenwert bis 1.000,00 € und einem Gewicht bis 1000 kg in jedem Fall lediglich eine mündliche Ausfuhranmeldung bei der Ausgangszollstelle erfolgen?

LERNFELD 3

Beschaffungsprozesse durchführen

1 Sortiment

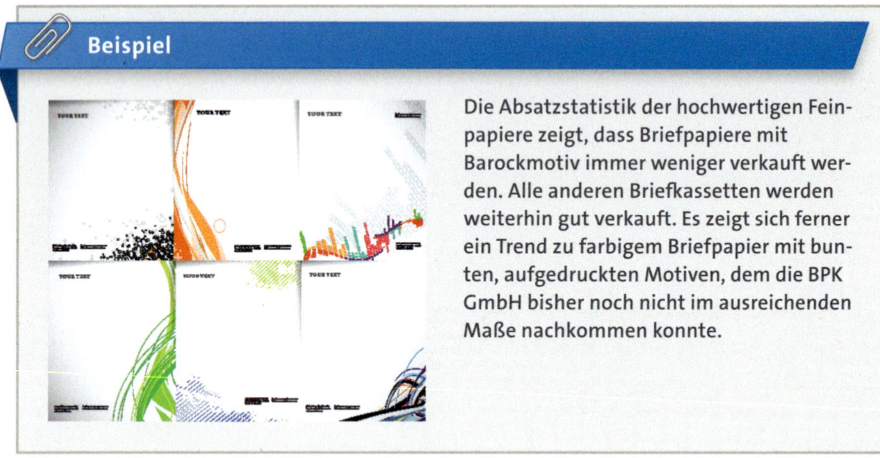

Beispiel

Die Absatzstatistik der hochwertigen Feinpapiere zeigt, dass Briefpapiere mit Barockmotiv immer weniger verkauft werden. Alle anderen Briefkassetten werden weiterhin gut verkauft. Es zeigt sich ferner ein Trend zu farbigem Briefpapier mit bunten, aufgedruckten Motiven, dem die BPK GmbH bisher noch nicht im ausreichenden Maße nachkommen konnte.

Bedürfnis, Bedarf, Nachfrage
▶ LF1, Kap. 2

Die menschlichen Bedürfnisse sind wandelbar. Modische Erscheinungen, veränderte Einstellungen, Einkommensverhältnisse und anderes mehr bewirken, dass sich die Bedarfsstruktur und somit die Güternachfrage verändern. Auf diese Nachfrageverschiebung müssen die Großhändler mit ihrem Angebot reagieren, wollen sie weiter am Markt erfolgreich sein. Sie sind daher gezwungen, ihr Sortiment ständig den sich verändernden Nachfrageverhältnissen anzupassen.

Unter einem Sortiment versteht man die Gesamtheit aller von einem Unternehmen angebotenen Waren und/oder Dienstleistungen. Der Sortimentsumfang kann in die Dimensionen Sortimentsbreite und Sortimentstiefe unterteilt werden.

Warengruppe
Zusammenfassung verschiedener Artikel aus ähnlichem Material oder mit ähnlicher Verwendung oder Herstellung

Die **Sortimentsbreite** gibt die Anzahl der verschiedenen Warengruppen oder Warenbereiche (Branchen) an. Besteht das Sortiment aus vielen **Warengruppen**, wird es als breites Sortiment bezeichnet. Ist das Sortiment auf wenige oder nur eine Warengruppe beschränkt, handelt es sich um ein schmales Sortiment.

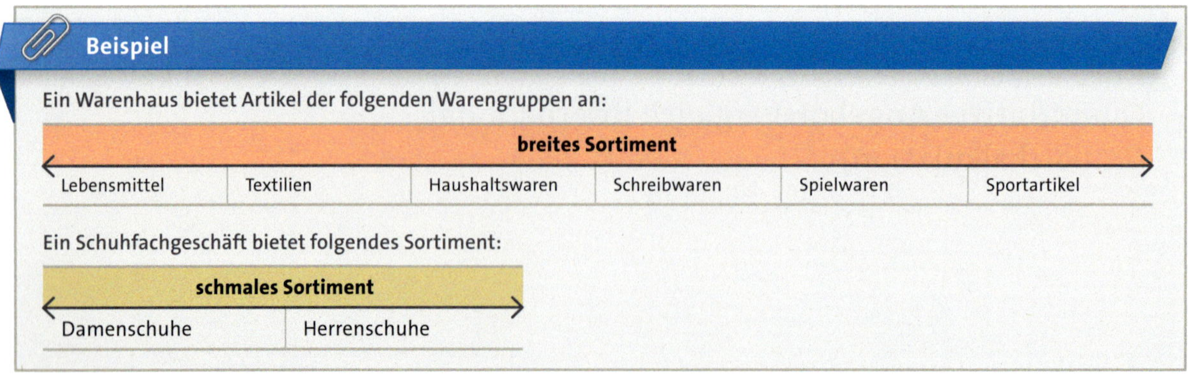

Beispiel

Ein Warenhaus bietet Artikel der folgenden Warengruppen an:

breites Sortiment					
Lebensmittel	Textilien	Haushaltswaren	Schreibwaren	Spielwaren	Sportartikel

Ein Schuhfachgeschäft bietet folgendes Sortiment:

schmales Sortiment	
Damenschuhe	Herrenschuhe

Die **Sortimentstiefe** bezeichnet die Auswahl an Artikeln bzw. **Sorten** innerhalb einer Warengruppe. Ist die Auswahl hinsichtlich Qualität, Preis, Mengeneinheit usw. groß, spricht man von einem **tiefen Sortiment**. Ist die Auswahl klein, handelt es sich um ein **flaches Sortiment**.

Sorte
kleinste Sortimentseinheit, unterscheidet sich z. B. hinsichtlich Farbe, Größe oder Verpackungseinheit

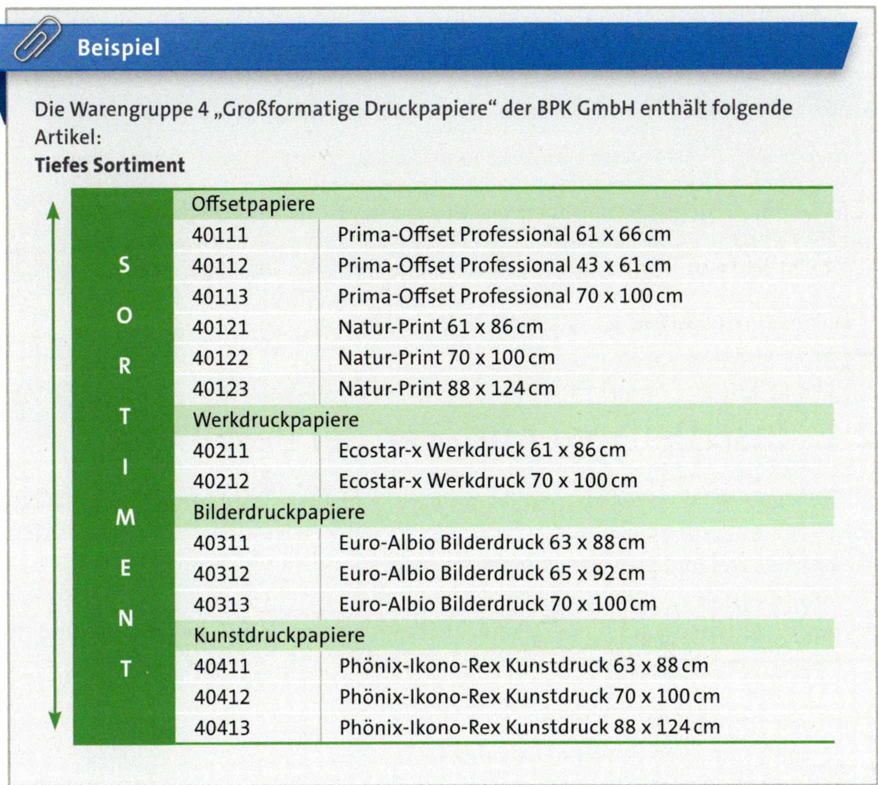

Beispiel

Die Warengruppe 4 „Großformatige Druckpapiere“ der BPK GmbH enthält folgende Artikel:

Tiefes Sortiment

SORTIMENT	Offsetpapiere	
	40111	Prima-Offset Professional 61 x 66 cm
	40112	Prima-Offset Professional 43 x 61 cm
	40113	Prima-Offset Professional 70 x 100 cm
	40121	Natur-Print 61 x 86 cm
	40122	Natur-Print 70 x 100 cm
	40123	Natur-Print 88 x 124 cm
	Werkdruckpapiere	
	40211	Ecostar-x Werkdruck 61 x 86 cm
	40212	Ecostar-x Werkdruck 70 x 100 cm
	Bilderdruckpapiere	
	40311	Euro-Albio Bilderdruck 63 x 88 cm
	40312	Euro-Albio Bilderdruck 65 x 92 cm
	40313	Euro-Albio Bilderdruck 70 x 100 cm
	Kunstdruckpapiere	
	40411	Phönix-Ikono-Rex Kunstdruck 63 x 88 cm
	40412	Phönix-Ikono-Rex Kunstdruck 70 x 100 cm
	40413	Phönix-Ikono-Rex Kunstdruck 88 x 124 cm

Die **Zusammensetzung des Sortiments** im Großhandelsbetrieb ist von dem zu erzielenden Gesamtumsatz abhängig. Daher wird das Sortiment unterschieden in Kern-, Rand-, Saison-, Probe- und Auslaufsortiment.

Sortimentsgerüst

Sortimentsart	Erläuterung	Beispiel
Kernsortiment	erwirtschaftet den größten Umsatz eines Großhandelsbetriebes. Die Waren des Kernsortiments werden dem Kunden das ganze Jahr über angeboten.	Warengruppen 01 bis 04 der BPK GmbH
Randsortiment	Ergänzung des Kernsortiments mit branchenfremden Waren. Sie werden vom Kunden seltener verlangt.	Ein Großhändler im Lebensmittelbereich bietet seinen Kunden auch Non-Food-Artikel an.
Saisonsortiment	Waren werden nur zu bestimmten Saisonzeiten angeboten.	Die BPK bietet ihren Kunden zur Weihnachtszeit Briefpapier mit weihnachtlichen Motiven an.
Probesortiment	Waren, die in ein bestehendes Sortiment neu eingeführt werden	Die BPK bietet ihren Kunden auch Verpackungspapiere an.
Auslaufsortiment	Je nach Branche des jeweiligen Großhändlers wird es immer wieder Warenbestände geben, die nach dem Verkauf der Restbestände nicht mehr angeboten werden.	Da die Nachfrage nach Non-Food-Artikeln sehr stark zurückgegangen ist, wird ein Lebensmittelgroßhändler diese zukünftig nicht mehr anbieten.

2 Bearbeitung von Bestellvorgängen

Beispiel

Franz Seidlitz ist Sachbearbeiter in der Einkaufsabteilung der BPK GmbH. Seine Kollegin Frau Schneider ruft ihn am Morgen des 20. März an und teilt ihm mit, dass bei ihr eine größere Bestellung über Computerpapier eingegangen ist. Bei der Verfügbarkeitsprüfung hat sie festgestellt, dass die Bestände der BPK nicht ausreichen, um den Auftrag über 150 000 Blatt auszuführen. Herr Seidlitz verspricht ihr, sich um die dringende Nachbestellung des Artikels zu kümmern. Mit dieser gestiegenen Nachfrage hatte die BPK GmbH kurzfristig nicht gerechnet.

2.1 Erstellen und Auslösen der Bestellung

Mithilfe seines PC lässt Herr Seidlitz automatisch einen Bestellvorschlag erstellen. Das Programm innerhalb des Warenwirtschaftssystems greift dabei auf Lagerdaten, die Artikeldatei und die Lieferantendatei zurück.

1. Das Warenwirtschaftssystem berechnet automatisch die Bestellmenge für den Bestellvorschlag:

	Höchstbestand	200 000 Blatt
–	Istbestand/tatsächlicher Lagerbestand	100 000 Blatt
+	Auftragsbestand (Kundenreservierung)	150 000 Blatt
+	erwarteter kurzfristiger Bestelleingang der nächsten Tage	50 000 Blatt
=	**vorgeschlagene Bestellmenge zur Erreichung des Höchstbestandes**	**300 000 Blatt**

2. Das Programm übernimmt die vorgeschlagene Bestellmenge, die Artikel- und Lieferantendaten automatisch aus den entsprechenden Dateien und erstellt daraus den Bestellvorschlag.

Bestellvorschlag

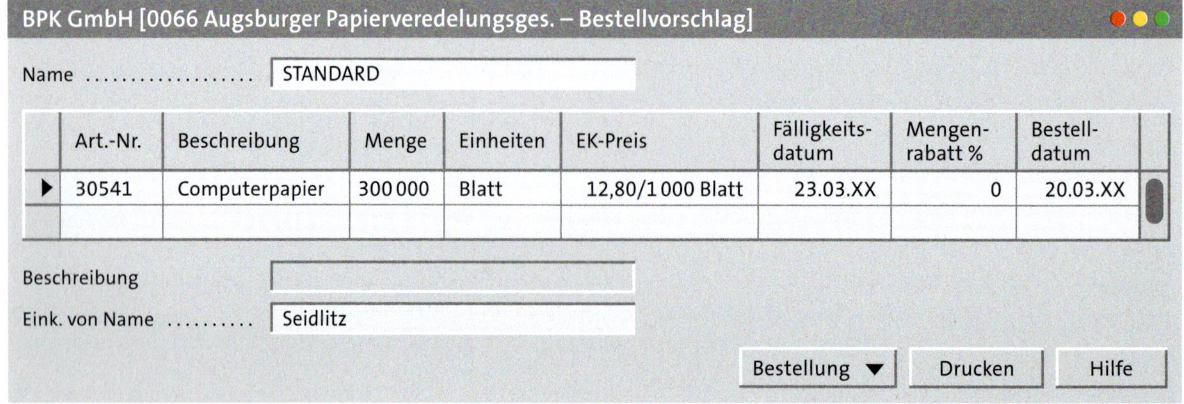
BPK GmbH [0066 Augsburger Papierveredelungsges. – Bestellvorschlag]

Name .... STANDARD

	Art.-Nr.	Beschreibung	Menge	Einheiten	EK-Preis	Fälligkeits-datum	Mengen-rabatt %	Bestell-datum
▶	30541	Computerpapier	300 000	Blatt	12,80/1 000 Blatt	23.03.XX	0	20.03.XX

Beschreibung

Eink. von Name .... Seidlitz

Bestellung ▼ | Drucken | Hilfe

3. Das Programm ermöglicht Herrn Seidlitz, manuell Änderungen durchzuführen. Zum Beispiel kann er die vorgeschlagene Bestellmenge abändern oder einen anderen Liefertermin eingeben. Die endgültige Bestellentscheidung liegt also beim Einkäufer. Das Programm überprüft in einem solchen Fall automatisch die Mindestbestellmenge, Verpackungseinheit und Lieferantenkonditionen und stellt ggf. Unstimmigkeiten heraus.

4. Nach der Bestätigung durch den Einkäufer wird der Bestellvorschlag in eine Bestellung umgewandelt. Es werden alle Artikel angezeigt, die bei demselben Lieferanten zur Bestellung anstehen. In einer Sammeldisposition könnten ggf. alle Artikel für einen Lieferanten zusammengefasst werden, um durch den höheren Bestellwert bessere Vertragskonditionen zu realisieren. Für die Bestellung bei der Augsburger Papierveredelungsgesellschaft mbH stehen jedoch nur die 300 000 Blatt aus dem obigen Bestellvorschlag an.

5. Herr Seidlitz druckt die Bestellung aus und sendet sie dem Lieferanten zu.

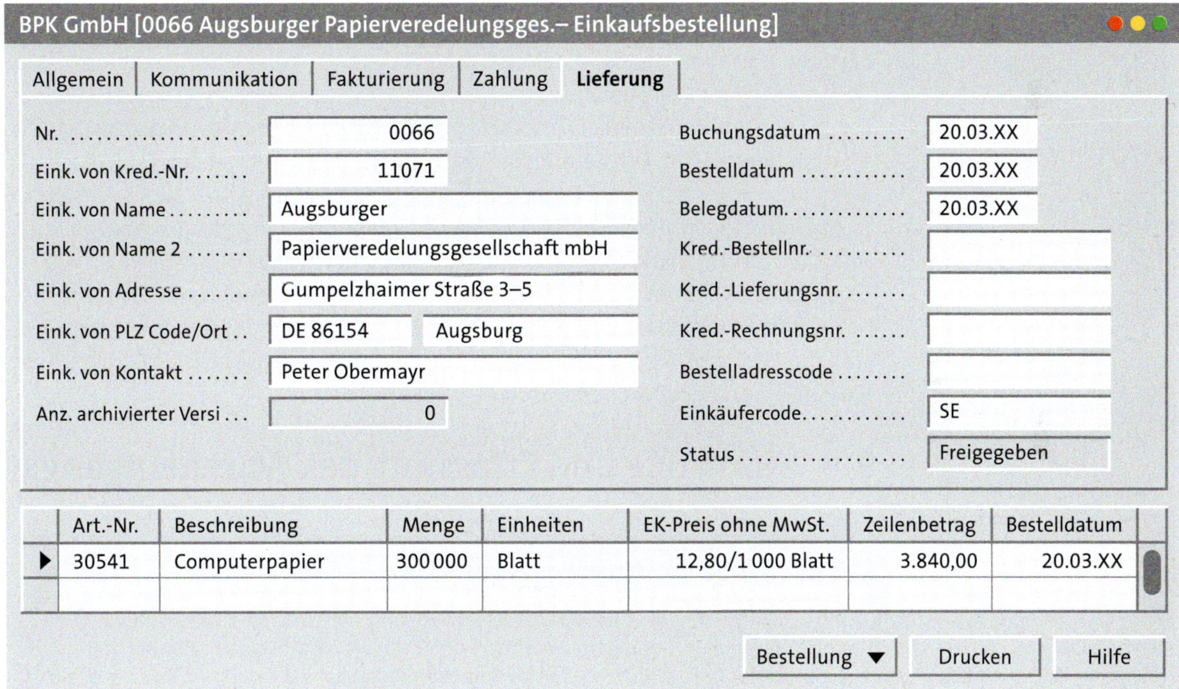
BPK GmbH [0066 Augsburger Papierveredelungsges.– Einkaufsbestellung]

Allgemein | Kommunikation | Fakturierung | Zahlung | **Lieferung**

Nr.	0066	Buchungsdatum	20.03.XX
Eink. von Kred.-Nr.	11071	Bestelldatum	20.03.XX
Eink. von Name	Augsburger	Belegdatum	20.03.XX
Eink. von Name 2	Papierveredelungsgesellschaft mbH	Kred.-Bestellnr.	
Eink. von Adresse	Gumpelzhaimer Straße 3–5	Kred.-Lieferungsnr.	
Eink. von PLZ Code/Ort	DE 86154 Augsburg	Kred.-Rechnungsnr.	
Eink. von Kontakt	Peter Obermayr	Bestelladresscode	
Anz. archivierter Versi	0	Einkäufercode	SE
		Status	Freigegeben

Art.-Nr.	Beschreibung	Menge	Einheiten	EK-Preis ohne MwSt.	Zeilenbetrag	Bestelldatum
30541	Computerpapier	300 000	Blatt	12,80/1 000 Blatt	3.840,00	20.03.XX

Bestellung ▼ | Drucken | Hilfe

2.2 Bestellvorschlagssystem und automatisches Bestellsystem

Die BPK GmbH verfügt über ein EDV-gestütztes **Bestellvorschlagssystem**, d.h., der Bestellvorschlag wird automatisch erstellt, muss aber, wie im obigen Beispiel, durch den Einkäufer bestätigt werden. Die Tankstelle, an der die Lkw der BPK GmbH aufgetankt werden, verfügt dagegen über ein **automatisches Bestellsystem**. Ohne menschliches Eingreifen wird bei einem bestimmten Pegelstand eine Bestellung beim Benzinlieferanten ausgelöst.

	Bestellvorschlagssystem	Automatisches Bestellsystem
Merkmale	automatische Erstellung von Bestellvorschlägen, die durch den Einkäufer bestätigt werden müssen	Auslösen eines Bestellvorgangs ohne menschliches Eingreifen
Vor- und Nachteile	• manuelle Bearbeitung bei unvorhergesehenen Ereignissen (Nachfrageänderung) möglich • Individuelle Erfahrungen des Einkäufers fließen in die Bestellentscheidung ein.	• Bestellung kann nicht vergessen werden • Zeit- und Kostenersparnis • unflexibel bei unvorhergesehenen Ereignissen

EDV-gestützte Bestellsysteme

2.3 Terminüberwachung und Ermittlung von Bestellrückständen

Bestellungsannahme
► LF 2, Kap. 4.3

Der Bestellung von Herrn Seidlitz ging kein Angebot voran. Die Augsburger Papierveredelungsgesellschaft mbH muss daher die Bestellung **annehmen**, damit ein Kaufvertrag zustande kommt. Sie kann dies tun, indem sie der BPK GmbH eine Auftragsbestätigung zuschickt oder den Auftrag mündlich, telefonisch oder per E-Mail bestätigt. Darüber hinaus besteht die Möglichkeit, die Ware sofort zu liefern.

Der in der Bestellung angegebene Liefertermin wird mithilfe des Warenwirtschaftssystems überwacht. Herr Seidlitz ruft dazu die Bestellrückstandsliste auf, in der alle Bestellungen der BPK GmbH aufgeführt sind, die zu dem angegebenen Liefertermin nicht eingegangen sind. Die Liste kann nach Lieferanten oder nach Artikeln geordnet sein. Der Liefertermin für die 300 000 Blatt Computerpapier beispielsweise war der 23. März. Am 24. März wird die bestellte Menge in der Bestellrückstandsliste weiterhin als offene Liefermenge geführt. Herr Seidlitz druckt die Rückstandsmeldung als Lieferungserinnerung aus, die er, da die Bestellung sehr dringend ist, sofort der Augsburger Papierveredelungsgesellschaft zufaxt.

2.4 Kontrolle und Erfassung des Wareneingangs

Beispiel

Am 26. März liefert die Augsburger Papierveredelungsgesellschaft die bestellten Computerpapiere. Der Lagerarbeiter Herr Alt überprüft zunächst, ob es sich bei der Lieferung tatsächlich um eine Palette Computerpapier handelt, wie auf dem Lieferschein angegeben ist, und ob die Kartons unversehrt und trocken sind.

Die Lieferpapiere sind in Anwesenheit des Spediteurs zu prüfen.

Kontrolle des Wareneingangs

Noch in Anwesenheit des Überbringers (Spediteurs) ist zu prüfen, ob die Sendung mit den **Angaben auf dem Lieferschein** übereinstimmt. Die Annahme von Irrläufern oder unverlangten Sendungen wird so vermieden. Außerdem wird die äußere Verpackung auf Schäden kontrolliert. Abweichungen und Mängel müssen vom Überbringer schriftlich auf dem Lieferschein oder in einer Tatbestandsmeldung bestätigt werden. In diesen Fällen kann die Annahme der Ware verweigert werden.

Augsburger Papierveredelungsgesellschaft mbH

Augsburger PVG mbH • Gumpelzhaimer Str. 3–5 • 86154 Augsburg
Bergisches Papierkontor GmbH
Elberfelder Straße 85
42285 Wuppertal

Lieferschein Nr. 1688

Kundennummer:	Bestellung Nr.:	Bestelldatum:	Auftragsbestätigung:	Lieferdatum
7666	66	20.03.20XX	1688	26.03.20XX

Artikel-Nr.	Warenbezeichnung	Menge	Preis/Einheit
404400	Computerpapier	300 000	12,80 €/1 000 Blatt
Versand Lkw	Wir bestätigen die ordnungsgemäße Lieferung: 26.03.20XX	Name: Alt	

Kontrolle der Ware

Beispiel

Herr Alt stellt fest, dass 300 000 Blatt Computerpapier geliefert wurden. Dies entspricht der Bestellung. Er öffnet ein Paket und kontrolliert so stichprobenartig die Qualität des Papiers.

Unverzüglich nach Annahme der Ware werden Warenart, Menge und Qualität geprüft und mit der Bestellung verglichen. Die Ware wird mit einer Sicht-, Funktions- oder chemischen Kontrolle auf Mängel untersucht.

zweiseitiger Handelskauf
▶ LF 2, Kap. 5.3

Bei zweiseitigen Handelskäufen besteht für den Käufer die Pflicht, die Ware **unverzüglich,** d. h. ohne schuldhaftes Verzögern, zu prüfen und dem Lieferer eventuelle Mängel anzuzeigen **(Rügepflicht)**. Nur dann können Gewährleistungsrechte in Anspruch genommen werden. Versteckte Mängel, die nicht sofort, sondern erst bei Verwendung der Ware erkennbar werden, müssen unverzüglich nach Entdecken gerügt werden.

Erfassung des Wareneingangs	
Manuell	1. Eingabe der Bestellnummer und Übernahme der Daten aus der Bestelldatei in das Wareneingangsprotokoll 2. Bei Abweichungen der Lieferscheindaten von der Bestellung: manuelle Eingabe der Daten aus dem Lieferschein
Automatisch	1. Automatische Erhöhung des Lagerbestandes 2. Druck des Wareneingangsscheins 3. Die Warenlieferung wird auf dem Wareneinkaufsverrechnungskonto gebucht[1]. 4. Aktualisierung der Liste offener Bestellungen

[1]) Die Buchung im Haben des Wareneingangsverrechnungskontos teilt der Buchhaltung mit, dass die Ware geliefert wurde, die Rechnung jedoch noch fehlt.

2.5 Kontrolle und Erfassung der Eingangsrechnung

Buchung der Eingangsrechnung
▶ LF 4, Kap. 7.2

Mit der Warenlieferung hat Herr Seidlitz gleichzeitig bereits die Rechnung der Augsburger Papierveredelungsgesellschaft erhalten. Zunächst kontrolliert er, ob die Eingangsrechnung sachlich und rechnerisch richtig ist.

Nach der Kontrolle durch den Sachbearbeiter wird die Rechnung per Hauspost an die Finanzbuchhaltung weitergeleitet. Dort wird die Verbindlichkeit der BPK GmbH gegenüber der Augsburger Papierveredelungsgesellschaft mbH gebucht. Zweimal wöchentlich druckt der Buchhalter eine **Zahlungsvorschlagsliste** mit den fälligen Verbindlichkeiten aus, die er dem Rechnungsleiter vorlegt. Wenn dieser die Zahlungen freigegeben hat, werden sie per Überweisung beglichen.

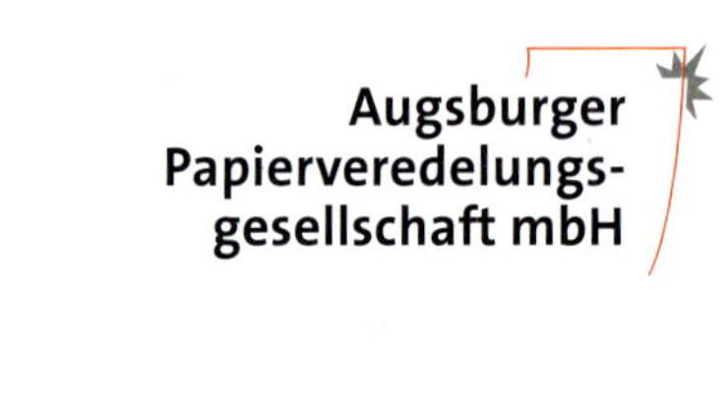

Augsburger PVG mbH • Gumpelzhaimer Str. 3–5 • 86154 Augsburg
Bergisches Papierkontor GmbH
Elberfelder Straße 85
42285 Wuppertal

Posteingang am 26.03.20XX

Rechnung Nr. 799

Kundennummer:	Rechnungs-Nr.:	Bei Zahlung bitte angeben!	Rechnungsdatum
7666	799		26.03.20XX
Ihre Bestellung Nr.:	**vom**	**Lieferschein:**	**Lieferdatum:**
66	20.03.20XX	1688	26.03.20XX

Pos.-Nr.	Artikel-Nr.	Warenbezeichnung	Menge	Preis/Einheit	Mengeneinheit	Rabatt	Gesamtbetrag
1	404400	Computerpapier	300 000	12,80 €	1 000 Bl.	0 %	3.840,00 €

RECHNUNGSPRÜFUNG
Sachlich richtig
Datum 26.03.XX
Nz Seidlitz
Rechnerisch richtig
Datum 26.03.XX
Nz Seidlitz

Versand	Zahlungsziel	Warenwert	MwSt-Satz	MwSt-Betrag	Rechnungsbetrag
Lkw	30 Tage netto	3.840,00 €	19 %	729,60 €	4.569,60 €

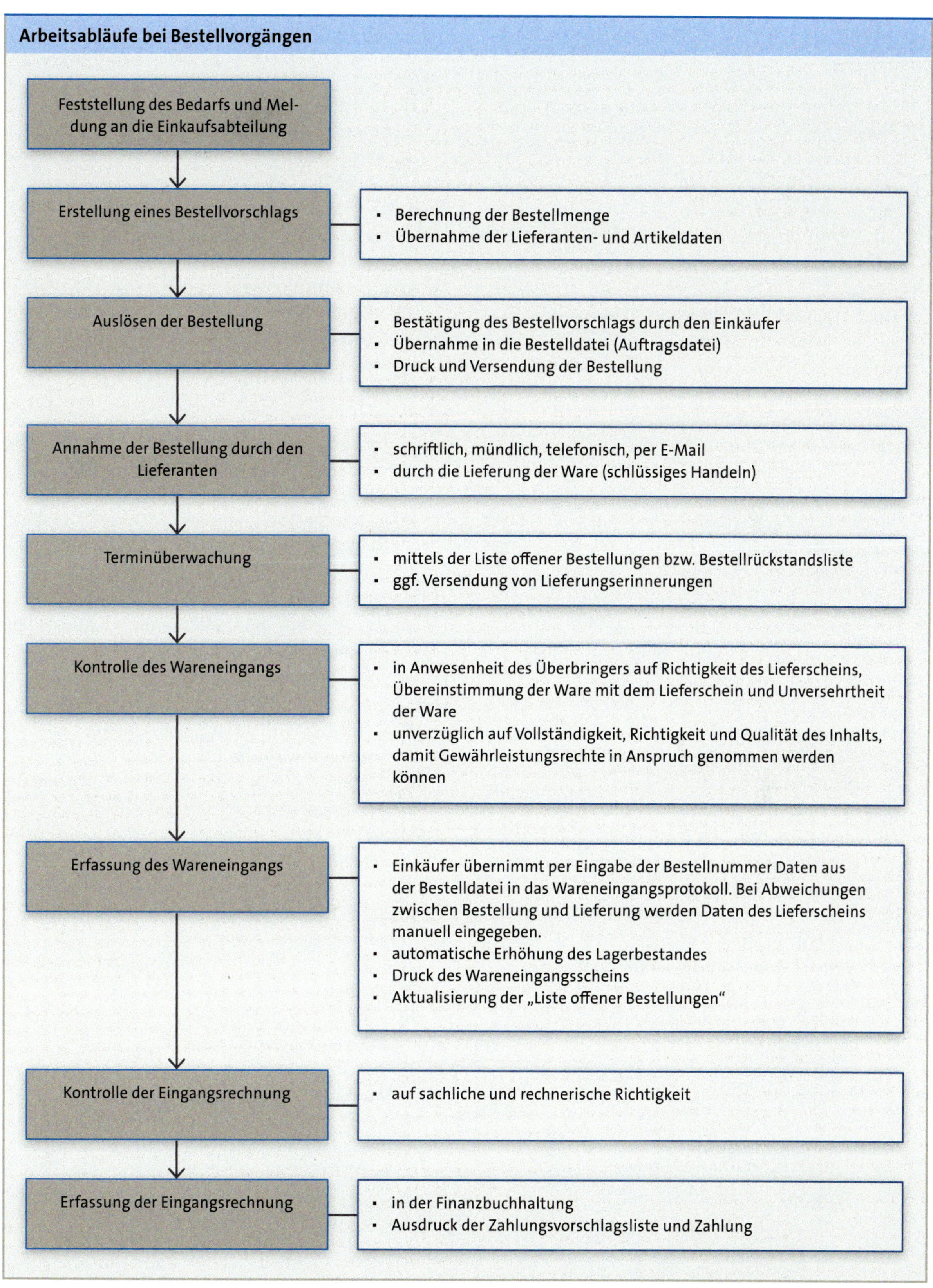
Arbeitsabläufe bei Bestellvorgängen
Feststellung des Bedarfs und Meldung an die Einkaufsabteilung
Erstellung eines Bestellvorschlags
▪ Berechnung der Bestellmenge
▪ Übernahme der Lieferanten- und Artikeldaten
Auslösen der Bestellung
▪ Bestätigung des Bestellvorschlags durch den Einkäufer
▪ Übernahme in die Bestelldatei (Auftragsdatei)
▪ Druck und Versendung der Bestellung
Annahme der Bestellung durch den Lieferanten
▪ schriftlich, mündlich, telefonisch, per E-Mail
▪ durch die Lieferung der Ware (schlüssiges Handeln)
Terminüberwachung
▪ mittels der Liste offener Bestellungen bzw. Bestellrückstandsliste
▪ ggf. Versendung von Lieferungserinnerungen
Kontrolle des Wareneingangs
▪ in Anwesenheit des Überbringers auf Richtigkeit des Lieferscheins, Übereinstimmung der Ware mit dem Lieferschein und Unversehrtheit der Ware
▪ unverzüglich auf Vollständigkeit, Richtigkeit und Qualität des Inhalts, damit Gewährleistungsrechte in Anspruch genommen werden können
Erfassung des Wareneingangs
▪ Einkäufer übernimmt per Eingabe der Bestellnummer Daten aus der Bestelldatei in das Wareneingangsprotokoll. Bei Abweichungen zwischen Bestellung und Lieferung werden Daten des Lieferscheins manuell eingegeben.
▪ automatische Erhöhung des Lagerbestandes
▪ Druck des Wareneingangsscheins
▪ Aktualisierung der „Liste offener Bestellungen“
Kontrolle der Eingangsrechnung
▪ auf sachliche und rechnerische Richtigkeit
Erfassung der Eingangsrechnung
▪ in der Finanzbuchhaltung
▪ Ausdruck der Zahlungsvorschlagsliste und Zahlung

Alles klar?

1 Die Sortimentsbreite gibt die Anzahl der verschiedenen ...
- **a)** Artikel an.
- **b)** Sorten an.
- **c)** Warengruppen an.
- **d)** Kernsortimente an.
- **e)** Randsortimente an.

2 Die Sortimentstiefe bezeichnet die Auswahl ...
- **a)** an Artikeln bzw. Sorten innerhalb einer Warengruppe.
- **b)** an Probesortimenten.
- **c)** an Warengruppen.
- **d)** an Kernsortimenten.
- **e)** an Randsortimenten.

3 In einem Auslaufsortiment ...
- **a)** werden Waren nur zu bestimmten Saisonzeiten angeboten.
- **b)** werden Waren zur Ergänzung des Kernsortiments angeboten.
- **c)** wird der größte Umsatz eines Großhandelsbetriebs erwirtschaftet.
- **d)** werden Waren in ein bestehendes Sortiment neu eingeführt.
- **e)** werden Restbestände des Großhandelsbetriebes verkauft.

4 In einem Randsortiment ...
- **a)** werden Waren nur zu bestimmten Saisonzeiten angeboten.
- **b)** werden Waren zur Ergänzung des Kernsortiments angeboten.
- **c)** wird der größte Umsatz eines Großhandelsbetriebs erwirtschaftet.
- **d)** werden Waren in ein bestehendes Sortiment neu eingeführt.
- **e)** werden Restbestände des Großhandelsbetriebs verkauft.

5 In einem Saisonsortiment ...
- **a)** werden Waren nur zu bestimmten Saisonzeiten angeboten.
- **b)** werden Waren zur Ergänzung des Kernsortiments angeboten.
- **c)** wird der größte Umsatz eines Großhandelsbetriebs erwirtschaftet.
- **d)** werden Waren in ein bestehendes Sortiment neu eingeführt.
- **e)** werden Restbestände des Großhandelsbetriebs verkauft.

6 In einem Kernsortiment ...
- **a)** werden Waren nur zu bestimmten Saisonzeiten angeboten.
- **b)** werden Waren zur Ergänzung des Kernsortiments angeboten.
- **c)** wird der größte Umsatz eines Großhandelsbetriebs erwirtschaftet.
- **d)** werden Waren in ein bestehendes Sortiment neu eingeführt.
- **e)** werden Restbestände des Großhandelsbetriebs verkauft.

7 In einem Probesortiment ...
- **a)** werden Waren nur zu bestimmten Saisonzeiten angeboten.
- **b)** werden Waren zur Ergänzung des Kernsortiments angeboten.
- **c)** wird der größte Umsatz eines Großhandelsbetriebs erwirtschaftet.
- **d)** werden Waren in ein bestehendes Sortiment neu eingeführt.
- **e)** werden Restbestände des Großhandelsbetriebs verkauft.

8 Bei der Berechnung der Bestellmenge durch ein Warenwirtschaftssystem ...
- **a)** werden Kundenreservierungen nicht berücksichtigt.
- **b)** wird vom Höchstbestand der tatsächliche Lagerbestand abgezogen.
- **c)** wird der erwartete kurzfristige Bestelleingang der nächsten Tage abgezogen.
- **d)** wird berücksichtigt, dass nach Eingang der Bestellung das Lager wieder bis zum Meldebestand gefüllt ist.
- **e)** wird der Meldebestand vom Mindestbestand abgezogen.

9 Bei einem automatischen Bestellsystem ...

a) muss der Einkäufer die automatisch erstellte Bestellvorschlagsliste bestätigen.
b) kann eine Bestellung nicht mehr vergessen werden.
c) fließt die individuelle Erfahrung des Einkäufers in die Bestellentscheidung ein.
d) können bei unvorhergesehenen Ereignissen manuelle Veränderungen vorgenommen werden.
e) hat der Großhändler keinerlei Zeit- und Kostenersparnisse.

10 Noch in Anwesenheit des Spediteurs ist zu prüfen, ob die Sendung mit den Angaben ...

a) auf dem Lieferschein übereinstimmt.
b) auf der Rechnung übereinstimmt.
c) auf dem Kaufvertrag übereinstimmt.
d) der Bestellvorschlagliste übereinstimmt.
e) auf der Lagerbestandsliste übereinstimmt.

11 Bei zweiseitigen Handelskäufen besteht für den Einkäufer die Pflicht, die Ware ...

a) nach 14 Tagen zu prüfen.
b) innerhalb von sechs Monaten zu prüfen.
c) im Rahmen der zweijährigen Gewährleistungsfrist zu prüfen.
d) unverzüglich zu prüfen.
e) innerhalb einer Woche zu prüfen.

12 Durch den Einkauf auf Ziel wird in der Buchhaltung des Großhändlers ...

a) der Bestand des Kontos Forderungen erhöht.
b) das Bankkonto belastet.
c) der Kassenbestand weniger.
d) der Warenbestand geringer.
e) der Bestand des Kontos Verbindlichkeit erhöht.

13 In welcher der folgenden Aufzählungen sind die Arbeitsabläufe bei Bestellvorgängen in der richtigen Reihenfolge und vollständig dargestellt?

a) Feststellung des Bedarfs und Meldung an die Einkaufsabteilung – Erstellung eines Bestellvorschlags – Annahme der Bestellung durch den Lieferanten – Terminüberwachung – Kontrolle des Wareneingangs – Erfassung des Wareneingangs – Auslösen der Bestellung – Kontrolle der Eingangsrechnung – Erfassung der Eingangsrechnung.
b) Feststellung des Bedarfs und Meldung an die Einkaufsabteilung – Erstellung eines Bestellvorschlags – Auslösen der Bestellung – Annahme der Bestellung durch den Lieferanten – Terminüberwachung – Kontrolle des Wareneingangs – Erfassung des Wareneingangs – Kontrolle der Eingangsrechnung – Erfassung der Eingangsrechnung.
c) Feststellung des Bedarfs und Meldung an die Einkaufsabteilung – Erfassung des Wareneingangs – Erstellung eines Bestellvorschlags – Auslösen der Bestellung – Annahme der Bestellung durch den Lieferanten – Terminüberwachung – Kontrolle des Wareneingangs – Kontrolle der Eingangsrechnung – Erfassung der Eingangsrechnung.
d) Feststellung des Bedarfs und Meldung an die Einkaufsabteilung – Auslösen der Bestellung – Annahme der Bestellung durch den Lieferanten – Terminüberwachung – Kontrolle des Wareneingangs – Erstellung eines Bestellvorschlags – Erfassung des Wareneingangs – Kontrolle der Eingangsrechnung – Erfassung der Eingangsrechnung.
e) Feststellung des Bedarfs und Meldung an die Einkaufsabteilung – Erstellung eines Bestellvorschlags – Auslösen der Bestellung – Terminüberwachung – Kontrolle des Wareneingangs – Erfassung des Wareneingangs – Kontrolle der Eingangsrechnung – Annahme der Bestellung durch den Lieferanten – Erfassung der Eingangsrechnung.

3 Zeit- und Mengenplanung

Große Warenmengen verursachen hohe Lagerkosten.

Unabhängig von der Art und Weise der Bearbeitung von Bestellvorgängen ist eine grundsätzliche Zeit- und Mengenplanung der Beschaffungsprozesse erforderlich. Jedes Unternehmen muss darauf achten, seine Waren rechtzeitig und in ausreichender Menge zu beschaffen, um stets verkaufsbereit zu sein und die Kunden jederzeit wunschgemäß beliefern zu können. Gleichzeitig sollten aber so wenige Waren wie möglich beschafft und gelagert werden, um die Kosten für Einkauf und Lagerung gering zu halten.

3.1 Optimaler Bestellzeitpunkt

AB ▶ LS 32

Der Großhändler betreibt für die gängigen Waren eine Vorratshaltung, d.h. die Waren werden zeitlich vor dem Bedarf beschafft und auf Lager gelegt. Für den Großhändler stellt sich nun aber die Frage, **wann** er die Waren bestellt. Für die Feststellung des Bestellzeitpunktes stehen zwei Bestellverfahren zur Verfügung:

- Bestellrhythmusverfahren
- Bestellzeitpunktverfahren

3.1.1 Bestellrhythmusverfahren

Beim Bestellrhythmusverfahren bestellt der Großhändler zu bestimmten vorher festgelegten Terminen. Die Liefertermine erfolgen in festen Zeitabständen. Dieses Verfahren eignet sich dann, wenn der Warenbedarf gleichbleibend ist.

Dieses Verfahren vereinfacht den Bestellvorgang und die Bestandsüberwachung sehr. Allerdings kommt es bei rückläufigem Bedarf zu Überbeständen, bei einem steigenden Bedarf reichen dagegen die Lagerbestände nicht mehr aus. Es kommt zu Absatzstörungen.

Sollte der tägliche Bedarf regelmäßigen Schwankungen unterliegen, eignet sich eher das Bestellzeitpunktverfahren.

3.1.2 Bestellzeitpunktverfahren

Bei diesem Verfahren werden die Waren beim Erreichen eines bestimmten Meldebestandes bestellt. Erreicht der Lagerbestand jeweils den Meldebestand einer Ware, dann gibt das Lager eine Bedarfsmeldung an die Disposition weiter bzw. wird der Bestellvorgang mithilfe des EDV-Systems automatisch ausgelöst.

Zur Ermittlung des optimalen Bestellzeitpunktes sind die Begriffe Mindestbestand, Meldebestand und Höchstbestand zu klären. Diese Kennzahlen werden als **Lagerbestandskennzahlen** bezeichnet.

Der **Mindestbestand (= eiserne Reserve)** ist ein vom Unternehmen festgelegter Bestand, der die Lieferbereitschaft auch bei unvorhergesehenen Zwischenfällen sichern soll. Dieser Bestand darf nur mit ausdrücklicher Genehmigung bzw. Anweisung der Geschäftsleitung angetastet werden.

Der **Meldebestand** legt den genauen Bestellzeitpunkt fest. Bei Erreichen des Meldebestandes muss eine bestimmte Menge der Ware bestellt werden bzw. die Bestellung wird automatisch ausgelöst. Die folgende Formel zur Errechnung des Meldebestandes gewährleistet, dass in der Zeitspanne zwischen Bestellung und Lieferung der Ware der Mindestbestand nicht unterschritten wird.

Berechnung des Meldebestandes

Meldebestand = Mindestbestand + (**Tagesauslieferungsmenge** · Lieferzeit)

Tagesauslieferungsmenge
Menge, die durchschnittlich pro Tag abgesetzt wird

Beispiel

Der Mindestbestand von Kopierfolien liegt bei 700 Stück. Der Lieferant, die Papier und Folien GmbH, benötigt eine Lieferzeit von sechs Tagen. Pro Tag werden etwa 300 Kopierfolien ausgeliefert.

Ermittlung des Meldebestandes:
700 + (6 · 300) = 2500 Stück

Bei Erreichen des Bestandes von 2500 Stück löst das Warenwirtschaftssystem die Bestellung aus.

Der **Höchstbestand** ist ein ebenfalls vom Unternehmen festgelegter Bestand, der die Höchstlagerungsmenge der Ware bestimmt. Er ist abhängig von der räumlichen Lagerungskapazität, von der täglich verkauften Menge und den durch die Lagerung entstehenden Kosten.

Berechnung des Höchstbestands

Höchstbestand = Mindestbestand + Bestellmenge

Die Bestellmenge ist die Menge, die bestellt werden muss, um das Lager, sobald der eiserne Bestand erreicht ist, wieder bis zu seinem Höchstbestand aufzufüllen. Zur Berechnnug dient folgende Formel:

Berechnung der Bestellmenge

Bestellmenge = Höchstbestand – Mindestbestand

Beispiel

Von den Kopierpapieren werden durchschnittlich 40 Kartons pro Tag abgesetzt. Auf einer Palette befinden sich 200 Kartons. Der Mindestbestand beträgt eine Palette und der Lieferer ist in der Regel in der Lage, innerhalb von zwei Tagen die gewünschte Menge zu liefern.

Da die Bestellung und die Lieferung sowohl Personal als auch Transportkosten verursacht, ist es wichtig, einerseits nicht zu oft zu bestellen, andererseits aber auch nicht zu hohe Mengen auf Lager zu halten.

Diese Überlegungen veranlassten den Abteilungsleiter des Lagers, Herrn Wolf, in Abstimmung mit der Abteilung Einkauf dazu, den **Höchstbestand auf sechs Paletten** (1 200 Kartons) festzusetzen. So muss nur einmal im Monat bestellt werden. Der Höchstbestand reicht 25 Arbeitstage, ohne den Mindestbestand von 200 Kartons anzurühren.

Höchstbestand und Bestellhäufigkeit

$$\frac{\text{Höchstbestand} - \text{Mindestbestand}}{\text{Tagesauslieferungsmenge}} = \frac{1\,200 - 200}{40} = 25 \text{ Arbeitstage}$$

Grafische Darstellung des optimalen Bestellzeitpunktes

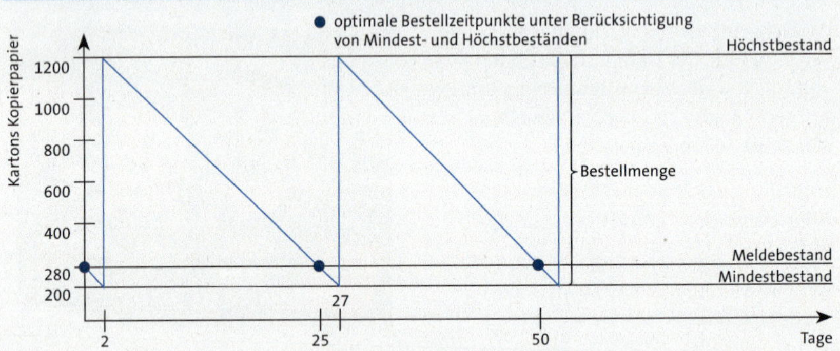

Bei diesem Kopierpapier liegt der Bestellzeitpunkt bei 280 Kartons (Meldebestand). Alle 25 Arbeitstage werden 1000 Kartons bestellt, das ist die Menge, die bei Eintreffen der Lieferung zum Höchstbestand führt. Der Höchstbestand baut sich in den folgenden 25 Tagen bis zum Mindestbestand ab (z. B. von Tag 2 bis Tag 27).

3.2 Just-in-time-Lieferung

Fährt man heutzutage über Deutschlands Autobahnen, so bekommt man leicht den Eindruck, dass die Lagerhallen mittlerweile auf die Autobahnen verlegt worden sind. Tausende Lkws sind täglich unterwegs und beliefern ihre Kunden mit Waren.

Ursächlich für diese Tatsache ist das Bestreben der Unternehmen, den eigenen Lagerbestand möglichst gering zu halten, um Kosten zu sparen. Das hat natürlich zur Folge, dass die Anlieferung häufiger erfolgen muss. Die Vollendung dieses Gedankens ist das **Just-in-time-Prinzip**.

Just-in-time bedeutet, dass die Anlieferung der Waren oder der Rohstoffe genau dann erfolgt, wenn das Material benötigt wird. Als Folge davon kann der Großhändler die eigenen Lagerbestände minimieren und somit Kosten drücken. Dieses Prinzip hat allerdings negative ökologische Folgen und auch die Lebensqualität der Bürger steigt nicht mit Zunahme des Verkehrs an.

Die Just-in-time-Lieferung eignet sich nur, wenn die Bedarfszahlen auf lange Sicht planbar sind.

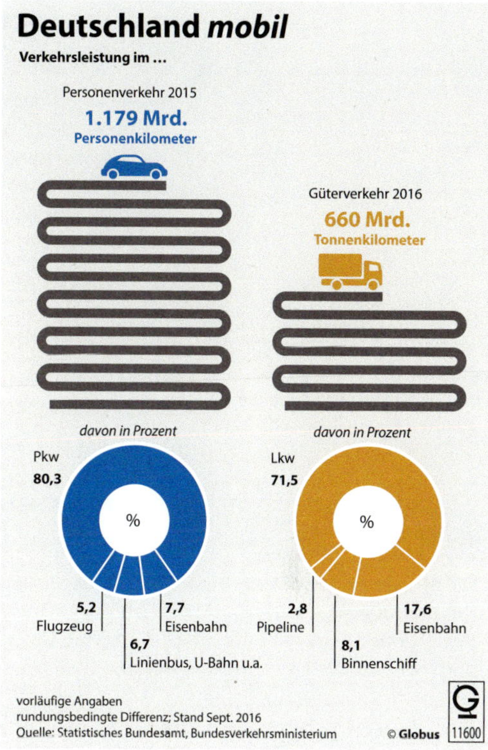

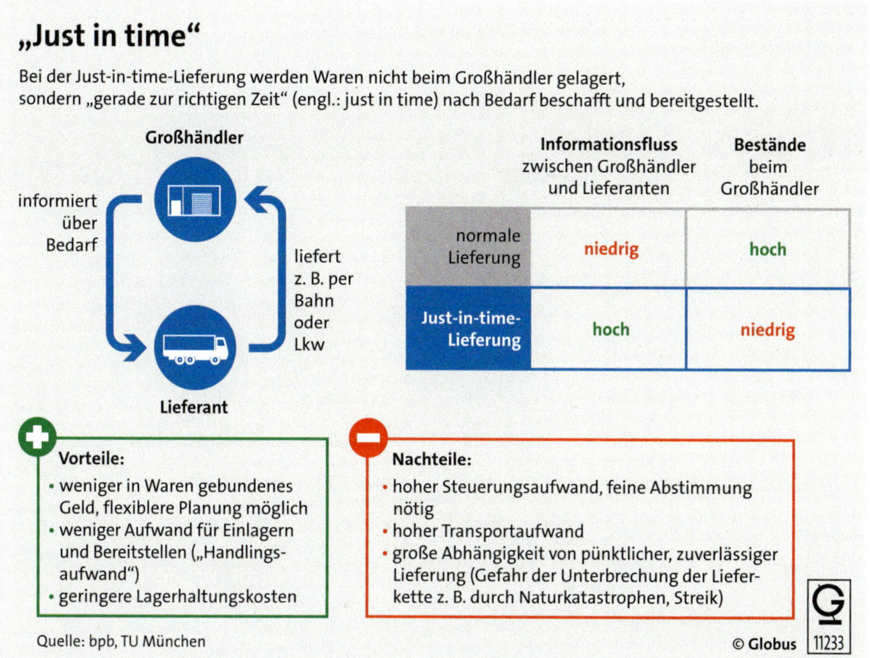

„Just in time“

Bei der Just-in-time-Lieferung werden Waren nicht beim Großhändler gelagert, sondern „gerade zur richtigen Zeit“ (engl.: just in time) nach Bedarf beschafft und bereitgestellt.

	Informationsfluss zwischen Großhändler und Lieferanten	Bestände beim Großhändler
normale Lieferung	niedrig	hoch
Just-in-time-Lieferung	hoch	niedrig

Vorteile:
- weniger in Waren gebundenes Geld, flexiblere Planung möglich
- weniger Aufwand für Einlagern und Bereitstellen („Handlingsaufwand“)
- geringere Lagerhaltungskosten

Nachteile:
- hoher Steuerungsaufwand, feine Abstimmung nötig
- hoher Transportaufwand
- große Abhängigkeit von pünktlicher, zuverlässiger Lieferung (Gefahr der Unterbrechung der Lieferkette z. B. durch Naturkatastrophen, Streik)

Quelle: bpb, TU München

© Globus 11233

Just in time
genau zur richtigen Zeit

AB ▶ LS 34

3.3 Optimale Bestellmenge

Beispiel

In einer Sitzung der Abteilung Einkauf unter Teilnahme des Abteilungsleiters „Lager und Versand", Herrn Wolf, wird über Möglichkeiten diskutiert, die Kosten für Bestellungen und Lagerhaltung zu senken. Frau Finke, Leiterin des Einkaufs, weist darauf hin, dass die Bestellkosten sehr viel geringer wären, wenn grundsätzlich größere Mengen bestellt würden. Herr Wolf protestiert energisch und meint, dass unter diesen Umständen die Lagerkosten explodieren würden.

Bestellkosten
Kosten für Transport, Verpackung, Versicherung sowie die relevanten Personalkosten

Größere Bestellmengen verursachen geringere **Bestellkosten**, weil die Bestellhäufigkeit sinkt, gleichzeitig aber hohe **Lagerkosten**. Entscheidend können daher nur die **Gesamtkosten** sein. Die optimale Bestellmenge liegt dort, wo die Gesamtkosten, d.h. die Summe aus Bestell- und Lagerkosten, minimal sind.

Beispiel

Die BPK GmbH bezieht von der Heinz Schmied Folien GmbH Folien für Laserdrucker. Die jährliche Einkaufsmenge liegt bei rund 12 000 Kartons. Der Einstandspreis pro Karton beträgt 9,60 Euro. Das Controlling der BPK GmbH hat als bestellfixe Kosten einen Betrag in Höhe von 300 Euro pro Bestellung ermittelt sowie einen Lagerkostensatz von 20 % bezogen auf den durchschnittlichen Lagerbestandswert.

$$\text{Optimale Bestellmenge (hier: Stück = Karton)} = \sqrt{\frac{200 \cdot \text{bestellfixe Kosten} \cdot \text{Jahresverbrauchsmenge}}{\text{Einstandspreis/Stück} \cdot \text{Lagerkostensatz}}} = \sqrt{\frac{200 \cdot 300 \cdot 12\,000}{9{,}60 \cdot 20}} = 1936{,}49 \text{ Stück}$$

$$\text{Anzahl der Bestellungen} = \frac{12\,000 \text{ Stück}}{1936{,}49 \text{ Stück}} = 6{,}1968 \text{ Bestellungen}$$

1	2	3	4	5	6	7	8
Anzahl der Bestellungen	Bestellmenge in Stück	Bestellkosten in €	Ø Lagerbestand in Stück	Ø Lagerbestandswert in €	Lagerkosten in €	Gesamtkosten in €	Kosten/Stück (aufgerundet) in €
	12 000/ Spalte 1	300 x Spalte 1	Spalte 2/2	Spalte 4 x 9,60 €	20 % von Spalte 5	Spalte 3 + Spalte 6	Spalte 7/12 000
1	12 000	300,00	6 000,00	57.600,00	11.520,00	11.820,00	0,99
2	6 000	600,00	3 000,00	28.800,00	5.760,00	6.360,00	0,53
3	4 000	900,00	2 000,00	19.200,00	3.840,00	4.740,00	0,40
4	3 000	1.200,00	1 500,00	14.400,00	2.880,00	4.080,00	0,34
5	2 400	1.500,00	1 200,00	11.520,00	2.304,00	3.804,00	0,32
6	2 000	1.800,00	1 000,00	9.600,00	1.920,00	3.720,00	0,31
7	1 714	2.100,00	857,00	8.227,20	1.645,44	3.745,44	0,31
8	1 500	2.400,00	750,00	7.200,00	1.440,00	3.840,00	0,32
9	1 333	2.700,00	667,00	6.403,20	1.280,64	3.980,64	0,33

Fortsetzung: Beispiel

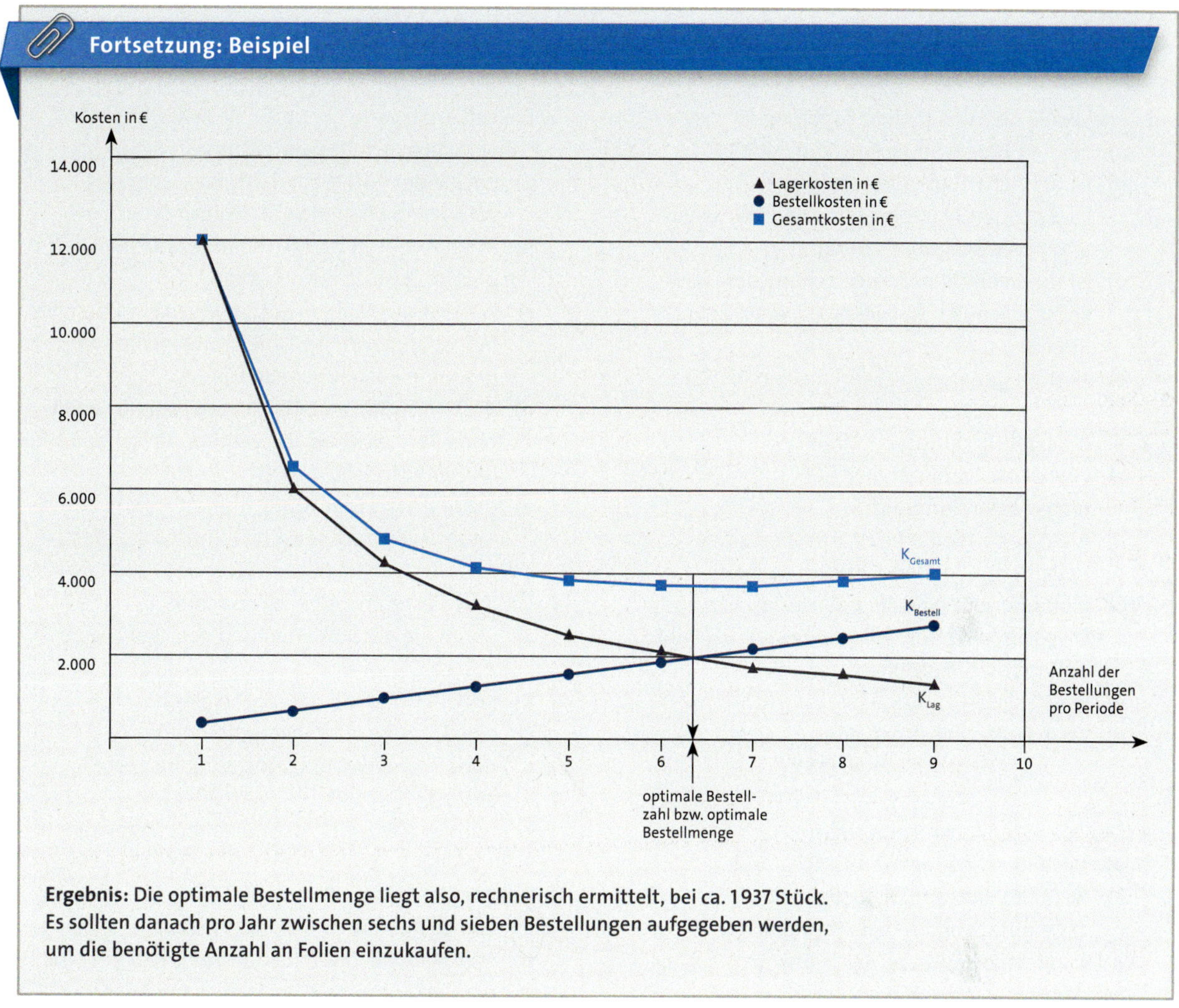

Ergebnis: Die optimale Bestellmenge liegt also, rechnerisch ermittelt, bei ca. 1937 Stück. Es sollten danach pro Jahr zwischen sechs und sieben Bestellungen aufgegeben werden, um die benötigte Anzahl an Folien einzukaufen.

Von großer Wichtigkeit ist jedoch die Erkenntnis, dass die optimale Bestellmenge nicht nur von den Bestell- und Lagerkosten abhängig ist. Tabellen und grafische Darstellungen zur Berechnung der optimalen Bestellmenge können lediglich Anhaltspunkte geben. Darüber hinaus sollte beachtet werden, dass

- Preisschwankungen auszunutzen sind (große Bestellmengen bei niedrigen Preisen),
- die eingekaufte Menge auch abgesetzt werden kann und
- ein größerer Vorrat beschafft werden muss, wenn eine Knappheit an Gütern droht.

Darüber hinaus bereitet in der Praxis häufig schon die **Ermittlung der Kostengrößen** große Schwierigkeiten. Die Ermittlung der Bestellkosten setzt voraus, dass der Betrieb über das geeignete Instrumentarium der Logistikkosten- und -leistungsrechnung verfügt. Der Lagerkostensatz wiederum entspricht nicht nur dem Kapitalzinssatz, sondern er wird in seiner Höhe u. a. durch die Lagerungs-, Qualitätskontroll-, Verpackungs- und Wareneingangskosten bestimmt.

Alles klar?

1 Ein Vorteil der Just-in-time-Lieferung ...
- **a)** liegt im hohen Steuerungsaufwand.
- **b)** ist der hohe Transportaufwand.
- **c)** ist die große Abhängigkeit von pünktlicher und zuverlässiger Lieferung.
- **d)** ist die Gefahr der Unterbrechung der Lieferkette, z. B. durch Naturkatastrophen oder Streiks.
- **e)** sind die geringeren Lagerhaltungskosten.

2 Beim Bestellrhythmusverfahren ...
- **a)** bestellt der Großhändler zu bestimmten vorher festgelegten Terminen.
- **b)** werden die Waren beim Erreichen eines bestimmten Meldebestandes bestellt.
- **c)** gibt das Lager eine Bedarfsmeldung an die Disposition weiter und eine Bestellung wird automatisch ausgelöst.
- **d)** kann es nicht zu Absatzstörungen kommen.
- **e)** wird der Bestellvorgang und die Bestandsüberwachung deutlich schwieriger.

3 Der Höchstbestand ergibt sich aus ...
- **a)** Meldebestand und Mindestbestand.
- **b)** Bestellmenge und Meldebestand.
- **c)** Tagesabsatz und Mindestbestand
- **d)** Mindestbestand und Bestellmenge.
- **e)** dem zweifachen Tagesbedarf.

4 Die optimale Bestellmenge liegt dort, ...
- **a)** wo die Kosten für Transport, Verpackung, Versicherung sowie die relevanten Personalkosten am geringsten sind.
- **b)** wo die Gesamtkosten aus Bestell- und Lagerkosten minimal sind.
- **c)** wo der größte Umsatz eines Großhandelsbetriebs erwirtschaftet wird.
- **d)** wo die Lagerkosten am geringsten sind.
- **e)** wo die Bestellkosten am geringsten sind.

5 Bei der Festlegung der optimale Bestellmenge sollte auch beachtet werden, dass ...
- **a)** ein kleiner Vorrat beschafft werden muss, wenn eine Knappheit an Gütern droht.
- **b)** es unerheblich ist, ob die eingekaufte Menge auch abgesetzt werden kann.
- **c)** Preisschwankungen auszunutzen sind, so z. B. bei niedrigen Preisen, die grundsätzlich zu größeren Bestellmengen führen.
- **d)** die Berechnung der optimalen Bestellmenge ohne Berücksichtigung weiterer Anhaltspunkte immer ausreicht.
- **e)** die grafische Ermittlung immer bessere Ergebnisse als die rechnerische Ermittlung liefert.

6 Größere Bestellmengen verursachen ...
- **a)** geringere Bestellkosten und geringere Lagerkosten.
- **b)** höhere Personal- und Lieferkosten.
- **c)** eine kleinere optimale Bestellmenge.
- **d)** höhere Lagerkosten und geringere Bestellkosten.
- **e)** höhere Bestellkosten und höhere Lagerkosten.

7 Der Meldebestand ...
- **a)** legt den genauen Bestellzeitpunkt fest.
- **b)** ist ein vom Großhändler festgelegter Bestand, der die Lieferbereitschaft auch bei unvorhergesehenen Zwischenfällen sichern soll.
- **c)** errechnet sich aus der Bestellmenge und dem Mindestbestand.
- **d)** errechnet sich aus dem Höchstbestand und dem Tagesabsatz.
- **e)** errechnet sich aus der Lieferzeit und dem Tagesabsatz.

8 Der Mindestbestand liegt bei 500 Stück, die Lieferzeit beträgt 4 Tage und pro Tag werden 200 Stück ausgeliefert. Wie hoch ist der Meldebestand in Stück?
- **a)** 1000
- **b)** 1100
- **c)** 1200
- **d)** 1300
- **e)** 1400

4 Bezugsquellenermittlung

AB ► LS 35

Beispiel

Die Abteilung Verkauf der BPK GmbH registriert seit einiger Zeit eine verstärkte Nachfrage der Kunden nach umweltfreundlichen Büro-Offsetpapieren. In Absprache mit der Geschäftsführung und der Abteilung Einkauf wurde daraufhin beschlossen, das Sortiment in diesem Bereich zu erweitern. Herr Seidlitz aus der Abteilung Einkauf wird beauftragt, mögliche Bezugsquellen für entsprechende Offsetpapiere zu ermitteln.

Ein Großhandelsunternehmen agiert in einer sich ständig verändernden Umwelt, wobei vielfältige Beziehungen zu Kunden, Lieferanten und anderen Gruppen aufgebaut und gepflegt werden müssen. Kunden entwickeln neue Bedürfnisse, neue Produkte erscheinen auf dem Markt, geeignete Lieferanten müssen gefunden und Neukunden überprüft werden, um nur einige Aufgaben zu nennen, mit denen sich das Großhandelsunternehmen auseinandersetzen muss. Um am Markt erfolgreich zu sein, müssen daher ständig Informationen über Absatz- und Beschaffungsmärkte, Mitbewerber und die gesamtwirtschaftliche Lage gesammelt, aktualisiert und ausgewertet werden. Hierzu stehen verschiedene Quellen zur Verfügung.

4.1 Interne Informationsquellen

Interne Informationsquellen greifen auf Informationen zurück, die bereits im eigenen Unternehmen existieren. Hierzu gehören z. B. Lieferanten-, Artikel- und Kundendatei, die in vielen Unternehmen in einem **ERP-System** zusammengefasst sind.

ERP
(Enterprise Resource Planning) bezeichnet Software-Lösungen, die Geschäftsprozesse im Unternehmen einheitlich miteinander verknüpfen, steuern und auswerten.

Lieferantendatei

Lieferantendateien geben Auskunft über den bestehenden Lieferantenstamm. Neben Anschrift, Telefonnummer und Ansprechpartner kann man der Lieferantendatei auch einen Überblick über das Sortiment sowie die Liefer- und Zahlungsbedingungen der Lieferanten entnehmen. Besonderer Vorteil von Lieferantendateien ist die Möglichkeit, Bemerkungen über die Zuverlässigkeit des entsprechenden Lieferanten festzuhalten.

BPK GmbH [11011 Freiburger Papier AG – Kreditorenkarte]

Allgemein | Kommunikation | Fakturierung | Zahlung | Lieferung

Nr.	11011	Suchbegriff	Freiburger Papier
Name	Freiburger Papier AG	Saldo (MW)	4.648,00
Adresse	Käferweg 16	Einkäufercode	SEI
PLZ Code/Ort	79110 Freiburg	Zuständigkeitseinheiten	
Ländercode	DE	Gesperrt	☐
Telefonnr.	0761 167061XX-1	Korrigiert am	20.12.XX
Kontakt	Greiner		

Kreditor ▼ | Einkauf ▼ | Hilfe

Artikeldatei
In der Artikeldatei findet sich das gesamte Sortiment des Großhandelsunternehmens, üblicherweise unterteilt nach Warengruppen. Die Artikeldatei gibt Auskunft über Lieferanten, Bestellnummer, Listeneinkaufspreis und Listenverkaufspreis des jeweiligen Artikels.

Außendienstmitarbeiter/Reisende
Auskünfte von Außendienstmitarbeitern können eine wertvolle Hilfe bei der Informationsbeschaffung sein. Durch ihre Tätigkeit verfügen die Mitarbeiter im Außendienst stets über aktuelle Marktkenntnisse und sind über Kunden, Mitbewerber und mögliche Geschäftspartner gut informiert. Häufig werden die Berichte aus dem Außendienst auch in einer eigenen Datenbank abgelegt, auf die bei der Recherche zurückgegriffen werden kann.

4.2 Externe Informationsquellen

Zu den bekanntesten Messen gehören z. B. die Computermesse CeBit in Hannover oder die Buchmessen in Frankfurt/Main und Leipzig, die auch der Öffentlichkeit zugänglich sind.

Nicht alle notwendigen Informationen lassen sich mithilfe der internen Informationsquellen ermitteln. Möglicherweise könnte es zum Beispiel günstiger sein, einen neuen Lieferanten zu beauftragen, oder ein neuer Kunde stellt einen Auftrag in Aussicht. Um Informationen über Konkurrenten oder die Entwicklung des Marktes zu erhalten, ist es notwendig, Informationsquellen außerhalb des eigenen Unternehmens in Anspruch zu nehmen. Auch hierzu stehen verschiedene Quellen zur Verfügung.

Informationen über den Markt und die Konkurrenz
Viele Informationen kann man in Katalogen und Prospekten anderer Unternehmen finden. Diese geben sowohl einen Überblick über deren Sortiment als auch über deren Preispolitik. In diesem Zusammenhang nehmen Fachmessen und Ausstellungen eine herausgehobene Stellung ein. In kurzer Zeit und auf einem begrenzten Raum treffen sich hier die Anbieter einer bestimmten Branche, präsentieren ihr Sortiment und nutzen die Gelegenheit dazu, Neuerungen zu testen. Allerdings kostet der Besuch einer Messe zumeist Eintritt. Wichtige Messeplätze in Deutschland sind z. B. Köln, Frankfurt/Main, Hannover, Leipzig und Berlin.

Handelsregister
▶ LF1, Kap. 5.3

Informationen über ein einzelnes Unternehmen
Benötigt man spezifische Informationen über ein anderes Unternehmen, so kann man sich einen grundsätzlichen Überblick durch einen Auszug des Handelsregisters verschaffen, das von dem Amtsgericht am Geschäftssitz des entsprechenden Unternehmens geführt wird. Das Handelsregister ist für alle öffentlich zugänglich und informiert über Geschäftssitz, Geschäftsgegenstand, Firma, Inhaber, Geschäftsführung und Prokura. Werden weitergehende Informationen benötigt, so kann eine Auskunftei beauftragt werden, die entgeltlich Informationen zur Verfügung stellt.

Ausschreibungen und elektronische Plattformen

Ausschreibungen sind i. d. R. öffentliche Bekanntgaben von Bedingungen, zu denen Bund, Länder und Gemeinden Vertragsangebote für z. B. Beschaffungsaufträge erwarten. Dieses Verfahren kann der Großhandel aber auch für seine Ermittlung von Bezugsquellen nutzen. Anstelle von Bund, Ländern und Gemeinden kann nun ein Großhändler Bedingungen festlegen, zu denen er bestimmte Produkte geliefert haben möchte. Dabei nutzt er häufig elektronische Plattformen im Internet.

So bietet z. B. Amazon eine spezielle Plattform nur für Geschäftskunden an. Hier angemeldete Großhändler haben Zugriff auf mehr als 250 Millionen Produkte weltweit. Der Großhändler kann seine Einkaufsrichtlinien festlegen und somit nur die Lieferanten zum Zuge kommen lassen, die z. B. ganz bestimmte Qualitätsstandards und Herkunftsvorgaben für die gewünschten Produkte erfüllen.

Auch andere Plattformen im Internet, zum Teil auch branchenbezogen, geben dem Großhändler die Möglichkeit, neben den Produkten auch andere Leistungen wie z. B. den Transport direkt an den Kunden auszuschreiben und hierfür den passenden Lieferanten zu finden.

Allgemeine Informationen

Weiterhin bietet dass **Internet** auch über Suchmaschinen eine Vielzahl weiterer Informationen über mögliche Lieferanten. Dies setzt jedoch voraus, dass die Suche durch genaue und treffende Suchbegriffe eingegrenzt wird, da ansonsten eine unüberschaubare Menge an Informationen geliefert wird.

www.wlw.de
Wer liefert was?

Branchenbücher wie das „ABC der deutschen Wirtschaft" und die „Gelben Seiten" bieten einen Überblick über Unternehmen der unterschiedlichen Wirtschaftszweige. Auch aus Fachzeitschriften können Adressen und Tätigkeitsfelder anderer Unternehmen entnommen werden.

Weitere Informationsquellen sind Berichte von Kreditinstituten, statistische Berichte und Jahrbücher. Behörden wie das Statistische Bundesamt, Wirtschaftsinstitute und Verbände, Industrie- und Handelskammern stellen ebenfalls Informationen zur Verfügung.

Für den Großhandel ist es von großer Bedeutung, stets über eine Vielzahl von möglichen Bezugsquellen zu verfügen.

Bezugsquellen ermitteln	
betriebsinterne Informationsquellen	• Artikeldatei • Lieferantendatei • Berichte von Reisenden • Preis-, Einkaufs- und Absatzstatistiken
betriebsexterne Informationsquellen	• Adress- und Branchenbücher (z. B. Gelbe Seiten) • Besuch von Fachmessen • Vertreterbesuche • Berichte und Annoncen in Fachzeitschriften • Online-Recherche: Fachzeitschriften, Branchenverzeichnisse und Homepages von Anbietern

5 Quantitativer Angebotsvergleich (national)

Beispiel

Herr Seidlitz hat auf Basis der betriebsintern und -extern gewonnenen Informationen insgesamt drei Unternehmen ermittelt, die als mögliche Lieferanten für umweltfreundliche Büro-Offsetpapiere infrage kommen und entsprechende Anfragen an diese Unternehmen verschickt. Kurz darauf erhält er die gewünschten Angebote.

FREIBURGER PAPIER AG

Freiburger Papier AG · Käferweg 16 · 79110 Freiburg
Bergisches Papierkontor GmbH
Elberfelder Straße 85
42285 Wuppertal

Ihr Zeichen, Ihre Nachricht vom	Unser Zeichen, unsere Nachricht vom	Telefon, Name	Datum
SE 24.04.XX	daw	0761 167061XX-1 Daniel Weber	26.04.20XX

Ihre Anfrage vom 24. April 20XX

Sehr geehrter Herr Seidlitz,

wir danken Ihnen für Ihre Anfrage und bieten wie folgt an:

Artikel-Nr.	Artikelbezeichnung	Preis je 1 000 Bla
30777	Büro-Offsetpapier Format A4, 80 g/m² holzfrei, weiß, matt, umweltfreundlich, chlorfrei gebleicht, Kartoninhalt 5 000 Blatt	11,93 €

Bei Abnahme von mehr als 500 000 Blatt gewähren wir 15 % Rabatt auf den Listenpreis. Die Lieferung erfolgt innerhalb von 5 Tagen nach Eingang der Bestellung.

Die Versandkosten betragen 0,10 € je 1 000 Blatt.

Zahlungsbedingungen: Zahlungsziel 30 Tage, bei Zahlung innerhalb von 10 Tagen 3 % Skonto.

Wir freuen uns auf Ihren Auftrag.

Freiburger Papier AG

i. A. Daniel Weber

Daniel Weber

Pro Natura OHG · Finkenweg 220 · 38664 Goslar
Bergisches Papierkontor GmbH
Elberfelder Straße 85
42285 Wuppertal

Ihr Zeichen, Ihre Nachricht vom	Unser Zeichen, unsere Nachricht vom	Telefon, Name	Datum
SE 24.04.XX	ti	8733XX5 Herr Timmermann	25.04.20XX

Angebot

Sehr geehrter Herr Seidlitz,

unser Unternehmen ist seit 1991 auf die Herstellung umweltfreundlicher Papiere spezialisiert.

Unsere Produkte sind chlorfrei gebleicht und unter Verwendung von mindestens 10 % Altpapier hergestellt. Wir freuen uns über Ihr Interesse und bieten Ihnen an:

Artikel Nr. 28/32010
Büro-Offsetpapier, Format A4, holzfrei, 80 g/m², weiß, matt, für Büro-Kleinoffset, Kartoninhalt 5 000 Blatt
Preis: 12,00 € je 1 000 Blatt
Rabatt: 25 % (Abnahmemenge mindestens 20 Kartons)
Transport- und Verpackung: 2 % des Bestellwertes
Zahlung: 30 Tage Ziel oder 7 Tage 2 % Skonto

Ihren Auftrag werden wir sorgfältig ausführen.

Mit freundlichen Grüßen

Pro Natura OHG

i. A. Timmermann

Timmermann

Immer wenn der Großhändler neue bzw. bisher noch nicht gelistete Ware beziehen will, sollte er einen Angebotsvergleich durchführen. Da die Lieferanten eventuell neu oder ihre Konditionen für das Produkt andere als bisher bekannte sind, schafft sich der Großhändler durch einen Angebotsvergleich die Möglichkeit, das für ihn beste Angebot zu ermitteln.

Beim **quantitativen Angebotsvergleich** richtet sich die Kaufentscheidung nach messbaren Größen wie

- dem Listeneinkaufspreis der Ware,
- der Höhe der Preisnachlässe,
- den Beförderungs- und Verpackungskosten (Bezugskosten).

Aus den vorliegenden Angeboten der möglichen Lieferanten werden die entsprechenden Preise für eine geplante Bestellmenge von 680 000 Blatt und die Konditionen entnommen und zum Vergleich tabellarisch gegenübergestellt.

Produktion von Feinpapieren

PAPYREX AG • Bahnhofstraße 95 • 99084 Erfurt
Bergisches Papierkontor GmbH
Elberfelder Straße 85
42285 Wuppertal

Ihr Zeichen, Ihre Nachricht vom	Unser Zeichen, unsere Nachricht vom	Telefon, Name	Datum
SE 24.04.XX	wk	0361/45XX-840 Konrad Wischek	25.04.20XX

Angebot

Sehr geehrte Damen und Herren,

vielen Dank für Ihre Anfrage und und Ihr Interesse an unserer Firma. Gern übersenden wir Ihnen das gewünschte Angebot. Die in unserer Preisliste angegebenen Preise verstehen sich netto zuzüglich MwSt.

Artikelbezeichnung	Menge	Preis/Einheit	Mengeneinheit	Rabatt
Büro-Offsetpapier, umweltfreundlich Format A4	680 000	17,95 €	1 000 Blatt	30 %

Unsere Artikel sind lieferbar spätestens innerhalb von 7 Tagen. Der Versand erfolgt per Lkw frei Haus. Die Verpackungskosten werden Ihnen zum Selbstkostenpreis bis zu einem Bestellwert von 500,00 € gesondert in Rechnung gestellt. Wir gewähren ein Ziel von 30 Tagen, bei Zahlung innerhalb von 10 Tagen gewähren wir 2 % Skonto.

Wir würden uns über eine Zusammenarbeit mit Ihrer Firma freuen.

Mit freundlichen Grüßen

PAPYREX AG

i. A. *Wischek*

Wischek

Angebotsinhalte / Lieferanten	Lieferant 1 Freiburger Papier AG	Lieferant 2 Pro Natura OHG	Lieferant 3 Papyrex AG
Listeneinkaufspreis und Preisnachlässe	11,93 € je 1 000 Blatt 15 % Rabatt	12,00 € je 1 000 Blatt 25 % Rabatt	17,95 € je 1 000 Blatt 30 % Rabatt
Zahlungsbedingungen	Zahlungsfrist: 30 Tage Skontofrist: 10 Tage Skontosatz: 3 %	Zahlungsfrist: 30 Tage Skontofrist: 7 Tage Skontosatz: 2 %	Zahlungsfrist: 30 Tage Skontofrist: 10 Tage Skontosatz: 2 %
Lieferbedingungen	Transport- und Verpackungskosten: 0,10 € je 1 000 Blatt	Transport- und Verpackungskosten: 2 % auf den Warenwert (Zielverkaufspreis)	Lieferung frei Haus, Verpackungskosten werden zum Selbstkostenpreis in Rechnung gestellt. Sie entfallen ab einem Warenwert von 500,00 €.

Mithilfe der **Bezugskalkulation** werden die verschiedenen Angebote nach einem bestimmten Kalkulationsschema miteinander verglichen.

Bezugskalkulation für 680 000 Blatt umweltfreundliches Offsetpapier

Kalkulationsschema

		Lieferant 1 Freiburger Papier AG	Lieferant 2 Pro Natura OHG	Lieferant 3 Papyrex AG
1	Listeneinkaufspreis	8.112,40	8.160,00	12.206,00
	– Lieferantenrabatt	1.216,86	2.040,00	3.661,80
2	= Zieleinkaufspreis	6.895,54	6.120,00	8.544,20
	– Lieferantenskonto	206,87	122,40	170,88
3	= Bareinkaufspreis	6.688,67	5.997,60	8.373,32
4	+ Bezugskosten	68,00	122,40	0,00
5	= Bezugspreis/ Einstandspreis	6.756,67	6.120,00	8.373,32
	Ergebnis: Der preisgünstigste Lieferant ist die Pro Natura OHG.			

Erläuterungen

1 Der Listeneinkaufspreis ist ein Nettobetrag ohne Umsatzsteuer.

2 Enthält das Angebot sowohl Rabatt als auch Skonto, wird zunächst der Rabatt vom Listeneinkaufspreis abgezogen, da er vertraglich vereinbart ist. Das Ergebnis ist der Zieleinkaufspreis.

3 Danach wird der Skonto vom Zieleinkaufspreis abgezogen. Das Ergebnis ist der Bareinkaufspreis.

4 Die Bezugskosten werden zum Bareinkaufspreis hinzugerechnet. Dabei ist die Berechnung der Bezugskosten immer abhängig von den Kaufvertragsbedingungen. Bezugskosten können als **prozentualer Zuschlag** auf den Listeneinkaufspreis oder auf den Zieleinkaufspreis vereinbart werden. Häufig werden Verpackungskosten als Bestandteil der Bezugskosten, aber auch als **Pauschalbeträge** in Abhängigkeit von der Einkaufsmenge angegeben.

nationale Beförderungsbedingungen
▶ LF 2, Kap. 5.1.4

internationale Lieferbedingungen
▶ LF 3, Kap. 7.1

Versandkosten sind häufig nicht nur von der Einkaufsmenge (Volumen, Gewicht), sondern auch von der Transportentfernung abhängig. Grundsätzlich ist zu prüfen, wer diese Kosten übernehmen muss (Lieferbedingungen beachten). Eventuell werden Verpackungskosten und Transportkosten vom Lieferanten übernommen, wenn die Bestellung mengen- oder wertmäßig bestimmte Grenzen überschreitet. Hinsichtlich der Skontoabzugsfähigkeit von in Rechnung gestellten Transport- oder Verpackungskosten sind ebenfalls die Vereinbarungen im Kaufvertrag zu beachten. Oft ist der Rechnungsbetrag einschließlich Transport- und Verpackungskosten skontierfähig. In diesem Fall ist das Kalkulationsschema für die Bezugskalkulation entsprechend abzuändern (Zieleinkaufspreis + Bezugskosten – Skonto).

5 Die Summe aus dem Bareinkaufspreis und den Bezugskosten ergibt den Bezugs- oder Einstandspreis.

6 Qualitativer Angebotsvergleich (national)

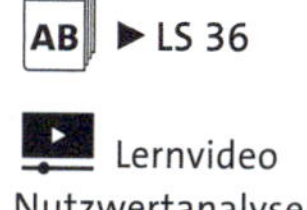

▶ LS 36

Lernvideo Nutzwertanalyse

Beispiel

Die BPK erhält ein Angebot von zwei Lieferanten, die sich hinsichtlich des Bezugspreises nur um wenige Euro unterscheiden. Herr Seidlitz überlegt nun: Nach welchen anderen Kriterien neben dem Bezugspreis sollte er eine Entscheidung für oder gegen eines dieser Angebote treffen?

Das Angebot mit dem günstigsten Bezugspreis muss nicht unbedingt gleichzeitig das beste sein. Wenn z. B. der Lieferant mit dem günstigsten Bezugspreis nur minderwertige oder mangelhafte Qualität liefert, können dem Großhändler hohe Kosten durch **Restanten** und Kundenreklamationen entstehen. Der Großhändler muss also bei seiner Kaufentscheidung neben dem Preis weitere Aspekte berücksichtigen.

Restanten
nicht verkaufte Ware

Qualität der Ware

Eine Ware ist nur verkäuflich, wenn sie den Qualitätsansprüchen der Kunden entspricht. Ist der Kunde von der Qualität der Ware enttäuscht, bleibt diese liegen oder wird beanstandet. Dem Großhändler entstehen dadurch hohe Lager- und Verwaltungskosten. Außerdem wird das Image seines Unternehmens unter häufigen Reklamationen leiden.

Umweltverträglichkeit der Ware

Kein Großhändler kann sich heute der Verantwortung für die Umwelt verschließen. Je nach Unternehmensziel und Sortiment erhält die Umweltverträglichkeit der zu beschaffenden Ware und deren Verpackung unterschiedliche Gewichtung.

Lieferbedingungen

Die Verkaufsbereitschaft des Großhändlers ist davon abhängig, ob die Ware pünktlich und mangelfrei geliefert wird. Fehlende Artikel führen zu Kunden- und Umsatzverlusten und damit zu Gewinneinbußen. Muss der Großhändler aufgrund der Unzuverlässigkeit seines Lieferanten größere Warenbestände bevorraten oder zu früheren Zeitpunkten bestellen, um das Risiko einer Fehlmenge zu minimieren, führt dies zu unnötig hohen Lagerkosten.

optimale Bestellmenge
▶ LF 3, Kap. 3.3
optimaler Bestellzeitpunkt
▶ LF 3, Kap. 3.1

Von Interesse bei der Lieferantenauswahl ist auch,
- innerhalb welcher Frist der Lieferant liefern kann,
- welche Mengen er liefern kann,
- ob Mindestbestellmengen bzw. **Depotzwänge** vom Lieferanten vorgegeben werden und
- wie flexibel er auf Sonderwünsche reagiert.

Depotzwang
Der Großhändler kann nicht einen einzelnen Artikel bestellen, sondern muss eine ganze Serie abnehmen.

Zahlungsbedingungen

Neben den Preisnachlässen, die im quantitativen Angebotsvergleich berücksichtigt werden, ist der **Zahlungszeitpunkt** wesentlich für die Kaufentscheidung. Bietet ein Lieferant ein Zahlungsziel an, kann es für den Einzelhändler vorteilhaft sein, dieses auszunutzen, um seine Liquidität zu erhalten.

Serviceleistungen des Lieferanten

Wichtige Entscheidungskriterien sind das **kulante Verhalten** eines Lieferanten in Reklamationsfällen und der Umfang der gewährten Garantieleistungen. Ausschlaggebend können auch Zusatzleistungen des Lieferanten sein wie z. B.

- Beratung, Depot-/Warenkundeschulungen des Verkaufspersonals,
- der Einsatz von Werbefilmen, Flyern und anderen Werbemitteln.

Um die qualitativen Aspekte verschiedener Angebote miteinander vergleichen zu können, ist es sinnvoll, ausgewählte Leistungen der Anbieter mit einem Punktesystem zu bewerten. Diese Bewertung erfolgt mithilfe einer **Entscheidungstabelle**.

Entscheidungstabelle
Es handelt sich dabei um die sogenannte Nutzwertanalyse.

Vorgehensweise/Ablauf der Punktbewertung

1. Die ausgewählten Leistungskriterien der verschiedenen Lieferanten wie z. B. Qualität, Garantieleistungen und Werbemittel haben für jedes Unternehmen unterschiedliche Bedeutung. Die Qualität der Ware wird hier mit dem Faktor 5 als wichtiger eingestuft als die Garantieleistungen (Faktor 3) und die Werbemittel, die mit dem Faktor 2 gewichtet werden.
2. Die Leistungen der verschiedenen Lieferanten werden nach einer Punkteskala von 1 bis 9 bewertet. So erhält der Lieferant 1 für die Qualität der Waren 5 Punkte, für die Garantieleistungen 3 Punkte und für die Werbemittel 1 von jeweils 9 möglichen Punkten.
3. Die Bewertungspunkte werden mit dem Gewichtungsfaktor multipliziert.
4. Das Gesamtergebnis für die einzelnen Lieferanten ergibt sich aus der Addition der gewichteten Bewertungen. Zur besseren Übersichtlichkeit wird das Ergebnis häufig durch 100 geteilt.
5. Das beste Gesamtergebnis hat der Lieferant mit der höchsten Punktzahl.

Entscheidungstabelle

Kriterien	Gewichtungsfaktor	Leistungen Lieferant 1		Leistungen Lieferant 2		Leistungen Lieferant 3	
		Punkte	Punkte × Faktor	Punkte	Punkte × Faktor	Punkte	Punkte × Faktor
Qualität der Ware	25	5	125	7	175	6	150
Lieferfrist	15	7	105	8	120	5	75
Umweltverträglichkeit	10	4	40	4	40	2	20
Zahlungsbedingungen	25	3	75	8	200	2	50
Garantieleistungen	10	3	30	4	40	8	80
Beratung	5	7	35	1	5	6	30
Werbemittel	10	1	10	1	10	5	50
Summe	100		420		600		455
Summe : 100			4,2		6,0		4,55

Alles klar?

1 Welche der folgenden Bezugsquellen zählt nicht zu den internen Informationsquellen?
- **a)** Artikeldatei
- **b)** Handelsregister
- **c)** Außendienstmitarbeiter
- **d)** Warenwirtschaftssystem
- **e)** Reisende

2 Welche der folgenden Bezugsquellen zählt nicht zu den externen Informationsquellen?
- **a)** Branchenbücher
- **b)** Homepages
- **c)** Fachzeitschriften
- **d)** Absatzstatistiken
- **e)** Vertreterbesuche

3 Beim quantitativen Angebotsvergleich richtet sich die Kaufentscheidung nach Kriterien wie ...
- **a)** den Zahlungsbedingungen des Lieferanten.
- **b)** der Reklamationsabwicklung des Lieferanten.
- **c)** dem Listeneinkaufspreis der Ware.
- **d)** der Qualität der Ware.
- **e)** der Garantie der Ware.

4 Der Listeneinkaufspreis der Ware ...
- **a)** ist ein Nettobetrag ohne Umsatzsteuer, den der Lieferant ohne Ausnutzung von Rabatten und Skonto in seinem Angebot aufgeführt hat.
- **b)** ist der Betrag, der Skonto, nicht aber den Rabatt berücksichtigt.
- **c)** ergibt sich aus dem Zieleinkaufspreis.
- **d)** beinhaltet die Bezugskosten.
- **e)** ist immer größer als der Einstandspreis.

5 Die Bezugskosten ...
- **a)** enthalten Rabatt.
- **b)** werden vom Zieleinkaufspreis abgezogen.
- **c)** enthalten Skonto.
- **d)** werden zum Bareinkaufspreis hinzugerechnet.
- **e)** werden vom Einstandspreis abgezogen.

6 Der Einstandspreis ergibt sich aus ...
- **a)** dem Listeneinkaufspreis brutto und der Berücksichtigung von Rabatt, Skonto und den Bezugskosten.
- **b)** der Summe von Bareinkaufspreis und den Bezugskosten.
- **c)** dem Zieleinkaufspreis abzüglich Rabatt.
- **d)** dem Listeneinkaufspreis zuzüglich Bezugskosten.
- **e)** dem Bareinkaufspreis zuzüglich dem Listeneinkaufspreis netto.

7 Enthält ein Angebot sowohl Rabatt und Skonto, wird ...
- **a)** zunächst der Rabatt vom Bareinkaufspreis abgezogen.
- **b)** Skonto zunächst vom Zieleinkaufspreis abgezogen.
- **c)** Rabatt und Skonto von den Bezugskosten abgezogen.
- **d)** zunächst der Rabatt vom Listeneinkaufspreis abgezogen.
- **e)** der Rabatt erst vom Einstandspreis abgezogen.

8 Beim qualitativen Angebotsvergleich ...
- **a)** werden immer alle Leistungskriterien der verschiedenen Lieferanten gleich gewichtet.
- **b)** ist der Preis immer das entscheidende und wichtigste Kriterium.
- **c)** werden die Bewertungspunkte mit dem Gewichtungsfaktor multipliziert.
- **d)** ergibt sich das Gesamtergebnis für die einzelnen Lieferanten aus der Multiplikation der gewichteten Bewertungen.
- **e)** erhält der Lieferant das beste Gesamtergebnis, der insgesamt aus allen bewerteten Leistungskriterien die geringste Punktzahl erzielt.

AB ▶ LS 37

7 Quantitativer Angebotsvergleich international (Importkalkulation)

Die Importkalkulation dient dazu, den Bezugspreis zu bestimmen, wenn Waren aus dem Ausland bezogen werden. Sie unterscheidet sich in zweifacher Hinsicht von der Kalkulation, wenn der Warenbezug aus dem Inland erfolgt. Zum einen müssen Kostenbestandteile berücksichtigt werden, die bei der Binnenkalkulation keine Rolle spielen, zum anderen müssen evtl. Währungsumrechnungen vorgenommen werden. Die Kalkulation muss zudem auf der Grundlage der vereinbarten Lieferbedingung erfolgen.

Währungsrechnung
▶ LF 3, Kap. 7.2.1

Bei internationalen Geschäften wird die Lieferbedingung in aller Regel durch die Vereinbarung einer Klausel der Incoterms® 2020 festgelegt. Das beinhaltet dann auch die Verteilung der Kosten, z. B. für Transport und ggf. Versicherung sowie ggf. die Ein- und Ausfuhrabwicklung.

7.1 Incoterms® 2020

Beispiel

Die BPK GmbH bezieht von der Cellulosa & Papper AB in Göteborg 1 000 000 Blatt Offsetdruckpapier. Das Papier wird per Schiff von Göteborg nach Rostock und von dort per Lkw nach Wuppertal transportiert. Der Transport bis zum Schiff in Göteborg erfolgt durch die Cellulosa & Papper AB.

Kaufvertrag
▶ LF 2, Kap. 5

Durch den Abschluss eines Kaufvertrages ergeben sich für den Käufer und den Verkäufer Pflichten, zu denen gesetzliche Regelungen existieren. Dabei ist zunächst zu klären, welches Kaufrecht auf den Vertrag anzuwenden ist. In dem Beispiel würde das UN-Kaufrecht gelten, wenn in dem Vertrag keine andere Rechtswahl getroffen und zusätzlich das UN-Kaufrecht nicht ausgeschlossen wird. Von diesen Regelungen können die Vertragspartner allerdings durch entsprechende Vereinbarungen im Kaufvertrag abweichen. Bei internationalen Kaufverträgen, bei denen die Geschäftspartner ihren Sitz in verschiedenen Ländern haben, müssen die Waren häufig über lange Strecken und durch mehrere Länder transportiert werden. Damit sind in der Regel höhere Transportkosten und ein höheres Transportrisiko im Vergleich zu einem Binnengeschäft verbunden. Daher haben hier vertragliche Vereinbarungen, z. B. zur Verteilung der Transportkosten und zum Gefahrenübergang eine besondere Bedeutung.

UN-Kaufrecht
Das UN-Kaufrecht ist ein Kaufrecht, das unter bestimmten Voraussetzungen auf Kaufverträge angewendet werden muss, bei denen die Vertragspartner ihren Sitz in verschiedenen Ländern haben. Die Anwendung des UN-Kaufrechtes kann im Kaufvertrag aber auch ausgeschlossen und statt dessen ein anderes Kaufrecht vereinbart werden.

Die Internationale Handelskammer (ICC) in Paris hat **Standardklauseln** entwickelt, mit denen sich entsprechende Regelungen durch Bezugnahme im Vertrag vereinbaren lassen. Diese Klauseln werden als **Incoterms**® (**In**ternational **Co**mmercial **Terms**) bezeichnet. Die Incoterms® wurden in der Vergangenheit mehrfach überarbeitet und liegen derzeit in der Fassung Incoterms® 2020 vor.

www.iccgermany.de

In der aktuellen Fassung wird bereits auf dem Cover darauf hingewiesen, dass das Regelwerk bei internationalen, aber auch bei nationalen Kaufverträgen verwendet werden kann. Damit wird der Tatsache Rechnung getragen, dass die Klauseln in der Vergangenheit häufig auch bei inländischen Kaufverträgen angewendet wurden. In den Klauseln selbst wird das berücksichtigt, indem an den entsprechenden Stellen die Einschränkung „soweit zutreffend“ bzw. „gegebenenfalls“ erfolgt. Bei rein nationalen Kaufverträgen entfällt z. B. die Beschaffung einer Aus- bzw. Einfuhrgenehmigung. In den einzelnen Klauseln wird u. a. angegeben, wer (Käufer/Verkäufer) für die Beschaffung der Genehmigungen zuständig ist. Durch den Zusatz „soweit zutreffend“ wird zum Ausdruck gebracht, dass die betreffenden Angaben bei nationalen Kaufverträgen nicht relevant sind. Entsprechendes gilt auch bei Kaufverträgen innerhalb der EU, da hier Grenzformalitäten und Genehmigungen weitgehend entfallen.

Die folgenden 11 Klauseln stehen zur Verfügung:

Klausel	Englisch	Deutsch
EXW	Ex Works (... named place of delivery)	Ab Werk (... benannter Lieferort)
FCA	Free Carrier (...named place of delivery)	Frei Frachtführer (... benannter Lieferort)
CPT	Carriage paid to (... named place of destination)	Frachtfrei (... benannter Bestimmungsort)
CIP	Carriage and Insurance paid to (... named place of destination)	Frachtfrei versichert (... benannter Bestimmungsort)
DAP	Delivered at Place (named place of destination)	Geliefert benannter Ort (... benannter Bestimmungsort)
DPU	Delivered at place unloaded (... named place of destination)	Geliefert benannter Ort entladen (... benannter Bestimmungsort)
DDP	Delivered Duty Paid (... named place of destination)	geliefert verzollt (... benannter Bestimmungsort)
FAS	Free alongside Ship (... named port of shipment)	Frei Längsseite Schiff (... benannter Verschiffungshafen)
FOB	Free on Board (... named port of shipment)	Frei an Bord (... benannter Verschiffungshafen)
CFR	Cost and Freight (... named port of destination)	Kosten und Fracht (... benannter Bestimmungshafen)
CIF	Cost, Insurance and Freight (... named port of destination)	Kosten, Versicherung und Fracht (... benannter Bestimmungshafen)

Die Klauseln werden angewendet, indem:

- die drei Buchstaben der Abkürzung für die Klausel angegeben und
- dahinter in Klammern je nach Klausel der Lieferort oder der Bestimmungsort oder der Verschiffungshafen oder der Bestimmungshafen angegeben werden. Hinter der Klammer wird auf die betreffende Version der Incoterms® verwiesen.

Beispiel

FCA (Güterbahnhof Mannheim) Incoterms® 2020;
DPU (YBC Ltd, Loading Ramp 5B, Ranelagh Place, Liverpool L3 5UL, GB) Incoterms® 2020

Die Angaben zum Liefer- oder Bestimmungsort müssen genau und eindeutig sein. Bei ungenauen oder mehrdeutigen Angaben obliegt es dem Verkäufer festzulegen, wo genau er seine Lieferpflicht erfüllt.

7.1.1 Pflichten von Käufer und Verkäufer

Pflichten Kaufvertrag
▶ LF 2, Kap. 5

Unter zehn Überschriften, die bei allen Klauseln gleich lauten, werden die Pflichten dargestellt, die Käufer und Verkäufer bei Vereinbarung einer Klausel eingehen.

A: Pflichten des Verkäufers B: Pflichten des Käufers		Erläuterung
A1/B1	Allgemeine Verpflichtungen des Verkäufers/ Käufers	Wörtlich gleiche Angaben bei allen Klauseln zur Lieferpflicht des Verkäufers und zur Zahlungspflicht des Käufers. Hinweis, dass alle Dokumente, auf die in A1–A10 und B1–B10 Bezug genommen wird, auch entsprechende elektronische Belege oder elektronische Verfahren sein können, wenn das vereinbart wurde oder üblich ist.
A2/B2	Lieferung/Übernahme	Angaben, wo und wann bzw. bis wann der Verkäufer seine Lieferpflicht erfüllen muss. Ferner Angaben zu zusätzlichen Aspekten, die ggf. bei der Lieferung zu beachten sind. Der Lieferpflicht des Verkäufers entspricht die Annahmepflicht des Käufers.
A3/B3	Gefahrenübergang	Angabe, wo und wann die Gefahr einer Beschädigung oder des Totalverlustes der Ware vom Verkäufer auf den Käufer übergeht. In der Regel findet der Gefahrenübergang am Lieferort statt.
A4/B4	Transport	Angaben, wer für welche Transportstrecken einen Beförderungsvertrag abschließen bzw. die Beförderung organisieren muss.
A5/B5	Versicherung	Angaben, ob der Verkäufer eine Transportversicherung zugunsten des Käufers abschließen muss. Ggf. Angaben zu Deckung und Versicherungssumme. Angaben zu Auskunftspflichten von Käufer und Verkäufer.
A6/B6	Liefer-/ Transportdokument	Angaben zur Pflicht des Verkäufers, dem Käufer ein Dokument über die erfolgte Lieferung gemäß A2 auszuhändigen. Ferner Angaben, wer ggf. dafür zuständig ist, dass ein Transportpapier ausgestellt wird und wem dieses und ggf. andere Dokumente auf Verlangen oder zur Übernahme der Ware auszuhändigen ist.
A7/B7	Ausfuhr-/ Einfuhrabfertigung	Angaben, wer für die Ausfuhr-, Transit- und Einfuhrformalitäten jeweils zuständig ist und die damit verbundenen Kosten zu tragen hat. Ferner Angaben zur Verpflichtung von Käufer oder Verkäufer die jeweilige Gegenseite auf Verlangen und unter Kostenerstattung bei der Aus- oder Einfuhrabfertigung durch die Beschaffung von Dokumenten oder Informationen zu unterstützen.
A8/B8	Prüfung, Verpackung, Kennzeichnung	Angaben, wer Prüf-, Verpackungs-, Markierungskosten zu tragen hat. Notwendige Prüfkosten im Zusammenhang mit der Erfüllung der Lieferpflicht (messen, wiegen, zählen) hat in allen Fällen der Verkäufer zu tragen. Der Verkäufer hat auch für eine Versandverpackung und die zugehörige Markierung zu sorgen, falls es nicht handelsüblich ist, die Ware unverpackt zu versenden.
A9/B9	Kostenverteilung	Angabe, welche der Kosten, die im Zusammenhang mit der Warenbeförderung und der Aus-, Ein- und Durchfuhrabwicklung anfallen (z. B. An- und Abfuhrkosten, Frachtkosten, Entladekosten, Zölle, Steuern), vom Verkäufer und welche vom Käufer zu tragen sind. Hinweis zur Pflicht der Gegenseite, ggf. anfallende Kosten im Zusammenhang mit der Unterstützung bei der Beschaffung von Dokumenten und Informationen zu erstatten.
A10/B10	Benachrichtigungen	Angaben zur Pflicht von Käufer und Verkäufer, der jeweiligen Gegenseite rechtzeitig alle notwendigen Informationen zur Verfügung zu stellen, damit der Verkäufer seine Lieferpflicht und der Käufer seine Übernahmepflicht erfüllen kann. Ferner muss der Verkäufer den Käufer über die erfolgte Lieferung informieren oder ihm mitteilen, dass die Ware vom benannten Frachtführer oder der benannten Person nicht innerhalb der vereinbarten Frist am benannten Ort übernommen wurde.

7.1.2 Die Klauseln im Einzelnen

EXW

Der Verkäufer stellt die Ware an dem benannten Ort, z. B. (Werk des Verkäufers) zur Verfügung. Damit gehen Kosten und Gefahr auf den Käufer über. Der Verkäufer hat zudem für eine geeignete Transportverpackung zu sorgen. Der Käufer hat für die Ausfuhr-, Durchfuhr-, Einfuhrabwicklung zu sorgen, der Verkäufer muss ihn aber dabei ggf. unterstützen (Dokumente, Informationen). Kosten, die für den Verkäufer hierbei entstehen, sind vom Käufer zu ersetzen. Eine Transportversicherung muss nach dieser Klausel nicht abgeschlossen werden, d. h., der Käufer kann selbst entscheiden, ob er das Transportrisiko versichern will oder nicht.

FCA

Der Verkäufer trägt Kosten und Gefahr bis zur Lieferung an den Frachtführer am benannten Ort. Statt an den Frachtführer kann die Lieferung auch an eine andere vom Käufer benannte Person erfolgen. Eine Transportversicherung muss nicht abgeschlossen werden.

- Falls der benannte Ort beim Verkäufer liegt, z. B. Warenausgangslager des Verkäufers, ist die Ware auf das vom Käufer bereitgestellte Beförderungsmittel zu verladen.
- Falls der benannte Ort nicht beim Verkäufer liegt, ist die Ware auf dem Beförderungsmittel des Verkäufers unentladen zur Verfügung zu stellen. Der Verkäufer erfüllt seine Lieferpflicht auch, indem er **bereits so gelieferte Ware beschafft**.

Was man unter der **Beschaffung** bereits gelieferter Ware versteht wird im Kap. 7.1.4 im Abschnitt **Anwendung der Klauseln bei Kettenverkäufen** erläutert.

Der Beförderungsvertrag für den Haupttransport ist vom Käufer abzuschließen. Hat der Käufer den Frachtführer angewiesen, dem Verkäufer bei Übergabe der Ware ein Transportdokument auszuhändigen, so muss der Verkäufer dieses an den Käufer weiterleiten. Falls vereinbart, muss der Verkäufer einen Beförderungsvertrag für den Käufer abschließen, wobei der Käufer Kosten und Gefahr zu tragen hat.

CPT

Der Verkäufer erfüllt seine Lieferpflicht, indem er die Ware an den von ihm beauftragten Frachtführer übergibt oder die bereits so gelieferte Ware beschafft. Bis zur Lieferung hat er alle die Ware betreffenden Kosten zu tragen. Dazu gehören auch die Kosten für die Ausfuhrabfertigung. Er muss einen **Beförderungs**vertrag von der Lieferstelle bis zum benannten Bestimmungsort abschließen oder **beschaffen** und die damit verbundenen Frachtkosten und ggf. Umlade- und Zwischenlagerkosten tragen. Falls die Entladekosten am Bestimmungsort im Beförderungsvertrag enthalten sind, gehen auch diese zulasten des Verkäufers, im anderen Fall zulasten des Käufers. Der Verkäufer muss dem Käufer auf dessen Verlangen ein Transportdokument aushändigen, mit dem dieser ggf. die Ware am benannten Bestimmungsort entgegennehmen kann. Mit Vollzug der Lieferung geht die Gefahr auf den Käufer über. Der Abschluss einer Transportversicherung ist weder für den Verkäufer noch für den Käufer vorgeschrieben. Durchfuhr- und Einfuhrabfertigung und damit verbundene Kosten gehen zulasten des Käufers. Der Verkäufer muss den Käufer über die erfolgte Lieferung informieren und ihm alle Informationen zur Verfügung stellen, damit dieser die Ware am Bestimmungsort entgegennehmen kann.

Was man unter der **Beschaffung** eines Beförderungsvertrages versteht wird im Kap. 7.1.4 im Abschnitt: **Anwendung der Klauseln bei Kettengeschäften** erläutert.

CIP

Diese Klausel entspricht CPT mit dem Unterschied, dass der Verkäufer auf eigene Kosten eine Transportversicherung zugunsten des Käufers abschließen muss. Diese Versicherung muss der Deckung (A) (all Risks) der Institute Cargo Clauses oder der vergleichbaren Deckung eines ähnlichen Regelwerkes entsprechen. Die Versicherung muss das Transportrisiko mindestens ab Gefahrenübergang auf den Käufer bis zum benannten Bestimmungsort decken. Die Versicherungssumme muss mindestens den vertraglich vereinbarten Preis plus 10 % abdecken. Sie muss in der Währung des zugrunde liegenden Vertrages ausgestellt sein. Auf Verlangen des Käufers müssen zu dessen Kosten zusätzliche Risiken, z. B. Krieg, Streik u. a. eingeschlossen werden. Das Versicherungsdokument ist dem Käufer auszuhändigen.

Institute Cargo Clauses
Bezeichnet Transportversicherungsbedingungen, die von der internationalen Versicherungsvereinigung in London herausgegeben werden. Die Klauseln unterscheiden drei Deckungsformen, A, B und C. A deckt fast alle Transportrisiken ab, B weniger und C die wenigsten.

DAP

Der Verkäufer trägt Kosten und Gefahr, bis die Ware am benannten Bestimmungsort dem Käufer auf dem ankommenden Beförderungsmittel entladebereit zur Verfügung steht oder der Verkäufer die so gelieferte Ware beschafft. Kosten und Gefahr der Entladung trägt der Käufer. Sind die Entladekosten im Beförderungsvertrag enthalten, gehen sie zulasten des Verkäufers. Für den Abschluss des Beförderungsvertrages bis zum benannten Ort ist der Verkäufer zuständig. Der Abschluss einer Transportversicherung ist nicht erforderlich.

DPU

Die Klausel DPU entspricht weitgehend der Klausel DAP, allerdings gehen bei DPU Kosten und Gefahr erst dann auf den Käufer über, nachdem die Ware vom ankommenden Beförderungsmittel entladen oder die so gelieferte Ware vom Verkäufer beschafft wurde.

DDP

Der Verkäufer trägt Kosten und Gefahr bis zum benannten Bestimmungsort. Der Verkäufer muss die Ware auf dem ankommenden Beförderungsmittel unentladen zur Verfügung stellen oder die so gelieferte Ware beschaffen. Sind die Entladekosten im Beförderungsvertrag enthalten, gehen sie zulasten des Verkäufers. Außerdem ist der Verkäufer für die Einfuhrabwicklung zuständig und hat auch die Einfuhrabgaben zu zahlen. Der Beförderungsvertrag bis zum Bestimmungsort ist vom Verkäufer abzuschließen, eine Transportversicherung ist nicht erforderlich. Die Lieferbedingung DDP bedeutet für den Verkäufer eine Maximalverpflichtung.

FAS

Der Verkäufer trägt Kosten und Gefahr, bis die Ware an dem vom Käufer benannten Ladeplatz längsseits des Schiffes geliefert oder die so gelieferte Ware beschafft worden ist. Der Beförderungsvertrag für den Schiffstransport muss vom Käufer abgeschlossen werden. Eine Transportversicherung ist nicht erforderlich.

FOB

Der Verkäufer trägt Kosten und Gefahr, bis sich die Ware an Bord des vom Käufer benannten Schiffes im Verschiffungshafen befindet oder die so gelieferte Ware beschafft wurde. Die Staukosten innerhalb des Schiffes gehen zulasten des Käufers. Der Beförderungsvertrag für den Seetransport ist vom Käufer abzuschließen, eine Transportversicherung ist nicht erforderlich.

Die Ware befindet sich an Bord des Schiffes, wenn sie auf den Schiffsplanken oder im Verladedeck abgesetzt wurde.

CFR
Der Verkäufer erfüllt seine Lieferpflicht, indem er die Ware an Bord des Schiffes im Verschiffungshafen verbringt oder die so gelieferte Ware beschafft. Sobald sich die Ware an Bord befindet, geht die Gefahr, dass die Ware beschädigt wird oder ganz verloren geht, auf den Käufer über. Der Verkäufer trägt alle Kosten, bis sich die Ware an Bord des Schiffes befindet. Zusätzlich trägt er auch die Frachtkosten bis zum benannten Bestimmungshafen. Den Beförderungsvertrag für den Schiffstransport muss der Verkäufer abschließen oder beschaffen. Das Transportdokument muss er auf eigene Kosten an den Käufer übermitteln. Falls die Entladekosten im Bestimmungshafen in den Frachtkosten enthalten sind, trägt sie der Verkäufer, ansonsten der Käufer. Eine Transportversicherung ist nicht erforderlich.

CIF
Diese Klausel entspricht der Klausel CFR mit dem Unterschied, dass der Verkäufer hier zusätzlich verpflichtet ist, eine Transportversicherung für den Schiffstransport abzuschließen. Die Versicherung muss mindestens der Deckungsform (C) der Institute Cargo Clauses oder der vergleichbaren Deckung eines ähnlichen Regelwerkes entsprechen. Die Versicherungssumme muss mindestens den vertraglich vereinbarten Preis plus 10 % abdecken.

7.1.3 Unterteilung der Klauseln in Gruppen

Das offizielle Regelwerk der ICC teilt die 11 Klauseln nur in zwei Gruppen ein, nämlich Klauseln, die für alle Transportarten verwendet werden können, und solche, die nur für den Schiffsverkehr geeignet sind.

Die Klauseln für **alle Transportarten** sind auch für multimodale Transporte geeignet. Dabei kann auf einer oder mehreren Transportstrecke(n) ein Schiff als Transportmittel eingesetzt werden.

Klauseln für alle Transportarten
EXW, FCA, CPT, CIP, DAP, DPU, DDP

Die zweite Gruppe enthält Klauseln, bei denen der Liefer- und der Bestimmungsort Häfen sind. Diese Klauseln sind daher nur für den **See- und Binnenschiffstransport** geeignet.

Klauseln für den See- und Binnenschiffstransport
FAS, FOB, CFR, CIF

Die Klauseln für den Schiffstransport sind **nicht optimal** für den Warentransport mit Containern geeignet. Das trifft besonders für die Klauseln FAS und FOB zu, die eine Lieferung Längsseite Schiff bzw. an Bord des Schiffes verlangen. In der Praxis kann der Verkäufer diese Lieferpflicht im Containerverkehr aber gar nicht erfüllen, da die Container am Verladeterminal des Hafens abgeladen werden und von den Unternehmen, die diese Terminals unterhalten und betreiben, zum Schiff transportiert und auf das Schiff verladen werden. Statt FAS bzw. FOB sollte im Containerverkehr daher besser FCA verwendet werden.

Bei den Klauseln CFR und CIF ist die oben geschilderte Problematik nicht so gravierend, da die Lieferbedingungen auf den Bestimmungshafen hinweisen. Trotzdem befindet sich auch bei diesen Klauseln der Lieferort an Bord des Schiffes im Verschiffungshafen. Grundsätzlich sind die Klauseln CFR und CIF auch im Containerverkehr verwendbar. Wenn möglich, sollten bei Containertransporten per Schiff aber besser die Klauseln CPT bzw. CIP gewählt werden.

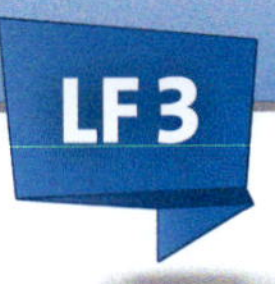

Die ICC weist darauf hin, dass eine weitere Gruppierung, z.B. hinsichtlich der Pflichten von Käufer und Verkäufer und dem Gefahrenübergang sinnvoll ist.

Unterteilung nach Kosten und Gefahrenübergang

Gruppe	Klauseln	Erläuterung
E-Gruppe	EXW	**Abholklausel** Der Verkäufer stellt dem Importeur die Waren an dem benannten Bestimmungsort zur Verfügung. Ab da übernimmt der Käufer alle Kosten und die Gefahr des Untergangs und der Beschädigung.
F-Gruppe	FCA, FAS, FOB	**Haupttransport vom Käufer bezahlt** Der Verkäufer übergibt die Waren einem vom Käufer zu benennenden Frachtführer. Ab Übergabe geht die Gefahr auf den Käufer über. Der Käufer übernimmt auch die weiteren Kosten, dazu gehören regelmäßig die Aufwendungen für den Haupttransport.
C-Gruppe	CFR, CIF, CPT, CIP	**Haupttransport vom Verkäufer bezahlt** Der Verkäufer übernimmt die Transportkosten bis zum angegebenen Zielort. Darin sind regelmäßig die Kosten für den Haupttransport enthalten. Die Gefahr geht allerdings schon vorher auf den Käufer über.
D-Gruppe	DAP, DPU, DDP	**Ankunftsklauseln** Der Verkäufer trägt die Kosten und die Gefahr bis zum benannten Bestimmungsort.

Verteilung von Kosten und Risiken

Das folgende Diagramm zeigt beispielhaft die Verteilung von Kosten und Risiken zwischen Käufer und Verkäufer.

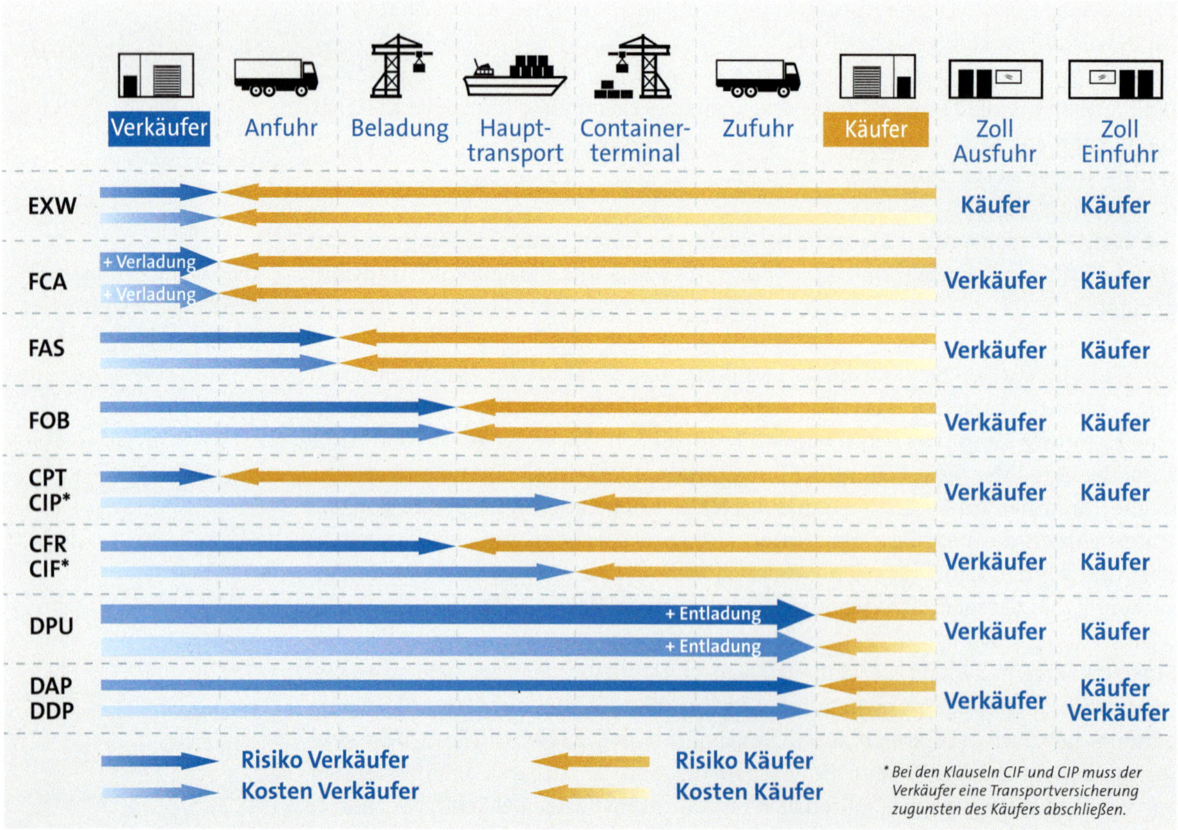

Erläuterungen zum Diagramm auf der vorangegangenen Seite
Dabei wird davon ausgegangen, dass der Transport per Container erfolgt. Der Container wird beim Verkäufer be- und beim Käufer entladen. Für die Durchführung von An- und Abfuhr wird ein Frachtführer beauftragt. Die Klauseln DPU, DAP und DDP beziehen sich auf die Laderampe des Eingangslagers des Käufers. Für den Gefahrenübergang bestehen keine speziellen Vereinbarungen.

Gefahrenübergang
▶ LF 2, Kap. 5.1.1

Bei den **Klauseln der C-Gruppe** gehen Kosten und Gefahr an zwei verschiedenen Orten auf den Käufer über (**Zweipunktklauseln**). Bei allen anderen Klauseln gehen Kosten und Gefahr am gleichen Ort auf den Käufer über (**Einpunktklauseln**).

7.1.4 Anwendung der Klauseln bei Kettenverkäufen (string sales)

Bei allen Klauseln außer EXW erfolgt bei den Angaben zur Erfüllung der Lieferpflicht (A2) der Hinweis: „... **oder bereits so gelieferte Ware beschafft**". Dieser Hinweis bezieht sich auf sogenannte **Kettenverkäufe**. Dabei wird bereits verkaufte und gelieferte Ware schon während des Transports teilweise mehrfach weiterverkauft. Das kommt u.a. häufig im Rohstoffhandel vor. Ein Verkäufer im Inneren der Kette kann seine Lieferpflicht aber physisch nicht mehr erfüllen, da die Ware ja bereits von dem ersten Verkäufer versandt wurde. Er erfüllt seine Lieferpflicht in diesem Fall, indem er seinem Käufer die Möglichkeit verschafft, die Ware am Bestimmungsort zu übernehmen. Er muss dazu den Frachtführer anweisen, die Ware am Bestimmungsort dem neuen Käufer auszuhändigen. Falls für den Warenempfang ein Legitimationspapier erforderlich ist, z.B. ein **Konnossement**, muss der Verkäufer den Käufer in dem Papier als neuen Empfänger eintragen und das Papier dem Käufer übermitteln. In diesem Zusammenhang spricht man davon, dass der Verkäufer die bereits gelieferte Ware **beschafft**. Manchmal wird statt **Beschaffen** auch der Begriff **Verschaffen** verwendet.

Konnossement
Ein Konnossement ist ein übliches Transportdokument im Seefrachtverkehr. Die Ware wird im Bestimmungshafen nur gegen Vorlage eines Originalkonnossements ausgehändigt. Außerdem muss aus dem Konnossement hervorgehen, dass der Vorlegende berechtigter Inhaber des Dokumentes ist.

Bei den C-Klauseln ist der Verkäufer zudem verpflichtet, auf eigene Kosten einen Beförderungsvertrag von der Lieferstelle bis zum Bestimmungsort abzuschließen (A4). Auch diese Pflicht kann ein Verkäufer im Inneren einer Verkaufskette nicht erfüllen, da ja bereits ein Beförderungsvertrag abgeschlossen wurde und die Ware sich schon auf dem Transportweg befindet. In diesem Fall erfüllt der Verkäufer seine Pflicht, indem er seinem Käufer das Transportdokument übermittelt, ggf. den Käufer als neuen Empfänger einträgt und den Frachtführer anweist, die Ware seinem Käufer auszuhändigen. Auch hier spricht man davon, dass der Verkäufer den **Beförderungsvertrag beschafft**.

Beispiel

B mit Sitz in Rotterdam (Niederlande) kauft von A mit Sitz in Kiruna (Schweden) 10 000 t schwedisches Eisenerz zur Lieferbedingung CFR (Seehafen Rotterdam), Incoterms® 2020. Das Erz wird als Schüttgut per Schiff von Narvik (in Norwegen) nach Rotterdam transportiert. Als Transportdokument wird ein Konnossement ausgestellt, das A per Kurier an B übermittelt. Noch während des Schiffstransportes verkauft B das Eisenerz an C weiter, der seinen Sitz in Duisburg hat. Als Lieferbedingung wird ebenfalls CFR (Seehafen Rotterdam) Incoterms® 2020 vereinbart. Um seine Lieferpflicht zu erfüllen, müsste B das Eisenerz an Bord des Schiffes in Narvik liefern. Das ist aber nicht möglich, da das Erz bereits von A an Bord des Schiffes geliefert wurde und sich aktuell auf dem Seeweg von Narwik nach Rotterdam befindet. Um seine Lieferpflicht trotzdem zu erfüllen, muss B dem C das bereits gelieferte Erz „beschaffen". Er muss also dafür sorgen, dass C das Erz in Rotterdam in Empfang nehmen kann. Dazu muss er in dem Konnossement C als neuen Empfänger eintragen und das Konnossement dem C übermitteln. Ggf. sollte er die Reederei auch darüber informieren, dass C der neue Empfänger ist, damit diese den C rechtzeitig über die bevorstehende Ankunft des Erzes in Rotterdam benachrichtigen kann.

Gemäß (A4) müsste B außerdem auf eigene Kosten einen Schiffstransport von Narvik nach Rotterdam organisieren. Auch das ist nicht möglich, da dieser Transport ja bereits von A zu dessen Kosten organisiert wurde. Ersatzweise muss B nun diesen Transport „beschaffen". Er muss dafür sorgen, dass das Erz in Rotterdam dem C ausgehändigt wird und diesem das Transportdokument, hier also das Konnossement, übermitteln. In diesem Beispiel wird die Beschaffung des Beförderungsvertrages bereits durch die Beschaffung der Lieferung erfüllt.

Das folgende Diagramm stellt die Abläufe in dem Beispiel noch einmal grafisch dar.

Beschaffung von Lieferung und Transport bei Kettenverkäufen

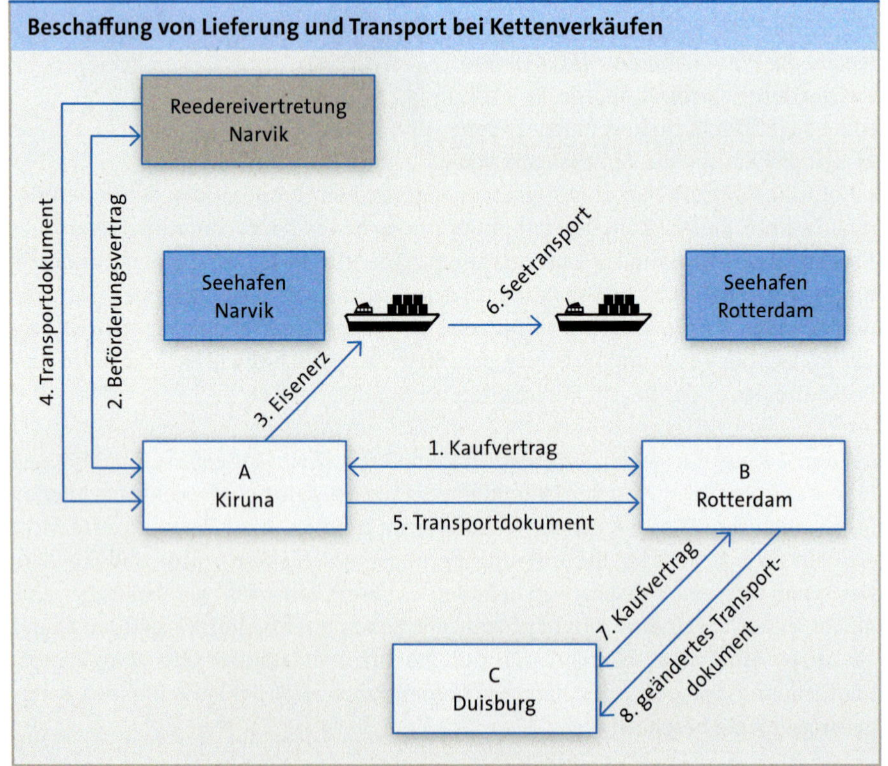

7.2 Importkalkulation unter Berücksichtigung der Incoterms® 2020

Beispiel

Die Fahrradwelt GmbH, eine Fahrradgroßhandlung mit Sitz in Düsseldorf, möchte ihr Sortiment im Pedelec-Segment erweitern. In diesem Zusammenhang sollen 25 E-Bikes TB-250-E+ des taiwanesischen Unternehmens Taiwan Bike Ltd angeschafft werden.
Es handelt sich hierbei um qualitativ sehr hochwertige Trekkingräder mit Elektrounterstützung. Herr Trampel, der Einkaufsleiter der Fahrradwelt GmbH, hat dazu bei verschiedenen Händlern Preis und Konditionen für die Lieferung und Zahlung der E-Bikes angefragt. Von dem Unternehmen FietsPlezier BV erhält er folgendes Angebot.

FietsPlezier BV

FietsPlezier BV, Maliestraat 2, Oost, 3581 SL, Utrecht, Nederland
Tel. +31 30 2XX90, Fax +31 30 2XX45
BTW-Nr. NL123987562B81

Fahrradwelt GmbH
Rapunzelweg 15
D-40235 Düsseldorf
DUITSLAND

Date: 12 Jun 20XX

Dear Mr Trampel

Offer

Thank you very much for your inquiry. We will be happy to supply you with the bicycles you require. Prices and conditions can be found in the following list.

Product	TB-250-E+
Price per unit	2,800.00 EUR
Terms of payment	Payment within 30 days after delivery, for payment within 10 days 2 % discount
Discount scale	for 10 bicycles or more 2 %
	for 20 bicycles or more 5 %
	for 35 bicycles or more 8 %
	for 50 bicycles or more 15 %
Terms of delivery	FCA (FietsPlezier BV, Maliestraat 2, Oost, 3581 SL, Utrecht, loading ramp B) Incoterms® 2020

We look forward to hearing from you.

Yours sincerely

Piet de Vries

Piet de Vries
Sales Manager

Bank details: Betalenbank Utrecht, BIC/SWIFT-Code: BETANL2U, IBAN: NL44 0123 4567 8942 75

Bezugskalkulation
▶ LF 3, Kap. 5

Herr Trampel möchte wissen, wie hoch der Bezugspreis pro E-Bike ist. Er ermittelt zunächst die Kosten, die hierbei relevant sein können. Der Transport der E-Bikes von der FietsPlezier BV zur Fahrradwelt GmbH soll per Lkw erfolgen. Außerdem möchte Herr Trampel, dass dafür eine Transportversicherung abgeschlossen wird.

Kosten für eine Transportverpackung	150,00 EUR
Verladekosten auf den Lkw bei der FietsPlezier BV	80,00 EUR
Transportkosten für den Lkw-Transport	420,00 EUR
Versicherungskosten für den Lkw-Transport	165,00 EUR
Entladekosten bei der Fahrradwelt GmbH	50,00 EUR

Herr Trampel kalkuliert nun wie folgt:

	Listeneinkaufspreis für 25 E-Bikes (2.800,00 EUR · 25)	70.000,00 EUR
–	5 % Rabatt	3.500,00 EUR
=	Zieleinkaufspreis	66.500,00 EUR
–	2 % Skonto	1.330,00 EUR
=	Bareinkaufspreis	65.170,00 EUR
+	Transportkosten	420,00 EUR
+	Entladekosten	50,00 EUR
+	Versicherungskosten	165,00 EUR
=	Bezugspreis für 25 E-Bikes	65.805,00 EUR
=	**Bezugspreis für ein E-Bike**	**2.632,20 EUR**

Erläuterungen zur Kalkulation

Bei dem Angebot der FietsPlezier BV unterscheidet sich die Bezugskalkulation nicht wesentlich von der entsprechenden Rechnung, die man bei einem Warenbezug aus Deutschland durchführen müsste. Lediglich der Block der Bezugskosten ist etwas umfangreicher und differenzierter.

Wer im vorliegenden Fall von den Bezugskosten welche Teile zu tragen hat, ist durch die vorgegebene Lieferbedingung bestimmt. Bei der Lieferbedingung FCA (FietsPlezier BV, Maliestraat 2, Oost, 3581 SL, Utrecht, loading ramp B) liegt der Lieferort auf dem Gelände des Verkäufers. Daher muss dieser hier Kosten und Gefahr tragen, bis die E-Bikes auf den für den Transport vorgesehenen Lkw verladen wurden.

Ferner muss der Verkäufer auf eigene Kosten für eine geeignete Transportverpackung sorgen. Alle anderen Bezugskosten gehen zulasten des Käufers. Das sind in dem Beispiel die Transportkosten, die Entladekosten und die Versicherungskosten.

7.2.1 Importkalkulation mit Währungsrechnung

Beispiel

Die Fahrradwelt GmbH erhält auch ein Angebot von der gul cykel AB aus Göteborg in Schweden. Das Angebot der gul cykel AB unterscheidet sich von dem der FietsPlezier BV u. a. dadurch, dass hier der Preis der E-Bikes in einer Fremdwährung, nämlich in Schwedischen Kronen (SEK) angegeben wird. Im Rahmen der Importkalkulation ist daher eine Umrechnung in die Inlandswährung (EUR) erforderlich. Die Währungsrechnung dient dazu, solch eine Umrechnung vorzunehmen.

Grundlage für Währungsumrechnungen sind **Wechselkurse**. Unter einem Wechselkurs versteht man das Austauschverhältnis zwischen zwei Währungen.

Baldersgatan 4
41102 Göteborg
Sverige
Tel. +46 31 78XX64
Fax +46 31 78XX77
MomsNr. SE132465786948

Fahrradwelt GmbH
Rapunzelweg 15
D-40235 Düsseldorf
TYSKLAND

Date: 14 Jun 20XX

Dear Mr Trampel

Offer

Thank you for your inquiry about the bike TB-250-E+ from Taiwan Bike Ltd.
This is a very high quality bike, which we buy directly from the manufacturer in Taiwan.
We can therefore offer you the bike at a very reasonable price.

Article	number	price per bike
TB-250-E+	25	23.540,00 SEK

The price applies to the delivery condition CIF (Rotterdam seaport) Incoterms® 2020.
We grant a 4 % discount on the purchase of 25 bicycles.

As this would be your first order with us, we must insist on an unconfirmed documentary letter of credit as a condition of payment.

We look forward to your order.

Yours sincerely

Ann Britt Johanson

Ann Britt Johanson
Sales Manager

Bank details: Pengarbank Göteburg, BIC/SWIFT: PENGSESSGBG, IBAN: SE44 7856 0045 0003 0021 5311

documentary letter of credit

(Dokumentenakkreditiv)

Ein Dokumentenakkreditiv ist eine im Außenhandel übliche Zahlungsbedingung. Hierbei garantiert die Bank des Käufers die Zahlung, wenn der Verkäufer die im Akkreditiv benannten Dokumente rechtzeitig vorlegt. Dazu gehört auch immer ein Dokument, das die Erfüllung der Lieferpflicht beweist.

Preis- und Mengennotierung von Wechselkursen

Bei der Angabe von Wechselkursen lassen sich zwei verschiedene Darstellungsarten unterscheiden, die **Preisnotierung** und die **Mengennotierung.**

Bei der **Preisnotierung** gibt der Wechselkurs einer Währung den Preis in Inlandswährung für eine bestimmte Anzahl an Währungseinheiten einer ausländischen Währung an. Üblich sind hier eine oder hundert Einheiten der Auslandswährung.

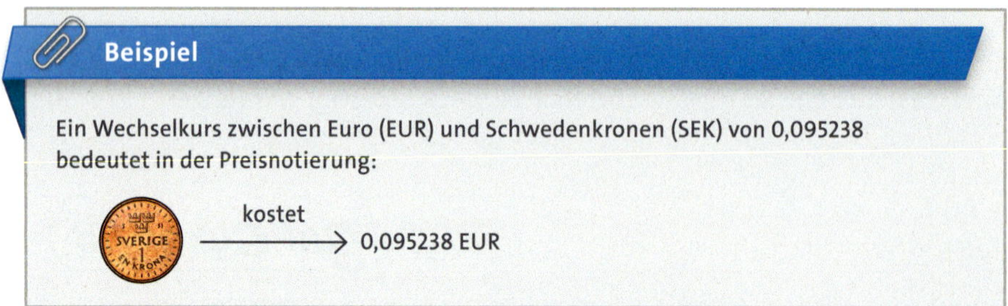

Beispiel

Ein Wechselkurs zwischen Euro (EUR) und Schwedenkronen (SEK) von 0,095238 bedeutet in der Preisnotierung:

Bei der **Mengennotierung** gibt der Wechselkurs einer Währung an, wie viel Währungseinheiten dieser Währung man für eine **inländische** Währungseinheit erhält.

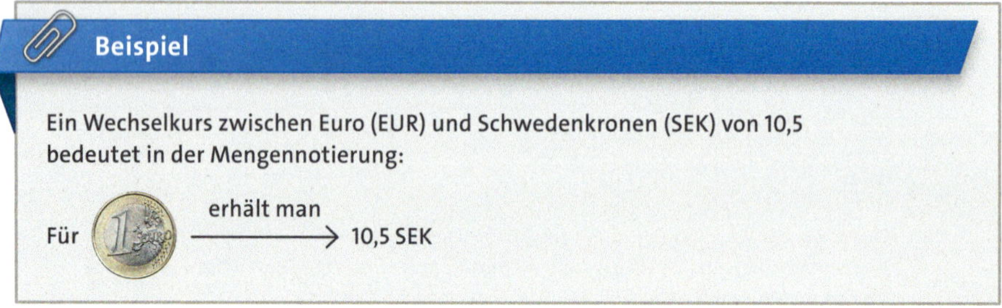

Beispiel

Ein Wechselkurs zwischen Euro (EUR) und Schwedenkronen (SEK) von 10,5 bedeutet in der Mengennotierung:

Der Wechselkurs in der Mengennotierung ist der Kehrwert des Wechselkurses in der Preisnotierung und umgekehrt.

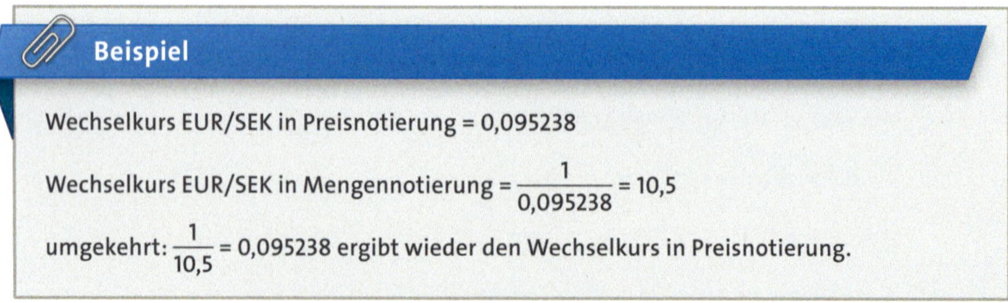

Beispiel

Wechselkurs EUR/SEK in Preisnotierung = 0,095238

Wechselkurs EUR/SEK in Mengennotierung = $\frac{1}{0{,}095238}$ = 10,5

umgekehrt: $\frac{1}{10{,}5}$ = 0,095238 ergibt wieder den Wechselkurs in Preisnotierung.

In welcher Notierungsform ein Wechselkurs angegeben wird, spielt keine Rolle, man muss es allerdings wissen, damit der Kurs auch richtig interpretiert werden kann. **In allen Euro-Ländern und somit auch in Deutschland wird die Mengennotierung verwendet**.

Devisen- und Sortenkurs

Beispiel

Für eine Geschäftsreise nach Göteborg tauschen Sie bei Ihrer Hausbank 1.000,00 EUR in Schwedische Kronen (SEK) um. Die Bank bucht die 1.000,00 EUR von Ihrem Konto ab und zahlt Ihnen den Gegenwert in Schwedenkronen aus. In Göteborg heben Sie dann noch an einem Bankautomaten 2.000,00 SEK ab.

Als Sie später die Abrechnungen auf Ihrem Kontoauszug sehen, stellen Sie fest, dass Ihnen für die Abbuchung in Stockholm zwar eine Gebühr für den Auslandseinsatz Ihrer Maestro-Karte berechnet wurde, der Umrechnungskurs war aber deutlich günstiger als bei dem Umtausch in Deutschland.

Der Grund dafür ist, dass bei dem Umtausch in Deutschland der sogenannte **Sortenkurs**, bei der Abhebung in Schweden der **Devisenkurs** für die Umrechnung verwendet wurde.

Der **Sortenkurs** wird angewendet, wenn bei einem Umtausch der ausländische Geldbetrag als Bargeld ausgehändigt oder entgegengenommen wird. In dem Beispiel händigt Ihnen die Bank bei dem Umtausch in Deutschland die Schwedischen Kronen in bar aus, darum wird hier der **Sortenkurs** verwendet.

Bei der Geldabhebung in Göteborg erhalten Sie die 2.000,00 SEK zwar auch in bar, in Göteborg sind Schwedenkronen aber inländisches Geld. Der eigentliche Umtausch erfolgt hier aber unbar durch Verrechnung zwischen den beteiligten Banken. Ihre deutsche Bank belastet dann schließlich Ihr Konto mit dem entsprechenden Eurobetrag. Erfolgt bei einem Umtausch zwischen zwei Währungen dieser bargeldlos, in der Regel durch Verrechnung auf Konten, wird der **Devisenkurs** verwendet.

Vereinfacht kann man sagen, dass es sich bei **Devisen** um Geld in fremder Währung handelt, das bargeldlos vorliegt, bei **Sorten** dagegen um ausländisches Bargeld.

Brief- und Geldkurs

Beispiel

Für eine geplante Geschäftsreise nach Stockholm tauschen Sie wieder 1.000,00 EUR bei Ihrer Hausbank in Schwedenkronen um und erhalten dafür 10.298,66 SEK. Noch in der Bank erhalten Sie eine SMS von Ihrem Chef. Dieser teilt Ihnen mit, dass das Geschäft, das Sie in Stockholm abwickeln sollten, geplatzt und die Reise deswegen nicht mehr erforderlich ist. Sie tauschen darum Ihre SEK sofort wieder in Euro um. Erstaunt und enttäuscht stellen Sie fest, dass Sie von Ihren ursprünglich 1.000,00 EUR nun nur noch 903,00 EUR zurückerhalten.

Der Grund für diesen beträchtlichen Unterschied ist, dass die Banken bei dem Umtausch von Inlands- in Auslandswährung einen anderen Kurs verwenden als bei dem Umtausch von Auslands- in Inlandswährung. Bei der Anwendung des Sortenkurses beträgt der Unterschied, wie in diesem Beispiel, tatsächlich nahezu 10 %.

Brief- und **Geldkurs** sind wie folgt definiert:

Umtausch von Auslands- in Inlandswährung (Bank verkauft Euro gegen Fremdwährung)	Briefkurs (Verkaufskurs)
Umtausch von Inlands- in Auslandswährung (Bank kauft Euro gegen Fremdwährung)	Geldkurs (Ankaufskurs)

Die Begriffe **Ankauf** und **Verkauf** beziehen sich dabei auf den An- und Verkauf von Inlandswährung, jeweils aus Sicht der Bank. In Deutschland und in allen anderen Euro-Ländern wäre das also Euro. Der **Briefkurs** ist immer der **größere**, der **Geldkurs** der **kleinere** Wert. Die geschilderten Zusammenhänge gelten so nur für die **Mengennotierung**, die ja in Deutschland, den anderen Euro-Ländern und auch weltweit in den meisten Ländern angewendet wird. Damit man sich besser merken kann, wann welcher Kurs verwendet werden muss, kann man die folgende Eselsbrücke verwenden:

Bei der **Preisnotierung** ist es umgekehrt:

Briefkurs: Umtausch von Inlands- in Auslandswährung, Bank **verkauft Auslandswährung** gegen Inlandswährung.

Geldkurs: Umtausch von Auslands- in Inlandswährung, Bank **kauft Auslandswährung** gegen Inlandswährung.

Auch bei der Preisnotierung ist der **Briefkurs** der **größere** Wert.

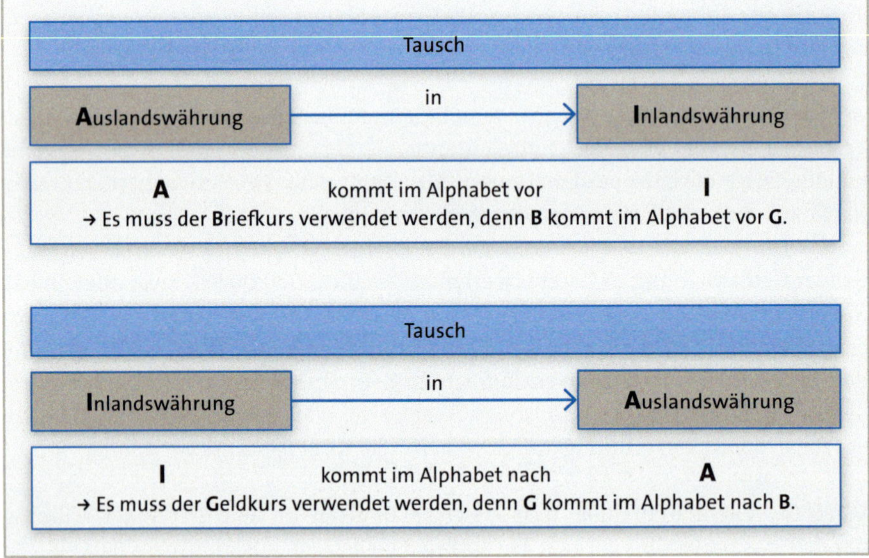

Währungsumrechnungen

Wenn beim Währungsrechnen der Wechselkurs bekannt ist, erfolgt die eigentliche Umrechnung mithilfe eines Dreisatzes.

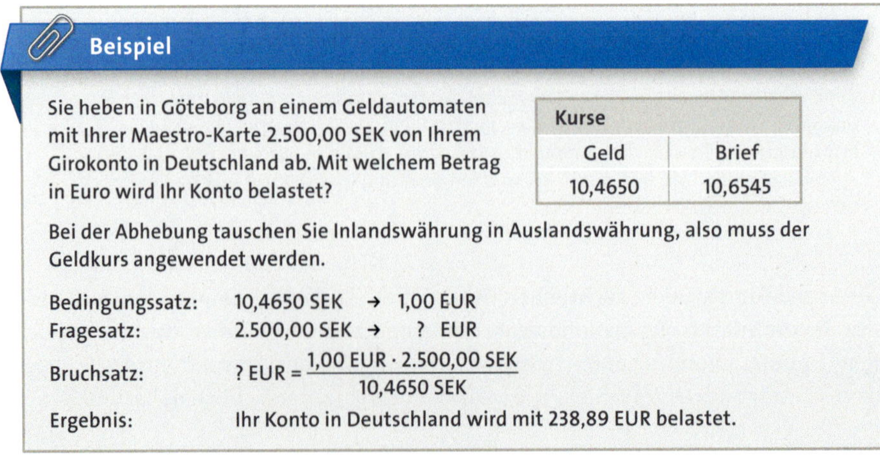

Beispiel

Sie heben in Göteborg an einem Geldautomaten mit Ihrer Maestro-Karte 2.500,00 SEK von Ihrem Girokonto in Deutschland ab. Mit welchem Betrag in Euro wird Ihr Konto belastet?

Kurse	
Geld	Brief
10,4650	10,6545

Bei der Abhebung tauschen Sie Inlandswährung in Auslandswährung, also muss der Geldkurs angewendet werden.

Bedingungssatz: 10,4650 SEK → 1,00 EUR

Fragesatz: 2.500,00 SEK → ? EUR

Bruchsatz: $? \text{ EUR} = \frac{1{,}00 \text{ EUR} \cdot 2.500{,}00 \text{ SEK}}{10{,}4650 \text{ SEK}}$

Ergebnis: Ihr Konto in Deutschland wird mit 238,89 EUR belastet.

Berechnung des Bezugspreises bei dem Angebot der gul cykel AB
Auch bei dem Angebot der gul cykel AB ermittelt Herr Trampel wieder, welche Kosten anfallen können, wenn er das Angebot annimmt.

Dabei ist Folgendes zu beachten:
- Der Transport der E-Bikes von der gul cykel AB zum Seehafen Göteborg und vom Seehafen Rotterdam zur Fahrradwelt GmbH erfolgt jeweils per Lkw durch einen beauftragten Frachtführer.
- Herr Trampel wünscht für die Transportstrecken, auf denen die Fahrradwelt GmbH die Gefahr trägt, eine Transportversicherung gemäß Institute Cargo Clauses A oder eine Versicherung mit vergleichbarem Deckungsumfang.

Mögliche Kosten im Zusammenhang mit dem Angebot der gul cykel AB	
Transport- und Lade-/Entladekosten	
Lkw-Transport gul cykel AB → Seehafen Göteborg	2.400,00 SEK
Ladekosten auf das Seeschiff in Göteborg	800,00 SEK
Frachtkosten für den Seetransport Göteborg → Rotterdam	8.500,00 SEK
Entladekosten in Rotterdam (sind nicht in den Frachtkosten enthalten)	85,00 EUR
Lkw-Transport Seehafen Rotterdam → Fahrradwelt GmbH	340,00 EUR
Entladekosten bei der Fahrradwelt GmbH	40,00 EUR
Versicherungskosten	
Lkw-Transport gul cykel AB → Seehafen Göteborg	
Deckung Institute Cargo Clauses (A)	245,00 SEK
Deckung Institute Cargo Clauses (C)	221,00 SEK
Seetransport Göteborg → Rotterdam	
Deckung Institute Cargo Clauses (A)	4.370,00 SEK
Deckung Institute Cargo Clauses (C)	3.745,00 SEK
Lkw-Transport Seehafen Rotterdam → Fahrradwelt GmbH	
Deckung Institute Cargo Clauses (A)	475,00 SEK
Deckung Institute Cargo Clauses (C)	452,00 SEK
Kosten im Zusammenhang mit der Zahlungsbedingung	
Kosten für das Akkreditiv	150,00 EUR

Kurse EUR/SEK (Mengennotierung)	
Geld	**Brief**
10,5435	10,5874

Bezugskalkulation
▶ LF 3, Kap. 5

Herr Trampel führt folgende Importkalkulation durch:

	Listeneinkaufspreis für 25 E-Bikes (25 · 23.540,00)		588.500,00 SEK
–	Lieferantenrabatt 4 %		23.540,00 SEK
=	Zieleinkaufspreis = Bareinkaufspreis in SEK		564.960,00 SEK
	Zieleinkaufspreis = Bareinkaufspreis in EUR		53.583,72 EUR
+	Entladekosten in Rotterdam		85,00 EUR
+	Transportkosten (Lkw-Transport: Rotterdam → Fahrradwelt GmbH)		340,00 EUR
+	Entladekosten bei der Fahrradwelt GmbH		40,00 EUR
+	Versicherungskosten für den Seetransport	625,00 SEK	59,28 EUR
+	Versicherungskosten für den Lkw-Transport Rotterdam → Fahrradwelt GmbH	475,00 SEK	45,05 EUR
+	Kosten für das Akkreditiv		150,00 EUR
=	Bezugspreis für 25 E-Bikes		54.303,05 EUR
	Bezugspreis für ein E-Bike		**2.172,12 EUR**

Erläuterungen zur Kalkulation

Bei der Lieferbedingung CIF (Rotterdam seaport) muss die gul cykel AB alle Kosten und die Gefahr tragen, bis die E-Bikes sich an Bord des Schiffes in Göteborg befinden. Sobald die E-Bikes sich an Bord des Schiffes in Göteborg befinden, geht die Gefahr auf die Fahrradwelt GmbH über.

Außerdem muss die gul Cykel AB die Kosten für den Seetransport bis Rotterdam tragen und für den Seetransport auf eigene Kosten eine Transportversicherung, die der Deckung der Institute Cargo Clauses (C) entspricht, abschließen. Da die Fahrradwelt GmbH eine Transportversicherung wünscht, die einer Deckung gemäß der Institute Cargo Clauses (A) entspricht, ist die gul cykel AB zwar zum Abschluss einer solchen Versicherung verpflichtet, die damit verbundenen zusätzlichen Kosten muss aber die Fahrradwelt GmbH tragen. Bei den Versicherungskosten wurde daher die Differenz zwischen den Versicherungskosten gemäß den Institute Cargo Clauses (A) und (C) eingetragen.

Da die Entladekosten in Rotterdam nicht in den Frachtkosten enthalten sind, gehen sie zulasten der Fahrradwelt GmbH. Ab der Ankunft der E-Bikes in Rotterdam muss die Fahrradwelt GmbH sowohl die Kosten für den weiteren Transport als auch die Kosten für mögliche Transportversicherungen tragen.

Nebenrechnung	
Umrechnung	Ziel-/Bareinkaufspreis von SEK in EUR
Umtausch	Inlandswährung (EUR) in Auslandswährung (SEK)
→ Geldkurs	10,5435 SEK → 1,00 EUR 564.960,00 SEK → ? EUR $? \text{ EUR} = \frac{1{,}00 \text{ EUR} \cdot 564.960{,}00 \text{ SEK}}{10{,}5435 \text{ SEK}}$
Ergebnis	53.583,72 EUR

7.2.2 Importkalkulation bei Warenbezug aus einem Nicht-EU-Land

Beispiel

Die Unternehmen FietsPlezier BV und gul cykel AB haben beide ihren Sitz in einem EU-Land. Herr Trampel hat aber auch eine Anfrage an das Unternehmen Taiwan Bike Ltd in Taiwan gerichtet, das die Pedelecs TB-250-E+ herstellt. Von der Taiwan Bike Ltd erhält Her Trampel das nachfolgende Angebot.

Taiwan Bike Ltd

Taiwan Bike Ltd, 129 An Ho Road, Xitun District, Taichung 407, Taiwan
Tel.: + 886 4 539XX10, Fax: + 886 4 539XX11

Fahrradwelt GmbH
Rapunzelweg 15
D-40235 Düsseldorf
GERMANY

Date: 20XX Jun 15

Dear Mr Trampel

Offer

Thank you for your inquiry about our TB-250-E + model pedelec. We will be happy to supply you with the pedelecs you require, under the following conditions:

Product: .... TB-250-E+
Price per bike: .... 2.180,00 USD
Delivery condition: .... FOB (Taichung seaport) Incoterms® 2020
Terms of payment: .... unconfirmed documentary credit

With an order of 25 pedelecs we would grant you a discount of 6 %.

We hope that you will place further orders with us in the future.
Please find attached to this email our catalogue detailing our entire product range.

Kind regards

Liao Ling

Liao Ling
Sales Manager

Enc: Product catalogue

Da Taiwan kein Mitgliedstaat der Europäischen Union ist, handelt es sich um einen sogenannten Drittlandstaat. Während die Wareneinfuhr aus einem EU-Land nach Deutschland im Wesentlichen ohne weitere Formalitäten erfolgen kann, sind bei der Einfuhr aus einem Drittland verschiedene Aspekte zu beachten und zu prüfen:

- Zölle und andere Einfuhrabgaben
- evtl. bestehende Einfuhrbeschränkungen oder -verbote
- weitere Formalitäten

Die Europäische Union besteht unter anderem aus einer **Zollunion**. Das bedeutet, dass die Mitgliedstaaten sich auf einen gemeinsamen Zolltarif geeinigt haben, der auf Waren angewendet wird, die von außen, also von Drittstaaten in das Zollgebiet der Union eingeführt werden. Der Warenaustausch zwischen den Mitgliedstaaten ist dagegen zollfrei. Waren, die in das Zollgebiet der Union eingeführt werden, müssen zollamtlich erfasst werden, unabhängig davon, wo die Einfuhr in das Zollgebiet erfolgt. Unter zollrechtlichen Aspekten versteht man unter „Einfuhr" das Verbringen von Waren in das Zollgebiet der EU.

Da die einzige Drittlandgrenze Deutschlands die zur Schweiz ist, werden Waren, die aus Drittländern nach Deutschland eingeführt und per Lkw oder Bahn transportiert werden, in der Regel nicht mehr an der deutschen Grenze, sondern an der Grenze eines anderen EU-Staates zollamtlich erfasst. Wenn z. B. ein deutsches Unternehmen Waren aus der Ukraine bezieht, die per Lkw nach Deutschland transportiert werden, erfolgt die zollamtliche Erfassung an der polnischen Grenze zur Ukraine. Erfolgt der Transport per Flugzeug, müssen die Waren an dem betreffenden Bestimmungsflughafen zur Verzollung angemeldet werden. Waren, die per Seeschiff transportiert werden, müssen in dem ersten Seehafen innerhalb der EU zollamtlich behandelt werden, den das Seeschiff zur Löschung der Waren anläuft.

Zuständige Einfuhrzollstellen in Abhängigkeit von Transportart

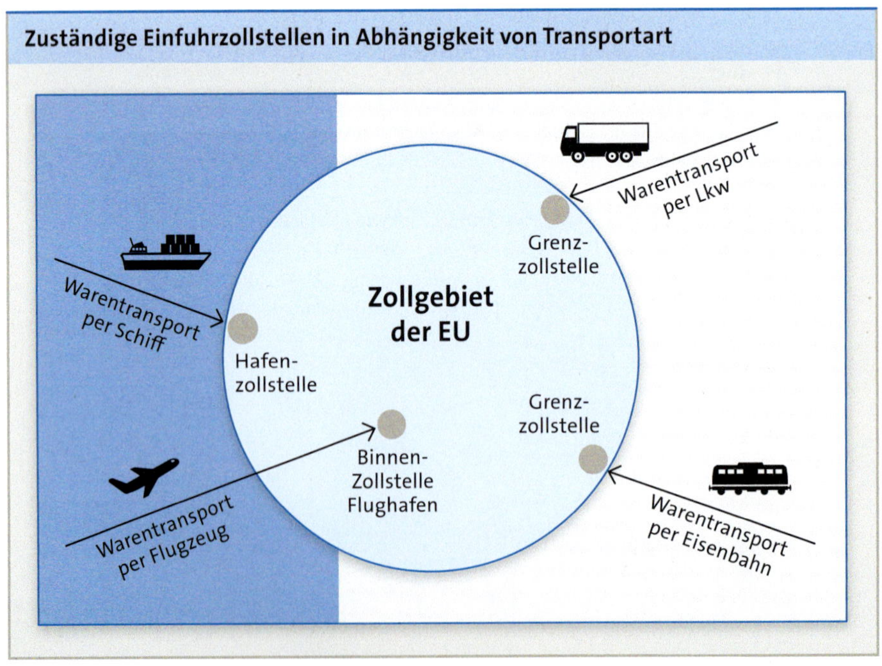

Wie bei den anderen Angeboten stellt Herr Trampel auch zu dem Angebot der Taiwan Bike Ltd alle Kosten zusammen, die hier außer dem Preis eine Rolle spielen könnten.

Zu möglichen Transportkosten erstellt er folgende Tabelle:

Transportstrecken	Transport
vom Warenausgangslager der Taiwan Bike Ltd zum Seehafen Taichung	Lkw-Transport durch beauftragten Frachtführer
vom Seehafen Taichung zum Seehafen Hamburg	Schiffstransport durch beauftragte Reederei
vom Seehafen Hamburg zum Wareneingangslager der Fahrradwelt GmbH	Lkw-Transport durch beauftragten Frachtführer

Herr Trampel möchte zudem, dass die Pedelecs auf allen Transportstrecken, auf denen die Fahrradwelt GmbH die Gefahr trägt, versichert werden. Die Deckung soll dabei dem Deckungsumfang der Institute Cargo Clauses (A) entsprechen.

NTD = Neue Taiwan-Dollar

Transport- und Lade-/Entladekosten	
Lkw-Transport Taiwan Bike Ltd → Seehafen Taichung	6.1667,00 NTD
Ladekosten auf das Seeschiff in Taichung	2.500,00 NTD
Frachtkosten für den Seetransport Taichung → Hamburg	4.255,00 USD
Entladekosten in Hamburg	110,00 EUR
Lkw-Transport Seehafen Hamburg → Fahrradwelt GmbH	320,00 EUR
Entladekosten bei der Fahrradwelt GmbH	40,00 EUR
Versicherungskosten	
Lkw-Transport Taiwan Bike Ltd → Seehafen Taichung	1.170 NTD
Seetransport Taichung → Hamburg	425 EUR
Lkw-Transport Seehafen Hamburg→ Fahrradwelt GmbH	34,00 EUR
Einfuhrabgaben	
Einfuhrzoll	3.523,00 EUR
Kosten im Zusammenhang mit der Zahlungsbedingung	
Kosten für das Akkreditiv	175,00 EUR

Kurse EUR/NTD (Mengennotierung)		Kurse EUR/USD (Mengennotierung)	
Geld	Brief	Geld	Brief
33,5637	33,8425	1,1145	1,1251

Bezugskalkulation
▶ LF 3, Kap. 5

Herr Trampel bestimmt den Bezugspreis für ein Pedelec mit der folgenden Rechnung.

Listeneinkaufspreis (25 · 2.180,00)	54.500,00 USD
– Rabatt 6 %	3.270,00 USD
= Zieleinkaufspreis = Bareinkaufspreis	51.230,00 USD
+ Frachtkosten für den Seetransport Taichung → Hamburg	4.255,00 USD
= Bareinkaufspreis bis Hamburg ohne Versicherung in USD	55.485,00 USD
= Bareinkaufspreis bis Hamburg ohne Versicherung in EUR	49.784,66 EUR
+ Versicherungskosten für den Seetransport	425,00 EUR
+ Einfuhrzoll	3.523,00 EUR
+ Entladekosten in Hamburg	110,00 EUR
+ Transportkosten Seehafen Hamburg → Fahrradwelt GmbH	320,00 EUR
+ Entladekosten bei der Fahrradwelt GmbH	40,00 EUR
+ Versicherungskosten für den Lkw-Transport Seehafen Hamburg → Fahrradwelt GmbH	34,00 EUR
+ Kosten für das Akkreditiv	175,00 EUR
= Bezugspreis für 25 Pedelecs	54.411,66 EUR
Bezugspreis für 1 Pedelec	**2.176,47 EUR**

Erläuterungen zur Kalkulation

Bei der Lieferbedingung FOB (Seehafen Taichung) muss die Taiwan Bike Ltd alle Kosten und die Gefahr tragen, bis sich die Pedelecs an Bord des Schiffes im Seehafen Taichung befinden. Danach gehen Kosten und Gefahr auf die Fahrradwelt GmbH über.

Dazu gehören

- die Kosten für den Seetransport bis Hamburg und für den Weitertransport zur Fahrradwelt GmbH,
- die Entladekosten in Hamburg und bei der Fahrradwelt GmbH,
- die Versicherungskosten für den See- und Lkw-Transport ab Verladung auf das Seeschiff,
- die Kosten für den Einfuhrzoll und für das Akkreditiv.

Nebenrechnung	
Umrechnung	Bareinkaufspreis bis Hamburg ohne Versicherungskosten von USD in EUR
Umtausch	Inlandswährung (EUR) in Auslandswährung (USD)
→ Geldkurs	1,1145 USD → 1,00 EUR 55.485,00 USD → ? EUR $? \text{ EUR} = \frac{1{,}00 \text{ EUR} \cdot 55.485{,}00 \text{ USD}}{1{,}1145 \text{ USD}}$
Ergebnis	49.784,66 EUR

Alles klar?

1 Geben Sie jeweils an, ob bei den folgenden Incotermklauseln der Lieferort, der Bestimmungsort der Verschiffungshafen oder der Bestimmungshafen angegeben werden muss.
- a) FCA
- b) CIP
- c) DPU
- d) FOB
- e) CIF

2 Erläutern Sie, wodurch sich die Klauseln DAP und DPU unterscheiden.

3 Welche Unterschiede bestehen bei der Importkalkulation zwischen einem Warenbezug aus einen EU-Land und einem Warenbezug aus einem Drittland.

4 Geben Sie für die folgenden Fälle jeweils an, ob der Devisen- oder der Sortenkurs verwendet werden muss.
- a) Jemand tauscht bei seiner Hausbank 500,00 EUR in US-Dollar (USD) um. Die 500,00 EUR werden von seinem Konto abgebucht, die USD werden bar ausgezahlt.
- b) Jemand hebt mit seiner Maestro-Karte in Ungarn 40.000,00 ungarische Forint (HUF) am Geldautomaten ab.
- c) Jemand überweist per SEPA-Überweisung von seinem Girokonto bei seiner deutschen Bank 250,00 EUR auf ein Konto in Schweden. Das Geld wird auf dem schwedischen Konto nach Umrechnung durch die schwedische Bank in Schwedenkronen gutgeschrieben.
- d) Ein Geschäftsmann tauscht nach einer Geschäftsreise nach Kanada bei seiner Hausbank in Deutschland 640,00 Kanadische Dollar (CAD) in Euro um. Der Eurobetrag wird auf seinem Girokonto gutgeschrieben.

5 Geben Sie jeweils an, ob in den folgenden Fällen der Brief- oder der Geldkurs verwendet werden muss.
- a) Unternehmen A will eine Rechnung über 25.300,00 Dänenkronen (DKK) per SEPA-Überweisung auf ein Konto in Dänemark überweisen. Der Überweisungsauftrag wird in Euro erteilt, die dänische Bank rechnet vor der Gutschrift den Eurobetrag in Dänische Kronen um.
- b) Unternehmen B erhält von dem australischen Unternehmen C ein Angebot zum Kauf einer Ware zum Preis von 11.425,00 Australische Dollar (AUD). B möchte wissen, welchem Betrag das in Euro entspricht.
  Hinweis: Der verwendete Wechselkurs wird in der Mengennotation angegeben.

6 In der Mengennotierung beträgt der Briefkurs des Australischen Dollar im Vergleich zum Euro: **1,6066**.
- a) Geben Sie an, was dieser Kurs konkret aussagt.
- b) Rechnen Sie den Kurs in den entsprechenden Kurs der Preisnotierung um.
- c) Handelt es sich bei dem in b) ermittelten Kurs um den Brief- oder um den Geldkurs.

7 Die folgende Tabelle gibt die Geld- und Briefkurse einiger Währungen im Vergleich zum Euro in der Mengennotierung an:

Währung	Abkürzung	Geldkurs	Briefkurs
US-Dollar	USD	1,1052	1,1112
Schweizer Franken	CHF	1,0991	1,1031
Schwedische Krone	SEK	10,6200	10,6680
Kanadischer Dollar	CAD	1,4530	1,4650

Führen Sie die folgenden Umrechnungen durch
- a) Umtausch von 560,00 EUR in CHF
- b) Umtausch von 25.400,00 SEK in EUR
- c) Umtausch von 1.240 USD in CAD
  Hinweis: Sie müssen erst den USD-Betrag in Euro und dann den erhaltenen Euro-Betrag in CAD umrechnen.

8 Geben Sie an, welche der folgenden Aussagen falsch ist.

a) Bei der Lieferbedingung EXW ist der Käufer für die Ausfuhrabwicklung zuständig.

b) Bei der Lieferbedingung DDP ist der Verkäufer für die Einfuhrabwicklung zuständig.

c) Bei der Lieferbedingung CIF muss der Verkäufer für den Seetransport auf eigene Kosten eine Transportversicherung zugunsten des Käufers abschließen, die der Deckungsform (A) der Institute Cargo Clauses oder der vergleichbaren Deckung eines ähnlichen Regelwerkes entspricht.

d) Bei der Lieferbedingung FOB muss der Verkäufer nicht die Staukosten innerhalb des Schiffes im Verschiffungshafen tragen.

9 Geben Sie an, welche der folgenden Aussagen richtig ist.

a) Bei der Einfuhr von Waren aus einem Drittland in das Zollgebiet der EU muss die Ware immer an einem Grenzzollamt angemeldet werden

b) Bei der Einfuhr von Waren aus einem Drittland in das Zollgebiet der EU ist bei allen Incoterm®-2020-Klauseln der Käufer für die Einfuhrabwicklung zuständig und muss auch die zugehörigen Kosten tragen.

c) In allen Ländern der Europäischen Währungsunion wird der Wechselkurs in der Mengennotierung angegeben.

d) Werden Waren aus einem EU-Land bezogen, das nicht der Europäischen Währungsunion angehört, müssen die Waren bei der Einfuhr verzollt werden.

10 Äußern Sie sich dazu, ob bei der Wareneinfuhr aus einem Drittland in das Zollgebiet der EU immer eine Anmeldung der Waren bei der zuständigen Zollstelle erforderlich ist.

11 Geben Sie für die Bezugskalkulation Unterschiede und Gemeinsamkeiten für einen Warenbezug aus dem Inland und dem Ausland an.

12 Das Unternehmen AB mit Sitz in Berlin kauft bei dem Unternehmen XY mit Sitz in Dublin Ware.

Folgende Transportstrecken sind im Zusammenhang mit dem Warentransport zu berücksichtigen:

Nr.	Transportstrecke	Transportmittel
1	Ausgangslager XY → Seehafen Dublin	Lkw, beauftragter Frachtführer
2	Seehafen Dublin → Seehafen Hamburg	Seeschiff
3	Seehafen Hamburg → Eingangslager AB	Lkw, beauftragter Frachtführer

Sowohl AB als auch XY möchten, dass der jeweilige Transport auf den Strecken versichert wird, auf denen sie die Gefahr zu tragen haben. In der folgenden Tabelle ist für die angegebenen Klauseln und Transportstrecken jeweils eingetragen, wer (Käufer (K)/Verkäufer (V)) die Transportkosten tragen muss, den Beförderungsvertrag abschließen muss, die Versicherungskosten tragen muss.

Geben Sie jeweils an, an welchen Stellen die Eintragung falsch ist.

	Transport-strecke	EXW	FCA (Ausgangs-lager XY)	FOB (Hafen Dublin)	CPT (Hafen Hamburg)	CIF (Hafen Hamburg)	DAP (Eingangs-lager AB)
Transport-kosten	1	V	V	V	V	V	V
	2	K	K	K	V	V	V
	3	K	K	K	K	K	V
Beförderungs-vertrag	1	V	K	V	V	V	V
	2	K	K	V	K	V	V
	3	K	K	K	K	K	K
Versicherung	1	K	K	V	V	V	V
	2	K	K	K	V	V	V
	3	K	K	K	K	V	K

LERNFELD

4

Werteströme erfassen und dokumentieren

AB ▶ LS 39

1 Werteströme analysieren

Ein Wertestrom umfasst alle Prozesse (bzw. Tätigkeiten), die innerhalb des Unternehmens erforderlich sind, um ein Produkt einem Kunden zur Verfügung stellen zu können. Diese Prozesse können **wertschöpfend** oder auch **nicht wertschöpfend** sein, d.h., sie erhöhen ggf. den Erfolg (Gewinn) und damit das Vermögen des betrachteten Unternehmens – oder auch nicht. Ziel einer **Wertestromanalyse** ist es auch, die nicht wertschöpfenden Tätigkeiten zu erkennen und auf ein notwendiges Maß zu begrenzen oder, falls möglich, ganz zu **eliminieren**.

eliminieren
entfernen, ausmerzen

Die **Wertschöpfung** eines Großhandelsunternehmens für einen Zeitraum ermittelt man vereinfacht, indem man von der Gesamtleistung (z.B. der Summe aller Verkaufserlöse für Waren) die erbrachten Vorleistungen (z.B. die Summe aller Einstandspreise dieser Waren) abzieht.

Die Analyse von Werteströmen basiert im Wesentlichen auf
- Informationsflüssen,
- Waren- bzw. Materialflüssen,
- Dienstleistungsflüssen und
- Geldflüssen.

1.1 Informationsflüsse

Beispiel

Die Tönnes Druckerei bestellt bei der BPK GmbH 20 Paletten „Prima-Offset-Professional" Universal Offset-Papier. Die BPK hat zum Bestellzeitpunkt die bestellte Menge dieses Artikels nicht auf Lager. Mindestens 15 Paletten müssen beim Hersteller und üblichen Lieferanten der BPK, der Freiburger Papier AG, bestellt werden.

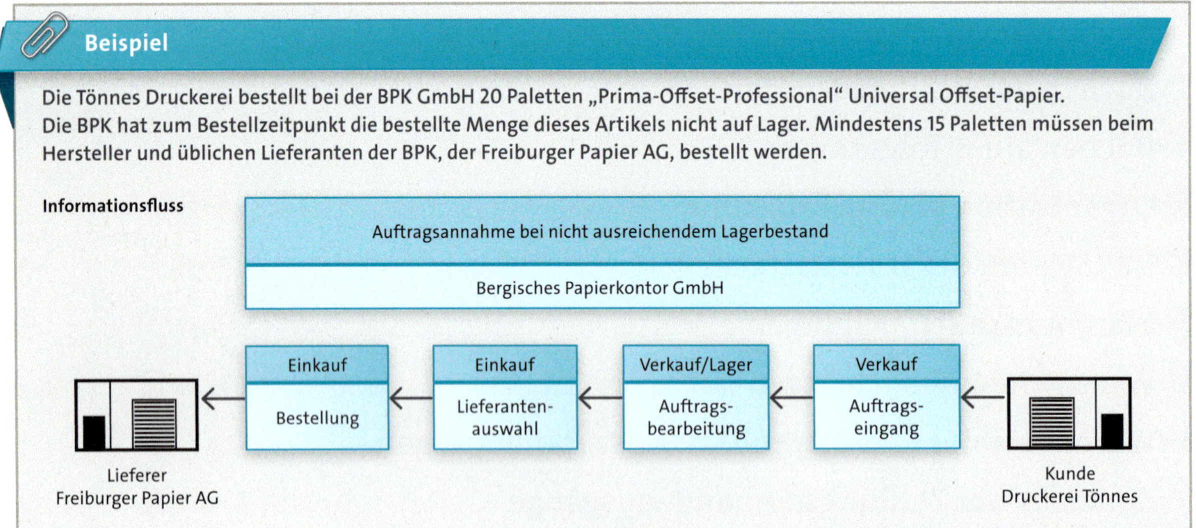

Die im Beispiel genannte Situation ist typisch für ein Großhandelsunternehmen, wobei hier die betriebsindividuellen Einzeltätigkeiten nicht näher beschrieben werden. Eine Kundenbestellung von Waren bei einem nicht ausreichenden Lagerbestand bewirkt aber immer einen Informationsfluss bis hin zu einem Lieferanten. **Mit Informationsflüssen werden Waren, Dienstleistungs- und Geldflüsse vorbereitet (geplant), gesteuert und kontrolliert.**

Für einen optimalen Informationsfluss im Unternehmen ist es entscheidend, dass die Weiterleitung und die zielgerechte Bearbeitung der Information (hier im Beispiel die Bestellung eines Kunden) innerhalb des Unternehmens durch eine sinnvolle Aufbau- und Ablauforganisation gewährleistet wird. Wer bekommt wann eingehende Informationen (hier Kundenbestellung) in welcher Form (mündlich, schriftlich auf Papier oder digital), welche Tätigkeiten werden mit dieser Information ausgelöst und an wen muss das Ergebnis der Informationsverarbeitung bis wann in welcher Form weitergeleitet werden?

Aufbau- und Ablauforganisation
▶ LF1, Kap. 3

Störungen im Informationsfluss wie z. B. der Verlust von Informationen oder eine zu langsame bzw. fehlerhafte Informationsverarbeitung gefährden den Erfolg des Unternehmens.

1.2 Waren- und Dienstleistungsflüsse

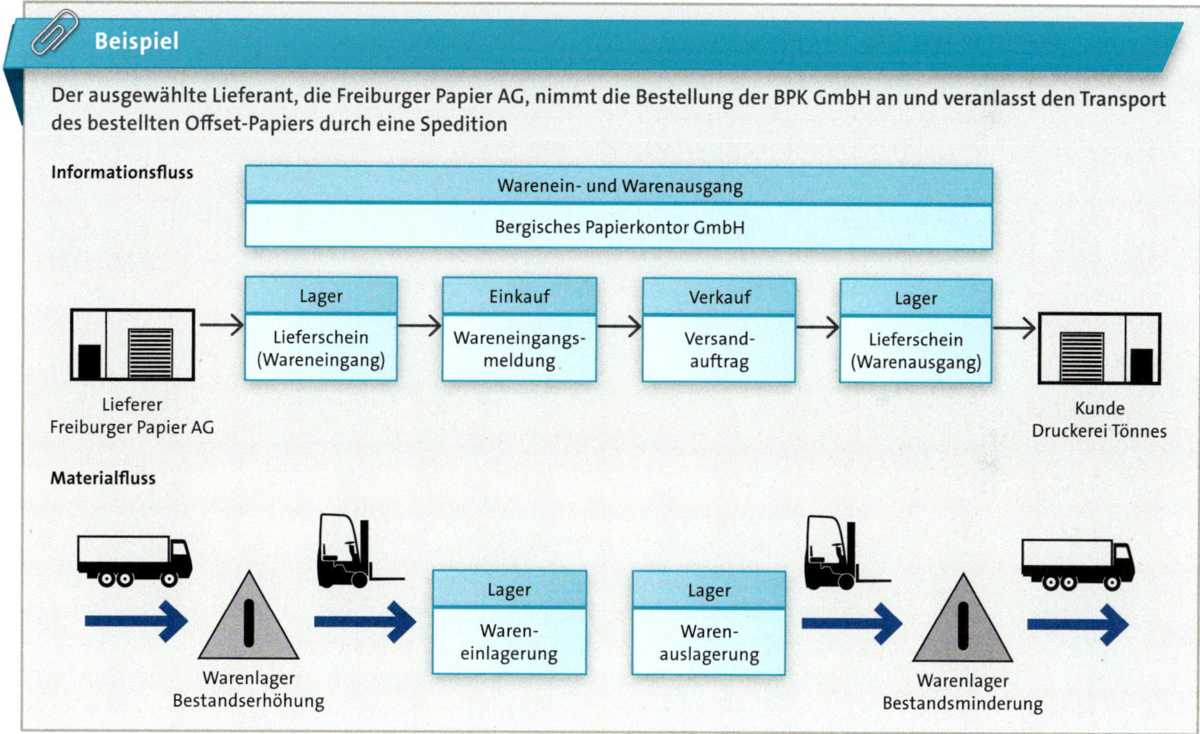

Der **Warenfluss** vom Lieferanten bis zum Kunden muss im Großhandelsunternehmen geplant und gesteuert werden. Die richtigen Waren müssen in der notwendigen Menge und Qualität zur richtigen Zeit am richtigen Ort dem Kunden zur Verfügung stehen. In diesem Beispiel wird die Ware per Lkw angeliefert, mit einem Gabelstapler zuerst ein- und danach wieder ausgelagert, bevor sie per Lkw an den Kunden ausgeliefert wird. Begleitet wird dieser Warenfluss durch einen entsprechenden **neuen Informationsfluss,** der mit der Prüfung des Lieferscheins, der Bestellmitteilung des Einkaufs und der Ware selbst beginnt und – je nach Ergebnis dieser Prüfungen – weitere Tätigkeiten (z.B. Waren einlagern, Wareneingangsmeldung erstellen, ggf. Reklamation veranlassen usw.) auslöst.

Dienstleistungsflüsse unterscheidet man je nach Dienstleistungen, die ein Großhandelsunternehmen nachfragt und Dienstleistungen, die ein Großhandelsunternehmen selbst erbringt. Dienstleistungen eines Großhandelsunternehmens für Kunden sind häufig in den Bereichen Logistik (Lagerhaltung und Transport), Beratung, Finanzierung, Marketing und Service (z. B. Kundendienst oder Regalservice) zu finden. Auch Dienstleistungsflüsse müssen in Kombination mit den dazugehörenden Informationsflüssen geplant, gesteuert und kontrolliert werden.

1.3 Geldflüsse

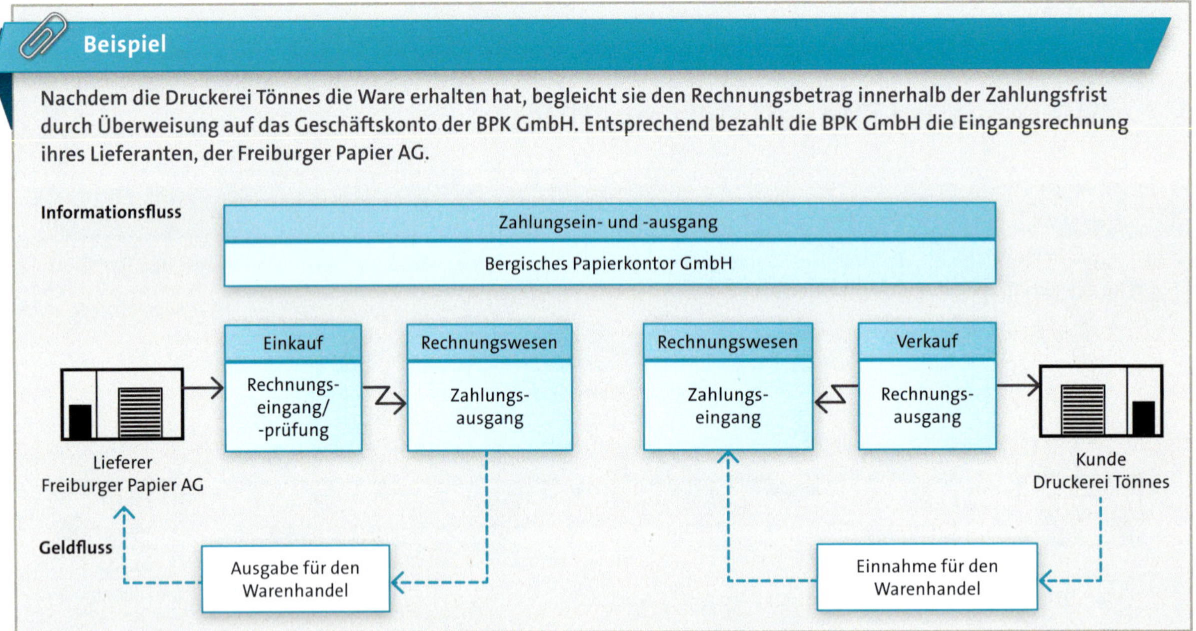

Die Überweisung der Druckerei Tönnes auf das Bankkonto der BPK GmbH führt dort zu einer Einnahme. Entsprechend führt die Überweisung der BPK GmbH an den Lieferanten, der Freiburger Papier AG, nach der Lastschrift der Bank zu einer Ausgabe. **Wertschöpfend** ist dieser Vorgang natürlich nur, wenn die Einnahme die Ausgabe übersteigt, d. h., wenn die Verkaufspreise höher als die Einkaufspreise sind. Die wertmäßige Differenz aus diesem Geschäft, der **Rohgewinn**, muss so hoch sein, dass nicht nur alle weiteren Kosten des Großhandelsunternehmens gedeckt sind, die mit diesem Vorgang entstanden sind, sondern darüber hinaus noch ein Gewinn erwirtschaftet wird. Nur dann steigt das Vermögen und das Kapital der BPK GmbH.

Wichtig bei Geldflüssen ist für jedes Unternehmen die zeitliche Abfolge der Einnahmen (Geldzuflüsse) und Ausgaben (Geldabflüsse). Die Zahlungsfähigkeit, d. h. die **Liquidität** des Unternehmens muss jederzeit gewährleistet sein, da Zahlungsunfähigkeit zur Insolvenz führen kann.

1.4 Darstellung von Werteströmen

Bestehende Informations-, Waren-, Dienstleistungs- und Geldflüsse eines Unternehmens müssen regelmäßig überprüft und situationsgerecht angepasst oder optimiert werden. Voraussetzung dafür ist die Erfassung eines Ist-Zustandes, der möglichst visualisiert dargestellt werden sollte. Darauf aufbauend ermittelt die Wertstromanalyse einen Sollzustand, der nach der Optimierung zur Verbesserung der unternehmerischen Prozesse (Abläufe) führen soll.

Für die Erstellung einfacher Flussdiagramme eignen sich grundlegend schon die Formvorlagen aus den gängigen Office-Software-Paketen. Darüber hinaus bietet der Softwaremarkt eine Vielzahl von Programmen zur professionellen Darstellung von Flussdiagrammen oder Prozessketten. In diesem Zusammenhang ist die Darstellung der Prozesse und Tätigkeiten in ereignisgesteuerten Prozessketten (EPK) weit verbreitet.

In der Wertestromanalyse werden zur Visualisierung eine Vielzahl von Symbolen verwendet. Eine Zusammenstellung mit häufig verwendeten Symbolen:

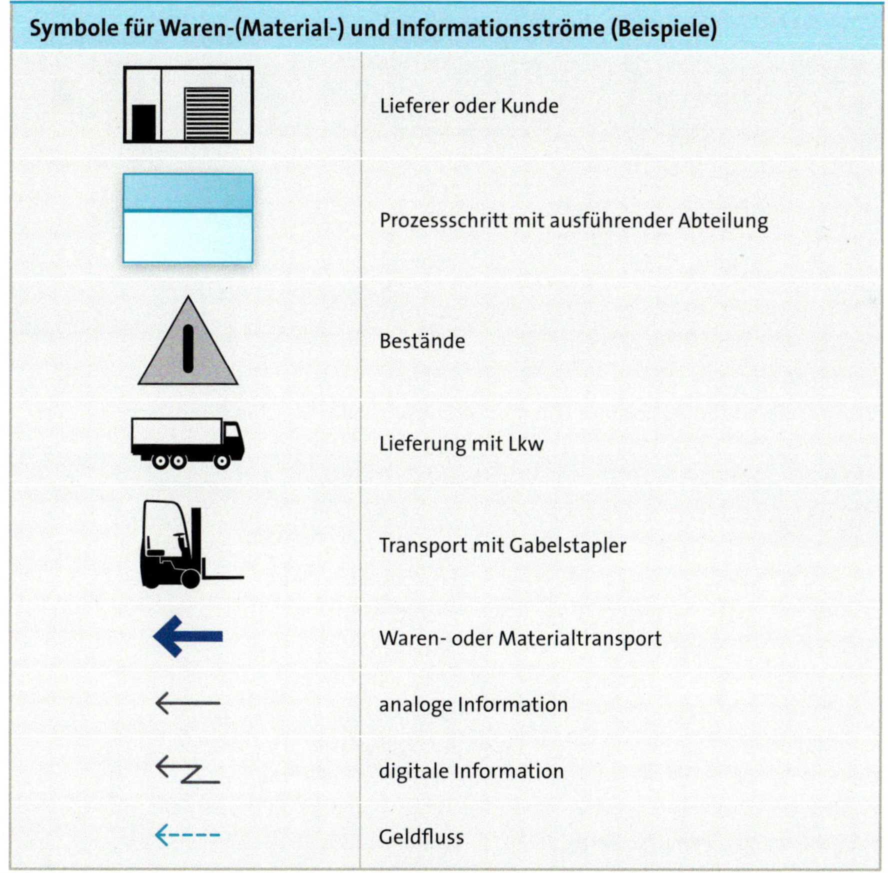

Symbole für Waren-(Material-) und Informationsströme (Beispiele)	
	Lieferer oder Kunde
	Prozessschritt mit ausführender Abteilung
	Bestände
	Lieferung mit Lkw
	Transport mit Gabelstapler
	Waren- oder Materialtransport
	analoge Information
	digitale Information
	Geldfluss

1.5 Auswirkungen von Werteströmen auf Vermögen, Kapital und Erfolg

Der Ein- und Verkauf von Waren sind für ein Großhandelsunternehmen die Wesentlichen erfolgsrelevanten Geschäftsprozesse. Die Erbringung oder die Vermittlung von Dienstleistungen spielen wertmäßig zumeist eine untergeordnete Rolle. Erfolgsrelevante Geschäftsprozesse müssen ständig optimiert werden.

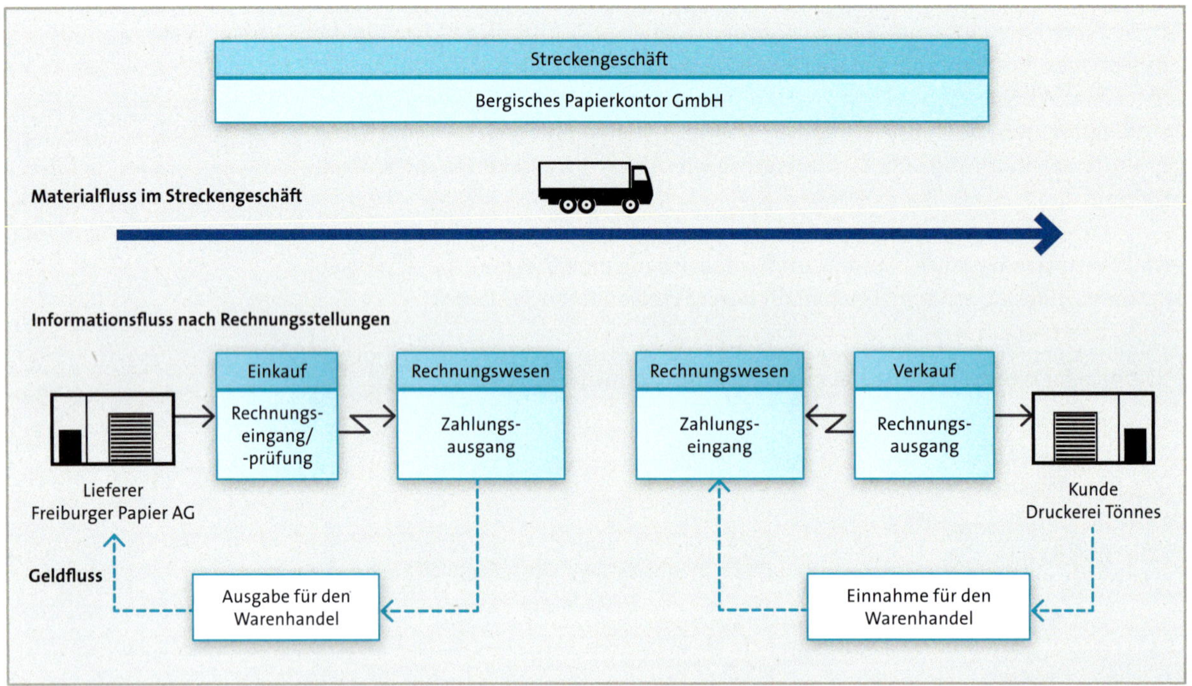

Streckengeschäft
▶ LF 2, Kap. 5.4

Um die Auswirkungen der hier beschriebenen Prozesse auf den Unternehmenserfolg analysieren zu können ist es notwendig, die relevanten Begriffe zu kennen:

Begriff		Beispiele/Erläuterung
Vermögen		• Warenvorräte (im Lager der BPK GmbH) • Forderungen an den Kunden (Betrag der noch nicht bezahlten Ausgangsrechnungen) • Bankguthaben
Kapital	Eigenkapital	• Gesamtvermögen minus Fremdkapital eines Unternehmens
	Fremdkapital	• Verbindlichkeiten gegenüber Lieferanten (Betrag der noch nicht bezahlten Eingangsrechnungen) • Kredite und Darlehen von Banken
Aufwendungen = Erfolgsminderung		• Aufwendungen für den Einkauf von Waren (Wareneinsatz) • Löhne und Gehälter • Mietaufwendungen (z. B. für ein Lager)
Erträge = Erfolgsmehrung		Umsatzerlöse für Waren

Auswirkungen der Waren- und Geldflüsse auf Vermögen und Kapital		Vermögen (V) Kapital (K)
1	**Wareneinkauf bei der Freiburger Papier AG**	
	Mit der Lieferung steigt der Warenvorrat (Vermögen).	V ↑
	Da die Waren noch nicht bezahlt sind, steigen die Verbindlichkeiten gegenüber dem Lieferanten (Fremdkapital).	K ↑
2	**Warenverkauf an die Tönnes Druckerei**	
	Mit der Auslieferung der Waren sinkt der Lagervorrat (Vermögen) der vorhandenen Waren.	V ↓
	Da die Waren noch nicht bezahlt sind, steigen die Forderungen an den Kunden (Vermögen).	V ↑
3	**Rechnungsausgleich von der Tönnes Druckerei**	
	Mit der Überweisung des Rechnungsbetrages von der Tönnes Druckerei an die BPK GmbH sinkt die Forderung (Vermögen) gegenüber diesem Kunden auf 0,00 €.	V ↓
	Gleichzeitig steigt das Bankguthaben (Vermögen).	V ↑
4	**Rechnungsausgleich an die Freiburger Papier AG**	
	Mit der Überweisung des Rechnungsbetrages an die Freiburger Papier AG sinkt die Verbindlichkeit der BPK GmbH gegenüber dem Lieferanten (Fremdkapital) auf 0,00 €.	K ↓
	Gleichzeitig sinkt das Bankguthaben (Vermögen).	V ↓

Auswirkungen der Waren- und Geldflüsse auf den Unternehmenserfolg		Erfolg (E)
1	Der Wareneinkauf bei der Freiburger Papier AG wird als Aufwand erfasst.	E ↓
2	Mit dem Warenverkauf an die Druckerei Tönnes wird der Umsatzerlös zu Verkaufspreisen als Ertrag erfasst.	E ↑

Wenn der Warenverkauf zu einem höheren Preis als der Wareneinkauf erfolgt, entsteht für die BPK GmbH ein **Erfolg (Rohgewinn)**. Die Rohgewinne aus allen Warengeschäften zusammen müssen alle Aufwendungen der BPK GmbH regelmäßig übersteigen, damit ein **Reingewinn** für das Unternehmen entsteht. In diesem Fall steigt das Eigenkapital des Unternehmens.

Rohgewinn
Differenz zwischen Umsatzerlös und Wareneingang

Reingewinn
Differenz zwischen Erträgen und Aufwendungen

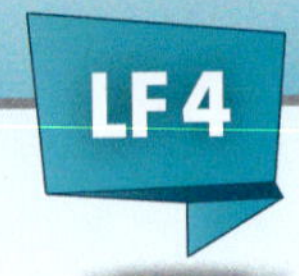

Alles klar?

1 Unterscheiden Sie Waren-, Geld- und Informationsflüsse und nennen Sie jeweils zwei Beispiele.

2 Wie ermittelt man vereinfacht die Wertschöpfung in einem Großhandelsunternehmen?

3 Welche Aufgaben haben Informationsflüsse in einem Großhandelsunternehmen?

4 Wie können Dienstleistungsflüsse unterschieden werden?

5 Welche Dienstleistungen für Kunden werden häufig auch von einem Großhandelsunternehmen erbracht?

6 Unterscheiden Sie die Erfolgsbegriffe Rohgewinn und Reingewinn.

7 Welche Auswirkungen auf das Vermögen, das Kapital und den Erfolg haben nachfolgende Geschäftsprozesse?
- a) Wareneinkauf gegen Barzahlung
- b) Banküberweisung an einen Lieferanten
- c) Kauf eines neuen Lkw auf Kredit

8 Warum ist die Abfolge von Geldflüssen von besonderer Bedeutung für ein Unternehmen?

9 Vor einer Wertestromanalyse wird immer zuerst der Ist-Zustand dargestellt. Wofür ist diese Darstellung notwendig?

10 Welche Möglichkeit für die Darstellung von Wertestromanalysen hat ein Anwender, wenn er keine kostenpflichtige Spezialsoftware zur Verfügung hat?

11 Welche Bedeutung haben die folgenden Symbole der Wertestromanalyse?
- a)
- b)
- c)
- d)

12 An den Werteströmen innerhalb eines Großhandelsunternehmens sind häufig folgende Abteilungen beteiligt:
1 Einkauf
2 Lager
3 Verkauf
4 Rechnungswesen

Welche Tätigkeiten können diesen Abteilungen zuerst zugeordnet werden?
- a) Lieferschein eines Lieferanten bearbeiten
- b) Prüfen einer Eingangsrechnung
- c) Versandauftrag erstellen
- d) Zahlungsausgang veranlassen
- e) Ausgangsrechnung erstellen
- f) Beladen eines Lkw für die Warenauslieferung

2 Rechtliche Anforderungen an eine ordnungsgemäße Buchführung

Beispiel

Frau Trautmann zeigt der Auszubildenden Cornelia Gruber eine E-Mail, die sie gerade erhalten hat. „Das muss ja etwas Wichtiges sein, wenn unser Geschäftsführer um einen Anruf bittet", meint Cornelia. „Natürlich ist das wichtig", antwortet Frau Trautmann, „eine Betriebsprüfung ist immer etwas Besonderes – das hatten wir seit über fünf Jahren nicht mehr. Da werden alle nervös; natürlich auch der Geschäftsführer – er ist nämlich für die Ordnungsmäßigkeit unserer Buchführung verantwortlich."

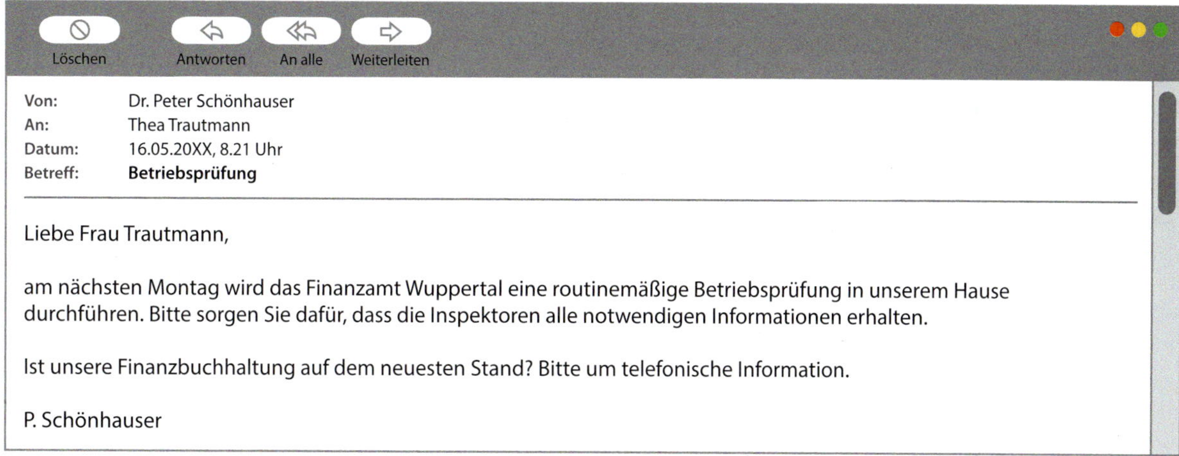

Von: Dr. Peter Schönhauser
An: Thea Trautmann
Datum: 16.05.20XX, 8.21 Uhr
Betreff: **Betriebsprüfung**

Liebe Frau Trautmann,

am nächsten Montag wird das Finanzamt Wuppertal eine routinemäßige Betriebsprüfung in unserem Hause durchführen. Bitte sorgen Sie dafür, dass die Inspektoren alle notwendigen Informationen erhalten.

Ist unsere Finanzbuchhaltung auf dem neuesten Stand? Bitte um telefonische Information.

P. Schönhauser

2.1 Buchführungspflicht

Jeder Kaufmann wird durch das HGB verpflichtet, Bücher zu führen[1] und in diesen seine Handelsgeschäfte und die Lage seines Vermögens nach den Grundsätzen ordnungsmäßiger Buchführung ersichtlich zu machen. Die Eintragungen in Büchern und die sonst erforderlichen Aufzeichnungen müssen **vollständig, richtig, zeitgerecht und geordnet** vorgenommen werden.

§§ 238, 239 HGB

Kaufmannsbegriff gemäß HGB

▶ LF 1, Kap. 6.1

Aufgrund steuerrechtlicher Vorschriften der **Abgabenordnung (AO)** wird der Kreis der Buchführungspflichtigen zur Gewährleistung einer gerechten Besteuerung erweitert. Neben Kaufleuten gemäß HGB sind nach den Vorschriften der AO auch **Gewerbetreibende sowie Land- und Forstwirte** buchführungspflichtig, wenn eine der folgenden Grenzen überschritten wird:

- Jahresumsatz > 600.000,00 €
- Jahresgewinn > 60.000,00 € oder
- ggf. Wirtschaftswert > 25.000,00 €

§§ 140, 141 AO

Bei Unterschreitung dieser Grenzen ist für das Finanzamt nur eine Einnahmen-Überschussrechnung zu erstellen.

[1] Gilt seit 2010 nicht mehr für Einzelkaufleute, die unter der Umsatz- und Gewinngrenze des § 141 AO liegen.

Weitere Vorschriften über die Buchführung und den Jahresabschluss finden sich im HGB:

Vorschriften zur Buchführung gemäß HGB (drittes Buch, Handelsbücher)	
1. Abschnitt §§ 238 – 263 HGB	grundsätzliche Vorschriften für alle Kaufleute
2. Abschnitt §§ 264 – 289 HGB	ergänzende Vorschriften für Kapitalgesellschaften
3. Abschnitt §§ 290–324 HGB	ergänzende Vorschriften für Konzerne

Rechtsformen von Unternehmen
▶ LF1, Kap. 7

Neben dem HGB sind in Abhängigkeit von der Rechtsform des Unternehmens auch das Aktiengesetz (AktG) und das GmbH-Gesetz (GmbHG) zu beachten. Für alle **steuerrechtlich relevanten Vorgänge** sind neben der Abgabenordnung weitere Steuergesetze wie z.B. das Einkommensteuergesetz (EStG), Umsatzsteuergesetz (UStG), Körperschaftsteuergesetz (KStG) und die entsprechenden Durchführungsverordnungen und Richtlinien für diese Gesetze zu berücksichtigen.

2.2 Grundsätze ordnungsmäßiger Buchführung

2.2.1 GoB

§ 238 Abs. 1 HGB

Ist ein Unternehmen verpflichtet, Bücher zu führen, so muss diese Buchführung so beschaffen sein, dass sie einem sachverständigen Dritten innerhalb angemessener Zeit einen Überblick über die Geschäftsvorfälle und über die Lage des Unternehmens vermitteln kann. Dabei müssen sich die Geschäftsvorfälle in ihrer Entstehung und Abwicklung verfolgen lassen. Die Bedeutung dieser gesetzlichen Regelung wird in der folgenden Übersicht erläutert:

Anforderungen (§ 238 HGB, § 145 AO)	Bedeutung
Ein sachverständiger Dritter ...	Steuerberater, Wirtschaftsprüfer, Betriebsprüfer des Finanzamtes usw.
... muss in angemessener Zeit ...	abhängig von der Größe des Unternehmens und damit vom Umfang der Buchführung
... einen Überblick über die Geschäftsvorfälle ...	vollständige, richtige, zeitgerechte und geordnete Aufzeichnungen und Aufbewahrung der den Aufzeichnungen zugrunde liegenden Belege
... und einen Überblick über die Lage des Unternehmens erhalten können.	Vermögenslage, Ertragslage, Finanzlage

Entspricht die Buchführung eines Unternehmens **nicht** diesen Anforderungen, kann das schwerwiegende Folgen haben:
- die Buchführung verliert ihre Beweiskraft (§ 158 AO)
- die Bemessungsgrundlage für die Steuerberechnung, z.B. für den Gewinn, wird vom Finanzamt geschätzt (§ 162 AO)
- bei Insolvenz droht evtl. eine Freiheits- oder Geldstrafe (§ 283b StGB)

Die Buchführungspraxis, Gesetze und die fortlaufende Rechtsprechung (z. B. Bundesfinanzhof) haben in der Vergangenheit eine Vielzahl von Regelungen getroffen, die Einfluss auf die Buchführung und deren Organisation haben. Diese werden unter dem Begriff **„Grundsätze ordnungsmäßiger Buchführung“ (GoB)** zusammengefasst. Daraus ergibt sich allgemein, dass die Buchführung wahr und klar sein muss.

Grundsätze ordnungsmäßiger Buchführung gemäß HGB/AO	
Vollständigkeit	Kein Geschäftsvorfall darf in der Buchführung unberücksichtigt bleiben.
Richtigkeit	Jede Buchung muss wahrheitsgemäß erfolgen.
zeitgerecht (innerhalb von 10 Tagen)	Die Buchung muss in angemessener Zeit nach dem Geschäftsvorfall erfolgen; Kasseneinnahmen und -ausgaben sollen täglich erfasst werden.
geordnet	Geschäftsvorfälle sind zeitlich fortlaufend zu erfassen; sachliche Zuordnung auf Konten und geordnete Ablage der Belege.
Belegprinzip	Für jede Buchung muss ein Beleg vorhanden sein.
Sprache, Währung	Handelsbücher und Aufzeichnungen in lebender Sprache; Abkürzungen, Ziffern, Buchstaben oder Symbole nur mit eindeutig festgelegter Bedeutung; Jahresabschluss in deutscher Sprache und in Euro
Berichtigungen	Eintragungen oder Aufzeichnungen dürfen nicht in einer Weise verändert werden, dass der ursprüngliche Inhalt nicht mehr feststellbar ist (keine Bleistifteintragungen, kein Tipp-Ex, Radieren, Überschreiben, Löschen von Datenträgern usw.).
Aufbewahrungspflicht	Unterlagen der Buchführung müssen aufbewahrt werden.

Gemäß HGB und den GoB können die Bücher geführt werden
- in gebundener Form (Seiten, als Bücher gebunden),
- als geordnete Lose-Blatt-Sammlungen,
- als geordnete Ablage von Belegen oder
- auf Datenträgern (EDV).

Die **Aufbewahrungsfrist** für Buchungsunterlagen beträgt sechs bzw. zehn Jahre. Dabei können Originale bzw. Kopien, Bildträger (z. B. Fotos) oder Datenträger (z. B. Festplatte) Verwendung finden, wenn sie jederzeit in angemessener Frist lesbar gemacht werden können. Die Aufbewahrungsfrist beginnt mit dem Ende des Kalenderjahres, in dem die Aufzeichnung oder der Beleg entstanden ist.

Aufbewahrungsfristen	
zehn Jahre	• Handelsbücher (z. B. Grund- und Hauptbuch) • Inventurunterlagen und Inventare • Eröffnungsbilanzen • Jahresabschlüsse (z. B. GuV-Rechnung, Bilanz) • Arbeitsanweisungen und Organisationsunterlagen (z. B. Programme) • Buchungsbelege (z. B. Ausgangsrechnungen, Kontoauszüge)
sechs Jahre	• empfangene Handelsbriefe (z. B. Angebote) • Wiedergaben abgesandter Handelsbriefe (z. B. Bestellungen) • Unterlagen, soweit sie für die Besteuerung von Bedeutung sind

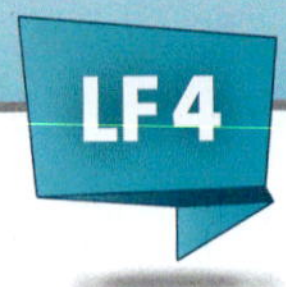

2.2.2 GoBD

Außenprüfung
Beamte des zuständigen Finanzamts besuchen das Unternehmen, um die Unterlagen der Buchführung umfassend zu prüfen.

Die GoBD (Grundsätze zur ordnungsmäßigen Führung und Aufbewahrung von Büchern, Aufzeichnungen und Unterlagen **in elektronischer Form** sowie zum **Datenzugriff**) basieren auf den beschriebenen GoB und konkretisieren und erweitern diese für die digitale Finanzbuchhaltungswelt unter Einsatz von Datenverarbeitungssystemen Das gilt auch für den Datenzugriff der Finanzverwaltung im Rahmen von **Außenprüfungen**.

Unter **DV-System** wird die im Unternehmen oder für Unternehmenszwecke zur elektronischen Datenverarbeitung eingesetzte Hard- und Software verstanden, mit denen Daten und Dokumente erfasst, erzeugt, empfangen, übernommen, verarbeitet, gespeichert oder übermittelt werden. Dazu gehören das Hauptsystem sowie Vor- und Nebensysteme (z. B. Finanzbuchführungssystem, Anlagenbuchhaltung, Lohnbuchhaltung, Kassensystem, Warenwirtschaftssystem, Zahlungsverkehrssystem usw.) einschließlich der Schnittstellen zwischen den Systemen.

Für die gesamte Dauer der Aufbewahrungspflicht gelten auch beim Führen der Bücher in elektronischer Form folgende **Grundsätze:**

- Grundsatz der Nachvollziehbarkeit und Nachprüfbarkeit
- Grundsätze der Wahrheit, Klarheit und fortlaufende Aufzeichnung; insbesondere
  - Vollständigkeit
  - Einzelaufzeichnungspflicht
  - Richtigkeit
  - zeitgerechte Buchungen und Aufzeichnungen
  - Ordnung
  - Unveränderbarkeit

Zur Nachvollziehbarkeit gehört nach wie vor das **Belegprinzip**, das eine progressive Prüfung vom Beleg über die Bücher und den Abschluss der Buchführung bis hin zur Steuererklärung und auch umgekehrt von der Steuererklärung bis zurück zum Beleg ermöglichen muss. Um dies zu gewährleisten, ist eine aussagefähige und vollständige **Verfahrensdokumentation** notwendig.

Belege können natürlich gescannt oder jetzt auch fotografiert werden (z. B. mit dem Smartphone), wenn ein unveränderbarer bildlicher Zugriff jederzeit möglich ist und das Verfahren dokumentiert ist.

Bei **Änderungen im DV-System** (Systemwechsel) oder einer Auslagerung von aufzeichnungs- und aufbewahrungspflichtigen Daten aus dem Produktivsystem muss die veraltete Hard- und Software nur dann nicht mit aufbewahrt werden, wenn das neue System in quantitativer und qualitativer Hinsicht die gleichen Auswertungen ermöglicht. Es muss gewährleistet sein, dass den Finanzbehörden auf alle elektronisch gespeicherten Unterlagen ein Datenzugriff ermöglicht wird oder Datenträger ausgehändigt werden. Dafür wurden umfangreiche **Mitwirkungspflichten** festgelegt.

2.3 Handelsrechtliche Vorschriften

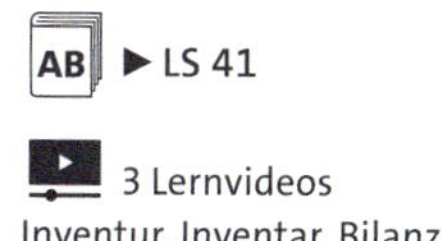

2.3.1 Die Inventur

Beispiel

Frau Trautmann begrüßt „ihre" Auszubildende Cornelia Gruber eines Morgens mit den folgenden Sätzen: „Ab Montag ist die **Inventur** im Warenlager – das müssen Sie erleben! Na ja, nicht nur erleben – dort sollen Sie natürlich auch mithelfen wie viele andere Mitarbeiter hier aus der Verwaltung auch. Obwohl wir mit unserem Warenwirtschaftssystem immer wissen, wie viel von jeder Ware auf Lager liegen müsste, müssen wir das am Geschäftsjahresende noch jedes Mal „körperlich" überprüfen – und das macht ziemlich viel Arbeit!" Im Warenlager wird jeder Warenein- und -ausgang in der Artikeldatei erfasst.

bpk Bergisches Papierkontor GmbH

Warengruppe: Folie			Jahr: 20XX		Seite 2
Artikel	Artikelbezeichnung		Höchstbestand:		2 000 Kartons
20221	Overheadfolie für Trockentonergeräte glasklar, Format DIN A4, Kartoninhalt 100 Folien		Meldebestand:		200 Kartons
			Mindestbestand:		100 Kartons
Datum	**Beleg**	**Vorgang**	**Zugang**	**Abgang**	**Bestand**
30.09	S.1	Bestandsübergang Seite 1			200
02.10	LS 212	Einkauf H. Schmied Folien GmbH	1800		2 000
14.10	LS 566	Verkauf Copy Shop		300	1700
28.12	LS 789	Verkauf Drogerie AG		200	1500

Inventur
Bestandsaufnahme aller Vermögensgegenstände und Schulden nach Art, Menge und Wert

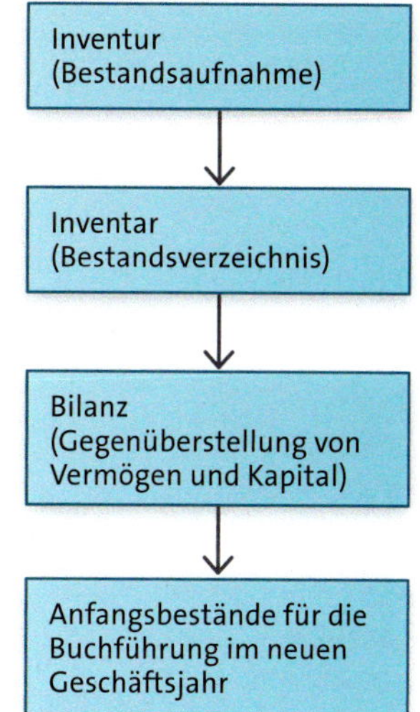

Auch Warenwirtschaftssysteme können „irren"! Falsche oder fehlende Eingaben, fehlerhafte Lagerung, nicht entdeckte Diebstähle, Schwund, Beschädigungen und Verderb können dazu führen, dass die Bestände laut Warenwirtschaftssystem **(Sollbestände)** nicht den tatsächlichen Beständen verkaufsfähiger Waren **(Istbestände)** entsprechen **(Mengenabweichungen)**. Darüber hinaus muss natürlich auch der aktuelle Wert der Bestände festgestellt und mit den Werten des Warenwirtschaftssystems verglichen werden (**Wertabweichungen**).

Sollbestand
Bestand gemäß Aufzeichnungen

Istbestand
Bestand gemäß Inventur

Allerdings erstreckt sich die Inventur nicht nur auf die Warenbestände. Alle **Vermögenswerte und Schulden** müssen erfasst werden, damit ein vollständiges Bestandsverzeichnis, das **Inventar**, erstellt werden kann. Dies ist dann die Grundlage für die **Bilanz**, auf die nicht nur die Geschäftsleitung gespannt wartet. Erst dann weiß man mit Sicherheit, ob das letzte Geschäftsjahr tatsächlich erfolgreich war. Mit den ermittelten Bestandswerten startet dann die Buchführung in das neue Geschäftsjahr.

Vermögenswerte
z. B. Grundstücke, Fahrzeuge, Büromöbel, Warenvorräte, Bankguthaben, Bargeld

Schulden
(Verbindlichkeiten)
z. B. Darlehen von Banken, unbezahlte Lieferantenrechnungen, Steuerschulden

Die Durchführung der Inventur ist gesetzlich vorgeschrieben und muss erfolgen:
- **bei Aufnahme der Geschäftstätigkeit** (Gründung, Übernahme)
- **am Ende jedes Geschäftsjahres** (meistens der 31.12.)
- **bei Aufgabe der Geschäftstätigkeit** (Auflösung, Verkauf)

§240 HGB, §§ 140, 141 AO

Bei einer Inventur in Warenlagern unterschiedlicher Unternehmen sind folgende Tätigkeiten möglich:

Tätigkeiten bei der Inventur			
zählen	**messen**	**wiegen**	**schätzen**
Beispiel: Zählen von Kartons einer bestimmten Kopierpapiersorte in einer Papiergroßhandlung	Beispiel: Messen von bereits angebrochenen Stoffballen in einer Schneiderei	Beispiel: Wiegen von Fleisch oder Wurstsorten in einer Fleischerei	Beispiel: Kleinmengen aufgeschütteter Sand und Kiesprodukte in einer Kiesgrube (geringer Wert, unangemessener Arbeitsaufwand für das wiegen)
Ergebnis: Anzahl der Kartons in Stück	Ergebnis: Menge eines bestimmten Stoffs in Metern	Ergebnis: Menge einer bestimmten Wurstsorte in kg	Ergebnis: geschätzte Menge in Tonnen

Inventar
▶ LF4, Kap. 2.3.2

Darüber hinaus müssen alle Inventurmengen für das Inventar **bewertet** werden. In einem Inventar ist immer der Wert der Waren in Euro anzugeben. Alle Inventuraufnahmebelege, Inventurprotokolle, Inventuranweisungen und der Inventurkalender sind 10 Jahre lang aufzubewahren.

AB ▶ LS 42

§ 240 HGB
§ 257 (4) HGB
Inventare sind 10 Jahre aufzubewahren.

Aufbewahrungsfristen
▶ LF4, Kap. 2.2

2.3.2 Das Inventar

Die in der Inventur ermittelten Vermögensgegenstände und Schulden werden in einem ausführlichen **Bestandsverzeichnis**, dem Inventar, zusammengefasst. Posten, die nur einen Einzelwert ausweisen, werden direkt in die Hauptspalte (Gesamtwerte) eingetragen. Besteht ein Posten aus mehreren Werten, so sind diese in die Vorspalte (Einzelwerte) einzutragen. Die Einzelwerte werden dann addiert und in die Hauptspalte übernommen. Umfangreiche Posten werden in einem **separaten Bestandsverzeichnis** aufgelistet, damit das Inventar übersichtlich bleibt. In dem Inventar selbst erscheint unter Angabe der Postenbezeichnung der Hinweis auf das entsprechende Bestandsverzeichnis.

Bestandsverzeichnis der BPK GmbH

bpk Bergisches Papierkontor GmbH

Anlage Nr. 3 Forderungsverzeichnis zum Inventar vom 31.12.20XX

Kunden Nr.	Kunde	Ausgangsrechnungen	Einzelforderungen in €	Gesamtforderungen in €
33001	Druckzentrum Bielefeld 33604 Bielefeld	AR: 917 AR: 929	1.160,00 2.900,00	4.060,00
44001	COPY SHOP 44359 Dortmund	AR: 932 AR: 940	5.220,00 580,00	5.800,00
45001	Stadt Essen Beschaffungsamt 45239 Essen	AR: 916 AR: 923	11.600,00 7.540,00	19.140,00
45011	Alldruck GmbH 45657 Recklinghausen	AR: 921	3.008,86	3.008,86
48001	Klammer & Co. 48155 Münster	AR: 920	6.380,00	6.380,00
Gesamtforderungsbestand aus Lieferungen				**38.388,86**

Inventar der BPK, Bergisches Papierkontor GmbH, Wuppertal, zum 31.12.20XX

Vermögens- und Schuldenarten	Einzelwerte in Euro	Gesamtwerte in Euro
A. Vermögen		
I. Anlagevermögen		
1. Grundstücke und Bauten (lt. Anlagenverzeichnis 1)		
Grundstück Elberfelder Str. 85, 42285 Wuppertal	120.500,00	
Gebäude Elberfelder Str. 85, 42285 Wuppertal	365.000,00	485.500,00
2. Technische Anlagen und Maschinen (lt. Anlagenverzeichnis 2)		9.456,75
3. Betriebs- und Geschäftsausstattung (lt. Anlagenverzeichnis 3)		81.500,00
4. Fuhrpark (lt. Anlagenverzeichnis 4)		44.250,00
II. Umlaufvermögen		
1. Warenvorräte (lt. Warenverzeichnissen)		
Warengruppe I, hochwertige Feinpapiere	29.500,00	
Warengruppe II, Kopierpapiere und Folien	47.730,00	
Warengruppe III, Büropapiere	12.920,00	
Warengruppe IV, großformatige Druckpapiere	50.798,00	
Warengruppe V, Aktionswaren	8.460,00	149.408,00
2. Forderungen aus Lieferungen und Leistungen		
(lt. Forderungsverzeichnis)		38.388,86
3. Kassenbestand (Bargeld)		133,53
4. Bankguthaben		
Postbankkonto		4.355,04
TopBank Wuppertal		42.661,31
Summe des Vermögens		**855.653,49**
B. Schulden (Verbindlichkeiten)		
I. Langfristige Schulden		
1. Verbindlichkeiten gegenüber Kreditinstituten (Darlehensschulden)		
Grundschulddarlehen der HypoUnion Bank, Bremen	90.000,00	
Darlehen der TopBank Wuppertal	410.000,00	500.000,00
II. Kurzfristige Schulden		
1. Verbindlichkeiten aus Lieferungen und Leistungen		
(lt. Verbindlichkeitenverzeichnis)		30.149,50
2. Sonstige Verbindlichkeiten		
(lt. Steuern- und Abgabenverzeichnis)		25.503,99
Summe der Schulden		**555.653,49**
C. Ermittlung des Eigenkapitals		
Summe des Vermögens		855.653,49
– Summe der Schulden		555.653,49
= Eigenkapital (Reinvermögen)		**300.000,00**

Zum **Aufbau eines Inventars** gibt es keine verbindlichen Formvorschriften. Die folgende Darstellung ist aber üblich. In der Praxis kann auf die Erweiterung des Inventars bis zur Ermittlung des Eigenkapitals verzichtet werden, da sich das Eigenkapital aus der Bilanz ergibt.

Grundsätzlich besteht das Inventar aus drei Bestandteilen:
A. Vermögen
B. Schulden
C. Ermittlung des Eigenkapitals

A. Vermögen

Anlagevermögen
\+ Umlaufvermögen
= Gesamtvermögen

Das Vermögen besteht aus Anlage- und Umlaufvermögen.

1. Anlagevermögen Gegenstände, die bestimmt sind, dauernd dem Geschäftsbetrieb zu dienen. Sie sind Voraussetzung für die Aufnahme der Geschäftstätigkeit.	• **Immaterielle Vermögensgegenstände,** z. B. Konzessionen, Lizenzen • **Sachanlagen,** z. B. Grundstücke, Gebäude, Maschinen, Geschäftsausstattung • **Finanzanlagen,** z. B. Beteiligungen, Wertpapiere zur langfristigen Geldanlage
2. Umlaufvermögen Gegenstände, die ständig umgesetzt werden, d. h. die sich in ihrer Zusammensetzung ständig ändern. Durch diese Umsetzungen will das Unternehmen einen Erfolg (Gewinn) erzielen.	• **Vorräte,** z. B. Waren • **Forderungen,** z. B. unbezahlte Rechnungen an Kunden • **Wertpapiere,** z. B. Aktien zur kurzfristigen Geldanlage • **Flüssige Mittel,** z. B. Kassenbestand (Bargeld), Schecks, Bankguthaben

Die **Anordnung** (Reihenfolge) der Vermögensposten in einem Inventar ist abhängig von der Länge des Zeitraumes, in dem der Vermögensgegenstand üblicherweise im Unternehmen verbleibt. Im **Anlagevermögen** entscheidet die unterschiedliche **Dauer der Nutzung**.

Gliederung des Anlagevermögens nach abnehmender Nutzungsdauer (Kapitalbindung)

Vermögensposten	Nutzungsdauer
Grundstücke	unbegrenzt
Gebäude (je nach Bauweise)	10 bis 33 Jahre
Maschinen (zur Be- und Verarbeitung)	6 bis 16 Jahre
Betriebs- und Geschäftsausstattung, z. B. • Büromöbel • Personalcomputer	1 bis 25 Jahre 13 Jahre 1 Jahr

Im **Umlaufvermögen** gilt eine Ordnung nach der **Geldnähe**, d. h. nach dem Zeitraum, in dem aus dem Vermögensposten (z. B. Waren) flüssige Mittel (z. B. Bankguthaben) geworden sind.

Gliederung des Umlaufvermögens nach zunehmender Geldnähe (Liquidität)

Vermögensposten	Geldnähe
Waren	Verkauf auf Kredit (Ziel)
Forderungen	Ausgleich durch Banküberweisung
Bankguthaben	sofort verfügbar

B. Schulden

Die Schulden (Verbindlichkeiten bzw. Fremdkapital) sind nach dem Zeitraum bis zur Rückzahlung (Fälligkeit) zu gliedern.

Gliederung der Schulden nach abnehmender Laufzeit		
Art der Schulden	**Fälligkeit (Beispiele)**	**Fristen**
Hypothekendarlehen	bis zu 30 Jahren	langfristig (Restlaufzeit über fünf Jahre)
Bankdarlehen	bis zu 10 Jahren	mittelfristig (Restlaufzeit zwischen einem und fünf Jahren)
Verbindlichkeiten gegenüber Lieferern	bis zu 45 Tagen	kurzfristig (Restlaufzeit bis zu einem Jahr)
Verbindlichkeiten gegenüber Finanzbehörden	bis zu 10 Tagen im Folgemonat	

C. Ermittlung des Eigenkapitals

Die **Differenz zwischen Vermögen und Schulden** ist das Eigenkapital des Unternehmens. Für die Unternehmenseigner ist das Eigenkapital der entscheidende Posten in einem Inventar. Über die Verwendung dieses Eigenkapitals entscheiden die Inhaber allein. Die Verwendung des Fremdkapitals ist häufig mit den Kreditgebern abzustimmen.

Gesamtvermögen
− Gesamtschulden
= Eigenkapital

Gliederung des Inventars	
A. Vermögen **1. Anlagevermögen** **2. Umlaufvermögen**	Gliederung nach Nutzungsdauer (Kapitalbindung) bzw. nach Geldnähe (Liquidität)
B. Schulden (Verbindlichkeiten) **1. Langfristige Schulden** **2. Kurzfristige Schulden**	Gliederung nach Fälligkeit (Restlaufzeit)
C. Ermittlung des Eigenkapitals	Vermögen – Schulden

2.3.3 Die Bilanz

Neben dem Inventar ist zusätzlich eine **Bilanz** aufzustellen. In der Bilanz wird auf Mengenangaben verzichtet, es werden nur zusammengefasste Werte für bestimmte Posten angegeben. Damit ist die Bilanz eine kurz gefasste **Zusammenfassung** des Inventars auf der gleichen Wertebasis.

§ 242 HGB

Bilanz
(ital.) bilancia = Waage

Zur Steigerung der Übersichtlichkeit wird in einer Bilanz das Vermögen dem Eigenkapital und den Schulden gegenübergestellt. Man nennt diese Gegenüberstellung **Kontoform**. Die linke Kontoseite enthält das Vermögen und wird **Aktiva** genannt; die rechte Seite enthält das Kapital und wird als **Passiva** bezeichnet. Wertmäßig muss die Summe der Aktiva immer der Summe der Passiva entsprechen.

§ 247 HGB

Aktiva	Bilanz		Passiva
Anlagevermögen	in €	Eigenkapital	in €
Umlaufvermögen	in €	Schulden (Fremdkapital)	in €
Summe Aktiva	in €	= Summe Passiva	in €

Struktur der Bilanz in Kontoform

§ 245 HGB
§ 257 HGB

Der Kaufmann, die persönlich haftenden Gesellschafter einer Personengesellschaft bzw. die Geschäftsführung bei Kapitalgesellschaften haben unter Angabe des Datums die Bilanz zu unterzeichnen. Wie das Inventar müssen auch Bilanzen 10 Jahre aufbewahrt werden.

Personen-, Kapitalgesellschaft
▶ LF1, Kap. 7

§ 266 HGB

Bilanzen einer Kapitalgesellschaft müssen gemäß § 266 HGB besonderen, detaillierten Gliederungsvorschriften entsprechen. Danach kann eine vereinfachte Bilanz auf Basis des Inventars der BPK GmbH (siehe Seite 265) wie folgt aufgestellt werden:

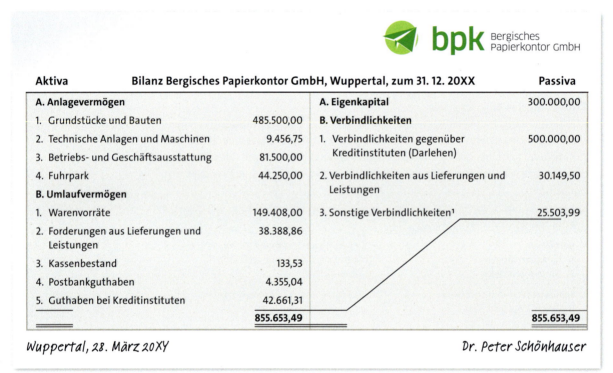

Aktiva	**Bilanz Bergisches Papierkontor GmbH, Wuppertal, zum 31. 12. 20XX**		**Passiva**
A. Anlagevermögen		**A. Eigenkapital**	300.000,00
1. Grundstücke und Bauten	485.500,00	**B. Verbindlichkeiten**	
2. Technische Anlagen und Maschinen	9.456,75	1. Verbindlichkeiten gegenüber Kreditinstituten (Darlehen)	500.000,00
3. Betriebs- und Geschäftsausstattung	81.500,00		
4. Fuhrpark	44.250,00	2. Verbindlichkeiten aus Lieferungen und Leistungen	30.149,50
B. Umlaufvermögen			
1. Warenvorräte	149.408,00	3. Sonstige Verbindlichkeiten[1]	25.503,99
2. Forderungen aus Lieferungen und Leistungen	38.388,86		
3. Kassenbestand	133,53		
4. Postbankguthaben	4.355,04		
5. Guthaben bei Kreditinstituten	42.661,31		
	855.653,49		**855.653,49**

Wuppertal, 28. März 20XY — *Dr. Peter Schönhauser*

[1] *hier: Steuern und Abgaben*

Ermittlung des Eigenkapitals

Bei der Aufstellung einer Bilanz muss das Inventar vorliegen, da die Bilanz eine Zusammenfassung des Inventars darstellt. Damit ist der Wert des Eigenkapitals gegeben. Das Eigenkapital lässt sich aber auch durch Differenzbildung (Saldobildung) direkt aus den Bilanzwerten ermitteln, wenn die folgenden Gleichungen berücksichtigt werden.

Wert der Aktiva	**=**	**Wert der Passiva**
Anlagevermögen + Umlaufvermögen		Eigenkapital + Fremdkapital
Gesamtvermögen	**=**	**Gesamtkapital**
Vermögen: gibt Auskunft über Mittelverwendung, Investierung		Kapital: Gibt Auskunft über Mittelherkunft, Finanzierung
Berechnung des Eigenkapitals: Eigenkapital = Gesamtvermögen – Fremdkapital oder Eigenkapital = Gesamtkapital – Fremdkapital		

Alles klar?

1 Wer muss in Deutschland Bücher führen?

2 Welche der nachfolgend beschriebenen Personen sind buchführungspflichtig?

a) Ein Existenzgründer eröffnet eine Herrenboutique für Bekleidungsstücke aus Leder (Schuhe, Jacken, Hosen usw.) mit zwei Aushilfskräften auf „400,00-€-Basis". Im ersten Geschäftsjahr wird bei einem Umsatz von 220.000,00 € ein Verlust in Höhe von 25.000,00 € erwirtschaftet.

b) Zwei Freunde gründen eine Offene Handelsgesellschaft (im Handelsregister eingetragen) mit dem Ziel, Meeresfrüchte per Kühl-Lkw aus dem Mittelmeerraum nach Deutschland zu importieren und im Rheinland an Restaurants zu vermarkten. Noch ist allerdings nichts gekauft oder verkauft worden.

c) Ein Handwerker hat als Elektriker seine Meisterprüfung bestanden und sich selbstständig gemacht. Mit vier Gesellen und einer Bürokraft (Teilzeit, 20 Stunden pro Woche) erwirtschaftet er im ersten Geschäftsjahr bei einem Umsatz von über 600.000,00 € einen Gewinn in Höhe von 65.000,00 €.

d) Ein Unternehmer erzielt mit seinem Team (acht Mitarbeiter) regelmäßig Umsätze von über 600.000,00 €. Über die Höhe des steuerpflichtigen Gewinns streitet er zurzeit noch mit dem Finanzamt.

e) Ein Vollerwerbs-Landwirt gilt als der reichste Mann im Dorf mit zahlreichen Anbauflächen für Getreide, Spargel und anderes Öko-Gemüse. Zahlen jeglicher Art (z. B. Umsatz und Gewinn) sind nicht bekannt.

f) Ein Existenzgründer hat sich nebenberuflich mit einem „Ebay-Shop" eine vermeintliche zweite Einnahmequelle eröffnet und sich im Rahmen seiner privaten „Gründungsoffensive" auch sofort in das Handelsregister eintragen lassen. Umsätze werden allerdings kaum erzielt. Gewinn? Daran ist gar nicht zu denken.

3 Ein Existenzgründer (Versandhandel) ist sehr erfreut. Ohne einen in kaufmännischer Weise eingerichteten Geschäftsbetrieb (weder nach Art noch Umfang) und ohne Handelsregistereintragung wird er laut Aussage seines Steuerberaters im Geschäftsjahr 20XX wahrscheinlich einen Umsatz von 620.000,00 € erreichen. Sein Gewinn wird bei ca. 66.000,00 € liegen. Was werden diese Ergebnisse seiner selbstständigen Tätigkeit hinsichtlich der Buchführungspflicht für ihn bedeuten?

4 Welche Anforderungen stellen das Handelsgesetzbuch und die Abgabenordnung an die Buchführung eines Unternehmens?

5 Wie lange müssen folgende Unterlagen aufbewahrt werden?

a) Eingangsrechnung
b) Angebot eines Lieferanten
c) Kontoauszug
d) Inventar
e) Kopie einer Bestellung
f) Bilanz
g) Arbeitsanweisung an das Buchhaltungspersonal

6 Welche der nachfolgenden Handlungen eines buchführungspflichtigen Kaufmanns sind **nicht** mit den GoB vereinbar?
(4 richtige Antwortmöglichkeiten)

a) Belegmäßig dokumentierte Geschäftsvorfälle werden innerhalb von drei Tagen gebucht.
b) Kassenbestände werden jeweils am Wochenende abgerechnet und geprüft.
c) Belege auf Papier werden nach der Belegbearbeitung eingescannt und danach vernichtet.
d) Umsatzerlöse ohne Beleg werden in der Buchführung nicht erfasst.
e) Aushilfslöhne werden an den Sohn des Inhabers ohne Gegenleistung ausgezahlt und gebucht.
f) Kontoauszüge werden zwölf Monate aufbewahrt.

7 Ermitteln Sie für eine Eingangsrechnung vom 14.08.2020 das frühestmögliche Vernichtungsdatum.

8 Was versteht man unter einer Inventur?
a) Gegenüberstellung von Vermögen und Kapital in Kontoform
b) Bestandsaufnahme aller Vermögens- und Schuldenwerte nach Art, Menge und Wert
c) Bestandsverzeichnis aller Vermögens- und Schuldenwerte in Staffelform
d) Berechnung des Eigenkapitals eines Unternehmens

9 Welcher Wert muss **nicht** einer Inventur erfasst werden?
a) Wert aller unbezahlten Ausgangsrechnungen
b) Wert der im Lager vorhandenen Waren
c) Wert der Bruttoentgelte aller Mitarbeiter
d) Wert der unbezahlten Eingangsrechnungen

10 Wann muss **keine** Inventur durchgeführt werden?
a) bei der Gründung eines Unternehmens
b) beim Verkauf eines Unternehmens
c) vor der Aufnahme eines neuen Gesellschafters
d) am Geschäftsjahresende

11 Welche fünf Tätigkeiten sind zur Ermittlung der Inventurwerte möglich?
a) Messen
b) Bewerten
c) Schätzen
d) Wiegen
e) Zählen
f) Überschlagen

12 Nach welchem Kriterium richtet sich die Reihenfolge von Schulden in einem Inventar?
a) Liquidität
b) Nutzungsdauer
c) Fälligkeit
d) Geldnähe

13 Welcher Teil des Inventargliederungsschemas ist **nicht** gesetzlich vorgeschrieben?
A. Vermögen
  I. Anlagevermögen
  II. Umlaufvermögen
  Summe des Vermögens
B. Schulden
  I. Langfristige Schulden
  II. Kurzfristige Schulden
  Summe der Schulden
C. Ermittlung des Eigenkapitals
  Summe des Vermögens
  – Summe der Schulden
  = Eigenkapital

14 Welcher der folgenden Vermögenswerte gehört **nicht** zum Anlagevermögen?
a) Grundstücke und Gebäude
b) Bankguthaben
c) Technische Anlagen und Maschinen
d) Fuhrpark

15 Welche der folgenden Bilanzposten gehören zu den Aktiva?
a) Betriebs- und Geschäftsausstattung
b) Verbindlichkeiten aus Lieferungen und Leistungen
c) Warenvorräte
d) Eigenkapital

16 Ermitteln Sie aus den folgenden Bilanzwerten das Eigenkapital eines Unternehmens.

Grundstücke und Bauten	750.000,00 €
Verbindlichkeiten a. L. L.	800.000,00 €
Bankguthaben	76.300,00 €
Forderungen a. L. L.	45.700,00 €
TA und Maschinen	248.000,00 €
Warenvorräte	225.000,00 €
Kasse	2.500,00 €
Betriebs- und Geschäftsausstattung	180.000,00 €
Sonstige Verbindlichkeiten	43.000,00 €

17 Welche Aussage zur Bilanz ist **nicht** richtig?
a) Die Bilanz muss 10 Jahre aufbewahrt werden.
b) Die Bilanz muss in Staffelform erstellt werden.
c) Die Bilanz wird in Aktiva und Passiva unterteilt.
d) Die Bilanz muss unterschrieben werden.

3 Buchen auf Bestandskonten

▶ LS 42

3.1 Werteveränderungen von Bilanzposten

Lernvideo Bestandsbuchungen

Eine Bilanz wird immer für einen bestimmten Stichtag, das Geschäftsjahresende, aufgestellt. In einem Unternehmen fallen jedoch an jedem Werktag im Jahr eine Vielzahl von Geschäftsvorfällen an, die über das Jahr die Werte der einzelnen Bilanzposten verändern. Bei jedem Geschäftsvorfall sind mindestens zwei Bilanzposten betroffen. Je nachdem, welche Seiten der Bilanz betroffen sind, unterscheidet man vier Arten der Werteveränderungen von Bilanzposten.

TA
Technische Anlagen

BGA
Betriebs- und Geschäftsausstattung

a.L.L.
aus Lieferungen und Leistungen

Kreditinstitute
Bankguthaben

Hinweis: Die Bezeichnungen der Bilanzposten im Anfangsunterricht weichen von den Vorgaben des § 266 HGB ab.

Aktiva	Bilanzposten (vor Werteveränderungen)		Passiva
TA und Maschinen	20.000,00	Eigenkapital	160.000,00
BGA	60.000,00	Darlehensschulden	51.000,00
Waren	120.000,00	Verbindlichkeiten **a.L.L.**	45.000,00
Forderungen **a.L.L.**	37.000,00		
Kasse	5.000,00		
Kreditinstitute	14.000,00		
	256.000,00		**256.000,00**

Aktivtausch

- Beide betroffenen Bilanzposten befinden sich auf der Aktiva-Seite der Bilanz (Vermögenswerte).
- Es erfolgt ein Werteaustausch zwischen den beiden Bilanzposten in derselben Höhe (Vermögenstausch).

Auswirkung: Die Bilanzsumme verändert sich nicht.

Aktivtausch
= Vermögenstausch; Gesamtvermögen bleibt gleich

Einkauf von Waren gegen Barzahlung in Höhe von 3.000,00 Euro.

Aktiva		Passiva
Waren	+ 3.000,00 €	keine Veränderungen
Kasse	– 3.000,00 €	

Die Bilanzsumme bleibt unverändert bei 256.000,00 €

Passivtausch

- Beide betroffenen Bilanzposten befinden sich auf der Passiva-Seite der Bilanz (Kapitalwerte).
- Es erfolgt ein Werteaustausch zwischen den beiden Bilanzposten in derselben Höhe (Kapitaltausch).

Auswirkung: Die Bilanzsumme verändert sich nicht.

Passivtausch
= Kapitaltausch; Gesamtvermögen bleibt gleich

Ein Lieferer wandelt die ihm gegenüber bestehende Verbindlichkeit in Höhe von 20.000,00 Euro in ein Darlehen mit einer Laufzeit von zwei Jahren um.

Aktiva	Passiva	
keine Veränderungen	Darlehensschulden	+ 20.000,00 €
	Verbindlichkeiten a.L.L.	– 20.000,00 €

Die Bilanzsumme bleibt unverändert bei 256.000,00 €.

Aktiv-Passiv-Mehrung

- Einer der betroffenen Bilanzposten befindet sich auf der Aktiva-Seite, der andere auf der Passiva-Seite der Bilanz (ein Vermögens- und ein Kapitalwert).
- Der Wert der beiden Bilanzposten steigt in derselben Höhe (Vermögens- und Kapitalmehrung).

Auswirkung: Die Bilanzsumme steigt.

Aktiv-Passiv-Mehrung
Vermögens- und Kapitalmehrung

Einkauf eines Schreibtisches auf Kredit (Zahlungsziel 45 Tage) zum Preis von 2.000,00 Euro.

Aktiva		Passiva	
Betriebs- und Geschäftsausstattung	+ 2.000,00 €	Verbindlichkeiten a.L.L.	+ 2.000,00 €

Die Bilanzsumme steigt um 2.000,00 € auf 258.000,00 €.

Aktiv-Passiv-Minderung

- Jeweils einer der betroffenen Bilanzposten befindet sich auf der Aktiva-Seite, der andere auf der Passiva-Seite der Bilanz (ein Vermögens- und ein Kapitalwert).
- Der Wert der beiden Bilanzposten sinkt in derselben Höhe (Vermögens- und Kapitalminderung).

Auswirkung: Die Bilanzsumme sinkt.

Aktiv-Passiv-Minderung
Vermögens- und Kapitalminderung

Banküberweisung in Höhe von 2.300,00 Euro an einen Warenlieferer am Ende des gewährten Zahlungszieles.

Aktiva		Passiva	
Kreditinstitute	– 2.300,00 €	Verbindlichkeiten a.L.L.	– 2.300,00 €

Die Bilanzsumme sinkt um 2.300,00 € auf 255.700,00 €.

Werteveränderung in €	Aktiva	Bilanzposten (nach Werteveränderungen)	Passiva		Werteveränderung in €
	TA und Maschinen	20.000,00	Eigenkapital	160.000,00	
+ 2.000,00	BGA	62.000,00	Darlehensschulden	71.000,00	+ 20.000,00
+ 3.000,00	Waren	123.000,00	Verbindlichkeiten a.L.L.	24.700,00	– 20.300,00
	Forderungen a.L.L.	37.000,00			
– 3.000,00	Kasse	2.000,00			
– 2.300,00	Kreditinstitute	11.700,00			
		255.700,00		255.700,00	

Werteveränderung in €

Werteveränderungen in der Bilanz		
Art der Werteveränderung	**Vermögensveränderung**	**Kapitalveränderung**
Aktivtausch	Vermögenstausch	keine
Passivtausch	keine	Kapitaltausch
Aktiv-Passiv-Mehrung	Vermögen steigt	Kapital steigt
Aktiv-Passiv-Minderung	Vermögen sinkt	Kapital sinkt

3.2 Auflösung der Bilanz in Bestandskonten

Die Vielzahl von Geschäftsvorfällen, die täglich in der Buchführung eines Unternehmens erfasst werden müssen, verlangt nach einer übersichtlichen Darstellung der Werteveränderungen. Die Erstellung einer neuen Bilanz nach jedem Geschäftsvorfall genügt den Ansprüchen der Übersichtlichkeit nicht. Die Veränderungen jedes einzelnen Bilanzpostens sollen über das gesamte Geschäftsjahr verfolgt werden können. Für jeden Bilanzposten wird deshalb **ein eigenes Konto** eingerichtet, auf dem alle Werteveränderungen, die diesen Bilanzposten betreffen, erfasst (gebucht) werden. Man nennt diese Konten **Bestandskonten**, weil sie die Bestände der Vermögens- und Kapitalposten der Bilanz fortführen. Abgeleitet aus ihrer Anordnung in der Bilanz unterscheidet man **aktive und passive Bestandskonten**. Die Benennung der Kontenseiten erfolgt mit den Begriffen **Soll** (linke Seite, kurz: S) und **Haben** (rechte Seite, kurz: H).

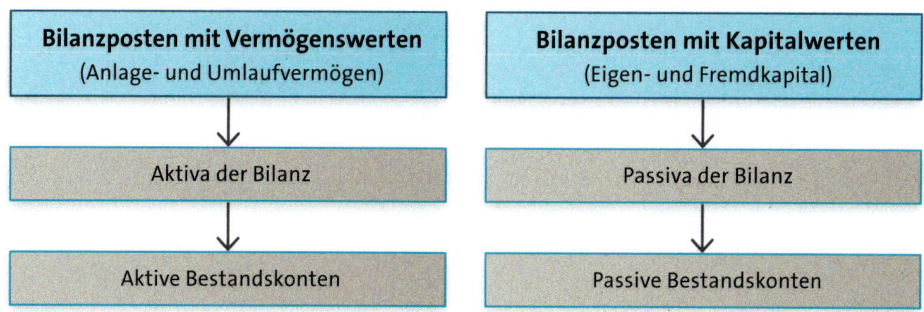

Alle Bestandskonten übernehmen am Geschäftsjahresbeginn ihren Anfangsbestand (kurz: AB) aus der Eröffnungsbilanz. Nach dem System der doppelten Buchführung stehen die Anfangsbestände bei Aktivkonten im Soll, bei Passivkonten im Haben, also immer auf der Seite, auf der sie auch in der Bilanz erscheinen.

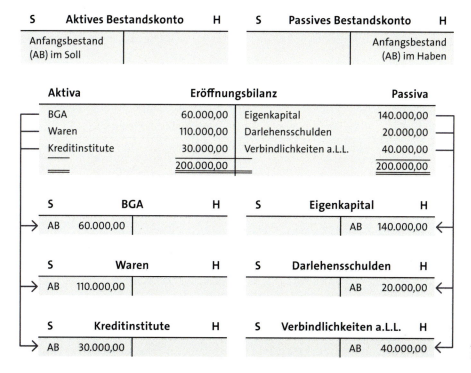

S	Aktives Bestandskonto	H
Anfangsbestand (AB) im Soll		

S	Passives Bestandskonto	H
		Anfangsbestand (AB) im Haben

Aktiva	Eröffnungsbilanz		Passiva
BGA	60.000,00	Eigenkapital	140.000,00
Waren	110.000,00	Darlehensschulden	20.000,00
Kreditinstitute	30.000,00	Verbindlichkeiten a.L.L.	40.000,00
	200.000,00		200.000,00

S	BGA	H
AB	60.000,00	

S	Eigenkapital	H
	AB	140.000,00

S	Waren	H
AB	110.000,00	

S	Darlehensschulden	H
	AB	20.000,00

S	Kreditinstitute	H
AB	30.000,00	

S	Verbindlichkeiten a.L.L.	H
	AB	40.000,00

Auflösung der Eröffnungsbilanz in Bestandskonten

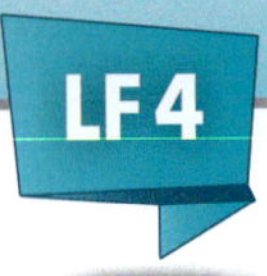

3.3 Buchungsregeln für Bestandskonten

Um Geschäftsvorfälle auf den Bestandskonten eindeutig erfassen (buchen) zu können, müssen weitere Buchungsregeln eingehalten werden. In der doppelten Buchführung werden die zu erfassenden Werteveränderungen nicht als Pluswert (+) oder Minuswert (–) gekennzeichnet. Eine Werteerhöhung oder eine Werteminderung wird durch die Eintragung auf einer vorgegebenen **Kontenseite**, im Soll oder im Haben, eindeutig festgelegt.

S Aktives Bestandskonto	H
Anfangsbestand (AB) im Soll	**Minderung** im Haben
Mehrung im Soll	**Endbestand** (EB) im Haben

S Passives Bestandskonto	H
Minderung im Soll	**Anfangsbestand** (AB) im Haben
Endbestand (EB) im Soll	**Mehrung** im Haben

Erfassung von Werteveränderungen auf zwei Bestandskonten

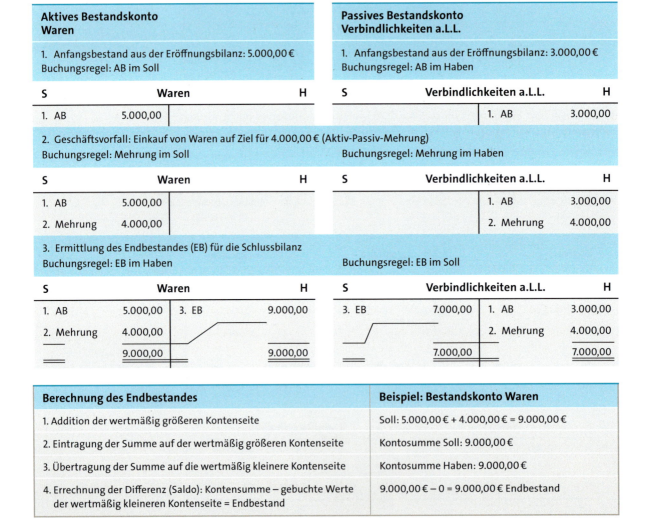

Aktives Bestandskonto Waren

1. Anfangsbestand aus der Eröffnungsbilanz: 5.000,00 €
Buchungsregel: AB im Soll

S	Waren		H
1. AB	5.000,00		

Passives Bestandskonto Verbindlichkeiten a.L.L.

1. Anfangsbestand aus der Eröffnungsbilanz: 3.000,00 €
Buchungsregel: AB im Haben

S	Verbindlichkeiten a.L.L.		H
		1. AB	3.000,00

2. Geschäftsvorfall: Einkauf von Waren auf Ziel für 4.000,00 € (Aktiv-Passiv-Mehrung)
Buchungsregel: Mehrung im Soll — Buchungsregel: Mehrung im Haben

S	Waren		H
1. AB	5.000,00		
2. Mehrung	4.000,00		

S	Verbindlichkeiten a.L.L.		H
		1. AB	3.000,00
		2. Mehrung	4.000,00

3. Ermittlung des Endbestandes (EB) für die Schlussbilanz
Buchungsregel: EB im Haben — Buchungsregel: EB im Soll

S	Waren		H
1. AB	5.000,00	3. EB	9.000,00
2. Mehrung	4.000,00		
	9.000,00		9.000,00

S	Verbindlichkeiten a.L.L.		H
3. EB	7.000,00	1. AB	3.000,00
		2. Mehrung	4.000,00
	7.000,00		7.000,00

Berechnung des Endbestandes	Beispiel: Bestandskonto Waren
1. Addition der wertmäßig größeren Kontenseite	Soll: 5.000,00 € + 4.000,00 € = 9.000,00 €
2. Eintragung der Summe auf der wertmäßig größeren Kontenseite	Kontosumme Soll: 9.000,00 €
3. Übertragung der Summe auf die wertmäßig kleinere Kontenseite	Kontosumme Haben: 9.000,00 €
4. Errechnung der Differenz (Saldo): Kontensumme – gebuchte Werte der wertmäßig kleineren Kontenseite = Endbestand	9.000,00 € – 0 = 9.000,00 € Endbestand

Von der Eröffnungsbilanz zur Schlussbilanz

Geschäftsvorfälle	Konten (Bilanzposten)	Aktiva (A) Passiva (P)	Werteveränderungen	Buchung
1. Einkauf von Waren auf Ziel 4.000,00 €	Waren Verbindlichkeiten a.L.L.	(A) (P)	Mehrung (Me) Mehrung (Me)	Soll Haben
2. Darlehensauszahlung auf das Bankkonto 5.000,00 €	Kreditinstitute Darlehensschulden	(A) (P)	Mehrung (Me) Mehrung (Me)	Soll Haben
3. Ausgleich einer Verbindlichkeit durch Banküberweisung 500,00 €	Verbindlichkeiten a.L.L. Kreditinstitute	(P) (A)	Minderung (Mi) Minderung (Mi)	Soll Haben
4. Einkauf eines PC auf Ziel 1.000,00 €	BGA Verbindlichkeiten a.L.L.	(A) (P)	Mehrung (Me) Mehrung (Me)	Soll Haben
5. Verkauf von Waren gegen Banküberweisung 9.000,00 €	Kreditinstitute Waren	(A) (A)	Mehrung (Me) Minderung (Mi)	Soll Haben

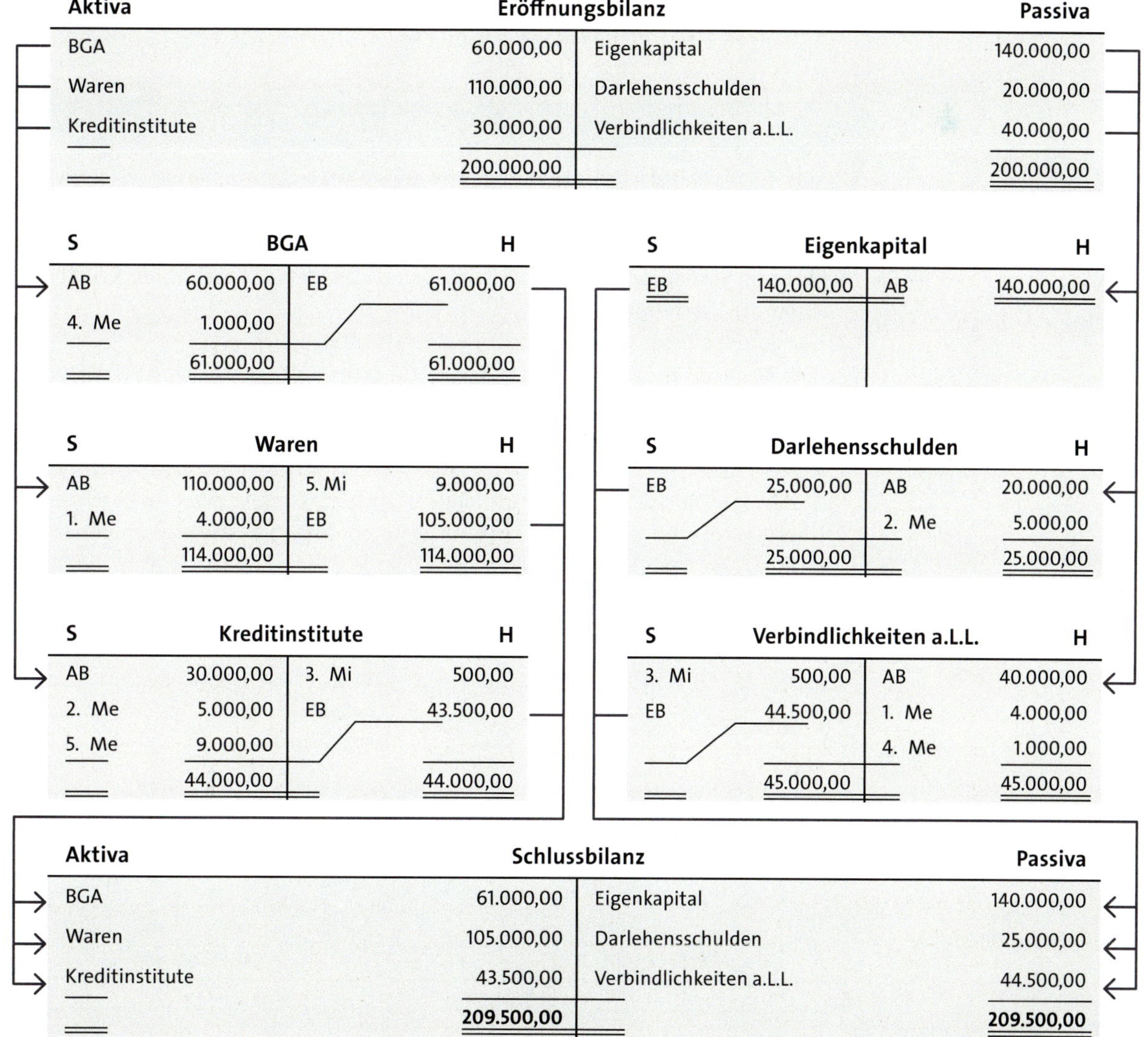

Eröffnungsbilanz

Aktiva		Passiva	
BGA	60.000,00	Eigenkapital	140.000,00
Waren	110.000,00	Darlehensschulden	20.000,00
Kreditinstitute	30.000,00	Verbindlichkeiten a.L.L.	40.000,00
	200.000,00		200.000,00

S BGA H

AB	60.000,00	EB	61.000,00
4. Me	1.000,00		
	61.000,00		61.000,00

S Eigenkapital H

EB	140.000,00	AB	140.000,00

S Waren H

AB	110.000,00	5. Mi	9.000,00
1. Me	4.000,00	EB	105.000,00
	114.000,00		114.000,00

S Darlehensschulden H

EB	25.000,00	AB	20.000,00
		2. Me	5.000,00
	25.000,00		25.000,00

S Kreditinstitute H

AB	30.000,00	3. Mi	500,00
2. Me	5.000,00	EB	43.500,00
5. Me	9.000,00		
	44.000,00		44.000,00

S Verbindlichkeiten a.L.L. H

3. Mi	500,00	AB	40.000,00
EB	44.500,00	1. Me	4.000,00
		4. Me	1.000,00
	45.000,00		45.000,00

Schlussbilanz

Aktiva		Passiva	
BGA	61.000,00	Eigenkapital	140.000,00
Waren	105.000,00	Darlehensschulden	25.000,00
Kreditinstitute	43.500,00	Verbindlichkeiten a.L.L.	44.500,00
	209.500,00		**209.500,00**

AB ▶ LS 44

Lernvideo
Der Buchungssatz

3.4 Erstellen von Buchungssätzen

Bevor ein Geschäftsvorfall richtig auf den Bestandskonten gebucht werden kann, sind folgende Überlegungen anzustellen:

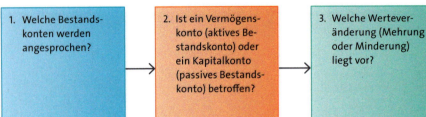

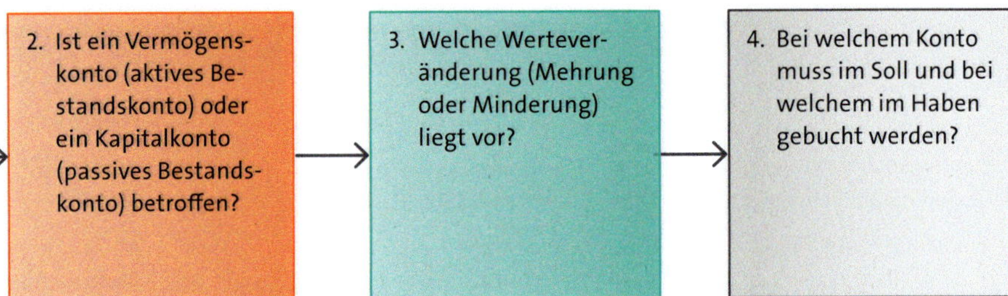

1. Welche Bestandskonten werden angesprochen?
2. Ist ein Vermögenskonto (aktives Bestandskonto) oder ein Kapitalkonto (passives Bestandskonto) betroffen?
3. Welche Werteveränderung (Mehrung oder Minderung) liegt vor?
4. Bei welchem Konto muss im Soll und bei welchem im Haben gebucht werden?

Alle diese Überlegungen können eindeutig durch die Angabe eines Buchungssatzes beschrieben werden.

3.4.1 Der einfache Buchungssatz

Beispiel

Eine Mitarbeiterin der BPK lässt sich am Anfang des Monats 500,00 € vom Bankkonto der BPK in bar für die Spesenkasse auszahlen.

1. Bei dem vorliegenden Geschäftsvorfall sind die Konten „Kasse“ und „Kreditinstitute“ betroffen.
2. Sie gehören beide zu den aktiven Bestandskonten.
3. Der Bestand der Kasse erhöht sich, dies führt bei einem aktiven Bestandskonto zur Sollbuchung.
4. Der Bestand des Bankguthabens vermindert sich (Habenbuchung).

Mithilfe eines Buchungssatzes kann dieser Geschäftsvorfall eindeutig beschrieben werden. Dabei wird immer eine bestimmte Reihenfolge der Angaben eingehalten:

Aufbau eines einfachen Buchungssatzes	
1. Nennung des Kontos der Sollbuchung	4. Nennung des Kontos der Habenbuchung
2. Nennung des Betrages der Sollbuchung	5. Nennung des Betrages der Habenbuchung
3. das Wort „an“ trennt Soll- und Habenbuchung	

Nach dieser Reihenfolge ergibt sich für das obige Beispiel der folgende **einfache Buchungssatz:**

Kasse	500,00 €	an	Kreditinstitute	500,00 €
Konto	Betrag in €		Konto	Betrag in €
Sollbuchung			Habenbuchung	

Aussprache:
Kasse 500,00 € an Kreditinstitute 500,00 €

Der einfache Buchungssatz betrifft immer zwei Konten und besteht aus jeweils **einer** Sollbuchung und **einer** Habenbuchung.

Übernahme des einfachen Buchungssatzes auf Bestandskonten

Beispiel

Die BPK GmbH kauft für den Reisenden Herrn Richter einen neuen Dienstwagen zum Preis von 30.000,00 € auf Ziel (zahlbar innerhalb von 14 Tagen).
Gebucht werden muss auf dem aktiven Bestandskonto „Fuhrpark" (Pkw) und dem passiven Bestandskonto „Verbindlichkeiten" (Zielkauf). Der Wert des Kontos Fuhrpark erhöht sich (Sollbuchung); der Wert des Kontos Verbindlichkeiten a.L.L. erhöht sich ebenfalls (Habenbuchung). Der Buchungssatz lautet:

Fuhrpark	30.000,00 €	an	Verbindlichkeiten a.L.L.	30.000,00 €

Bei der Übernahme des Buchungssatzes auf die Bestandskonten wird die Art der Werteveränderung (Mehrung oder Minderung) durch den Eintrag auf der Soll- oder der Habenseite des Kontos eindeutig festgelegt. Die Übersichtlichkeit auf den Konten kann jedoch wesentlich gesteigert werden, wenn auf dem Konto Hinweise zur Begründung der Werteveränderung angegeben werden. Ein derartiger Hinweis ist die **Angabe der Gegenbuchung**.

S	Fuhrpark		H
AB	70.000,00		
Verbindl.	30.000,00		

Die Angabe „Verbindlichkeiten" vor dem Buchungsbetrag sagt aus, dass ein Fahrzeug **auf Ziel** gekauft wurde. Die Gegenbuchung muss im Haben auf dem Konto Verbindlichkeiten eingetragen sein.

S	Verbindlichkeiten a.L.L.		H
		AB	60.000,00
		Fuhrpark	30.000,00

Die Angabe „Fuhrpark" vor dem Buchungsbetrag sagt aus, dass **ein Fahrzeug** auf Ziel gekauft wurde. Die Gegenbuchung muss im Soll auf dem Konto Fuhrpark eingetragen sein.

3.4.2 Der zusammengesetzte Buchungssatz

Beispiel

Fall 1: Die BPK GmbH kauft Waren im Wert von 5.200,00 €. Sie bezahlt 1.200,00 € in bar und den Restbetrag von 4.000,00 € durch Banklastschrift.

Dieser Geschäftsvorfall verändert die Werte von mehr als zwei Konten. Es erfolgt eine Sollbuchung auf dem Konto „Waren", und es müssen zwei Habenbuchungen auf den Konten Kasse und Keditinstitute erfasst werden. Dies wird durch einen zusammengesetzten Buchungssatz beschrieben. Die Reihenfolge der Angaben entspricht denen des einfachen Buchungssatzes:

Aufbau eines zusammengesetzten Buchungssatzes	
1. Nennung von Konto und Betrag der Sollbuchung(en)	3. Nennung von Konto und Betrag der Habenbuchung(en)
2. das Wort „an" trennt Soll- und Habenbuchung(en)	

Beträge aller Sollbuchungen = Beträge aller Habenbuchungen

Der zusammengesetzte Buchungssatz besteht immer aus mehr als einer Sollbuchung oder mehr als einer Habenbuchung. Die Summe aller Sollbuchungen muss der Summe aller Habenbuchungen entsprechen.

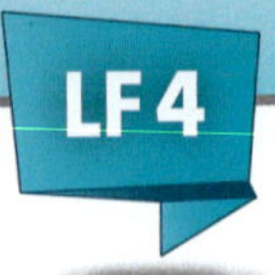

Der zusammengesetzte Buchungssatz für das Beispiel (Fall 1) lautet also:

Aussprache:
Waren 5.200,00 € an Kasse 1.200,00 € und Kreditinstitute 4.000,00 €

Waren	5.200,00 €	an	Kasse Kreditinstitute	1.200,00 € 4.000,00 €
Konto	Betrag in €		Konto	Betrag in €
			Konto	Betrag in €
Sollbuchung			Habenbuchung	

Übernahme des zusammengesetzten Buchungssatzes auf Bestandskonten
Unter Angabe der jeweiligen Gegenbuchung ergeben sich auf den Bestandskonten folgende Eintragungen:

S	Waren		H
AB	3.600,00		
Kasse, Kreditinst.	5.200,00		

S	Kasse		H
AB	2.000,00	Waren	1.200,00

S	Kreditinstitute		H
AB	9.000,00	Waren	4.000,00

Beispiel

Fall 2: Die BPK GmbH kauft ein Fahrzeug für 10.000,00 € und eine Maschine für 25.000,00 € bei einem Hersteller auf Ziel für insgesamt 35.000,00 €.

Der zusammengesetzte Buchungssatz für das Beispiel (Fall 2) lautet also:

Fuhrpark	10.000,00 €		Verbindlichkeiten a. L. L.	35.000,00 €
TA und Maschinen	25.000,00 €	an		
Konto	Betrag in €		Konto	Betrag in €
Konto	Betrag in €			
Sollbuchungen			Habenbuchung	

Übernahme des zusammengesetzten Buchungssatzes auf Bestandskonten

S	Fuhrpark		H
AB	30.000,00		
Verb.	10.000,00		

S	Verbindlichkeiten a. L. L.		H
		AB	70.000,00
		Fuhrpark, Maschinen	35.000,00

S	TA und Maschinen		H
AB	120.000,00		
Verb.	25.000,00		

3.5 Vom Eröffnungsbilanzkonto zum Schlussbilanzkonto

AB ▶ LS 43

3.5.1 Eröffnungsbilanzkonto

Nach dem Grundsatz der Bilanzgleichheit, auch Bilanzidentität genannt, ist die Schlussbilanz am Ende eines Geschäftsjahres identisch mit der Eröffnungsbilanz des neuen Geschäftsjahres. Um die Geschäftsvorfälle des neuen Jahres buchen zu können, wird die Eröffnungsbilanz in Konten aufgelöst. Bisher wurden die Anfangsbestände in folgender Weise auf die Bestandskonten übertragen:

- von der Aktivseite der Eröffnungsbilanz auf die Sollseite der Aktivkonten,
- von der Passivseite der Eröffnungsbilanz auf die Habenseite der Passivkonten.

Auflösung der Bilanz in Bestandskonten
▶ LF4, Kap. 3.2

Die Anfangsbestände in den Bestandskonten wurden somit auf der gleichen Seite eingetragen, auf der sie auch in der Bilanz stehen. Dieses Vorgehen widerspricht jedoch dem Grundsatz der doppelten Buchführung, der besagt, dass jeder Buchung im Soll eine Buchung im Haben gegenüberstehen muss. Deshalb wird ein zusätzliches Konto im Hauptbuch eingerichtet, das bei der Buchung der Anfangsbestände die Gegenbuchung aufnimmt. Diese Funktion übernimmt das **Eröffnungsbilanzkonto (EBK)**.

Wie alle Konten des Hauptbuches erhält das Eröffnungsbilanzkonto als Seitenbenennung die Begriffe Soll und Haben. Das EBK wird dabei zum Spiegelbild der Eröffnungsbilanz. Da alle aktiven Bestandskonten im Soll eröffnet werden müssen, erscheinen die Gegenbuchungen auf dem EBK im Haben, entsprechend erscheinen die Gegenbuchungen der passiven Bestandskonten auf dem EBK im Soll.

S EBK	H
AB aller passiven Bestandskonten	AB aller aktiven Bestandskonten

Die Buchungssätze bei der Eröffnung der Bestandskonten lauten also:

aktive Bestandskonten	an	Eröffnungsbilanzkonto (EBK)
Eröffnungsbilanzkonto (EBK)	an	passive Bestandskonten

3.5.2 Schlussbilanzkonto

Am Ende eines Geschäftsjahres werden die Bestandskonten abgeschlossen. Der Endbestand (Saldo) wird errechnet und auf der kleineren Seite eines jeden Bestandskontos zum Ausgleich eingetragen. Für die Aufnahme der Gegenbuchung ist wiederum ein Konto erforderlich. Diese Aufgabe übernimmt das Schlussbilanzkonto (SBK).

S SBK	H
EB aller aktiven Bestandskonten	EB aller passiven Bestandskonten

Die Buchungssätze beim Abschluss der Bestandskonten lauten:

Schlussbilanzkonto (SBK)	an	aktive Bestandskonten
passive Bestandskonten	an	Schlussbilanzkonto (SBK)

Das Schlussbilanzkonto im Hauptbuch ist das Abschlusskonto für die Bestandskonten. Die Bestände im Schlussbilanzkonto werden auf Basis der Buchungen im Grund- und Hauptbuch ermittelt (Sollbestände). Die Aufstellung der Schlussbilanz erfolgt dagegen immer auf Basis des Inventarverzeichnisses (Istbestände).

Inventar
▶ LF4, Kap. 2.2

Inventur
▶ LF 4, Kap. 2.1

Die durch Inventur ermittelten Istbestände werden mit den Sollwerten auf dem Schlussbilanzkonto verglichen. Stimmen die Inventurwerte nicht mit den Buchungen auf dem SBK überein, so müssen die Buchungen korrigiert bzw. ergänzt werden, bis die Werte des Schlussbilanzkontos denen der Schlussbilanz entsprechen.

3.5.3 Beispiel: Geschäftsgang mit Bilanzen, Grund- und Hauptbuch

Eröffnungsbilanz 20XX mit den Werten der Inventur zum 31.12.20XW

Aktiva	Eröffnungsbilanz zum 01.01.20XX		Passiva
BGA	60.000,00	Eigenkapital	140.000,00
Waren	110.000,00	Darlehensschulden	20.000,00
Kreditinstitute	30.000,00	Verbindlichkeiten a.L.L.	40.000,00
	200.000,00		**200.000,00**

Grundbuch:
Eröffnungsbuchungen: E1 bis E3 → Aktive Bestandskonten
E4 bis E6 → Passive Bestandskonten

	Soll	€	Haben	€
E1	BGA	60.000,00	Eröffnungsbilanzkonto	60.000,00
E2	Waren	110.000,00	Eröffnungsbilanzkonto	110.000,00
E3	Kreditinstitute	30.000,00	Eröffnungsbilanzkonto	30.000,00
E4	Eröffnungsbilanzkonto	140.000,00	Eigenkapital	140.000,00
E5	Eröffnungsbilanzkonto	20.000,00	Darlehensschulden	20.000,00
E6	Eröffnungsbilanzkonto	40.000,00	Verbindlichkeiten a.L.L.	40.000,00

Buchungen der **Geschäftsvorfälle** Nr. 1 bis 5:

	Soll	€	Haben	€
1	Waren	4.000,00	Verbindlichkeiten a.L.L.	4.000,00
2	Kreditinstitute	5.000,00	Darlehensschulden	5.000,00
3	Verbindlichkeiten a.L.L.	500,00	Kreditinstitute	500,00
4	BGA	1.000,00	Verbindlichkeiten a.L.L.	1.000,00
5	Kreditinstitute	9.000,00	Waren	9.000,00

Abschlussbuchungen: A1 bis A3 → Aktive Bestandskonten
A4 bis A6 → Passive Bestandskonten

	Soll	€	Haben	€
A1	Schlussbilanzkonto	61.000,00	BGA	61.000,00
A2	Schlussbilanzkonto	105.000,00	Waren	105.000,00
A3	Schlussbilanzkonto	43.500,00	Kreditinstitute	43.500,00
A4	Eigenkapital	140.000,00	Schlussbilanzkonto	140.000,00
A5	Darlehensschulden	25.000,00	Schlussbilanzkonto	25.000,00
A6	Verbindlichkeiten a.L.L.	44.500,00	Schlussbilanzkonto	44.500,00

Hauptbuch: Eröffnungsbuchungen, Geschäftsvorfälle und Abschlussbuchungen

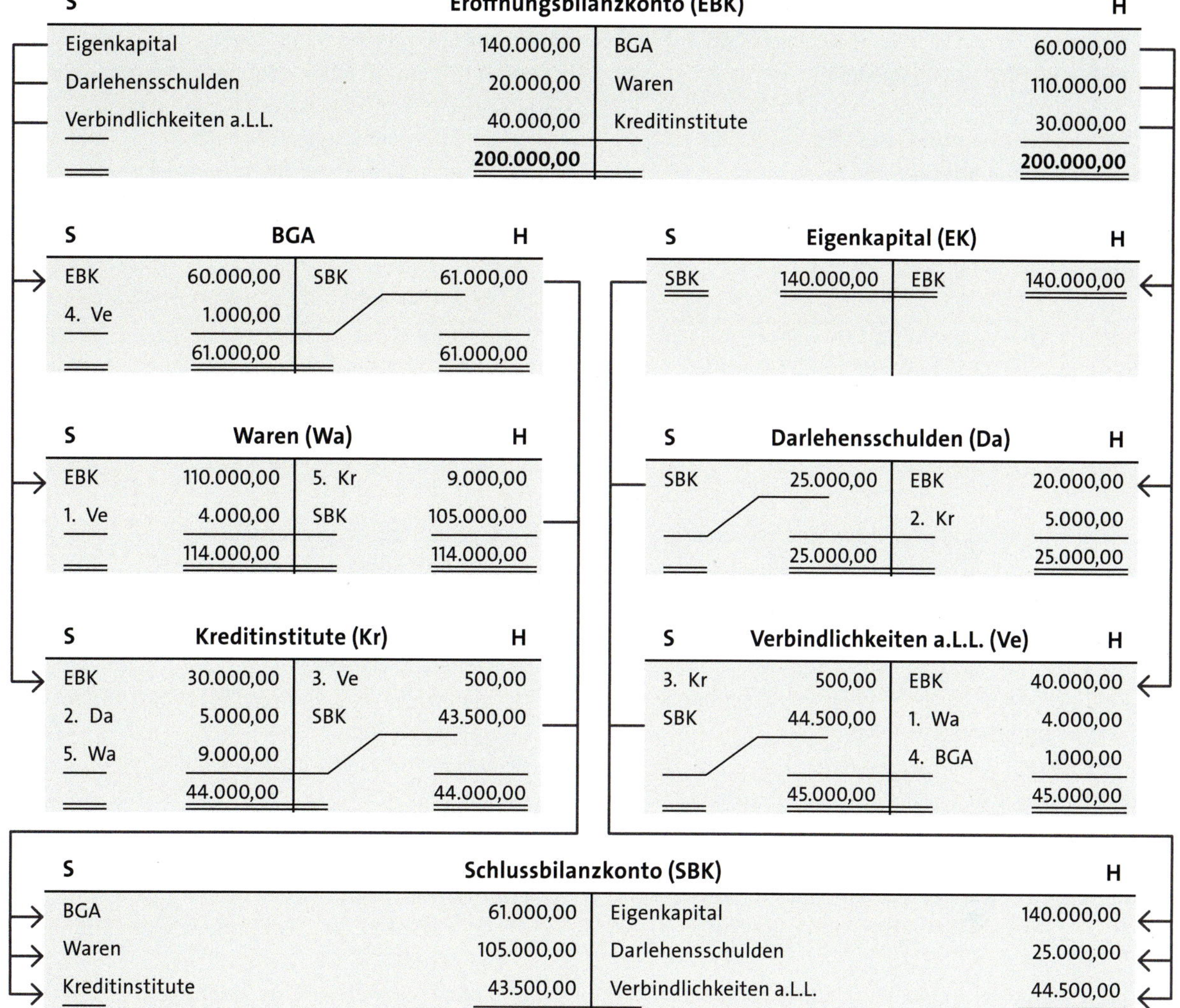

Eröffnungsbilanzkonto (EBK)

S			H
Eigenkapital	140.000,00	BGA	60.000,00
Darlehensschulden	20.000,00	Waren	110.000,00
Verbindlichkeiten a.L.L.	40.000,00	Kreditinstitute	30.000,00
	200.000,00		**200.000,00**

BGA

S			H
EBK	60.000,00	SBK	61.000,00
4. Ve	1.000,00		
	61.000,00		61.000,00

Eigenkapital (EK)

S			H
SBK	140.000,00	EBK	140.000,00

Waren (Wa)

S			H
EBK	110.000,00	5. Kr	9.000,00
1. Ve	4.000,00	SBK	105.000,00
	114.000,00		114.000,00

Darlehensschulden (Da)

S			H
SBK	25.000,00	EBK	20.000,00
		2. Kr	5.000,00
	25.000,00		25.000,00

Kreditinstitute (Kr)

S			H
EBK	30.000,00	3. Ve	500,00
2. Da	5.000,00	SBK	43.500,00
5. Wa	9.000,00		
	44.000,00		44.000,00

Verbindlichkeiten a.L.L. (Ve)

S			H
3. Kr	500,00	EBK	40.000,00
SBK	44.500,00	1. Wa	4.000,00
		4. BGA	1.000,00
	45.000,00		45.000,00

Schlussbilanzkonto (SBK)

S			H
BGA	61.000,00	Eigenkapital	140.000,00
Waren	105.000,00	Darlehensschulden	25.000,00
Kreditinstitute	43.500,00	Verbindlichkeiten a.L.L.	44.500,00
	209.500,00		**209.500,00**

Die Inventurwerte stimmen mit den Werten des Schlussbilanzkontos überein. Es müssen keine Korrekturbuchungen vorgenommen werden.

Schlussbilanz zum 31.12.20XX

Aktiva			**Passiva**
BGA	61.000,00	Eigenkapital	140.000,00
Waren	105.000,00	Darlehensschulden	25.000,00
Kreditinstitute	43.500,00	Verbindlichkeiten a.L.L.	44.500,00
	209.500,00		**209.500,00**

Ort, Datum und Unterschrift(en)

Hinweis: Die Angabe der Gegenbuchung erfolgt mit Abkürzungen. Es werden hier zumeist die ersten beiden Buchstaben des Gegenkontos angegeben. Die Auswahl der Abkürzungen ist beliebig, die Angaben müssen jedoch eindeutig sein.

Alles klar?

1 Welche Arten von Wertveränderungen von Bilanzposten werden unterschieden?

2 Beschreiben Sie zwei Geschäftsvorfälle, die zu einem Aktivtausch führen.

3 Auf welcher Kontenseite werden Mehrungen auf Bestandskonten erfasst?

4 Welche Überlegungen sind notwendig, um einen Geschäftsvorfall richtig buchen zu könnten?

5 Unterscheiden Sie einfache und zusammengesetzte Buchungssätze.

6 Welche Unterschiede sind zwischen einer Eröffnungsbilanz und einem Eröffnungsbilanzkonto eines Unternehmens zum selben Zeitpunkt festzustellen?

7 Welche Art von Werteveränderung einer Bilanz liegt nachfolgend jeweils vor?
- a) Barkauf eines Mobiltelefons
- b) Ein Kunde überweist auf unser Bankkonto
- c) Banküberweisung an einen Lieferanten
- d) Zielverkauf einer gebrauchten Maschine
- e) Kauf von Waren auf Ziel
- f) Tilgung eines Darlehens durch Banküberweisung
- g) Umwandlung einer Verbindlichkeit in ein Darlehen

8 Welcher der nachfolgenden Geschäftsvorfälle bewirkt eine Aktiv-Passiv-Mehrung?
- a) Barkauf eines Bürocomputers
- b) Tilgung (Rückzahlung) eines Darlehens
- c) Zielkauf eines Fahrzeuges
- d) Verkauf eines gebrauchten Schreibtisches auf Ziel

9 Welche der folgenden Aussagen ist richtig?
- a) Bei einem Aktivtausch steigen die Werte von mindestens zwei aktiven Bestandskonten, die Bilanzsumme bleibt gleich.
- b) Bei einer Aktiv-Passiv-Mehrung steigen die Werte von mindestens einem aktiven und einem passiven Bestandskonto, die Bilanzsumme steigt.
- c) Bei einer Aktiv-Passiv-Minderung sinken die Werte von mindestens einem aktiven und einem passiven Bestandskonto, die Bilanzsumme bleibt gleich.
- d) Bei einem Passivtausch sinken die Werte von mindestens zwei passiven Bestandskonten, die Bilanzsumme sinkt.

10 Welche der nachfolgenden Aussagen ist falsch?
- a) Der Anfangsbestand von aktiven Bestandskonten steht im Soll.
- b) Minderungen eines passiven Bestandskontos stehen im Haben.
- c) Mehrungen eines aktiven Bestandskontos stehen im Soll.
- d) Der Endbestand von passiven Bestandskonten steht im Soll.

11 Wie wird der Endbestand eines Bestandskontos ermittelt?
- a) Anfangsbestand + Mehrungen – Minderungen = Endbestand
- b) Sollbuchungen – Habenbuchungen = Endbestand
- c) Anfangsbestand + Sollbuchungen – Habenbuchungen = Endbestand
- d) Anfangsbestand + Habenbuchungen – Sollbuchungen = Endbestand

12 Welcher Buchungssatz ist möglich?
- a) Eröffnungsbilanzkonto an aktives Bestandskonto
- b) Passives Bestandskonto an Eröffnungsbilanzkonto.
- c) Schlussbilanzkonto an aktives Bestandskonto.
- d) Schlussbilanzkonto an passives Bestandskonto.

13 Ein Großhändler für **Fahrradteile** führt folgende Bestandskonten:

- Kreditinstitute (Bankguthaben)
- Betriebsstoffe
- Darlehensschulden
- Eigenkapital
- Forderungen a.L.L.
- Fuhrpark
- Bauten
- Betriebs- und Geschäftsausstattung
- Grundstücke
- Kasse
- technische Anlagen und Maschinen
- Verbindlichkeiten a.L.L.
- Waren

Bilden Sie für den Großhändler die Buchungssätze zu den folgenden Geschäftsvorfällen.

a)	Kauf von Kettenschaltungen auf Ziel	12.000,00
b)	Lastschrift für Barauszahlung	1.100,00
c)	Verkauf eines gebrauchten PC auf Ziel	500,00
d)	Einkauf von Unterlegscheiben auf Ziel	2.000,00
e)	Kauf einer Verpackungsanlage auf Ziel	120.000,00
f)	Barkauf eines Druckers	198,00
g)	Auszahlung eines Darlehens mit Gutschrift auf dem Bankkonto	50.000,00
h)	Lastschrift für Darlehenstilgung	15.000,00
i)	Umwandlung bestehender Verbindlichkeiten in Darlehen mit Laufzeit von zwei Jahren	68.000,00
j)	Zielkauf eines Klein-Lkw für Warenauslieferungen	40.000,00
k)	Gutschrift der Überweisung eines Kunden auf dem Bankkonto	22.000,00
l)	Bargeldauszahlung an einen Lieferanten	500,00
m)	Lastschrift für den Kauf eines Klein-Lkw (vgl. j)	40.000,00
n)	Zielkauf von Büromöbeln für die Verkaufsabteilung	6.690,00
o)	Zielkauf von Tretlagern	3.400,00
p)	Verkauf eines ungenutzten Grundstücks gegen Banküberweisung	68.000,00
q)	Gutschrift auf dem Bankkonto für die Bareinzahlung eines Kunden	6.000,00
r)	Kauf von Aluminiumrohren auf Ziel	42.000,00
s)	Verkauf eines gebrauchten Fahrzeuges auf Ziel	2.320,00
t)	Lastschriften für Banküberweisungen an Lieferer	10.090,00
u)	Gutschriften auf dem Bankkonto für Überweisungen von Kunden	42.000,00
v)	Gutschrift auf dem Bankkonto für eine Bareinzahlung aus der Geschäftskasse	1.200,00

AB ▶ LS 44

Lernvideo Erfolgsbuchungen

4 Buchen auf Erfolgskonten

4.1 Auswirkung von Erfolgsvorgängen auf das Eigenkapital

Der Erfolg eines Geschäftsjahres verändert das Eigenkapital:

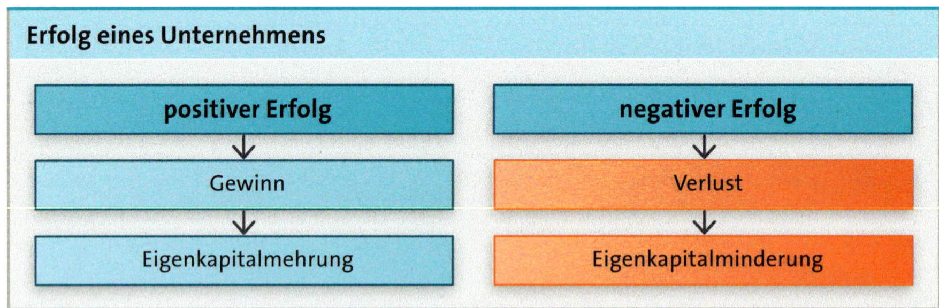

Das Eigenkapital ist in den vorangegangenen Abschnitten durch Tauschvorgänge auf den Bestandskonten **nicht verändert** worden. Dies war beim Handel mit Waren nur unter der Annahme möglich, dass die eingekauften Waren zu denselben Preisen wieder verkauft wurden.

Wareneinkauf = Aufwand = Eigenkapitalminderung; Buchung auf dem Konto Wareneingang

Warenverkauf = Ertrag = Eigenkapitalmehrung; Buchung auf dem Konto Warenverkauf

Das Eigenkapital wird durch **Aufwendungen** und **Erträge** verändert. Ein Großhandelsunternehmen muss, um die angestrebten Gewinne erzielen zu können, seine Waren zu einem höheren Preis verkaufen als einkaufen. Der **Wareneinkauf zu niedrigeren Einstandspreisen** wird als Aufwendungen für Waren auf dem Konto Wareneingang erfasst. Der **Warenverkauf zu höheren Verkaufspreisen** wird als Umsatzerlös auf dem Konto Warenverkauf erfasst. Eine Buchung von Warenein- und Warenverkäufen auf dem aktiven Bestandskonto für Waren (jetzt: Konto Warenbestände) ist dann nicht mehr möglich!

Warenbestandsveränderungen
▶ LF4, Kap. 8.3

Bei der sofortigen Erfassung der eingekauften Waren als Aufwendungen wird unterstellt, dass im wesentlichen Umfang alle eingekauften Waren im selben Geschäftsjahr auch wieder verkauft werden. Die wertmäßige Veränderung der Inventurbestände von Waren, die auf dem neuen Konto Warenbestände zu erfassen wäre, spielt nur eine untergeordnete Rolle.

Dabei ist die positive Differenz zwischen Umsatzerlösen und Aufwendungen für Waren jedoch nicht mit dem Gewinn des Unternehmens gleichzusetzen. Der Handel mit Waren verursacht weitere Aufwendungen, ohne die ein Handelsunternehmen seine Dienstleistung nicht erbringen könnte. Der gesamte **Werteverzehr** von Produktionsfaktoren (Betriebsmittel, Arbeit, Werkstoffe) beim Einkauf, der Lagerung und dem Verkauf von Waren sowie für die Verwaltung des Unternehmens mindern den Wert des Vermögens und damit das Eigenkapital. Diesem Werteverzehr können neben den Umsatzerlösen weitere Erträge als **Wertezufluss** gegenüberstehen, die den Wert des Vermögens und damit das Eigenkapital erhöhen.

Beispiele für Aufwendungen eines Handelsunternehmens	
Wareneinkauf	Wert der gekauften Waren zu Einstandspreisen
Kosten der Warenabgabe	Verpackungsmaterial, Ausgangsfrachten, Gewährleistungen
Personalkosten	Löhne, Gehälter, gesetzliche soziale Aufwendungen
Abschreibungen	Wertminderungen von Vermögensgegenständen (z. B. durch Nutzung)
Allgemeine Verwaltung	Bürobedarf, Porto, Telefon, Telefax, Rechts- und Beratungskosten, Kosten des Geldverkehrs
weitere wichtige Aufwendungen	Miete, Pachten, Leasing, Kfz-Steuer, Versicherungen, Energie, Betriebsstoffe, Werbung, Instandhaltung, Provisionen usw.

Beispiele für Erträge eines Handelsunternehmens	
Warenverkauf	Wert der verkauften Waren zu Verkaufpreisen (Umsatzerlöse)
weitere wichtige Erträge	Provisionserträge, Zinserträge usw.

Ist die Summe aller Erträge größer als die Summe aller Aufwendungen, so erzielt das Unternehmen einen **Gewinn**. Das Eigenkapital steigt. Decken die Erträge nicht die Aufwendungen, so wird ein **Verlust** erzielt. Das Eigenkapital sinkt.

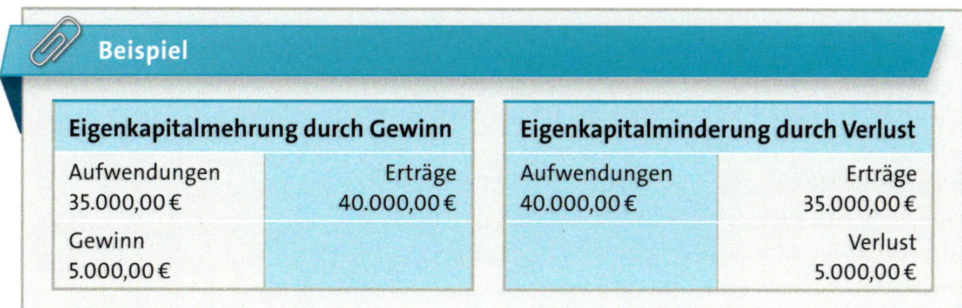

Beispiel

Eigenkapitalmehrung durch Gewinn	
Aufwendungen 35.000,00 €	Erträge 40.000,00 €
Gewinn 5.000,00 €	

Eigenkapitalminderung durch Verlust	
Aufwendungen 40.000,00 €	Erträge 35.000,00 €
	Verlust 5.000,00 €

4.2 Buchungsregeln für Erfolgskonten

Gemäß den Buchungsregeln für passive Bestandskonten könnten alle Aufwendungen (Eigenkapitalminderungen) und alle Erträge (Eigenkapitalmehrungen) direkt auf dem Konto Eigenkapital gebucht werden. Bei einer Vielzahl von erfolgswirksamen Geschäftsvorfällen würde man als Ergebnis allerdings ein sehr unübersichtliches Eigenkapitalkonto erhalten, aus dem die Höhe einzelner Aufwands- und Ertragsarten nicht ersichtlich wäre.

Aus diesem Grund werden so genannte **Erfolgskonten** als Unterkonten des Eigenkapitals eingerichtet. Alle erfolgswirksamen Geschäftsvorfälle werden darauf nach Aufwands- und Ertragsarten sachlich geordnet erfasst. Dabei müssen Erträge immer im Haben und Aufwendungen immer im Soll gebucht werden. Die Gegenbuchung verändert die Werte auf den Bestandskonten. Im Gegensatz zu Bestandskonten haben Erfolgskonten **keinen Anfangsbestand**.

Erträge (Eigenkapitalmehrungen) werden im Haben, Aufwendungen (Eigenkapitalminderungen) werden im Soll gebucht.

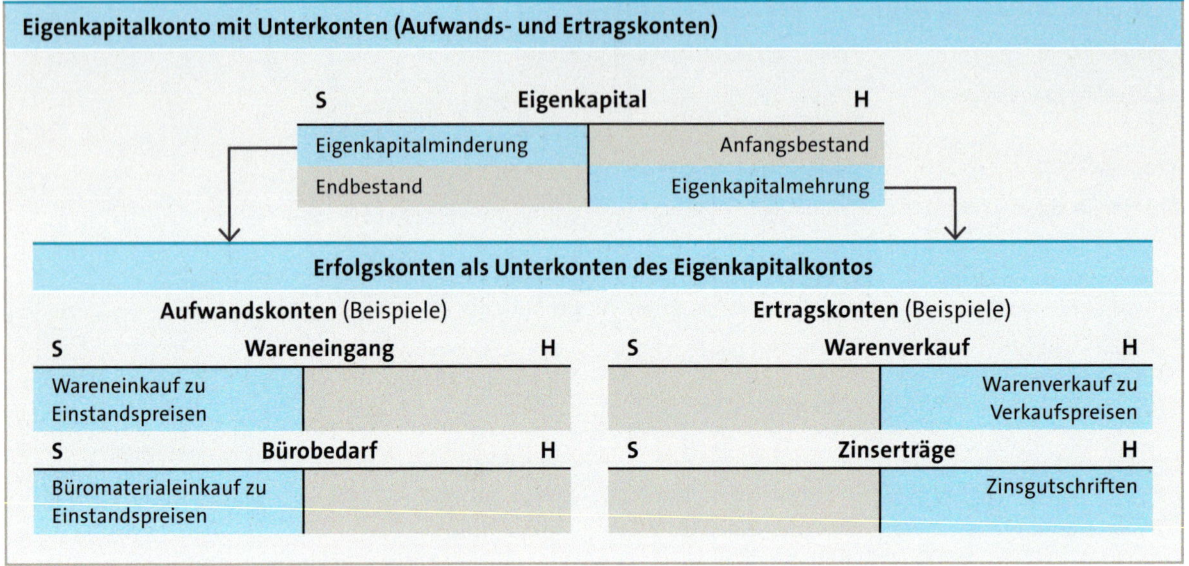

Geschäftsvorfälle:

1. Einkauf von Kopierpapier zum Preis von 12.500,00 € auf Ziel
2. Verkauf desselben Kopierpapiers zum Preis von 18.500,00 € auf Ziel
3. Barkauf von Kugelschreibern für die Verwaltung, 42,00 €
4. Die Bank schreibt 500,00 € Zinsen gut.

Grundbuch

Nr.	Soll	€	Haben	€
1	Wareneingang	12.500,00	Verbindlichkeiten a.L.L.	12.500,00
2	Forderungen a.L.L.	18.500,00	Warenverkauf	18.500,00
3	Bürobedarf	42,00	Kasse	42,00
4	Kreditinstitute	500,00	Zinserträge	500,00

Hauptbuch:

Erfolgskonten

S	Wareneingang (WE)		H
1. Ve	12.500,00		

S	Warenverkauf (WV)		H
		2. Fo	18.500,00

S	Bürobedarf (Bü)		H
3. Ka	42,00		

S	Zinserträge (Zi)		H
		4. Kr	500,00

Bestandskonten

S	Verbindlichkeiten a.L.L. (Ve)		H
		EBK	25.500,00
		1. WE	12.500,00

S	Forderungen a.L.L. (Fo)		H
EBK	10.900,00		
2. WV	18.500,00		

S	Kasse (Ka)		H
EBK	5.500,00	3. Bü	42,00

S	Kreditinstitute (Kr)		H
EBK	7.200,00		
4. Zi	500,00		

4.3 Abschluss von Erfolgskonten

Der Abschluss der Erfolgskonten am Geschäftsjahresende erfolgt nicht direkt über das Eigenkapitalkonto. Übersichtlicher ist es, wenn alle Aufwands- und Ertragskonten zunächst auf einem separaten Konto gegenübergestellt werden, um dort den Erfolg des Geschäftsjahres zu ermitteln. Diese Gegenüberstellung erfolgt auf dem **Gewinn- und Verlustkonto (GuV)**. Der dort ermittelte Erfolg (Gewinn oder Verlust) wird dann in einer Buchung auf das Eigenkapitalkonto übernommen.

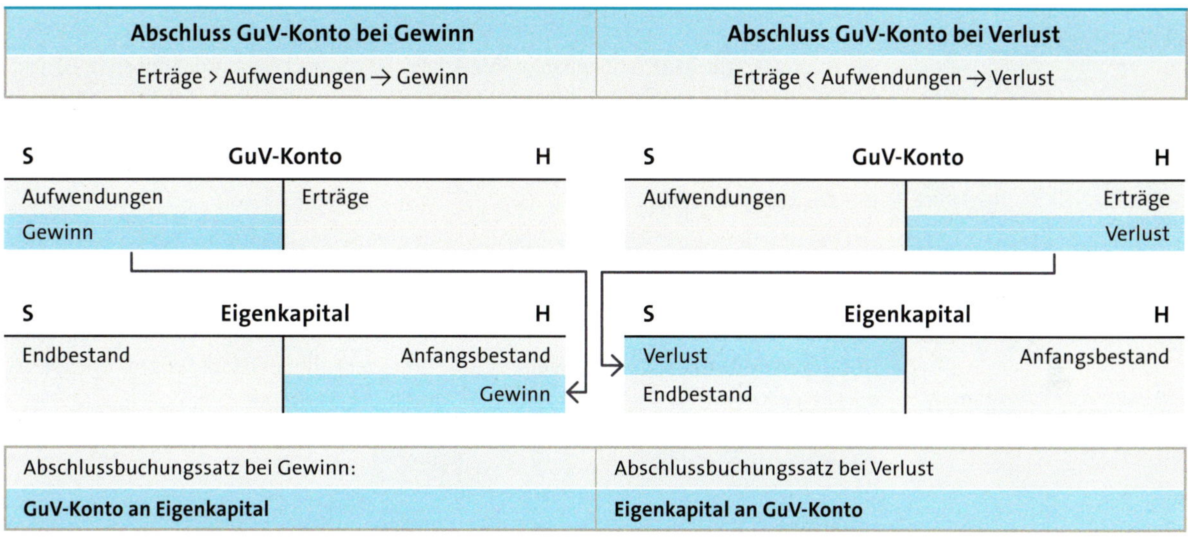

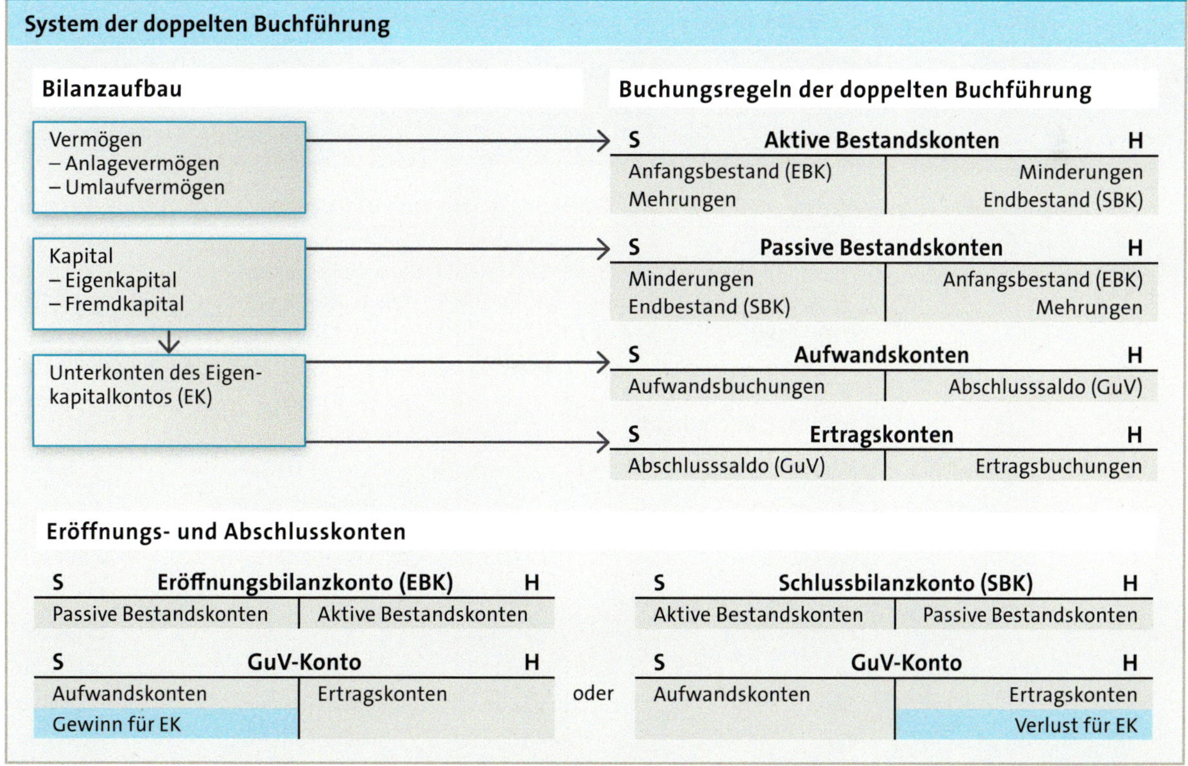

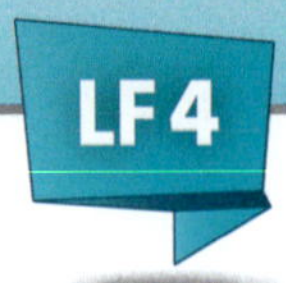

4.4 Geschäftsgang mit Bestands- und Erfolgskonten

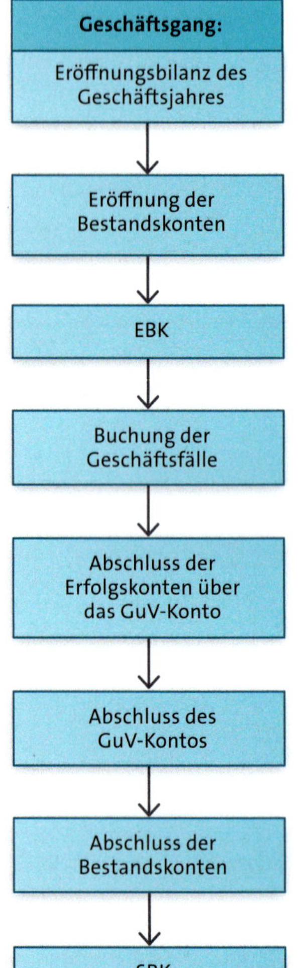

Ein vollständiger Geschäftsgang hat seinen Ursprung in der Inventur zum Geschäftsjahresende des Vorjahres. Auf Basis der Inventurwerte wird die Schlussbilanz erstellt. Aus dieser werden die Posten und Werte in die identische Eröffnungsbilanz des neuen Geschäftsjahres und von dort (spiegelverkehrt) durch die Eröffnungsbuchungen der Bestandskonten in das Eröffnungsbilanzkonto übernommen.

Die Buchungstätigkeiten beginnen mit der Eröffnung der Bestandskonten in Grund- und Hauptbuch über das Eröffnungsbilanzkonto. Anschließend erfolgt die Erfassung aller erfolgswirksamen und erfolgsunwirksamen Geschäftsvorfälle in chronologischer Reihenfolge im Grundbuch mit anschließender Übernahme auf die Sachkonten des Hauptbuches.

Am Geschäftsjahresende werden die Erfolgskonten über das GuV-Konto abgeschlossen und der dort ermittelte Gewinn oder Verlust auf das Eigenkapitalkonto übernommen. Abschließend werden die Bestandskonten im Grund- und Hauptbuch abgeschlossen. Das durch den Abschluss der Bestandskonten entstandene Schlussbilanzkonto muss den Inventurwerten des neuen Jahres (Schlussbilanz) entsprechen.

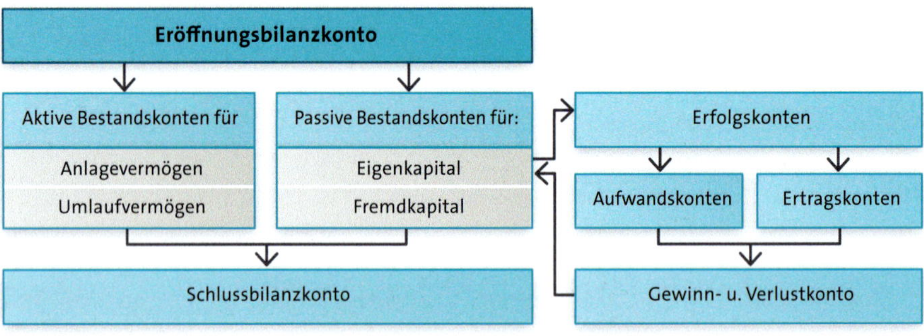

Aktiva	Eröffnungsbilanz zum 01.01.20XX		Passiva
BGA	125.000,00	Eigenkapital	120.000,00
Warenbestände	80.000,00	Darlehensschulden	90.000,00
Forderungen a.L.L.	20.000,00	Verbindlichkeiten a.L.L.	40.000,00
Kreditinstitute	25.000,00		
	250.000,00		**250.000,00**

Eröffnungsbuchungen

Soll	€	Haben	€
BGA	125.000,00	EBK	125.000,00
Warenbestände	80.000,00	EBK	80.000,00
Forderungen a.L.L.	20.000,00	EBK	20.000,00
Kreditinstitute	25.000,00	EBK	25.000,00
EBK	120.000,00	Eigenkapital	120.000,00
EBK	90.000,00	Darlehensschulden	90.000,00
EBK	40.000,00	Verbindlichkeiten a.L.L.	40.000,00

Geschäftsvorfälle

Alle eingekauften Waren des Geschäftsjahres werden in diesem Geschäftsjahr wieder verkauft. Der Wert des Warenbestandes bleibt unverändert bei 80.000,00 €.
Erfolgskonten: Wareneingang, Gehälter, Warenverkauf, Zinserträge

Erfolgswirksame und erfolgsunwirksame Geschäftsvorfälle		**€**
1. Einkauf von Waren auf Ziel		240.000,00
2. Verkauf derselben Waren	a) auf Ziel und	220.000,00
	b) per Banküberweisung	100.000,00
3. Tilgung eines Darlehens per Banküberweisung		40.000,00
4. Banküberweisung von Kunden		180.000,00
5. Gutschrift der Bank für Zinsen		5.000,00
6. Banküberweisung der Gehälter		44.000,00
7. Einkauf eines Regalsystems für die Ablage per Banküberweisung		6.000,00
8. Banküberweisung an Lieferer		200.000,00

Nr.	Soll	€	Haben	€
1	Wareneingang	240.000,00	Verbindlichkeiten a.L.L.	240.000,00
2	Forderungen a.L.L. Kreditinstitute	220.000,00 100.000,00	Warenverkauf	320.000,00
3	Darlehensschulden	40.000,00	Kreditinstitute	40.000,00
4	Kreditinstitute	180.000,00	Forderungen a.L.L.	180.000,00
5	Kreditinstitute	5.000,00	Zinserträge	5.000,00
6	Gehälter	44.000,00	Kreditinstitute	44.000,00
7	BGA	6.000,00	Kreditinstitute	6.000,00
8	Verbindlichkeiten a.L.L.	200.000,00	Kreditinstitute	200.000,00

Abschlussbuchungen

Abschluss der Erfolgskonten

Soll	€	Haben	€
GuV	240.000,00	Wareneingang	240.000,00
GuV	44.000,00	Gehälter	44.000,00
Warenverkauf	320.000,00	GuV	320.000,00
Zinserträge	5.000,00	GuV	5.000,00

Abschluss GuV-Konto

Soll	€	Haben	€
GuV	41.000,00	Eigenkapital	41.000,00

Abschluss der Bestandskonten

Soll	€	Haben	€
SBK	131.000,00	BGA	131.000,00
SBK	80.000,00	Warenbestände	80.000,00
SBK	60.000,00	Forderungen a.L.L.	60.000,00
SBK	20.000,00	Kreditinstitute	20.000,00
Eigenkapital	161.000,00	SBK	161.000,00
Darlehensschulden	50.000,00	SBK	50.000,00
Verbindlichkeiten a.L.L.	80.000,00	SBK	80.000,00

Hauptbuch mit Bestands- und Erfolgskonten

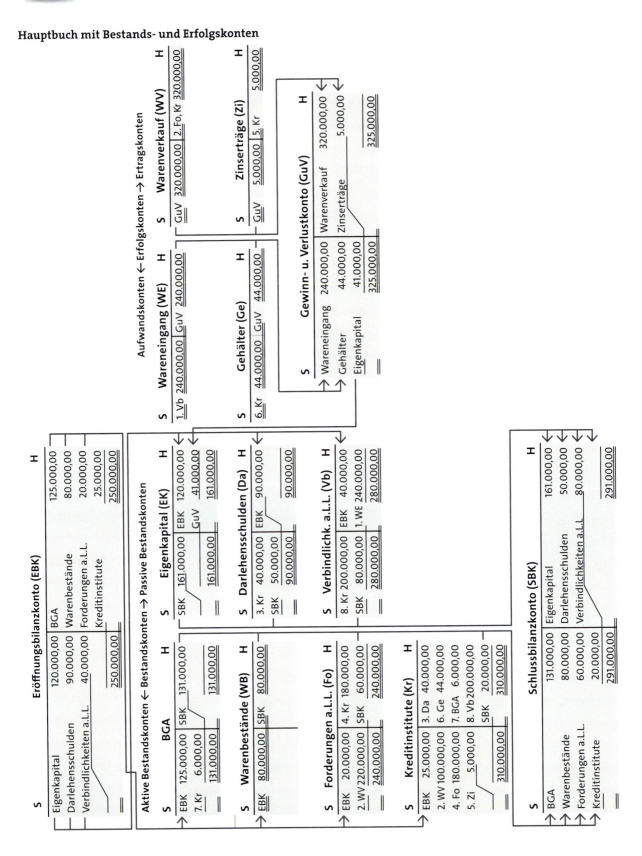

S Eröffnungsbilanzkonto (EBK) H

S			H
Eigenkapital	120.000,00	BGA	125.000,00
Darlehensschulden	90.000,00	Warenbestände	80.000,00
Verbindlichkeiten a.L.L.	40.000,00	Forderungen a.L.L.	20.000,00
		Kreditinstitute	25.000,00
	250.000,00		250.000,00

Aktive Bestandskonten ← Bestandskonten → Passive Bestandskonten

S BGA H

S			H
EBK	125.000,00	SBK	131.000,00
7. Kr	6.000,00		
	131.000,00		131.000,00

S Warenbestände (WB) H

S			H
EBK	80.000,00	SBK	80.000,00

S Forderungen a.L.L. (Fo) H

S			H
EBK	20.000,00	4. Kr	180.000,00
2. WV	220.000,00	SBK	60.000,00
	240.000,00		240.000,00

S Kreditinstitute (Kr) H

S			H
EBK	25.000,00	3. Da	40.000,00
2. WV	100.000,00	6. Ge	44.000,00
4. Fo	180.000,00	7. BGA	6.000,00
5. Zi	5.000,00	8. Vb	200.000,00
		SBK	20.000,00
	310.000,00		310.000,00

S Eigenkapital (EK) H

S			H
SBK	161.000,00	EBK	120.000,00
		GuV	41.000,00
	161.000,00		161.000,00

S Darlehensschulden (Da) H

S			H
3. Kr	40.000,00	EBK	90.000,00
SBK	50.000,00		
	90.000,00		90.000,00

S Verbindlichk. a.L.L. (Vb) H

S			H
8. Kr	200.000,00	EBK	40.000,00
SBK	80.000,00	1. WE	240.000,00
	280.000,00		280.000,00

Aufwandskonten ← Erfolgskonten → Ertragskonten

S Wareneingang (WE) H

S			H
1. Vb	240.000,00	GuV	240.000,00

S Gehälter (Ge) H

S			H
6. Kr	44.000,00	GuV	44.000,00

S Warenverkauf (WV) H

S			H
GuV	320.000,00	2. Fo, Kr	320.000,00

S Zinserträge (Zi) H

S			H
GuV	5.000,00	5. Kr	5.000,00

S Gewinn- u. Verlustkonto (GuV) H

S			H
Wareneingang	240.000,00	Warenverkauf	320.000,00
Gehälter	44.000,00	Zinserträge	5.000,00
Eigenkapital	41.000,00		
	325.000,00		325.000,00

S Schlussbilanzkonto (SBK) H

S			H
BGA	131.000,00	Eigenkapital	161.000,00
Warenbestände	80.000,00	Darlehensschulden	50.000,00
Forderungen a.L.L.	60.000,00	Verbindlichkeiten a.L.L	80.000,00
Kreditinstitute	20.000,00		
	291.000,00		291.000,00

Alles klar?

1 Was versteht man unter einem negativen Erfolg?

2 Durch welche Vorgänge wird das Eigenkapital eines Unternehmens verändert?

3 Nennen Sie je drei wichtige Aufwands- und Ertragsarten für ein Großhandelsunternehmen.

4 In welchem Fall steigt das Eigenkapital eines Unternehmens?

5 Was versteht man unter Erfolgskonten und welches Abschlusskonto ist dafür notwendig?

6 Welche Art von Konten hat einen Anfangsbestand?

7 Stellen Sie fest, ob durch die folgenden Geschäftsvorfälle das Eigenkapital
1) steigt
2) sinkt
3) unverändert bleibt?

a) Reparatur am Geschäfts-Pkw
b) Verkauf von Waren
c) Zinsgutschrift der Bank
d) Leasinggebühr für einen Lkw
e) Kauf einer Maschine
f) Einkauf von Waren
g) Zinszahlung an die Bank
h) Einkauf von Büromaterial
i) Kauf von Briefmarken
j) Lohn- und Gehaltszahlungen
k) Kauf eines Lkw
l) Darlehenstilgung
m) Kfz-Steuerzahlung
n) Überweisung eines Kunden

8 Welche Aussage ist falsch?
a) Das Konto Warenverkauf ist ein Ertragskonto.
b) Das Konto Wareneingang ist ein Aufwandskonto.
c) Erfolgskonten (Aufwands- und Ertragskonten) haben keinen Anfangsbestand.
d) Erfolgskonten werden über das Konto Eigenkapital abgeschlossen.

9 Bilden Sie die Buchungssätze für nachfolgende Geschäftsvorfälle.

a) Wareneinkauf auf Ziel	20.000,00 €
b) Warenverkauf auf Ziel	40.000,00 €
c) Banküberweisung für Löhne	14.000,00 €
d) Banküberweisung für die Lagerhallenmiete	5.000,00 €
e) Unsere Bank schreibt uns Zinsen gut	200,00 €
f) Barzahlung für eine PC-Reparatur	57,00 €
g) Abbuchung der Kfz-Versicherung für den Firmen-Lkw von unserem Bankkonto	429,00 €

10 Welche zwei Buchungssätze sind möglich?
a) Wareneingang an Eigenkapital
b) Bürobedarf an GuV-Konto
c) Warenverkauf an GuV-Konto
d) GuV-Konto an Eigenkapital

11 Im Jahresabschluss eines Großhandelsunternehmens werden folgende Kontensalden ermittelt:

Fuhrpark	70.000,00 €
Wareneingang	310.000,00 €
Betriebs- und Geschäftsausstattung	110.000,00 €
Löhne und Gehälter	90.000,00 €
Verbindlichkeiten a. L. L.	54.000,00 €
Zinserträge	2.000,00 €
Kreditinstitute (Bankguthaben)	62.000,00 €
Warenverkauf	480.000,00 €
Bürobedarf	4.000,00 €
Mietaufwendungen	24.000,00 €

Ermitteln Sie
a) den Rohgewinn,
b) den Reingewinn,
c) das Eigenkapital.

AB ▶ LS 45

5 Organisation der Buchführung

Das betriebliche Rechnungswesen muss so organisiert sein, dass das in der Buchführung erfasste Zahlenmaterial allen Bereichen des Unternehmens in einer aussagefähigen Struktur zur Verfügung gestellt werden kann. Die Organisation richtet sich nach dem Betriebsaufbau (Vermögenswerte und Kapitalwerte) und dem Betriebsablauf (Aufwandsarten und Ertragsarten), die wiederum mit der Branche, Größe und der Rechtsform des Unternehmens eng verbunden sind.

Die Buchführung muss so aufgebaut sein, dass für alle Vermögens-, Kapital-, Ertrags- und Aufwandspositionen systematisch gegliedert Konten eingerichtet werden können. Dabei wird in der Regel ein System angestrebt, das innerhalb einer Branche eine schnelle Vergleichbarkeit ermöglicht. Notwendige Eröffnungs- und Abschlusskonten sowie die Möglichkeit, die Kosten- und Leistungsrechnung in dieses System zu integrieren, sind Bestandteil dieses Ordnungssystems.

Die Kosten- und Leistungsrechnung wird in LF 8 behandelt.

5.1 Kontenrahmen für den Groß- und Außenhandel

Die Übersichtlichkeit der Buchführung wird wesentlich gesteigert, wenn eine **Systematisierung der Konten** erfolgt. Basis für diese Systematisierung ist ein Kontenrahmen, der eine Übersicht über die möglichen Konten eines Unternehmens gibt. Damit nicht jedes Unternehmen die Anzahl, Bezifferung und Bezeichnung seiner Konten willkürlich gestaltet und weil in jedem Wirtschaftsbereich buchhalterische Besonderheiten zu berücksichtigen sind, wurden von den verschiedenen Spitzenverbänden der Wirtschaft Kontenrahmen erarbeitet und zur Anwendung empfohlen, die den speziellen Gegebenheiten der jeweiligen Branche angepasst sind.

Kontenrahmen und Kontenplan ordnen jedem Konto eine Zahl **(Kontonummer)** zu, die dieses Konto eindeutig bestimmt. Die EDV-Buchführung ist immer mit der Eingabe von Kontennummern verbunden. Der Kontenrahmen des Groß- und Außenhandels ist wie alle Kontenrahmen nach dem Zehnersystem (dekadisches System) aufgebaut. Aufgrund der Ziffern von 0 bis 9 werden 10 Kontenklassen eingerichtet. Die **Kontenklassen** sind nach dem **Prozessgliederungsprinzip** gegliedert, d.h., die Reihenfolge der Kontenklassen entspricht grundlegend dem Betriebsablauf und damit dem innerbetrieblichen Güterkreislauf. Je Kontenklasse können bis zu 10 **Kontengruppen** eingerichtet werden. Jede Kontengruppe kann wiederum in 10 **Kontenarten** unterteilt werden. Im Bedarfsfall nimmt schließlich jede Kontenart 10 **Kontenunterarten** auf.

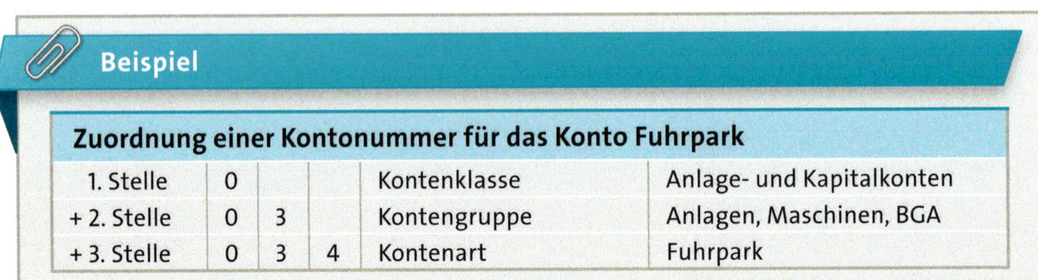

Beispiel

Zuordnung einer Kontonummer für das Konto Fuhrpark					
1. Stelle	0			Kontenklasse	Anlage- und Kapitalkonten
+ 2. Stelle	0	3		Kontengruppe	Anlagen, Maschinen, BGA
+ 3. Stelle	0	3	4	Kontenart	Fuhrpark

Kontenklassen für Groß- und Außenhandel	
Kontenklasse	**wesentliche Inhalte / betrieblicher Zusammenhang**
0. Anlage- und Kapitalkonten	zeigt die Grundlagen der Betriebsbereitschaft (Anlagevermögen) und ihre Finanzierung
1. Finanzkonten	zeigt liquide Mittel und kurzfristige Verbindlichkeiten, die der Finanzierung der Warenkäufe und Dienstleistungen dienen
2. Abgrenzungskonten	dient der Abgrenzung von Finanz- und Betriebsbuchhaltung und zeigt den Werteverzehr und den Wertezuwachs, der nicht in unmittelbarem Zusammenhang mit dem eigentlichen Sachziel des Betriebes steht
3. Wareneinkaufs- und Warenbestandskonten	erfasst die Warenkäufe als Wareneinsatz und zeigt die Warenbestände am Anfang und am Ende des Geschäftsjahres
4. Konten der Kostenarten	zeigt den durch das eigentliche Sachziel des Unternehmens verursachten Werteverzehr, der in der Kalkulation zu berücksichtigen ist, nach Kostenarten gegliedert
5. Konten der Kostenstellen	Hier können für die einzelnen Kostenstellen (z. B. Einkauf, Lager, Vertrieb, Verwaltung, Fuhrpark) je nach Betrieb oder Branche unterschiedliche Konten eingerichtet werden. Die sogenannte Kostenstellenrechnung wird in der Regel jedoch nicht kontenmäßig, sondern tabellarisch durchgeführt.
6. Konten für Umsatzkostenverfahren	zeigt die sogenannten „Herstellkosten" für einzelne Kostenträger (Artikel), die eingerichtet werden können, bei Anwendung des Umsatzkostenverfahrens im Gegensatz zum Gesamtkostenverfahren[1]
7. frei	
8. Warenverkaufskonten (Umsatzerlöse)	Erlöse aus Warenverkäufen und aus Nebengeschäften (z. B. Warenentnahmen und Provisionserträge). Die Konten dieser Kontenklasse müssen der Gliederung der Kontenklasse 3 entsprechen.
9. Abschlusskonten	Eröffnungsbilanzkonto (EBK) und Abschlusskonten GuV und SBK sowie das dem GuV bei Bedarf vorgeschaltete Warenabschlusskonto

[1] Die Kontenklasse 6 bleibt zumeist frei, da Großhandelsunternehmen ihre Gewinn- und Verlustrechnung in der Regel nach dem Gesamtkostenverfahren erstellen.

Aufgrund des dekadischen Systems ist eine ausgesprochen tief gehende Aufteilung denkbar. In der Regel enthalten Kontenrahmen Empfehlungen bis zu den dreistelligen Kontenarten. Die weitere Einteilung bleibt den Unternehmen überlassen, die je nach Bedarf, jedoch insbesondere dann, wenn die Buchführung EDV-unterstützt abgewickelt wird, oft eine tiefer gegliederte Bezifferung wählen.

5.2 Kontenplan eines Unternehmens

Der Kontenplan ist das betriebsindividuelle Ordnungsschema auf Basis eines Kontenrahmens. Je nach Bedarf des Unternehmens können Kontenarten oder auch Kontengruppen, die im Kontenrahmen vorgesehen sind, im Kontenplan gar nicht vorkommen, oder es werden im Kontenplan Kontenarten eingerichtet, die im Kontenrahmen so nicht vorgegeben sind. Dabei kann es vorkommen, dass Kontennummern mit 3 Stellen nicht ausreichen, sodass vierstellige oder sogar fünf- bzw. sechsstellige Kontennummern vergeben werden müssen.

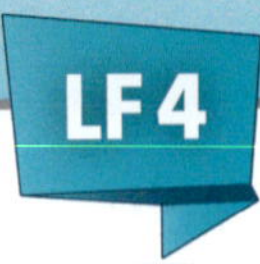

Bei **EDV-Buchführung** wird immer die Anzahl der Stellen je Kontonummer vom Finanzbuchhaltungsprogramm vorgegeben. Sind dort 4 Stellen vorgegeben, so ist einer dreistelligen Kontonummer eine „0“ an der letzten Stelle hinzuzufügen.

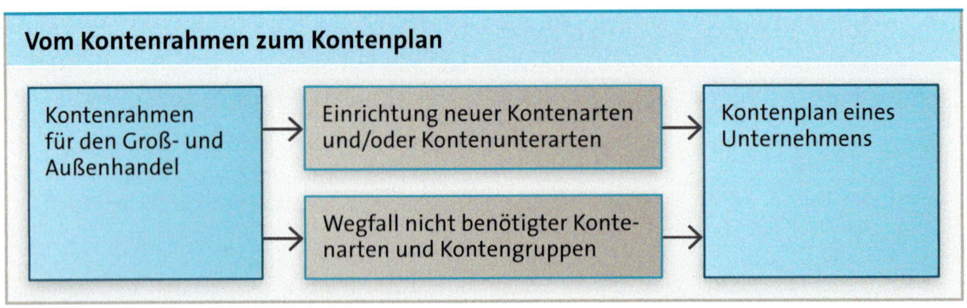

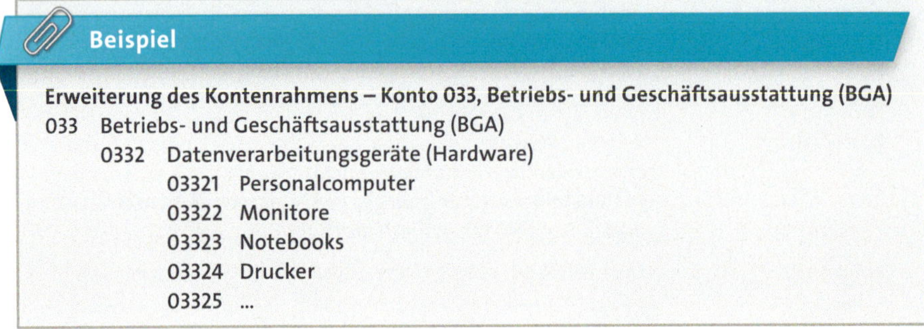

Erweiterung des Kontenrahmens – Konto 033, Betriebs- und Geschäftsausstattung (BGA)

033 Betriebs- und Geschäftsausstattung (BGA)
- 0332 Datenverarbeitungsgeräte (Hardware)
  - 03321 Personalcomputer
  - 03322 Monitore
  - 03323 Notebooks
  - 03324 Drucker
  - 03325 ...

Eine grundsätzliche Erweiterung im Kontenplan ergibt sich durch die Einrichtung von **Personenkonten**, die kein Kontenrahmen vorgeben kann. Hier ist insbesondere die Einrichtung der **Lieferanten- und Kundenkonten** (Kreditoren und Debitoren) zu nennen. Durch die Einrichtung dieser Konten können in der Buchführung die Forderungen bestimmten Kunden und die Verbindlichkeiten bestimmten Lieferanten zugeordnet werden.

Der **Austausch von Kontenbezeichnungen durch Kontennummern** führt zu einer Vereinheitlichung und Vereinfachung der Buchungen und erleichtert die Auswertung der Buchführungsergebnisse (Zeit- und Betriebsvergleiche).

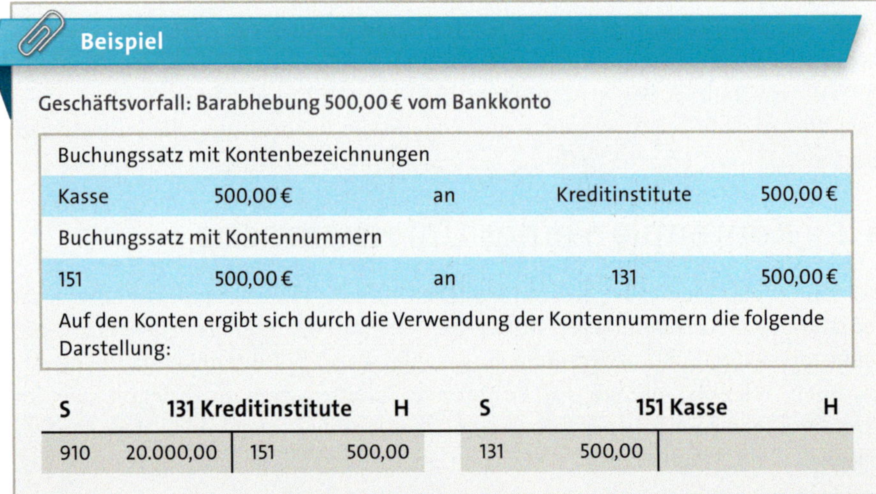

Geschäftsvorfall: Barabhebung 500,00 € vom Bankkonto

Buchungssatz mit Kontenbezeichnungen				
Kasse	500,00 €	an	Kreditinstitute	500,00 €
Buchungssatz mit Kontennummern				
151	500,00 €	an	131	500,00 €

Auf den Konten ergibt sich durch die Verwendung der Kontennummern die folgende Darstellung:

S	131 Kreditinstitute		H
910	20.000,00	151	500,00

S	151 Kasse		H
131	500,00		

Beispiel: Kontenplan eines Unternehmens

Kontenklasse 0: Anlage- und Kapitalkonten

02 Grundstücke und Gebäude
- 021 Grundstücke
- 023 Bauten auf eigenen Grundstücken

03 Anlagen, Maschinen, Betriebs- undGeschäftsausstattung
- 031 Technische Anlagen und Maschinen
- 033 Betriebs- und Geschäftsausstattung
- 034 Fuhrpark
- 037 Geringwertige Wirtschaftsgüter

04 Finanzanlagen
- 046 Sonstige Ausleihungen (Darlehensforderungen)

06 Eigenkapital
- 060 Eigenkapital

08 Verbindlichkeiten
- 082 Verbindlichkeiten gegenüber Kreditinstituten (Darlehensschulden)

Kontenklasse 1: Finanzkonten

10 Forderungen
- 101 Forderungen aus Lieferungen- und Leistungen
- 102 Zweifelhafte Forderungen

11 Sonstige Vermögensgegenstände
- 113 Sonstige Forderungen

13 Banken
- 131 Kreditinstitute
- 132 Postbank

14 Vorsteuer
- 140 Vorsteuer
- 143 Einfuhrumsatzsteuer
- 144 Vorsteuer aus ig-Erwerb

15 Zahlungsmittel
- 151 Kasse

16 Privatkonten
- 161 Privatentnahmen
- 162 Privateinlagen

17 Verbindlichkeiten
- 171 Verbindlichkeiten aus Lieferungen und Leistungen

18 Umsatzsteuer
- 180 Umsatzsteuer
- 184 Umsatzsteuer aus ig-Erwerb

19 Sonstige Verbindlichkeiten
- 191 Verbindlichkeiten aus Steuern
- 192 Verbindlichkeiten im Rahmender sozialen Sicherheit
- 194 Sonstige Verbindlichkeiten
- 198 Zollverbindlichkeiten

Kontenklasse 2: Abgrenzungskonten

20 Außerordentliche und sonstige Aufwendungen
- 202 Betriebsfremde Aufwendungen
- 203 Periodenfremde Aufwendungen
- 204 Verluste aus dem Abgang von Sachlagen
- 206 Sonstige Aufwendungen

21 Zinsen und ähnliche Aufwendungen
- 210 Zinsen und ähnliche Aufwendungen

24 Außerordentliche und sonstige Erträge
- 242 Betriebsfremde Erträge
- 243 Periodenfremde Erträge ausfrüheren Jahren
- 246 Sonstige Erträge

26 Sonstige Zinsen und ähnlicheErträge
- 260 Zinsen und ähnliche Erträge

27 Sonstige betriebliche Erträge
- 278 Entnahme von sonstigen Gegenständen und Leistungen

Kontenklasse 3: Wareneinkaufskonten, Warenbestandskonten

30 Wareneinkaufskonten
- 301 Wareneingang (Inland)
- 302 Warenbezugskosten
- 305 Rücksendungen an Lieferanten
- 306 Nachlässe von Lieferanten
- 307 Lieferantenboni
- 308 Lieferantenskonti
- 381 Wareneingang ig-Erwerb
- 382 Wareneingang Drittland

39 Warenbestände
- 390 Warenbestände

Kontenklasse 4: Konten der Kostenarten

40 Personalkosten
- 401 Löhne
- 402 Gehälter
- 404 Gesetzliche soziale Aufwendungen
- 405 Freiwillige soziale Aufwendungen

41 Mieten, Pachten, Leasing
- 410 Mieten, Pachten, Leasing

42 Steuern, Beiträge, Versicherungen
- 422 Kfz-Steuer
- 426 Versicherungen
- 427 Beiträge
- 428 Gebühren und sonstige Abgaben

43 Energie, Betriebsstoffe
- 430 Energie, Betriebsstoffe

44 Werbe- und Reisekosten
- 440 Werbe- und Reisekosten

45 Provisionen
- 450 Provisionen

46 Kosten der Warenabgabe
- 461 Verpackungsmaterial
- 462 Ausgangsfrachten
- 463 Gewährleistungen

47 Betriebskosten, Instandhaltung
- 470 Betriebskosten, Instandhaltung

48 Allgemeine Verwaltung
- 481 Bürobedarf
- 482 Porto, Telefon, Telefax
- 483 Kosten der Datenverarbeitung
- 484 Rechts- und Beratungskosten
- 485 Personalbeschaffungskosten
- 486 Kosten des Geldverkehrs

49 Abschreibungen
- 491 Abschreibungen auf Sachanlagen

Kontenklasse 8: Warenverkaufskonten (Umsatzerlöse)

80 Warenverkaufskonten
- 801 Warenverkauf (Inland)
- 805 Rücksendungen von Kunden
- 806 Nachlässe an Kunden
- 807 Kundenboni
- 808 Kundenskonti
- 881 Warenverkauf ig-Lieferungen
- 882 Warenverkauf Drittland

87 Sonstige Erlöse auf Warenverkäufen
- 871 Entnahme von Waren
- 872 Provisionserträge

Kontenklasse 9: Abschlusskonten
- 910 Eröffnungsbilanzkonto
- 930 GuV-Konto
- 940 Schlussbilanzkonto

AB ▶ LS 46

5.3 Buchen von Belegen

5.3.1 Belege und Belegkontierung

Jeder Geschäftsvorfall mit zahlenmäßig erfassbaren Auswirkungen auf das Vermögen und/oder das Kapital eines Unternehmens muss durch einen Beleg dokumentiert werden, mit dem die Entstehung und die Abwicklung dieses Geschäftsvorfalls nachvollzogen werden kann. Diese Belege müssen aufbewahrt werden und dienen während der Aufbewahrungszeit als Beweis für die Richtigkeit der Buchführung.

Aufbewahrungsfristen für Belege
▶ LF4, Kap. 5.2

Geschäftsvorfall	Beleg
Wareneinkauf auf Ziel	Eingangsrechnung des Lieferers
Überweisung an einen Lieferer	Kontoauszug mit Lastschrift
Warenverkauf auf Ziel	Ausgangsrechnung an den Kunden
Barkauf von Büromaterial	Quittung

Belege werden je nach Geschäftsvorfall im Unternehmen selbst erstellt **(Eigenbeleg)** oder von Geschäftspartnern übermittelt **(Fremdbeleg)**. Bestimmte Belege werden nur für den Zweck der Buchführung eigens erstellt.

Bergisches Papierkontor, Elberfelder Str. 85 42285 Wuppertal
Druck- und Copy GmbH
Am Freistuhl 16
33100 Paderborn

Rechnung Nr. 114

Bearbeiter	Kundennummer	Ihre Bestellung Nr.	vom	Rechn.-Datum
Voss	46001	4	20.02.20XX	24.02.20XX

Versandart/Freivermerk	Verpackungsart	geliefert am
LKW frei Haus	Palette(n) mit Kartons je 2 500 Blatt	24.02.20XX

Pos.-Nr.	Artikel-Nr.	Warenbezeichnung	Menge	Preis/Einheit €	Gesamtpreis €
1	20151	Kopierpapier NOPA TOP	100 Kartons	4,43 je 500 Blatt	2.215,00
		– 10 % Kundenrabatt			221,50
		= Nettorechnungsbetrag			1.993,50
		+ 19 % Umsatzsteuer			378,77
		Bruttorechnungsbetrag			**2.372,27**

Zahlungsfrist 30 Tage, Skontofrist 10 Tage, Skontosatz 3 %
Bitte überweisen Sie unter Angabe der Rechnungsnummer
2.372,27 € bis 26.03.20XX oder 2.301,10 € bis 06.03.20XX

Dieser Eigenbeleg entsteht im Unternehmen selbst aus der Unternehmenstätigkeit (Verkauf von Waren auf Ziel) heraus.

Belegerstellung		
Unternehmenseigene Belegerstellung		**Unternehmensfremde Belegerstellung**
im Ablauf der Unternehmenstätigkeit:	zum Zwecke der Buchführung:	im Ablauf der Unternehmenstätigkeit:
– Ausgangsrechnungen und Gutschriften (Kopien) an Kunden – eigene Zahlungsbelege – Lohn- und Gehaltslisten – Entnahmescheine	– vorbereitende Abschlussbuchungen – Korrekturbuchungen – Notbelege (kein Beleg vorhanden, z. B. Telefongespräch mit dem privaten Handy)	– Eingangsrechnungen und Gutschriften von Lieferern (Waren, Anlagevermögen, Leistungen) – Kontoauszüge der Banken – Zahlungsbelege von Kunden – Spendenbescheinigungen – Steuerbescheide

Belege von Unternehmensfremden erhalten einen Eingangsstempel mit Tagesdatum (Belegdatum) und eine interne Belegnummer. Liefererbelege (z. B. Eingangsrechnungen) müssen mit der Lieferernummer und Kundenbelege (z. B. Kontoauszüge mit Kundenüberweisungen) mit der Kundennummer versehen werden. Alle eingehenden Belege sollten abschließend sachlich und rechnerisch überprüft werden.

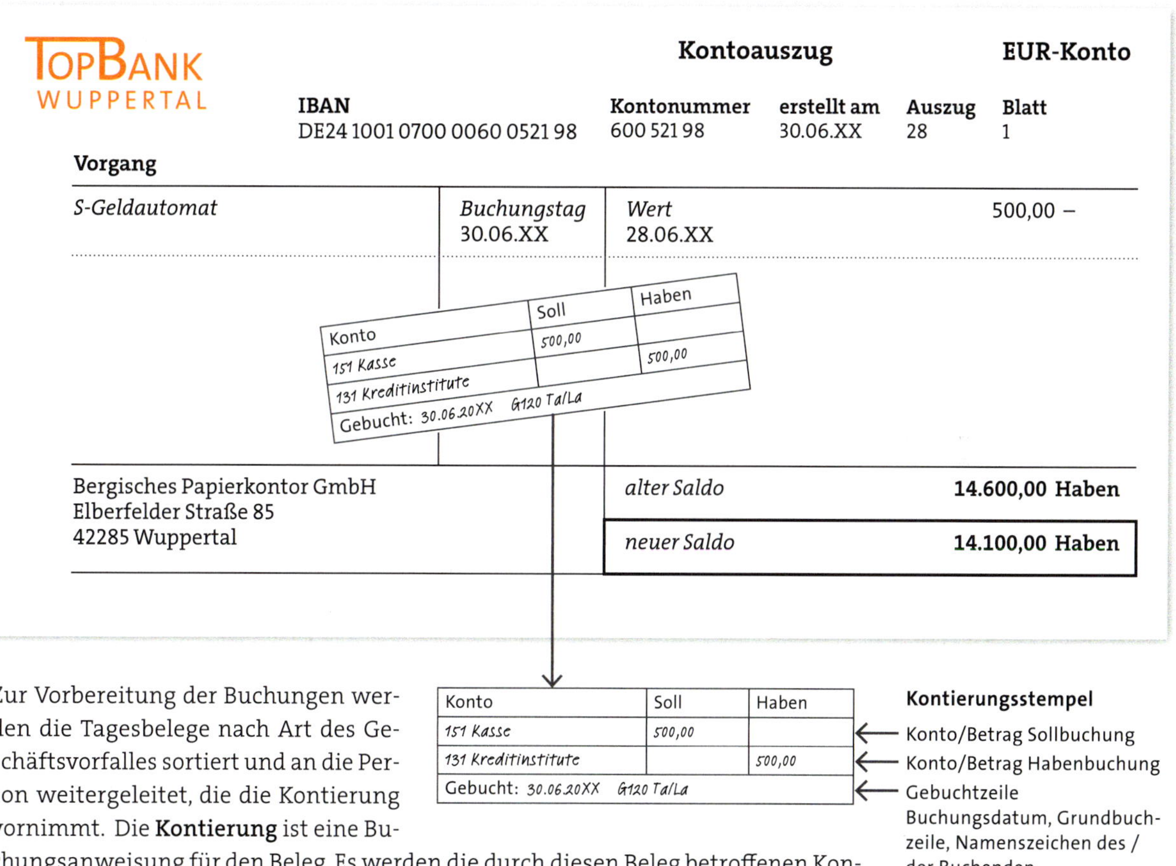

TOPBANK WUPPERTAL

Kontoauszug **EUR-Konto**

IBAN	Kontonummer	erstellt am	Auszug	Blatt
DE24 1001 0700 0060 0521 98	600 521 98	30.06.XX	28	1

Vorgang			
S-Geldautomat	*Buchungstag* 30.06.XX	*Wert* 28.06.XX	500,00 –

Bergisches Papierkontor GmbH
Elberfelder Straße 85
42285 Wuppertal

alter Saldo **14.600,00 Haben**

neuer Saldo **14.100,00 Haben**

Konto	Soll	Haben
151 Kasse	*500,00*	
131 Kreditinstitute		*500,00*
Gebucht: *30.06.20XX G120 Ta/La*		

Zur Vorbereitung der Buchungen werden die Tagesbelege nach Art des Geschäftsvorfalles sortiert und an die Person weitergeleitet, die die Kontierung vornimmt. Die **Kontierung** ist eine Buchungsanweisung für den Beleg. Es werden die durch diesen Beleg betroffenen Konten mit den Beträgen für die Soll- und Habenbuchung angegeben (Buchungssatz). Die Kontierung eines Beleges kann z. B. durch Eintrag in einen **Kontierungsstempel** auf dem Beleg erfolgen oder auf einer an den Beleg gehefteten Kontierungsfahne oder in Form eines maschinellen Aufdrucks.

5.3.2 Buchungen im Grund- und Hauptbuch

Sind die Belege vorkontiert, kann gebucht werden. Hierbei sind nach der Ordnung der Buchungen Grundbuch und Hauptbuch zu unterscheiden.

Grundbuch
Im Grundbuch, auch Journal (franz. le jour = der Tag) oder Primanota (ital. Erstaufzeichnung) genannt, werden die Buchungssätze in zeitlicher (chronologischer) Reihenfolge festgehalten. Die Darstellung des Grundbuches ist nicht einheitlich geregelt, da Grundbücher nach Inhaltsbereichen oder Abteilungen gegliedert und somit arbeitsteilig eingesetzt werden (z. B. Kassenbuch, Eingangsrechnungen, Ausgangsrechnungen, Bank- und Postbankauszüge). Finanzbuchhaltungsprogramme verwenden unterschiedliche Eingabemasken für das Grundbuch. In der Regel werden zur besseren Kontrolle das Buchungsdatum, das Eingangs- bzw. Ausstellungsdatum des Beleges, die Belegnummer und der Buchungstext aufgezeichnet. Da im Grundbuch alle Geschäftsvorfälle lückenlos erfasst werden, bildet es die Grundlage bei Prüfungen durch Behörden wie z. B. das Finanzamt.

Für das Grundbuch wurde in diesem Lehrbuch die folgende Darstellungsform gewählt:

Geschäftsvorfälle:
1. Barabhebung vom Bankkonto der BPK
2. Kauf eines Firmenwagens auf Ziel

Nr.	Soll	€	Haben	€
1	151 Kasse	500,00	131 Kreditinstitute	500,00
2	034 Fuhrpark	30.000,00	171 Verbindlichkeiten a.L.L.	30.000,00
usw.				

Hauptbuch
Da die chronologischen Eintragungen im Grundbuch dem Unternehmen keinen Überblick über die laufenden Veränderungen der einzelnen Vermögens- und Kapitalposten ermöglicht, werden alle Geschäftsvorfälle entsprechend ihrer sachlichen Zusammengehörigkeit gegliedert und auf den entsprechenden **Sachkonten** gebucht. Die Sachkonten befinden sich im Hauptbuch. Das Hauptbuch ordnet die Buchungen in einer sachlichen Ordnung den einzelnen Konten zu.

Die Darstellung des Hauptbuches erfolgt auf T-Konten.
▶ LF 4, Kap. 3.3

S	Kasse		H
910 EBK	300,00		
131 Kreditinst.	500,00		

S	Kreditinstitute		H
910 EBK	600,00	151 Kasse	500,00

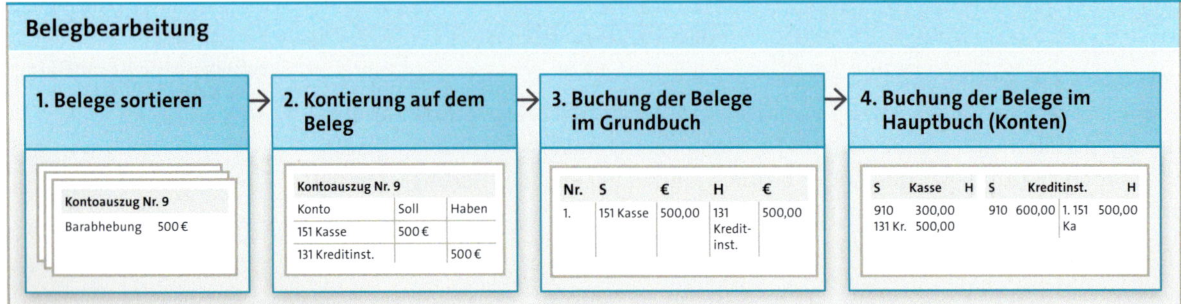

Alles klar?

1 Unterscheiden Sie den Kontenrahmen vom Kontenplan.

2 Geben Sie die Kontennummern für nachfolgende Konten an:
a) Eigenkapital
b) Darlehensschulden
c) Gehälter
d) Betriebs- und Geschäftsausstattung
e) Eröffnungsbilanzkonto
f) Provisionserträge
g) Gewinn- und Verlustkonto
h) Bürobedarf
i) Wareneingang
j) Warenverkauf
k) Warenbestände

3 Geben Sie für den Abschluss nachfolgender Konten die richtige Seite des Abschlusskontos an.
1) Sollseite SBK (940)
2) Habenseite SBK (940)
3) Sollseite GuV (930)
4) Habenseite GuV (930)

a) Konto 131 Kreditinstitute
b) Konto 060 Eigenkapital
c) Konto 171 Verbindlichkeiten a. L.L.
d) Konto 301 Wareneingang
e) Konto 427 Beiträge
f) Konto 872 Provisionserträge

4 Welche drei Aussagen sind richtig?
a) Allen Unternehmen in Deutschland müssen denselben Kontenrahmen benutzen.
b) Kontenpläne sind Kurzfassungen eines Kontenrahmens.
c) Der Großhandelskontenrahmen basiert auf einem dekadischen System.
d) Der Großhandelskontenrahmen ist nach dem Prozessgliederungssystem aufgebaut.
e) EDV-Buchführung setzt einen Kontenplan voraus.
f) Innerhalb einer Branche nutzen alle Unternehmen einen einheitlichen Kontenplan.

5 Welche Belege entstehen zwangsläufig im Ablauf der eigenen Unternehmenstätigkeit?

6 Was versteht man unter einem Notbeleg?

7 Nennen Sie zwei Alternativbegriffe für das Grundbuch.

8 Nennen Sie fünf unterschiedliche Buchungsbelege.

9 Was versteht man unter einer Kontierung?

10 Nennen Sie für die folgenden Konten jeweils die Kontenbezeichnung sowie die Bezeichnung der Kontenklasse, der Kontengruppe und der Kontenart.
a) 171
b) 301
c) 422
d) 060
e) 930
f) 033
g) 131
h) 801
i) 082
j) 481

11 Welche fünf Buchungen sind möglich?
a) 930 an 060
b) 910 an 171
c) 930 an 481
d) 930 an 801
e) 940 an 151
f) 131 an 940
g) 306 an 910
h) 031 an 930
i) 930 an 422
j) 171 an 940

6 Das System der Umsatzsteuer

AB ▶ LS 47

Lernvideo Umsatzsteuer

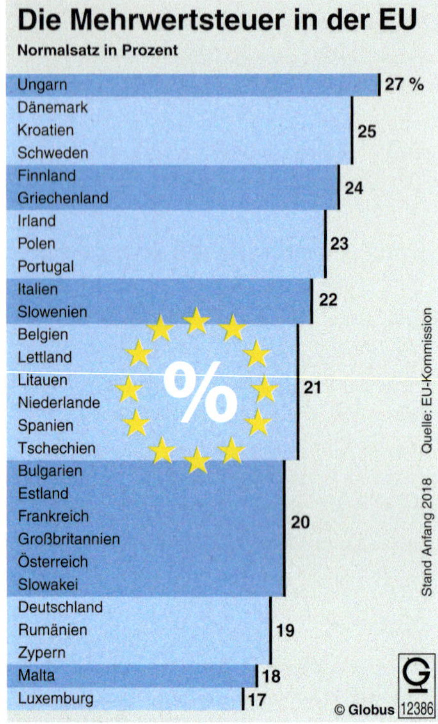

Der Staat benötigt, um seine Ausgaben finanzieren zu können, entsprechende Einnahmen. Haupteinnahmequelle sind dabei die Steuern. Die **Umsatzsteuer**, die aufgrund ihrer Erhebungsart auch Mehrwertsteuer genannt wird, ist in Deutschland eine der wichtigsten Einnahmequellen für den Staat. Seit ihrer Einführung wurde sie mehrfach erhöht. Trotzdem hat Deutschland niedrigere Steuersätze als viele andere EU-Staaten. Der Begriff **„Mehrwertsteuer"** existiert steuerrechtlich nicht, wird aber noch vielfach verwendet. Die Bezeichnung ist auch auf Buchungsbelegen erlaubt.

Die Umsatzsteuer besteuert den gesamten privaten und öffentlichen steuerpflichtigen Endverbrauch (Konsum). Die **Steuerlast** trägt also immer der Endverbraucher. **Steuerschuldner** gegenüber dem Finanzamt ist jedoch das Unternehmen, das die Steuer aufgrund seiner Umsätze berechnet und an das Finanzamt abführt.

Beim Verkauf von Waren wird die abzuführende Umsatzsteuer dem Käufer zuzüglich zum Verkaufspreis in Rechnung gestellt. Wirtschaftlich werden jedoch nicht die Unternehmen, sondern nur der Endverbraucher mit der Steuer belastet. Für das Unternehmen ist die Umsatzsteuer ein „durchlaufender Posten" und hat keinen Einfluss auf den Unternehmenserfolg.

Steuerschuldner ist der Unternehmer, Steuerträger der Endverbraucher.

Steuerbare Umsätze (im Inland, gegen Entgelt) gemäß § 1 UStG

Steuerbare Umsätze	Beispiele
1. Lieferungen	Verkauf von Erzeugnissen und Waren, Maschinen, Fahrzeugen, Büromaterial, Geschäftsausstattung
2. sonstige Leistungen	Reparaturen, Provisionen, Warentransport und Lagerung
3. innergemeinschaftlicher Erwerb	Einfuhr von Gegenständen aus Mitgliedsstaaten der Europäischen Union (EU): Vorsteuer aus **ig-Erwerb**, Erwerbsteuer (Umsatzsteuer aus ig-Erwerb)
4. Einfuhr von Gegenständen	Einfuhr von Gegenständen aus Drittländern (Nicht-EU-Staaten): Einfuhrumsatzsteuer

ig-Erwerb
innergemeinschaftlicher Erwerb
▶ LF3, Kap. 7.2

§ 12 UStG

Der **allgemeine Steuersatz** beträgt 19 %. Der **ermäßigte Steuersatz** beträgt 7 % und gilt für fast alle Lebensmittel (nicht jedoch für Gaststättenumsätze) sowie u.a. für Bücher, Zeitschriften, Blumen, Kunstgegenstände, Tickets im ÖPNV und ab 2020 auch im Fernverkehr der Deutschen Bahn.

§§ 10, 11 UStG

Umsatzsteuer beim Import
▶ LF4, Kap. 7.5.1

Für Lieferungen und sonstige Leistungen ist die Bemessungsgrundlage das Entgelt. **Entgelt** ist alles, was der Leistungsempfänger (ohne Umsatzsteuer) aufwendet, um die Leistung zu erhalten. Bei der Einfuhr von Waren gilt z. B. der Zollwert (Warenwert + Zoll + Beförderungskosten) als Bemessungsgrundlage.

Wichtige **nicht steuerpflichtige Umsätze** sind

- Entgelte (Zinsen) für Kreditgewährung (Ausnahme: Warenkredite),
- Umsätze aus heilberuflichen Tätigkeiten von Ärzten, Zahnärzten und Hebammen,
- Versicherungstätigkeiten,
- innergemeinschaftliche Lieferungen,
- Ausfuhr in ein Drittland,
- private Geschäfte.

6.1 Berechnung der Umsatzsteuer

Ein Unternehmen muss auf Verlangen des Kunden Rechnungen ausstellen, in denen die Umsatzsteuer gesondert ausgewiesen ist. Bei Rechnungen über Kleinbeträge bis zu 250,00 Euro einschließlich Umsatzsteuer genügt die Angabe des Umsatzsteuersatzes.

notwendige Inhalte einer Rechnung, § 14 UStG

▶ LF2, Kap. 2.6

BPK GmbH · Elberfelder Straße 85 · 42285 Wuppertal
Drogerie AG
Else-Lasker-Schüler-Str. 11
42107 Wuppertal

Rechnung Nr. 10663

Bearbeiter	**Kundennummer**	**Ihre Bestellung Nr.**	**vom**	**Rechn.-Datum**
Stoll	42001	56 b	10.04.20XX	12.04.20XX
Versandart/Freivermerk		**Verpackungsart**	**geliefert am**	
Lkw/frei Haus		Kassette	12.04.20XX	

Pos.-Nr.	Artikel-Nr.	Warenbezeichnung	Menge	Preis/Einheit €	Gesamtpreis €
1	10121	Müllers Classic Briefkassette	100	34,80/Kassette	3.480,00
		+ 19 % Umsatzsteuer			661,20
		Bruttorechnungsbetrag			4.141,20

Die Ermittlung der Umsatzsteuer ist eine Anwendung der Prozentrechnung. Ist die Bemessungsgrundlage (Entgelt = **Nettorechnungsbetrag**) gegeben und der Steuersatz bekannt, errechnet sich der Umsatzsteuerbetrag wie folgt:

$$\text{Umsatzsteuer in €} = \frac{\text{Nettorechnungsbetrag} \cdot \text{Steuersatz}}{100\,\%} = \frac{3.480{,}00\,€ \cdot 19\,\%}{100\,\%} = \mathbf{661{,}20\,€}$$

Sind der Bruttorechnungsbetrag und der Umsatzsteuersatz bekannt, so ist die Prozentrechnung vom vermehrten Grundwert anzuwenden:

$$\text{Umsatzsteuer in €} = \frac{\text{Bruttorechnungsbetrag} \cdot \text{Steuersatz}}{(1 + \text{Steuersatz})} = \frac{4.141{,}20\,€ \cdot 19\,\%}{119\,\%} = \mathbf{661{,}20\,€}$$

6.2 Ermittlung der Umsatzsteuerschuld

Bei Kleinunternehmen wird die Umsatzsteuer nicht erhoben, wenn im Vorjahr die Umsatzgrenze von 22.000 Euro nicht überschritten worden ist und der Umsatz im laufenden Jahr 50.000 Euro voraussichtlich nicht überschreiten wird.

Durch das System der Umsatzsteuer wird eine Verteilung des Umsatzsteuereinzugsverfahrens auf alle beteiligten Wirtschaftsstufen erreicht. Waren, die von der Herstellung bis zum Verbrauch mehrere Unternehmen durchlaufen, werden auf jeder Stufe nur auf der Basis ihres Mehrwertes (Wertschöpfung) versteuert. Damit wird zum einen verhindert, dass ein und dieselbe Ware mehrfach besteuert wird und zum anderen werden dadurch alle Unternehmen verpflichtet, die Steuer einzuziehen. Dieses Verfahren verhindert, dass nur eine Unternehmensgruppe wie z. B. der Einzelhandel als letzte Stufe des Produktions- und Verteilungsprozesses mit dem Besteuerungsverfahren belastet wird.

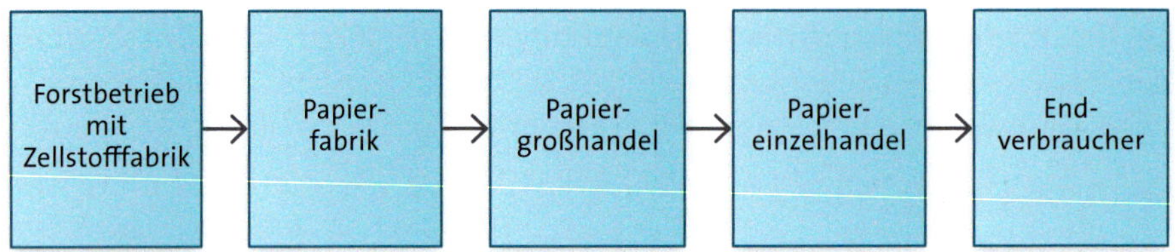

Auf jeder Produktions- oder Handelsstufe steigt der Wert der Ware. Die Papiergroßhandlung befindet sich gesamtwirtschaftlich gesehen auf einer mittleren Stufe dieses Wertschöpfungsprozesses. Sie kann nur dann Waren vertreiben, wenn sie dazu die Waren anderer, vorgelagerter Unternehmen (hier der Papierfabrik) einsetzt.

In den Eingangsrechnungen der vorgelagerten Unternehmen ist neben dem Warenpreis die vom Lieferanten an sein zuständiges Finanzamt abzuführende Umsatzsteuer enthalten. Somit sind die dem eigenen Umsatz vorgelagerten Umsätze innerhalb der eigenen Beschaffung Vorumsätze. Deshalb wird die darauf lastende Umsatzsteuer als **Vorsteuer** bezeichnet.

Einkaufspreis	Vorsteuer	Verkaufspreis	Umsatzsteuer	Mehrwert	Zahllast	
x	x	1.000,00	190,00	1.000,00	190,00	**Forstbetrieb mit Zellstofffabrik**
1.000,00	190,00	1.500,00	285,00	+ 500,00	+ 95,00	**Papierfabrik**
1.500,00	285,00	2.200,00	418,00	+700,00	+ 133,00	**Papiergroßhandel**
2.200,00	418,00	3.000,00	570,00	+ 800,00	+ 152,00	**Papiereinzelhandel**
				= 3.000,00	= 570,00	**Endverbraucher**

Der Endverbraucher zahlt 3.570,00 Euro für das Papier (Mehrwert + Umsatzsteuer aller Produktions- und Handelsstufen), da er die Umsatzsteuer nicht als Vorsteuer geltend machen kann. Für die Unternehmen ist die Erhebung der Umsatzsteuer ein „durchlaufender Posten" ohne Auswirkungen auf den Erfolg des Unternehmens.

Ein Unternehmen hat bis zum 10. Tag nach Ablauf eines jeden Kalendermonats seine Umsatzsteuerschuld in Form einer **Vorauszahlung** an das Finanzamt abzuführen. Grundlage für die Berechnung der monatlichen Vorauszahlung ist die gesamte Umsatzsteuerschuld des Vorjahres (Steuererklärung und Steuerbescheid für das gesamte Geschäftsjahr). Betrug die Umsatzsteuerzahllast im Vorjahr nicht mehr als insgesamt 7.500,00 Euro, gilt als Vorauszahlungszeitraum nicht der Kalendermonat, sondern das Kalendervierteljahr.

Umsatzsteuer-Voranmeldung
§ 18 UStG

Von der Umsatzsteuer, die der Unternehmer seinen Kunden in Rechnung stellt, kann er die Vorsteuerbeträge abziehen, die er an seine Lieferanten zu zahlen hat. Nur die Differenz zwischen Umsatzsteuer und Vorsteuer muss an das Finanzamt abgeführt werden (**Zahllast**).

Vorsteuerabzug
§ 15 UStG

Zahllast:
Umsatzsteuer > Vorsteuer

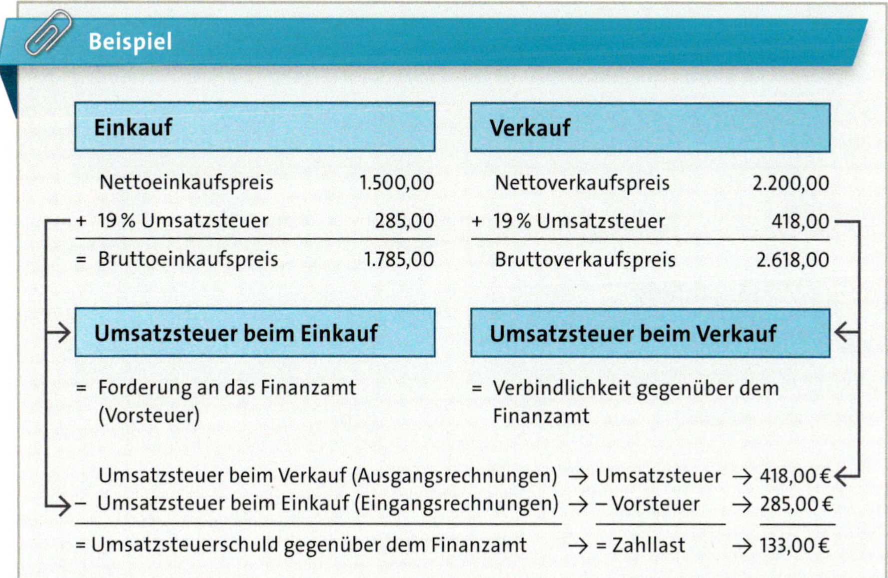

Bei der Gegenüberstellung von Umsatzsteuer und Vorsteuer ist darauf zu achten, dass grundsätzlich die Ausführung der Lieferung oder Leistung für die Fälligkeit der Umsatzsteuer entscheidend ist. Wenn in Ausnahmefällen in einem Abrechnungsmonat – z. B. vor einer Geschäftseröffnung oder bei Großinvestitionen – die Vorsteuer größer ist als die Umsatzsteuer, entsteht ein Vorsteuerüberhang. Der **Vorsteuerüberhang** ist eine Forderung des Unternehmens an das Finanzamt, der im Folgemonat erstattet oder gegebenenfalls mit Steuerschulden verrechnet wird.

Vorsteuerüberhang:
Umsatzsteuer < Vorsteuer

Beispiel

Die BPK übermittelt – wie vorgeschrieben – ihre monatliche Umsatzsteuer-Voranmeldung auf elektronischem Weg an das Finanzamt. Jedes Finanzbuchhaltungsprogramm ermöglicht diese Art der Übermittlung. Das auf der Folgeseite abgebildete Übertragungsprotokoll ist das Ergebnis entsprechender Eingaben in das kostenlose Programm ELSTER der Finanzverwaltung.

www.elster.de

Bergisches Papierkontor Steuernummer: 131/0878/6678

Übertragungsprotokoll

Sendedatum: 09. Mai 20XX

Umsatzsteuer-Voranmeldung

Voranmeldezeitraum

April 20XX

Übermittelt von:
Bergisches Papierkontor GmbH
Elberfelder Strape 85
42285 Wuppertal
0202 1236XX-0
info@bpkontor.dex

Belege | 22 | 1

	Kz	Bemessungsgrundlage	Kz	Steuer
Anmeldung der Umsatzsteuer-Vorauszahlung				
Lieferungen und sonstige Leistungen (einschl. unentgeltlicher Wertabgaben)				
Steuerfreie Umsätze mit Vorsteuerabzug				
Innergemeinschaftliche Lieferungen (§4 Nr.1 Buchst. b UStG) an Abnehmer mit USt-IdNr.	41	110.000		
Steuerpflichtige Umsätze				
zum Steuersatz von 19 %	81	280.000		
Innergemeinschaftliche Erwerbe				
Steuerpflichtige innergemeinschaftliche Erwerbe				
zum Steuersatz von 19 %	89	40.000		
Abziehbare Vorsteuerbeträge				
Vorsteuerbeträge aus Rechnungen von anderen Unternehmern (§ 15 Abs. 1 Satz 1 Nr. 1 UStG), aus Leistungen im Sinne des § 13a Abs. 1 Nr. 6 UStG (§ 15 Abs. 1 Satz 1 Nr. 5 UStG) und aus innergemeinschaftlichen Dreiecksgeschäften (§ 25b Abs. 5 UStG)			66	20.200,00
Vorsteuerbeträge aus innergemeinschaftlichem Erwerb von Gegenständen (§ 15 Abs. 1 Satz 1 Nr. 3 UStG)			61	7.600,00
Entrichtete Einfuhrumsatzsteuer (§ 15 Abs. 1 Satz 1 Nr. 2 UStG)			62	4.200,00
Verbleibende Umsatzsteuer-Vorauszahlung bzw. verbleibender Überschuss			83	28.800,00

Elektronische Übermittlung der Umsatzsteuer-Voranmeldung über das Portal ELSTER

6.3 Buchung der Umsatzsteuer beim Ein- und Verkauf von Waren im Inland

Die Umsatzsteuer muss in der Buchführung auf mindestens zwei verschiedenen Konten erfasst werden.

Vorsteuer beim Einkauf:
Sollbuchung auf Konto Vorsteuer

Umsatzsteuer beim Verkauf:
Habenbuchung auf Konto Umsatzsteuer

Verrechnung:
Der Saldo des wertmäßig kleineren Steuerkontos (140 oder 180) wird auf das wertmäßig größere Steuerkonto umgebucht.

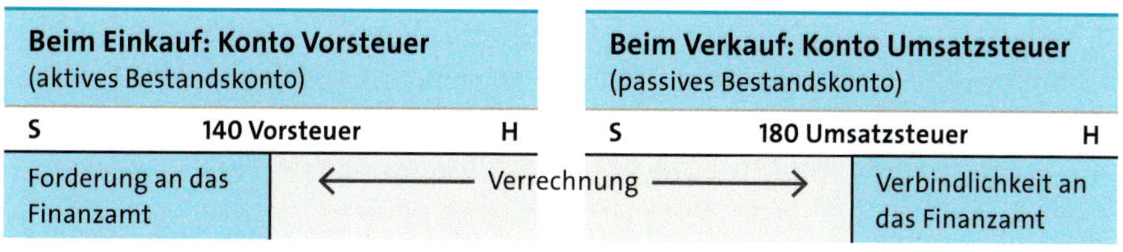

Die Salden der Konten Vor- und Umsatzsteuer sind am Monatsende zu verrechnen. Die Zahllast oder der Vorsteuerüberhang werden über Zahlungsvorgänge mit dem Finanzamt ausgeglichen.

Am **Geschäftsjahresende** ist eine Zahllast des Monats Dezember zu passivieren (Umsatzsteuerverbindlichkeit im Haben auf dem SBK), ein Vorsteuerüberhang entsprechend zu aktivieren (Vorsteuerforderung im Soll auf dem SBK). Die Aktivierung bzw. Passivierung auf dem SBK im Dezember ist notwendig, da eine Zahlung erst im nächsten Geschäftsjahr erfolgt.

1. Umsatzsteuer > Vorsteuer				
Verrechnung	180 Umsatzsteuer	an	140	Vorsteuer
Zahlungsausgang oder	180 Umsatzsteuer	an	131	Kreditinstitute
Passivierung	180 Umsatzsteuer	an	940	SBK

2. Umsatzsteuer < Vorsteuer				
Verrechnung	180 Umsatzsteuer	an	140	Vorsteuer
Zahlungseingang oder	131 Kreditinstitute	an	140	Vorsteuer
Aktivierung	940 SBK	an	140	Vorsteuer

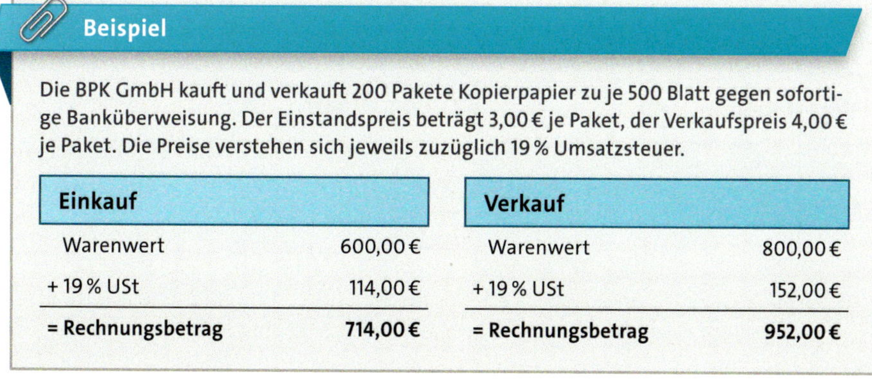

Beispiel

Die BPK GmbH kauft und verkauft 200 Pakete Kopierpapier zu je 500 Blatt gegen sofortige Banküberweisung. Der Einstandspreis beträgt 3,00 € je Paket, der Verkaufspreis 4,00 € je Paket. Die Preise verstehen sich jeweils zuzüglich 19 % Umsatzsteuer.

Einkauf	
Warenwert	600,00 €
+ 19 % USt	114,00 €
= Rechnungsbetrag	**714,00 €**

Verkauf	
Warenwert	800,00 €
+ 19 % USt	152,00 €
= Rechnungsbetrag	**952,00 €**

Rechnerische Ermittlung des Mehrwertes und der Zahllast			
Warenwert beim Verkauf	800,00 €		
– Warenwert beim Einkauf	600,00 €		
= Mehrwert	**200,00 €** →	davon Umsatzsteuer 19 % →	Zahllast 38,00 €

Grundbuch:

1. Wareneinkauf gegen Banklastschrift, Bruttorechnungsbetrag 714,00 €
2. Warenverkauf gegen Bankgutschrift, Bruttorechnungsbetrag 952,00 €
3. Umbuchung (Verrechnung) des Kontos Vorsteuer auf das Konto Umsatzsteuer
4. Ausgleich des Kontos Umsatzsteuer durch Überweisung der Zahllast an das Finanzamt

Nr.	Soll	€	Haben	€
1	301 Wareneingang 140 Vorsteuer	600,00 114,00	131 Kreditinstitute	714,00
2	131 Kreditinstitute	952,00	801 Warenverkauf 180 Umsatzsteuer	800,00 152,00
3	180 Umsatzsteuer	114,00	140 Vorsteuer	114,00
4	180 Umsatzsteuer	38,00	131 Kreditinstitute	38,00

Hauptbuch:

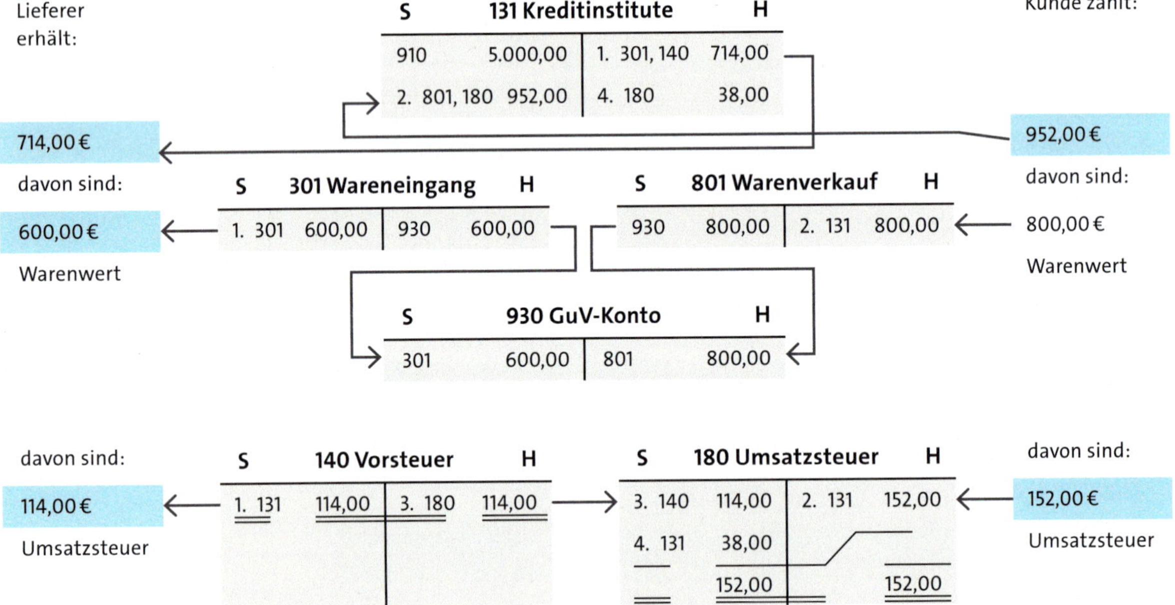

6.4 Umsatzsteuer bei Anlagen, weiteren Aufwendungen und Erträgen im Inland

Die Umsatzsteuerpflicht beschränkt sich nicht nur auf den Handel mit Waren. Auch die Erweiterung des Anlagevermögens oder der Verkauf gebrauchter Anlagen führen häufig zu umsatzsteuerpflichtigen Geschäftsvorfällen. Einkäufe von Gegenständen und Dienstleistungen, die in der Buchführung als Aufwand erfasst werden, können ebenfalls der Umsatzsteuer unterliegen. Erbringt eine Großhandlung Dienstleistungen für Dritte (z. B. Kunden, Hersteller), ist auch hier zu prüfen, ob diese umsatzsteuerpflichtig sind.

Geschäftsvorfall	umsatzsteuerpflichtig	nicht umsatzsteuerpflichtig
Anlagevermögen: Vorsteuer (Kauf) oder Umsatzsteuer (Verkauf)	Kauf und Verkauf neuer und gebrauchter Fahrzeuge, Maschinen, Geschäftsausstattungen, Werkzeuge	Kauf und Verkauf von Grundstücken, Gebäuden, Wertpapieren
Aufwendungen: Vorsteuer	Energie, Werbung, Instandhaltung, Provisionen, Ausgangsfrachten, Leasing, Büromaterial, Telefonrechnungen	Mieten, Pachten, Löhne und Gehälter an das eigene Personal, Briefmarken der Deutschen Post AG, Zinsaufwendungen
Erträge: Umsatzsteuer	Provisionserträge, Kunden in Rechnung gestellte Transport- und Verpackungskosten	Mieterträge, Zinserträge

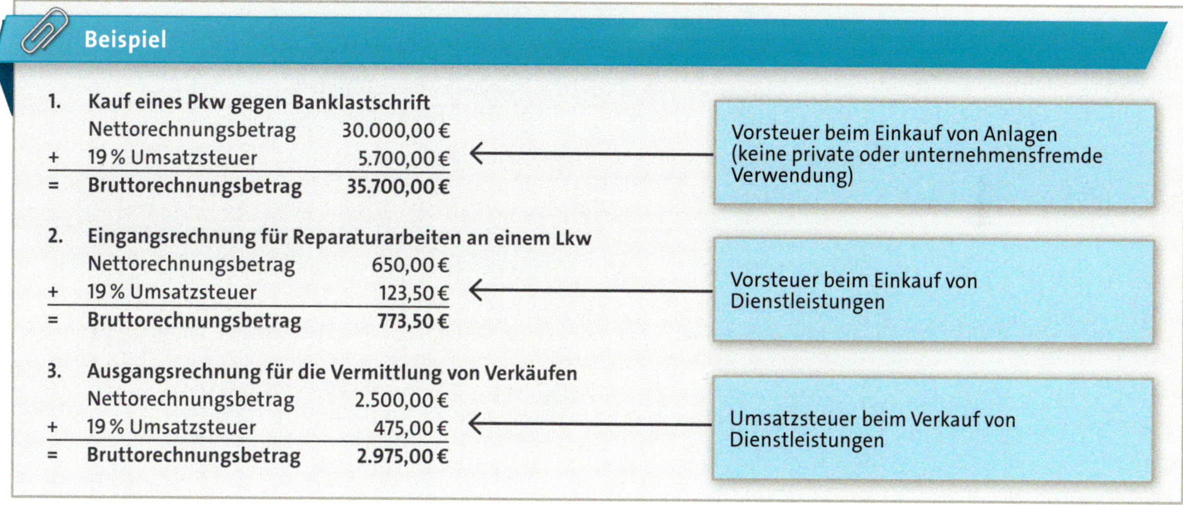

Beispiel

1. Kauf eines Pkw gegen Banklastschrift

	Nettorechnungsbetrag	30.000,00 €
+	19 % Umsatzsteuer	5.700,00 €
=	**Bruttorechnungsbetrag**	**35.700,00 €**

Vorsteuer beim Einkauf von Anlagen (keine private oder unternehmensfremde Verwendung)

2. Eingangsrechnung für Reparaturarbeiten an einem Lkw

	Nettorechnungsbetrag	650,00 €
+	19 % Umsatzsteuer	123,50 €
=	**Bruttorechnungsbetrag**	**773,50 €**

Vorsteuer beim Einkauf von Dienstleistungen

3. Ausgangsrechnung für die Vermittlung von Verkäufen

	Nettorechnungsbetrag	2.500,00 €
+	19 % Umsatzsteuer	475,00 €
=	**Bruttorechnungsbetrag**	**2.975,00 €**

Umsatzsteuer beim Verkauf von Dienstleistungen

Grundbuch

Nr.	Soll	€	Haben	€
1	034 Fuhrpark 140 Vorsteuer	30.000,00 5.700,00	131 Kreditinstitute	35.700,00
2	470 Betriebskosten, Instandhaltung 140 Vorsteuer	650,00 123,50	171 Verbindlichkeiten a.L.L.	773,50
3	101 Forderungen a.L.L.	2.975,00	872 Provisionserträge 180 Umsatzsteuer	2.500,00 475,00

6.5 Umsatzsteuer beim Im- und Export

Grundsätzlich belasten auch Lieferungen und sonstige Leistungen aus dem Ausland (Import von Waren) bzw. in das Ausland (Export von Waren) umsatzsteuerrechtlich nicht die inländischen Unternehmen, sondern den inländischen Endverbraucher als Steuerträger der deutschen Umsatzsteuer. Voraussetzung dafür ist, dass inländische Unternehmen als Käufer und Verkäufer von Lieferungen und Leistungen innerhalb der Europäischen Union unter Angabe einer **Umsatzsteuer-Identifikationsnummer** (USt.-Id.-Nr.) handeln. Diese Nummer dient dem Nachweis der Unternehmereigenschaft und wird vom Bundeszentralamt für Steuern vergeben. Außerdem sind die vorgesehenen Aufzeichnungs- und Meldepflichten einzuhalten.

USt.-Id.-Nr.
▶ LF3, Kap. 7.2

6.5.1 Umsatzsteuer beim Import

Kontennummern und -bezeichnungen gemäß Kontenplan der BPK GmbH

Aus Gründen des freien Wettbewerbes darf kein Anbieter durch die deutsche Umsatzsteuer benachteiligt oder bevorzugt werden. Da die ausländischen Anbieter (Exporteure) von der Umsatzsteuer ihres Staates befreit wurden, werden alle Einkäufe in Deutschland umsatzsteuerpflichtig.

Verkäufer im In- oder Ausland			Geschäftsvorfall: umsatzsteuerpflichtiger Einkauf von Waren		Käufer im Inland
Inland	Gemeinschaftsgebiet	Deutschland	Einkauf im Inland Konto: 140 Vorsteuer	→	Beispiel: BPK GmbH
Ausland		übrige EU-Staaten	innergemeinschaftlicher (ig-) Erwerb Konten: 144 Vorsteuer aus ig-Erwerb und 184 Umsatzsteuer aus ig-Erwerb	→	
	Drittland	„Rest der Welt“[1]	Einfuhr aus einem Drittland Konto: 143 Einfuhrumsatzsteuer	→	

[1] Alle Staaten, die nicht Mitglied in der Europäischen Union sind.

Beispiel

Der BPK GmbH liegen drei Angebote von drei verschiedenen Papierfabriken aus dem In- bzw. Ausland vor. In allen drei Fällen beträgt der Einkaufswert ohne Umsatzsteuer 30.000,00 Euro.

1. Wareneinkauf auf Ziel in Deutschland 30.000,00 € zzgl. 19 % USt
2. Wareneinkauf auf Ziel in den Niederlanden 30.000,00 € zzgl. 19 % USt
3. Wareneinkauf auf Ziel in Serbien 30.000,00 € zzgl. 19 % USt

Umsatzsteuer beim Kauf im Inland
▶ LF4, Kap. 7.3

Beim **Kauf im Inland** schuldet die BPK dem Anbieter auch die Umsatzsteuer. Die an den Lieferer gezahlte Umsatzsteuer wird als Vorsteuer gebucht und als Forderung gegenüber dem Finanzamt geltend gemacht.

innergemeinschaftlicher Erwerb
▶ LF3, Kap. 7.2

Beim Kauf von einem **Anbieter aus einem EU-Mitgliedstaat** zahlt die BPK GmbH nur den Nettowert der Ware an den Lieferer. Umsatzsteuerrechtlich muss die BPK diesen Einkauf auf separaten Steuerkonten erfassen. Durch die gleichzeitige Erfassung der Umsatzsteuer auf dem Konto „Vorsteuer aus ig-Erwerb“ (Forderung an das Finanzamt) und „Umsatzsteuer aus ig-Erwerb“ (Verbindlichkeit an das Finanzamt) entsteht der BPK keine Steuerbelastung.

Beim Kauf von einem **Anbieter aus einem Drittland** erhebt der deutsche Zoll eine **Einfuhrumsatzsteuer**. Diese beträgt hier ebenfalls 19 % bezogen auf den Warenwert plus **Anschaffungsnebenkosten**. Die BPK zahlt in diesem Falle zum Rechnungsausgleich 30.000,00 Euro an den Lieferer in Serbien und 5.700,00 Euro an den deutschen Zoll. Auch die gezahlte Einfuhrumsatzsteuer wird in der USt-Voranmeldung als Forderung an das Finanzamt geltend gemacht.

Anschaffungsnebenkosten
Beförderungs- und Verpackungskosten plus Zoll

Buchung

Nr.	Soll	€	Haben	€
1	301 Wareneingang (Inland) 140 Vorsteuer	30.000,00 5.700,00	 171 Verbindlichkeiten a.L.L.	 35.700,00
2	381 Wareneingang ig-Erwerb 144 Vorsteuer aus ig-Erwerb	30.000,00 5.700,00	171 Verbindlichkeiten a.L.L. 184 Umsatzsteuer aus ig-Erwerb	30.000,00 5.700,00
3	382 Wareneingang Drittland 143 Einfuhrumsatzsteuer	30.000,00 5.700,00	171 Verbindlichkeiten a.L.L. 198 Zollverbindlichkeiten	30.000,00 5.700,00

6.5.2 Umsatzsteuer beim Export

Da nur der inländische Endverbraucher die Umsatzsteuer tragen soll, sind alle Exporte in das Ausland **von der deutschen Umsatzsteuer befreit**. Die Vorsteuerabzugsberechtigung bleibt bei Einkäufen für Exportzwecke voll erhalten. Umsatzsteuerrechtlich ist es auch hier notwendig, die ausländischen Umsätze auf verschiedenen Konten zu erfassen.

innergemeinschaftliche Lieferung
▶ LF3, Kap. 7.2

Verkäufer im Inland	Geschäftsvorfall: Verkauf von Waren	Käufer im In- oder Ausland		
Beispiel: BPK GmbH	Verkauf im Inland Konto: 180 Umsatzsteuer →	Inland	Gemeinschaftsgebiet	Deutschland
	innergemeinschaftliche (ig-) Lieferung umsatzsteuerbefreit →	Ausland		übrige EU-Staaten
	Ausfuhr in ein Drittland umsatzsteuerbefreit →		Drittland	„Rest der Welt“

Kontennummern und -bezeichnungen gemäß Kontenplan der BPK GmbH

Bei ig-Lieferungen ist zum Nachweis der Umsatzsteuerfreiheit eine Gelangensbestätigung des Abnehmers notwendig (§ 4 Nr. 1 b UStG, § 6 a UStG i. V. m. § 17 a UStDV).

Beispiel

Die BPK GmbH verkauft Waren im Nettowert von jeweils 20.000,00 Euro an drei Kunden im In- und Ausland.

1. Warenverkauf auf Ziel in Deutschland 20.000,00 € zzgl. 19 % USt
2. Warenverkauf auf Ziel in den Niederlanden 20.000,00 € (ohne USt)
3. Warenverkauf auf Ziel in Serbien 20.000,00 € (ohne USt)

Grundbuch

Nr.	Soll	€	Haben	€
1	101 Forderungen a.L.L.	23.800,00	801 Warenverkauf (Inland) 180 Umsatzsteuer	20.000,00 3.800,00
2	101 Forderungen a.L.L.	20.000,00	881 Warenverkauf ig-Lieferungen	20.000,00
3	101 Forderungen a.L.L.	20.000,00	882 Warenverkauf Drittland	20.000,00

Alles klar?

1 Beantworten Sie die nachfolgenden Fragen zur Umsatzsteuer.
- a) Welche Umsätze sind steuerbar?
- b) Wer zahlt und wer trägt in Deutschland die Umsatzsteuer?
- c) Welche Länder in der Europäischen Union haben die höchsten Umsatzsteuersätze?
- d) Nennen Sie drei nicht umsatzsteuerpflichtige Umsätze.
- e) Wie hoch ist zurzeit der „allgemeine" und wie hoch der „ermäßigte" Umsatzsteuersatz in Deutschland?
- f) Nennen Sie drei Güter, die zum ermäßigten Steuersatz verkauft werden können.

2 Berechnen Sie die fehlenden Werte bei Anwendung des allgemeinen Steuersatzes.
- a) Nettorechnungsbetrag = 6.000,00 €, Umsatzsteuer = ? €, Bruttorechnungsbetrag = ? €
- b) Nettorechnungsbetrag = ? €, Umsatzsteuer = ? €, Bruttorechnungsbetrag = 14.280,00 €

3 Folgende Ein- und Verkäufe wurden am 30.04.20XX per Lastschrift vom Bankkonto ab- und zugebucht. Die Überweisungsbeträge enthalten in allen Fällen 19 % Umsatzsteuer.

Eingangsrechnungen	Überweisungsbeträge
1) Wareneinkäufe	8.330,00 €
2) Büromaterial	678,30 €
3) Reparaturen an der Heizungsanlage	2.499,00 €
4) Druck von Werbebriefen	595,00 €

Ausgangsrechnungen	Überweisungsbeträge
1) Warenverkäufe	14.875,00 €
2) Provisionsabrechnung	1.428,00 €

- a) Berechnen Sie die Nettobeträge und die Umsatzsteuer.
- b) Berechnen Sie die Zahllast.

4 Stellen Sie fest, ob die folgenden Geschäftsvorfälle
1) die Vorsteuer erhöhen,
2) die Umsatzsteuer erhöhen oder
3) weder die Vor- noch die Umsatzsteuer beeinflussen.

- a) Wareneinkauf auf Ziel
- b) Betriebsstoffeinkauf gegen Banküberweisung
- c) Kauf eines Grundstückes
- d) Mieteinzahlungen
- e) Verkauf von Waren gegen Bankgutschrift
- f) Lohn- und Gehaltszahlungen
- g) Verkauf eines gebrauchten Kraftfahrzeuges
- h) Einkauf von Büromaterial
- i) Zinsgutschriften
- j) Wertpapierkauf
- k) Reparatur eines Computers
- l) Verkauf von Aktien, Bankgutschrift
- m) Telefongebühren, Banklastschrift
- n) Zielverkauf von Waren
- o) Eingangsrechnung für Vertriebsprovisionen

5 Welche drei der nachfolgenden Aussagen sind richtig?
- a) Die Vorsteuer ist eine Verbindlichkeit gegenüber dem Finanzamt.
- b) Eine Zahllast entsteht, wenn in einem Abrechnungsmonat die eingenommene Umsatzsteuer höher ist als die bezahlte Vorsteuer.
- c) Ein Vorsteuerüberhang eines Abrechnungsmonats wird am Geschäftsjahresende mit der eingenommenen Umsatzsteuer verrechnet.
- d) Das Konto 140 Vorsteuer wird immer über das Konto 180 Umsatzsteuer abgeschlossen.
- e) Die Konten 140 Vorsteuer und 180 Umsatzsteuer sind Bestandskonten.
- f) Das Konto 180 Umsatzsteuer wird über das Konto 930 GuV-Konto abgeschlossen.
- g) Die bezahlte Vorsteuer verringert das Unternehmensergebnis (Gewinn sinkt).
- h) Buchungstechnisch ist die Umsatzsteuer ein durchlaufender Posten ohne Gewinnauswirkungen.

7 Wareneinkaufsbuchungen

AB ▶ LS 48

Beispiel

Die BPK GmbH hat bei der Dresdener Papiermanufaktur AG einen Sonderposten Kopierpapier bestellt. Die Papiermanufaktur lieferte die Ware gemäß Kaufvertragsvereinbarungen und stellte folgende Rechnung aus:

Dresdener Papiermanufaktur AG

Dresdener Papiermanufaktur AG | Hauptallee 50 | 01069 Dresden
Bergisches Papierkontor GmbH
Elberfelder Straße 85
42285 Wuppertal

Rechnung Nr. 122
Rechnungs-Datum: 18. 01. 20XX

Artikel-Nr.	Menge	Artikelbezeichnung	Einzelpreis €	Gesamtpreis €
1000	16 000	Kopierpapier A4, weiß,80 g/m², 500 Blatt – 10% Großkundenrabatt	4,00	64.000,00 6.400,00
		Nettopreis Kopierpapier zzgl. Fracht und Verpackung		57.600,00 1.200,00
		Nettorechnungsbetrag + 19 % Umsatzsteuer		58.800,00 11.172,00
		Bruttorechnungsbetrag		**69.972,00**

Zahlungsbedingungen: 10 Tage 3% Skonto oder 30 Tage Ziel. Lieferungsbedingungen: Lieferung ab Werk. Die Ware bleibt bis zum vollständigen Rechnungsausgleich unser Eigentum.

7.1 Ermittlung der Anschaffungskosten bei Rechnungseingang

Gemäß den Paragrafen 255 HGB und 6 EStG sind alle gekauften Vermögenswerte mit ihren Anschaffungskosten zu bewerten. Das gilt auch für die eingekauften Waren. Zu den **Anschaffungskosten** für Waren gehören sämtliche Aufwendungen, die bis zur Ankunft der Ware beim Käufer anfallen (Listenpreis + Bezugskosten), also z. B. Transport- und Verpackungskosten, Einfuhrzölle usw. Werden derartige Posten in einer Rechnung offen ausgewiesen oder separat in Rechnung gestellt, bezeichnet man diese auch als **Anschaffungsnebenkosten**.

Gewährt der Verkäufer Preisnachlässe, so reduzieren sich die Anschaffungskosten entsprechend. Für diese **Anschaffungspreisminderungen** ist es ohne Bedeutung, ob die Preisnachlässe direkt gewährt werden (z. B. Sofortrabatte) oder erst nachträglich entstehen (z. B. Skonto- oder Bonusabzüge oder Gutschriften aufgrund von Mängelrügen). Nachträgliche Preisnachlässe mindern die Anschaffungskosten zum Zeitpunkt ihrer Entstehung.

Zahlungsbedingungen
▶ LF 2, Kap. 3.1.3
Sachmängel
▶ LF 2, Kap. 4.1
Preisnachlässe von Lieferanten
▶ LF 4, Kap. 9.2

Umsatzsteuer und Finanzierungskosten sind kein Bestandteil der Anschaffungskosten.

Nicht zu den Anschaffungskosten gehört die als Vorsteuer erfasste Umsatzsteuer beim Wareneinkauf. Ebenfalls keine Anschaffungskosten sind Kreditzinsen zur Finanzierung des Einkaufs.

Ermittlung der Anschaffungskosten beim Wareneinkauf	
Einkaufspreis ohne Umsatzsteuer	Listenpreis
+ Anschaffungsnebenkosten	Bezugskosten aller Art, z. B. Transport- und Verpackungskosten, Kosten für Zwischenlagerung, Einfuhrzoll, Provisionen
– Anschaffungspreisminderungen (direkt und nachträglich)	Preisnachlässe aller Art, z. B. Rabatt, Skonto, Bonus, Gutschrift bei Mängeln
= Anschaffungskosten	**Anschaffungskosten**

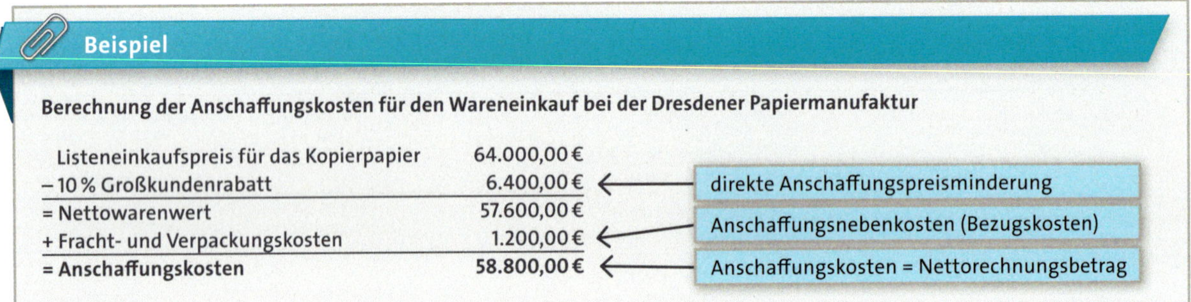

Beispiel

Berechnung der Anschaffungskosten für den Wareneinkauf bei der Dresdener Papiermanufaktur

Listeneinkaufspreis für das Kopierpapier	64.000,00 €	
– 10 % Großkundenrabatt	6.400,00 €	← direkte Anschaffungspreisminderung
= Nettowarenwert	57.600,00 €	
+ Fracht- und Verpackungskosten	1.200,00 €	← Anschaffungsnebenkosten (Bezugskosten)
= Anschaffungskosten	**58.800,00 €**	← Anschaffungskosten = Nettorechnungsbetrag

Buchung von Lieferantenskonti
▶ LF4, Kap. 9.2.3

Ob ein Skontoabzug in Anspruch genommen wird, kann beim Rechnungseingang noch nicht entschieden werden und bleibt daher zunächst unberücksichtigt.

7.2 Buchung der Anschaffungskosten

Keine Erfassung von Sofortrabatten in der Buchführung

Bei der Erfassung der Anschaffungskosten ist zu beachten, dass Rabatte, die bereits bei Rechnungsstellung abgezogen wurden (Sofortrabatte), in der Buchführung **nicht berücksichtigt** werden. Es wird nur der Listenpreis nach Abzug des Sofortrabattes auf dem Wareneingangskonto erfasst. Eine Erfassung der Listenpreise mit sofortiger Korrekturbuchung der Sofortrabatte wäre sehr aufwändig und auch wenig aussagefähig.

Buchungstechnik:

1. Erfassung des Listeneinkaufspreises abzüglich der Sofortrabatte (direkte Anschaffungspreisminderungen) auf dem Konto 301 „Wareneingang". Die in Rechnung gestellte Umsatzsteuer wird auf dem Vorsteuerkonto gebucht.
2. Erfassung der Bezugskosten (Anschaffungsnebenkosten) auf dem Unterkonto 302 „Warenbezugskosten"
3. Umbuchung vom Konto „Warenbezugskosten" auf das Konto „Wareneingang" z. B. am Ende des Geschäftsjahres

Ziel der Buchung auf Unterkonten ist die bessere Kontrolle der Anschaffungsnebenkosten, welche einem steigenden Informationsbedürfnis entgegenkommt. Nach der Umbuchung des Kontos Warenbezugskonten können auf dem Wareneingangskonto die Anschaffungskosten ermittelt werden.

S	302 Warenbezugskosten	H
Fracht und Verpackungskosten		Umbuchungssaldo

S	301 Wareneingang	H
Anschaffungspreis – sofortige Anschaffungspreisminderung		nachträgliche Anschaffungspreisminderung
Umbuchungssaldo Konto Warenbezugskosten = Anschaffungsnebenkosten		**Saldo = Anschaffungskosten**

Buchung der Eingangsrechnung der Dresdener Papiermanufactur

Grundbuch:

1. Buchung der Eingangsrechnung
2. Umbuchung der Warenbezugskosten auf das Konto Wareneingang
3. Abschluss des Kontos Wareneingang

Nr.	Soll	€	Haben	€
1	301 Wareneingang 302 Warenbezugskosten 140 Vorsteuer	57.600,00 1.200,00 11.172,00	171 Verbindlichkeiten a.L.L.	69.972,00
2	301 Wareneingang	1.200,00	302 Warenbezugskosten	1.200,00
3	930 GuV-Konto	58.800,00	301 Wareneingang	58.800,00

Hauptbuch:

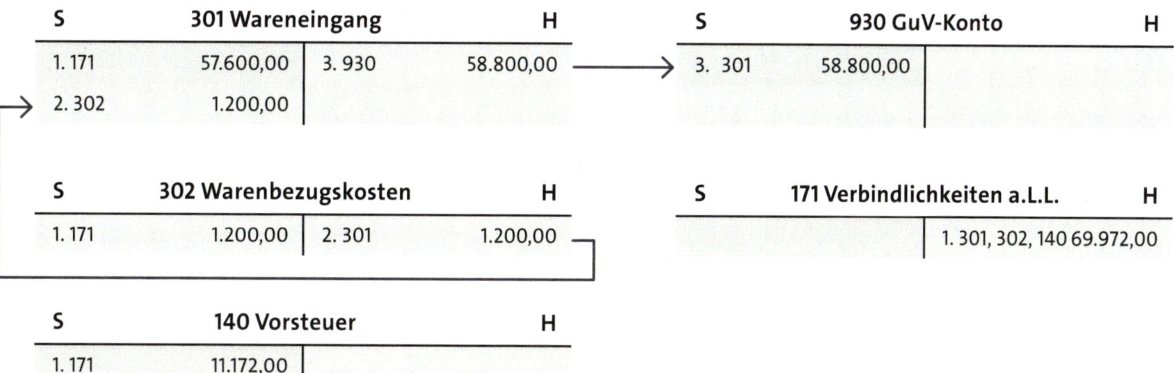

S	301 Wareneingang		H
1. 171	57.600,00	3. 930	58.800,00
2. 302	1.200,00		

S	930 GuV-Konto		H
3. 301	58.800,00		

S	302 Warenbezugskosten		H
1. 171	1.200,00	2. 301	1.200,00

S	171 Verbindlichkeiten a.L.L.		H
		1. 301, 302, 140	69.972,00

S	140 Vorsteuer		H
1. 171	11.172,00		

AB ▶ LS 49

7.3 Rücksendungen an den Lieferanten

Beispiel

Bei der Prüfung einer Feinpapierlieferung in der Wareneingangsstelle der BPK GmbH wird festgestellt, dass ein Teil der Lieferung unbrauchbar ist. Das Lager erstellt folgende Wareneingangsmeldung für die Abteilung Einkauf (Auszug):

Wareneingangsmeldung

Lieferer: Ozean Papier AG
Bestellnummer: 28
Bestelldatum: 11.03.20XX

Artikel Nr.	Warenbezeichnung	Menge	Lieferschein Nr.:	Lieferschein Datum:	Datum des Wareneingangs:
10111	Echt Bütten Briefkassette, 100 Blatt mit 100 Hüllen	1000	136	16.03.20XX	17.03.20XX

Mängelbeschreibung: 800 Briefkassetten sind unbrauchbar, da die Hüllen nicht richtig verklebt sind. Die Verpackungen sind unbeschädigt.

Datum: 17.03.20XX Zeichen: *Ko*

Rücksendungen an Lieferanten aufgrund von Mängeln oder Falschlieferungen vermindern den **Wert und die Menge** des Wareneingangs. Gleichzeitig sinkt die darauf entfallende Vorsteuer.

Rechte des Käufers bei Sachmängeln
▶ LF 2, Kap. 4.1.2

Verlangt der Käufer die Lieferung einer mängelfreien Sache (Neulieferung), erstellt der Lieferer nach Anerkennung der Mängel eine **Gutschrift**. Dadurch sinkt die Verbindlichkeit gegenüber dem Lieferanten. Rücksendungen ergeben somit eine **Wertminderung des Wareneinkaufs** in Höhe des Nettogutschriftbetrages. Bei einer Ersatzlieferung erhält der Kunde eine neue Rechnung.

Berechnung des Gutschriftbetrages

	Menge (Stück)	Einzelpreis	Nettopreis (100 %)	Umsatzsteuer (19 %)	Bruttopreis (119 %)
Eingangsrechnung	1.000	22,50 €	22.500,00 €	4.275,00 €	26.775,00 €
– Gutschrift	800	22,50 €	18.000,00 €	3.420,00 €	21.420,00 €
= Zahlung	200	22,50 €	4.500,00 €	855,00 €	5.355,00 €

Buchung von Warenrücksendungen an den Lieferanten

Die Buchung von Warenrücksendungen erfolgt über das Konto 305 „Rücksendungen an Lieferanten“, einem Unterkonto des Wareneingangskontos.

S 305 Rücksendungen an Lieferanten	H
Umbuchungssaldo	Gutschrift für Rücksendung an Lieferer

S 301 Wareneingang	H
Listenpreis (abzüglich Sofortrabatte)	Umbuchungssaldo Konto Rücksendungen an Lief.
Warenbezugskosten	Saldo Konto Wareneingang = Anschaffungskosten

Grundbuch:

1. Buchung der Eingangsrechnung der Ozean Papier AG beim Wareneinkauf
2. Buchung der Rücksendung nach Erhalt der Gutschrift, Minderung der Vorsteuer
3. Umbuchung Konto „Rücksendungen an Lieferanten“ auf das Wareneingangskonto

Nr.	Soll	€	Haben	€
1	301 Wareneingang 140 Vorsteuer	22.500,00 4.275,00	171 Verbindlichkeiten a.L.L.	26.775,00
2	171 Verbindlichkeiten a.L.L.	21.420,00	305 Rücksendungen an Lieferanten 140 Vorsteuer	18.000,00 3.420,00
3	305 Rücksendungen an Lieferanten	18.000,00	301 Wareneingang	18.000,00

Hauptbuch:

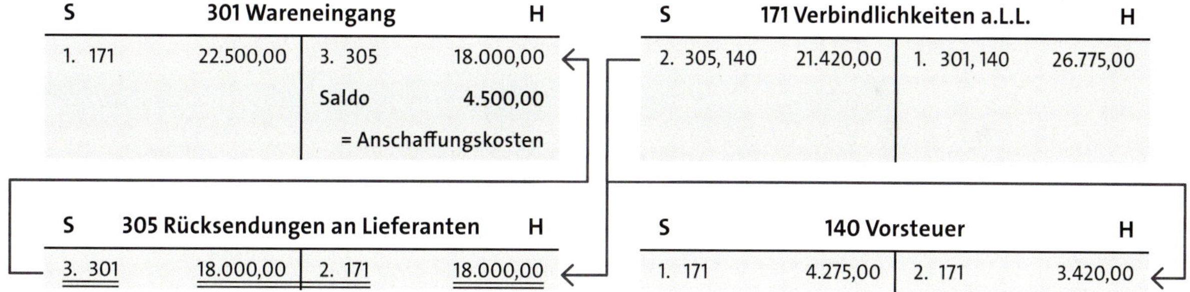

S 301 Wareneingang H
1. 171 22.500,00
3. 305 18.000,00
Saldo 4.500,00
= Anschaffungskosten
S 171 Verbindlichkeiten a.L.L. H
2. 305, 140 21.420,00
1. 301, 140 26.775,00
S 305 Rücksendungen an Lieferanten H
3. 301 18.000,00
2. 171 18.000,00
S 140 Vorsteuer H
1. 171 4.275,00
2. 171 3.420,00

Rücksendung von Verpackungen an den Lieferanten

Stellt ein Lieferant hochwertige Verpackungen (z. B. Paletten, Container) in Rechnung, die mehrfach genutzt werden können, werden die entsprechenden Nettobeträge auf dem Konto 302 „Warenbezugskosten“ erfasst. Wird bei der Rücksendung derartiger Leihverpackungen eine volle oder teilweise Gutschrift erteilt, sind die Warenbezugskosten nachträglich zu mindern.

Warenbezugskosten (Anschaffungsnebenkosten)
▶ LF4, Kap. 8.1.1

Entstehen für Rücksendungen von Verpackungen oder Waren Transportkosten, die der Lieferant nicht direkt übernimmt, sind diese als Aufwandserhöhung ebenfalls dem Konto Warenbezugskosten zuzuordnen. Erstattet der Lieferant diese Transportkosten bei Rücksendungen, so ist auch diese Gutschrift als Aufwandsminderung auf dem Konto Warenbezugskosten zu buchen.

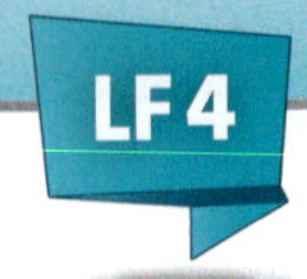

7.4 Preisnachlässe von Lieferanten

Sachmängel
▶ LF2, Kap. 4.1

Nachträgliche Anschaffungspreisminderungen ohne Rücksendung von Waren entstehen z.B. aufgrund einer Kaufpreisminderung bei mangelhafter Lieferung oder durch die Gewährung eines Skontoabzuges oder eines Bonus.

Auch diese Preisnachlässe werden nach Erhalt der Gutschrift zunächst auf Unterkonten erfasst, die dann in regelmäßigen Zeitabständen (z.B. monatlich) auf dem Wareneingangskonto abgeschlossen werden. Erst nach dieser Umbuchung ergeben sich auf dem Wareneingangskonto die endgültigen Anschaffungskosten. Die Vorsteuer ist immer zu korrigieren.

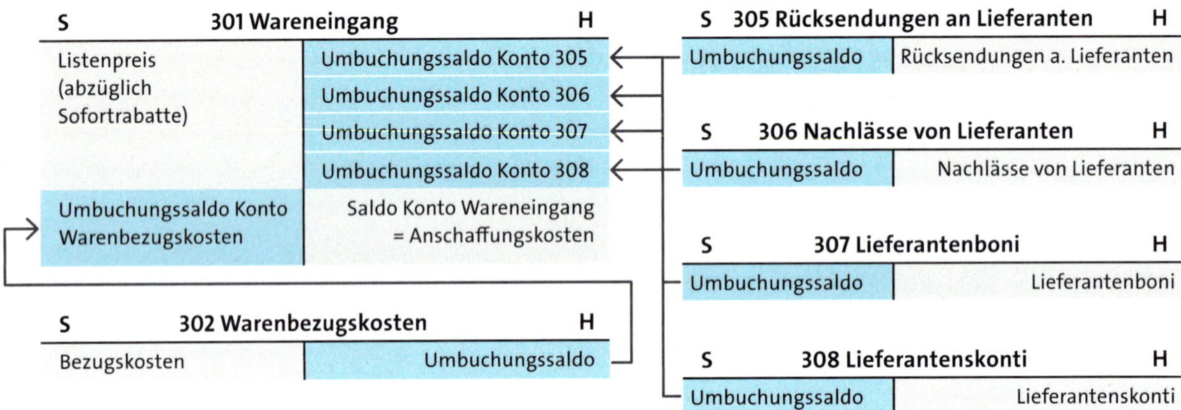

7.4.1 Kaufpreisminderungen von Lieferanten

Beispiel

Die BPK GmbH erhält von der Dresdener Papiermanufactur eine Gutschrift aufgrund einer Mängelrüge. Das gelieferte Papier entsprach nicht der vereinbarten Qualität, die Ware wurde aber trotzdem angenommen, weil eine Ersatzlieferung nicht rechtzeitig möglich war. Der ursprüngliche Bruttorechnungsbetrag belief sich auf 34.986,00 Euro. Die Dresdener Papiermanufactur gewährt einen Preisnachlass von 20 %.

Die Buchung erfolgt nach Erhalt der Gutschrift, die den Betrag in Euro ausweist. Zu Kontrollzwecken und zur Ermittlung des Vorsteueranteils ist es dennoch wichtig, die Berechnung des Gutschriftbetrages selbst durchzuführen. Die Gutschrift kann (wie im Beispiel) mit vorhandenen Verbindlichkeiten verrechnet oder ausgezahlt werden (z.B. durch Banküberweisung).

Berechnung und Buchung der Gutschrift

Berechnung des Nachlasses	Nettorechnungsbetrag (100 %)	Umsatzsteuer (19 %)	Bruttorechnungsbetrag (119 %)
Eingangsrechnung	29.400,00 €	5.586,00 €	34.986,00 €
– 20 % Nachlass	5.880,00 €	1.117,20 €	6.997,20 €
Buchung	**Nettonachlass**	**Steuerkorrektur**	**Bruttonachlass**
Preisnachlass des Lieferanten	Minderung des Warennettowertes auf dem Konto 306 Nachlässe von Lieferanten	Minderung auf dem Konto 140 Vorsteuer	Minderung z.B. auf dem Konto 171 Verbindlichkeiten a.L.L.

Buchung von Preisnachlässen

Grundbuch:

1. Buchung des Preisnachlasses und Korrektur der Vorsteuer
2. Umbuchung der Preisnachlässe auf das Wareneingangskonto

Nr.	Soll	€	Haben	€
1	171 Verbindlichkeiten a.L.L.	6.997,20	306 Nachlässe von Lieferanten 140 Vorsteuer	5.880,00 1.117,20
2	306 Nachlässe von Lieferanten	5.880,00	301 Wareneingang	5.880,00

Hauptbuch:

Die Eingangsrechnung der Dresdener Papiermanufactur wurde bereits erfasst.

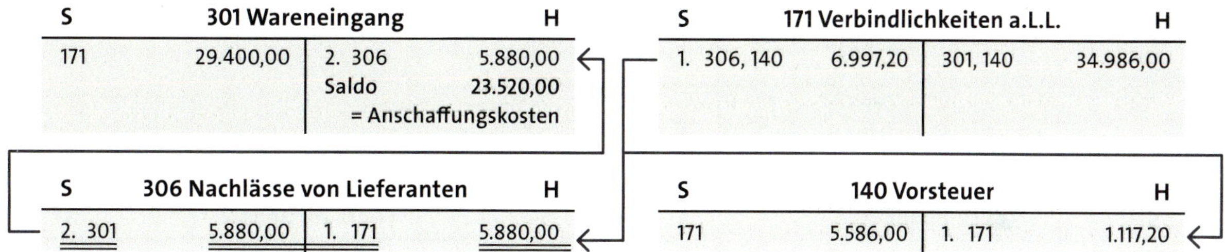

7.4.2 Lieferantenboni

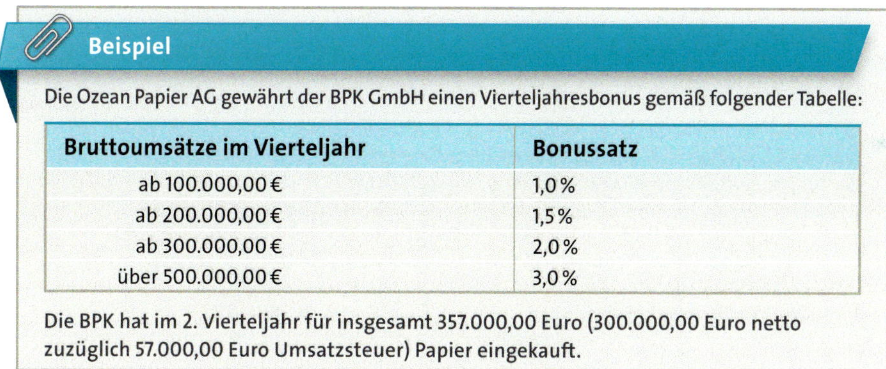

Beispiel

Die Ozean Papier AG gewährt der BPK GmbH einen Vierteljahresbonus gemäß folgender Tabelle:

Bruttoumsätze im Vierteljahr	Bonussatz
ab 100.000,00 €	1,0 %
ab 200.000,00 €	1,5 %
ab 300.000,00 €	2,0 %
über 500.000,00 €	3,0 %

Die BPK hat im 2. Vierteljahr für insgesamt 357.000,00 Euro (300.000,00 Euro netto zuzüglich 57.000,00 Euro Umsatzsteuer) Papier eingekauft.

Boni sind Umsatzrückvergütungen für das Erreichen bestimmter Umsatzziele. Obwohl sie erst im Nachhinein gewährt werden können, gehören sie ebenfalls zu den Anschaffungspreisminderungen. Auch hier muss wieder eine Vorsteuerkorrektur erfolgen, weil die Bonusgutschrift preismindernd wirkt.

Berechnung und Buchung des Bonusabzuges			
Berechnung des Bonusbetrages	**Nettowarenwert (100 %)**	**Umsatzsteuer (19 %)**	**Bruttowarenwert (119 %)**
Vierteljahresumsatz	300.000,00 €	57.000,00 €	357.000,00 €
2 % Bonus	6.000,00 €	1.140,00 €	7.140,00 €
Buchung	**Nettobonus**	**Steuerkorrektur**	**Bruttobonus**
Vierteljahresbonus	Minderung des Warennettowertes auf dem Konto 307 Lieferantenboni	Minderung auf dem Konto 140 Vorsteuer	Minderung z. B. auf dem Konto 171 Verbindlichkeiten a.L.L.

Buchung von Lieferantenboni

Grundbuch:

1. Buchung der Bonusgutschrift und Korrektur der Vorsteuer
2. Umbuchung der Lieferantenboni auf das Wareneingangskonto

Nr.	Soll	€	Haben	€
1	171 Verbindlichkeiten a.L.L.	7.140,00	307 Lieferantenboni 140 Vorsteuer	6.000,00 1.140,00
2	307 Lieferantenboni	6.000,00	301 Wareneingang	6.000,00

Hauptbuch:
Die Vierteljahresumsätze wurden bereits erfasst.

S — 301 Wareneingang — H

S		H	
171	300.000,00	2. 307	6.000,00
		Saldo	294.000,00
		= Anschaffungskosten	

S — 171 Verbindlichkeiten a.L.L. — H

S		H	
1. 307, 140	7.140,00	301, 140	357.000,00

S — 307 Lieferantenboni — H

S		H	
2. 301	6.000,00	1. 171	6.000,00

S — 140 Vorsteuer — H

S		H	
171	57.000,00	1. 171	1.140,00

7.4.3 Lieferantenskonti

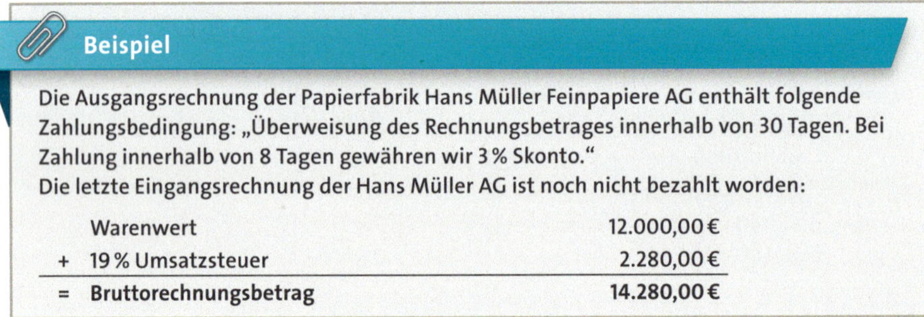

Beispiel

Die Ausgangsrechnung der Papierfabrik Hans Müller Feinpapiere AG enthält folgende Zahlungsbedingung: „Überweisung des Rechnungsbetrages innerhalb von 30 Tagen. Bei Zahlung innerhalb von 8 Tagen gewähren wir 3 % Skonto.“
Die letzte Eingangsrechnung der Hans Müller AG ist noch nicht bezahlt worden:

	Warenwert	12.000,00 €
+	19 % Umsatzsteuer	2.280,00 €
=	**Bruttorechnungsbetrag**	**14.280,00 €**

Lieferantenskonti sind ebenfalls nachträgliche Anschaffungspreisminderungen. Skonti werden in der Buchhaltung erfasst, wenn die Zahlung erfolgt ist, d. h. bei Banküberweisung nach Eingang des Kontoauszuges mit der entsprechenden Lastschrift.

Berechnung des Skontoabzuges			
	Nettowarenwert (100 %)	**Umsatzsteuer (19 %)**	**Bruttowarenwert (119 %)**
Eingangsrechnung	12.000,00 €	2.280,00 €	14.280,00 €
– 3 % Skonto	360,00 €	68,40 €	428,40 €
Zahlung			13.851,60 €
Buchung	**Nettoskonto**	**Steuerkorrektur**	**Bruttoskonto**
Zahlung unter Abzug von Skonto	Minderung des Warennettowertes auf dem Konto 308 Lieferantenskonti	Minderung auf dem Konto 140 Vorsteuer	Minderung des Zahlungsbetrages z. B. auf dem Konto 131 Kreditinstitute

Buchung von Lieferantenskonti

Bei Erhalt der Eingangsrechnung werden die Anschaffungskosten auf das Konto 301 Wareneingang gebucht. Wird die Rechnung innerhalb der angegebenen Skontofrist beglichen, muss der Skonto dann vom Warenwert und von der Vorsteuer abgezogen werden. Erst nach Abschluss des Kontos Lieferantenskonti über das Wareneingangskonto ergeben sich dort die tatsächlichen Anschaffungskosten.

Grundbuch:

1. Buchung der Eingangsrechnung der Hans Müller Feinpapiere AG
2. Buchung der Banküberweisung des Rechnungsbetrages unter Skontoabzug
3. Umbuchung der Lieferantenskonti auf das Wareneingangskonto

Nr.	Soll	€	Haben	€
1	301 Wareneingang 140 Vorsteuer	12.000,00 2.280,00	171 Verbindlichkeiten a.L.L.	14.280,00
2	171 Verbindlichkeiten a.L.L.	14.280,00	308 Lieferantenskonti 140 Vorsteuer 131 Kreditinstitute	360,00 68,40 13.851,60
3	308 Lieferantenskonti	360,00	301 Wareneingang	360,00

Hauptbuch:

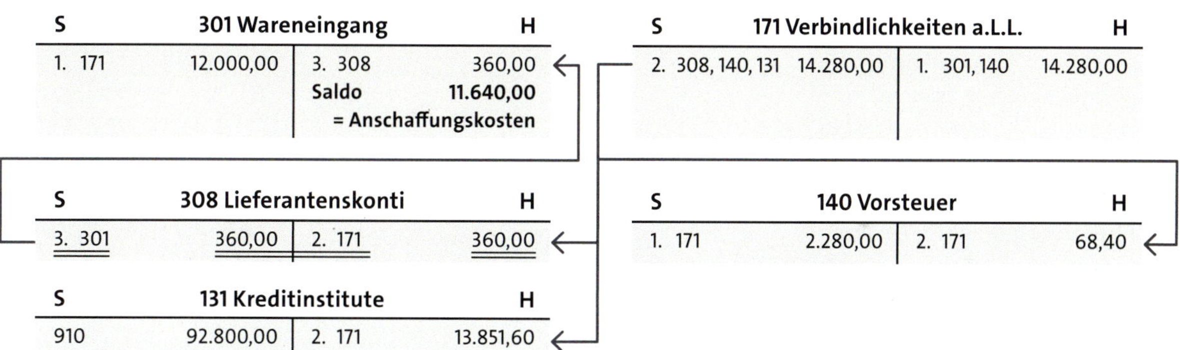

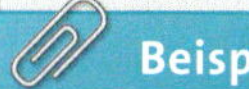

Beispiel

Ist die Zahlung unter Abzug von Skonto auch dann vorteilhaft, wenn der Rechnungsbetrag (z. B. über einen Bankkredit) fremdfinanziert wird? Dann müsste der Bankkredit schon vor Ablauf der Skontofrist aufgenommen werden und nicht erst mit Ablauf des Zahlungsziels. Dies verursacht zusätzliche Zinskosten.

Der Nettoskonto beträgt 360,00 €, wenn am letzten Tag der Skontofrist der Überweisungsbetrag in Höhe von 13.851,60 € gezahlt wird. Die Liefererkreditfrist beträgt 22 Tage (Zahlungsziel 30 Tage – Skontofrist 8 Tage). Beträgt der Kreditzinssatz der Hausbank z. B. 9 %, ergeben sich die Kreditkosten wie folgt:

Nettoskonto	360,00 €
– Zinsen für den Bankkredit	76,18 €
= Finanzierungserfolg (Ersparnis)	283,82 €

$$\frac{\text{Überweisungsbetrag} \cdot \text{Bankzinssatz} \cdot \text{Liefererkreditfrist}}{100\,\% \cdot 360\text{ Tage}} = \frac{13.851{,}60\,€ \cdot 9\,\% \cdot 22\text{ Tage}}{100\,\% \cdot 360\text{ Tage}} = \mathbf{76{,}18\,€}$$

Die zusätzlichen Zinsen für den Bankkredit betragen 76,18 €.

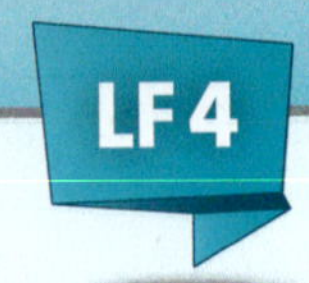

Alles klar?

1 Was versteht man beim Wareneinkauf unter Anschaffungsnebenkosten?

2 Wie werden die Anschaffungskosten beim Wareneinkauf ermittelt?

3 Wie werden Sofortrabatte in der Buchführung behandelt?

4 Unterscheiden Sie direkte und nachträgliche Anschaffungspreisminderungen beim Wareneinkauf.

5 Was muss auf dem Konto 302 Warenbezugskosten erfasst werden? Nennen Sie drei Beispiele.

6 Ermitteln Sie die gesamten Anschaffungskosten für folgenden Einkauf von Waren auf Ziel:
- Artikel-Nr. 535
- Artikelpreis je Stück 4,20 €
- bestellte Menge 500 Stück
- Kundenrabatt 15 %
- Kosten der Lieferung 120,00 €

7 Wie grenzt man Rücksendungen von Preisnachlässen ab?

8 Wie sind in Rechnung gestellte Leihverpackungen beim Wareneinkauf in der Buchführung zu berücksichtigen?

9 Wie entstehen nachträgliche Preisnachlässe beim Wareneinkauf?

10 Berechnen Sie den Gesamtwert der Anschaffungskosten auf dem Konto 301 Wareneingang, wenn folgende Beträge auch auf den Unterkonten gebucht wurden.

301 Wareneingang	322.000,00 €
302 Warenbezugskosten	24.500,00 €
306 Rücksendungen an Lieferanten	14.200,00 €
307 Lieferantenboni	8.700,00 €
308 Lieferantenskonti	6.300,00 €

11 Welche der nachfolgenden Buchungen im Warenbeschaffungsbereich können so wie dargestellt **nicht** richtig sein?

Nr.	Sollbuchung	Habenbuchung
1	301 Wareneingang 302 Bezugskosten 140 Vorsteuer	171 Verbindlichkeiten a.L.L.
2	390 Warenbestände	131 Kreditinstitute
3	171 Verbindlichkeiten a.L.L	302 Bezugskosten 140 Vorsteuer
4	305 Rücksendungen an Lieferanten 140 Vorsteuer	171 Verbindlichkeiten a.L.L
5	171 Verbindlichkeiten a.L.L.	308 Lieferantenskonti 140 Vorsteuer
6	301 Wareneingang	302 Bezugskosten
7	301 Wareneingang 180 Umsatzsteuer	101 Forderungen a.L.L.
8	171 Verbindlichkeiten a.L.L.	306 Nachlässe von Lieferanten 140 Vorsteuer

8 Warenverkaufsbuchungen

Beispiel

Die BPK GmbH verkauft an das Bürobedarfsgeschäft Klammer & Co. KG Kopierpapier aus dem Sonderposten der Dresdener Papiermanufactur. Die Ware ist bereits geliefert worden. Gemäß den Kaufvertragsvereinbarungen hat die BPK folgende Ausgangsrechnung erstellt:

BPK GmbH · Elberfelder Straße 85 · 42285 Wuppertal
Klammer & Co. KG
Hansaring 108
48155 Münster

Rechnung Nr. 211

Bearbeiter	Kundennummer	Ihre Bestellung Nr.	vom	Rechn.-Datum
Voss	48001	12214	29. 03. 20XX	01.04.20XX

Versandart/Freivermerk	Verpackungsart	geliefert am
Spedition ab Lager BPK	Kartons á 1000 Blatt	01. 04. 20XX

Pos.-Nr.	Artikel-Nr.	Warenbezeichnung	Menge	Preis/Einheit €	Gesamtpreis €
1	20151	Kopierpapier NOPA TOP	400	8,85/Karton á 1000 Blatt	3.540,00
		– 10 % Kundenrabatt			354,00
		= Nettorechnungsbetrag			3.186,00
		+ 19 % Umsatzsteuer			605,34
		Bruttorechnungsbetrag			3.791,34

Wie beim Wareneinkauf werden auch beim Warenverkauf bereits in der Rechnung abgezogene Sofortrabatte **nicht berücksichtigt**. In der Buchführung wird nur der Listenpreis nach Abzug des Sofortrabattes auf dem Konto 801 „Warenverkauf" erfasst. Auf dem Konto Warenverkauf erscheint der Nettowarenwert, den der Kunde tatsächlich (zuzüglich Umsatzsteuer, ohne Skontoabzug) bezahlen muss.

keine Erfassung von Sofortrabatten in der Buchführung

Buchung der Ausgangsrechnung an die Klammer & Co. KG

1. Buchung der Ausgangsrechnung unter Berücksichtigung der Umsatzsteuer
2. Abschluss des Kontos Warenverkauf über das GuV-Konto

Nr.	Soll	€	Haben	€
1	101 Forderungen a.L.L.	3.791,34	801 Warenverkauf 180 Umsatzsteuer	3.186,00 605,34
2	801 Warenverkauf	3.186,00	930 GuV-Konto	3.186,00

Hauptbuch:

S	930 GuV-Konto	H
	2. 801 3.186,00 ←	
	= Nettoerlöse	

S	801 Warenverkauf	H
2. 930 3.186,00		1. 101 3.186,00

8.1 Kosten der Warenabgabe und Provisionen

Beispiel

Die BPK GmbH hat das an die Klammer & Co. KG verkaufte Kopierpapier durch die Spedition Wurm ausliefern lassen. Die Spedition Wurm handelt im Auftrag der BPK. Sie sendet folgende Rechnung:

S P E D I T I O N W U R M G m b H

Spedition Wurm GmbH · Romastr. 9 · 42285 Wuppertal
Bergisches Papierkontor GmbH
Elberfelder Straße 85
42285 Wuppertal

Rechnung Nr. 122
Rechnungs-Datum: 01. 04. 20XX
Bankverbindung: Essener Stadtbank
IBAN: DE62 1089 4510 0123 0527 66

Sehr geehrte Damen und Herren,

wir lieferten in Ihrem Auftrag an das Bürobedarfsgeschäft Klammer & Co. KG in Münster 400 Verpackungseinheiten Kopierpapier

Gesamtpreis für den Transport	25,00 €
zzgl. 19 % Umsatzsteuer	4,75 €
Bruttorechnungsbetrag	29,75 €

Zahlungsbedingungen: Die Rechnung ist ohne jeden Abzug sofort zahlbar.

Aufwendungen, die im Zusammenhang mit einem Warenverkauf entstehen, werden in der Kontenklasse 4 erfasst. Für die wichtigsten Aufwendungen im Absatzbereich stehen folgende Konten zur Verfügung:

S	461 Verpackungsmaterial	H
Einkäufe von Verpackungsmaterial zum Versand der verkauften Waren		

S	462 Ausgangsfrachten	H
Einkäufe von Transportdienstleistungen zum Versand der verkauften Waren		

S	450 Provisionen	H
Einkäufe von Verkaufsdienstleistungen beim Warenabsatz (z. B. an Handelsvertreter)		

Buchung der Eingangsrechnung der Spedition Wurm

1. Buchung der Eingangsrechnung unter Berücksichtigung der Vorsteuer
2. Abschluss des Kontos Ausgangsfrachten über das GuV-Konto

Nr.	Soll	€	Haben	€
1	462 Ausgangsfrachten 140 Vorsteuer	25,00 4,75	171 Verbindlichkeiten a.L.L.	29,75
2	930 GuV-Konto	25,00	462 Ausgangsfrachten	25,00

Hauptbuch

S	462 Ausgangsfrachten		H
1. 171	25,00	2. 930	25,00

→

S	930 GuV-Konto		H
2. 462	25,00		

8.2 Weiterbelastung von Aufwendungen an Kunden

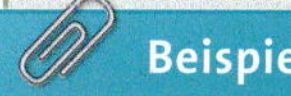

Beispiel

Im Kaufvertrag zwischen der BPK GmbH und der Klammer & Co. KG wurde vereinbart, dass der Warentransport durch die Spedition Wurm ausgeführt wird, die Transportkosten jedoch der Käufer zu tragen hat (Lieferbedingung: ab Lager BPK). Die BPK erstellt folgende Ausgangsrechnung:

BPK GmbH . Elberfelder Straße 85 · 42285 Wuppertal
Klammer & Co. KG
Hansaring 108
48155 Münster

Rechnung Nr. 218

Bearbeiter	Kundennummer	Ihre Bestellung Nr.	vom	Rechn.-Datum
Voss	48001	12214	29. 03. 20XX	02.04.20XX
Versandart/Freivermerk		Verpackungsart	geliefert am 01. 04. 20XX	

Pos.-Nr.	Artikel-Nr.	Warenbezeichnung	Menge	Preis/Einheit €	Gesamtpreis €
		Wir lieferten durch die Spedition Wurm 400 Pakete Kopierpapier NOPA FIX Gesamtpreis für den Transport			25,00
		+ 19 % Umsatzsteuer			4,75
		Bruttorechnungsbetrag			**29,75**

Bitte überweisen Sie den Betrag umgehend ohne Abzug und unter Angabe der Rechnungsnummer.

Die angefallenen Transportkosten werden an den Kunden weitergegeben. Dabei spielt es keine Rolle, ob die BPK GmbH eigene Transportkosten oder, wie in diesem Fall, die Transportkosten einer Spedition in Rechnung stellt. Die Weiterbelastung von Transportverpackungskosten wäre ebenfalls möglich. Die an den Kunden weiterbelasteten Aufwendungen werden wie Umsatzerlöse auf dem Ertragskonto 801 „Warenverkauf" gebucht, da sie nach § 10 UStG zum umsatzsteuerpflichtigen Entgelt gehören. Die Verrechnung mit der Aufwandsbuchung ist umsatzsteuerrechtlich nicht erlaubt.

Warenschulden sind Holschulden

▶ LF 2, Kap. 3.1.2

Transport- und Verpackungskosten

▶ LF 2, Kap. 3.1.4

Buchung der Ausgangsrechnung an die Klammer & Co. KG

1. Buchung der Ausgangsrechnung unter Berücksichtigung der Umsatzsteuer
2. Abschluss des Kontos Warenverkauf über das GuV-Konto

Nr.	Soll	€	Haben	€
1	101 Forderungen a.L.L.	29,75	801 Warenverkauf 180 Umsatzsteuer	25,00 4,75
2	801 Warenverkauf	25,00	930 GuV-Konto	25,00

Hauptbuch:

S	930 GuV-Konto		H
		2. 801	25,00

←

S	801 Warenverkauf		H
2. 930	25,00	1. 101	25,00

▶ LS 51

8.3 Rücksendungen von Kunden

Beispiel

Ein Kunde der BPK GmbH, das Druckzentrum Bielefeld, ist mit einer Lieferung Kopierpapier nur teilweise einverstanden. Insgesamt 30 % des Papiers sind laut der Mängelrüge des Kunden unbrauchbar, da die Oberflächen zu glatt sind. Die BPK nimmt das mangelhafte Papier zurück und erstellt eine Gutschrift (Auszug):

BPK GmbH Elberfelder Straße 85 42285 Wuppertal
Druckzentrum Bielefeld GmbH & Co.KG
Am Stiehl 109
33604 Bielefeld

Elberfelder Straße 85
42285 Wuppertal
Tel.: 0202 1236XX-0

Gutschrift

18. 02. 20XX

Sehr geehrte Damen und Herren,

aufgrund Ihrer Mängelrüge vom 15. 02. 20XX schreiben wir Ihnen gut:

30 % vom Nettorechnungsbetrag	1.080,00 €
Rechnung Nr. 125 vom 14.02.20XX	324,00 €
zzgl. 19 % Umsatzsteuer	61,56 €
Bruttogutschrift	**385,56 €**

Mit freundlichen Grüßen

Sendet ein Kunde Waren oder Verpackungsmaterial zurück oder stellt er es zur späteren Abholung bereit, vermindern sich nachträglich die auf dem Konto Warenverkauf erfassten Umsatzerlöse. Da die Waren bzw. das Verpackungsmaterial zurückgenommen werden, erfolgt eine **mengen- und wertmäßige Rücknahme**, die auf dem Konto 805 „Rücksendungen von Kunden" erfasst wird. Umsatzsteuerrechtlich vermindert sich das vereinbarte Entgelt, die beim Verkauf gebuchte Umsatzsteuer ist zu korrigieren. Gleichzeitig vermindert sich die Forderung an den Kunden in Höhe des Bruttogutschriftbetrages.

S	**305 Rücksendungen von Kunden** H
Rücksendungen von Kunden	Umbuchungssaldo →

S	**801 Warenverkauf** H
Umbuchungssaldo Konto Rücksendungen von Kunden	Nettoerlöse aus dem Warenverkauf und der Weiterbelastung von Aufwendungen (z. B. Verpackungsmaterial)
Abschlusssaldo Konto Warenverkauf für GuV-Konto	

Berechnung der Gutschrift

	Nettorechnungsbetrag (100 %)	**Umsatzsteuer (19 %)**	**Bruttorechnungsbetrag (119 %)**
Ausgangsrechnung	1.080,00 €	205,20 €	1.285,20 €
– 30 % Nachlass	324,00 €	61,56 €	385,56 €
Zahlung	756,00 €	143,64 €	899,64 €

Buchung von Warenrücksendungen durch Kunden

Grundbuch:

1. Buchung der Ausgangsrechnung an das Druckzentrum Bielefeld
2. Buchung der Gutschrift und Minderung der Umsatzsteuer
3. Umbuchung Konto „Rücksendungen von Kunden" auf das Warenverkaufskonto

Nr.	Soll	€	Haben	€
1	101 Forderungen a.L.L.	1.285,20	801 Warenverkauf 180 Umsatzsteuer	1.080,00 205,20
2	805 Rücksendungen von Kunden 180 Umsatzsteuer	324,00 61,56	101 Forderungen a.L.L.	385,56
3	801 Warenverkauf	324,00	805 Rücksendungen von Kunden	324,00

Hauptbuch:

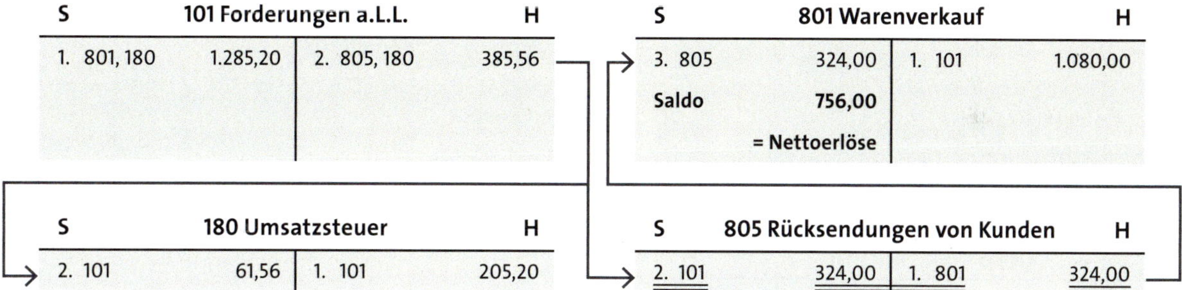

Rücksendung von Verpackungen durch Kunden

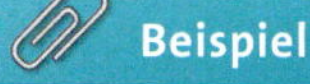

Beispiel

Ein Kunde erhält von der BPK GmbH Papier auf Paletten angeliefert, für die die BPK eine Leihgebühr von 238,00 Euro (200,00 Euro zzgl. 38,00 Euro Umsatzsteuer) berechnet. Bei Rücklieferung der Paletten wird dem Kunden die Leihgebühr durch Gutschrift erstattet.

Sendet ein Kunde Leihverpackungen zurück, wird die erforderliche Korrekturbuchung in Höhe der Gutschrift auf dem Konto 805 „Rücksendungen von Kunden" vorgenommen. Auch die Umsatzsteuer ist entsprechend zu mindern.

Grundbuch:

1. Belastung des Kunden für Paletten
2. Gutschrift an den Kunden nach Rücksendung der Paletten

Nr.	Soll	€	Haben	€
1	101 Forderungen a.L.L.	238,00	801 Warenverkauf 180 Umsatzsteuer	200,00 38,00
2	805 Rücksendungen von Kunden 180 Umsatzsteuer	200,00 38,00	101 Forderungen a.L.L.	238,00

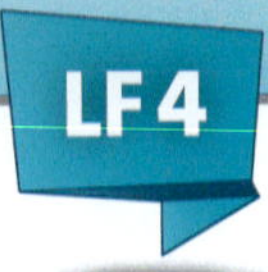

8.4 Preisnachlässe an Kunden

Nachträgliche Erlösminderungen ohne Rücksendung von Waren entstehen z.B. durch Preisnachlässe gegenüber Kunden aufgrund von Mängelrügen oder durch die Gewährung von Kundenboni oder -skonti. Sie sind zum Zeitpunkt ihrer Entstehung, d.h. bei Erstellung der Gutschrift bzw. bei Zahlungseingang, zu erfassen.

Die Erlösminderungen werden zunächst auf Unterkonten des Kontos Warenverkauf erfasst und regelmäßig auf das Warenverkaufskonto umgebucht. Erst nach der Umbuchung ergeben sich auf dem Warenverkaufskonto die tatsächlich erzielten Nettoerlöse. Zusätzlich ist die Umsatzsteuer zu korrigieren.

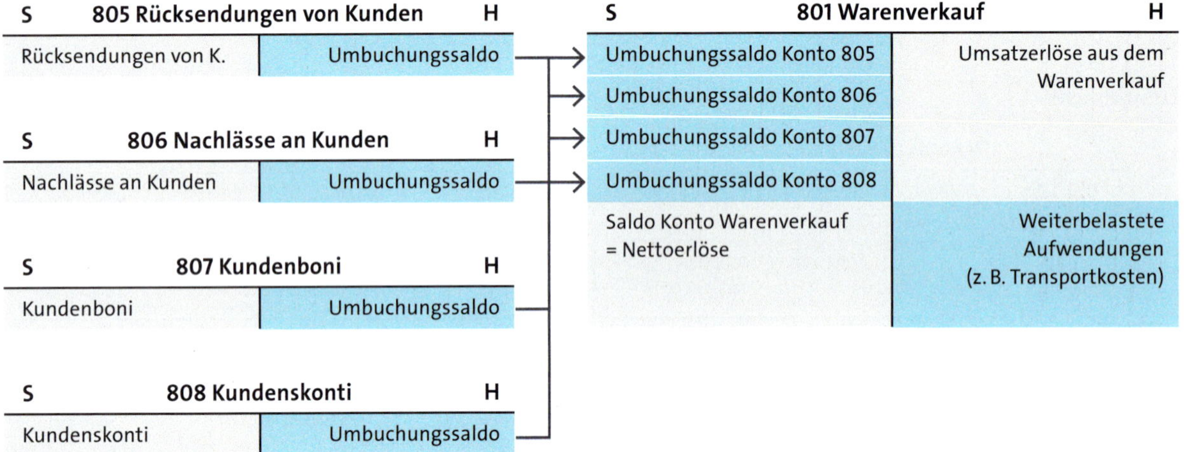

8.4.1 Kaufpreisminderungen an Kunden

Beispiel

Der Copy Shop aus Dortmund reklamiert eine Lieferung von Kopierpapier, das Probleme bei der Verarbeitung in den modernen Kopiergeräten des Kunden verursacht (Papierstau). Der Kunde verlangt einen Preisnachlass von 20 % in Höhe von 500,00 Euro zzgl. 19 % Umsatzsteuer. Die BPK GmbH erkennt die Mängelrüge inhaltlich voll an.

Berechnung des Preisnachlasses an den Kunden			
	Nettorechnungsbetrag (100 %)	**Umsatzsteuer (19 %)**	**Bruttorechnungsbetrag (119 %)**
Ausgangsrechnung	2.500,00 €	475,00 €	2.975,00 €
20 % Nachlass	500,00 €	95,00 €	595,00 €
Buchung	**Nettogutschrift**	**Steuerkorrektur**	**Bruttogutschrift**
Preisnachlass an einen Kunden	Minderung der Umsatzerlöse auf dem Konto 806 Nachlässe an Kunden	Minderung auf dem Konto 180 Umsatzsteuer	Minderung z. B. auf dem Konto 101 Forderungen a.L.L.

Buchung von Preisnachlässen an Kunden

Grundbuch:

1. Buchung des Preisnachlasses an den Copy Shop, Korrektur der Umsatzsteuer
2. Umbuchung der Erlösminderung auf das Warenverkaufskonto

Nr.	Soll	€	Haben	€
1	806 Nachlässe an Kunden 180 Umsatzsteuer	500,00 95,00	101 Forderungen a.L.L.	595,00
2	801 Warenverkauf	500,00	806 Nachlässe an Kunden	500,00

Hauptbuch:
Die Ausgangsrechnung an den Copy Shop wurde bereits erfasst.

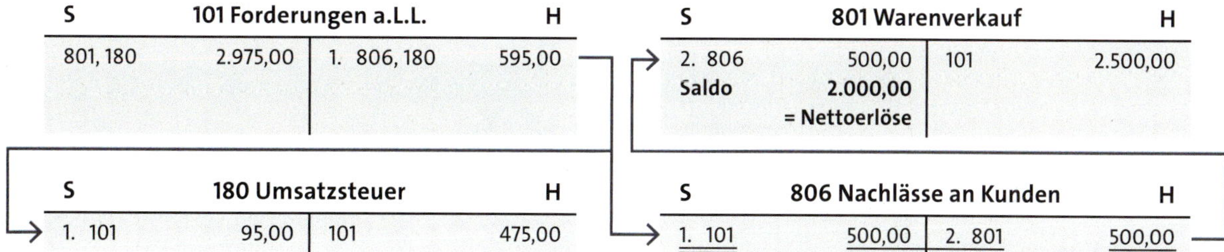

S	101 Forderungen a.L.L.		H
801, 180	2.975,00	1. 806, 180	595,00

S	801 Warenverkauf		H
2. 806	500,00	101	2.500,00
Saldo	**2.000,00**		
	= Nettoerlöse		

S	180 Umsatzsteuer		H
1. 101	95,00	101	475,00

S	806 Nachlässe an Kunden		H
1. 101	500,00	2. 801	500,00

8.4.2 Kundenboni

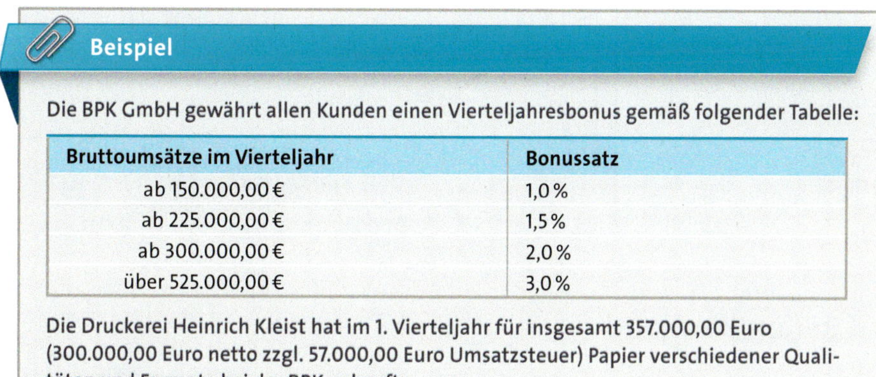

Beispiel

Die BPK GmbH gewährt allen Kunden einen Vierteljahresbonus gemäß folgender Tabelle:

Bruttoumsätze im Vierteljahr	Bonussatz
ab 150.000,00 €	1,0 %
ab 225.000,00 €	1,5 %
ab 300.000,00 €	2,0 %
über 525.000,00 €	3,0 %

Die Druckerei Heinrich Kleist hat im 1. Vierteljahr für insgesamt 357.000,00 Euro (300.000,00 Euro netto zzgl. 57.000,00 Euro Umsatzsteuer) Papier verschiedener Qualitäten und Formate bei der BPK gekauft.

Die Gewährung von Kundenboni ist Bestandteil der **preispolitischen Instrumente** (Marketinginstrumente) eines Großhandelsunternehmens. Die Bonusgewährung soll den Kunden anregen, zusätzliche Umsätze zu tätigen, um den nächsthöheren Bonussatz zu erreichen. Der Bruttobonus kann ausgezahlt oder mit bestehenden Forderungen (wie im Beispiel) verrechnet werden.

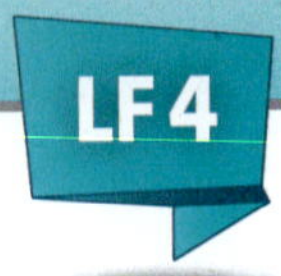

Berechnung des Kundenbonus			
	Nettowarenwert (100 %)	**Umsatzsteuer (19 %)**	**Bruttowarenwert (119 %)**
Vierteljahresumsatz	300.000,00 €	57.000,00 €	357.000,00 €
2 % Bonus	6.000,00 €	1.140,00 €	7.140,00 €
Buchung	**Nettobonus**	**Steuerkorrektur**	**Bruttobonus**
Vierteljahresbonus	Minderung der Umsatzerlöse auf dem Konto 807 Kundenboni	Minderung auf dem Konto 180 Umsatzsteuer	Minderung z. B. auf dem Konto 101 Forderungen a.L.L.

Buchung von Kundenboni

Grundbuch:

1. Buchung der Bonusgutschrift und Korrektur der Umsatzsteuer
2. Umbuchung der Kundenboni auf das Warenverkaufskonto

Nr.	Soll	€	Haben	€
1	807 Kundenboni 180 Umsatzsteuer	6.000,00 1.140,00	101 Forderungen a.L.L.	7.140,00
2	801 Warenverkauf	6.000,00	807 Kundenboni	6.000,00

Hauptbuch:
Der Vierteljahresumsatz der Druckerei Heinrich Kleist wurde bereits erfasst.

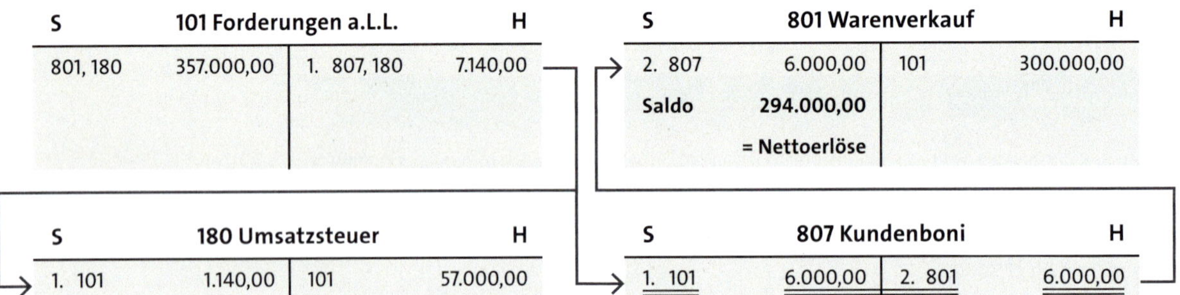

S	101 Forderungen a.L.L.		H
801, 180	357.000,00	1. 807, 180	7.140,00

S	801 Warenverkauf		H
2. 807	6.000,00	101	300.000,00
Saldo	**294.000,00**		
	= Nettoerlöse		

S	180 Umsatzsteuer		H
1. 101	1.140,00	101	57.000,00

S	807 Kundenboni		H
1. 101	6.000,00	2. 801	6.000,00

8.4.3 Kundenskonti

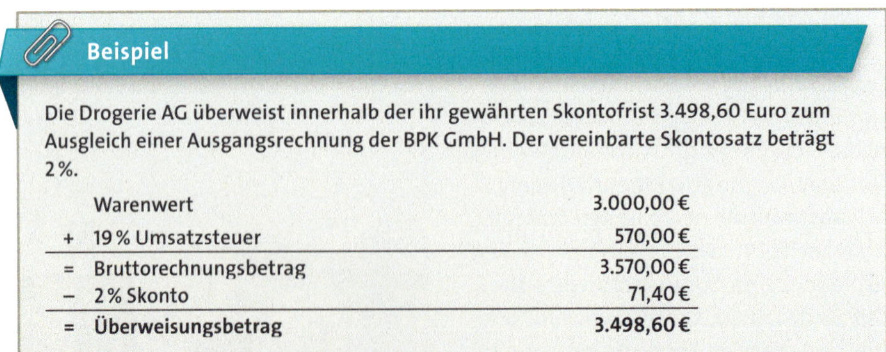

Beispiel

Die Drogerie AG überweist innerhalb der ihr gewährten Skontofrist 3.498,60 Euro zum Ausgleich einer Ausgangsrechnung der BPK GmbH. Der vereinbarte Skontosatz beträgt 2 %.

	Warenwert	3.000,00 €
+	19 % Umsatzsteuer	570,00 €
=	Bruttorechnungsbetrag	3.570,00 €
–	2 % Skonto	71,40 €
=	**Überweisungsbetrag**	**3.498,60 €**

Kundenskonti sind wie Kundenboni nachträgliche Umsatzerlösminderungen. Sie werden nach Eingang der Zahlung erfasst, d.h. bei Banküberweisung nach Erhalt des Kontoauszuges mit der entsprechenden Gutschrift.

	Nettowarenwert (100 %)	Umsatzsteuer (19 %)	Bruttowarenwert (119 %)
Ausgangsrechnung	3.000,00 €	570,00 €	3.570,00 €
– 2 % Skonto	60,00 €	11,40 €	71,40 €
Zahlung			3.498,60 €
Buchung	**Nettoskonto**	**Steuerkorrektur**	**Bruttoskonto**
Zahlung unter Abzug von Skonto	Minderung der Umsatzerlöse auf dem Konto 808 Kundenskonti	Minderung auf dem Konto 180 Umsatzsteuer	Minderung z. B. auf dem Konto 131 Kreditinstitute

Buchung von Kundenskonti

Bei Erstellen der Ausgangsrechnung werden die Umsatzerlöse auf das Konto 801 Warenverkauf gebucht. Begleicht der Kunde die Rechnung innerhalb der angegebenen Skontofrist (z.B. per Banküberweisung), werden Umsatzerlöse und Umsatzsteuer entsprechend gemindert.

Grundbuch:

1. Buchung der Ausgangsrechnung an die Drogerie AG
2. Buchung der Überweisung unter Abzug von Skonto, Korrektur der Umsatzsteuer
3. Umbuchung der Kundenskonti auf das Warenverkaufskonto

Nr.	Soll	€	Haben	€
1	101 Forderungen a.L.L.	3.570,00	801 Warenverkauf 180 Umsatzsteuer	3.000,00 570,00
2	808 Kundenskonti 180 Umsatzsteuer 131 Kreditinstitute	60,00 11,40 3.498,60	101 Forderungen a.L.L.	3.570,00
3	801 Warenverkauf	60,00	808 Kundenskonti	60,00

Hauptbuch:

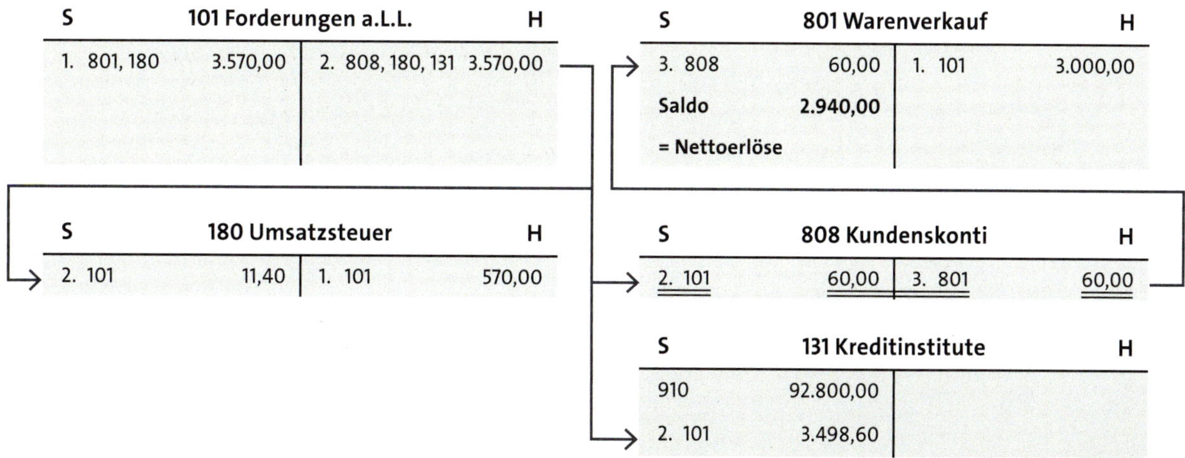

Alles klar?

1 Wie werden in einer Ausgangsrechnung ausgewiesene Sofortrabatte in der Buchführung behandelt?

2 Welche Aufwendungen entstehen häufig im Zusammenhang mit Warenverkäufen?

3 Wie werden weiterbelastete Aufwendungen für Warenverkäufe in der Buchführung erfasst?

4 Wie sind Gutschriften für die Rücksendung von Leihverpackungen durch einen Kunden zu buchen?

5 Nennen Sie drei mögliche Gründe für nachträgliche Preisnachlässe an Kunden.

6 Wann müssen Kundenskonti in der Buchführung erfasst werden?

7 Berechnen Sie den Gesamtwert der Umsatzerlöse auf dem Konto 801 Warenverkauf, wenn folgende Beträge auch auf den Unterkonten gebucht wurden.

801 Warenverkauf	644.000,00 €
461 Verpackungsmaterial	14.500,00 €
805 Rücksendungen von Kunden	22.200,00 €
806 Nachlässe an Kunden	9.400,00 €
808 Kundenskonti	14.300,00 €

8 Ermitteln Sie den gesamten Umsatzerlös für folgenden Verkauf von Waren nach Rechnungsausgleich innerhalb der Skontofrist:

- Artikel-Nr. 1235
- Artikelpreis je Karton 6,20 €
- bestellte Menge 2000 Kartons
- Mengenrabatt 20 %
- weiterbelastete Kosten für die Verpackung und Lieferung der Ware 220,00 €
- 3 % Skonto auf den Warenwert

9 Welche der nachfolgenden Buchungen im Warenverkaufsbereich können so wie dargestellt **nicht** richtig sein?

Nr.	Sollbuchung	Habenbuchung
1	801 Warenverkauf 461 Verpackungsmaterial 140 Vorsteuer	101 Forderungen a.L.L.
2	801 Warenverkauf	306 Nachlässe an Kunden
3	101 Forderungen a.L.L	801 Warenverkauf 180 Umsatzsteuer
4	805 Rücksendungen von Kunden 180 Umsatzsteuer	101 Forderungen a.L.L
5	171 Verbindlichkeiten a.L.L.	808 Kundenskonto 180 Umsatzsteuer
6	801 Warenverkauf	462 Ausgangsfrachten
7	807 Kundenboni 140 Vorsteuer	101 Forderungen a.L.L.
8	101 Forderungen a.L.L.	806 Nachlässe an Kunden 140 Vorsteuer

9 Warenbestand und Warenbestandsveränderungen

AB ▶ LS 52

Bisher wurde davon ausgegangen, dass alle Waren, die in einem Geschäftsjahr eingekauft wurden, in demselben Geschäftsjahr auch wieder verkauft wurden. Zum Geschäftsjahresbeginn und zum Geschäftsjahresende sind in diesem Fall **keine Lagerbestände** vorhanden oder die Lagerbestände **bleiben gleich hoch**.

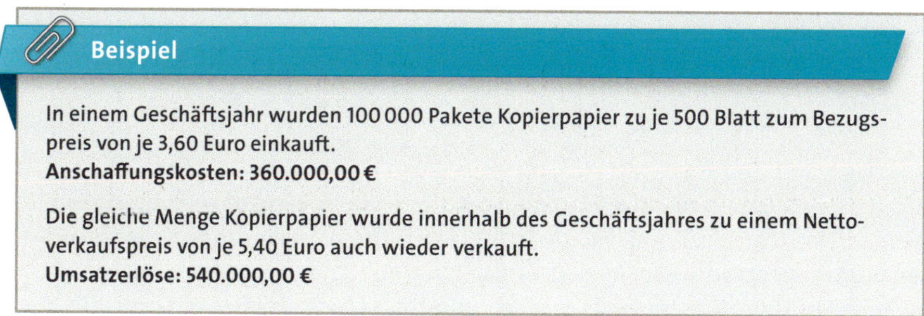

Beispiel

In einem Geschäftsjahr wurden 100 000 Pakete Kopierpapier zu je 500 Blatt zum Bezugspreis von je 3,60 Euro einkauft.
Anschaffungskosten: 360.000,00 €

Die gleiche Menge Kopierpapier wurde innerhalb des Geschäftsjahres zu einem Nettoverkaufspreis von je 5,40 Euro auch wieder verkauft.
Umsatzerlöse: 540.000,00 €

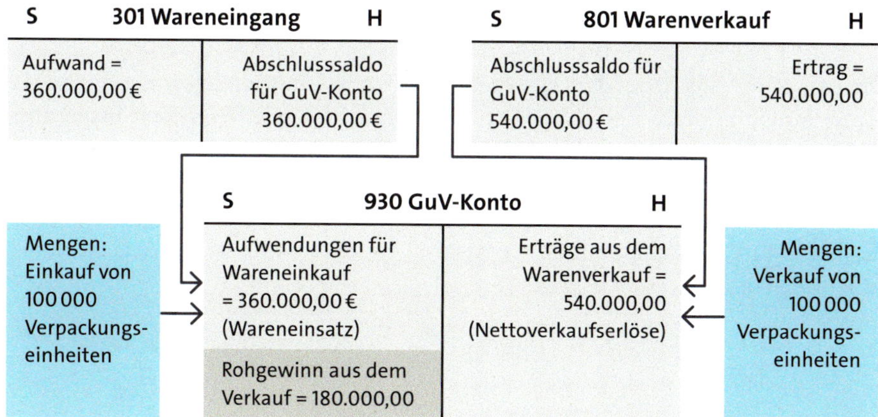

Der Wareneinsatz, d.h. der Einkaufswert (Bezugs- bzw. Einstandspreis) der eingekauften Waren, beträgt 360.000,00 Euro. Dem stehen die auf dem Konto Warenverkauf erfassten Verkaufserlöse in Höhe von 540.000,00 Euro gegenüber. Das entspricht im Einkauf und im Verkauf einer Menge von 100 000 Verpackungseinheiten (VE). Der **Rohgewinn**, d.h. die positive Differenz zwischen Warenverkauf und Wareneinsatz, beträgt 180.000,00 Euro. Sind die Umsatzerlöse geringer als der Wareneinsatz, ergibt sich ein **Rohverlust**.

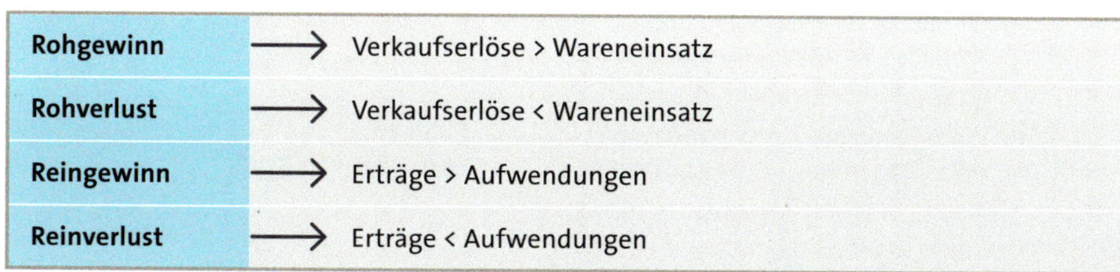

Rohgewinn	⟶	Verkaufserlöse > Wareneinsatz
Rohverlust	⟶	Verkaufserlöse < Wareneinsatz
Reingewinn	⟶	Erträge > Aufwendungen
Reinverlust	⟶	Erträge < Aufwendungen

Gewinnermittlung
über das GuV-Konto
▶ LF4, Kap. 4.6

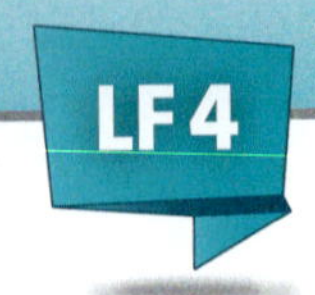

9.1 Warenbestandsmehrung

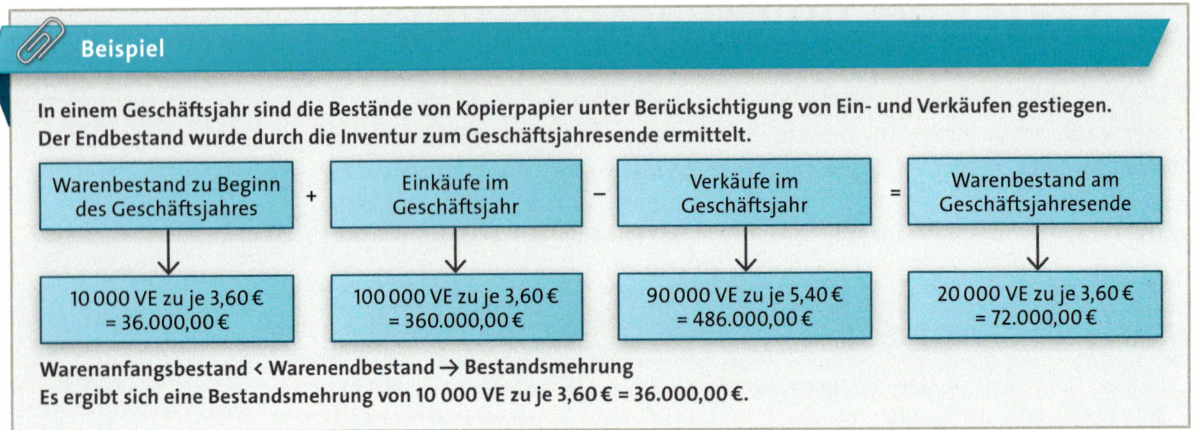

Beispiel
In einem Geschäftsjahr sind die Bestände von Kopierpapier unter Berücksichtigung von Ein- und Verkäufen gestiegen.
Der Endbestand wurde durch die Inventur zum Geschäftsjahresende ermittelt.
Warenbestand zu Beginn des Geschäftsjahres
+
Einkäufe im Geschäftsjahr
–
Verkäufe im Geschäftsjahr
=
Warenbestand am Geschäftsjahresende
10 000 VE zu je 3,60 € = 36.000,00 €
100 000 VE zu je 3,60 € = 360.000,00 €
90 000 VE zu je 5,40 € = 486.000,00 €
20 000 VE zu je 3,60 € = 72.000,00 €
Warenanfangsbestand < Warenendbestand → Bestandsmehrung
Es ergibt sich eine Bestandsmehrung von 10 000 VE zu je 3,60 € = 36.000,00 €.

Auf dem GuV-Konto müssen Wareneingang und Warenverkauf gegenübergestellt werden. Den Umsatzerlösen für die 90 000 verkauften Verpackungseinheiten müssen die Bezugspreise dieser 90 000 Verpackungseinheiten als Aufwand gegenüberstehen. Auf dem Wareneingangskonto wurden jedoch die Gesamteinkäufe des Geschäftsjahres mit insgesamt 100 000 Verpackungseinheiten erfasst. Die auf den beiden Konten gebuchten Mengen stimmen also nicht mehr überein.

Konto Warenbestände (aktives Bestandskonto)
▶ LF4, Kap. 4.1

Um den Wareneinsatz auf dem Wareneingangskonto ermitteln zu können, muss das **Wareneingangskonto** um 10 000 Verpackungseinheiten im Wert von insgesamt 36.000,00 Euro **vermindert** werden. Diese eingekauften, jedoch nicht verkauften Waren **erhöhen den Lagerbestand** zum Geschäftsjahresende auf dem Konto Warenbestände. Dieser Endbestand (Sollbestand) muss mit dem Endbestand der Inventur als Istbestand übereinstimmen. Er ist als Vermögenswert in der Schlussbilanz auszuweisen:

Warenbestände an Kopierpapier:
10 000 VE am Jahresbeginn
20 000 VE am Jahresende

Wareneinkauf von Kopierpapier:
100 000 VE

Warenverkauf von Kopierpapier:
90 000 VE

S 390 Warenbestände	H
Anfangsbestand = 36.000,00 €	Endbestand = 72.000,00 € für das SBK
Bestandsmehrung = 36.000,00 €	

S 301 Wareneingang	H
Einkäufe = 360.000,00 €	Bestandsmehrung = 36.000,00 €
	Abschlusssaldo für GuV-Konto = 324.000,00 €

S 801 Warenverkauf	H
Abschlusssaldo für GuV-Konto = 486.000,00 €	Ertrag = 486.000,00 €

Mengen:
Einkauf von 100 000 VE
– Bestandsmehrung 10 000 VE
= 90 000 VE

S 930 GuV-Konto	H
Konto Wareneingang = 324.000,00 €	Konto Warenverkauf = 486.000,00 €
Rohgewinn = 162.000,00 €	

Mengen:
Verkauf = 90 000 VE

Grundbuch:

1. Buchung der Bestandsmehrung	36.000,00 € = 10 000 VE · 3,60 €
2. Abschluss Konto Warenbestände über das SBK	72.000,00 € = 20 000 VE · 3,60 €
3. Abschluss Konto Wareneingang über das GuV-Konto	324.000,00 € = 90 000 VE · 3,60 €
4. Abschluss Konto Warenverkauf über das GuV-Konto	486.000,00 € = 90 000 VE · 5,40 €

Der Anfangsbestand auf dem Warenbestandskonto (Wert 36.000,00 €, Menge 10 000 VE) sowie die Einkäufe (Wert 360.000,00 €, Menge 100 000 VE) und Verkäufe (Wert 468.000,00 €, Menge 90 000 VE) sind bereits ohne Buchungssätze auf den Konten eingetragen.

Nr.	Soll	€	Haben	€
1	390 Warenbestände	36.000,00	301 Wareneingang	36.000,00
2	940 SBK	72.000,00	390 Warenbestände	72.000,00
3	930 GuV-Konto	324.000,00	301 Wareneingang	324.000,00
4	801 Warenverkauf	486.000,00	930 GuV-Konto	486.000,00

Hauptbuch:

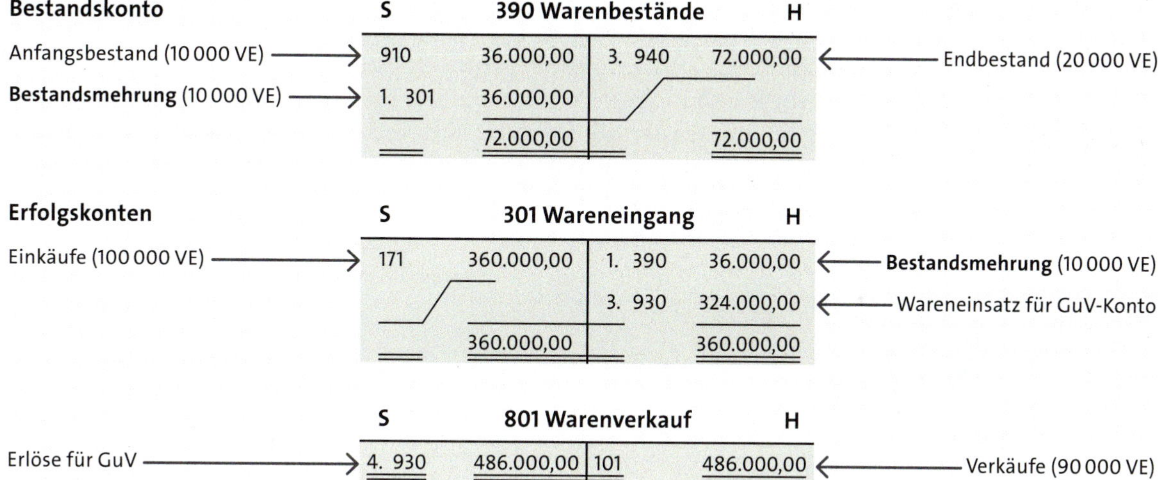

Bestandskonto
S 390 Warenbestände H
Anfangsbestand (10 000 VE)
910 36.000,00
3. 940 72.000,00
Endbestand (20 000 VE)
Bestandsmehrung (10 000 VE)
1. 301 36.000,00
72.000,00
72.000,00
Erfolgskonten
S 301 Wareneingang H
Einkäufe (100 000 VE)
171 360.000,00
1. 390 36.000,00
Bestandsmehrung (10 000 VE)
3. 930 324.000,00
Wareneinsatz für GuV-Konto
360.000,00
360.000,00
S 801 Warenverkauf H
Erlöse für GuV
4. 930 486.000,00
101 486.000,00
Verkäufe (90 000 VE)

Abschlusskonten:

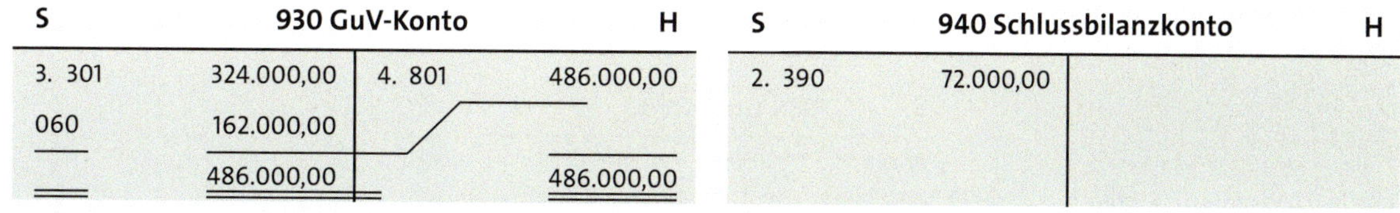

S 930 GuV-Konto H
3. 301 324.000,00
4. 801 486.000,00
060 162.000,00
486.000,00
486.000,00
S 940 Schlussbilanzkonto H
2. 390 72.000,00

Die Warenbestandsmehrung vermindert den Aufwand für Waren des Geschäftsjahres (Konto Wareneingang) und erhöht den Wert der Waren auf dem Konto Warenbestände. Der Warenendbestand wird auf das Schlussbilanzkonto übernommen. Auf dem GuV-Konto stehen sich bei einer Mengenbetrachtung Umsatzerlöse und Wareneinsatz für jeweils 90.000 VE gegenüber.

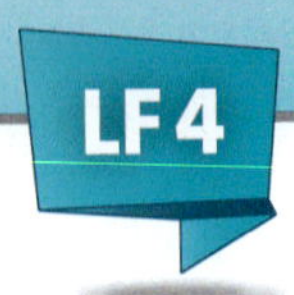

9.2 Warenbestandsminderung

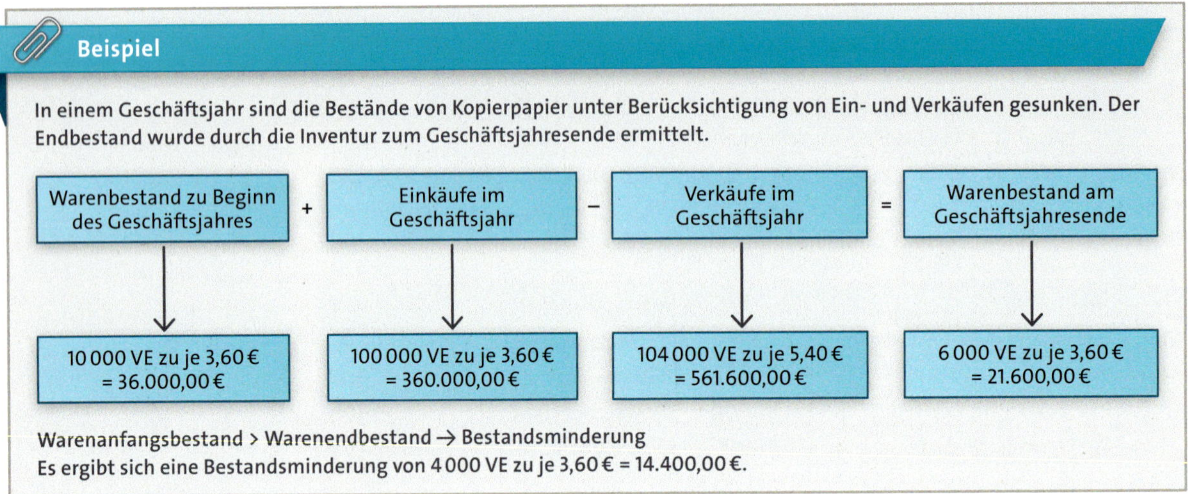

Beispiel
In einem Geschäftsjahr sind die Bestände von Kopierpapier unter Berücksichtigung von Ein- und Verkäufen gesunken. Der Endbestand wurde durch die Inventur zum Geschäftsjahresende ermittelt.
Warenbestand zu Beginn des Geschäftsjahres
+
Einkäufe im Geschäftsjahr
–
Verkäufe im Geschäftsjahr
=
Warenbestand am Geschäftsjahresende
10 000 VE zu je 3,60 € = 36.000,00 €
100 000 VE zu je 3,60 € = 360.000,00 €
104 000 VE zu je 5,40 € = 561.600,00 €
6 000 VE zu je 3,60 € = 21.600,00 €
Warenanfangsbestand > Warenendbestand → Bestandsminderung
Es ergibt sich eine Bestandsminderung von 4 000 VE zu je 3,60 € = 14.400,00 €.

Konto Warenbestände (aktives Bestandskonto)
▶ LF4, Kap. 4.1

Auf dem GuV-Konto muss den Umsatzerlösen für 104 000 verkaufte Verpackungseinheiten (Warenverkauf) der Gesamteinkauf von 100 000 Verpackungseinheiten (Wareneingang) gegenübergestellt werden. Daher muss das **Wareneingangskonto** um diese 4 000 Verpackungseinheiten im Wert von insgesamt 14.400,00 Euro **erhöht** werden. Die verkauften, jedoch nicht innerhalb des Geschäftsjahres eingekauften Waren **vermindern den Lagerbestand** zum Geschäftsjahresende auf dem Konto Warenbestände. Wiederum muss der auf dem Konto Warenbestände gebuchte Endbestand mit dem Istbestand der Inventur übereinstimmen und ist als Vermögenswert in der Schlussbilanz auszuweisen:

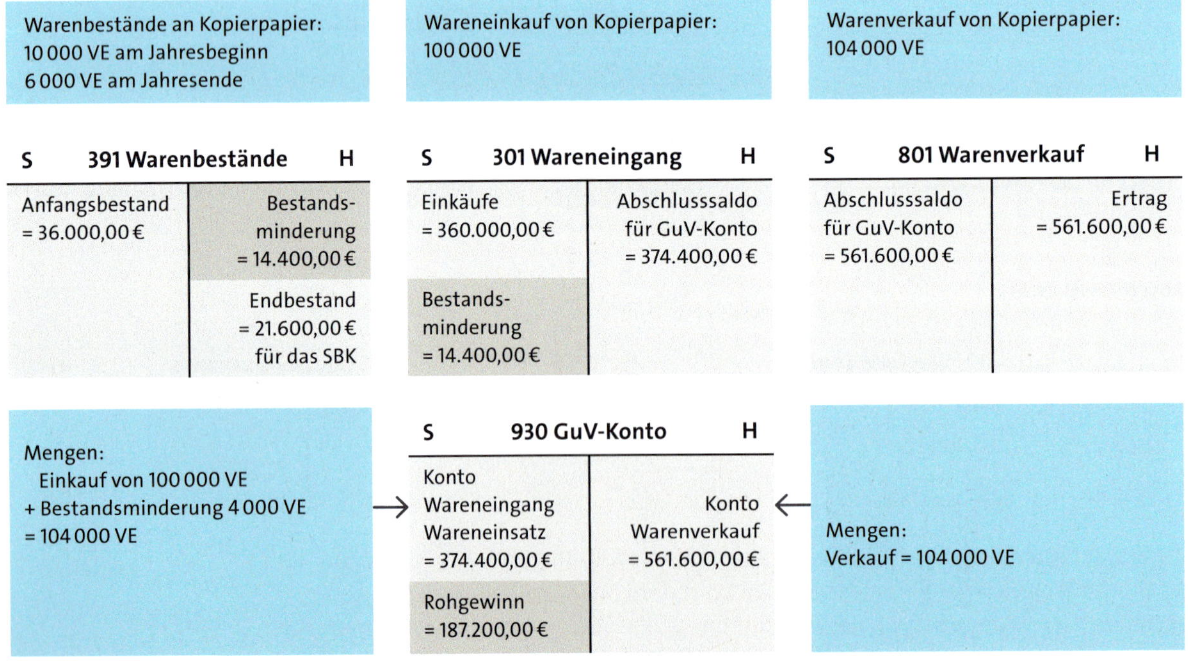

Warenbestände an Kopierpapier:
10 000 VE am Jahresbeginn
6 000 VE am Jahresende
Wareneinkauf von Kopierpapier:
100 000 VE
Warenverkauf von Kopierpapier:
104 000 VE
S 391 Warenbestände H
Anfangsbestand = 36.000,00 €
Bestandsminderung = 14.400,00 €
Endbestand = 21.600,00 € für das SBK
S 301 Wareneingang H
Einkäufe = 360.000,00 €
Bestandsminderung = 14.400,00 €
Abschlusssaldo für GuV-Konto = 374.400,00 €
S 801 Warenverkauf H
Abschlusssaldo für GuV-Konto = 561.600,00 €
Ertrag = 561.600,00 €
Mengen:
Einkauf von 100 000 VE
+ Bestandsminderung 4 000 VE
= 104 000 VE
S 930 GuV-Konto H
Konto Wareneingang Wareneinsatz = 374.400,00 €
Rohgewinn = 187.200,00 €
Konto Warenverkauf = 561.600,00 €
Mengen:
Verkauf = 104 000 VE

Grundbuch

Buchung der Bestandsminderung	14.400,00 € = 4 000 VE · 3,60 €
Abschluss Konto Warenbestände über das SBK	21.600,00 € = 6 000 VE · 3,60 €
Abschluss Konto Wareneingang über das GuV-Konto	374.400,00 € = 104 000 VE · 3,60 €
Abschluss Konto Warenverkauf über das GuV-Konto	561.600,00 € = 104 000 VE · 5,40 €

Der Anfangsbestand auf dem Warenbestandskonto (Wert 36.000,00 €, Menge 10 000 VE) sowie die Einkäufe (Wert 360.000,00 €, Menge 100 000 VE) und Verkäufe (Wert 561.600,00 €, Menge 104 000 VE) sind bereits ohne Buchungssätze auf den Konten eingetragen.

Nr.	Soll	€	Haben	€
1	301 Wareneingang	14.400,00	390 Warenbestände	14.400,00
2	940 SBK	21.600,00	390 Warenbestände	21.600,00
3	930 GuV-Konto	374.400,00	301 Wareneingang	374.400,00
4	801 Warenverkauf	561.600,00	930 GuV-Konto	561.600,00

Hauptbuch

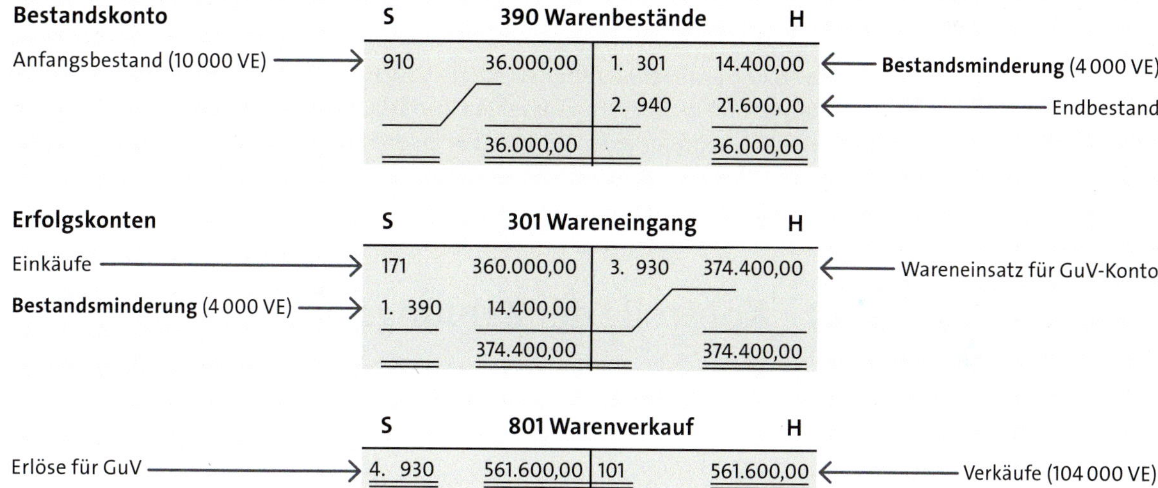

Bestandskonto
S 390 Warenbestände H
Anfangsbestand (10 000 VE)
910 36.000,00
1. 301 14.400,00
Bestandsminderung (4 000 VE)
2. 940 21.600,00
Endbestand
36.000,00
36.000,00
Erfolgskonten
S 301 Wareneingang H
Einkäufe
171 360.000,00
3. 930 374.400,00
Wareneinsatz für GuV-Konto
Bestandsminderung (4 000 VE)
1. 390 14.400,00
374.400,00
374.400,00
S 801 Warenverkauf H
Erlöse für GuV
4. 930 561.600,00
101 561.600,00
Verkäufe (104 000 VE)

Abschlusskonten

S **930 GuV-Konto** H

3. 301	374.400,00	4. 801	561.600,00
060	187.200,00		
	561.600,00		561.600,00

S **940 Schlussbilanzkonto** H

2. 390	21.600,00		

Die Warenbestandsmehrung erhöht den Aufwand für Waren des Geschäftsjahres (Konto Wareneingang) und mindert den Wert der Waren auf dem Konto Warenbestände. Der Warenendbestand wird auf das Schlussbilanzkonto übernommen. Auf dem GuV-Konto stehen sich bei einer Mengenbetrachtung Umsatzerlöse und Wareneinsatz für jeweils 104 000 VE gegenüber.

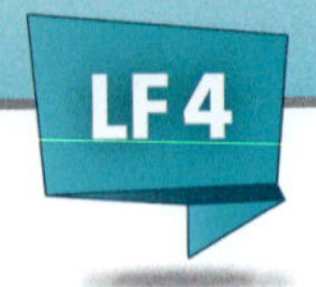

AB ▶ LS 53

10 Kontrolle der Zahlungs- ein- und -ausgänge

Gesetzliche Buchführungspflicht
▶ LF4, Kap. 2

Der gesetzlichen Buchführungspflicht unterliegen neben Grund- und Hauptbuch auch die Nebenbücher des Unternehmens. **Nebenbücher** werden eingerichtet, um die Buchungen auf den Hauptbuchkonten (Sachkonten) näher zu erläutern.

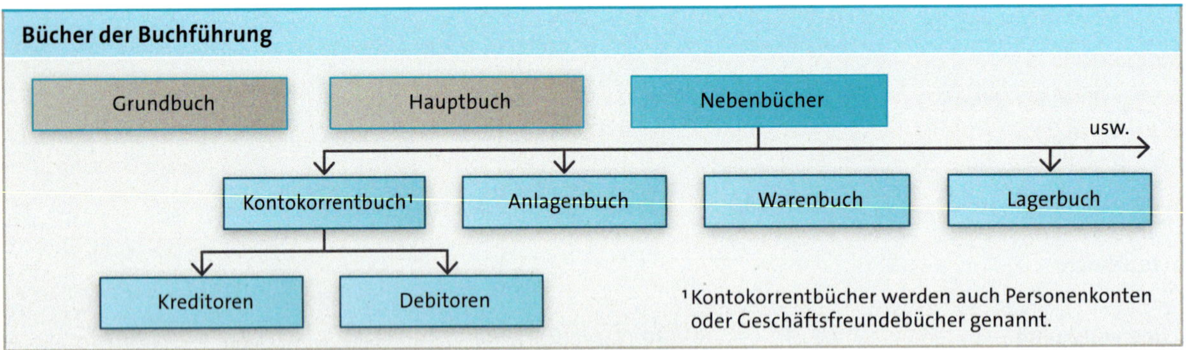

Debitor
(lat.) Schuldner
Kreditor
(lat.) Gläubiger

Die **Kontokorrentbuchhaltung** erfasst alle Geschäftsvorfälle, die im Zusammenhang mit Kunden oder Lieferern entstehen. Zur Erläuterung des Sachkontos 101 Forderungen a. L. L. wird für jeden Kunden ein eigenes **Debitorenkonto** geführt. Entsprechend wird für das Sachkonto 171 Verbindlichkeiten a. L. L. für jeden Lieferanten ein eigenes **Kreditorenkonto** eingerichtet.

Faktura
(lat.) Rechnung

10.1 Kontrolle der Zahlungseingänge

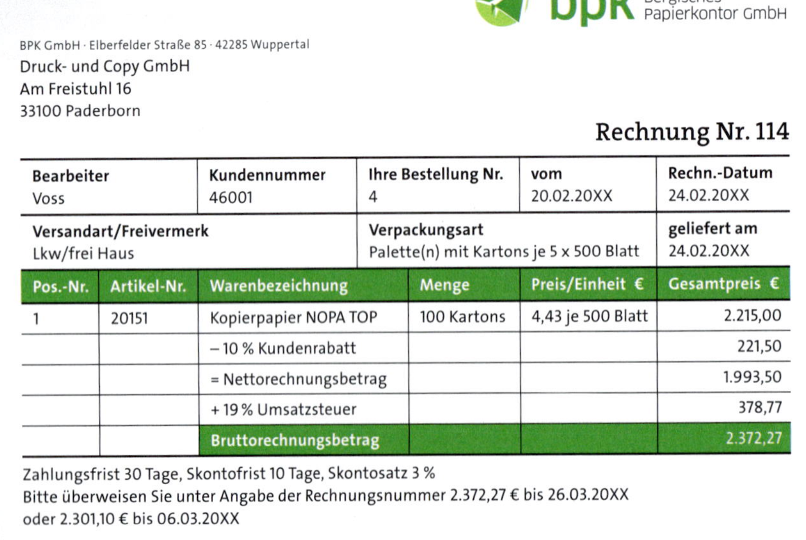

bpk Bergisches Papierkontor GmbH

BPK GmbH · Elberfelder Straße 85 · 42285 Wuppertal
Druck- und Copy GmbH
Am Freistuhl 16
33100 Paderborn

Rechnung Nr. 114

Bearbeiter	Kundennummer	Ihre Bestellung Nr.	vom	Rechn.-Datum
Voss	46001	4	20.02.20XX	24.02.20XX

Versandart/Freivermerk	Verpackungsart	geliefert am
Lkw/frei Haus	Palette(n) mit Kartons je 5 x 500 Blatt	24.02.20XX

Pos.-Nr.	Artikel-Nr.	Warenbezeichnung	Menge	Preis/Einheit €	Gesamtpreis €
1	20151	Kopierpapier NOPA TOP	100 Kartons	4,43 je 500 Blatt	2.215,00
		– 10 % Kundenrabatt			221,50
		= Nettorechnungsbetrag			1.993,50
		+ 19 % Umsatzsteuer			378,77
		Bruttorechnungsbetrag			2.372,27

Zahlungsfrist 30 Tage, Skontofrist 10 Tage, Skontosatz 3 %
Bitte überweisen Sie unter Angabe der Rechnungsnummer 2.372,27 € bis 26.03.20XX oder 2.301,10 € bis 06.03.20XX

Die Kontrolle der Zahlungseingänge erfolgt in der **Debitorenbuchhaltung**.
Vorausgegangen ist die Rechnungserstellung mit einem Fakturierungsprogramm. Alle mit einem Fakturierungsprogramm erstellen Ausgangsrechnungen können automatisch an ein Finanzbuchhaltungsprogramm weitergegeben werden.

In der Debitorenbuchhaltung erhält jeder Kunde ein eigenes Debitorenkonto. Die Ausgangsrechnung wird zunächst nicht mehr auf das Sachkonto 101 Forderungen a. L. L. gebucht, sondern auf das Debitorenkonto. Alle auf den Debitorenkonten gebuchten Werte werden vom Finanzbuchhaltungsprogramm automatisch auf dem Sachkonto zusammengefasst.

Erweitertes Grundbuch

Nr.	Datum	Beleg	Soll	€	Haben	€
24	24.02.20XX	AR: 114	10110 Druck und Copy GmbH	2.372,27	801 Warenverkauf 180 Umsatzsteuer	1.993,50 378,77

Die Buchung der Ausgangsrechnung im Grundbuch erfolgt auf das Nebenbuch Debitoren. In Nebenbüchern gibt es keine Gegenkonten. In der Saldo-Spalte wird immer der aktuelle Stand der Forderung gegenüber diesem Kunden aufgelistet.

Konto-Nr.					Debitorenkonto					Seite
1	0	1	1	0	Druck und Copy GmbH					1
Nr.	Buchungsdatum				Buchungs-beleg-Nr.	Buchungstext	Betrag in Euro Soll	Haben	Saldo Soll	Haben
24	24.02.				AR 114	Warenverkauf	2.372,27		2.372,27	

Das Sachkonto 101 Forderungen a. L. L. wird gleichzeitig aktualisiert:

Konto-Nr.					Sachkonto					Seite
1	0	1	0	0	Forderungen aus Lieferungen und Leistungen					4
Nr.	Buchungsdatum				Buchungs-beleg-Nr.	Buchungstext	Betrag in Euro Soll	Haben	Gegenbuchungskonten Soll	Haben
24	24.02.				AR 114	Warenverkauf	2.372,27			801 180

Überweist der Kunde innerhalb der Zahlungsfrist den Bruttorechnungsbetrag oder innerhalb der Skontofrist unter Abzug des vereinbarten Skontobetrages, so ist das Debitorenkonto für diesen Geschäftsvorfall ausgeglichen. Das ist allerdings leider nicht immer der Fall.

Problemfälle, die in der Debitorenbuchhaltung gelöst werden müssen:

- Überweisungen ohne Bezug (kein oder unzureichender Verwendungszweck) zu einer konkreten Ausgangsrechnung.
- Der Kunde tätigt eine Gesamtüberweisung für mehrere Ausgangsrechnungen in einer Summe, ohne Angabe von Rechnungsnummern und ohne Hinweise auf Abzüge jeglicher Art.
- Der Kunde überweist unter Abzug von Skonto, obwohl die Skontofrist bereits überschritten ist.
- Der Kunde überweist unter Abzug eines erhöhten Skontosatzes, der nicht vereinbart war.

- Der Kunde überweist nach Ablauf der Zahlungsfrist.
- Der Kunde überweist einen anderen – zumeist niedrigeren – Betrag als den in der Ausgangsrechnung ausgewiesenen.
- Der Kunde überweist gar nicht.

Alle diese Fälle können oft nur gemeinsam mit dem Kunden gelöst werden. Fehler passieren und sind bei Gutwilligkeit oft mit einem Telefongespräch aus der Welt zu schaffen. Zuerst aber müssen diese Fälle „entdeckt“ werden. Hilfreich ist hier ein Terminbuch bzw. eine Offene-Posten-Liste. Darin bleiben alle Ausgangsrechnungen aufgelistet, deren Zahlungseingänge Fehler aufweisen oder zu denen noch keine Zahlung erfolgte.

Beispiel

In der Offenen Posten Liste der BPK GmbH zum 31.03.20XX sind mehrere Ausgangsrechnungen (AR) noch in Bearbeitung. Alle Kunden haben ein Zahlungsziel von 30 Tagen, eine Skontofrist von 10 Tagen und einen Skontosatz von 3 %.

Terminbuch Kunden/Offene-Posten-Liste vom 31. März 20XX

Zahlungstermin	Skontotermin	Kundennummer Kunde	Re-Nr.	Re-Datum	Re-Betrag in €	Re-Betrag abzgl. Skonto in €	Bezahltdatum	Zahlungsbetrag in €	1. Mahnung	2. Mahnung
24.03.	04.03.	32 001 Tagesanzeiger	AR 112	22.02	2.380,00	2.308,60	12.03.	2.308,60	14.03.	
26.03.	06.03.	46 001 Druck und Copy GmbH	AR 114	24.02	2.372,27	2.301,10	06.03.	2.016,43	08.03.	
30.03.	10.03.	50 001 Tönnes Druckerei	AR 124	28.02	27.251,00	26.433,47				
01.04.	12.03.	53 001 Bürobedarf August GmbH	AR 130	02.03.	666,40	646,41	29.03.	566,40		
03.04.	14.03.	54 001 Beska GmbH	AR 133	04.03.	2.249,10	2.181,63				
18.04.	29.03.	59 001 Verlagshaus Bücher OHG	AR 139	19.03.	5.712,00	5.540,64				

Klärung der Sachverhalte:

- Die AR 112 an den Tagesanzeiger ist zwar unter Abzug von 3 % Skonto bezahlt worden, aber die Skontofrist wurde weit überschritten. Das unberechtigt abgezogene Skonto wurde in einer 1. Mahnung nachgefordert.
- Die AR 114 an die Druck und Copy GmbH wurde innerhalb der Skontofrist bezahlt, der richtige Überweisungsbetrag in Höhe von 2.301,10 € wird jedoch um 284,67 € unterschritten. Da keine Mängelrüge vorliegt und eine telefonische Klärung nicht möglich war, wurde der Differenzbetrag in einer 1. Mahnung nachgefordert.
- Die AR 124 an die Tönnes Druckerei ist fällig. Ggf. muss eine 1. Mahnung vorbereitet werden, falls zeitnah keine Zahlung erfolgt.
- Die AR 130 an die Bürobedarf August GmbH ist rechtzeitig außerhalb der Skontofrist bezahlt worden. Es fehlen allerdings noch „ungeklärte“ 100,00 €. Anruf oder Mahnung?
- Die AR 133 und 139 sind außerhalb der Skontofrist, aber noch nicht fällig. Hier muss abgewartet werden.

Grundsätzlich will kein Unternehmen seine Kunden verärgern. Kurze Überziehungen der Skonto- oder auch der Zahlungsfrist werden deshalb oft ohne Hinweise an den Kunden geduldet. Das gilt auch für kleinere, nicht erklärbare Minderbeträge, die mehr Arbeit machen als dann wertmäßig herauskommt. Es gibt aber auch Kunden, die regelmäßig so vorgehen. Dann muss eine interne Strategie festgelegt werden, wie mit solchen Kunden umgegangen werden soll. Die Möglichkeiten reichen dabei von einem Gespräch auf Geschäftsführerebene bis hin zur Beendigung der Geschäftsbeziehung, je nach Wichtigkeit des Kunden.

10.2 Kontrolle der Zahlungsausgänge

Im Gegensatz zur Debitorenbuchhaltung für Kunden, die mit einer Übernahme der Ausgangsrechnungsdaten in ein Finanzbuchhaltungsprogramm beginnt, müssen Eingangsrechnungen von Lieferanten in der **Kreditorenbuchhaltung** zuerst mit einer entsprechenden Software erfasst werden.

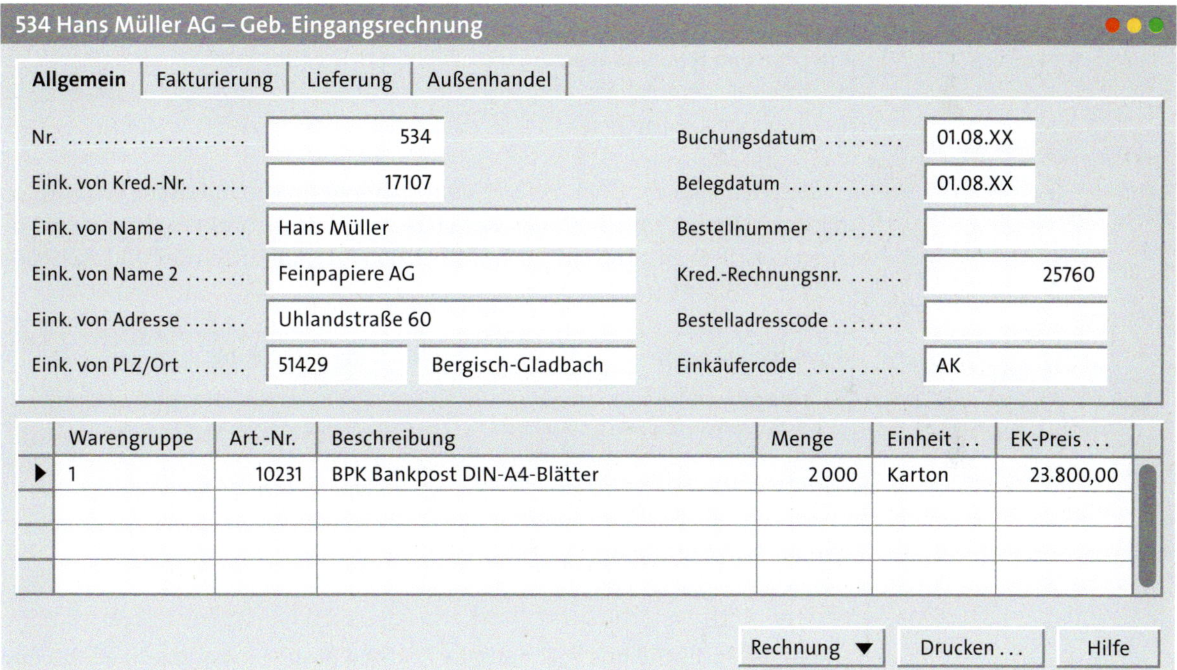

534 Hans Müller AG – Geb. Eingangsrechnung

Allgemein | Fakturierung | Lieferung | Außenhandel

Nr. 534
Eink. von Kred.-Nr. 17107
Eink. von Name .... Hans Müller
Eink. von Name 2 .... Feinpapiere AG
Eink. von Adresse .... Uhlandstraße 60
Eink. von PLZ/Ort .... 51429 Bergisch-Gladbach

Buchungsdatum 01.08.XX
Belegdatum 01.08.XX
Bestellnummer ....
Kred.-Rechnungsnr. 25760
Bestelladresscode ....
Einkäufercode .... AK

Warengruppe	Art.-Nr.	Beschreibung	Menge	Einheit ...	EK-Preis ...
1	10231	BPK Bankpost DIN-A4-Blätter	2000	Karton	23.800,00

Rechnung ▼ | Drucken ... | Hilfe

Mit dieser Erfassung wird zeitgleich das Grundbuch, das Nebenbuch und das Sachkonto fortgeschrieben.

Erweitertes Grundbuch:

Nr.	Datum	Beleg	Soll	€	Haben	€
120	01.08.20XX	ER: 534	301 Wareneingang 140 Vorsteuer	20.000,00 3.800,00	17107 Hans-Müller Feinpapiere	23.800,00

Konto-Nr.					Kreditorenkonto					Seite
1	7	1	0	7	Hans Müller Feinpapiere AG					5
Nr.	Buchungsdatum				Buchungs-beleg-Nr.	Buchungstext	Betrag in Euro Soll	Haben	Saldo Soll	Haben
1	01.08.20XX				ER: 534	Wareneinkauf		23.800,00		23.800,00

Konto-Nr.					Sachkonto					Seite
1	7	1	0	0	Verbindlichkeiten aus Lieferungen und Leistungen					92
Nr.	Buchungsdatum				Buchungs-beleg-Nr.	Buchungstext	Betrag in Euro Soll	Haben	Gegenbuchungskonten Soll	Haben
1	01.08.20XX				ER: 534	Wareneinkauf bei Hans Müller auf Ziel		23.800,00	301, 140	

In der Praxis, insbesondere bei EDV-Buchführung, kann die Darstellung der Konten von diesem Muster abweichen.

Eingangsrechnungen sind vielfältig. Nicht nur Wareneinkäufe sind zu beachten. Einkäufe auf Ziel gibt es auch bei technischen Anlagen, Betriebs- und Geschäftsausstattung, Büromaterial und vielen anderen Beschaffungsvorgängen. Es wird jedoch nicht für jeden Beschaffungsvorgang ein eigenes Kreditorenkonto eingerichtet. Bei wahrscheinlich einmaligen Vorgängen reicht für die Buchung das Kreditorenkonto 17199 Sonstige Kreditoren.

Gesetzliche Anforderungen an eine Rechnung
▶ LF 2, Kap. 4.5

In jedem Fall muss vor einer Zahlung eine **sachliche und rechnerische Prüfung** der Eingangsrechnung vorgenommen werden. Eingangsrechnungen, die zu einem Vorsteuerabzug berechtigen, müssen zusätzlich den Anforderungen des Umsatzsteuerrechts (§ 14 Abs. 4 Satz 1 UStG) entsprechen.

Sachliche Prüfung	Rechnerische Prüfung
• Übereinstimmung aller Rechnungswerte (Menge, Artikelart, Einzelpreis in €, Rabatte und Skonto in Prozent, Zahlungsziel usw.) mit der Bestellung • Übereinstimmung aller Rechnungswerte mit der Wareneingangsmeldung (Menge, Artikelart, Güte und Beschaffenheit der Ware, ggf. Mängel)	Gesamtpreis je Artikel (Menge · Einzelpreis) Gesamtpreis für alle Artikel in € – Rabatt in € = Nettowarenwert ggf. zzgl. Bezugskosten + Umsatzsteuer* = Bruttorechnungsbetrag

Lieferantenkredit
▶ LF 2, Kap. 5.1.3

Verläuft die sachliche und rechnerische Prüfung positiv, muss anschließend entschieden werden, ob innerhalb der Skontofrist mit Skontoabzug oder am Ende des Zahlungsziels ohne Skontoabzug bezahlt werden soll. Eigentlich ist das jedoch in der Regel schon vorher klar, denn der Skontoabzug ist meistens eine lohnende Preisminderung. Allerdings müssen vor jeder Zahlung die finanziellen Voraussetzungen (ausreichendes Bankguthaben bzw. Überziehungsmöglichkeiten) geprüft werden.

Damit Skontofristen oder Zahlungstermine eingehalten werden können, empfiehlt es sich, auch für Eingangsrechnungen ein Terminbuch/Offene-Posten-Liste zu führen. Das funktioniert mit der entsprechenden Software natürlich automatisch. Aber auch dann kann es in der Kreditorenbuchhaltung zu Problemen kommen.

Problemfälle, die in der Kreditorenbuchhaltung vor einer (Teil-) Zahlung gelöst werden müssen:

- Die Ware ist nicht bei der BPK GmbH angekommen.
- Die Menge der gelieferten Ware entspricht nicht der bestellten bzw. der in Rechnung gestellten Menge.
- Die Qualität der Ware entspricht nicht den Vereinbarungen (z. B. Beschädigungen).
- Die in Rechnung gestellten Preise/Preisnachlässe entsprechen nicht dem Kaufvertrag.
- Es wurde die falsche Ware geliefert.

Beispiel

In der Offenen Posten Liste der BPK GmbH zum 15.08.20XX sind mehrere Eingangsrechnungen in Bearbeitung.

Terminbuch Lieferanten/Offene-Posten-Liste vom 15. August 20XX

Zahlungstermin	Skontotermin	Skonto in %	Lieferantennummer Lieferer	Re-Nr.	Re-Datum	Re-Betrag in €	Bezahltdatum	Zahlungsbetrag in €	Bemerkungen
31.08.	11.08.	3	12 011 Hans Müller Feinpapiere	ER 534	01.08.	23.800,00	11.08.	11.543,00	Fehlmenge 50 % Gutschrift folgt
01.09.	12.08.	2	21 011 Essener Papier AG	ER 222	02.08.	4.760,00			Keine Lieferung
01.09.	12.08.	3	31 021 Papier & Folien GmbH	ER 916	02.08.	3.451,00			Ware falsch Rücksendung
02.09.	13.08.	2,5	11 051 Ozean Papier AG	ER 412	03.08.	523,60			Ware mit Qualitätsmangel
06.09.	15.08.	3	11 011 Freiburger Papier AG	ER 55	07.08.	22.491,00			Ware geprüft – einwandfrei –
13.08.		2	31 011 Harald Dubb KG	ER 119	12.08.	952,00			Eingangene Ware in Prüfung

Klärung der Sachverhalte:

- Die Eingangsrechnung Nr. 534 der Hans Müller Feinpapiere AG wurde um 50 % gekürzt und unter Abzug von 3 % Skonto beglichen. Für den Restwert fehlt für die Ausbuchung noch die Gutschrift.
- Ist (noch) keine Ware (ER 222, Essener Papier AG) oder eine falsche Ware (ER 916, Papier & Folien GmbH) geliefert worden, können die Eingangsrechnungen erst nach Klärung des Sachverhaltes bzw. mit Erhalt der Gutschrift des Lieferanten ausgebucht/storniert werden. Eine Zahlung vorab erfolgt nicht.
- Bei einer Lieferung mit Qualitätsmängeln (ER 412, Ozean Papier AG) erfolgt der Rechnungsausgleich erst nach Klärung des Sachverhaltes.
- Die Eingangsrechnung 55 der Freiburger Papier AG muss sofort überwiesen werden, damit das Skonto noch in Anspruch genommen werden kann.
- Die Eingangsrechnung 119 der Harald Dubb KG ist sofort und ohne Abzug von Skonto fällig. Hier muss aber noch das Ergebnis der Wareneingangsprüfung abgewartet werden.

Alles klar?

1 In welchem Fall gibt es keine Warenbestandsveränderungen in einem Großhandelsunternehmen?

2 Was versteht man unter dem Wareneinsatz?

3 Ermitteln Sie den Rohgewinn aus den Salden der nachfolgenden Warenkonten:

301	Wareneingang	122.000,00 €
302	Warenbezugskosten	4.500,00 €
306	Rücksendungen an Lieferanten	4.200,00 €
307	Lieferantenboni	1.700,00 €
308	Lieferantenskonti	2.300,00 €
801	Warenverkauf	344.000,00 €
805	Rücksendungen von Kunden	2.200,00 €
806	Nachlässe an Kunden	3.400,00 €
808	Kundenskonti	4.300,00 €
390	Warenbestände (Anfangsbestand)	22.500,00 €
390	Warenbestände (Endbestand)	24.200,00 €

4 Welche drei der nachfolgenden Aussagen sind richtig?
a) Der Endbestand der Waren wird in einer Inventur ermittelt.
b) Jeder Ein- und Verkauf von Waren verändert den Wert des Warenbestandskontos.
c) Warenbestandmehrungen verringern den Gewinn.
d) Warenbestandsmehrungen erhöhen das Umlaufvermögen im Jahresabschluss.
e) Warenbestandminderungen erhöhen den Aufwand.
f) Warenbestandsminderungen beruhen immer auf Schwund, Verderb und Diebstahl.

5 Geben Sie drei mögliche Nebenbücher an.

6 Für welchen Personenkreis ist die Debitorenbuchhaltung zuständig?

7 Welche Geschäftsvorfälle werden in der Debitorenbuchhaltung erfasst?

8 Geben Sie drei Problemfälle an, die regelmäßig in der Debitorenbuchhaltung gelöst werden müssen.

9 Für welchen Personenkreis ist die Kreditorenbuchhaltung zuständig?

10 Welche Geschäftsvorfälle werden in der Kreditorenbuchhaltung erfasst?

11 Geben Sie drei Problemfälle an, die regelmäßig in der Kreditorenbuchhaltung gelöst werden müssen.

11 Vergleich der Finanzbuchhaltungsergebnisse mit den Bestandswerten

Die Ergebnisse der Finanzbuchhaltung zeigen sich in der Bilanz und in der Gewinn- und Verlustrechnung am Geschäftsjahresende. Die Bestandswerte werden auf Basis von Geschäftsvorfällen auf Bestandskonten fortgeschrieben. Zu unterscheiden sind hier der **vorläufige Abschluss der Bestandskonten (Sollwerte) und die Inventurwerte (Istwerte)**.

11.1 Ermittlung der Sollwerte

Jedes Geschäftsjahr beginnt mit einer Eröffnungsbilanz. Die Posten und Werte in der Eröffnungsbilanz basieren auf den Inventurwerten zum Ende des vorigen Geschäftsjahres, die in der Schlussbilanz als Vermögen und Kapital gegenübergestellt werden. Eine Inventur findet allerdings nur einmal im Jahr statt. In der Finanzbuchhaltung werden dagegen täglich die Bestandsveränderungen erfasst.

Ablauf in der Finanzbuchhaltung im Geschäftsjahr
Am Jahresanfang
1. Erstellung einer Eröffnungsbilanz (Posten und Werte der Schlussbilanz des Vorjahres) 2. Auflösung der Eröffnungsbilanz in Bestandskonten über das Eröffnungsbilanzkonto
Während des Geschäftsjahres
3. Buchung aller Geschäftsvorfälle auf Erfolgs- und Bestandskonten
Am Geschäftsjahresende
4. Umbuchung von Unterkonten (z. B. Bezugskosten) auf die Hauptkonten und Verrechnung der Umsatzsteuerkonten 5. vorbereitende Abschlussbuchungen (z. B. für bekannte Wertminderungen) 6. Ermittlung der Abschlusswerte der Erfolgskonten 7. Vorläufiger Abschluss der Erfolgskonten über das Gewinn- und Verlustkonto und Ermittlung des Unternehmenserfolgs 8. Der vorläufige Erfolg wird auf das Bestandskonto Eigenkapital umgebucht 9. Ermittlung der Abschlusswerte (Endbestände) der Bestandskonten 10. Vorläufiger Abschluss der Bestandskonten über das Schlussbilanzkonto

Ermittlung der Abschlusswerte auf Bestandskonten

Anfangsbestand (AB)
\+ Mehrungen
− Minderungen
= Endbestand (EB)

Mit der vorläufigen Schlussbilanz sind die Sollwerte der Finanzbuchhaltung ermittelt.

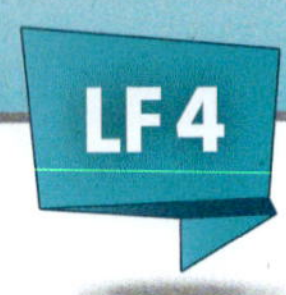

11.2 Ermittlung der Istwerte und Werteklärung

Beispiel: Inventurdifferenzen

Nach Abschluss der Inventurarbeiten werden in einem Großhandelsunternehmen nachfolgende Werte gegenübergestellt:

Vermögens- und Kapitalwerte (Beispiele)	Vorläufige EB der Bestandskonten in €	Inventurwerte in €
TA und Maschinen	155.870,00	131.870,00
Betriebs- und Geschäftsausstattung	73.505,00	97.505,00
Waren	142.000,00	144.000,00
Verbindlichkeiten a.L.L.	1.176.225,00	1.178.225,00
Summen	**1.547.600,00**	**1.551.600,00**

Welche Werte müssen in der Schlussbilanz ausgewiesen werden?

Die Endbestände (Salden) der Bestandskonten stellen die Sollwerte der Finanzbuchhaltung für die Bilanz am Geschäftsjahresende dar. Die bei der Inventur ermittelten tatsächlichen Werte sind jedoch die Istwerte, die in die Schlussbilanz übernommen werden müssen. **Abweichungen** zwischen Soll- und Istwerten sind zum Geschäftsjahresende immer möglich. Ursachen sind zumeist unterlassene, doppelte oder fehlerhafte Buchungen sowie nicht erfasste Werteveränderungen (z.B. Verderb von Waren) oder Bestandsabgänge (z.B. durch Diebstahl).

Jede Wertdifferenz muss aufgeklärt und durch eine Buchung **ausgeglichen** werden. In der endgültigen Bilanz entsprechen die Werte der Bestandskonten dann immer den Inventurwerten.

Fehlerhafte Buchungen müssen storniert und anschließend neu (richtig) gebucht werden.

Ergebnisse der Werteklärung

1. Der Zielkauf einer Büroeinrichtung im Wert von 24.000,00 € wurde versehentlich auf das Konto Technische Anlagen und Maschinen gebucht.
   Korrektur:
   a) Minderung (Habenbuchung) Konto 031 TA und Maschinen, 24.000,00 €
   Minderung (Sollbuchung) Konto 171 Verbindlichkeiten a.L.L., 24.000,00 €
   b) Mehrung (Sollbuchung) Konto 033 Betriebs- und Geschäftsausstattung, 24.000,00 €
   Mehrung (Habenbuchung) Konto 171 Verbindlichkeiten a.L.L., 24.000,00 €
2. Eine Eingangsrechnung für Waren im Wert von 2.000,00 € wurde in der Finanzbuchhaltung nicht erfasst.
   Nachträgliche Buchung:
   Mehrung (Sollbuchung) Konto 301 Wareneingang, 2.000,00 €
   Mehrung (Habenbuchung) Konto 171 Verbindlichkeiten a.L.L., 2.000,00 €

Soll-Ist-Vergleich	
Soll-Werte	rechnerische Ergebnisse des vorläufigen Kontenabschlusses der Buchführung
Ist-Werte	tatsächliche Ergebnisse der Inventur
Ursachen für Abweichungen	• unterlassene, doppelte oder fehlerhafte Buchungen • nicht erfasste Mengenveränderungen • nicht erfasste Werteveränderungen

12 Auswirkungen von Geschäftsprozessen

AB ▶ LS 54, 55

Lernvideo Jahrsabschluss

Am Ende des Geschäftsjahres warten Geschäftsführung und Gesellschafter der BPK GmbH gespannt auf den neuen Jahresabschluss. Viele ökonomische Zielsetzungen sind eng mit den Werten der Bilanz und der GuV-Rechnung verknüpft. Schon wenige Tage nach Neujahr ist ein einfacher, allerdings vorläufiger Jahresabschluss zu erstellen:

Aktiva — Bilanzwerte der BPK GmbH am 31. 12. 20XW (Vorjahr) und am 31. 12. 20XX (Berichtsjahr) — Passiva

	Vorjahr in €	Berichtsjahr in €		Vorjahr in €	Berichtsjahr in €
A. Anlagevermögen			**A. Eigenkapital**	267.900,00	300.000,00
1. Grundstücke und Bauten	492.900,00	485.500,00	**B. Verbindlichkeiten**		
2. Technische Anlagen und Maschinen	12.340,00	9.456,75	1. Verbindlichkeiten gegenüber Kreditinstituten	540.000,00	500.000,00
3. Betriebs- und Geschäftsausstattung	65.000,00	44.250,00	2. Verbindlichkeiten a. L.L.	56.000,00	30.149,50
			3. Sonstige Verbindlichkeiten	22.450,00	25.503,99
4. Fuhrpark	46.400,00	81.500,00			
B. Umlaufvermögen					
1. Warenvorräte	178.500,00	149.408,00			
2. Forderungen a. L.L.	43.600,00	38.388,86			
3. Kasse	241,00	133,53			
4. Postbankguthaben	5.690,00	4.355,04			
5. Bankguthaben	41.679,00	42.661,31			
	886.350,00	**855.653,49**		**886.350,00**	**855.653,49**

Soll — GuV-Werte der BPK GmbH am 31. 12. 20XW (Vorjahr) und 31. 12. 20XX (Berichtsjahr) — Haben

	Vorjahr in €	Berichtsjahr in €		Vorjahr in €	Berichtsjahr in €
Wareneingang	2.977.600,00	3.124.650,00	Warenverkauf	4.019.750,00	4.218.300,00
Personalkosten	753.530,00	750.540,00	Provisionserträge	2.400,00	1.250,00
Mieten, Pachten, Leasing	22.200,00	24.940,00	Zinserträge	3.800,00	4.200,00
Steuern, Beiträge, Versicherungen	39.700,00	68.380,00			
Energie, Betriebsstoffe	21.200,00	24.200,00			
Werbe- und Reisekosten	27.950,00	32.460,00			
Allgemeine Verwaltung	44.540,00	53.040,00			
Abschreibungen auf Sachanlagen	84.500,00	80.940,00			
Zinsaufwendungen	35.100,00	32.500,00			
Eigenkapital (Gewinn)	19.630,00	32.100,00			
	4.025.950,00	**4.223.750,00**		**4.025.950,00**	**4.223.750,00**

Für den einfachen Jahresabschluss werden alle Erfolgskonten über das GuV-Konto abgeschlossen, der vorläufige Gewinn ermittelt und dem alten Eigenkapital hinzugerechnet. Anschließend wird die Bilanz erstellt, indem die Bestandskosten über das SBK abgeschlossen und als vorläufige Bilanzwerte übernommen werden. Vorläufig heißt hier, dass noch keine Kontrolle der SBK-Werte (Sollwerte) durch die Inventur (Istwerte) stattgefunden hat. Inventurdifferenzen sowie spätere Bewertungsentscheidungen für Vermögens- und Kapitalpositionen bleiben unberücksichtigt. Dies erfolgt erst dann, wenn der endgültige Jahresabschluss nach HGB in der dort vorgeschriebenen Gliederung erstellt wird.

Vergleich der Soll- und Istwerte
▶ LF4, Kap. 11

Für Geschäftsleitung und Gesellschafter reicht schon dieser einfache Jahresabschluss aus, um das Erreichen einiger ökonomischer Ziele abschätzen zu können. Dabei verdienen die Höhe des Gewinns und die Rentabilität besondere Beachtung. Für den Fortbestand des Unternehmens hat die Liquidität zentrale Bedeutung.

ökonomische Unternehmensziele
▶ LF1, Kap. 4.1

Gewinnerzielung

Der Erfolg (Gewinn oder Verlust) eines Geschäftsjahres kann auf zweifache Weise ermittelt werden. Beide Werte müssen für denselben Abrechnungszeitraum übereinstimmen:

- **In der Bilanz** durch die Höhe der Eigenkapitalveränderung. Dazu werden die Werte des Berichtsjahres mit denen des Vorjahres verglichen. Voraussetzung ist, dass bei einer Kapitalgesellschaft wie der BPK GmbH keine Kapitalveränderung aufgrund eines Gesellschafterbeschlusses (z. B. durch Einzahlungen der Gesellschafter) stattgefunden hat.
- **Im GuV-Konto** wird der Erfolg durch die Differenz zwischen Erträgen und Aufwendungen ermittelt.

Beispiel

Für das Berichtsjahr wurde ein Gewinn in Höhe von 30.000,00 € als Ziel festgesetzt.
Berechnung:

	Eigenkapital am Ende des Berichtsjahres	300.000,00 €
–	Eigenkapital am Ende des Vorjahres	267.900,00 €
=	**Eigenkapitalerhöhung = Gewinn**	**32.100,00 €**

Das Ziel ist mehr als erreicht. Der Gewinn ist höher als 30.000,00 €.
Zielerreichungsgrad: 107,0 %

Zielerreichungsgrad
Zielerreichungsgrad = 100 %
Das Ziel wurde vollständig erreicht.
Zielerreichungsgrad > 100 %
Das Ziel wurde übertroffen.
Zielerreichungsgrad < 100 %
Das Ziel wurde verfehlt.

Eigenkapitalrentabilität

Setzt man den ermittelten Jahresgewinn ins Verhältnis zum eingesetzten Kapital (Eigenkapital am Ende des Vorjahres), so kann die Verzinsung des Eigenkapitals ermittelt werden.

Beispiel

Die Eigenkapitalrentabilität soll im Berichtsjahr über 10 % liegen.
Berechnung:

$$\frac{\text{Gewinn}}{\text{eingesetztes EK}} = \frac{32.100{,}00\,€}{267.900{,}00\,€} = 0{,}1198 = \mathbf{11{,}98\,\%}$$

Die tatsächlich erzielte Eigenkapitalrentabilität ist höher als geplant.
Zielerreichungsgrad: 119,8 %

Gesamtkapitalrentabilität (Unternehmensrentabilität)
Setzt man den ermittelten Jahresgewinn zuzüglich der Zinsaufwendungen (Kosten des Fremdkapitals) ins Verhältnis zum eingesetzten Gesamtkapital (Gesamtkapital am Ende des Vorjahres), so kann die Verzinsung des eingesetzten Gesamtkapitals ermittelt werden.

Beispiel

Die Gesamtkapitalrentabilität soll im Berichtsjahr über 7 % liegen.
Berechnung:

$$\frac{\text{Gewinn + FK-Zinsen}}{\text{eingesetztes Gesamtkapital}} = \frac{32.100{,}00 + 32.500{,}00}{886.350{,}00} = 0{,}0729 = \mathbf{7{,}29\,\%}$$

Die tatsächlich erzielte Eigenkapitalrentabilität ist höher als geplant.
Zielerreichungsgrad: 104,1 %

Umsatzrentabilität
Setzt man den ermittelten Jahresgewinn ins Verhältnis zum erzielten Umsatz (Warenverkauf), so kann der Gewinnanteil in Prozent bezogen auf den erzielten Umsatz ermittelt werden.

Beispiel

Die Umsatzrentabilität soll im Berichtsjahr über 1 % liegen.
Berechnung:

$$\frac{\text{Gewinn}}{\text{Umsatz}} = \frac{32.100{,}00}{4.218.300{,}00} = 0{,}0076 = \mathbf{0{,}76\,\%}$$

Die tatsächlich erzielte Umsatzrentabilität ist geringer als geplant. Das gesetzte Ziel wurde nicht vollständig erreicht. **Zielerreichungsgrad: 76,0 %**

Bei der Nichterreichung von Zielen ist eine Ursachenanalyse notwendig, deren Ergebnisse für die Zielsetzung im Folgejahr berücksichtigt werden muss.

Liquidität
Liquidität ist die Fähigkeit von Unternehmen, jederzeit alle fälligen Schulden bezahlen zu können. Mangelnde Liquidität führt ggf. zur Insolvenz (Zahlungsunfähigkeit) des Unternehmens. Die Liquidität 1. Grades ist der prozentuale Anteil der flüssigen Mittel (Bargeld, Bankguthaben) am kurzfristigen Fremdkapital.

Beispiel

Die Liquidität 1. Grades soll im Berichtsjahr mindestens 85 % betragen.
Berechnung:

$$\frac{\text{flüssige Mittel}}{\text{kurzfristiges Fremdkapital}} = \frac{47.149{,}88\,€}{55.653{,}49\,€} = 0{,}8472 = \mathbf{84{,}72\,\%}$$

Die Liquidität 1. Grades ist niedriger als geplant. Das gesetzte Ziel wurde nicht vollständig erreicht. **Zielerreichungsgrad: 99,7 %**

Die Liquidität 2. Grades soll im Berichtsjahr mindestens 120 % betragen.
Berechnung:

$$\frac{\text{flüssige Mittel + Forderungen}}{\text{kurzfristiges Fremdkapital}} = \frac{47.149{,}88 + 38.388{,}86}{55.653{,}49} = 1{,}5370 = \mathbf{153{,}70\,\%}$$

Die Liquidität 2. Grades ist höher als geplant. Das gesetzte Ziel wurde übertroffen.
Zielerreichungsgrad: 128,1 %

Eine Liquidität 2. Grades über 100 % wird als positiv bewertet.

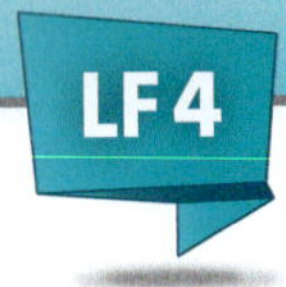

Aussagewert der Kennzahlen

Weitere Kennzahlen zur Auswertung von Unternehmensergebnissen siehe LF 11.

Gewinnhöhe
Das Unternehmensziel Gewinnmaximierung verlangt immer den höchstmöglichen Gewinn. Messbar ist allerdings nur der tatsächlich erzielte Gewinn im Vergleich mit dem geplanten bzw. mit dem in früheren Geschäftsjahren erwirtschafteten Gewinn.

Eigenkapitalrentabilität (Unternehmerrentabilität)
Für die Unternehmenseigner muss sich das Risiko lohnen, Kapital in ein Unternehmen zu investieren. Die Verzinsung des eingesetzten Eigenkapitals muss deshalb über dem Zinssatz liegen, der auf dem Kapitalmarkt für eine sichere, langfristige Kapitalanlage (z. B. in festverzinslichen Wertpapieren) erzielt werden kann, da das unternehmerische Risiko „belohnt" werden muss. Beträgt dieser Kapitalmarktzinssatz z. B. 5 %, so ist eine mehr als doppelt so hohe Eigenkapitalrentabilität positiv zu beurteilen.

Gesamtkapitalrentabilität (Unternehmensrentabilität)
Die Verzinsung des Gesamtkapitals soll über dem langfristigen Kreditzinssatz liegen. Das Unternehmen erfüllt damit eine Vorraussetzung, um bei Bedarf weiteres Fremdkapital aufnehmen zu können.

Umsatzrentabilität
Die Umsatzrentabilität ist nur im Branchen- und Zeitvergleich aussagefähig, da das Niveau und damit die Zielvorstellungen von Branche zur Branche höchst unterschiedlich sind.

Liquidität
Es besteht die Annahme, dass möglichst hohe Kennzahlenwerte die Zahlungsfähigkeit eines Unternehmens sichern. Allerdings kann die Liquidität jederzeit – auch im hohen Umfang – schwanken. Eine überzogen hohe Liquidität verhindert ertragswirksame Investitionen.

Weitere ökonomische Ziele wie z. B. Abbau der Lagerhaltung (Minderung der Warenvorräte), Abbau der Zielverkäufe (Minderung des Forderungsbestandes), Anteil bestimmter Kosten im Vergleich zum Umsatz (Verbesserung der Kostenstruktur) und deren Zielerreichungsgrad können ebenfalls auf der Basis der Jahresabschlusswerte kontrolliert werden. Ggf. muss die Geschäftsführung bei Nichterreichen von Unternehmenszielen Maßnahmen treffen (z. B. verstärkte Werbung zur Umsatzsteigerung, Kostensenkung durch Personalabbau), um die Situation im folgenden Geschäftsjahr zu verbessern.

Unternehmensziele
▶ LF 1, Kap. 4.2

Nicht alle ökonomischen Ziele lassen sich jedoch allein mithilfe der Jahresabschlusswerte ermitteln. Dann werden weitere Daten aus dem Rechnungswesen (z. B. aus der Kosten- und Leistungsrechnung) benötigt. Andere Ziele, z. B. soziale oder ökologische Ziele, sind mit den Daten des Rechnungswesens gar nicht erfassbar.

13 Funktionen und Bereiche der Finanzbuchhaltung

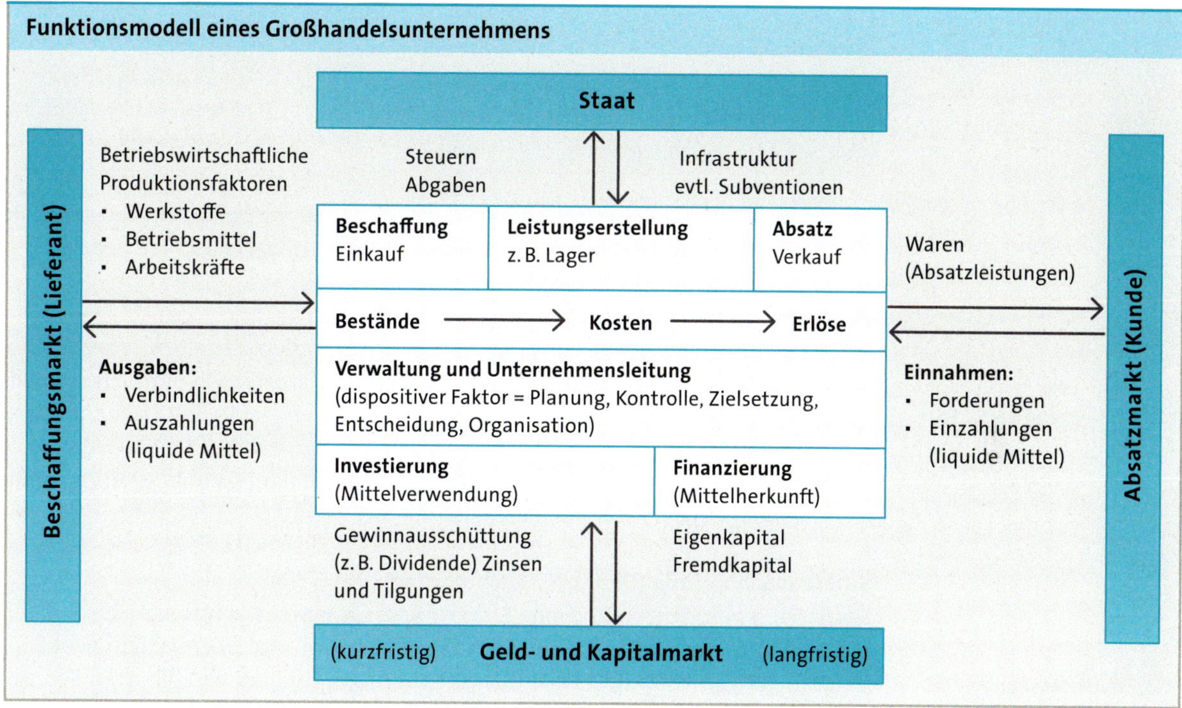

Eine wichtige Aufgabe des Rechnungswesens ist die **Dokumentation** der Werteströme im Großhandelsunternehmen. Dazu gehört die vollständige, richtige, zeitgerechte und geordnete Aufzeichnung aller Geschäftsvorfälle in der **Finanzbuchhaltung**.

Wertesströme
▶ LF4, Kap. 1

Die Dokumentation der Geschäftsvorfälle ist die Basis für die Bereitstellung von **Informationen** an eine Vielzahl von inner- und außerbetrieblichen Interessenten:

- Die **Unternehmensleitung** kontrolliert, ob und in welchem Maße Unternehmensziele (z. B. Gewinnhöhe, Kapitalrentabilität) erreicht worden sind. Außerdem kann sie auf der Grundlage der bereitgestellten Daten **betriebswirtschaftliche Entscheidungen** für die Zukunft treffen (z. B. Neuinvestitionen, Sortiments- oder Preisänderungen, Erschließung neuer Märkte, Personalanpassungen).
- **Lieferanten und Kreditgeber (Gläubiger)** sind an Informationen zur Kreditwürdigkeit und Zahlungsfähigkeit des Unternehmens interessiert.
- Der **Staat** benötigt Informationen zur Festlegung der Besteuerung.
- Die **Mitarbeiter** interessieren sich für den Unternehmenserfolg, denn nur ein Gewinn kann langfristig den Bestand des Unternehmens sichern.

Aufgaben des Rechnungswesens:
- Dokumentation
- Information
- Planung und Kontrolle

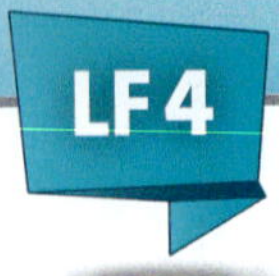

<table>
<tr><th colspan="3">Informationsfluss aus der Finanzbuchhaltung</th></tr>
<tr><th>Informationen</th><th>Beispiele</th><th>mögliche Interessenten</th></tr>
<tr><td>Wert des Vermögens</td><td>Warenvorräte, Bankguthaben</td><td rowspan="5">• Geschäftsleitung
• Unternehmenseigner
• Staat (Finanzamt)
• Kreditgeber (Banken)
• Kunden
• Lieferanten
• Arbeitnehmer
• Mitbewerber
• Öffentlichkeit</td></tr>
<tr><td>Höhe der Schulden</td><td>Darlehensschulden bei Banken, Verbindlichkeiten bei Lieferanten</td></tr>
<tr><td>erzielte Umsätze</td><td>Erlöse für Warenverkäufe</td></tr>
<tr><td>entstandene Aufwendungen</td><td>Wareneinsatz, Löhne, Gehälter, Mieten</td></tr>
<tr><td>Art und Höhe des Erfolgs</td><td>Gewinn oder Verlust</td></tr>
</table>

Die Finanzbuchhaltung, auch Geschäftsbuchhaltung genannt, kann in verschiedene Bereiche gegliedert werden. Folgende Bereiche werden häufig unterschieden:

Kontokorrentbuchhaltung

Debitoren- und Kreditorenbuchhaltung
▶ LF 4, Kap. 10

In der Kontokorrentbuchhaltung (auch Geschäftsfreundebuchhaltung oder Offene-Posten-Buchhaltung genannt), werden alle Geschäftsvorfälle, die im Zusammenhang mit Kunden (Debitoren) oder Lieferern (Kreditoren) entstehen, buchhalterisch erfasst. Bei Unstimmigkeiten ist häufig auch ein umfangreicher Schriftwechsel zur Klärung der Sachverhalte notwendig. Beide Tätigkeitsfelder können auch als eigenständige Arbeitsgebiete organisiert sein.

Kundenbuchhaltung (Debitorenbuchhaltung)

Rücksendungen und Preisnachlässe an Kunden
▶ LF 4, Kap. 8.3, 8.4

Hauptaufgaben: Buchhalterische Erfassung der Ausgangsrechnungen an Kunden (oder Übernahme aus einem Fakturierungsprogramm) und Überwachung der Zahlungseingängen von Kunden in Übereinstimmung mit den vereinbarten Skonto- oder Zahlungsfristen. Dazu gehört auch die Erfassung von Gutschriften an Kunden für nachträgliche Preisnachlässe aller Art (z. B. anerkannte Mängelrügen, Rücksendungen, fehlerhafte Fakturierung, vereinbarte Boni). Bei unvollständiger, verspäteter oder ausbleibender Zahlung eines Kunden wird häufig auch das gesamte kaufmännische Mahnverfahren in der Kundenbuchhaltung durchgeführt.

Lieferantenbuchhaltung (Kreditorenbuchhaltung)

Rücksendungen und Preisnachlässe an Lieferanten
▶ LF 4, Kap. 7.3, 7.4

Hauptaufgaben: Buchhalterische Erfassung der Eingangsrechnungen von Lieferanten und Überwachung der vereinbarten Skonto- bzw. Zahlungsfristen und entsprechender Ausgleich der Eingangsrechnungen in Übereinstimmung mit den aktuellen Vorgaben des Unternehmens (Ausnutzung der Zahlungsziele oder Skontoausnutzung). Bei der Erfassung der Eingangsrechnung ist das Ergebnis der sachlichen und rechnerischen Prüfung zu berücksichtigen. Zu den Tätigkeiten gehört auch die Erfassung von Gutschriften der Lieferanten für nachträgliche Preisnachlässe aller Art (z. B. anerkannte Mängelrügen, Rücksendungen, fehlerhafte Fakturierung, vereinbarte Boni).

Bankbuchhaltung

Zur Überwachung der finanziellen Lage des Unternehmens (z. B. der Liquidität) kann die Führung der Finanzkonten (Bankkonten, Darlehenskonten, evtl. auch Scheck-, Wechsel- und Kassekonten) zentral organisiert sein. Alle Transaktionen des Unternehmens mit Auswirkung auf Finanzkonten (z.B. Gutschriften, Lastschriften) werden dann erst von dieser Stelle geprüft und ggf. terminiert oder veranlasst.

Anlagenbuchhaltung

Hauptaufgaben: Buchhalterische Erfassung aller Geschäftsvorfälle, die Auswirkungen auf das Anlagevermögen des Unternehmens haben. Dazu gehören die Buchungen im Zusammenhang mit dem Einkauf von neuen Anlagen, dem Verkauf oder der Stilllegung von gebrauchten Anlagen und die Erfassung der Wertminderungen. In der Stammdatendatei wird jedes Anlagegut bis zu seinem Ausscheiden erfasst.

Lohn- und Gehaltsbuchhaltung

Wegen der Verarbeitung personenbezogener Daten ist die Lohn- und Gehaltsbuchhaltung ein besonders sensibler Bereich der Finanzbuchhaltung. Entsprechend sind hier alle relevanten Datenschutzmaßnahmen zu beachten. Hauptaufgaben: Erfassung und Aktualisierung der Personalstammdaten für alle Mitarbeiter (z. B. Steuerklassenwechsel, Zahl der Kinderfreibeträge, Höhe des Lohns oder des Gehaltes, Beitragssätze der Krankenkasse usw.). Diese Daten dienen als Grundlage für die monatlichen Lohn- und Gehaltsabrechnungen. In diesem Zusammenhang sind die korrekten Beträge zu ermitteln und die Auszahlungen an die Mitarbeiter, die Krankenkassen, das Betriebsstättenfinanzamt und weitere Zahlungsempfänger (z.B. Sparraten aus vermögenswirksamen Leistungen) zu veranlassen und zu buchen.

Datenschutz
▶ LF 2, Kap. 4.6.4

vermögenswirksame Leistungen
▶ LF 1, Kap. 1.7.4

Lagerbuchhaltung

Die Lagerbuchhaltung erfasst und überprüft das Vorratsvermögen des Unternehmens. Dazu gehören insbesondere die Handelswaren. Dabei wird der Lagereingang (Einkäufe) und der Lagerausgang (Verkäufe, ggf. Privatentnahmen, Schwund oder Verderb z.B. durch Diebstahl, Überalterung, Zerstörung) mengen- und wertmäßig erfasst. Die Lagerbuchhaltung ermittelt die Sollwerte (Lagermengen und -werte gemäß Aufzeichnungen), die im Rahmen der Inventur mengen- und wertmäßig überprüft werden.

Inventur
▶ LF 4, Kap. 2.3.1

Bilanzbuchhaltung

Wird die Finanzbuchhaltung in verschiedene Bereiche gegliedert, kann es je nach Organisation des Finanzbuchhaltungssystems notwendig werden, die dezentral erfassten Geschäftsvorfälle zentral zusammenzufassen. In der Bilanzbuchhaltung werden die Geschäftsvorfälle, die in den Nebenbuchhaltungen erfasst wurden, für die Gewinn- und Verlustrechnung und für die Bilanz des Jahresabschlusses (oder die Quartalsabschlüsse) übernommen. Hier erfolgt die Abstimmung und die Kontrolle der Daten aus den Nebenbuchhaltungen. Für den Quartals- oder Jahresabschluss erfolgen dann die entsprechenden Bewertungen im Rahmen der Bilanzpolitik und die Aufstellung des Jahresabschlusses selbst.

Jahresabschluss
▶ LF 4, Kap. 12

Die Finanzbuchhaltung ist Basis für das gesamte Rechnungswesen und liefert die Daten für **alle Bereiche des Rechnungswesens**.

Alles klar?

1 Wie werden die Sollwerte in der Finanzbuchhaltung ermittelt?

2 Wie werden die tatsächlichen Bestandswerte (Ist-Werte) ermittelt?

3 Nennen Sie mögliche Ursachen für Abweichungen zwischen den Soll- und Ist-Werten.

4 Wie müssen fehlerhafte Buchungen (z. B. falsches Bestandskonto) korrigiert werden?

5 Nach einem vorläufigen Jahresabschluss in der Finanzbuchhaltung wird der Warenbestand mit 124.600,00 € angegeben. Der Inventurwert beträgt allerdings nur 120.600,00 €. Beschreiben Sie drei mögliche Ursachen für diese Differenz, die in einer Wertklärung geprüft werden müsste?

6 Beschreiben Sie zwei Möglichkeiten zur Ermittlung des Erfolgs eines Unternehmens.

7 Unterscheiden Sie die Berechnung der Eigenkapital- und Gesamtkapitalrentabilität.

8 Wann sind die Ergebnisse der Umsatzrentabilität im Vergleich aussagefähig?

9 Ab welcher Größe wird die Liquidität 2. Grades positiv bewertet?

10 Ein Großhandelsunternehmen erzielt in einem Geschäftsjahr folgende Werte:

Gewinn	150.000,00 €
Fremdkapitalzinsen	50.000,00 €
Eingesetztes Eigenkapital	500.000,00 €
Eingesetztes Fremdkapital	200.000,00 €
Umsatz	4.000.000,00 €

Ermitteln Sie
a) die Eigenkapitalrentabilität
b) die Gesamtkapitalrentabilität
c) die Umsatzrentabilität

11 Welche Auswirkungen haben Geschäftsvorfälle?

12 Wie sind Geschäftsvorfälle zu dokumentieren?

13 Wer ist an den Ergebnissen der Finanzbuchhaltung interessiert?

14 In welche Bereiche kann die Finanzbuchhaltung gegliedert werden?

15 Welcher Bereich der Finanzbuchhaltung beschäftigt sich mit ...
a) Eingangsrechnungen von Warenlieferungen?
b) Verkauf von gebrauchten Anlagegütern?
c) Aktualisierung der Personalstammdaten?
d) Aufnahme von Darlehen?
e) Schwund von Warenbeständen?
f) Zusammenfassung von Daten aus den Nebenbuchhaltungen?

Stichwortverzeichnis

K

L

M

N

O

P

Q

R

S

Bildquellenverzeichnis

Cover / 1: Shutterstock.com / Avigator Fortuner; **/ 2:** Shutterstock.com / nd3000
S. 14 / 1: Shutterstock.com / goodluz; **S. 14 / 2:** Shutterstock.com / ESB Professional; **S. 21:** Shutterstock.com / Helder Almeida; **S. 23:** stock.adobe.com / Andrey Popov; **S. 27:** dpa Picture-Alliance; **S. 28:** dpa Picture-Alliance; **S. 29:** dpa Picture-Alliance; **S. 33:** Bergmoser + Höller Verlag AG, Aachen; **S. 36:** Bergmoser + Höller Verlag AG, Aachen; **S. 37:** Bergmoser + Höller Verlag AG, Aachen; **S. 39 / 1:** Shutterstock.com / Vibrant Image Studio; **S. 39 / 3:** Shutterstock.com / LightField Studios; **S. 39 / 2:** Shutterstock.com / Phovoir; **S. 40:** Joachim Gottwald; **S. 41:** Shutterstock.com / Denis Belash; **S. 47:** Shutterstock.com / New Africa; **S. 48 / 3:** Shutterstock.com / vlalukinv; **S. 48 / 1:** Shutterstock.com / alessandro guerriero; **S. 48 / 2:** Shutterstock.com / wanphen chawarung; **S. 54:** Imago Stock & People GmbH / Westend61; **S. 57:** Shutterstock.com / imtmphoto; **S. 58:** Bergmoser + Höller Verlag AG, Aachen; **S. 59:** Shutterstock.com / Artalis; **S. 67:** Joachim Gottwald; **S. 68:** akg-images; **S. 76:** Cartoon-Archiv, Reinhold Löffler, Dinkelsbühl; **S. 80:** Bergmoser + Höller Verlag AG, Aachen; **S. 85:** Bergmoser + Höller Verlag AG, Aachen; **S. 86:** Bergmoser + Höller Verlag AG, Aachen; **S. 87:** Bergmoser + Höller Verlag AG, Aachen; **S. 89:** Bergmoser + Höller Verlag AG, Aachen; **S. 90:** Bergmoser + Höller Verlag AG, Aachen; **S. 91:** Bergmoser + Höller Verlag AG, Aachen; **S. 92:** Bergmoser + Höller Verlag AG, Aachen; **S. 93:** Bergmoser + Höller Verlag AG, Aachen; **S. 95:** dpa Picture-Alliance; **S. 96:** Bergmoser + Höller Verlag AG, Aachen; **S. 97:** mauritius images / Andreas Rose; **S. 99:** stock.adobe.com / west_photo; **S. 101:** Shutterstock.com / monticello; **S. 105:** Shutterstock.com / Andrey Armyagov; **S. 106 / 1:** Panther Media GmbH / Goncalo Silva; **S. 106 / 2:** stock.adobe.com / Noppasinw; **S. 107:** dpa Picture-Alliance / PhotoAlto; **S. 109 / 1:** stock.adobe.com / euthymia; **S. 109 / 4:** stock.adobe.com / T. Michel; **S. 109 / 2:** stock.adobe.com / T. Michel; **S. 109 / 3:** stock.adobe.com / djdarkflower; **S. 110:** stock.adobe.com / Yuriy Shevtsov; **S. 111 / 1:** Shutterstock.com / studioloco; **S. 111 / 2:** Shutterstock.com / Antonio Guillem; **S. 112:** Shutterstock.com / nd3000; **S. 113:** Shutterstock.com / Dean Drobot; **S. 116:** Shutterstock.com / Evgeny Murtola; **S. 118:** Shutterstock.com / Beautiful landscape; **S. 119:** mauritius images / alamy stock photo / INSADCO Photography; **S. 120 / 2:** mauritius images / Westend61; **S. 120 / 1:** stock.adobe.com / Deyan Georgiev; **S. 121:** Imago Stock & People GmbH / imago images / Westend61; **S. 124 / 3:** Shutterstock.com / Larisa Rudenko; **S. 124 / 1:** Shutterstock.com / Iakov Filimonov; **S. 124 / 2:** dpa Picture-Alliance / Sueddeutsche Zeitung Photo / SZ Photo; **S. 125:** Joachim Gottwald; **S. 141 / 1:** Shutterstock.com / fizkes; **S. 143:** MpS / Wolfgang Schulz-Heidorf; **S. 144:** Imago Stock & People GmbH / Westend61; **S. 148:** Joachim Gottwald; **S. 151:** Imago Stock & People GmbH / Westend61; **S. 165:** mauritius images / Wavebreakmedia; **S. 168:** Imago Stock & People GmbH / imago images / imagebroker; **S. 181:** Cartoon-Archiv, Reinhold Löffler, Dinkelsbühl; **S. 182:** Shutterstock.com / Josep Curto; **S. 187:** Bergmoser + Höller Verlag AG, Aachen; **S. 191:** Imago Stock & People GmbH / Westend61; **S. 196:** Imago Stock & People GmbH / Rolf Braun; **S. 202:** Shutterstock.com / Redshinestudio; **S. 206:** Shutterstock.com / Coolpicture; **S. 212:** Shutterstock.com / Petinov Sergey Mihilovich; **S. 213:** Shutterstock.com / Maxx-Studio; **S. 214:** Shutterstock.com / cybrain; **S. 215 / 2:** dpa Picture-Alliance / Globus; **S. 215 / 1:** dpa Picture-Alliance; **S. 220:** Shutterstock.com / Sushiman; **S. 223:** Shutterstock.com / Moreno Soppelsa; **S. 235:** Shutterstock.com / Federico Rostagno; **S. 238:** Shutterstock.com / aerogondo2; **S. 240 / 3:** Shutterstock.com / Carlos Amarillo; **S. 240 / 1:** Shutterstock.com / Syda Productions; **S. 240 / 2:** Shutterstock.com / Wojciech Boruch; **S. 300:** dpa Picture-Alliance; **S. 313:** Joachim Gottwald; **S. 327:** Shutterstock.com / gopixa; **S. 348:** Shutterstock.com / wrangler